Contemporánea

**Miguel de Unamuno** (Bilbao, 1864 – Salamanca, 1936) fue un escritor, poeta, filósofo y uno de los principales exponentes de la Generación del 98. Estudió Filosofía y Letras en la Universidad de Madrid y se doctoró con la tesis *Crítica del problema sobre el origen y prehistoria de la raza vasca*. Poco después accedió a la cátedra de Lengua y Literatura Griega en la Universidad de Salamanca, en la que desde 1901 fue rector y catedrático de Historia de la Lengua Castellana. Inicialmente sus preocupaciones intelectuales se centraron en la ética y los móviles de su fe. Desde el principio trató de articular su pensamiento sobre la base de la dialéctica hegeliana, y más tarde acabó buscando en las dispares intuiciones filosóficas de Herbert Spencer, Søren Kierkegaard, William James y Henri Bergson, entre otros, vías de salida a su crisis religiosa. Sin embargo, sus propias contradicciones personales y las paradojas que afloraban en su pensamiento le llevaron a recurrir a la literatura como alternativa. Entre su obra destaca *Vida de don Quijote y Sancho* (1905), *Del sentimiento trágico de la vida en los hombres y en los pueblos* (1913), *Niebla* (1914), *Abel Sánchez* (1917), *La tía Tula* (1921) y *San Manuel Bueno, mártir* (1933). Considerado el escritor más culto de su generación, y calificado por Antonio Machado de «donquijotesco» a raíz de la estrecha relación entre su vida y obra, Miguel de Unamuno fue, sobre todo, un intelectual inconformista que hizo de la polémica una forma de búsqueda.

# Miguel de Unamuno

# Del sentimiento trágico de la vida y otros ensayos

Vida de don Quijote y Sancho

Del sentimiento trágico de la vida

La agonía del cristianismo

Prólogo de
Fernando Pérez-Borbujo

DEBOLS!LLO

Penguin Random House Grupo Editorial

Primera edición: febrero, 2020
Primera impresión en Colombia: julio, 2025


Diseño de la cubierta: Penguin Random House Grupo Editorial
Imagen de la cubierta: © Cryingjune / Getty Images
Fotografía del autor: © Agence de presse Meurisse




Impreso en Colombia-*Printed in Colombia*

ISBN: 978-628-7745-88-9

Impreso por Editorial Bolivar Impresores, S.A.S.

# Sumario

# Prólogo

Tienes, lector, en tus manos el «Unamuno esencial». Algunos dirán que el presente volumen recoge lo más emblemático del Unamuno filosófico y ensayístico, pero dicha división, entre un Unamuno poeta, hombre de teatro, novelista, filósofo o ensayista, político u hombre religioso, carece de sentido tratándose de una personalidad tan amante de la unidad de vida como es la suya.

Don Miguel (1864-1936) nació en medio de una guerra civil (la segunda guerra carlista que de un modo magistral describe en *Paz y Guerra*) y murió en medio de otra (la del 36). Esto nos podría hacer pensar que Unamuno tuvo una vida convulsa, agitada e incluso violenta. Nada más alejado de la realidad. Su vida fue agitada por dentro —él dirá mejor «agónica»— y más serena de lo que parece por fuera. Fue un niño prodigio, un políglota excepcional, que acabó la licenciatura de Filosofía y Letras en Madrid con la máxima calificación contando apenas diecinueve años, y que a los veinte, después de haberse doctorado en un año con una tesis sobre la lengua vasca, se encontraba ya dando clase de Latín y Psicología en un instituto.

Se casará en 1891 con Concha Lizárraga (su inmortal Dulcinea/Aldonza), de la que está enamorado desde niño, y con la que tendrá nueve hijos. Ese mismo año obtiene la cátedra de Griego en la Universidad de Salamanca, donde será nombrado rector en 1900, cargo que ostentará hasta en tres ocasiones. Como él mismo nos dice desde su exilio en París: «Toda mi obra se gestó mirando aquellas colinas nevadas de la sierra salmantina» y desde el café de la Plaza Mayor de aquella Salamanca que se tenía por cuna de la ciencia de los príncipes, y que había devenido, según Carlyle, tumba de la más sublime ignorancia. Toda la vida de don Miguel, exceptuando los años de exilio en Fuerteventura, París y Hendaya (1924-1928), debido a sus continuas críticas al monarca Alfonso XIII y al dictador Primo de Rivera, transcurrió entre los límites de la ciudad salmantina y los muros de su claustro universitario.

## I

Como seguramente sabrás, amigo lector, la primera fase de la vida de nuestro autor transcurrió entre el positivismo, la naciente ciencia y su fabuloso desarrollo técnico, con su fe ciega en el progreso que ensombrecía todo horizonte de trascendencia. Después de su infancia en Bilbao, impregnada de creencia religiosa y humilde práctica piadosa, el alma de Unamuno se había vuelto agnóstica y casi atea: «Llegué a pensar que este nuestro mundo era la única realidad sin Dios, y que una vez muerto no había de existir nada más». Esta religiosidad que pierde fuelle en profundidad interior y trascendencia se vuelve, no obstante, acción práctica de caridad y fraternidad hacia los oprimidos y excluidos. De ahí su ingreso en 1894 en la Agrupación Socialista de Bilbao y su colaboración con el diario la *Lucha de Clases*. Como dice el político, tan admirado por nuestro autor, Nicolás Salmerón, pareciera en este período que «la virginidad de la fe se transformara en maternidad de la razón».

Como sabemos, gracias al descubrimiento y a la publicación, en la década de los años setenta, de algunos pasajes de su *Diario íntimo*, Unamuno sufrió una profunda crisis que le condujo a una conversión religiosa. Esta famosa «crisis» constituye la «piedra angular» para entender los tres escritos que aquí prologamos. Las causas hondas, singulares y personales de la misma son imposibles de sacar a la luz. Tan sólo podemos apuntar algunas circunstancias que la acompañaron. Entre ellas, tres sobresalen de un modo claro. La primera, las continuas dificultades económicas para llevar adelante a una familia que crecía sin parar. La segunda, que dicha angustia económica acabó con un episodio de amago de ataque cardíaco, con convulsiones y experiencia de una muerte física real. La tercera, y a nuestro parecer la más importante, es la enfermedad contraída apenas nacido por su segundo hijo, Raimundo, que viviría en circunstancias muy dolorosas y terribles, para fallecer a la edad de seis años. Don Miguel no se separó nunca de su lado. Escribía en su cuarto de estudio con la cuna de su hijo al lado, y mirándolo constantemente. Se trata del episodio más kierkegaardiano de su vida. Unamuno se torturó pensando en las leyes genéticas hereditarias, recordando el matrimonio de su padre, de edad avanzada, con su sobrina, diecisiete años más joven que él. Su padre, que emigró a México e hizo una importante fortuna, gozando de una vida holgada y privilegiada, murió relativamente joven, cuando él contaba apenas seis años. Es obvio que la ausencia de padre, y la muerte prematura de su segundo hijo, en circunstancias tan fatales y dolorosas, fueron «la tribulación», el «encuentro con la Cruz», que, en vez de volverle un ser amargado y resentido, generaron en él las condiciones del descubrimiento de su verdadero yo, de su hombre interior (*in interiore hominis habitat veritas*, que diría su siempre citado san Pablo), tal como nos refiere en uno de sus escritos más importantes de esta época, «Adentro» (1900).

## II

La segunda fase de su vida, la más productiva y fecunda, se plasmará en su escrito más emblemático, original y conocido: *Vida de Don Quijote y Sancho* (1905). El lector inadvertido quedará exorcizado por este texto singular y personalísimo, en el que resuena una voz demónica, íntima, que no dejará de hablarle, impelerle y sacudirle en todo momento, al hilo del decurso de las fantásticas historias de nuestro inmortal Caballero, Don Quijote de la Mancha, y de su fiel y leal escudero, arrebatado del espíritu inmortal de su señor, don Sancho Panza, porque bueno es reconocer que, visto desde los ojos unamunianos, el buen Sancho tiene ya mucho de «don».

Se han dicho mil cosas sobre esta obra inclasificable. Ha

recibido tantas loas de los neófitos, como críticas de los cervantistas y especialistas del Siglo de Oro. Quizá, para evitar malentendidos, lo mejor será tener en cuenta dos advertencias del propio autor. La primera es que se acercó al Quijote con el espíritu con el que los primeros reformistas se acercaron a la Biblia: realizando una meditación libre que pretende encontrar en lo escrito una norma para la propia vida. De aquí que Cassou, y otros, hayan hablado de don Miguel como de un mero intérprete, y de esta obra como un comentario al Quijote. Pero la palabra «comentario» es sumamente desafortunada: nos evoca la idea de un fragmento, una glosa, una advertencia al lector, algo subsidiario. Nada más alejado de la verdad: el «comentario» de don Miguel «recrea» el texto originario, sacándolo de la letra muerta e insuflándole nueva vida, resucitando el espíritu que en él se encontraba encerrado y a punto de expirar. De ahí, la segunda advertencia del autor: mi Don Quijote nada tiene que ver con el de Cervantes. Sabido es que entre la primera (1605) y la segunda parte del Quijote (1610) apareció, entre otras, el Quijote de Avellaneda que, en un mundo sin *copyright* ni derechos de autor, se abrogó el derecho de conducir al Quijote por los lugares que su imaginación quiso, haciéndole acometer las más insulsas y desaladas aventuras. La decisión de Cervantes, ya viejo, fue salomónica: matar al hijo de sus entrañas, encadenando su destino al suyo. Don Quijote sería sólo para Cervantes y Cervantes sólo para Don Quijote.

Semejante axioma no podía ser compartido por don Miguel, que veía en el Quijote el espíritu vivo de la Edad Media cristiana combatiendo contra la fuerza incipiente del Renacimiento, que conduciría más tarde a la Reforma y a la Revolución. Nos confrontamos, pues, con el drama de la secularización del cristianismo y con el inicio del nihilismo que tiene que ver, sin duda, con la lucha entre Reforma y Contrarreforma, luteranismo y catolicismo.

Has de saber, lector, que Unamuno copia el género epistolar, al que era tan aficionado, y lo traslada al ensayo para conducirte a un diálogo íntimo a tres voces: don Miguel, don Quijote y tú. El objetivo es volver a despertar en tu alma el anhelo y el ansia de inmortalidad, de vida plena, para acometer, desde dicha creencia, locuras que impregnen el mundo real de obras y acciones. Este ideal de santidad, de caballería humana a lo divino, no es ideal ascético elitista, dirigido a unos pocos, dotados de especiales cualidades, sino ideal de vida para todos, para todos los hidalgos que poblamos el mundo, carentes de hacienda, herencia y recursos, pero habiendo reconocido la nobleza de alma que nos es propia. Este socialismo o, incluso diríamos, comunismo de la santidad, es peculiaridad grande de este «comentario». No te ha de extrañar entonces su predilección por Sancho, hombre humilde y terrenal, con capacidad de dejarse encandilar por el noble ideal forjado en la locura de su señor, hijo de la tradición cristiana más prístina que impregna nuestra literatura (y no se ha de olvidar que Unamuno consideraba que «nuestra filosofía está disuelta en nuestra literatura»). Es a ese Sancho, que se irá quijotizando paulatinamente, impregnado de la locura del Quijote, al que Unamuno escoge, haciendo de él el verdadero héroe: aquél que se resiste a que su señor se vuelva cuerdo, como expone claramente el autor en el escrito que lleva por nombre *El sepulcro de Don Quijote*.

Muchas cosas admirables podrían decirse de esta obra simpar. Sin duda que todo Unamuno está contenido en ella, toda su alma puesta al descubierto: verdadero milagro que un hombre real, de carne y hueso, pueda introducirse plenamente en la ficción literaria. De todas formas, lo que a mí más me admira, íntimamente relacionado con su crisis espiritual y su proceso de conversión, es que Unamuno haya visto en don Quijote la imagen viviente del *arte de reírse de uno mismo*. La raíz de dicho arte radica en la tragedia en la que se ha expresado siempre el pueblo español (el de esa España invertebrada, hija de los reinos de taifas, fruto de la presencia árabe y de una reconquista fragmentada, que incluye en sí, por derecho propio, la personalidad de vascos, aragoneses y catalanes): la envidia y la codicia de un pueblo anidado en la pereza que se niega a que nadie destaque o se singularice, se segregue del rebaño, si no es sometiéndolo al estilete de la burla y del escarnio, llegando hasta la crucifixión y la muerte. Quien se quiera divino, o hijo de los dioses, o elegido de Dios, ha de pagar con su sangre y su vida tal locura. Don Miguel sabe que la locura exaltada del que no se quiere dejar morir, del que proclama la santidad de un ideal que es «escándalo para los judíos y locura para los gentiles» (1 Cor 1, 23) ha de chocar de pleno con el ralo sentido pragmático del mundano, que sólo ve la vida que pueda gozar con sus sentidos.

El que quiera emprender el camino de una vida hacia adentro, el que quiera vivir según su verdadero yo, ha de enfrentarse con las convenciones sociales, con la imagen que los otros nos imponen (como dirá Sartre), con los juicios externos de los demás, haciendo oídos sordos de sus burlas y ataques hirientes, aprendiendo el difícil arte del Quijote, que no es otro que saber reírse de sí mismo: «Ande yo caliente, y ríase la gente».

Otro gran descubrimiento hizo Unamuno en esta obra: la profunda implicación entre el autor y su obra. Don Miguel desarrollaría esta teoría de la creación poética, de la relación entre autor y personaje, en su inmortal *Niebla*, con su elaboración de la idea de *nívola*, y con su famoso Agustín Pérez, personaje de la novela que, no queriendo morir, se encara con su autor. Esta ontología de la creación poética explicita la profunda relación existente entre Dios y Unamuno, entre el Creador y la criatura, en una clave literaria tan profunda que encierra en sí una verdadera filosofía de la Palabra, diferente de la neoplatónica o de la de la cábala judía. Desde ella se entienden bien las palabras finales de despedida. Unamuno ve esta obra como el fruto maduro de su conversión y la tarea para la que había nacido y estaba destinado: «"Para mí sólo nació don Quijote, y yo para él; él supo obrar y yo escribir", hace decir el historiador a su pluma. Y yo digo que para que Cervantes contara su vida y yo la explicara y comentara nacieron Don Quijote y Sancho. Cervantes nació para contarla, y para explicarla y comentarla nací yo. No puede contar tu vida, ni puede explicarla ni comentarla, señor mío Don Quijote, sino quien esté tocado de tu misma locura de no morir».

## III

Median entre las dos obras que aquí presentamos ocho años de inmensa fecundidad. Obras de poesía, de teatro y libros de viaje dedicados al paisaje. No obstante, desde las primeras páginas, se ve que *Del sentimiento trágico de la vida* (1913) es la expresión filosófico-teológica de la filosofía de la vida que late tras su comentario a la obra cervantina.

Es ésta la obra cumbre de la producción unamuniana, en la que se encierra su visión de la historia de Europa, su metafísica y, cómo no, tratándose de Unamuno, su propia y personalísima teología. En este libro se plasma su concepción del cristianismo: «el sentimiento trágico de la vida». Dicho sentimiento trágico, fruto de la herencia judía y griega, de Jerusalén y Atenas, en permanente conflicto, aboga por la experiencia mística y personal de Dios por un lado, y por una razón impersonal que a lo máximo que aspira, al final de su decadencia vital, es a salvar el alma, como vemos en los ritos órficos y en la tragedia griega. Pero será san Pablo, el apóstol que no conoció personalmente a Jesús, el que dará la impronta escatológica al cristianismo con la aseveración firme de que la fe cristiana se fundamenta en la resurrección de Jesús de Nazaret, y en la promesa de la resurrección futura para todos sus seguidores. He ahí, para don Miguel, la esencia misma del cristianismo: el afán de vida eterna, el impulso de toda vida a la conservación y a la perpetuación. Contra este afán de la vida, tan loco e irracional, se alza la fuerza de la razón que todo lo quiere comprender y asimilar, diferenciar e integrar. La historia del cristianismo europeo es la lucha por racionalizar ese sentimiento imposible en la teología católica que culminará en el siglo XIII, y que se proseguirá con el racionalismo del protestantismo en el ámbito ético y político en los siglos siguientes, frente a esa concepción que entiende la fe, en la línea que va de Tertuliano a Kierkegaard, no como sobreracional sino claramente antiracional: *credo quia absurdum*. Todo intento de reducir la aspiración de vida eterna de la religión a mera ética, política o moral públicas conduce a su falseamiento. De ahí que Unamuno vea, en el carácter retrógrado de la Iglesia católica (en la contrarreforma, el antimodernismo y el antiliberalismo), las señas claras de una institución que, a su pesar, conserva en su seno la aspiración a una vida trascendente, antimundana y eterna, hacia una escatología ante la que palidece toda forma de mundanización o secularización.

En ese conflicto entre razón y sentimiento, razón y voluntad de vida eterna, se cifra la esencia agónica del cristianismo: su lucha perpetua. De esa vida que es lucha y conflicto emergen, paradójicamente, una ética universal del amor como compasión, y una personalidad forjada en el dolor. Son esos capítulos fascinantes de la segunda parte del libro los que merecerían la lectura atenta del lector. Allí, en sus capítulos de «Amor, dolor, compasión y personalidad» y de «Dios a Dios», se encuentra la profunda comprensión teológica del autor. Su idea de que el hombre es pura aspiración a la totalidad desde la personalidad individual, aspiración que se ve burlada por la impotencia de su voluntad. Cuando el hombre es capaz de apropiarse lo ajeno, lo lejano, cuando es capaz de personalizarlo (se nota la profunda herencia de su concepción del amor en la de Ortega y Gasset), nace en él la verdadera compasión. El sujeto máximo, cuya fuerza de amor es capaz de personalizarlo todo, verdadera conciencia amorosa y piadosa de lo existente, no es otro que Dios. De esa doctrina del amor universal de Dios nacerá su concepción de la esperanza como fuerza que nos lleva a creer en lo que no vemos, siendo así que la esperanza fundamenta la fe, pero que ésta tiene su verdadero fundamento en la caridad. Al igual que hiciera con los vicios y las virtudes fundamentales (don Miguel ve en la pereza la fuente de todos los males, de donde nace la codicia y la envidia, que llevan al afán homicida entre hermanos, como queda reflejado en su novela *Abel Sánchez*), nos introduce ahora, con mano maestra, en el *sancta sanctórum* de su pensamiento.

Mucho se ha dicho de este afán de inmortalidad, no del alma, sino del ser entero e íntegro, de la persona, con su cuerpo, su alma y su espíritu. Se ha querido ver en él el principio egoísta que utiliza instrumentalmente a Dios para la realización de sus fines. El pavor y el temor del hombre individual ante la nada, la absoluta aniquilación llevaría al hombre a ampararse infantil e irracionalmente en una creencia pueril. Nada más lejos de la concepción unamuniana. El ansia que late de vida eterna en el alma humana, en el fondo de su ser, no es voluntad propia de eternidad, es impulso divino amoroso que conduce todo lo creado hacia su forma eterna.

El diagnóstico de Unamuno, en sus páginas finales, no puede ser más desolador. El pesimismo que se enseñorea de Europa es debido a su descatolización, a la «que han contribuido el Renacimiento, la Reforma y la Revolución, sustituyendo aquel ideal de una vida eterna ultraterrena por el ideal del progreso, de la razón, de la ciencia». A ésta vino a sumarse «una segunda mitad del pasado siglo XIX, época infilosófica y tecnicista, dominada por un especialismo miope y por el materialismo histórico, ese ideal que se tradujo en una obra [...] de avulgaramiento científico», poniendo ésta al servicio de las bajas pasiones del pueblo. Queda claro que, para Unamuno, a diferencia de Ortega, lo importante era volver a españolizar Europa, es decir, devolverle su ansia de eternidad e inmortalidad. De ahí que acabe reivindicando de nuevo la figura del inmortal caballero Don Quijote (que no es otra cosa que el espíritu del cristianismo que parece ya fuera de época, anacrónico y muerto), y su leal Sancho, para enfrentarse a la terrible «tragicomedia europea moderna».

## IV

La trilogía que aquí prologamos vendrá a cerrarse con un libro escrito tras la dura experiencia del exilio en Fuerteventura, tras haber sido desposeído de su cargo de rector en la Universidad de Salamanca, en 1924. Aunque se suspendió la sentencia, Unamuno se autoexilió voluntariamente a París primero, y después a Hendaya, donde permanecería hasta la muerte del dictador Primo de Rivera en 1930.

En el prólogo a esta enigmática obra, *La agonía del cristianismo* (1924), que, como su autor nos dice, fue un encargo de circunstancias durante su estancia en París, cuando estaba inserto en la lectura de la *Enquête sur la monarchie* de Charles Maurras, donde late ya el programa político de *Acción Francesa*, verdadera politización del cristianismo en el que la nación pasa a tener el protagonismo central, falseando el cristianismo, lo que don Miguel ya había visto materializarse en su amada España, y que aún vería más tarde en la figura de la Santa Cruzada durante la Guerra Civil. Frente a esta politización, hay que recordar que «el cristianismo es un valor del espíritu universal que tiene sus raíces en lo más íntimo de la individualidad humana». Ese valor radica en la agonía.

Y así, paradójicamente, lo primero que hace es salir al paso de esa posible confusión del concepto «agonía». Después de la experiencia agónica de la Primera Guerra Mundial, y cuando en todos sitios no se hace sino hablar de «decadencia», «ocaso» y «declive», pareciera que la agonía del cristianismo sólo relata una fase histórica del cristianismo que tiene que ver con su declinar y desaparecer, como ya profetizara con el conjunto de su obra Nietzsche. Nada más alejado de la intención de Unamuno. *Agón*, en su sentido originario griego, como ya sabía el propio Nietzsche, quiere decir lucha, combate, guerra. Lo agónico está siempre en un proceso continuo de riña que no permite el cese, la quietud o el descanso. La agonía no es, pues, una fase histórica del cristianismo sino, por usar un término de Feuerbach, la esencia misma del cristianismo: «Yo no he venido a traer la paz sino la guerra» (Lc 12, 51). En explicitar ese sentido agónico, la finalidad de esa lucha, se cifra todo el pensamiento de un Unamuno exiliado, lleno de nostalgia de su tierra, y de su familia y seres queridos, que forjarán, como él mismo dice, un misticismo religioso más profundo y acendrado, como queda bien reflejado en su *Romancero del exilio* (1928).

No gustará este libro a la mayoría porque don Miguel saca a la luz el corazón místico del cristianismo frente a aquellos que lo quieren utilizar como receta para cuestiones nacionales y sociales. No ha venido el cristianismo a paliar el problema de la pobreza, ni de las desigualdades. No es el cristianismo un «reino de este mundo, sino de otro mundo». Por eso el símbolo más prístino del cristianismo se encuentra en el celibato y en la vida monacal: la renuncia a la procreación y al mundo. No criar ciudadanos para la democracia, ni para resolver los problemas y angustias vitales de los padres que luchan por mantener a sus hijos. Cristo fue célibe, vino a llamar a ricos y pobres, vino a hablarles de otro reino. Se ve claramente que Unamuno percibe en el comunismo, de raíces budistas, de la civilización asiática el peligro de la mundanización del cristianismo. Este es el defensor de la individualidad radical y absoluta: el valor sagrado de la persona como hecho eterno. Esta defensa de la individualidad queda bien reflejada en su análisis de la fe pascaliana y en el análisis sutil de la figura del padre Jacinto. En Pascal, en la lucha entre su fe y su razón (tragedia que horrorizaba al bueno de Nietzsche), en su predilección por una creencia del corazón (que el corazón tiene razones que la razón no puede entender), se vislumbra el carácter agónico del cristianismo. En la peripecia del padre Jacinto, que colgó los hábitos y contrajo matrimonio para tener hijos, y perpetuarse a través de la carne, pero también espiritualmente, se muestra otra forma de agonía: la de la paternidad. El padre Jacinto vivió el conflicto entre reaccionarismo y revolución, entre el ansia de perpetuarse en el cuerpo y según el alma. La tragedia de su paternidad refleja para Unamuno la del corazón del cristianismo: la filiación divina. Desde la década de los años veinte (véase su relato emblemático «Dos madres»), Unamuno va tomando conciencia de que las relaciones carnales quedan, en el cristianismo, elevadas al orden espiritual, donde el padre se vuelve hijo de sus hijos, y donde, de un modo misterioso, el hombre se vuelve hijo de su propia mujer, al volverse ésta madre de sus hijos. El problema del nacimiento, del renacimiento, en clave carnal-espiritual, el que marca la filiación divina y la infancia espiritual como centro de la espiritualidad cristiana, aletea en estas páginas, cuya profundidad exige un conocimiento más hondo de la obra de Unamuno.

Es hora de marchar, querido lector. Gracias por tu inmensa paciencia. Estas líneas sólo querían ser un preludio para esa voz firme, diamantina, dura e intensamente enamorada y cordial de nuestro inconfundible don Miguel.

FERNANDO PÉREZ-BORBUJO ÁLVAREZ<br>
Barcelona, 29 de septiembre de 2019<br>
(*Festividad de San Miguel Arcángel,*<br>
*nacimiento de Miguel de Unamuno*)

# Vida de Don Quijote y Sancho

Según
Miguel de Cervantes Saavedra
Explicada y comentada por
Miguel de Unamuno

# Prólogos del autor

## A la segunda edición

Apareció en primera edición esta obra en el año 1905, coincidiendo por acaso, que no de propósito, con la celebración del tercer centenario de haberse por primera vez publicado el *Quijote*. No fue, pues, una obra de centenario.

Salió, por mi culpa, plagada, no ya solo de erratas tipográficas, sino de errores y descuidos del original manuscrito, todo lo que he procurado corregir en esta segunda edición.

Pensé un momento si hacerla preceder del ensayo que «Sobre la lectura e interpretación del *Quijote*» publiqué el mismo año de 1905 en el número de abril de *La España Moderna*, mas he desistido de ello en atención a que esta obra toda no es sino una ejecución del programa en aquel ensayo expuesto. Lo que se reduce a asentar que, dejando a eruditos, críticos e historiadores la meritoria y utilísima tarea de investigar lo que el *Quijote* pudo significar en su tiempo y en el ámbito en que se produjo y lo que Cervantes quiso en él expresar y expresó, debe quedarnos a otros libre al tomar su obra inmortal como algo eterno, fuera de época y aun de país, y exponer lo que su lectura nos sugiere. Y sostuve que hoy ya es el *Quijote* de todos y cada uno de sus lectores, y que puede y debe cada cual darle una interpretación, por así decirlo, mística, como las que a la Biblia suele darse.

Mas si renuncié a insertar al frente de esta segunda edición de mi obra aquel citado ensayo, no así con otro que con el título de «El sepulcro de Don Quijote» publiqué en el número de febrero de 1906 de la misma susomentada revista La *España Moderna.*

Esta obra es de las mías la que hasta hoy ha alcanzado más favor del público que me lee, como lo prueba esta segunda edición y el haber aparecido hace poco una traducción italiana bajo el título de *Commento al «Don Chisciotte»*, hecha por G. Beccari y publicada en la colección «*Cultura dell'anima*», dirigida por G. Papini y que edita R. Carabba en Lanciano. A la vez que se prepara una traducción francesa.

Y me complazco en creer que a esta mayor fortuna de esta entre mis obras habrá contribuido el que es una libre y personal exégesis del *Quijote,* en que el autor no pretende descubrir el sentido que Cervantes le diere, sino el que le da él, ni es tampoco un erudito estudio histórico. No creo deber repetir que me siento más quijotista que cervantista y que pretendo libertar al *Quijote* del mismo Cervantes, permitiéndome alguna vez hasta discrepar de la manera como Cervantes entendió y trató a sus dos héroes, sobre todo a Sancho. Sancho se le imponía a Cervantes, a pesar suyo. Es que creo que los personajes de ficción tienen dentro de la mente del autor que los finge una vida propia, con cierta autonomía, y obedecen a una íntima lógica de que no es del todo consciente ni dicho autor mismo. Y el que desee más aclaraciones a este respecto, y no se escandalice de la proposición de que nosotros podemos comprender a Don Quijote y Sancho mejor que Cervantes que los creó —o mejor, los sacó de la entraña espiritual de su pueblo—, acuda al ensayo que cité primero.

Salamanca, enero de 1913

## A la tercera edición

Esta edición —la tercera— de mi *Vida de Don Quijote y Sancho,* que forma parte de la de mis *Obras completas*, no difiere nada de la segunda, en que se corrigieron, no solo las muchas erratas tipográficas, sino los errores del original, hijos de mis precipitaciones de improvisador, que infestaban la primera, publicada en 1905 —hace veintitrés años—, coincidiendo, por acaso, no de propósito, con la celebración del tercer centenario de la primera publicación del *Quijote,* ya que no me propuse hacer obra de centenario.

Al corregir ahora aquí, en el destierro fronterizo, las pruebas de esta nueva edición, he sentido más de una vez tentaciones de añadir algo a su texto o modificarlo, mas me he abstenido pensando que cualquier añadido o modificación hallará mejor lugar en otra obra. Añadidos y modificaciones que me inspira mi experiencia quijotesca de cuatro años de expatriación de mi pobre España esclavizada. Al repasar, sobre todo, mi comentario a la aventura de la liberación de los galeotes, pensé añadir unos párrafos explicando cómo los galeotes apedrearon a Don Quijote porque lo que querían no era que les quitase sus cadenas, sino que les echase otras haciéndoles cuadrilleros de la Santa Hermandad, lo que me enseñaron en el Ateneo de Madrid ciertos mocitos que se dicen intelectuales de minoría selecta.

En este tiempo se han publicado ya cuatro traducciones de esta mi obra: dos en italiano, una en alemán y otra en inglés. Y por cierto el autor de esta última y excelente traducción, el profesor Homer P. Earle, de la Universidad de California, tuvo la delicada atención de llamármela sobre que en cierto pasaje pongo en boca de Sancho palabras que en el texto cervantino figuran en la de Sansón Carrasco y de preguntarme si modificaba o suprimía el pasaje o le añadía alguna nota en defensa preventiva de reparos de la crítica eruditesca. Pude haberle remitido a mi ensayo «Sobre la lectura e interpretación del Quijote», publicado por primera vez en el número de abril de 1905 de la revista *La España Moderna*, donde establecí bien claramente mi propósito y espíritu comentariales —los místicos han comentado en pareja forma las Sagradas Escrituras cristianas— y decirle que dejo a eruditos, críticos literarios e investigadores históricos la meritoria y utilísima tarea de escudriñar lo que el *Quijote* pudo significar en su tiempo y en el ámbito en que se produjo y lo que Cervantes quiso en él expresar y expresó. Pero preferí darle otra explicación, y es esta:

En el prólogo del *Quijote* —que, como casi todos los prólogos (incluso este), no son apenas sino mera literatura—, Cervantes nos revela que encontró el relato de la hazañosa vida del Caballero de la Triste Figura en unos papeles arábigos de un Cide Hamete Benengeli, profunda revelación con la que el bueno —¡y tan bueno!— de Cervantes nos revela lo que podríamos llamar la objetividad, la existencia —*ex-istere* quiere decir «estar fuera»— de Don Quijote y Sancho y su coro entero fuera de la ficción del novelista y sobre ella. Por mi parte, creo que el tal Cide Hamete Benengeli no era árabe, sino judío y judío marroquí, y que tampoco fingió la historia. En todo caso, ese texto arábigo del Cide Hamete Benengeli le tengo yo y aunque he olvidado todo el poquísimo árabe que me enseñó el señor Codera en la Universidad de Madrid —¡y me dio el premio en la asignatura!—, lo leo de corrido y en él he visto que en el pasaje a que aludía el profesor Earle fue Cervantes el que leyó mal y que mi interpretación, y no la suya, es la fiel. Con lo cual me creo defendido de todo posible reparo de una crítica profesional o profesoral.

Ni creo deber alargarme más aquí, en este sencillo prólogo, a exponer una doctrina que tantas veces he expuesto respecto a la realidad histórica, tanto más que preparo una obra sobre el quijotismo, en que me esforzaré por esclarecer la diferencia entre estar, ser y existir. Y cómo Don Quijote y Sancho son —no es solo que lo fueron— tan independientes de la ficción poética de Cervantes como lo es de la mía aquel Augusto Pérez de mi novela *Niebla,* al que creí haber dado vida para darle después muerte, contra lo que él, y con razón, protestaba.

Y ahora, atento lector, hasta que volvamos a encontrarnos.

MIGUEL DE UNAMUNO

En el destierro de Hendaya, en mi nativo país vasco
y en la frontera misma de mi España, mayo de 1928

## El sepulcro de Don Quijote

Me preguntas, mi buen amigo, si sé la manera de desencadenar un delirio, un vértigo, una locura cualquiera sobre estas pobres muchedumbres ordenadas y tranquilas que nacen, comen, duermen, se reproducen y mueren. ¿No habrá un medio, me dices, de reproducir la epidemia de los flagelantes o la de los convulsionarios? Y me hablas del milenario.

Como tú siento yo con frecuencia la nostalgia de la Edad Media; como tú quisiera vivir entre los espasmos del milenario. Si consiguiéramos hacer creer que en un día dado, sea el 2 de mayo de 1908, el centenario del grito de la independencia, se acababa para siempre España; que en ese día nos repartían como a borregos, creo que el día 3 de mayo de 1908 sería el más grande de nuestra historia, el amanecer de una nueva vida.

Esto es una miseria, una completa miseria. A nadie le importa nada de nada. Y cuando alguno trata de agitar aisladamente este o aquel problema, una u otra cuestión, se lo atribuyen o a negocio o a afán de notoriedad y ansia de singularizarse.

No se comprende aquí ya ni la locura. Hasta el loco creen y dicen que lo será por tenerle su cuenta y razón. Lo de la razón de la sinrazón es ya un hecho para todos estos miserables. Si nuestro señor Don Quijote resucitara y volviese a esta su España andarían buscándole una segunda intención a sus nobles desvaríos. Si uno denuncia un abuso, persigue la injusticia, fustiga la ramplonería, se preguntan los esclavos: ¿qué irá buscando en eso? ¿A qué aspira? Unas veces creen y dicen que lo hace para que le tapen la boca con oro; otras que es por ruines sentimientos y bajas pasiones de vengativo o envidioso; otras que lo hace no más sino por meter ruido y que de él se hable, por vanagloria; otras que lo hace por divertirse y pasar el tiempo, por deporte. ¡Lástima grande que a tan pocos les dé por deportes semejantes!

Fíjate y observa. Ante un acto cualquiera de generosidad, de heroísmo, de locura, a todos esos estúpidos bachilleres, curas y barberos de hoy no se les ocurre sino preguntarse: ¿por qué lo hará? Y en cuanto creen haber descubierto la razón del acto —sea o no la que ellos suponen— se dicen: ¡bah!, lo ha hecho por esto o por lo otro. En cuanto una cosa tiene razón de ser y ellos la conocen perdió todo su valor la cosa. Para eso les sirve la lógica, la cochina lógica.

Comprender es perdonar, se ha dicho. Y esos miserables necesitan comprender para perdonar el que se les humille, el que con hechos o palabras se les eche en cara su miseria, sin hablarles de ella.

Han llegado a preguntarse estúpidamente para qué hizo Dios el mundo, y se han contestado a sí mismos: ¡para su gloria!, y se han quedado tan orondos y satisfechos, como si los muy majaderos supieran qué es eso de la gloria de Dios.

Las cosas se hicieron primero, su para qué después. Que me den una idea nueva, cualquiera, sobre cualquier cosa, y ella me dirá después para qué sirve.

Alguna vez, cuando expongo algún proyecto, algo que me parece debía hacerse, no falta quien me pregunte: ¿y después? A estas preguntas no cabe otra respuesta que una pregunta. Y al «¿después?» no hay sino dar de rebote un «¿y antes?».

No hay porvenir; nunca hay porvenir. Eso que llaman el porvenir es una de las más grandes mentiras. El verdadero porvenir es hoy. ¿Qué será de nosotros mañana? ¡No hay mañana! ¿Qué es de nosotros hoy, ahora? Esta es la única cuestión.

Y, en cuanto a hoy, todos esos miserables están muy satisfechos porque hoy existen, y con existir les basta. La existencia, la pura y nuda existencia, llena su alma toda. No sienten que haya más que existir.

Pero ¿existen? ¿Existen en verdad? Yo creo que no; pues si existieran, si existieran de verdad, sufrirían de existir y no se contentarían con ello. Si real y verdaderamente existieran en el tiempo y el espacio sufrirían de no ser en lo eterno y lo infinito. Y este sufrimiento, esta pasión, que no es sino la pasión de Dios en nosotros, Dios que en nosotros sufre por sentirse preso en nuestra finitud y nuestra temporalidad, este divino sufrimiento les haría romper todos esos menguados eslabones lógicos con que tratan de atar sus menguados recuerdos a sus menguadas esperanzas, la ilusión de su pasado a la ilusión de su porvenir.

¿Por qué hace eso? ¿Preguntó acaso nunca Sancho por qué hacía Don Quijote las cosas que hacía?

Y vuelta a lo mismo, a tu pregunta, a tu preocupación: ¿qué locura colectiva podríamos imbuir en estas pobres muchedumbres? ¿Qué delirio?

Tú mismo te has acercado a la solución en una de esas cartas con que me asaltas a preguntas. En ella me decías: ¿no crees que se podría intentar alguna nueva cruzada?

Pues bien, sí; creo que se puede intentar la santa cruzada de ir a rescatar el sepulcro de Don Quijote del poder de los bachilleres, curas, barberos, duques y canónigos que lo tienen ocupado. Creo que se puede intentar la santa cruzada de ir a rescatar el sepulcro del Caballero de la Locura del poder de los hidalgos de la Razón.

Defenderán, es natural, su usurpación y tratarán de probar con muchas y muy estudiadas razones que la guardia y custodia del sepulcro les corresponde. Lo guardan para que el Caballero no resucite.

A estas razones hay que contestar con insultos, con pedradas, con gritos de pasión, con botes de lanza. No hay que razonar con ellos. Si tratas de razonar frente a sus razones estás perdido.

Si te preguntan, como acostumbran, ¿con qué derecho reclamas el sepulcro?, no les contestes nada, que ya lo verán luego. Luego... tal vez cuando ni tú ni ellos existáis ya, por lo menos en este mundo de las apariencias.

Y allí donde está el sepulcro, allí está la cuna, allí está el nido. Y de allí volverá a surgir la estrella refulgente y sonora, camino del cielo.

Y no me preguntes más, querido amigo. Cuando me haces hablar de estas cosas me haces que saque del fondo de mi alma, dolorida por la ramplonería ambiente que por todas partes me acosa y aprieta, dolorida por las salpicaduras del fango de mentira en que chapoteamos, dolorida por los arañazos de la cobardía que nos envuelve, me haces que saque del fondo de mi alma dolorida las visiones sin razón, los conceptos sin lógica, las cosas que ni yo sé lo que quieren decir, ni menos quiero ponerme a averiguarlo.

¿Qué quieres decir con esto? —me preguntas más de una vez—. Y yo te respondo: ¿lo sé yo acaso?

¡No, mi buen amigo, no! Muchas de estas ocurrencias de mi espíritu que te confío ni yo sé lo que quieren decir, o, por lo menos, soy yo quien no lo sé. Hay alguien dentro de mí que me las dicta, que me las dice. Le obedezco y no me adentro a verle la cara ni a preguntarle por su nombre. Solo sé que si le viese la cara y si me dijese su nombre me moriría yo para que viviese él.

Estoy avergonzado de haber alguna vez fingido entes de ficción, personajes novelescos, para poner en sus labios lo que no me atrevía a poner en los míos y hacerles decir como en broma lo que yo siento muy en serio.

Tú me conoces, tú, y sabes bien cuán lejos estoy de rebuscar adrede paradojas, extravagancias y singularidades, piensen lo que pensaren algunos majaderos. Tú y yo, mi buen amigo, mi único amigo absoluto, hemos hablado muchas veces, a solas, de lo que sea la locura, y hemos comentado aquello del *Brand* ibseniano, hijo de Kierkegaard, de que está loco el que está solo. Y hemos concordado en que una locura cualquiera deja de serlo en cuanto se hace colectiva, en cuanto es locura de todo un pueblo, de todo el género humano acaso. En cuanto una alucinación se hace colectiva, se hace popular, se hace social, deja de ser alucinación para convertirse en una realidad, en algo que está fuera de cada uno de los que la comparten. Y tú y yo estamos de acuerdo en que hace falta llevar a las muchedumbres, llevar al pueblo, llevar a nuestro pueblo español una locura cualquiera, la locura de uno cualquiera de sus miembros que esté loco, pero loco de verdad y no de mentirijillas. Loco, y no tonto.

Tú y yo, mi buen amigo, nos hemos escandalizado ante eso que llaman aquí fanatismo, y que, por nuestra desgracia, no lo es. No; no es fanatismo nada que esté reglamentado y contenido y encauzado y dirigido por bachilleres, curas, barberos, canónigos y duques; no es fanatismo nada que lleve un pendón con fórmulas lógicas, nada que tenga programa, nada que se proponga para mañana un propósito que puede un orador desarrollar en un metódico discurso.

Una vez, ¿te acuerdas?, vimos a ocho o diez mozos reunirse y seguir a uno que les decía: ¡Vamos a hacer una barbaridad! Y eso es lo que tú y yo anhelamos: que el pueblo se apiñe y gritando ¡vamos a hacer una barbaridad! se ponga en marcha. Y si algún bachiller, algún barbero, algún cura, algún canónigo o algún duque les detuviese para decirles: «¡Hijos míos!, está bien, os veo henchidos de heroísmo, llenos de santa indignación; también yo voy con vosotros; pero antes de ir todos, y yo con vosotros, a hacer esa barbaridad, ¿no os parece que debíamos ponernos de acuerdo respecto a la barbaridad que vamos a hacer? ¿Qué barbaridad va a ser esa?»; si alguno de esos malandrines que he dicho les detuviese para decirles tal cosa, deberían derribarle al punto y pasar todos sobre él, pisoteándole, y ya empezaba la heroica barbaridad.

¿No crees, mi amigo, que hay por ahí muchas almas solitarias a las que el corazón les pide alguna barbaridad, algo de que revienten? Ve, pues, a ver si logras juntarlas y formar escuadrón con ellas y ponernos todos en marcha —porque yo iré con ellos y tras de ti— a rescatar el sepulcro de Don Quijote, que, gracias a Dios, no sabemos dónde está. Ya nos lo dirá la estrella refulgente y sonora.

Y ¿no será —me dices en tus horas de desaliento, cuando te vas de ti mismo—, no será que creyendo al ponernos en marcha caminar por campos y tierras, estemos dando vueltas en torno al mismo sitio? Entonces la estrella estará fija, quieta sobre nuestras cabezas y el sepulcro en nosotros. Y entonces la estrella caerá, pero caerá para venir a enterrarse en nuestras almas. Y nuestras almas se convertirán en luz, y fundidas todas en la estrella refulgente y sonora subirá esta, más refulgente aún, convertida en un sol, en un sol de eterna melodía, a alumbrar el cielo de la patria redimida.

En marcha, pues. Y ten cuenta no se te metan en el sagrado escuadrón de los cruzados bachilleres, barberos, curas, canónigos o duques disfrazados de Sanchos. No importa que te pidan ínsulas; lo que debes hacer es expulsarlos en cuanto te pidan el itinerario de la marcha, en cuanto te hablen del programa, en cuanto te pregunten al oído, maliciosamente, que les digas hacia dónde cae el sepulcro. Sigue a la estrella. Y haz como el Caballero: endereza el entuerto que se te ponga delante. Ahora lo de ahora y aquí lo de aquí.

¡Poneos en marcha! ¿Que adónde vais? La estrella os lo dirá: ¡al sepulcro! ¿Qué vamos a hacer en el camino, mientras marchamos? ¿Qué? ¡Luchar! Luchar, y ¿cómo?

¿Cómo? ¿Tropezáis con uno que miente?, gritarle a la cara: ¡mentira!, y ¡adelante! ¿Tropezáis con uno que roba?, gritarle: ¡ladrón!, y ¡adelante! ¿Tropezáis con uno que dice tonterías, a quien oye toda una muchedumbre con la boca abierta?, gritarles: ¡estúpidos!, y ¡adelante! ¡Adelante siempre!

¿Es que con eso —me dice uno a quien tú conoces y que ansía ser cruzado—, es que con eso se borra la mentira, ni el ladronicio, ni la tontería del mundo? ¿Quién ha dicho que no? La más miserable de todas las miserias, la más repugnante y apestosa argucia de la cobardía es esa de decir que nada se adelanta con denunciar a un ladrón porque otros seguirán robando, que nada se adelanta con decirle en su cara majadero al majadero, porque no por eso la majadería disminuirá en el mundo.

Sí, hay que repetirlo una y mil veces: con que una vez, una sola vez, acabases del todo y para siempre con un solo embustero, habríase acabado el embuste de una vez para siempre.

¡En marcha, pues! Y echa del sagrado escuadrón a todos los que empiecen a estudiar el paso que habrá de llevarse en la marcha y su compás y su ritmo. Sobre todo, ¡fuera con los que a todas horas andan con eso del ritmo! Te convertirían el escuadrón en una cuadrilla de baile, y la marcha en danza. ¡Fuera con ellos! Que se vayan a otra parte a cantar a la carne.

Esos que tratarían de convertirte el escuadrón de marcha en cuadrilla de baile se llaman a sí mismos, y los unos a los otros entre sí, poetas. No lo son. Son cualquier otra cosa. Esos no van al sepulcro sino por curiosidad, por ver cómo sea, en busca acaso de una sensación nueva, y por divertirse en el camino. ¡Fuera con ellos!

Esos son los que con su indulgencia de bohemios contribuyen a mantener la cobardía y la mentira y las miserias todas que nos anonadan. Cuando predican libertad no piensan más que en una: en la de disponer de la mujer del prójimo. Todo es en ellos sensualidad, y hasta de las ideas, de las grandes ideas, se enamoran sensualmente. Son incapaces de casarse con una grande y pura idea y criar familia de ella; no hacen sino amontonarse con las ideas. Las toman de queridas, menos aún, tal vez de compañeras de una noche. ¡Fuera con ellos!

Si alguien quiere cojer en el camino tal o cual florecilla que a su vera sonríe, cójala, pero de paso, sin detenerse, y siga al escuadrón, cuyo alférez no habrá de quitar ojo de la estrella refulgente y sonora. Y si se pone la florecilla en el peto sobre la coraza no para verla él, sino para que se la vean, ¡fuera con él! Que se vaya, con su flor en el ojal, a bailar a otra parte.

Mira, amigo, si quieres cumplir tu misión y servir a tu patria, es preciso que te hagas odioso a los muchachos sensibles que no ven el universo sino a través de los ojos de su novia. O algo peor aún. Que tus palabras sean estridentes y agrias a sus oídos.

El escuadrón no ha de detenerse sino de noche, junto al bosque o al abrigo de la montaña. Levantará allí sus tiendas, se lavarán los cruzados sus pies, cenarán lo que sus mujeres les hayan preparado, engendrarán luego un hijo en ellas, les darán un beso y se dormirán para recomenzar la marcha al siguiente día. Y cuando alguno se muera le dejarán a la vera del camino, amortajado en su armadura, a merced de los cuervos. Quede para los muertos el cuidado de enterrar a sus muertos.

Si alguno intenta durante la marcha tocar pífano o dulzaina o caramillo o vihuela o lo que fuere, rómpele el instrumento y échale de filas, porque estorba a los demás oír el canto de la estrella. Y es, además, que él no la oye. Y quien no oiga el canto del cielo no debe ir en busca del sepulcro del Caballero.

Te hablarán esos danzantes de poesía. No les hagas caso. El que se pone a tocar su jeringa —que no es otra cosa la «syringa»— debajo del cielo, sin oír la música de las esferas, no merece que se le oiga. No conoce la abismática poesía del fanatismo, no conoce la inmensa poesía de los templos vacíos, sin luces, sin dorados, sin imágenes, sin pompas, sin armas, sin nada de eso que llaman arte. Cuatro paredes lisas y un techo de tablas: un corralón cualquiera.

Echa del escuadrón a todos los danzantes de la jeringa. Échalos antes de que se te vayan por un plato de alubias. Son filósofos cínicos, indulgentes buenos muchachos, de los que todo lo comprenden y todo lo perdonan. Y el que todo lo comprende no comprende nada, y el que todo lo perdona nada perdona. No tienen escrúpulo en venderse. Como viven en dos mundos pueden guardar su libertad en el otro y esclavizarse en este. Son a la vez estetas y perezistas o lopezistas o rodriguezistas.

Hace tiempo que se dijo que el hambre y el amor son los dos resortes de la vida humana. De la baja vida humana, de la vida de tierra. Los danzantes no bailan sino por hambre o por amor; hambre de carne, amor de carne también. Échalos de tu escuadrón, y que allí, en un prado, se harten de bailar mientras uno toca la jeringa, otro da palmaditas y otro canta a un plato de alubias o a los muslos de su querida de temporada. Y que allí inventen nuevas piruetas, nuevos trenzados de pies, nuevas figuras de rigodón.

Y si alguno te viniera diciendo que él sabe tender puentes y que acaso llegue ocasión en que se deba aprovechar sus conocimientos para pasar un río, ¡fuera con él! ¡Fuera el ingeniero! Los ríos se pasarán vadeándolos, o a nado, aunque se ahogue la mitad de los cruzados. Que se vaya el ingeniero a hacer puentes a otra parte, donde hacen mucha falta. Para ir en busca del sepulcro basta la fe como puente.

* * *

Si quieres, mi buen amigo, llenar tu vocación debidamente, desconfía del arte, desconfía de la ciencia, por lo menos de eso que llaman arte y ciencia y no son sino mezquinos remedos del arte y de la ciencia verdaderos. Que te baste tu fe. Tu fe será tu arte, tu fe será tu ciencia.

He dudado más de una vez de que puedas cumplir tu obra al notar el cuidado que pones en escribir las cartas que escribes. Hay en ellas, no pocas veces, tachaduras, enmiendas, correcciones, jeringazos. No es un chorro que brota violento, expulsando el tapón. Más de una vez tus cartas degeneran en literatura, en esa cochina literatura aliada natural de todas las esclavitudes y de todas las miserias. Los esclavizadores saben bien que mientras está el esclavo cantando a la libertad se consuela de su esclavitud y no piensa en romper sus cadenas.

Pero otras veces recobro fe y esperanza en ti cuando siento bajo tus palabras atropelladas, improvisadas, cacofónicas, el temblar de tu voz dominada por la fiebre. Hay ocasiones en que puede decirse que ni están en un lenguaje determinado. Que cada cual lo traduzca al suyo.

Procura vivir en continuo vértigo pasional, dominado por una pasión cualquiera. Solo los apasionados llevan a cabo obras verdaderamente duraderas y fecundas. Cuando oigas de alguien que es impecable, en cualquiera de los sentidos de esta estúpida palabra, huye de él; sobre todo si es artista. Así como el hombre más tonto es el que en su vida ha hecho ni dicho una tontería, así el artista menos poeta, el más antipoético —y entre los artistas abundan las naturalezas antipoéticas— es el artista impecable, el artista a quien decoran con la corona de laurel, de cartulina, de la impecabilidad, los danzantes de la jeringa.

Te consume, mi pobre amigo, una fiebre incesante, una sed de océanos insondables y sin riberas, un hambre de universos y la morriña de la eternidad. Sufres de la razón. Y no sabes lo que quieres. Y ahora, ahora quieres ir al sepulcro del Caballero de la Locura y deshacerte allí en lágrimas, consumirte en fiebre, morir de sed de océanos, de hambre de universos, de morriña de eternidad.

Ponte en marcha, solo. Todos los demás solitarios irán a tu lado, aunque no los veas. Cada cual creerá ir solo, pero formaréis batallón sagrado: el batallón de la santa e inacabable cruzada.

Tú no sabes bien, mi buen amigo, cómo los solitarios todos, sin conocerse, sin mirarse a las caras, sin saber los unos los nombres de los otros, caminan juntos y prestándose mutua ayuda. Los otros hablan unos de otros, se dan las manos, se felicitan mutuamente, se bombean y se denigran, murmuran entre sí y va cada cual por su lado. Y huyen del sepulcro.

Tú no perteneces al cotarro, sino al batallón de los libres cruzados. ¿Por qué te asomas a las tapias del cotarro a oír lo que en él se cacarea? ¡No, amigo mío, no! Cuando pases junto a un cotarro tápate los oídos, lanza tu palabra y sigue adelante, camino del sepulcro. Y que en esa palabra vibren toda tu sed, toda tu hambre, toda tu morriña, todo tu amor.

Si quieres vivir de ellos, vive para ellos. Pero entonces, mi pobre amigo, te habrás muerto.

Me acuerdo de aquella dolorosa carta que me escribiste cuando estabas a punto de sucumbir, de derogar, de entrar en la cofradía. Vi entonces cómo te pesaba tu soledad, esa soledad que debe ser tu consuelo y tu fortaleza.

Llegaste a lo más terrible, a lo más desolador; llegaste al borde del precipicio de tu perdición: llegaste a dudar de tu soledad, llegaste a creerte en compañía. «¿No será —me decías— una mera cavilación, un fruto de soberbia, de petulancia, tal vez de locura esto de creerme solo? Porque yo, cuando me sereno, me veo acompañado y recibo cordiales apretones de manos, voces de aliento, palabras de simpatía, todo género de muestras de no encontrarme solo, ni mucho menos.» Y por aquí seguías. Y te vi engañado y perdido, te vi huyendo del sepulcro.

No, no te engañas en los accesos de tu fiebre, en las agonías de tu sed, en las congojas de tu hambre; estás solo, eternamente solo. No solo son mordiscos los mordiscos que como tales sientes; lo son también los que como besos. Te silban los que aplauden, te quieren detener en tu marcha al sepulcro los que gritan: ¡adelante! Tápate los oídos. Y ante todo cúrate de una afección terrible que, por mucho que te la sacudas, vuelve a ti con terquedad de mosca: cúrate de la afección de preocuparte cómo aparezcas a los demás. Cuídate solo de cómo aparezcas ante Dios, cuídate de la idea que de ti Dios tenga.

Estás solo, mucho más solo de lo que te figuras, y aun así no estás sino en camino de la absoluta, de la completa, de la verdadera soledad. La absoluta, la completa, la verdadera soledad consiste en no estar ni aun consigo mismo. Y no estarás de veras completa y absolutamente solo hasta que no te despojes de ti mismo, al borde del sepulcro. ¡Santa Soledad!

* * *

Todo esto dije a mi amigo y él me contestó en una larga carta, llena de un furioso desaliento, estas palabras: «Todo eso que me dices está muy bien, está bien, no está mal; pero ¿no te parece que en vez de ir a buscar el sepulcro de Don Quijote y rescatarlo de bachilleres, curas, barberos, canónigos y duques, debíamos ir a buscar el sepulcro de Dios y rescatarlo de creyentes e incrédulos, de ateos y deístas, que lo ocupan, y esperar allí dando voces de suprema desesperación, derritiendo el corazón en lágrimas, a que Dios resucite y nos salve de la nada?».

# PRIMERA PARTE

## Capítulo primero

### Que trata de la condición y ejercicio del famoso hidalgo Don Quijote de la Mancha

Nada sabemos del nacimiento de Don Quijote, nada de su infancia y juventud, ni de cómo se fraguara el ánimo del Caballero de la Fe, del que nos hace con su locura cuerdos. Nada sabemos de sus padres, linaje y abolengo, ni de cómo hubieran ido asentándosele en el espíritu las visiones de la asentada llanura manchega en que solía cazar; nada sabemos de la obra que hiciese en su alma la contemplación de los trigales salpicados de amapolas y clavellinas; nada sabemos de sus mocedades.

Se ha perdido toda memoria de su linaje, nacimiento, niñez y mocedad; no nos la ha conservado ni la tradición oral ni testimonio alguno escrito y, si alguno de estos hubo, hase perdido o yace en polvo secular. No sabemos si dio o no muestras de su ánimo denodado y heroico ya desde tierno infante, al modo de esos santos de nacimiento que ya desde mamoncillos no maman los viernes y días de ayuno, por mortificación y dar buen ejemplo.

Respecto a su linaje, declaró él mismo a Sancho, departiendo con este después de la conquista del yelmo de Mambrino, que si bien era «hijodalgo de solar conocido, de posesión y propiedad y de devengar quinientos sueldos» no descendía de reyes, aunque, no obstante ello, el sabio que escribiese su historia podría deslindar de tal modo su parentela y descendencia que le hallase ser quinto o sexto nieto de rey. Y de hecho no hay quien, a la larga, no descienda de reyes, y de reyes destronados. Mas él era de los linajes que son y no fueron. Su linaje empieza en él.

Es extraño, sin embargo, cómo los diligentes rebuscadores que se han dado con tanto ahínco a escudriñar la vida y milagros de nuestro Caballero no han llegado aún a pesquisar huellas de tal linaje, y más ahora en que tanto peso se atribuye en el destino de un hombre a eso de su herencia. Que Cervantes no lo hiciera no nos ha de sorprender, pues al fin creía que es cada cual hijo de sus obras y que se va haciendo según vive y obra; pero que no lo hagan estos inquiridores que para explicar el ingenio de un héroe husmean si fue su padre gotoso, catarroso o tuerto, me choca mucho, y solo me lo explico suponiendo que viven en la tan esparcida cuanto nefanda creencia de que Don Quijote no es sino ente ficticio y fantástico, como si fuera hacedero a humana fantasía el parir tan estupenda figura.

Aparécesenos el hidalgo cuando frisaba en los cincuenta años, en un lugar de La Mancha, pasándolo pobremente con una «olla de algo más vaca que carnero, salpicón las más noches, duelos y quebrantos los sábados, lentejas los viernes, algún palomino de añadidura los domingos», lo cual todo consumía «las tres partes de su hacienda», acabando de concluirla «sayo de velarte, calzas de velludo para las fiestas, con sus pantuflos de lo mesmo y los días de entresemana [...] vellorí de lo más fino». En un parco comer se le iban las tres partes de sus rentas, en un modesto vestir la otra cuarta. Era, pues, un hidalgo pobre, un hidalgo de gotera acaso, pero de los de lanza en astillero.

Era hidalgo pobre, mas a pesar de ello, hijo de bienes, porque como decía su contemporáneo el Dr. D. Juan Huarte en el capítulo XVI de su *Examen de ingenios para las ciencias*, «la ley de la Partida dice que hijodalgo quiere decir hijo de bienes; y si se entiende de bienes temporales, no tiene razón, porque hay infinitos hijosdalgo; pero si se quiere decir hijo de bienes que llamamos virtud, tiene la misma significación que dijimos». Y Alonso Quijano era hijo de bondad.

En esto de la pobreza de nuestro hidalgo estriba lo más de su vida, como de la pobreza de su pueblo brota el manantial de sus vicios y a la par de sus virtudes. La tierra que alimentaba a Don Quijote es una tierra pobre, tan desollada por seculares chaparrones que por dondequiera afloran a ras de ella sus entrañas berroqueñas. Basta ver cómo van por los inviernos sus ríos, apretados a largos trechos entre tajos, hoces y congostos y llevándose al mar en sus aguas fangosas el rico mantillo que habría de dar a la tierra su verdura. Y esta pobreza del suelo hizo a sus moradores andariegos, pues o tenían que ir a buscarse el pan a luengas tierras, o bien tenían que ir guiando a las ovejas de que vivían, de pasto en pasto. Nuestro hidalgo hubo de ver, año tras año, pasar a los pastores pastoreando sus merinas, sin hogar asentado, a la de Dios nos valga, y acaso viéndolos así soñó alguna vez con ver tierras nuevas y correr mundo.

Era pobre, «de complexión recia, seco de carnes, enjuto de rostro, gran madrugador y amigo de la caza». De lo cual se saca que era de temperamento colérico, en el que predominan calor y sequedad, y quien lea el ya citado *Examen de ingenios* que compuso el Dr. D. Juan Huarte, dedicándoselo a S. M. el rey don Felipe II, verá cuán bien cuadra a Don Quijote lo que de los temperamentos calientes y secos dice el ingenioso físico. De este mismo temperamento era también aquel caballero de Cristo, Íñigo de Loyola, de quien tendremos mucho que decir aquí y de quien el P. Pedro de Rivadeneira* en la vida que de él compuso, y en el capítulo V del libro V de ella nos dice que era muy cálido de complexión y muy colérico, aunque venció luego la cólera, quedándose «con el vigor y brío que ella suele dar, y que era menester para la ejecución de las cosas que trataba». Y es natural que Loyola fuese del mismo temperamento que Don Quijote, porque había de ser capitán de una milicia, y su arte, arte militar. Y hasta en los más pequeños pormenores se anunciaba lo que había de ser, pues al descubrirnos la estatura y disposición de su cuerpo en el capítulo XVIII del libro IV nos dice el citado padre, su historiador, que tenía la frente ancha y desarrugada y una calva de muy

* Le llamo «P.», es decir, «padre», por acomodarme al uso, o sea abuso, común en casos tales, y aunque sé que Cristo Jesús dijo: «No os llaméis padre en la tierra; pues uno solo es vuestro padre, el que está en los cielos» (Mt XXIII, 9).

venerable aspecto. La que consuena con la cuarta señal que pone el Dr. Huarte para conocer al que tenga ingenio militar, y es tener la cabeza calva, y «está la razón muy clara», dice, añadiendo: «Porque esta diferencia de imaginativa reside en la parte delantera de la cabeza, como todas las demás, y el demasiado calor quema el cuero de la cabeza y cierra los caminos por donde han de pasar los cabellos; allende que la materia de que se engendra, dicen los médicos que son los excrementos que hace el cerebro al tiempo de su nutrición, y con el gran fuego que allí hay, todos se gastan y consumen y así falta materia de que poderse engendrar». De donde yo deduzco, aunque el puntualísimo historiador de Don Quijote no nos lo diga, que este era también de frente ancha, espaciosa y desarrugada, y además calvo.

Era Don Quijote amigo de la caza, en cuyo ejercicio se aprenden astucias y engaños de guerra, y así es como tras las liebres y perdices corrió y recorrió los aledaños de su lugar, y debió de recorrerlos solitario y escotero bajo la tersura sin mancha de su cielo manchego.

Era pobre y ocioso; ocioso estaba los más ratos del año. Y nada hay en el mundo más ingenioso que la pobreza en la ociosidad. La pobreza le hacía amar la vida, apartándole de todo hartazgo y nutriéndole de esperanzas, y la ociosidad debió de hacerle pensar en la vida inacabable, en la vida perpetuadora. ¡Cuántas veces no soñó en sus mañaneras cacerías con que su nombre se desparramara en redondo por aquellas abiertas llanuras y rodeara ciñendo a los hogares todos y resonase en la anchura de la tierra y de los siglos! De sueños de ambición apacentó su ociosidad y su pobreza, y, despegado del regalo de la vida, anheló inmortalidad no acabadera.

En aquellos cuarenta y tantos años de su oscura vida, pues frisaba esta en los cincuenta cuando entró en obra de inmortalidad nuestro hidalgo, en aquellos cuarenta y tantos años, ¿qué había hecho fuera de cazar y administrar su hacienda? En las largas horas de su lenta vida, ¿de qué contemplaciones nutrió su alma? Porque era un contemplativo, ya que solo los contemplativos se aprestan a una obra como la suya.

Adviértase que no se dio al mundo y a su obra redentora hasta frisar en los cincuenta, en bien sazonada madurez de vida. No floreció, pues, su locura hasta que su cordura y su bondad hubieron sazonado bien. No fue un muchacho que se lanzara a tontas y a locas a una carrera mal conocida, sino un hombre sesudo y cuerdo que enloquece de pura madurez de espíritu.

La ociosidad y un amor desgraciado de que hablaré más adelante le llevaron a darse a leer libros de caballerías «con tanta afición y gusto que olvidó casi de todo punto el ejercicio de la caza y aun la administración de su hacienda» y hasta «vendió muchas hanegas de tierra de sembradura para comprar libros de caballerías», pues no solo de pan vive el hombre. Y apacentó su corazón con las hazañas y proezas de aquellos esforzados caballeros que, desprendidos de la vida que pasa, aspiraron a la gloria que queda. El deseo de la gloria fue su resorte de acción.

«Y así del poco dormir y del mucho leer se le secó el cerebro de manera que vino a perder el juicio.» En cuanto a lo de secársele el cerebro, el Dr. Huarte, de quien dije, nos dice en el capítulo I de su obra que el entendimiento pide «que el cerebro sea seco y compuesto de partes sutiles y muy delicadas» y, por lo que hace a la pérdida del juicio, nos habla de Demócrito Abderita, «el cual vino a tanta pujanza de entendimiento, allá en la vejez, que se le perdió la imaginativa, por la cual razón comenzó a hacer y decir dichos y sentencias tan fuera de término que toda la ciudad de Abdera le tuvo por loco», mas al ir a verle y curarle Hipócrates se encontró con que era «el hombre más sabio que había en el mundo», y los locos y desatinados los que le hicieron ir a curarle. Y fue la ventura de Demócrito —agrega el Dr. Huarte— que todo cuanto razonó con Hipócrates «en aquel breve tiempo fueron discursos de entendimiento, y no de la imaginativa, donde tenía la lesión». Y así se ve también en la vida de Don Quijote que, en oyéndole discursos de entendimiento, teníanle todos por hombre discretísimo y muy cuerdo, mas en llegando a los de imaginativa, donde tenía la lesión, admirábanse todos de su locura, locura verdaderamente admirable.

«Vino a perder el juicio.» Por nuestro bien lo perdió para dejarnos eterno ejemplo de generosidad espiritual. Con juicio, ¿hubiera sido tan heroico? Hizo en aras de su pueblo el más grande sacrificio: el de su juicio. Llenósele la fantasía de hermosos desatinos, y creyó ser verdad lo que es solo hermosura. Y lo creyó con fe tan viva, con fe engendradora de obras, que acordó poner en hecho lo que su desatino le mostraba, y en puro creerlo hízolo verdad. «En efecto, rematado ya su juicio, vino a dar en el más extraño pensamiento que jamás dio loco en el mundo, y fue que le pareció convenible y necesario, así para el aumento de su honra como para el servicio de su república, hacerse caballero andante e irse por todo el mundo con sus armas y caballo a buscar las aventuras y a ejercitarse en todo aquello que él había leído, que los caballeros andantes se ejercitaban, deshaciendo todo género de agravio y poniéndose en ocasiones y peligros, donde acabándolos cobrase eterno nombre y fama.» En esto de cobrar eterno nombre y fama estribaba lo más de su negocio; en ello el aumento de su honra primero y el servicio de su república después. Y su honra, ¿qué era? ¿Qué era eso de la honra de que andaba entonces tan llena nuestra España? ¿Qué es sino un ensancharse en espacio y prolongarse en tiempo de personalidad? ¿Qué es sino darnos a la tradición para vivir en ella y así no morir del todo? Podrá ello parecer egoísta, y más noble y puro buscar el servicio de la república primero, si no únicamente, por lo de buscad el reino de Dios y su justicia, buscarlo por amor al bien mismo, pero ni los cuerpos pueden menos de caer a la tierra, pues tal es su ley, ni las almas menos de obrar por ley de gravitación espiritual, por ley de amor propio y deseo de honra. Dicen los físicos que la ley de la caída es ley de atracción mutua, atrayéndose una a otra la piedra que cae sobre la tierra y la tierra que sobre aquella cae, en razón inversa a su masa, y así entre Dios y el hombre es también mutua la atracción. Y si Él nos tira a Sí con infinito tirón, también nosotros tiramos de Él. Su cielo padece fuerza. Y es Él para nosotros, ante todo y sobre todo, el eterno productor de inmortalidad.

El pobre e ingenioso hidalgo no buscó provecho pasajero ni regalo de cuerpo, sino eterno nombre y fama, poniendo así su nombre sobre sí mismo. Sometiose a su propia idea, al Don Quijote eterno, a la memoria que de él quedase. «Quien pierda su alma la ganará», dijo Jesús; es decir, ganará su alma perdida y no otra cosa. Perdió Alonso Quijano el juicio, para ganarlo en Don Quijote: un juicio glorificado.

«Imaginábase el pobre ya coronado por el valor de su brazo, por lo menos del imperio de Trapisonda [...] y se dio priesa a poner en efecto lo que deseaba.» No fue un contemplativo tan solo, sino que pasó del soñar a poner por obra lo soñado. «Y lo primero que hizo fue limpiar unas armas que habían sido de sus bisabuelos», pues salía a luchar a un mundo para él desconocido, con armas heredadas que «luengos siglos había que estaban puestas y olvidadas en un rincón». Mas antes limpió las armas

*que el orín de la paz gastado había*

CAMOENS, *Os Lusiadas*, VI, 22

y se arregló una celada de encaje con cartones, y todo lo demás que sabéis de cómo lo probó sin querer repetir la probatura, en lo que mostró lo cuerda que su locura era. «Fue luego a ver a su rocín» y engrandeciolo con los ojos de la fe y le puso nombre. Y luego se lo puso a sí mismo, nombre nuevo, que convenía a su renovación interior, y se llamó Don Quijote y con este nombre ha cobrado eternidad de fama. E hizo bien en mudar de nombre, pues con el nuevo llegó a ser de veras hidalgo, si nos atenemos a la doctrina del dicho Dr. Huarte, que en la ya citada obra nos dice así: «El español que inventó este nombre, hijodalgo, dio bien a entender [...] que tienen los hombres dos géneros de nacimiento. El uno es natural, en el cual todos son iguales, y el otro, espiritual. Cuando el hombre hace algún hecho heroico o alguna extraña virtud y hazaña, entonces nace de nuevo y cobra otros mejores padres, y pierde el ser que antes tenía. Ayer se llamaba hijo de Pedro y nieto de Sancho; ahora se llama hijo de sus obras. De donde tuvo origen el refrán castellano que dice: cada uno es hijo de sus obras, y porque las buenas y virtuosas llama la Divina Escritura algo, y los vicios y pecados nada, compuso este nombre, hijodalgo, que quiere decir ahora descendiente del que hizo alguna extraña virtud...». Y así Don Quijote, descendiente de sí mismo, nació en espíritu al decidirse a salir en busca de aventuras, y se puso nuevo nombre a cuenta de las hazañas que pensaba llevar a cabo.

Y después de esto buscó dama de quien enamorarse. Y en la imagen de Aldonza Lorenzo, «moza labradora de muy buen parecer de quien él un tiempo anduvo enamorado, aunque según se entiende ella jamás lo supo ni se dio cata de ello», encarnó la Gloria y la llamó Dulcinea del Toboso.

## Capítulo II

### Que trata de la primera salida que de su tierra hizo el ingenioso Don Quijote

«Y así, sin dar parte a persona alguna de su intención, y sin que nadie le viese, una mañana antes del día [...] se armó de todas sus armas, subió sobre su Rocinante [...] y por la puerta falsa de un corral salió al campo con grandísimo contento y alborozo de ver con cuánta facilidad había dado principio a su buen deseo.» Así, solo, sin ser visto, por puerta falsa de corral, como quien va a hacer algo vedado, se echó al mundo. ¡Singular ejemplo de humildad! El caso es que por cualquier puerta se sale al mundo, y cuando uno se apresta a una hazaña no debe pararse en por qué puerta ha de salir.

Mas pronto cayó en la cuenta de que no era armado caballero, y él, sumiso a la tradición siempre, «propuso de hacerse armar caballero del primero que topase». Porque no iba al mundo a derogar ley alguna, sino a hacer que se cumplieran las de la caballerosidad y la justicia.

¿No os recuerda esta salida la de aquel otro caballero, de la Milicia de Cristo, Íñigo de Loyola, que después de haber procurado en sus mocedades «de aventajarse sobre todos sus iguales y de alcanzar fama de hombre valeroso, y honra y gloria militar», y aun en los comienzos de su conversión, cuando se disponía a ir a Italia, siendo «muy atormentado de la tentación de la vanagloria», y habiendo sido, antes de convertirse, «muy curioso y amigo de leer libros profanos de caballerías», cuando después de herido en Pamplona leyó la vida de Cristo, y las de los santos, comenzó a «trocársele el corazón y a querer imitar y obrar lo que leía»? Y así, una mañana, sin hacer caso de los consejos de sus hermanos, «púsose en camino acompañado de dos criados» y emprendió su vida de aventuras en Cristo, poniendo en un principio «todo su cuidado y conato en hacer cosas grandes y muy dificultosas [...] y esto no por otra razón sino porque los santos que él había tomado por su dechado y ejemplo habían echado por este camino». Así nos lo cuenta el P. Pedro de Rivadeneira en los capítulos I, III y X del libro I de su *Vida del bienaventurado padre Ignacio de Loyola*, obra que apareció en romance castellano el año 1583, y era una de las que figuraban en la librería de Don Quijote, que la leyó, y una de las que en el escrutinio que de la tal librería hicieron el cura y el barbero fue indebidamente al fuego del corral, por no haber ellos reparado en ella, que a haberla descubierto habríala el cura respetado y puesto sobre su cabeza. Y de que no reparó en ella es buena prueba el que Cervantes no la cita.

Resuelto Don Quijote a hacerse armar caballero del primero que topase, «se quietó y prosiguió su camino, sin llevar otro que aquel que su caballo quería, creyendo que en aquello consistía la fuerza de las aventuras». Y creyendo muy bien al creer así. Su heroico espíritu igual habría de ejercerse en una que otra aventura; en la que Dios tuviese a bien depararle. Como Cristo Jesús, de quien fue siempre Don Quijote un fiel discípulo, estaba a lo que la ventura de los caminos le trajese. El divino Maestro, yendo a despertar de su mortal sueño a la hija de Jairo, se detuvo con la mujer de la hemorragia. Lo más urgente es lo de ahora y lo de aquí; en el momento que pasa y en el reducido lugar que ocupamos están nuestra eternidad y nuestra infinitud.

Se deja llevar de su caballo el Caballero, al azar de los senderos de la vida. ¿Qué menos daba esto si era siempre la misma y siempre fija su alma heroica? Salía al mundo a enderezar los entuertos que al encuentro le salieran, mas sin plan previo, sin programa alguno reformatorio. No salía a él a aplicar ordenamientos de antemano trazados, sino a vivir conforme a como los caballeros andantes habían vivido; su dechado eran vidas creadas y narradas por el arte, no sistemas armados y explicados por ciencia alguna. A lo que conviene añadir, además, que por entonces no había aún esta cosa que llamamos ahora sociología, por llamarla de algún modo.

Y conviene veamos también en esto de dejarse llevar del caballo uno de los actos de más profunda humildad y obediencia a los designios de Dios. No escojía, como soberbio, las aventuras, ni iba a hacer esto o lo otro, sino lo que el azar de los caminos le deparase y, como el instinto de las bestias depende de la voluntad divina más directamente que nuestro libre albedrío, de su caballo se dejaba guiar. También Íñigo de Loyola, en famosa aventura, de que hablaremos, se dejó guiar de la inspiración de su cabalgadura.

Esto de la obediencia de Don Quijote a los designios de Dios es una de las cosas que más debemos observar y admirar en su vida. Su obediencia fue de la perfecta, de la que es ciega, pues jamás se le ocurrió pararse a pensar si era o no acomodada a él la aventura que se le presentase; se dejó llevar, como según Loyola debe dejarse llevar el perfecto obediente, como un báculo en mano de un viejo, o «como un pequeño crucifijo que se deja volver de una parte a otra sin dificultad alguna».

«Yendo, pues, caminando nuestro flamante aventurero, iba hablando consigo mesmo y diciendo: ¿quién duda sino que en los venideros tiempos, cuando salga a luz la verdadera historia de mis famosos hechos...», y todo lo demás que, según nos cuenta Cervantes, iba diciéndose Don Quijote. Cuya locura tira siempre a su centro, a buscar eterno nombre y fama, a que se escriba su historia en los venideros tiempos. Fue el fondo de pecado, es decir, la raíz hondamente humana, de su generosa empresa, la de buscar nombre y fama en ella, la de emprenderla por la gloria. Pero ese mismo fondo de pecado la hizo, ¡es natural!, entrañadamente humana. Toda la vida heroica o santa corrió siempre en pos de la gloria, temporal o eterna, terrena o celestial. No creáis a quienes os digan que buscan el bien por el bien mismo, sin esperanza de recompensa; de ser ello verdad, serían sus almas como cuerpos sin peso, puramente aparenciales. Para conservar y acrecentar la especie humana se nos dio el instinto y sentimiento del amor entre mujer y hombre; para enriquecerla con grandes obras se nos dio la ambición de gloria. Lo sobrehumano de la perfección toca en lo inhumano, y en ello se hunde.

Y entre los disparates que en este acto de su primera salida iba nuestro caballero ensartando, fue de lo primero acordarse de la princesa Dulcinea, de la Gloria, que le hizo el agravio de despedirle y reprocharle con el riguroso afincamiento de mandarle no parecer ante la su fermosura. La gloria es conquistadera, mas con harto trabajo, y el buen hidalgo, impaciente como novicio, se desesperaba de haber caminado todo aquel día «sin acontecerle cosa que de contar fuese». No te desespere eso, buen caballero: lo heroico es abrirse a la gracia de los sucesos que nos sobrevengan, sin pretender forzarlos a venir.

Mas al caer de este primer día de su carrera de gloria «vio, no lejos del camino por donde iba, una venta», llegando a ella «a tiempo que anochecía». Y las primeras personas con que topó en el mundo fueron «dos mujeres mozas, destas que llaman del partido»; el encuentro con dos pobres rameras fue su primer encuentro en su ministerio heroico. Mas a él le parecieron «dos hermosas doncellas o dos graciosas damas, que delante de la puerta del castillo (pues por tal tuvo a la venta) se estaban solazando». ¡Oh poder redentor de la locura! A los ojos del héroe las mozas del partido aparecieron como hermosas doncellas; su castidad se proyecta a ellas y las castiga y depura. La limpieza de Dulcinea las cubre y limpia a los ojos de Don Quijote.

Y en esto un porquero tocó un cuerno para recojer sus puercos, y lo tomó Don Quijote por señal de algún enano, y se llegó a la venta y a las trasfiguradas mozas. Llenas estas de miedo —¿y qué sino miedo ha de criar en ellas su desventurado oficio?— se iban a entrar en la venta, cuando el Caballero, alzada la visera de papelón y, descubierto el seco y polvoroso rostro, les habló «con gentil talante y voz reposada» llamándolas doncellas. ¡Doncellas! ¡Santa limosna de la palabra! Pero ellas, al oírse llamar «cosa tan fuera de su profesión, no pudieron tener la risa, y fue de manera que Don Quijote vino a correrse».

He aquí la primera aventura del hidalgo, cuando responde la risa a su cándida inocencia, cuando, al verter sobre el mundo su corazón la pureza de que estaba henchido, recibe de rechazo la risa, matadora de todo generoso anhelo. Y ved que las desgraciadas se ríen precisamente del mayor honor que pudiera hacérseles. Y él, corrido, les reprendió su sandez, y arreciaron a reír ellas, y él a enojarse, y salió el ventero, «hombre que, por ser muy gordo, era muy pacífico», y le ofreció posada. Y ante la humildad del ventero humillose Don Quijote y se apeó. Y las mozas, reconciliadas con él, pusiéronse a desarmarle. Dos mozas del partido hechas por Don Quijote doncellas, ¡oh poder de su locura redentora!, fueron las primeras en servirle con desinteresado cariño.

Nunca fuera caballero
de damas tan bien servido.

Recordad a María de Magdalena lavando y ungiendo los pies del Señor y enjugándoselos con su cabellera acariciada tantas veces en el pecado; a aquella gloriosa Magdalena de que tan devota era Teresa de Jesús, según ella misma nos lo cuenta en el capítulo IX de su *Vida,* y a la que se encomendaba para que le alcanzase perdón.

El Caballero manifestó sus deseos de cumplir hazañas en servicio de aquellas pobres mozas, que aún aguardan el Don Quijote que enderece su entuerto. «Pero tiempo vendrá —les dijo— en que las vuestras señorías me manden y yo obedezca.» Y las mozas, «que no estaban hechas a oír semejantes retóricas», y sí soeces groserías, «no respondían palabra; solo le preguntaron si quería comer alguna cosa». Cesó la risa; sintiéronse mujeres las adoncelladas mozas del partido, y le preguntaron si quería comer. «Si quería comer...» Hay todo un misterio de la más sencilla ternura en este rasgo que Cervantes nos ha transmitido. Las pobres mozas comprendieron al Caballero calando hasta el fondo su niñez de espíritu, su inocencia heroica, y le preguntaron si quería comer. Fueron dos pobres pecadoras de por fuerza las primeras que se cuidaron de mantener la vida del heroico loco. Las adoncelladas mozas, al ver a tan extraño Caballero, debieron de sentirse conmovidas en lo más hondo de sus injuriadas entrañas, en sus entrañas de maternidad, y al sentirse madres, viendo en Don Quijote al niño, como las madres a sus hijos le preguntaron maternalmente si quería comer. Toda caridad de mujer, todo beneficio, toda limosna que rinde, lo hace por sentirse madre. Con alma de madres, preguntaron las mozas del partido a Don Quijote si quería comer. Ved, pues, si las adoncelló con su locura, pues que toda mujer, cuando se siente madre, se adoncella.

Si quería comer... «A lo que entiendo me haría mucho al caso —respondió Don Quijote—, [...] que el trabajo y peso de las armas no se puede llevar sin el gobierno de las tripas.» Y comió, y al oír, mientras comía, el silbato de cañas de un castrador de puercos, acabose de confirmar «que estaba en algún famoso castillo y que le servían con su música, y que el abadejo eran truchas; el pan, candeal y las rameras, damas, y el ventero, castellano del castillo, y con esto daba por bien empleada su determinación y salida». Con razón se dijo que nada hay imposible para el creyente, ni nada como la fe sazona y ablanda el pan más áspero y duro. «Mas lo que más le fatigaba era el no verse armado caballero, por parecerle que no se podría poner legítimamente en aventura alguna sin recibir la orden de caballería.» Y decidió hacerlo.

## Capítulo III

### Donde se cuenta la graciosa manera que tuvo Don Quijote en armarse caballero

Va Alonso Quijano a recibir su caballeresco bautismo como Don Quijote. Y así, ahincó ambos hinojos ante el ventero pidiéndole un don, que le fue otorgado, cual fue el de que le armara caballero, y prometiendo velar aquella noche las armas en la capilla del castillo. Y el ventero, «por tener qué reír aquella noche, determinó de seguirle el humor», por donde se ve que era uno de estos que toman al mundo en espectáculo, cosa natural en quien estaba hecho a tanto trajín y trasiego de yentes y vinientes. ¿Cómo no tomar en espectáculo el mundo que vive en el de una posada en donde nadie posa de veras? El tener que separarse de uno apenas conocido y tratado nos lleva a buscar que reír.

Era el ventero un hombre que había corrido mundo sembrando fechorías y cosechando prudencia. Y tan claveteada esta que al responder Don Quijote a una pregunta suya «que no traía blanca porque él nunca había leído en las historias de los caballeros andantes que ninguno los hubiese traído», le dijo se engañaba, «que puesto caso que en las historias no se escribía, por haberles parecido a los autores dellas que no era menester escribir una cosa tan clara y tan necesaria de traerse, como eran dineros y camisas limpias, no por eso se había de creer que no los trujeron; y así tuviese por cierto y averiguado que todos los caballeros andantes [...] llevaban bien herradas las bolsas por lo que pudiese sucederles». A lo cual prometió «Don Quijote de hacer lo que se le aconsejaba», pues era un loco muy razonable y ante la intimación de los dineros no hay locura que no se quiebre.

Pero ¿no vive el sacerdote del altar?, se dirá. Y ¿no es bien que de sus hazañas viva el hazañoso? ¡Dineros y camisas limpias! ¡Impurezas de la realidad! Impurezas de la realidad, sí, pero a las que tienen que acomodarse los héroes. También Íñigo de Loyola se esforzaba por vivir en verdadero caballero andante a lo divino, tornando, apenas salía de enfermedades, a sus acostumbradas asperezas de vida, «pero al fin la larga experiencia y un grave dolor de estómago que a menudo le saltaba —nos cuenta su historiador, lib. I, cap. IX— y la aspereza del tiempo, que era en medio del invierno, le ablandaron un poco para que obedeciese a los consejos de sus devotos y amigos; los cuales le hicieron tomar dos ropillas cortas, de un paño grosero y pardillo, para abrigar su cuerpo y del mismo paño una media caperuza para cubrir la cabeza».

Púsose luego Don Quijote a velar las armas en el patio de la venta, a la luz de la luna y espiado por los curiosos. Y entró un arriero a dar agua a su recua y quitó las armas que estaban sobre la pila, pues cuando hay que dar de beber a nuestra hacienda arrancamos cuanto nos estorbe llegar al manantial. Mas recibió su pago en un fuerte astazo de lanza que le derribó aturdido. Y a otro, que iba a lo mismo, acaeciole igual. Y a poco empezaron los demás arrieros a apedrear al Caballero, y él a dar voces llamándoles «soez y baja canalla» y los llamó «con tanto brío y denuedo» que logró atemorizarlos. Poned, pues, alma en vuestras voces, llamad con denuedo y brío canalla a los arrieros que arrancan de su reposadero las armas del ideal para poder abrevar sus recuas, y conseguiréis atemorizarlos.

El ventero, temeroso de otros males, abrevió la ceremonia, llevó un libro «donde asentaba la paja y cebada que daba a los arrieros, y con un cabo de vela que le traía un muchacho y con las dos ya dichas doncellas», hizo ponerse de rodillas a Don Quijote y leyendo una devota oración le dio un golpe y el espaldarazo. El libro en que asentaba la paja y cebada sirvió de evangelio ritual, y cuando el Evangelio se convierte en puro rito es lo mismo. Una de las mozas, la Tolosa, toledana, le ciñó la espada deseándole venturas en lides y él le rogó se pusiese «don» y se llamase doña Tolosa, y la otra moza, la Molinera, antequerana, le calzó la espuela «y le pasó casi el mismo coloquio» con ella. Y luego se salió sin que le pidieran la costa.

Ya le tenemos armado caballero por un bellaco que, harto de hurtar la vida a salto de mata, la asegura desvalijando a mansalva a los viandantes, y por dos rameras adoncelladas. Tales le entraron en el mundo de la inmortalidad, en que habían de reprenderle canónigos y graves eclesiásticos. Ellas, la Tolosa y la Molinera, le dieron de comer; ellas le ciñeron espada y le calzaron espuela, mostrándose con él serviciales y humildes. Humilladas de continuo en su fatal profesión, penetradas de su propia miseria y sin siquiera el orgullo hediondo de la degradación, fueron adoncelladas por Don Quijote y elevadas por él a la dignidad de doñas. Fue el primer entuerto del mundo enderezado por nuestro Caballero, y, como todos los demás que enderezó, torcido queda. ¡Pobres mujeres que sencillamente, sin ostentación cínica, doblan la cerviz a la necesidad del vicio y a la brutalidad del hombre, y para ganarse el pan se resignan a la infamia! ¡Pobres guardadoras de la virtud ajena, hechas sumideros de lujuria, que estancándose mancharía a las otras! Fueron las primeras en acojer al loco sublime; ellas le ciñeron espada, ellas le calzaron espuela, y de sus manos entró en el camino de la gloria.

Y aquella vela de armas, ¿no os recuerda la del caballero andante de Cristo, la de Íñigo de Loyola? También Íñigo, la víspera de la Navidad de 1522, veló sus armas ante el altar de Nuestra Señora de Monserrate. Oigámoslo al P. Rivadeneira (lib. I, cap. IV): «Como hubiese leído en sus libros de caballerías que los caballeros noveles solían velar sus armas, por imitar él, como caballero novel de Cristo, con espiritual representación, aquel hecho caballeroso y velar sus nuevas y al parecer pobres y flacas armas, mas en hecho de verdad muy ricas y fuertes, que contra el enemigo de nuestra naturaleza se había vestido, toda aquella noche, parte en pie, parte de rodillas, estuvo velando delante de la imagen de Nuestra Señora, encomendándose de todo corazón a ella, llorando amargamente sus pecados y proponiendo la enmienda de la vida para en adelante».

## Capítulo IV

### De lo que sucedió a nuestro caballero cuando salió de la venta

Salió de la venta Don Quijote y, acordándose de los consejos del sesudo ventero, determinó volverse a casa a proveerse de lo necesario y a tomar escudero. No era un necio que fuese a tiro hecho, sino un loco que admitía las lecciones de la realidad.

Y al volver a casa, «a acomodarse de todo», oyó voces salientes de la espesura de un bosque, y se entró por él y vio a un labrador que azotaba a un muchacho «desnudo de medio cuerpo arriba», reprendiéndole a cada golpe. Y al ver un castigo se sublevó el espíritu de justicia del Caballero e increpó al labrador que se tomaba con quien no podía defenderse, e invitole a luchar con él, por ser de cobardes lo que hacía. «Es un mi criado», respondió con buenas palabras el castigador, contando después cómo le perdía ovejas de la manada, y que al castigarle decía el criado lo hacía su amo por miserable, en lo que mentía, según el amo. «¿Miente delante de mí, ruin villano? —dijo Don Quijote—; por el sol que nos alumbra que estoy por pasaros de parte a parte con esta lanza; pagadle luego sin más réplica; si no, por el Dios que nos rige, que os concluya y aniquile en este punto. ¡Desatadlo luego!»

¿Mentir? ¿Mentir delante de Don Quijote? Ante él solo miente quien reprocha de mentira a otro, siempre que el reprochador sea el más fuerte. En el bajo y triste mundo no les queda de ordinario a los débiles otra defensa que la mentira contra la fortaleza de los fuertes, y así estos, los leones, han declarado nobles sus armas, las recias quijadas y las robustas garras y viles el veneno de la víbora, las patas veloces de la liebre, la astucia del zorro y la tinta del calamar, y vilísima la mentira, arma de quien no tiene otra a que acojerse. Pero ¿mentir ante Don Quijote, o, mejor dicho, mentir a solas con quien sabe la verdad? Quien miente es el fuerte, que, teniendo atado y azotando al débil, le echa en cara su mentira. ¿Miente? ¿Y por qué él, Juan Haldudo el rico, al ser cojido en flagrante delito, va a aumentarlo ejerciendo de acusador, de diablo? Todo amo que se toma la justicia por su mano tiene que hacer de diablo para poder tomársela e inventar imputaciones. Siempre el fuerte busca razones con que cohonestar sus violencias, cuando en rigor basta la violencia, que es razón de sí misma, y sobran las razones. Es preferible un pisotón a secas, cuando nos lo dan adrede, que no con un «usted dispense» de añadidura.

Bajó el rico labrador la cabeza —¿y qué iba a hacer ante la verdad que, armada de lanzón, le hablaba amenazadora?—, bajó la cabeza sin responder, desató al criado y ofreció, so pena de muerte, pagarle sesenta y tres reales cuando llegaran a casa, pues no tenía allí dinero. Resistiose el mozo a ir, por miedo a nueva paliza, mas Don Quijote replicó: «No hará tal, basta que yo se lo mande para que me tenga respeto, y con que él me lo jure por la ley de caballería que ha recibido, le dejaré ir libre y aseguraré la paga». Protestó el criado, diciendo no ser caballero su amo, sino Juan Haldudo el rico, vecino del Quintanar, a lo que respondió Don Quijote que puede haber Haldudos caballeros «y cada uno es hijo de sus obras». Lo de haberle tomado por caballero Don Quijote vino de que vio «tenía una lanza arrimada a la encina adonde estaba arrendada la yegua»; y ¿quiénes sino los caballeros usan lanza, ni cómo sino por ella va a conocérseles?

Notemos aquel «no hará tal, basta que yo se lo mande para que me tenga respeto», sentencia probadora de la honda fe del caballero en sí mismo, fe en que se ensalzaba, pues, no teniendo aún obras, creíase hijo de las que pensaba acometer y por las que cobraría eterno renombre y fama. Poco cristiano a primera vista lo de tener a un hijo de Dios por hijo de sus obras, mas es que el cristianismo de Don Quijote estaba más adentro, mucho más adentro, por debajo de gracia de fe y de mérito de obras, en la raíz común a la naturaleza y a la gracia.

Prometido, pues, por Juan Haldudo el rico, el pagar a su criado un real sobre otro y aun sahumados, sahumerio del que le hizo gracia Don Quijote, encomendándole cumpliera como juró, pues de otro modo juraba él volver a buscarlo y castigarle, pues tendría que hallarlo aunque se escondiese más que una lagartija; prometido así por Juan Haldudo, se apartó Don Quijote. Y cuando hubo traspuesto el bosque y ya no parecía, volviose el rico Haldudo a su criado, tornó a atarle a la encina y le hizo pagar cara la justicia de Don Quijote. Y con esto el criado «se partió llorando y su amo se quedó riendo; y desta manera deshizo el agravio el valeroso Don Quijote», agrega Cervantes maliciosamente. Y con él maliciarán cuantos hablan de lo contraproducente del ideal. Mas ahora, ¿ahora quién ríe y quién llora ahora? El caballero se fue su camino, lleno de fe, ponderando su hazaña y cómo «quitó el látigo de la mano a aquel despiadado enemigo que tan sin ocasión vapulaba a aquel delicado infante». Al cual le fue sin duda de mayor premio la segunda tanda de azotes con que le dejó por muerto su amo, que no la primera y sin duda muy merecida en justicia humana. Más le valieron y más le enseñaron aquellos segundos furiosos azotes que le hubieran valido y enseñado los sesenta y tres reales sahumados. Aparte de lo cual, tienen las aventuras todas de nuestro Caballero su flor en el tiempo y en la tierra, pero sus raíces en la eternidad, y en la eternidad y en los profundos, el entuerto del criado de Juan Haldudo el rico quedó muy bien y para siempre enderezado.

Siguió Don Quijote el camino que a Rocinante le placía, pues todos ellos llevan a la eternidad de la fama cuando el pecho alberga esforzado empeño. También Íñigo de Loyola, cuando, camino de Monserrate, se separó del moro con quien había disputado, determinó dejar a la cabalgadura en que iba la elección de camino y de porvenir. Y, yendo así Don Quijote, es cuando dio con aquel tropel de mercaderes toledanos que iban a comprar seda a Murcia. Y vio nueva aventura y se plantó ante ellos como Cervantes nos lo cuenta, y quiso hacerlos confesar, ¡a los mercaderes!, que «no hay en el mundo todo doncella más hermosa que la emperatriz de La Mancha, la sin par Dulcinea del Toboso».

Los corazones mezquinos, que solo miden la grandeza de las acciones humanas por el bajo provecho de la carne o el sosiego de la vida externa, alaban el intento de Don Quijote al querer hacer pagar a Haldudo el rico o al socorrer a menesterosos, pero no ven sino mera locura en esto de querer que los mercaderes confesasen, sin haberla nunca visto, la sin par hermosura de Dulcinea del Toboso. Y esta es, sin embargo, una de las más quijotescas aventuras de Don Quijote; es decir, una de las que más levantan el corazón de los redimidos por su locura. Aquí Don Quijote no se dispone a pelear por favorecer a menesterosos, ni por enderezar entuertos, ni por reparar injusticias, sino por la conquista del reino espiritual de la fe. Quería hacer confesar a aquellos hombres, cuyos corazones amonedados solo veían el reino material de las riquezas, que hay un reino espiritual y redimirlos así, a pesar de ellos mismos.

Los mercaderes no se rindieron a primeras, y duros de pelar, acostumbrados a la risa y al regateo, regatearon la confesión, disculpándose con no conocer a Dulcinea. Y aquí Don Quijote monta en quijotería y exclama: «Si os la mostrara, ¿qué hiciérades vosotros en confesar una verdad tan notoria? La importancia está en que sin verla lo habéis de creer, confesar, afirmar, jurar y defender». ¡Admirable caballero de la fe! ¡Y cuán hondo su sentido de esta! Era de su pueblo, que fue también tizona en la diestra y en la siniestra el Cristo, a hacer confesar a remotas gentes un credo que no conocían. Solo que alguna vez cambió de manos y erigió en alto la espada y golpeó con el crucifijo. «Gente descomunal y soberbia», llamó con razón Don Quijote a los mercaderes toledanos, pues ¿cuál mayor soberbia que negarse a confesar, afirmar, jurar y defender la hermosura de Dulcinea, sin haberla visto? Mas ellos, retusos en la fe, insistieron, y como los contumaces judíos, que pedían al Señor señales, pidieron al Caballero les mostrase algún retrato de aquella señora, aunque fuera «tamaño como un grano de trigo» y, añadiendo a la contumacia protervia, blasfemaron.

Blasfemaron, suponiendo a la sin par Dulcinea, lucero de nuestras andanzas por sobre los senderos de esta baja vida, consuelo en las adversidades, manadero de acometedores bríos, doncella engendradora de altas empresas, por quien es llevadera la vida y vividora la muerte; supusieron a la sin par Dulcinea «tuerta de un ojo y que del otro le mana bermellón y piedra azufre». «No le mana, canalla infame —respondió Don Quijote, encendido en cólera—, no le mana, digo, eso que decís, sino ámbar y algalia entre algodones, y no es tuerta ni corcovada, sino más derecha que un huso de Guadarrama.» ¡No le mana!, ¡no le mana! —repitamos nosotros todos—, ¡no le mana!, ¡no le mana!, infames mercaderes; ¡no le mana sino ámbar y algalia entre algodones! Ámbar mana de los ojos de la Gloria que con ellos nos mira, infames mercaderes.

Y para hacerles pagar, y cara, tan gran blasfemia, arremetió Don Quijote con la lanza baja contra el que lo había dicho «con tanta furia y enojo que, si la buena suerte no hiciera que en la mitad del camino tropezara y cayera Rocinante, lo pasara mal el atrevido mercader».

Ya está en el suelo Don Quijote, gustando con sus cestillas la dureza de la madre tierra; es su primera caída. Parémonos a considerarla. «Cayó Rocinante, y fue rodando su amo una buena pieza por el campo, y, queriéndose levantar, jamás pudo: tal embarazo le causaban la lanza, adarga, espuelas y celada con el peso de las antiguas armas». Ya diste en tierra, mi señor Don Quijote, por fiar en tu propia fortaleza y en la fortaleza de aquel rocín a cuyo instinto fiabas tu camino. Tu presunción te ha perdido: el creerte hijo de tus obras. Ya diste en tierra, mi pobre hidalgo, y en ella tus armas antes te sirven de embarazo que de ayuda. Mas no te importe, pues tu triunfo fue siempre el de osar y no el de cobrar suceso. La que llaman victoria los mercaderes era indigna de ti; tu grandeza estribó en no reconocer nunca tu vencimiento. Sabiduría del corazón y no ciencia de la cabeza es la de saber ser derrotado y usar de la derrota. Hoy son los mercaderes toledanos los que están en derrota y en gloria tú, noble Caballero.

Y desde el suelo, tendido en él y pugnando por levantarte, aún los denostabas llamándolos «gente cobarde, gente cautiva», y haciéndoles ver que no por tu culpa, sino por la de tu caballo, estabas allí tendido. Tal nos sucede a nosotros, tus creyentes: no por nuestra culpa, sino por la culpa de los rocines que nos llevan por los senderos de la vida, estamos tendidos y sin poder levantarnos, pues nos embaraza para hacerlo el peso de la antigua armadura que nos cubre. ¿Quién nos desnudará de ella?

Y llegó un mozo de mulas, «que no debía de ser muy bienintencionado», según Cervantes, «y oyendo decir al pobre caído tantas arrogancias no lo pudo sufrir sin darle la respuesta en las costillas» y le molió a palos «hasta envidar todo el resto de su cólera» y sin hacer caso a las voces de sus amos de que le dejase. Ahora, ahora que estás tendido y sin poder levantarte, mi señor Don Quijote, ahora viene el mozo de mulas, peor intencionado que los mercaderes a que sirve, y te da de palos. Pero tú, sin par Caballero, molido y casi deshecho, tiéneste por dichoso, pareciéndote ser esa «propia desgracia de caballeros andantes», y con este tu parecer encumbras tu derrota, transmudándola en victoria. ¡Ah, si nosotros, tus fieles, nos tuviésemos por dichosos de haber sido molidos a palos, desgracia propia de caballeros andantes! Más vale ser león muerto que no perro vivo.

Esta aventura de los mercaderes trae a mi memoria aquella otra del caballero Íñigo de Loyola, que nos cuenta el P. Rivadeneira en el capítulo III del libro I de su *Vida,* cuando yendo Ignacio camino de Monserrate «topó acaso con un moro de los que en aquel tiempo quedaban en España en los reinos de Valencia y Aragón» y «comenzaron a andar juntos, y a trabar plática, y de una en otra vinieron a tratar de la virginidad y pureza de la gloriosísima Virgen Nuestra Señora». Y tal se puso la cosa que Íñigo, al separarse del moro, quedó «muy dudoso y perplejo en lo que había de hacer; porque no sabía si la fe que profesaba y la piedad cristiana le obligaba a darse priesa tras el moro, y alcanzarle y darle de puñaladas por el atrevimiento y osadía que había tenido de hablar tan desvergonzadamente en desacato de la bienaventurada siempre Virgen sin mancilla». Y, al llegar a una encrucijada, se le dejó a la cabalgadura, según el camino que tomase, o para buscar al moro y matarle a puñaladas o para no hacerle caso. Y Dios quiso iluminar a la cabalgadura, y «dejando el camino ancho y llano por do había ido el moro, se fue por el que era más a propósito para Ignacio». Y ved cómo se debe la Compañía de Jesús a la inspiración de una caballería.

## Capítulo V

### Donde se prosigue la narración de la desgracia de nuestro caballero

Tendido Don Quijote en tierra se acojió a uno de los pasos de sus libros, como a pasos de los nuestros nos acojemos en nuestra derrota, y comenzó a revolcarse por tierra y a recitar coplas. En lo cual debemos ver algo así como cierta deleitación en la derrota y un convertir a esta en sustancia caballeresca. ¿No nos está pasando lo mismo en España? ¿No nos deleitamos en nuestra derrota y sentimos cierto gusto, como el de los convalecientes, en la propia enfermedad?

Y acertó a pasar Pedro Alonso, un labrador vecino suyo, que le levantó del suelo, le reconoció, le recojió y le llevó a su casa. Y no se entendieron en el camino, en la plática que hubieron entre ambos, plática de que sin duda tuvo noticia Cervantes por el mismo Pedro Alonso, varón sencillo y de escasas comprendederas. Y en esta plática es cuando Don Quijote pronunció aquella sentencia tan preñada de sustancia, que dice: «¡Yo sé quién soy!».

Sí, él sabe quién es y no lo saben ni pueden saberlo los piadosos Pedros Alonsos. «¡Yo sé quién soy!», dice el héroe, porque su heroísmo le hace conocerse a sí propio. Puede el héroe decir: «Yo sé quién soy», y en esto estriba su fuerza y su desgracia a la vez. Su fuerza, porque, como sabe quién es, no tiene por qué temer a nadie, sino a Dios, que le hizo ser quien es; y su desgracia, porque solo él sabe, aquí en la tierra, quién es él y, como los demás no lo saben, cuanto él haga o diga se les aparecerá como hecho o dicho por quien no se conoce, por un loco.

Cosa tan grande como terrible la de tener una misión de que solo es sabedor el que la tiene y no puede a los demás hacerles creer en ella: la de haber oído en las reconditeces del alma la voz silenciosa de Dios, que dice: «Tienes que hacer esto», mientras no les dice a los demás: «Este mi hijo que aquí veis tiene esto que hacer». Cosa terrible haber oído: «Haz eso; haz eso que tus hermanos, juzgando por la ley general que os rijo, estimarán desvarío o quebrantamiento de la ley misma; hazlo, porque la ley suprema soy Yo, que te lo ordeno». Y como el héroe es el único que lo oye y lo sabe, y como la obediencia a ese mandato y la fe en él es lo que le hace, siendo por ello héroe, ser quien es, puede muy bien decir: «Yo sé quién soy, y mi Dios y yo solo lo sabemos y no lo saben los demás». Entre mi Dios y yo —puede añadir— no hay ley alguna medianera; nos entendemos directa y personalmente, y por eso sé quién soy. ¿No recordáis al héroe de la fe, a Abraham, en el monte Moria?

Grande y terrible cosa el que sea el héroe el único que vea su heroicidad por dentro, en sus entrañas mismas, y que los demás no la vean sino por fuera, en sus extrañas. Es lo que hace que el héroe viva solo en medio de los hombres y que esta su soledad le sirva de una compañía confortadora; y si me dijerais que alegando semejante revelación íntima podría cualquiera, con achaque de sentirse héroe suscitado por Dios, levantarse a su capricho, os diré que no basta decirlo y alegarlo, sino es menester creerlo. No basta exclamar «¡yo sé quién soy!», sino es menester saberlo, y pronto se ve el engaño del que lo dice y no lo sabe y acaso ni lo cree. Y si lo dice y lo cree, soportará resignadamente la adversidad de los prójimos que le juzgan con la ley general, y no con Dios.

«¡Yo sé quién soy!» Al oír esta arrogante afirmación del Caballero, no faltará quien exclame: «¡Vaya con la presunción del hidalgo...! Llevamos siglos diciendo y repitiendo que el ahínco mayor del hombre debe ser el de buscar conocerse a sí mismo, y que del propio conocimiento arranca toda salud, y se nos viene el muy presuntuoso con un redondo:

"¡Yo sé quién soy!". Esto solo basta para medir lo hondo de su locura».

Pues bien, te equivocas tú, el que dices eso; Don Quijote discurría con la voluntad, y al decir «¡yo sé quién soy!» no dijo sino «¡yo sé quién quiero ser!». Y es el quicio de la vida humana toda: saber el hombre lo que quiere ser. Te debe importar poco lo que eres; lo cardinal para ti es lo que quieras ser. El ser que eres no es más que un ser caduco y perecedero, que come de la tierra y al que la tierra se lo comerá un día; el qué quieres ser es tu idea en Dios, Conciencia y Universo: es la divina idea de que eres manifestación en el tiempo y el espacio. Y tu impulso querencioso hacia ese que quieres ser no es sino la morriña que te arrastra a tu hogar divino. Solo es hombre hecho y derecho el hombre cuando quiere ser más que hombre. Y si tú, que así reprochas su arrogancia a Don Quijote, no quieres ser sino lo que eres, estás perdido, irremisiblemente perdido. Estás perdido si no despiertas en tus entrañas a Adán y su feliz culpa, la culpa que nos ha merecido redención. Porque Adán quiso ser como un dios, sabedor del bien y del mal, y para llegar a serlo comió del prohibido fruto del árbol de la ciencia, y se le abrieron los ojos y se vio sujeto al trabajo y al progreso. Y desde entonces empezó a ser más que hombre, tomando fuerzas de su flaqueza y haciendo de su degradación su gloria y del pecado cimiento de su redención. Y hasta los ángeles le envidiaron, pues nos dice el P. Gaspar de la Figuera, jesuita, en su *Suma espiritual*, y cuando él nos lo asegura lo sabrá de buena tinta, que Lucifer y sus compañeros se agradaron a sí mismos, pareciéndoles bien, y que «cuando llegó el mandato de Dios que adorasen a Cristo todos sus ángeles, revelándoles que había Dios de hacerse hombre y ser niño y morir, tuviéronle a gran mengua de su naturaleza espiritual, y se afrentaron de ello; de manera que quisieron más privarse de la gracia de Dios y de la gloria que les podía dar que venir a tal desprecio». Y así se comprende que el ángel caído, porque aquel cayó por agradarse a sí mismo y de sí mismo contentarse, por soberbia, y el hombre por querer ser más que es, por ambición. Cayó el ángel por soberbio y caído queda; cayó el hombre por ambicioso y se levanta a más alto asiento que de donde cayera.

Solo el héroe puede decir «¡yo sé quién soy!», porque para él ser es querer ser; el héroe sabe quién es, quién quiere ser, y solo él y Dios lo saben, y los demás hombres apenas saben ni quiénes son ellos mismos, porque no quieren de veras ser nada, ni menos saben quién es el héroe; no lo saben los piadosos Pedros Alonsos que le levantan del suelo. Conténtanse con levantarle del suelo y recojerle a su hogar, sin ver en Don Quijote más que a su vecino Alonso Quijano, y aguardar a que sea de noche para que al entrarlo al pueblo no vean «al molido hidalgo tan mal caballero».

Entretanto, estaban el cura y el barbero del lugar con el ama y la sobrina de Don Quijote comentando su ausencia y ensartando muchos más disparates que ensartara el Caballero. Llegó este, y sin hacerles gran caso, comió y acostose.

## Capítulo VI

Aquí inserta Cervantes aquel capítulo VI en que nos cuenta «el donoso y grande escrutinio que el cura y el barbero hicieron en la librería de nuestro ingenioso hidalgo», todo lo cual es crítica literaria que debe importarnos muy poco. Trata de libros y no de vida. Pasémoslo por alto.

## Capítulo VII

### De la segunda salida de nuestro buen caballero Don Quijote de la Mancha

Sus anhelos interrumpiéronle el sueño a Don Quijote, pues hasta en sueños quijoteaba, pero volvió a dormirse para encontrarse al despertar con que Frestón, el encantador, se le había llevado los libros, creyendo el incauto que con ellos le llevaba el generoso aliento. Y en apoyo de Frestón acudió la sobrina, rogando a su tío se dejase de pendencias y de ir «por el mundo a buscar pan de trastrigo», sin percatarse de que es el pan de trastrigo el que hace al hombre tras-hombre, o, como dicen hoy, sobre-hombre. También para disuadir a Íñigo de Loyola de que saliese a buscar aventuras en Cristo, acudió su hermano mayor Martín García de Loyola, para que no se arrojase a cosa «que no solo nos quite lo que de vos esperamos —le dijo, según el P. Rivadeneira, lib. I, cap. III—, sino también mancille nuestro linaje con perpetua infamia y deshonra». Pero Íñigo le respondió con pocas palabras, que él miraría por sí y se acordaría que había nacido de buenos, y salió de caballero andante.

Quince días se estuvo sosegado en casa nuestro Caballero, y en este tiempo solicitó «a un labrador vecino suyo, hombre de bien [...] pero de muy poca sal en la mollera», gratuita afirmación de Cervantes, desmentida luego por el relato de sus donaires y agudezas. En rigor no cabe hombría de bien, verdadera hombría de bien, no habiendo sal en la mollera, visto que en realidad ningún majadero es bueno. Solicitó Don Quijote a Sancho y le persuadió a que fuese su escudero.

Ya tenemos en campaña a Sancho el bueno, que dejando mujer e hijos, como pedía el Cristo a los que quisieran seguirle, «asentó por escudero de su vecino». Ya está completado Don Quijote. Necesitaba a Sancho. Necesitábalo para hablar, esto es, para pensar en voz alta sin rebozo, para oírse a sí mismo y para oír el rechazo vivo de su voz en el mundo. Sancho fue su coro, la Humanidad toda para él. Y en cabeza de Sancho ama a la Humanidad toda.

«Ama a tu prójimo como a ti mismo», se nos dijo, y no «ama a la Humanidad», porque esta es un abstracto que cada cual concreta en sí mismo, y predicar amor a la Humanidad vale, por consiguiente, tanto como predicar el amor propio. Del cual estaba, por pecado original, lleno Don Quijote, no siendo su carrera toda sino una depuración de él. Aprendió a amar a todos sus prójimos amándolos en Sancho, pues es en cabeza de un prójimo y no en la comunidad donde se ama a todos los demás; amor que no cuaja sobre individuo, no es amor de verdad. Y quien de veras ama a otro, ¿cómo podía odiar a nadie? Y quien a alguien odie, ¿no le emponzoñará este odio los amores que tuviese? O más bien le emponzoñará el amor, no los amores, porque es uno y solo, aunque se vierta sobre muchos términos.

De la parte de Sancho empecemos a admirar su fe, la fe que por el camino de creer sin haber visto le lleva a la inmortalidad de la fama, antes ni aun soñada por él siquiera, y al esplendor de su vida. Por toda la eternidad puede decir: «Soy Sancho Panza, el escudero de Don Quijote». Y esta es y será su gloria por los siglos de los siglos.

Se dirá que a Sancho le sacó de su casa la codicia, así como la ambición de gloria a Don Quijote, y que así tenemos en amo y escudero, por separado, los dos resortes que juntos en uno han sacado de sus casas a los españoles. Pero aquí lo maravilloso es que en Don Quijote no hubo ni sombra de codicia que le moviese a salir, y que la de Sancho no dejaba de tener, aun sin él saberlo, su fondo de ambición, ambición que, creciendo en el escudero a costa de la codicia, hizo que la sed de oro se le transformase al cabo en sed de fama. Tal es el poder milagroso del ansia pura de renombre y fama.

¿Y quién se esquiva de la codicia y quién de la ambición? Temíalas Íñigo de Loyola, y tanto las temía que cuando don Fernando de Austria, rey de Hungría, nombró al P. Claudio Jayo obispo de Trieste y lo aprobó el Papa, acudió a este Íñigo para estorbarlo, pues no quería que sus hijos espirituales, «deslumbrados y ciegos con el engañoso y aparente esplendor de las mitras y dignidades, viniesen a la Compañía no por huir de la vanidad del mundo, sino por buscar en ella al mismo mundo» (Rivadeneira, lib. III, cap. XV). ¿Y lo consiguió? Ese huir de las dignidades y prelacías de la Iglesia ¿no puede envolver más refinada soberbia que el aceptarlas y aun que el buscarlas acaso? Porque, «¿qué mayor engaño que buscar por medio de la humildad ser honrado y estimado de los hombres?, y ¿qué mayor soberbia que pretender ser tenido por humilde?», dice un hijo espiritual de Loyola, el P. Alonso Rodríguez, en el capítulo XIII del tratado tercero de su libro *Ejercicio de perfección y virtudes cristianas*. Y la soberbia, ¿no se pasaría de los individuos a la Compañía misma, haciéndose colectiva? ¿Qué, sino soberbia refinada, es pretender, como pretenden los hijos de Loyola, que se salva todo el que muere dentro de la Compañía, y de los que no entraron en ella no se salvan todos?

La soberbia, la refinada soberbia, es la de abstenerse de obrar por no exponerse a la crítica. El acto más grande de humildad es el de un Dios que crea un mundo que no añade un adarme a su gloria, y luego un linaje humano para que se lo critiquen, y si deja cabos que presten apoyo, siquiera aparente, a esa crítica, tanta mayor humildad. Y pues Don Quijote se lanzó a obrar y se expuso a que los hombres se burlasen de su obra, fue uno de los más puros dechados de verdadera humildad, aunque otra cosa nos finjan las engañosas apariencias. Y con esa humildad arrastró tras de sí a Sancho, convirtiéndole la codicia en ambición y la sed de oro en sed de gloria, único medio eficaz de curar la codicia y sed de oro.

Reunió luego Don Quijote dineros «vendiendo una cosa y empeñando otra y malbaratándolas todas», en obediencia al consejo del ventero gordo. Era nuestro Caballero un loco razonable y no ente de ficción, como creen los mundanos, sino de los hombres que han comido y bebido y dormido y muerto.

Proveyose Sancho de asno y alforjas, de camisas y otras prendas Don Quijote, y sin «despedirse Panza de sus hijos y mujer, ni Don Quijote de su ama y sobrina», rompiendo así varonilmente las amarras de la carne pecadora, «una noche se salieron del lugar sin que persona los viese». Segunda vez que sale el Caballero al mundo sin que se le vea y al amparo de la oscuridad. Mas ahora no va solo; lleva a la Humanidad consigo. Y salieron platicando; recordando Panza a su amo lo de la ínsula. En lo cual quieren ver los maliciosos una vez más su codiciosidad y que por ella servía a su amo, sin caer en la cuenta de que prueba más quijotismo seguir a un loco un cuerdo que seguir el loco sus propias locuras. La fe se pega, y es tan robusta y ardorosa la de Don Quijote que rebasa a los que le quieren, y quedan llenos de ella sin que a él se le amengüe, sino más bien le crezca. Pues tal es la condición de la fe viva: crece vertiéndose y repartiéndose se aumenta. ¡Como que es, si verdadera y viva, amor!

¡Maravillas de la fe! No bien ha salido con su amo, y ya el buen Sancho sueña con ser rey y reina Juana Gutiérrez, su oíslo, y sus hijos, infantes. ¡Todo para la casa! Mas por causa de su mujer —siempre la mujer es causa de tropiezo— duda de ello; no hay reino que a ella le siente bien. «Encomiéndalo tú a Dios, Sancho, que Él le dará lo que más le convenga», le respondió el piadoso Don Quijote. Y, tocado de piedad, dijo Sancho que su amo sabría darle todo aquello que le estuviera bien y él pudiese llevar. ¡Oh, Sancho bueno, Sancho sencillo, Sancho piadoso! No pides ya ínsula, ni reino, ni condado, sino lo que el amor de tu amo sepa darte. Este es el más sano pedir. Lo aprendiste en lo de «hágase tu voluntad así en la tierra como en el cielo». Pidamos todos tomar a bien lo que por mal nos dieren, y habremos pedido cuanto hay que pedir.

## Capítulo VIII

### Del buen suceso que el valeroso Don Quijote tuvo en la espantable y jamás imaginada aventura de los molinos de viento, con otros sucesos de felice recordación

En tales pláticas iban cuando «descubrieron treinta o cuarenta molinos de viento que hay en aquel campo». Y Don Quijote los tomó por desaforados gigantes y, sin hacer caso de Sancho, encomendose de todo corazón a su señora Dulcinea y arremetió a ellos, dando otra vez con su cuerpo en tierra.

Tenía razón el Caballero: el miedo y solo el miedo le hacía a Sancho y nos hace a los demás simples mortales ver molinos de viento en los desaforados gigantes que siembran mal por la tierra. Aquellos molinos molían pan, y de ese pan comían hombres endurecidos en la ceguera. Hoy no se nos aparecen ya como molinos, sino como locomotoras, dínamos, turbinas, buques de vapor, automóviles, telégrafos con hilos o sin ellos, ametralladoras y herramientas de ovariotomía, pero conspiran al mismo daño. El miedo y solo el miedo sanchopancesco nos inspira el culto y veneración al vapor y a la electricidad; el miedo y solo el miedo sanchopancesco nos hace caer de hinojos ante los desaforados gigantes de la mecánica y la química, implorando de ellos misericordia. Y al fin rendirá el género humano su espíritu agotado de cansancio y de hastío al pie de una colosal fábrica de elixir de larga vida. Y el molido Don Quijote vivirá, porque buscó la salud dentro de sí y se atrevió a arremeter a los molinos.

Llegose Sancho a su amo y le recordó sus advertencias, que «no eran sino molinos de viento y no los podía ignorar sino quien llevase otros tales en la cabeza». Claro está, amigo Sancho, claro está; solo quien lleve en la cabeza molinos, de los que muelen y hacen con el brazo trigo que por los sentidos nos entra, harina de pan espiritual, solo quien lleve molinos moledoros puede arremeter a los otros, a los aparenciales, a los desaforados gigantes disfrazados de ellos. Es en la cabeza, amigo Sancho, es en la cabeza en donde hay que llevar la mecánica y la dinámica y la química y el vapor y la electricidad, y luego... arremeter a los artefactos y armatostes en que los encierran. Solo el que lleva en su cabeza la esencia eterna de la química, quien sepa sentir en la ley de sus afectos la ley universal de los afectos de las partículas materiales, quien sienta que el ritmo del universo es el ritmo de su corazón, solo ese no tiene miedo al arte de formar y transformar drogas o al de armar aparatos de maquinaria.

Lo peor fue que en esta acometida se le rompió la lanza a Don Quijote. Es lo que pueden esos gigantes: rompernos las armas, pero no el corazón. Mas sobran encinas y robles con que reponerlas.

Y siguieron su camino, sin quejarse Don Quijote, pues no les es dado a los caballeros andantes, y sin haber querido comer cuando Sancho se acomodó a ello. Y de camino comía Sancho y caminaba, y menudeaba tragos que le hacían olvidar las promesas de su amo y tener por mucho descanso el andar a busca de aventuras. Nefasto poder de las tripas, que oscurece la memoria, enturbia la fe, atándonos al momento pasajero. Mientras se come y se bebe se es de la comida y de la bebida. Y llegó la noche y se la pasó Don Quijote pensando en su señora Dulcinea, y Sancho durmiendo el bendito, sin soñar. Y fue entonces cuando recomendó Don Quijote a Sancho que no pusiese mano a la espada para defenderle, no siendo de canalla y gente baja. Al hombre esforzado antes le estorban que le ayudan las defensas de sus secuaces.

Y fue también, estando en esta plática, cuando les ocurrió la aventura del vizcaíno, cuando salió Don Quijote a libertar a la princesa que se llevaban encantada dos frailes de san Benito. Los cuales intentaron amansar al Caballero, pero le hizo saber a aquella fementida canalla que los conocía y no había con él palabras blandas. Y dicho esto, les puso en huida. Y al ver al uno de ellos en el suelo, arremetió Sancho a desnudarlo, atento sin duda a lo de que el hábito no hace al monje.

¡Ah, Sancho, Sancho, y cuán de tierra eres! ¡Desnudar frailes! ¿Y qué ganas con eso? Así te fue, que los mozos te molieron a coces por ello.

Obsérvese cómo Sancho, apenas se encuentra en una aventura, cuando acude al punto al botín, mostrando en ello cuán de su casta era. Y pocas cosas elevan más a Don Quijote que su desprecio de las riquezas del mundo. Tenía el Caballero lo mejor de su casta y de su pueblo. No salió a campaña como el Cid «al sabor de la ganancia» y para «perder cuenta y venir a rictad» (*Poema del Cid*, v. 1.689), ni habría dicho nunca lo que dicen que dijo Francisco Pizarro en la isla del Gallo cuando haciendo con la espada una raya en el suelo, de naciente a poniente, y señalando al mediodía como su derrotero, exclamó: «Por aquí se va al Perú a ser ricos; por acá se va a Panamá a ser pobres; escoja el que sea buen castellano lo que mejor le estuviere». De otro temple era Don Quijote; nunca buscó oro. Y al mismo Sancho, que empezó buscándolo, lo veremos ir cobrando poco a poco afición y amor a la gloria, y fe en ella, fe a que le llevaba Don Quijote, y hay que convenir en que nuestros mismos conquistadores de América unieron siempre a su sed de oro sed de gloria, sin que se logre en cada caso separar la una de la otra. De gloria y de riqueza a la vez dicen que habló a sus compañeros Vasco Núñez de Balboa en aquel glorioso 25 de septiembre de 1513, en que de rodillas y anegados por el gozo, en lágrimas sus ojos, descubrió desde la cima de los Andes, en el Darién, el mar nuevo.

Lo triste es que la gloria fue de ordinario una alcahueta de la codicia. Y la codicia, la innoble codicia, nos perdió. Nuestro pueblo puede decir lo que dice en el grandioso poema *Pátria*, de Guerra Junqueiro, el pueblo portugués:

*Novos mundos eu vi, novos espaços,*
*não para mais saber, mais adorar:*

*a cubiça feroz guiou meus passos,*
*o orgulho vingador moveu meus braços*
*e iluminou a raiva o meu olhar!*
*Não te lavava, não, sangue homicida,*
*nem em mil milhões d'anos a chorar...!*
*Cruz do Golgota em ferro traduzida,*
*minha espada de herói, o cruz de morte,*
*cruz a que Deus baixou por nos dar vida;*
*vidas ceifando, deshumana e forte,*
*ergueste impérios, subjugando a Oriente,*
*mas Deus soprou... eil-os em nada...*

Luego de la aventura de Sancho, acudió el generoso Caballero a la princesa, a darle la buena nueva de su liberación, pues los frailes que la llevaban seducida habían huido, sin advertir, ¡oh ceguera de la nobleza!, que acaso llevaba ella la frailería dentro. Y le pidió en pago del beneficio de haberla libertado que se volviera al Toboso a presentarse a Dulcinea. No contaba el vizcaíno, que le habló en «mala lengua castellana y peor vizcaína», lo cual es muy cierto, pues cabe dudar que D. Sancho de Azpeitia hablase puntualmente como Cervantes le hace hablar. Con frecuencia se citan las palabras de D. Sancho de Azpeitia no más que para hacer chacota, aunque respetuosa y cariñosa a las veces, del modo de hablar de nosotros los vizcaínos. Cierto es que hemos tardado en aprender la lengua de Don Quijote y tardaremos aún en llegar a manejarla a nuestra guisa, mas ahora que empezamos a dar en ella nuestro espíritu, que fue hasta ahora casi mudo, habéis de oír. Pudo decir Tirso de Molina aquello de

Vizcaíno es el hierro que os encargo,
corto en palabras, pero en obras largo;

mas habrá que oírnos cuando alarguemos nuestras palabras a la medida de nuestras largas obras.

Don Quijote, tan pronto a llamar caballero a quien se le pusiera delante, negole al vizcaíno tal cualidad, olvidando que a la gente vasca —entre los que me cuento—, según Tirso de Molina,

Un nieto de Noé la dio nobleza,
que su hidalguía no es de ejecutoria
ni mezcla con su sangre, lengua o traje
mosaica infamia que la suya ultraje.

¿No conocía Don Quijote las palabras de D. Diego López de Haro, tal cual le hace hablar Tirso de Molina en la escena primera del acto primero de *La prudencia en la mujer*, cuando empieza diciendo:

Cuatro bárbaros tengo por vasallos
a quien Roma jamás conquistar pudo,
que sin armas, sin muros, sin caballos
libres conservan su valor desnudo?

¿Ni sabía aquello que había dicho Camoens en la estrofa oncena del cuarto canto de sus *Lusiadas* de

*A gente biscainha que carece*
*de polidas razões, e que as injurias*
*muito mal dos estranhos compadece?*

Por lo menos, ya que *La Araucana,* de don Alonso de Ercilla y Zúñiga, caballero vizcaíno, era uno de los libros que se hallaban en su librería, y de los respetados en el escrutinio, tuvo que haber leído aquello de su canto XXVII, en que habla de

*[...] la aspereza*
*de la antigua Vizcaya, de do es cierto*
*que procede y se extiende la nobleza*
*por todo lo que vemos descubierto.*

«¿Yo no caballero?», replicó justamente ofendido el vizcaíno, y encontráronse frente a frente dos Quijotes. Por esto es tan prolijo Cervantes al narrarnos este suceso.

Requerido por el vizcaíno, arrojó el manchego la lanza, sacó la espada, embrazó la rodela y arremetiole.

## Capítulo IX

### Donde se concluye y da fin a la estupenda batalla que el gallardo vizcaíno y el valiente manchego tuvieron

Y se trabó el singular combate o «estupenda batalla que el gallardo vizcaíno y el valiente manchego tuvieron», como la llama Cervantes en el título del capítulo IX, concediéndole toda la importancia que se merece.

Ahora va de igual a igual, de loco a loco; y parecen amenazar al cielo, a la tierra y al abismo. ¡Oh espectáculo de largos en largos siglos solo visto, el de la lucha de dos Quijotes: el manchego y el vizcaíno, el del páramo y el de las verdes montañas! Hay que releerlo como nos lo relata Cervantes.

«¿Yo no caballero?» ¿Yo no caballero? ¿Oír esto a un vizcaíno y oírlo de boca de Don Quijote? No, no puede sufrirse eso.

Deja, Don Quijote, que hable de mi sangre, de mi casta, de mi raza, pues a ella debo cuanto soy y valgo, y a ella también debo el poder sentir tu vida y tu obra.

¡Oh tierra de mi cuna, de mis padres, de mis abuelos y trasabuelos todos, tierra de mi infancia y de mis mocedades, tierra en que tomé a la compañera de mi vida, tierra de mis amores, tú eres el corazón de mi alma! Tu mar y tus montañas, Vizcaya mía, me hicieron lo que soy; de la tierra de que se amasan tus robles, tus hayas, tus nogales y tus castaños, de esa tierra ha sido mi corazón amasado, Vizcaya mía.

Discutía un Montmorency con un vasco, e irritado aquel hubo de decirle a mi paisano que ellos, los Montmorencys, databan no sé si del siglo VIII, X o XII, y mi vasco le respondió: «¿Sí? ¡Pues nosotros los vascos no datamos!». Y no, no datamos los vascos. Los vascos sabemos quiénes somos y quiénes queremos ser.

Ya ves, Don Quijote, que es un vasco el que ha ido a buscarte en tu Mancha y te arremete porque le regateaste lo de ser caballero. Y ¿cómo, contemplando a un vasco, y de Azpeitia, no recordar una vez más a aquel otro caballero andante, vasco, y de Azpeitia también, Íñigo Yáñez de Oñaz y Sáez de Balda, del solar de Loyola, fundador de la Milicia de Cristo? ¿No culmina en él nuestra casta toda? ¿No es nuestro héroe? ¿No lo hemos de reclamar los vascos por nuestro? Sí, nuestro, muy nuestro, muy más nuestro que de los jesuitas. Del Íñigo de Loyola han hecho ellos un Ignacio de Roma, del héroe vasco, un santón jesuítico. ¡Lástima de mula que montaba el héroe!

La de D. Sancho de Azpeitia, con sus corcovos, dio en tierra con el vizcaíno, lo que debe enseñarnos a pelear apeados. Y así fue vencido el vizcaíno, pero no por mayor flaqueza de su brazo ni menor coraje, sino por culpa de su mula, que no era, de cierto, vizcaína. Si no es por la condenada mula lo habría pasado mal Don Quijote, estad seguros de ello, y habría aprendido a reportarse ante el hierro vizcaíno,

corto en palabras, pero en obras largo.

Aprended, hermanos míos de sangre, a pelear apeados. Apeaos de la mula rabiosa y terca que os lleva a su paso de andadura por sus caminos de ella, no por los vuestros y míos, no por los de nuestro espíritu y que, con sus corcovos, dará con vosotros en tierra, si Dios no lo remedia. Apeaos de esa mula, que no nació ahí ni ahí pasta, y vamos todos a la conquista del reino del espíritu. Aún no se sabe lo que podemos hacer en este mundo de Dios. Aprended, a la vez, a encarnar vuestro pensamiento en una lengua de cultura, dejando la milenaria de nuestros padres; apeaos de la mula luego y nuestro espíritu, el espíritu de nuestra casta, circundará en esa lengua, en la de Don Quijote, los mundos todos, como circundó por primera vez al orbe la carabela de nuestro Sebastián Elcano, el fuerte hijo de Guetaria, hija de nuestro mar de Vizcaya.

Y fue por la intervención de las dámas afrailadas por la que perdonó Don Quijote la vida a D. Sancho de Azpeitia, a promesa de ir a visitar a Dulcinea. Y fueron las damas prometedoras, que a haberlo sido D. Sancho habríala visitado, de seguro, y hasta es muy de creer que se habría enamorado perdidamente de ella y ella de él.

## Capítulo X

### De los graciosos razonamientos que pasaron entre Don Quijote y Sancho Panza su escudero

Y viene Sancho, el carnal Sancho, el Simón Pedro de nuestro Caballero y le pide la ínsula, a lo cual responde Don Quijote: «Advertid, hermano Sancho, que esta aventura y las a esta semejantes, no son aventuras de ínsulas, sino de encrucijadas, en las cuales no se gana otra cosa que sacar rota la cabeza, o una oreja menos». ¡Ay, Pedro, Pedro, o digo, Sancho, Sancho!, y ¿cuándo comprenderás que no es la ínsula, no es el poder temporal, sino la gloria de tu señor, el querer eterno, tu recompensa? Mas el carnal Sancho volvió a la carga y a pedir a su amo se retrajesen a alguna iglesia por miedo a la Santa Hermandad. Mas «¿dónde has visto tú o leído jamás —le diremos con Don Quijote— que caballero andante haya sido puesto ante la justicia por más homicidios que hubiese cometido?». Quien abriga en su corazón la ley está sobre la dictada por los hombres; para el que ama no hay otra ley sino su amor y, si por amor mata, ¿quién se lo imputará a culpa? Tiene, además, Don Quijote poder sobrado para sacar a los Sanchos «de las manos de los caldeos, cuanto más de las de la Hermandad».

Ocurrió luego lo de explicar Don Quijote a Sancho el bálsamo de Fierabrás, y lo de pedir Sancho a Don Quijote la receta del bálsamo como único pago de sus servicios, pues así son los servidores carnales, por muy grande que su fe sea: piden recetas para venderlas y negociar con ellas. Y entonces juró el Caballero conquistar el yelmo de Mambrino a trueque de la celada rota por D. Sancho de Azpeitia, y a seguida le llamó a razón el bandullo y pidió de comer.

Una cebolla y un poco de queso no más traía Sancho, pareciéndole manjares no pertenecientes a tan valiente Caballero, mas este le hizo saber que tenía a honra «no comer en un mes», y de hacerlo «aquello que hallaren más a mano». «Y esto se te hiciera cierto si hubieras leído tantas historias como yo, que, aunque han sido muchas, en todas ellas no he hallado hecha relación de que los caballeros andantes comiesen, si no era acaso, y en algunos suntuosos banquetes que les hacían, y los demás días se los pasaban en flores.» Y ¡qué dicha, mi señor Don Quijote, si nos pudiésemos pasar en flores la vida toda! Del comer viene, con la fuerza toda, también toda la flaqueza del heroísmo.

Y entonces, al explicar Don Quijote a Sancho que los caballeros andantes «no podían pasar sin comer y sin hacer todos los otros menesteres naturales», le reveló, y nos reveló, una verdad cimental y de grandísimo consuelo para los que no saben cómo vivir su locura, y es la de que los caballeros andantes «eran hombres como nosotros». De donde se saca que podemos llegar a ser nosotros caballeros andantes, y no es ello poco. «Así que, Sancho amigo, no te congoje lo que a mí me da gusto, ni quieras tú hacer mundo nuevo, ni sacar la caballería andante de sus quicios.» No quieras, no, pobre Sancho, hacer mundo nuevo curando de su locura a los generosos, ni quieras sacar a la locura de su quicio, que le tiene tan bien hincado y tan derecho como la cordura misma, como ese llamado sentido común. Sancho, como no sabe leer ni escribir, no sabe ni ha caído en las reglas de la profesión caballeresca, como él dice. Y es cierto lo que dices, Sancho: por el leer y escribir entró la locura en el mundo.

## Capítulo XI

### De lo que le sucedió a Don Quijote con unos cabreros

Echaron a andar y fueron recojidos con buen ánimo por unos piadosos cabreros. Dios se lo habrá pagado, que les convidaron. Lo aceptó Don Quijote, sentose sobre un dornajo vuelto del revés, hizo hermanalmente sentar a su lado a Sancho, y fue entonces, después de bien satisfecho el estómago, cuando tomó en la mano un puñado de bellotas y enderezó a los cabreros aquel discurso de la edad de oro, que en tantos muestrarios de retórica se reproduce. Mas nosotros no estamos haciendo aquí literatura, ni nos importa la letra sonora, sino el espíritu fecundo aunque silencioso. Es el tal discurso uno de tantos vulgares discursos como se pronuncian, y ese pasado siglo de oro, apagado relumbre del futuro siglo en que morará el lobo con el cordero y el león comerá, como el buey, paja, según nos cuenta el profeta Isaías (cap. XI)...

La arenga en sí tiene poco que desentrañar. «Dichosa edad y siglos dichosos aquellos a quien los antiguos pusieron nombre de dorados...», y lo que sigue. No nos sorprenda oír a Don Quijote cantar los tiempos que fueron. Es visión del pasado lo que nos empuja a la conquista del porvenir; con madera de recuerdos armamos las esperanzas. Solo lo pasado es hermoso; la muerte lo hermosea todo. ¿Creéis que cuando el arroyo llega al mar, al enfrentarse con el abismo que va a tragarle, no sueña con la escondida fuente de que brotó y no querría, si pudiera, remontar su curso? De ir a perderse, perderse más bien en las entrañas de la madre tierra.

No es el discurso de Don Quijote lo que hemos de desentrañar. No valen ni aprovechan las palabras del Caballero sino en cuanto son comentarios a sus obras y repercusión de ellas. Como hablar, hablaba conforme a sus lecturas y al saber del siglo que tuvo a dicha albergarle; pero, como obrar, obraba conforme a su corazón y al saber eterno. Y así en esa arenga no es la arenga misma, en sí no poco trillada, sino el hecho de dirigírsela a unos rústicos cabreros que no habrían de entendérsela, lo que hemos de considerar, pues en esto estriba lo heroico de esta aventura.

Aventura es, en efecto, y de las más heroicas. Porque todo hablar es una suerte, y las más de las veces la más apretada suerte de obrar, y hazañosa aventura la de administrar el sacramento de la palabra a los que no han de entendérnosla según el sentido material. Robusta fe en el espíritu hace falta para hablar así a los de torpes entendederas, seguros de que sin entendernos nos entienden y de que la semilla va a meterse en las cárcavas de sus espíritus sin ellos percatarse de tal cosa.

Habla tú que conmigo consideras, lleno de fe en ella, la vida de Don Quijote; habla aunque no te entiendan, que ya te entenderán al cabo. Y con que solo vean que les hablas sin pedirles nada o porque de gracia te lo dieron antes, basta ya. Habla a los cabreros como hablas a tu Dios, del hondo del corazón y en la lengua en que te hablas a ti mismo a solas y en silencio. Cuanto más hundidos vivan en la vida de la carne, tanto más limpias de brumas estarán sus mentes, y la música de tus palabras resonará en ellas mucho mejor que en la mente de los bachilleres al arte de Sansón Carrasco. Porque no fueron las rebuscadas retóricas de Don Quijote lo que alumbró la mente a los cabreros, sino fue el verle armado de punta en blanco, con su lanzón a la vera, las bellotas en la mano, y sentado sobre el dornajo; dando al aire de que respiraban todos reposadas palabras vibrantes de una voz llena de amor y de esperanza.

No faltará quien crea que Don Quijote debió atemperarse al público que le escuchaba y hablar a los cabreros de la cuestión cabreril y del modo de redimirlos de su baja condición de pastores de cabras. Eso hubiera hecho Sancho a tener saber y arrestos para ello; pero el Caballero no. Don Quijote sabía bien que no hay más que una sola cuestión, para todos la misma, y que lo que redima de su pobreza al pobre redimirá, a la vez, de su riqueza al rico. ¡Mal hayan los remedios de ocasión! A cuantos van y vienen y se asenderean llevando y trayendo remedios específicos para los males de estos o de aquellos, cabe encajarles lo que decía el gaucho *Martín Fierro*:

*De los males que sufrimos*
*hablan mucho los puebleros,*
*pero hacen como los teros*
*para esconder sus niditos,*
*que en un lao pegan los gritos*
*y en otro tienen los güevos.*

Cuando os hablen, cándidos cabreros, de la cuestión cabreril, es que están pegando gritos para alejaros del sitio en que guardan sus huevos.

Y además, ¿ha de hablarse tan solo en vista del porvenir inmediato, del fruto que nuestros oyentes saquen de lo que decimos? Tratando de esto el maestro de espíritu P. Alonso Rodríguez, en el capítulo XVII del tratado primero de la tercera parte de su *Ejercicio de perfección,* nos dice que «no depende nuestro merecimiento, ni la perfección de nuestra obra, de que el otro se aproveche o no; antes podemos añadir aquí otra cosa para nuestro consuelo, o para mejor decir, para consuelo de nuestro desconsuelo, y es que no solamente no depende nuestro merecimiento y nuestro premio y galardón de que los otros se conviertan y de que se haga mucho fruto, sino que en cierta manera podemos decir que hacemos y merecemos más cuando no hay nada de eso que cuando se ve el fruto al ojo».

Y este discurso de Don Quijote a los cabreros, ¿fue acaso menos heroico y más inútil que aquel otro que cerca de Santa Cruz, y en casa de la india Capillana, enderezó a los indios Francisco Pizarro para explicarles los fundamentos de la religión cristiana y el poderío del rey de Castilla? Algo consiguió, pues los indios, por darle gusto, alzaron por tres veces la bandera española. No fue del todo inútil el razonamiento de Pizarro; no lo fue el de Don Quijote.

El malicioso Cervantes llama, en efecto, al discurso de este «inútil razonamiento», para añadir que se lo escucharon los cabreros «embobados y suspensos». La verdad de la historia se le impone aquí, puesto que si los embobó y suspendió Don Quijote con su razonamiento, no fue este ya inútil. Y que no lo fue lo prueba el agasajo que le rindieron dándole solaz y contento con hacer que cantara un zagal enamorado. El espíritu produce espíritu, como la letra letra, y la carne carne, y así la arenga de Don Quijote produjo, a vuelta, cantares al son de cabreril rabel. No fue, pues, inútil ni lo es nunca la palabra pura. Si el pueblo no la entiende, siente, empero, comezón de entenderla y, al oírla, rompe a cantar.

Y mientras Don Quijote, inspirado a la vista de las bellotas, regaló a los cabreros con aquella arenga, ¿qué hizo Sancho? «Sancho [...] callaba y comía bellotas y visitaba muy a menudo el segundo zaque, que por que se enfriase el vino le tenían colgado de un alcornoque.» Y pensaría para sí: ¡así me las den todas!

Qué pensara Sancho de la arenga de su amo no lo sé, pero sí sé qué pensarán de ella nuestros Sanchos de hoy. Los cuales buscan ante todo eso que llaman soluciones concretas, y en cuanto se ponen a escuchar a alguien van a oír qué remedios ofrece para los males de la patria o para otros cualesquiera males. Se han hecho los oídos oyendo a los charlatanes que, subidos en un coche, en la plaza del mercado, venden frascos de cualquier droga, y así, apenas alguien les habla, esperan saque la droga enfrascada. Mientras se les habla, callan y comen bellotas, y se preguntan luego: bien, y en concreto, ¿qué? Todo eso del siglo de oro les entra por un oído y por el otro les sale; lo que ellos buscan es el elixir para curar el mal de muelas o el reúma, o para quitar manchas de la ropa: el cocimiento regenerativo, el bálsamo católico, el revulsivo anticlerical, el emplasto aduanero o el vejigatorio hidráulico. A esto llaman soluciones concretas. Estiman que el habla no se hizo sino para pedir o para ofrecer algo, y no hay manera de que sientan lo que tiene de revelación la música interior del espíritu. Porque la otra música, la exterior, la que les recrea los oídos carnales, esa no dejan de entenderla y apreciarla, y hasta es el único regalo que se permiten. Si se les habla, o ha de ser para acariciarles los oídos con párrafos acompasados a compás tamborilero, o para enseñarles alguna receta de uso doméstico o político.

¡Soluciones concretas! ¡Oh Sanchos prácticos, Sanchos positivos, Sanchos materiales! ¿Cuándo oiréis la silenciosa música de las esferas espirituales?

Difícil es hablar a los Sanchos, nacidos y criados en lugarejos donde solo se oyen comadrerías de solana y sermones, pero más difícil aún es hablar a bachilleres. Lo mejor es tener por oyentes a cabreros, hechos y acostumbrados a oír las voces de los campos y de los montes. Los otros os saldrán con que no os entienden o entenderán a tuertas lo que les digáis, porque no reciben vuestras palabras en silencio interior ni en atención virgen, y por mucho que aguceis vuestras explicaderas no aguzarán sus entendederas ellos.

Es fuerte cosa que por dondequiera que uno vaya en nuestra España, derramando verdades del corazón, le salgan al paso diciéndole que no lo entienden o entendiéndolo al revés de como se explica. Y ello tiene su raíz, y es que van las gentes a oír esto o lo otro o lo de más allá, algo que se les ha dicho ya, y no a oír lo que se les diga. Los unos son clericales, anticlericales los otros, estos unitarios o centralistas, aquellos federales o regionalistas, los de aquí tradicionalistas, progresistas los de allá, y quieren que se les hable en uno de esos lenguajes. Ellos luchan unos con otros, pero luchan como es forzoso lo hagan los luchadores terrestres: sobre un mismo suelo, en un mismo plano y dándose cara, y si te pones a darles voces desde otro plano, por encima o por debajo del que ocupan, les distraes de su pelea y no comprenden a qué vas allá. Si estamos peleando —se dicen—, bien venido sea quien venga a animarnos con voces de ¡a ellos!, ¡adelante!, o bien a advertirnos de un peligro gritándonos: ¡ojo!, ¡atrás!; pero ¿quién es ese que desde las nubes o desde dentro de la tierra nos grita que levantemos la vista o que la hundamos en el suelo? ¿No ve que entretanto nos degollarán los enemigos? Cuando se lucha no se puede mirar al cielo ni tratar de penetrar con la vista el seno de la tierra. Dicen así; no ven que les proponéis paz, y cada uno de los bandos os cuenta en el contrario. Y no os queda sino ir a hablar a los sencillos, y hablarles sin intentar siquiera poneros a su alcance; hablarles en el tono más elevado, seguros de que sin entenderos os entienden.

Solo Sancho, el carnal Sancho, estaba más para dormir que para oír canciones, sin conocer la virtud ensoñadora de estas.

## Capítulos XII y XIII

### De lo que contó un cabrero a los que estaban con Don Quijote y donde se da fin al cuento de la pastora Marcela, con otros sucesos

Entonces fue cuando Pedro el cabrero contó a Don Quijote la historia de Crisóstomo y Marcela, después de aquellos tiquismiquis con que el leído Caballero corrigió sus vocablos al pastor. Era, no hemos de negarlo, impertinente Don Quijote cuando se picaba de letrado.

Fue el Caballero a ver cómo enterraban a Crisóstomo, muerto de amores por Marcela, y al ir a ello encontró a Vivaldo y platicó con él acerca de la caballería andante, profesión, si no tan estrecha como la de los frailes cartujos, tan necesaria como ella en el mundo, donde solo el ejemplo de lo inasequible a los más puede enseñar a estos a poner su meta más allá de donde alcancen. Así las carreras de caballos, que solo para criar caballos de carrera sirven, mantienen la pureza de la casta caballar, impidiendo que el tiro y la noria y el vil oficio encanijen al noble bruto. Y entre ambas profesiones, la de pedir al cielo el bien de la tierra, y la de poner en ejecución lo pedido, creando, lanza en mano, el reino de Dios, cuyo advenimiento se pide en oración, no cabe primero ni segundo. «Así que somos ministros de Dios en la tierra y brazos por quien se ejecuta en la tierra su justicia», añadió Don Quijote.

¿No es acaso, desgraciado Caballero, la raíz de tus proezas y de tus desgracias a la par el noble pecado a través de cuya depuración te llevó a la gloria de tu Dulcinea, esto de creerte ministro de Dios en la tierra y brazo por quien se ejecuta en ella su justicia? Fue tu pecado original y el pecado de tu pueblo: el pecado colectivo de cuya mancha y maleficio participabas. Tu pueblo también, arrogante Caballero, se creyó ministro de Dios en la tierra y brazo por quien se ejecuta en ella su justicia, y pagó muy cara su presunción y sigue pagándola. Creyose escojido de Dios y esto le ensoberbeció.

Pero ¿es que no estaba en lo seguro? ¿No somos, acaso, todos ministros de Dios en la tierra y brazos por quien se ejecuta en ella la justicia? Y el persuadirnos de esta verdad ¿no es tal vez el verdadero remedio para purificar y ennoblecer nuestras acciones? En vez de buscar hacer otras cosas que las que haces, luchando contra tu costumbre, persuádete de que en todo cuanto hagas, bueno o malo a tu parecer, eres ministro de Dios en la tierra y brazo por quien se ejecuta en ella su justicia, y sucederá que tus actos acabarán por ser buenos. Estímalos como viniendo de Dios y los divinizarás. Hay desgraciado a quien eso que en el lenguaje de los hombres llamamos natural perverso o mala índole le lleva a ser azote de sus prójimos, y si ese desgraciado se penetrase de que ese azote de castigo lo puso en sus manos Dios, la que llamamos mala índole le daría frutos de bondad.

No os apeguéis al miserable criterio jurídico de juzgar de un acto humano por sus consecuencias externas y el daño temporal que recibe quien lo sufre; llegad al sentido íntimo y comprended cuánta profundidad de sentir, de pensar y de querer se encierra en la verdad de que vale más daño infligido con santa intención que no beneficio rendido con intención perversa.

Te denuestan, pueblo mío, porque dicen que fuiste a imponer tu fe a tajo y mandoble, y lo triste es que no fue del todo así, sino que ibas también, y muy principalmente, a arrancar oro a los que lo acumularon; ibas a robar. Si solo hubieras ido a imponer tu fe... Me revuelvo contra el que viene, tizona en la diestra y en la otra libro, a querer salvarme el alma a pesar mío, pero al cabo se cuida de mí y soy para él un hombre; mas para aquel que no viene sino a sacarme los ochavos engañándome con baratijas y chucherías, para este no paso de ser un cliente, un parroquiano o vecero. Hoy se da en ponderar esto y pedir una sociedad en que en puro policía no pueda hacerse daño, y acabemos porque nadie obre mal, aunque nadie sienta bien tampoco. ¡Qué horrible condición de vida! ¡Qué pesadumbre bajo la verdura sosegada! ¡Qué quieto lago de ponzoñosas aguas! ¡No, no, y mil veces no! Dios nos dé antes un mundo en que todos sientan bien, aunque todos sientan daño; en que los hombres se golpeen en la ceguera del cariño, y en que suframos todos en silencio por el mal que nos vemos arrastrados a infligir a los demás. Sé generoso y arremete a tu hermano; dale de tu espíritu, aunque sea golpes. Hay algo más íntimo que eso que llamamos moral, y no es sino la jurisprudencia que escapa a la policía; hay algo más hondo que el Decálogo, que es una tabla de la ley, ¡tabla, tabla, y de ley!: hay un espíritu de amor.

Me diréis que no cabe sentir bien sin obrar bien, y que las buenas acciones brotan, como de su fuente, de los buenos sentimientos, y solo de ellos. Pero yo os contestaré, con Pablo de Tarso, que no hago el bien que quiero, sino el mal que no quiero hago, y os añadiré que el ángel que en nosotros duerme suele despertar cuando la bestia le arrastra, y al despertar llora su esclavitud y su desgracia. ¡Cuántos buenos sentimientos brotan de malas acciones a que la bestia nos precipita!

Siguió discurriendo Don Quijote con Vivaldo sobre lo de encomendarse los caballeros andantes a su dama antes que a Dios, y dando las razones que había leído llegó a lo de no poder ser «caballero andante sin dama, porque tan propio y tan natural les es a los tales ser enamorados como al cielo tener estrellas, y a buen seguro que no se haya visto historia donde se halle caballero andante sin amores, y por el mesmo caso que estuviese sin ellos no será tenido por legítimo caballero, sino por bastardo, y que entró en la fortaleza de la caballería dicha, no por la puerta, sino por las bardas, como salteador y ladrón».

Ved aquí cómo del amor a mujer brota todo heroísmo. Del amor a mujer han brotado los más fecundos y nobles ideales, del amor a mujer las más soberbias fábricas filosóficas. En el amor a mujer arraiga el ansia de inmortalidad, pues es en él donde el instinto de perpetuación vence y soyuga al de conservación, sobreponiéndose así lo sustancial a lo meramente aparencial. Ansia de inmortalidad nos lleva a amar a la mujer, y así fue como Don Quijote juntó en Dulcinea a la mujer y a la Gloria, y ya que no pudiera perpetuarse por ella en hazañas de espíritu. Fue enamorado, pero de los castos y continentes, como dijo en otra ocasión él mismo. ¿Faltó con su castidad y continencia al fin del amor? No, pues engendró en Dulcinea hijos espirituales duraderos. Casado no habría podido ser tan loco; los hijos de carne le hubieran arrebatado de sus hazañosas empresas.

No le embarazó nunca cuidado de mujer que ata las alas a otros héroes, porque como dice el Apóstol (1 Co VII, 33), «el casado se cuida de lo del mundo, de cómo ha de agradar a la mujer, y queda dividido».

Hasta en el más puro orden espiritual, y sin sombra de malicia alguna, suele buscar el hombre apoyo en mujer, como Francisco de Asís en Clara; pero Don Quijote buscole en dama de sus pensamientos.

¡Y cómo embaraza la mujer! Íñigo de Loyola no quiso que su Compañía tuviese nunca cargo de mujeres debajo de su obediencia (Rivadeneira, lib. III, cap. XIV), y cuando doña Isabel de Rosell pretendió formar comunidad de mujeres bajo la obediencia de la Compañía, logró Loyola que el papa Pablo III, en letras apostólicas de 20 de mayo de 1547, la eximiera de tal carga, pues «a esta mínima Compañía —decíale Íñigo— no conviene tener cargo especial de dueñas con voto de obediencia». Y no es que despreciara a la mujer, pues la honró en lo que es tenido por más bajo y más vil de ella, porque si Don Quijote se hizo armar caballero ciñéndole espada y calzándole espuela dos mozas del partido, Íñigo de Loyola acompañaba él mismo en persona, por medio de la ciudad de Roma, a las «mujercillas públicas perdidas» para ir a colocarlas «en el monasterio de Santa María o en casa de alguna señora honesta y honrada, donde fuesen instruidas en toda virtud» (Rivadeneira, lib. III, cap. IX).

Don Quijote fue enamorado, pero de los castos y continentes, y no sino por ser fuerza que los caballeros andantes tengan dama a quien rendir su amor —según decía, aunque veremos le quedaba otra dentro— por cumplir el rito. Y acaso no falte joven atolondrado que vea en esto un motivo para tener en menos a Don Quijote, pues los hay que cifran toda la calidad de un hombre en cómo se las ha en lances de amor; es decir, de eso que se llama amor a cierta edad de la vida. No recuerdo quién dijo, pero dijo muy bien quienquiera que lo dijese, que para los que aman mucho, es el amor —amor a mujer, se entiende— algo subordinado y secundario en su vida, y es lo principal de esta para los que aman poco. Hay quienes no juzgan de la libertad de un espíritu sino según sienta en punto al amor; hay mozos para los cuales todo el valor de un poeta se cifra en cómo sienta el amor.

¿Qué diría el casto y continente Don Quijote si, volviendo al mundo, viese el chaparrón de incentivos al deseo carnal con que se trata de desviar el amor? ¿Qué diría de todos esos retratos de mujerzuelas en actitudes provocativas? De seguro que, movido por su amor a Dulcinea, por su noble y puro amor, emprendería a tajo y mandoble con todos los tenderetes en que esas porquerías se nos muestran, como la emprendió con el retablo de maese Pedro. Ellas nos apartan del amor a Dulcinea, del amor de la Gloria. Siendo incentivos a que nos perpetuemos, nos apartan de la verdadera perpetuación. Acaso sea nuestro sino que haya de renunciar la carne a perpetuarse si ha de perpetuar el espíritu.

Don Quijote amó a Dulcinea con amor acabado y perfecto, con amor que no corre tras deleite egoísta y propio; entregose a ella sin pretender que ella se le entregara. Se lanzó al mundo a conquistar gloria y laureles para ir luego a depositarlos a los pies de su amada. Don Juan Tenorio habríase dedicado a rendirla con la mira de poseerla y de saciar en ella su apetito, no más que por amor de gozarla y pregonarlo; Don Quijote, no. Don Quijote no se fue de galán al Toboso a enamorarla, sino que se echó al mundo a conquistarlo para ella. ¿Qué suele ser ese que llaman amor sino un miserable egoísmo mutuo en que busca su propio contento cada uno de los dos amantes? ¿Y no es acaso el acto de suprema unión lo que más supremamente los separa? Don Quijote amó a Dulcinea con amor acabado, sin exigir ser correspondido; dándose todo él y por entero a ella.

Amó Don Quijote a la Gloria encarnada en mujer. Y la Gloria le corresponde. «Dio un gran suspiro Don Quijote y dijo: yo no podré afirmar si la dulce mi enemiga gusta o no de que el mundo sepa que yo la sirvo», y luego todo lo que sigue. Sí, Don Quijote mío, sí; la tu dulce enemiga, Dulcinea, lleva de comarca en comarca y de siglo en siglo la gloria de tu locura de amor. Su linaje, prosapia y alcurnia «no es de los antiguos Curcios, Gayos y Cipiones romanos, ni de los modernos Colonas y Ursinos», ni de ninguna de las famosas familias de distintos países que Don Quijote nombró a Vivaldo; «pero es de los del Toboso de La Mancha: linaje, aunque moderno tal, que puede dar generoso principio a las más ilustres familias de los venideros siglos». Con lo que nos enseñó el ingenioso hidalgo que la raíz de la gloria está en el propio lugarejo y en la propia edad en que se vive. Solo es duradera en siglos y en vastas tierras la gloria que rebasa de los propios lugar y tiempo por haberlos perinchido y cogolmado. Lo universal riñe con lo cosmopolita; cuanto más de su país y más de su época sea un hombre es más de los países y de las épocas todas. Dulcinea es del Toboso.

Y ahora, Don Quijote mío, llévame a solas contigo, porque quiero que hablemos corazón a corazón y lo que ni a sí mismos osan decirse muchos. ¿Fue de veras tu amor a la gloria lo que te llevó a encarnar en la imagen de Dulcinea a Aldonza Lorenzo, de la que un tiempo anduviste enamorado, o fue tu desgraciado amor a la bien parecida moza labradora, aquel amor que ella «jamás lo supo ni se dio cata de ello» el que se te convirtió en amor de inmortalidad? Mira, mi buen amigo hidalgo, que yo sé cómo es la timidez dueña del corazón de los héroes, y bien se ve en ver cuando ardías en deseo de Aldonza Lorenzo cómo no te atreviste nunca a requerirla de amores. No pudiste romper la vergüenza que te sellaba, con sello de bronce, los labios.

Tú mismo se lo declaraste a Sancho, tomándole por confidente, cuando al quedarte de penitencia en Sierra Morena (cap. XXV) le dijiste: «Mis amores y los suyos han sido siempre platónicos, sin extenderse a más que a un honesto mirar, y aun esto tan de cuando en cuando que osaré jurar con verdad que en doce años que ha que la quiero más que a la lumbre de estos ojos que ha de comer la tierra, no la he visto cuatro veces, y aun podrá ser que destas cuatro veces no hubiese ella echado de ver la una que la miraba; tal es el recato y encerramiento en que su padre, Lorenzo Corchuelo, y su madre, Aldonza Nogales, la han criado». ¡Cuatro veces tan solo y en doce años! Y ¡qué fuego debía de ser el que ella despidiese para calentarle doce años el corazón con solo cuatro lejanos toques y de soslayo! Doce años, mi amado Don Quijote, y cuando frisabas en los cincuenta. Te enamoraste, pues, al acercarte a tus cuarenta. ¿Qué saben los mozos lo que es la llama que se enciende en toda sazón de madurez? ¡Y tu timidez, tu insuperable timidez de hidalgo entrado ya en años!

Miradas desde lo más adentro, suspiros ahogados de que ella no se dio cata siquiera, redoblar el golpeteo de tu corazón preso de su hechizo cada una de esas cuatro veces que gozaste a hurtadillas de su vista. Y este amor contenido, este amor roto en su corriente, pues no hallabas en ti brío ni arrojo para enderezarlo a su natural término, este pobre amor te labró acaso el alma y fue el manantial de tu heroica locura. ¿No es así, buen caballero? Acaso ni tú lo sospechabas.

Adéntrate en ti mismo y escudriña y ahonda. Hay amores que no pueden romper el vaso que los contiene y se derraman hacia adentro, y los hay inconfesables, a los que el destino formidable oprime y constriñe en el nido en que brotaron; el exceso mismo de aquellos los cuaja y los encierra, la tremenda fatalidad de estos los sublima y engrandece. Y presos allí, avergonzándose y ocultándose de sí mismos, empeñándose por anonadarse, bregando por morir, pues no pueden florecer a la luz del día y a la vista de todos, y menos fructificar, se hacen pasión de gloria y de inmortalidad y de heroísmo.

Dímelo a mí a solas, Don Quijote mío; dime: el intrépido arrojo que te llevó a tus proezas, ¿no era acaso el estallido de aquellas ansias de amor que no te atreviste a confesar a Aldonza Lorenzo? Si eras tan valiente ante todos, ¿no es porque fuiste cobarde ante el blanco de tus anhelos? De las íntimas entrañas de la carne te acosaba el ansia de perpetuarte, de dejar simiente tuya en la tierra; la vida de tu vida, como la vida de la vida de los hombres todos, fue eternizar la vida. Y, como no lograste vencerte para dar tu vida perdiéndola en el amor, anhelaste perpetuarte en la memoria de las gentes. Mira, Caballero, que el ansia de inmortalidad no es sino la flor del ansia de linaje.

¿No te llevó acaso a llenar tus ratos ociosos con la lectura de los libros de caballerías el no haber podido romper tu medrosa vergüenza para llenarlos con el amor y las caricias de aquella moza labradora del Toboso? ¿No es que buscaste en esas ahincadas lecturas lenitivo, a la vez que alimento, a la llama que te consumía? Solo los amores desgraciados son fecundos en frutos del espíritu; solo cuando se le cierra al amor su curso natural y corriente es cuando salta en surtidor al cielo; solo la esterilidad temporal da fecundidad eterna. Y tu amor fue, Don Quijote mío, desgraciado por causa de tu insuperable y heroico encojimiento. Temiste acaso profanarlo confesándolo a la misma que te lo encendía; temiste tal vez mancharlo primero y después malgastarlo y perderlo si lo llevabas a su cumplimiento vulgar y usado. Temblaste de matar en tus brazos la pureza de tu Aldonza, criada por sus padres en grandísimo recato y encerramiento.

Y dime, ¿supo Aldonza Lorenzo de tus hazañas y proezas? De seguro que si de ellas supo algo le sirvió de solaz y de comidilla y palique en los seranos y en las solanas. ¡Sería de haber oído a Aldonza Lorenzo cuando en sus inviernos añosos, al amor de la lumbre del hogar, en el rolde de sus nietos, o en el serano de las comadres, contara las andanzas y aventuras de aquel pobre Alonso Quijano el Bueno, que salió lanza en ristre a enderezar entuertos, invocando a una tal Dulcinea del Toboso! ¿Recordaría entonces tus miradas a hurtadillas, heroico Caballero? ¿No se diría acaso, a solas y callandito, y en lo más adentro de sus adentros: «Yo fui, yo fui la que le volví loco»?

No necesitas decírmelo, Don Quijote mío, porque comprendo lo que debe ser sacrificar ante un altar, sin que el dios que sobre él se yergue se entere siquiera del sacrificio. Te lo creo sin que me lo jures, te lo creo a pies juntillas, sí; te creo que cruzan el mundo Aldonzas Lorenzos que lanzan a inauditos heroísmos a Alonsos Quijanos y se mueren tranquilamente y en paz de conciencia sin haber conocido la maternidad que les cupo en los heroísmos tales.

Grande es una pasión que rompe por todo y quebranta leyes y arrolla preceptos y desencadena torrencialmente su caudal perinchido, pero es más grande aún, cuando, temerosa de enfangarse con las tierras que ha de arrastrar en su furiosa arremetida, se arremolina en sí y se condensa y se mete en sí misma, como queriendo tragarse a sí propia, luchando por deshacerse en su imposibilidad misma, y revienta hacia adentro y convierte en inmenso piélago el corazón. ¿No te sucedió esto?

Y luego, ven más junto a mí, mi Don Quijote, y dímelo al oído del corazón; y luego, cuando la Gloria te ensalzaba, ¿no suspiraste en tus entrañas por aquel inconfesado amor de tu madurez? ¿No la hubieras dado toda ella, a la Gloria, por una mirada, no más que por una mirada de cariño de tu Aldonza Lorenzo? Si ella, pobre hidalgo, si ella se hubiese dado cata de tu amor, y compadecida te hubiese ido un día y te hubiese abierto los brazos y entreabierto la boca, llamándote con los ojos, si ella se te hubiese rendido, venciendo tu contención grandiosa y diciéndote: «Te he adivinado, ven y no sufras», ¿hubieras buscado la inmortalidad del nombre y de la fama? Mas entonces, ¿no se te habría disipado el encanto luego? Yo creo que ahora mismo, mientras te tiene apretado a su pecho tu Dulcinea y lleva tu memoria de siglo en siglo, yo creo que ahora todavía te envuelve cierta melancólica pesadumbre al pensar que ya no puedes recibir en tu pecho el abrazo ni en tus labios el beso de Aldonza, ese beso que murió sin haber nacido, ese abrazo que se fue para siempre y sin haber nunca llegado, ese recuerdo de una esperanza en todo secreto y tan a solas y a calladas acariciada.

¡Cuántos pobres mortales inmortales, cuyo recuerdo florece en la memoria de las gentes, darían esa inmortalidad del nombre y de la fama por un beso de toda la boca, no más que por un beso en que soñaron durante su vida mortal toda! ¡Volver a la vida aparencial y terrena, encontrarse de nuevo en el augusto instante que una vez ido ya no vuelve, quebrar el vergonzante miedo, trizar el tupido respeto o romper la ley y luego deshacerse para siempre en los brazos de la deseada...!

Mientras Don Quijote hablaba a Vivaldo de Dulcinea del Toboso, entró Sancho, el buen Sancho, con la más maravillosa profesión de fe. Como Simón Pedro, que aun deseando plantar tiendas en lo alto del Tabor para pasarlo allí bien y sin penalidades, y aun negando al Maestro, fue quien con más ardor le creyó y le quiso, así Sancho a Don Quijote. Pues mientras todos los que oían la plática entre Vivaldo y el Caballero «y aun hasta los mismos cabreros y pastores conocieron la demasiada falta de juicio de nuestro Don Quijote. Sancho Panza pensaba —nos dice Cervantes— que cuanto su amo decía era verdad, sabiendo él quién era y habiéndole conocido desde su nacimiento». ¡Oh Sancho bueno, Sancho heroico, Sancho quijotesco! Tu fe te salvará. Pues mientras los menguados mercaderes toledanos pedían a Don Quijote, como los judíos a Jesús, señales para creer, un retrato de aquella señora, aunque fuera «tamaño como un grano de trigo», Sancho el heroico pensaba que era verdad cuanto su amo decía, sabiendo quién era Don Quijote y habiéndole conocido desde su nacimiento. Y las gentes lijeras no quieren ver, Sancho heroico, la grandeza de tu fe y la fortaleza de tu ánimo y han dado en menospreciarte y calumniarte haciéndote padrón de lo que nunca fuiste. No quieren conocer que tu simpleza fue tan loca, tan heroica como la locura de tu amo, pues que creíste en esta. Y a lo más que llegan es a reprocharte de simple porque creías esas cosas. Mas que no lo eras, ni tu sublime fe una ceguera de embaucado, lo prueba el que, dudando algo «en creer aquello de la linda Dulcinea del Toboso, porque nunca tal nombre ni tal princesa había llegado jamás a tu noticia aunque» vivías «tan cerca del Toboso». La fe es algo que se conquista palmo a palmo y golpe tras golpe. Y tú, Sancho heroico, pues crees en tu amo y señor Don Quijote, llegarás a creer en su señora Dulcinea del Toboso, y ella te cojerá de la mano y te llevará por los campos perdurables.

## Capítulo XV

### Donde se cuenta la desgraciada aventura que se topó Don Quijote con topar con unos desalmados yangüeses

Terminado el episodio de Marcela, volvió Don Quijote a quedar solo con Sancho en los caminos del mundo. Determinado a ir en busca de la pastora Marcela y ofrecérsele, se entró en el bosque donde ella entrara, y a las dos horas de andar buscándola dio en un apacible prado, donde comieron y descansaron los dos, amo y escudero.

Suelto Rocinante, fuese a refocilar con unas jacas gallegas de unos arrieros yangüeses, jacas que le recibieron a coces y mordiscos y los arrieros remataron la suerte moliéndole a palos. Visto lo cual por Don Quijote y que no eran caballeros, sino «gente soez y de baja ralea» —el encontrarse apeado le curó de la ceguera de su locura—, demandó ayuda de Sancho, quien le hizo ver que no podían vengarse de más de veinte tan solo dos y aun quizá uno y medio.

«Yo valgo por ciento —replicó Don Quijote—, y sin hacer más discursos echó mano a su espada y arremetió a los yangüeses, y lo mismo hizo Sancho Panza incitado y movido del ejemplo de su amo.» En lo que no se sabe qué admirar más, si el heroísmo quijotesco bajo la fe de «yo valgo por ciento» o el heroísmo sanchopancesco bajo la fe de que su amo valía por cien. La fe de Sancho en Don Quijote es aún más grande, si cabe, que la de su amo en sí mismo. «Yo valgo por ciento, y sin hacer más discursos echó mano a su espada y arremetió.» Si crees que vales por ciento, ¿para qué discursos? La fe verdadera no razona ni aun consigo misma.

Los yangüeses, al verse tantos contra dos, dieron con ellos en tierra a estacazos, y así se acabó la aventura.

> Vinieron los sarracenos
> y nos molieron a palos,
> que Dios ayuda a los malos
> cuando son más que los buenos.

Y entonces pidió Sancho a su amo el bálsamo de Fierabrás y entonces pronunció Don Quijote aquellas tan profundas palabras de que él se tenía la culpa del percance y molimiento, por haber puesto mano a la espada contra hombres no armados caballeros como él y excitó a Sancho a que se tomase en casos tales la justicia por su mano. Con hombres no armados caballeros, con los que no lleven como tú encendida la lumbre del seso, sino que reciben la luz de reflejo, con esos no discutas jamás, lector. Di tu palabra y sigue tu camino dejando que la roan hasta el hueso.

Y más profundo aún que su amo y señor estuvo Sancho al decir que era él hombre pacífico, manso y sosegado y sabía disimular cualquier injuria, «porque tengo mujer e hijos que sustentar y criar», dijo. ¡Oh sesudo y discretísimo Sancho! Y si supieras cuántos quedan aún que, teniendo mujer e hijos que sustentar y criar, se nos vienen con requilorios de honor y dignidad, que deben ser un lujo permitido a los ricos tan solo, a aquellos que tienen quienes sustenten y críen a su mujer e hijos y que acaso les hacen una merced con dejarlos huérfanos y viuda, pues que las gentes no menguan por ello. Tal fue, Sancho amigo, según dicen, que yo en esto me callo, el error de tu pueblo, y es que no quiso comprender que el honor dura tanto cuanto dura el bolso lleno. En ese sublime y noble error estaba y sigue estando tu amo, que quiso entonces y allí, molido en tierra, sacarte de él y mostrarte que necesitabas valor para ofender y defenderte, puesto que el día menos pensado te verías señor de una ínsula.

La de Marruecos te ofrecen ahora, y te dan las razones que te daba tu amo. Entre las cuales las había de oro, como aquella de las mudanzas de la fortuna. No hagas caso, pues, Sancho amigo, de eso de pueblos fuertes y pueblos moribundos, que el mundo da muchas vueltas y lo que te hace impropio para la manera de triunfar en privanza hoy, eso mismo te hará acaso mañana propísimo para el modo venidero de triunfar. Tú eres paciente y de la paciencia es al cabo la victoria. Vale más tu paciencia que todo aquello que te decía tu amo de que salisteis de la pendencia con los yangüeses molidos, pero no afrentados, «porque las armas que aquellos hombres traían y con que os machacaron no eran otras que sus estacas».

Dicen que dijo Felipe II, al saber el vencimiento de su Armada Invencible, que no la había mandado a luchar con los elementos, y la última vez que nos han molido a cañonazos una armada te dijeron también, Sancho amigo, que nos venció, no el valor, sino la ciencia y la riqueza. Pero tú te ríes de cuentos, oyes, callas y aguardas. Sigue aguardando, que en aguardar siempre está tu fortaleza. A ti no te dio pena el pensar si fue o no afrenta lo de los estacazos, sino el dolor de los golpes, y en eso ibas muy bien encaminado, porque el dolor de los golpes se pasa, pero el de la afrenta no, y quien hace pasajeros los dolores los ha vencido ya con hacerlos tales. Si bien, como te dijo tu amo, «no hay memoria a quien el tiempo no acabe, ni dolor que la muerte no le consuma», y esta es fuente de fortaleza, por serlo de paciencia y de consuelo.

Tras estas y otras pláticas acomodó a Don Quijote sobre el asno y reanudaron camino, hasta llegar a una venta.

## Capítulo XVI

### De lo que sucedió al ingenioso hidalgo en la venta que él imaginaba ser castillo

Volvió a encontrar Don Quijote mujeres que hicieron con él oficio de mujer, mujeres compasivas y piadosas, pues entre la ventera, su hija y Maritornes le hicieron una muy mala cama en que se acostó luego que le hubieron emplastado de arriba abajo. Agradeciolo Don Quijote haciendo a la ventera «fermosa señora», y a la venta, castillo, con lo que las mujeres se maravillaron pareciéndoles otro hombre que los que se usan, y no les faltaba razón en parecerles así.

Entonces es cuando dio Don Quijote en esperar a la hija del señor del castillo, repentinamente enamorada de él, y fue cuando al acudir Maritornes a saciar la carne al carnal arriero se encontró con el espiritual Caballero, que le endilgó un ingenioso discurso de disculpa, mostrándole ante todo que estaba tan molido y quebrantado que aunque de su voluntad quisiera satisfacer a la de ella le sería imposible, y luego la fe prometida a la sin par Dulcinea del Toboso, que si esas dos cosas no hubiera de por medio, el no poder contentarla y lo otro, no fuera tan sandio caballero que dejara pasar tan venturosa ocasión en blanco.

Esto es fina virtud y continencia de mérito, y lo demás tontería. Y tuvo esa virtud, como es natural, su recompensa, cual fue los puñetazos y pisotones que arreó a Don Quijote el bruto del arriero, que de puro rijoso ardía en chispas. Y acudió el ventero al ruido y se armó aquella tremolina de puñetazos que Cervantes cuenta.

## Capítulo XVII

### Donde se prosiguen los innumerables trabajos que el bravo Don Quijote y su buen escudero Sancho Panza pasaron en la venta, que por su mal pensó que era castillo

Cosas de encantamiento, de las que no hay para qué tomar cólera ni enojo, «que como son invisibles y fantásticas no hallaremos de quién vengarnos aunque más lo procuremos». ¡Y cómo llegaste, oh maravilloso Caballero, al hondón de la sabiduría, que consiste en tomar por invisibles y fantásticas las cosas de este mundo, y así, en virtud de tal tomadura, no enojarse por ellas!

Porque, ¿qué sino «mano pegada a algún brazo de algún descomunal gigante» pudo ser aquello que a deshora y cuando más en tu coloquio estabas vino a asentarte una puñada en las quijadas? Cosas son de otro mundo, y recuerda si no cómo estando durmiendo una noche Íñigo de Loyola «le quiso el demonio ahogar el año 1541 —como en el capítulo IX del libro V de su *Vida* se nos cuenta—, y fue así que sintió como una mano de hombre que le apretaba la garganta y que no le dejaba resollar ni invocar el Nombre Santísimo de Jesús», y aquello otro que contó el hermano Juan Paulo al P. Rivadeneira, según este en el mismo capítulo nos lo cuenta, de cuando «durmiendo una noche como solía junto al aposento de Loyola, y habiéndose despertado a deshora, oyó un ruido como de azotes y golpes que le daban al padre, y al mismo padre como quien gemía y suspiraba. Levantose luego y fuese a él, hallole sentado en la cama, abrazado con la manta, y díjole: ¿Qué es esto, padre, que veo y oigo? Al cual respondió: ¿Y qué es lo que habéis oído? Y como se lo dijese, díjole el padre: Andad, idos a dormir».

Cosas son de otro mundo, y para curar sus efectos basta el bálsamo de Fierabrás. Solo que no obra maravillosamente sino en los caballeros, y bien se vio en lo que le ocurrió con él a Sancho.

A poco de esto aconteció lo de convencerse Don Quijote de que estaba en venta y no en castillo, a una sola palabra del ventero, en que vuelve a verse una vez más cuán cuerdo era en su locura. Mas aun así, negose muy caballerescamente a pagar, lo cual le valió a Sancho un manteamiento. Acabado el cual le dio de beber vino la piadosa Maritornes, Dios se lo pague, pues era la generosidad y el desprendimiento mismos. Ella amó mucho, si bien a su manera, como todos, y por eso le serán perdonados sus refocilamientos con arrieros, ya que lo hacía de puro blanda de corazón.

Creed que la dadivosa moza asturiana más buscaba dar placer que no recibirlo, y si se entregaba era, como no a pocas Maritornes les sucede, por no ver penar y consumirse a los hombres. Quería purificar a los arrieros de los torpes deseos que les emporcaban la imaginación y dejarlos limpios para el trabajo. «Presumía muy de hidalga», dice Cervantes, y por hidalguía concertó ir a refocilarse con el arriero «y satisfacerle el gusto en cuanto mandase», no tomarlo. Ella

> *[...] dar queria*
> *o que deu para dar-se a natureza*

aunque no hubiese leído a Camoens, de cuyas *Lusiadas* es esta filosófica sentencia (IX, 76). Y por este sencillo desprendimiento, tan sin rebuscos de vicio como sin melindres de inocencia, se ha inmortalizado la moza asturiana. Vivía ella allende la inocencia y la malicia que de la pérdida de ella nace.

Creed que hay pocos pasajes más castos. Maritornes no es una moza del partido que por no trabajar o por ajenas culpas comercia con su cuerpo, ni es una pervertidora que embruja a los hombres encendiéndoles los deseos para apartarles de su ruta y distraerles de su labor; es pura y sencillamente la criada de un mesón, que trabaja y sirve, y alivia las gravezas y remedia los aprietos de los viandantes, quitándoles un peso de encima para que puedan reanudar, más desembarazados, su camino. No enciende deseos, sino que apaga los que otras, menos desprendidas, o el sobrante de la vida carnal habían encendido. Y creed que, siendo pecaminoso esto, lo es mucho más encender deseos adrede, con ánimo de encenderlos, como hace la coqueta, para no apagarlos, por apagar los que encendió otra. No peca Maritornes ni por ociosidad y codicia, ni por lujuria; es decir, apenas peca. Ni trata de vivir sin trabajar ni trata de seducir a los hombres. Hay un fondo de pureza en su grosera impureza.

Fue buena con Sancho, que salió de la venta muy contento por no haber pagado.

## Capítulo XVIII

### Donde se cuentan las razones que pasó Sancho Panza con su señor Don Quijote, con otras aventuras dignas de ser contadas

Y volvió Don Quijote al manadero de toda fortaleza, cual es el de tomar a los hombres que mantean y aporrean por «fantasmas y gente del otro mundo». No te enojes por lo que pueda acaecerte en este mundo aparencial; espera al sustancial o acógete a él, en el hondón de tu locura. Esa es la fe honda y verdadera. La cual flaqueó en Sancho, que por haber oído nombrar con nombres a los manteadores, los tomó por hombres de carne y hueso, y esto le bastó para pedir a su amo volverse al lugar entonces que era tiempo de la siega.

Acudió su amo a confortarle en la fe, a lo que él oponía lo que por sus ojos había visto y en sus costillas sentido, pero le habló Don Quijote de Amadís y el escudero se aquietó. E hiciste bien, Sancho, pues te has de convencer de que cuando nos injurian o escarnecen o mantean, con solo pensar que no son sino fantasmas los manteadores, se nos derrite el rencor y estamos al cabo de cura. Acuérdate de que tus enemigos se han de morir.

Y entonces dieron con la aventura de las dos manadas de ovejas, que tomó Don Quijote por dos ejércitos, y los descubrió tan puntualmente como quien lleva dentro de sí un mundo verdadero. Y el bueno de Sancho, sumergido en el otro mundo, en el aparencial, en el de los manteadores de carne y hueso, nada vio, «quizá» por encantamiento. ¡Oh Sancho admirable, y qué caudal de fe encierra ese tu «quizá»! Por un quizá empieza la fe que salva; quien duda de lo que ve, una miajica tan solo que sea, acaba por creer lo que no ve ni vio jamás. Tú, Sancho, no oías sino balidos de ovejas y carneros, pero bien te dijo tu amo: «El miedo que tienes te hace, Sancho, que ni veas ni oyas a derechas».

El miedo, sí, y solo el miedo a la muerte y a la vida nos hace no ver ni oír a derechas; esto es, no ver ni oír hacia dentro en el mundo sustancial de la fe. El miedo nos tapa la verdad, y el miedo mismo, cuando se adensa en congoja, nos la revela.

Mandó Don Quijote a Sancho que se retirase, pues el que solo ve con los ojos de la carne antes estorba que sirve en aventuras, y sin hacer caso de las voces del sentido terrenal acometió al ejército de Alifanfarón de Trapobana. Y allí alanceó a su sabor corderos como Pizarro y los suyos alancearon en el corral de Cajamarca a los servidores del inca Atahualpa, que ni siquiera se defendían. Mas no así los pastores de los trapobanenses, que molieron a Don Quijote a pedradas, derribándole del caballo.

Con ello volvió a tocar tierra con su cuerpo todo el Caballero, para recobrar, como Anteo, fuerzas a su toque. Y estando en tierra llegó la voz del sentido común, por boca de Sancho, a reprenderle, pues eran ovejas, mas él supo oponer su fe a los encantamientos del maligno que le perseguía. Y consoló a Sancho, cuya fe flaqueaba de nuevo, con palabras evangélicas.

Y luego les avino la aventura del cuerpo muerto, cuyo mérito consistió en que, habiendo la fantástica visión empezado por erizarle los cabellos de la cabeza a Don Quijote supo este vencer su miedo a lo fantástico, él que no lo tenía a lo real, y en premio de tal victoria puso en fuga a los encamisados, que tomaron a Don Quijote por diablo del infierno. A los fantásticos con lo fantástico se les vence; con el miedo a los amedrentadores. Y el miedo mismo llega a un punto en que, si no mata a su presa, se realza y se convierte, pasando por congoja, en valor.

Fue entonces, en medio de la fantástica aventura, cuando puso Sancho a Don Quijote el título de Caballero de la Triste Figura.

Y después se entraron por un valle donde les ocurrió la aventura de los batanes, intentada por Don Quijote para morir haciéndose digno de poder llamarse de su señora Dulcinea, de la Gloria. Y a Sancho, su quebradiza fe le puso en la boca palabras conmovedoras para apartar de su empeño a su amo, y como no bastasen las palabras acudió a la industria de trabar las patas a Rocinante. Y pasó todo lo demás que Cervantes nos cuenta, hasta que amaneció y vieron la causa de los temerosos ruidos, y Sancho se burló de su amo, que le asestó por ello dos palos, acompañándolos de las profundas palabras de «porque os burláis no me burlo yo».

«Venid acá, señor alegre; ¿paréceos a vos que si como estos fueron mazos de batán fueran otra peligrosa aventura, no habría yo mostrado el ánimo que convenía para emprendella y acaballa? ¿Estoy yo obligado a dicha, siendo como soy caballero, a conocer y distinguir los sones, y saber cuáles son de batán o no?»

La cosa está bien clara. Para enderezar entuertos y resucitar la caballería y asentar el bien en la tierra, no es menester distinguir de sones y saber cuáles son de batanes o no. Tal distinción no es cosa que toque al heroísmo, ni los demás de los conocimientos que por ahí se enseñan añaden un ardite a la suma de bien que haya en el mundo. El caballero harto tiene con atender y oír a su corazón y distinguir los sones de este.

Esta doctrina quijotesca hay que predicarla ahora en que el sanchopancismo no hace sino repetirnos que lo esencial es aprender a distinguir los sones y saber cuáles son de batanes o no, sin advertir que mientras es de noche y le dura el miedo, tampoco Sancho los distingue, y eso que los oye y no hace falta verlos. Sancho necesita, para tener serenidad y atreverse a burlas, ver la causa que produce los sones, verla; Sancho, que de noche no se atreve a apartarse de su amo por miedo a los temerosos sones y por miedo no los distingue, búrlase de él cuando ve el artefacto que los produce. Así es con el sanchopancismo que llaman ya positivismo, ya naturalismo, ya empirismo, y es que ha sido que, pasado el miedo, se burla del idealismo quijotesco.

¿Por qué había de conocer Don Quijote, siendo como era caballero, los sones? «Y más que podría ser, como es verdad —añadió—, que no los he visto en mi vida, como vos los habréis visto, como villano ruin que sois, criado y nacido entre ellos; si no, haced vos que estos seis mazos se vuelvan en seis jayanes, y echádmelos a las barbas uno a uno, o todos juntos, y cuando yo no diere con todos patas arriba, haced de mí la burla que quisiéredes.» ¡Admirables razones! En lo esforzado del propósito y no en lo puntual del conocimiento está el héroe.

Mas la verdad es que conviene acompañe Sancho a Don Quijote y no se aparte de él. Sancho, como villano ruin que es, criado y nacido entre batanes, en cuanto llega la noche y no los ve y oye sus temerosos sones, tiembla de miedo como un azogado y se arrima a Don Quijote, y para que no se le vaya traba las patas a Rocinante, con lo que el Caballero no se puede mover y se libra acaso de una muerte cierta entre los batanes, pero luego que se hace de día, ¿por qué ha de burlarse del que le amparó en su congoja, y le dejó llegar a la luz del día, pues acaso sin él habríase muerto de miedo, o el miedo le habría arrojado en los batanes, más que su valor a su amo? Sin inspiraciones del corazón y fe en lo eterno nos sacaron de las congojas de la noche de la superstición y del miedo a lo desconocido; ¿por qué cuando la luz de la experiencia luce hemos de burlarnos de aquellas inspiraciones y de aquella fe? Y tanto más cuanto que volveremos a necesitarlas, pues si la noche se sucede al día, vuelve nueva noche tras este nuevo día, y así entre luz y tinieblas vamos viviendo y marchando a un término que no es ni tinieblas ni luz, sino algo en que ambas se aúnan y confunden, algo en que se funden corazón y cabeza y en que se hacen uno Don Quijote y Sancho.

Hoy Sancho distingue de sones y sabe cuáles son de batanes y cuáles no, siempre que sea de día y vea los mazos que los producen; pero de noche tiembla de miedo y nunca se atreve con seis jayanes, ni uno a uno ni con todos juntos, y hoy Don Quijote se atreve con los jayanes y no tiembla ni de noche ni de día, pero no distingue de sones y cuáles son batanes y cuáles no. Día llegará en que fundidos en uno, o mejor, quijotizado Sancho antes que sanchizado Don Quijote, no tenga aquel miedo y distinga de sones lo mismo de noche que de día y se atreva con batanes y con jayanes. Pero es mal camino para llegar a ello burlarse del Caballero y creer que todo estriba en distinguir de sones. No, no es la ciencia sola, por alta y honda, la redentora de la vida.

## Capítulo XXI

Que trata de la alta aventura y rica ganancia del yelmo de Mambrino, con otras cosas sucedidas a nuestro invencible caballero

Tras esto cobró Don Quijote el yelmo de Mambrino, y Sancho, como despojo de la victoria, trocó los aparejos de su amo por los del asno del barbero, mejor repuesto que el suyo, y «almorzaron de las sobras del real que del acémila despojaron». Y luego «se pusieron a caminar por donde la voluntad de Rocinante quiso, que se llevaba tras sí la de su amo y aun la del asno», y de camino se quejó Sancho de cuán poco se ganaba con aquellas aventuras. Y departiendo mostró haber calado la raíz del heroísmo de su amo cuando le pidió salieran de aquellas aventuras, «donde ya que se venzan y acaben las más peligrosas, no hay quien las vea ni las sepa, y así se han de quedar en perpetuo silencio y en perjuicio de la intención de vuestra merced», dijo, y se pusieran a servicio de algún emperador donde no faltaría quien pusiera «en escrito las hazañas» de Don Quijote, «para perpetua memoria». Y añadió, tocado ya de la locura de su amo: «De las mías no digo nada, pues no han de salir de los límites escuderiles; aunque sé decir que si se usa en la caballería escribir hazañas de escuderos, que no pienso que se han de quedar las mías entre renglones».

¿Qué es eso, Sancho? ¿Estás pensando también tú en dejar eterno nombre y fama? ¿Andas también enamorado, aunque sin saberlo, de Dulcinea? Tú no has tenido Aldonza Lorenzo que te encendiera el amor a la inmortalidad; tú no has tenido amores de los que se confiesan o no pueden confesarse; tú, al llegar a edad, y considerando que no está bien que el hombre esté solo, tomaste de mano del cura a Juana Gutiérrez por compañera de tus faenas y para madre de tus hijos; pero andas con Don Quijote, dejaste por él mujer e hijos y te estás enquijotando ya.

En esta plática, y al explicar Don Quijote cómo podría llegar a casarse con hija de rey, dijo: «Solo falta ahora mirar qué rey de los cristianos o de los paganos tenga guerra y tenga hija hermosa; pero tiempo habrá para pensar esto, pues, como te tengo dicho, primero se ha de cobrar fama por todas partes, que se acuda a la corte», en que parece que la fama no la quiere para fin, sino como medio, a pesar de lo cual puede y debe asegurarse que no habría dejado Don Quijote a Dulcinea por ninguna hija de rey, por hermosa que ella fuese y poderoso y rico su padre. Y continuando el hidalgo mostró dudas de que el rey le quisiese tomar por yerno, visto que no era de linaje de reyes o «por lo menos primo segundo de emperador», temiendo perder por semejante falta lo que su brazo tendría bien merecido. «Bien es verdad —añadió— que yo soy hijodalgo de solar conocido, de posesión y propiedad, y de devengar quinientos sueldos; y podría ser que el sabio que escribiese mi historia deslindase de tal manera mi parentela y decendencia que me hallase quinto o sesto nieto de rey», y a seguida de esto explicó a Sancho lo de las dos maneras de linajes que hay en el mundo: los que fueron y ya no son y los que son ya y no fueron.

Y aquí encaja lo que dijo aquel capitán de que habla el Dr. Huarte, en el cap. XVI de su *Examen de ingenios*, y decía: «Señor, bien sé que vuestra señoría es muy buen caballero y que vuestros padres fueron también; pero yo y mi brazo derecho, a quien ahora reconozco por padre, somos mejores que vos y todo vuestro linaje». Razón que hace alguna vez suya Don Quijote, declarándose hijo de sus obras.

Y así es que mi humanidad empieza en mí y debe cada uno de nosotros, más que pensar en que es descendiente de sus abuelos y estanque a que han venido acaso a juntarse tantas y tan diversas aguas, en que es ascendiente de sus nietos y fuente de los arroyos y ríos que de él han de brotar al porvenir. Miremos más que somos padres de nuestro porvenir que no hijos de nuestro pasado, y en todo caso nodos en que se recojen las fuerzas todas de lo que fue para irradiar a lo que será y, en cuanto al linaje, todos nietos de reyes destronados.

## Capítulo XXII

### De la libertad que dio Don Quijote a muchos desdichados que, mal de su grado, los llevaban donde no quisieran ir

Iban en estas y otras pláticas, cuando se le presentó a Don Quijote una de sus más grandes aventuras, si es que no la mayor de todas ellas, cual fue la de libertar a los galeotes. Que iban presos «de por fuerza y no de su voluntad», y esto le bastó a Don Quijote.

Inquirió sus delitos, y de todo cuanto le dijeron sacó en limpio que, aunque les habían castigado por sus culpas, las penas que iban a padecer no les daban mucho gusto, y que iban a ellas muy de mala gana, muy contra su voluntad y acaso injustamente. Por lo cual decidió favorecerles, como a menesterosos y opresos de los mayores, pues «parece duro caso hacer esclavos a los que Dios y la naturaleza hizo libres; cuanto más, señores guardas —añadió Don Quijote—, que estos pobres no han cometido nada contra vosotros; allá se lo haya cada uno con su pecado; Dios hay en el cielo, que no se descuida de castigar al malo ni de premiar al bueno, y no es bien que los hombres honrados sean verdugos de los otros hombres no yéndoles nada en ello», y así pidió con mansedumbre que los soltaran. No lo quisieron hacer a buenas y arremetió contra ellos Don Quijote, quien ayudado por Sancho y los galeotes mismos, logró librarlos.

Hay que pararse a considerar el ánimo esforzado y justiciero que en esta aventura mostró el hidalgo. Mi infortunado amigo Ángel Ganivet, gran quijotista —lo cual es decir una cosa muy diferente y hasta opuesta a eso que suele llamarse cervantista—, el infortunado Ganivet, en su *Idearium español*, atañedero a esto, dice: «El entendimiento que más hondo ha penetrado en el alma de nuestra nación, Cervantes [...], en su libro inmortal, separó en absoluto la justicia española de la justicia vulgar de los Códigos y Tribunales: la primera la encarnó en Don Quijote, y la segunda, en Sancho Panza. Los únicos fallos judiciales moderados, prudentes y equilibrados que en el *Quijote* se contienen son los que Sancho dictó durante el gobierno de su ínsula; en cambio los de Don Quijote son aparentemente absurdos, por lo mismo que son de justicia transcendental; unas veces peca por carta de más y otras por carta de menos; todas sus aventuras se enderezan a mantener la justicia ideal en el mundo y, en cuanto topa con la cuerda de galeotes y ve que allí hay criminales efectivos, se apresura a ponerlos en libertad. Las razones que Don Quijote da para libertar a los condenados a galeras son un compendio de las que alimentan la rebelión del espíritu español contra la justicia positiva. Hay, sí, que luchar por que la justicia impere en el mundo; pero no hay derecho estricto a castigar a un culpable mientras otros se escapan por las rendijas de la ley; que al fin la impunidad general se conforma con aspiraciones nobles y generosas, aunque contrarias a la vida regular de las sociedades, en tanto que el castigo de los unos y la impunidad de los otros son un escarnio de los principios de justicia y de los sentimientos de humanidad a la vez». Hasta aquí Ganivet.

De deplorar es el que espíritu tan inventivo como el de nuestro granadino creyera, conforme al común sentir, que Cervantes encarnó cosa alguna en Don Quijote, y no llegara a la fe, fe salvadora, de que la historia del ingenioso hidalgo fue, como en realidad lo fue, una historia real y verdadera, y además eterna, pues se está realizando de continuo en cada uno de sus creyentes. No es que Cervantes quisiera encarnar en Don Quijote la justicia española, sino que lo encontró así en la vida del Caballero y no tuvo otro remedio sino narrárnoslo cual y como sucedió, aun sin alcanzársele todo su alcance. Ni aun vio siquiera el íntimo contraste que surge del hecho de que fuese Don Quijote el castigador de los mercaderes toledanos, del vizcaíno y de tantos otros más, el mismo que negaba a otros derecho a castigar.

Quédase Ganivet en los umbrales del quijotismo al suponer que la justicia hecha por Don Quijote en los galeotes se fundara en que «no hay derecho estricto a castigar a un culpable mientras otros se escapan por las rendijas de la ley», y que es preferible la impunidad de todos a la ley del embudo. Podría, en efecto, sostenerse que por tal razón se movió Don Quijote a libertar a los galeotes sobre el fundamento de haber dicho el mismo Caballero, en la arenga enderezada a los cabreros, y al hablar del siglo de oro, que «la ley del encaje aún no se había sentado en el entendimiento del juez, porque entonces no había qué juzgar ni quién fuese juzgado». Mas aunque el mismo Don Quijote se engañara creyendo que fue esta la razón de haber él dado libertad a aquellos desgraciados, es lo cierto que en lo más hondo de su corazón arraigaba tal hazaña. Y no os debe sorprender esto, lectores, ni debéis caer en la simpleza de tomarlo a paradoja, porque no es quien lleva a cabo una hazaña el que mejor conoce los motivos por que la cumplió, ni suelen ser las razones que en abono y justificación de nuestra conducta damos, sino razones a posteriori, o, para hablar en romance, de trasmano, manera que buscamos para explicarnos a nosotros mismos y explicar a los demás el porqué de nuestros actos, quedándosenos de ordinario desconocido el verdadero porqué. No niego que Don Quijote creyera, con Ganivet y acaso con Cervantes, que libertó a los galeotes por horror a la ley del encaje y por parecerle injusto castigar a unos mientras se escapan otros por las rendijas de la ley, pero niego que les libertara movido en realidad, y allá en sus adentros, por semejante consideración. Y si así no fuera, ¿con qué razón y derecho castigaba él, Don Quijote, como castigaba, sabiendo que escaparían los más del rigor de su brazo? ¿Por qué castigaba Don Quijote, si no hay castigo humano que sea absolutamente justo?

Don Quijote castigaba, es cierto, pero castigaba como castigan Dios y la naturaleza, inmediatamente, cual en naturalísima consecuencia del pecado. Así castigó a los arrieros que fueron a tocar sus armas cuando las velaba, alzando la lanza a dos manos, dándoles con ella en la cabeza y derribándolos para tornar a pasearse con el mismo reposo que primero, sin cuidarse más de ello; así amenazó a Juan Haldudo el rico, pero soltándole bajo su palabra de pagar a Andrés; así arremetió a los mercaderes toledanos, no bien los oyó blasfemar contra Dulcinea; así venció a D. Sancho de Azpeitia, soltándole bajo promesa de las damas de que iría a presentarse a Dulcinea; así arremetió a los yangüeses, al ver cómo maltrataban a Rocinante. Su justicia era rápida y ejecutiva; sentencia y castigo eran para él una misma cosa; conseguido enderezar el entuerto, no se ensañaba con el culpable. Y a nadie intentó esclavizar nunca.

Bien habría estado que al prender a cada uno de aquellos galeotes se les hubiera dado una tanda de palos, pero... ¿llevarlos a galeras? «Me parece duro caso —como dijo el Caballero— hacer esclavos a los que Dios y la naturaleza hizo libres.» Y añadió más adelante: «Allá se lo haya cada uno con su pecado; Dios hay en el cielo, que no se descuida de castigar al malo ni de premiar al bueno, y no es bien que los hombres honrados sean verdugos de los otros hombres no yéndoles nada en ello».

Los guardias que llevaban a los galeotes los llevaban fríamente, por oficio, en virtud de mandamiento de quien acaso no conociera a los culpables, y los llevaban a cautiverio. Y el castigo, cuando de natural respuesta a la culpa, de rápido reflejo a la ofensa recibida, se convierte en aplicación de justicia abstracta, se hace algo odioso a todo corazón bien nacido. Nos hablan las Escrituras de la cólera de Dios y de los castigos inmediatos y terribles que fulminaba sobre los quebrantadores de su pacto, pero un cautiverio eterno, un penar sin fin basado en fríos argumentos teológicos sobre la infinitud de la ofensa y la necesidad de satisfacción inacabable, es un principio que repugna al cristianismo quijotesco. Bien está hacer seguir a la culpa su natural consecuencia, el golpe de la cólera de Dios o de la cólera de la naturaleza, pero la última y definitiva justicia es el perdón. Dios, la naturaleza y Don Quijote castigan para perdonar. Castigo que no va seguido de perdón, ni se endereza a otorgarlo al cabo, no es castigo, sino odioso ensañamiento.

Mas se dirá: pues si se ha de perdonar, ¿para qué el castigo? ¿Para qué, preguntas? Para que el perdón no sea gratuito y pierda así todo mérito; para que gane valor costando adquirirlo, teniendo que comprarlo con sufrir castigo; para que el delincuente se ponga en estado de recibir el fruto, el beneficio del perdón, borrado por el castigo el remordimiento que se lo impediría. El castigo satisface al ofensor, no al ofendido, y hasta le repugna a aquel el perdón gratuito, apareciéndosele como la más quintaesenciada forma de la venganza, como flor de desdén. El perdón gratuito es un perdón que se echa como de limosna. Los débiles se vengan perdonando, sin haber castigado. Agradecemos más el abrazo, si es cordial, después de la bofetada con que a nuestra provocación se responde.

Cuando el hombre se siente ofendido, vese empujado a venganza; pero luego que se vengó, si es bien nacido y noble, perdona. De ese sentimiento de venganza brotó la llamada justicia, intelectualizándolo, y muy lejos de ennoblecerse con ello, se envileció. El bofetón que suelta uno al que le insulta es más humano, y por ser más humano, más noble y más puro que la aplicación de cualquier artículo del Código Penal.

El fin de la justicia es el perdón, y en nuestro tránsito a la vida venidera, en las ansias de la agonía, a solas con nuestro Dios, se cumple el misterio del perdón para los hombres todos. Con la pena de vivir y las penas a ella consiguientes se pagan las fechorías todas que en la vida se hubiesen cometido; con la angustia de tener que morirse se acaba de satisfacer por ellas. Y Dios, que hizo al hombre libre, no puede condenarle a perpetuo cautiverio.

«Allá se lo haya cada uno con su pecado; Dios hay en el cielo, que no se descuida de castigar al malo ni de premiar al bueno.» Aquí Don Quijote remite el castigo a Dios, sin decirnos cómo creía él que Dios castiga, pero no pudo creer, por mucha que su ortodoxia fuere, en castigos inacabables, y no creyó en ellos. Hay que remitir, sí, a Dios el castigar, pero no haciéndole ministro de nuestras justicias, como tanto se acostumbra, cuando somos nosotros los que deberíamos ser ministros de la suya. ¿Quién es el mortal que osa pronunciar en nombre de Dios sentencias, dejando a Dios el ejecutarlas? ¿Quién es el que así hace a Dios ministro suyo? El que cree estar diciendo: «En nombre de Dios te condeno», lo que en realidad está queriendo decir es esto otro: «Dios, en mi nombre, te condena». Mirad bien que los que se arrogan ministerio especial de Dios es en el fondo que pretenden que Dios les ministre a ellos. Don Quijote, no; Don Quijote, que se creía ministro de Dios en la tierra y brazo por quien se ejecuta en ella su justicia, pero como lo somos todos, Don Quijote le dejaba a Dios el juzgar de quién fuera bueno y quién malo y merced a qué castigo habría que perdonar a este.

Mi fe en Don Quijote me enseña que tal fue su íntimo sentimiento, y si no nos lo revela Cervantes es porque no estaba capacitado para penetrar en él. No por haber sido su evangelista hemos de suponer fuera quien más adentró en su espíritu. Baste que hoy nos haya conservado el relato de su vida y hazañas.

«No es bien que los hombres honrados sean verdugos de los otros hombres, no yéndoles nada en ello.» Don Quijote, como el pueblo de que es la flor, mira con malos ojos al verdugo y a todo ministro y ejecutor de justicia. Santo y bueno que se tome uno la justicia por su mano, pues le abona un natural instinto, pero ser verdugo de otros hombres para ganarse así el pan sirviendo a la odiosa justicia abstracta no es bien. Pues la justicia es impersonal y abstracta, castigue impersonal y abstractamente.

Ya os veo aquí, lectores timoratos, llevaros las manos a la cabeza y os oigo exclamar: ¡qué atrocidades! Y luego habláis de orden social y de seguridad y de otras monsergas por el estilo. Y yo os digo que si se soltase a los galeotes todos no por eso andaría más revuelto el mundo, y si los hombres todos cobraran robusta fe en su última salvación, en que al cabo todos hemos de ser perdonados y admitidos al goce del Señor, que para ello nos crió libres, seríamos todos mejores.

Bien sé que en contra de esto me argüiréis con el ejemplo mismo de los galeotes y de cómo le pagaron a Don Quijote la libertad que les había devuelto. Pues no bien los vio sueltos los llamó, y diciéndoles que «de gente bien nacida es agradecer los beneficios que reciben, y uno de los pecados que más a Dios ofenden es la ingratitud», les mandó fuesen cargados de la cadena a presentarse ante la señora Dulcinea del Toboso. Los desdichados, llenos de miedo no fuese les prendiera de nuevo la Santa Hermandad, respondieron por boca de Ginés de Pasamonte que no podían cumplir lo que Don Quijote les pedía, y se lo mudase en alguna cantidad de avemarías y credos. Irritó al Caballero, que era pronto a la cólera, el desenfado de Pasamonte, y le reprendió. Y entonces hizo este del ojo a sus compañeros, y «apartándose aparte comenzaron a llover tantas piedras sobre Don Quijote [...] que dieron con él en el suelo». Y, una vez en tierra, le golpeó uno y le quitaron la ropilla y a Sancho el gabán.

Lo cual debe enseñarnos a libertar galeotes precisamente porque no nos lo han de agradecer, que de contar de antemano con su agradecimiento, nuestra hazaña carecería de valor. Si no hiciéramos beneficios sino por las gratitudes que de ellos habríamos de recojer, ¿para qué nos servirían en la eternidad? Debe hacerse el bien, no solo a pesar de que no nos han de corresponder en el mundo, sino precisamente porque no han de correspondérnoslo. El valor infinito de las buenas obras estriba en que no tienen pago adecuado en la vida, y así rebosan de ella. La vida es un bien muy pobre para los bienes que en ella cabe ejercer.

Pero viene aquí un pasaje tan triste como hermoso, pues mostrándonos una carnal flaqueza del Caballero nos muestra que era de carne y hueso como nosotros y como nosotros sujeto a las miserias humanas.

# Capítulo XXIII

## De lo que aconteció al famoso Don Quijote en Sierra Morena, que fue una de las más raras aventuras que en esta verdadera historia se cuentan

Y fue cuando, viéndose malparado, dijo a su escudero: «Siempre Sancho, lo he oído decir, que el hacer bien a villanos es echar agua en la mar: si yo hubiera creído lo que me dijiste, yo hubiera excusado esta pesadumbre; pero ya está hecho, paciencia y a escarmentar para desde aquí adelante». El pobre Caballero, tendido en tierra, siente flaquear su fe. Mas ved que acude en su ayuda Sancho, el heroico Sancho, y, lleno de su fe quijotesca, responde a su amo: «Así escarmentará vuestra merced como yo soy turco». Y ¡qué bien calaste, Sancho heroico, Sancho quijotesco, que tu amo no podía escarmentar de hacer el bien y cumplir la justicia venidera!

Y porque apedrearon a Don Quijote y le robaron la ropilla, ¿hemos de creer que no le iban agradecidos los galeotes y que la libertad no les mejoró el ánimo? Cuando le robaron las ropillas es que las necesitaban, y esto no excluía agradecimiento, pues una cosa es la gratitud y otra el oficio, y el de los más de ellos era el de ladrones. Y además, ¿quién sabe si no es que querían llevarse una prenda suya como de recuerdo? ¿Y que le apedrearon? Sí, por agradecimiento también. Peor habría sido que le hubiesen vuelto la espalda.

Encimada la aventura de los galeotes y obedeciendo Don Quijote a los ruegos de Sancho, que le pedía se apartaran de la furia de la Santa Hermandad, mas no por miedo a ella, se entraron en Sierra Morena, haciendo noche «entre dos peñas y entre muchos alcornoques». Y aquella noche fue cuando robó su jumento a Sancho Ginés de Pasamonte, el desgraciado galeote. Y a poco hallaron la maleta de Cardenio y el montoncillo de escudos de oro que hizo exclamar a Sancho: «¡Bendito sea todo el cielo que nos ha deparado una aventura que sea de provecho!».

¡Ah Sancho veleta, vuelve a vencerte la carne y llamas aventura a eso de topar con un montoncillo de escudos de oro! Eres del país de la lotería. Se lo regaló su amo, que no iba a la busca de tales aventuras de dinero hallado. Interesose más en los lamentos amorosos que en la maleta se contenían, y al ver pasar saltando de risco en risco a un solitario, decidido a buscarlo, mandó a Sancho lo atajase. Y entonces respondió este aquellas nobilísimas palabras de: «No podré hacer eso porque, en apartándome de vuestra merced, luego es conmigo el miedo, que me asalta con mil géneros de sobresaltos y visiones».

¿Y cómo no, Sancho amigo, cómo no? Tu amo será, si quieres, loco de remate, pero ni supiste, ni sabes, ni sabrás ya vivir sin él: renegarás de su locura y de los manteamientos en que con ella te mete, pero, si te deja, te acometerá el miedo al verte solo. Tú sin tu amo estás tan solo que estás sin ti. Gustaste el amparo de Don Quijote, cobraste fe en él; si el mantenimiento de tu fe te falta, ¿quién te librará del miedo? ¿Es acaso el miedo otra cosa que la pérdida de la fe?; y ¿no se recobra esta en fuerza de miedo? Y la fe, amigo Sancho, es adhesión, no a una teoría, no a una idea, sino a algo vivo, a un hombre real o ideal, es facultad de admirar y de confiar. Y tú, Sancho fiel, crees en un loco y en su locura, y si te quedas a solas con tu cordura de antes, ¿quién te librará del miedo que te ha de acometer al verte solo con ella, ahora que gustaste de la locura quijotesca? Por eso pides a tu amo y señor que no se aparte de ti.

Y tu Don Quijote, magnánimo y fuerte, te responde: «Así será, y yo estoy muy contento de que te quieras valer de mi ánimo, el cual no te ha de faltar, aunque te falte el ánima del cuerpo». Ten fe, pues, Sancho; ten fe, aunque te falte el ánimo de Don Quijote. La fe cumplió en ti su milagro; el ánimo de

Don Quijote es ya tu ánimo y ya no vives tú en ti mismo, sino que es él, tu amo, quien en ti vive. Estás quijotizado.

Entonces encontró Don Quijote a Cardenio, y apenas vio al otro loco, loco de amor, «le tuvo un buen espacio estrechamente entre sus brazos, como si de luengos tiempos le hubiera conocido». Y así era en verdad. Saludáronse y manifestó Don Quijote su propósito de servirle, y si no hallaba remedio a su dolor ayudarle a llorar su desventura y «a plañirla como mejor pudiera». Y al llorar y plañir la desventura de Cardenio, ¿no llorarías y plañirías la tuya, buen Caballero? Al llorar los desdenes de Lucinda, ¿no llorarías aquella contención que te impidió abrir el corazón a Aldonza?

Hay, sin embargo, maliciosos en creer que todo ello era solo para mover a Cardenio a que contase su historia, pues era Don Quijote curioso en extremo y amigo de enterarse de vidas ajenas.

## Capítulos XXIV y XXV

### Donde se prosigue la aventura de la Sierra Morena y que trata de las extrañas cosas que en Sierra Morena sucedieron al valiente caballero de la Mancha y de la imitación que hizo a la penitencia de Beltenebros

Aquí Cervantes, no fiando demasiado en la virtualidad de la historia de su héroe, intercala la de Cardenio. Mas aun así nos contó la interrupción de Don Quijote a Cardenio y cómo salió a la defensa de la reina Maldasina, ofendida por este. Con lo cual quiso enseñarnos a que no toleremos se le ofenda a él por los que se obstinan en tratarle como a mero ente de razón, sin consistencia real. Y no es razón que los tales no estén en su cabal juicio, pues «contra cuerdos y contra locos», como dijo en aquella ocasión Don Quijote, debe volver uno por la verdad radical. Como por ella volvió el hidalgo. El cual si pecaba era de jactancioso, pues aun entonces afirmó que él se sabía las reglas de caballería «mejor que cuantos caballeros las profesaron en el mundo».

Yendo después por aquellas soledades de Sierra Morena volvió a dar Don Quijote en su verdadero tema, y fue al decir a Sancho que le llevaba por aquellas partes el deseo «de hacer en ellas una hazaña con que he de ganar —dijo— perpetuo nombre y fama en todo lo descubierto de la tierra». Y para lograrlo se propone imitar a su modelo, Amadís de Gaula. Sabía bien que a la perfección se llega imitando a hombres y no tratando de poner en práctica teorías. Y para imitarle en la penitencia que hizo en la Peña Pobre, mudando su nombre en el de Beltenebros, decidió Don Quijote hacer en Sierra Morena «del desesperado, del sandio y del furioso», aventura más fácil que la de «hender gigantes, descabezar serpientes, matar endriagos, desbaratar ejércitos, fracasar armadas y deshacer encantamientos».

Y como el heroico loco era muy cuerdo, no quiso imitar a D. Roldán en lo de arrancar árboles, enturbiar las aguas de las claras fuentes, matar pastores, destruir ganados, abrasar chozas, derribar casas, arrastrar yeguas y «otras cien mil insolencias dignas de eterno nombre y escritura», sino solo en lo esencial, y aun venir a contentarse con la sola imitación de Amadís, «que sin hacer locuras de daño, sino de lloros y sentimientos, alcanzó tanta fama como el que más». El punto estaba en alcanzar fama y renombre, y si las locuras de daño no eran para ellos necesarias, eran ya locuras de locura.

Y requerido por Sancho de que por qué razón habría de volverse loco sin que Dulcinea le hubiese faltado, contestó con aquella preñadísima sentencia que dice: «Ahí está el punto y esa es la fineza de mi negocio, que volverse loco un caballero andante con causa, ni grado ni gracias; el toque está en desatinar sin ocasión y dar a entender a mi dama que si en seco hago esto, ¿qué hiciera en mojado?». Sí, Don Quijote mío, el toque está en desatinar sin ocasión, en generosa rebelión contra la lógica, durísima tirana del espíritu. Los más de los que en esta tu patria son tenidos por locos desatinan con ocasión y con motivo y en mojado, y no son locos, sino majaderos forrados de lo mismo, cuando no bellacos de lo fino. La locura, la verdadera locura nos está haciendo mucha falta, a ver si nos cura de esta peste del sentido común que nos tiene a cada uno ahogado el propio.

Ahogado se lo tenía a Sancho, pues dudó de ti, heroico Caballero, cuando le hablaste de nuevo del yelmo de Mambrino y estuvo a punto de creer patraña tus promesas todas porque sus ojos carnales le hacían ver el yelmo como si fuese bacía de barbero. Pero bien le respondiste: «Eso que a ti te parece bacía de barbero me parece a mí el yelmo de Mambrino, y a otro le parecerá otra cosa». Esta es la verdad pura: el mundo es lo que a cada cual le parece, y la sabiduría estriba en hacérnoslo a nuestra voluntad, desatinados sin ocasión y henchidos de fe en lo absurdo. El carnal Sancho creyó, al ver empezar a Don Quijote la penitencia, que iba de burlas y no de veras, mas desengañole su amo. No, Sancho amigo, no; la verdadera locura va de veras siempre; son los cuerdos los que van de burlas.

Y ¡qué locura! Entonces fue cuando Don Quijote declaró a Sancho lo de ser Dulcinea Aldonza Lorenzo, la hija de Lorenzo Corchuelo y de Aldonza Nogales, y Sancho nos declaró las prendas terrenales de ella, «moza de chapa, hecha y derecha y de pelo en pecho», que tiraba la barra como «el más forzudo zagal de todo el pueblo». Se puso un día «encima del campanario de la aldea a llamar a unos zagales suyos que andaban en un barbecho de su padre, y aunque estaban de allí más de media legua, así la oyeron como si estuvieran al pie de la torre». Y se le oye ahora, que convertida en Dulcinea, pregona tu nombre, Sancho socarrón. «Tiene mucho de cortesana —añadió—; con todos se burla y de todo hace mueca y donaire...» Sí, de todos sus favoritos se burla la Gloria.

Dejó de hablar Sancho, juzgando a Dulcinea, o mejor a Aldonza, según sus groseros ojazos, y su amo le contó el cuento de la viuda hermosa, libre y rica que se enamoró del mozo rollizo e idiota. Para lo que le quería... Sí, para el que quiere estrujar idealidad del mundo nada hay en él de bajo ni de grosero, y muy bien puede Aldonza Lorenzo encarnar a Dulcinea.

Pero hay aquí algo más íntimo. Alonso Quijano el Bueno, que había recatado en los más recónditos recovecos de su corazón durante doce años aquel amor que fue acaso lo que llevándole a engolfarse en libros de caballería le llevó a hacerse Don Quijote, Alonso Quijano, roto ahora, merced a la locura caballeresca, su vergonzante recato, confiesa a Sancho su amor. ¡A Sancho! Y, al confesarlo, lo profana. El muy bellaco del escudero no se percata de lo que se le abre al conocimiento y a la confianza y habla de Aldonza como de una garrida moza cualquiera de lugar. Y entonces Don Quijote, apesadumbrado al ver cuán a lo burdo entendió Sancho sus amores, sin conocer que para todo buen enamorado es su amor único y como no lo ha habido en la tierra antes, le cuenta la sustanciosa historia de la viuda y el idiota, para concluir en lo de «por lo que yo quiero a Dulcinea del Toboso, tanto vale como la más alta princesa de la tierra». ¡Pobre Caballero, y cómo tuviste que callar y sepultar en lo más escondido de tu seno, que a no haberte atado la vergüenza del demasiado amor que se te prendió en el otoño de tus años, para otra cosa que para invocarla por los caminos bajo el nombre de Dulcinea habrías querido a la hermosa hija de Lorenzo Corchuelo y de Aldonza Nogales! Di, ¿no hubieras dado por ella la gloria, esa gloria que por ella ibas a buscar?

Acabado el coloquio, escribió Don Quijote la carta a Dulcinea, aun no sabiendo leer Aldonza Nogales, y la cédula de los tres pollinos que se entregarían a Sancho. ¡Ah, Sancho, Sancho, llevas el más grande de los cometidos, una misiva de amor a Dulcinea, y necesitas llevar con ella una cédula de tres pollinos!

Siguiose nuevo coloquio y en él dijo Don Quijote aquello de: «A fe, Sancho, que, a lo que parece, que no estás tú más cuerdo que yo». Cierto es ello, pues le contagiaste, noble Caballero.

Al ir a partir Sancho, desnudose su amo con toda priesa los calzones, «quedó en carnes y en pañales y luego sin más ni más dio dos zapatetas en el aire y dos tumbas la cabeza abajo y los pies en alto, descubriendo cosas que, por no verlas otra vez, volvió Sancho la rienda a Rocinante y se dio por contento y satisfecho de que podía jurar que su amo quedaba loco».

## Capítulo XXVI

### Donde se prosiguen las finezas que de enamorado hizo Don Quijote en Sierra Morena

Y quedose Don Quijote rezando en un rosario de agallas grandes de alcornoque, paseándose por un pradecillo, escribiendo y grabando en las cortezas de los árboles y por la menuda arena muchos versos, suspirando y llamando a los faunos, silvanes y ninfas de aquellos contornos.

¡Admirable aventura! ¡Aventura del género contemplativo más bien que del activo! Hay gentes, Don Quijote mío, ciegas al valor de estas aventuras de suspirar y dar sin más zapatetas al aire. Solo el que se las dio o es capaz de darlas puede dar cima a grandes empresas. Desgraciado del que a solas consigo mismo es cuerdo y cuida que los demás le miran.

Esta penitencia de Don Quijote en Sierra Morena nos trae a la memoria aquella otra de Íñigo de Loyola en la cueva de Manresa y sobre todo cuando en el mismo Manresa y en el monasterio de Santo Domingo «vínole al pensamiento —como nos dice el P. Rivadeneira, lib. I, cap. IV— un ejemplo de un santo que para alcanzar de Dios una cosa que le pedía, determinó de no desayunarse hasta alcanzarla. A cuya imitación —añade— propuso él también de no comer ni beber hasta hallar la paz tan deseada de su alma, si ya no se viese por ello a peligro de morir».

Al terminar un piadoso autor la vida de san Simeón Estilita, añade: «Esta vida es más para admirada que para imitada», y Teresa de Jesús, en el párrafo tercero del capítulo XIII de su

*Vida,* nos dice que el demonio «nos dice o hace entender que las cosas de los santos son para admiradas, mas no para hacerlas los que somos pecadores», y eso dice ella también, mas que «hemos de mirar cuál es de espantar y cuál es de imitar». Y así podría creerse que la penitencia de Don Quijote en Sierra Morena es más para admirada que para imitada. Pero yo os digo que de la misma fuente de que brotaron sus más hazañosas proezas, de esa misma fuente brotó también lo de las zapatetas en el aire, siendo inseparable lo uno de lo otro. Aquellas locuras encendieron su amor a Dulcinea, y ese amor fue su brújula y su resorte de acción.

Lo bello es lo superfluo, lo que tiene su fin en sí: la flor de la vida. Y esas zapatetas en el aire son bellísimas, porque no tienen otro fin que el de darlas. Aunque sí, otro fin tuvieron, fin de propia educación. Oídme una parábola:

Llegaron a segar un campo dos segadores. El uno, ansioso de segar mucho, empezó a cortar sin cuidarse de afilar la guadaña, y al poco rato, mellada y embotado el filo, derribaba la yerba, mas sin cortarla. El otro, deseoso de segar bien, se pasó casi toda la mañana en afilar su instrumento, y al caer de la tarde ni este ni aquel habían ganado su jornal. Así hay quien solo se cuida de obrar sin afilar ni pulir su voluntad y su arrojo, y quien se pasa la vida en afile y pulimento, y en prepararse a vivir, le llega la muerte. Hay, pues, que segar y pulir la guadaña, obrar y prepararse para la obra. Sin vida interior no la hay exterior.

Y esas zapatetas sin más ni más en el aire, y esos rezos, esos grabados en las cortezas de los árboles, suspiros e invocaciones, son ejercicio espiritual para arremeter molinos, alancear corderos, vencer vizcaínos, libertar galeotes y ser por ellos apedreados. Allí, en aquel retiro, y con aquellas zapatetas, se curaba de las burlas del mundo, burlándose de él, y desahogaba su amor; allí cultivaba su locura heroica con desatinos en seco.

En tanto tomó Sancho el camino del Toboso, y al llegar a la venta en que lo mantearon topó con el cura y el barbero de su lugar. Los cuales, no bien le vieron, preguntáronle por Don Quijote y dónde quedaba, y Sancho, guiado por un certero instinto, intentó ocultarlo. Y ¡qué bien comprendías, fiel escudero, que los mayores enemigos del héroe son sus propios deudos y parientes, los que le quieren con el cariño de la carne! No le quieren por él ni por su obra, sino quiérenle para ellos. No le quieren por su obra, que es su alma y su razón de ser; no le quieren en la eternidad, sino en el tiempo. Cuenta Marcos el evangelista, en el capítulo III de su Evangelio, que cuando Jesús había elegido sus apóstoles estaba rodeado de mucha gente, que ni aun podían comer pan (v. 20), y al oírlo los suyos, οἱπαῤαὐτοῦ los de su familia, su madre y hermanos, fueron a prenderle diciendo: «Está fuera de sí»; esto es, está loco (v. 21), y al decirle al Maestro: «He ahí tu madre y tus hermanos que te buscan fuera», respondió diciendo: «¿Quién, mi madre y mis hermanos? He aquí mi madre y hermanos —y miró a los que le rodeaban—: quien hiciere la voluntad de Dios, ese es mi hermano y mi hermana y mi madre» (vv. 31 a 35). Para nadie es más loco el héroe, el santo, el redentor, que para su propia familia, para sus padres y hermanos.

El cura y el barbero obraban, al querer reducir a Don Quijote a su casa, conforme al corazón del ama y la sobrina del hidalgo, que le creían fuera de sí. Pero los sobrinos de Don Quijote son quienes se encienden en su hidalga caballerosidad, son sus parientes en espíritu. El héroe acaba por no poder tener amigos; por ser a la fuerza un solitario.

Bien hizo, pues, Sancho, en querer ocultar al cura y al barbero dónde paraba su amo, pero no le valió la treta, porque como estaba solo, sin el amparo de su señor, le atacaron por el miedo y le hicieron cantar de plano. Y lo cantó todo, asombrando a los vecinos, que «se admiraron de nuevo considerando cuán vehemente había sido la locura de Don Quijote, pues había llevado tras sí el juicio de aquel pobre hombre». ¿Vehemente? Más que vehemente: contagiosa con el contagio del heroísmo. Y no puede ni debe llamarse pobre hombre a quien tan rico de espíritu se iba haciendo con solo haber entrado a servir a tal caballero.

«No quisieron cansarse en sacarle del error en que estaba —agrega el historiador—, pareciéndoles que, pues que no le dañaba nada la conciencia, mejor era dejarle en él, y a ellos les sería de más gusto oír sus necedades.» Ved cómo toman estos dos mundanos cura y barbero las cosas de Sancho; le dejan en lo que creen su error y era su fe en el heroísmo, para sacar gusto de oír las que reputan sus necedades. Haced luego nada heroico o decid nada sutil o nuevo para dar gusto a los que os lo tomarán como meras ingeniosidades.

Presumo que leerán estos mis comentarios no pocos curas y barberos manchegos, o que me parecían serlo, y hasta llego a sospechar que los más de los que me los lean andarán más cerca que de otra cosa de aquellos cura y barbero y creerán bueno dejarme en los que juzguen mis errores para sacar gusto de mis necedades. Dirán, como si lo oyera, que solo busco y rebusco ingeniosas paradojas para hacerme pasar por original, pero yo solo les digo que, si no ven ni sienten todo lo que de pasión y encendimiento de ánimo y hondas inquietudes y ardorosos anhelos pongo en estos comentarios a la vida de mi señor Don Quijote y de su escudero Sancho y he puesto en otras de mis obras, si no ven ni sienten eso, digo, los compadezco con toda la fuerza de mi corazón y los tengo por unos miserables esclavos del sentido común y unos espíritus aparenciales que se pasean entre sombras recitando de coro las viejas coplas de Calaínos. Y me encomiendo a nuestra señora Dulcinea, que dará al cabo cuenta de ellos y de mí.

En acabando de leer esto se sonreirán también murmurando: ¡Paradojas! ¡Nuevas paradojas! ¡Siempre paradojas! Pero venid acá, espíritus alcornoqueños, hombres de dura cerviz, venid y decidme, ¿qué entendéis por paradoja y queréis decir con eso? Sospecho que os queda otra dentro, desgraciados rutineros del sentido común. Lo que no queréis es remejer el poso de vuestro espíritu ni que os lo remejan; lo que rehusáis es zahondar en los hondones del alma. Buscáis la estéril tranquilidad de quien descansa en instintos externos, depositarios de dogmas; os divertís con las necedades de Sancho. Y llamáis paradoja a lo que os cosquillea el ánimo. Estáis perdidos, irremisiblemente perdidos; la haraganería espiritual es vuestra perdición.

## Capítulo XXVII

### De cómo salieron con su intención el cura y el barbero, con otras cosas dignas de que se cuenten en esta grande historia

Y volviendo a nuestra historia os recordaré, pues cuantos me leéis la conocéis ya, lo ideado por el cura y el barbero para sacar a Don Quijote de aquella penitencia, que juzgando curibarberilmente estimaban inútil, vistiéndose el cura en hábito de doncella andante, ya que los curas acostumbran a vestirse, como las doncellas y las que lo fueron, por la cabeza, y de escudero el rapa-barbas, e irse así «adonde Don Quijote estaba, fingiendo ser ella una doncella afligida y menesterosa» y todo lo demás que se nos cuenta al respecto, para sacar a Don Quijote de Sierra Morena y llevarle a su casa. Y así, disfrazado de doncella el cura, montado en una mula a mujeriegas y con el barbero, con su cola de buey por barba, fueron a seducir al Caballero. Y al poco cayó el cura en la cuenta de lo indecente que para su carácter era tal mojiganga y cambiaron los papeles. Le caía mejor barba de cola de buey que no vestido de doncella. Y engañaron a Sancho, al sencillo y fiel Sancho, para que no vendiese a su amo dándole barbero por doncella andante.

## Capítulo XXVIII

### Que trata de la nueva y agradable aventura que al cura y al barbero sucedió en la mesma sierra

Mas ni aun esto fue menester, porque la suerte les deparó a la hermosa Dorotea —casi todas las damas que figuran en esta historia son hermosas—, que se prestó a hacer el papel de doncella menesterosa, princesa Micomicona, y tan al vivo se atavió para ello que cayó en el lazo el incauto Sancho.

Estaba a todo esto Don Quijote en camisa, flaco, amarillo, muerto de hambre y suspirando por su señora Dulcinea. Ya vestido le encontró la princesa Micomicona; hincose de hinojos ante él; pidiole Don Quijote que se levantara, rehusó ella hacerlo hasta que se le otorgara el don que pediría, siéndole de antemano otorgado por el Caballero, como no hubiera de cumplirse en daño o mengua de su rey, de su patria y de aquello que de su corazón y libertad tenía la llave. Esto es prometer con cautela y sin comprometerse. Pidiole entonces la princesa se fuera con ella sin entrometerse en otra aventura hasta vengarla de un traidor que le tenía usurpado el reino, y Don Quijote le aseguró podía desechar toda melancolía, pues con la ayuda de Dios y la de su brazo veríase ella presto restituida a su reino. Si Dios movía el brazo del Caballero, sobraba la segunda ayuda. Quiso la princesa besarle las manos, no lo consintió él, que «en todo era comedido y cortés caballero», y se aprestó a seguirla.

Aquí hay que admirar cómo unía y juntaba en uno Don Quijote su fe en Dios y su fe en sí mismo al decir a la princesa lo que le dijo de cómo se vería presto restituida a su reino y sentada en la silla de su antiguo y grande estado, a pesar y a despecho de los follones que contradecirlo quisieren. Y es que no hay fe en sí mismo como la del servidor de Dios, pues este ve a Dios en sí; como la fe del que, cual Don Quijote, si bien llevado del cebo de la fama, busca ante todo el reino de Dios y su justicia. Dásele todo lo demás por añadidura y a la cabeza de todo lo demás fe en sí mismo, necesaria para obrar.

Encontrándose los pp. Láinez y Salmerón con grandes dificultades de parte de la Señoría de Venecia para fundar el Colegio de Padua, y teniendo por desahuciado el negocio, escribió Láinez a Íñigo de Loyola «en qué términos estaba, pidiéndole que para que Nuestro Señor le diese buen suceso, dijese una misa por aquel negocio, porque él no hallaba otro remedio. Dijo el padre la misa, como se le pedía, el mismo día de la Natividad de Nuestra Señora y, acabada, escribió a Láinez: "Ya hice lo que me pedistes; tened buen ánimo y no os dé pena este negocio, que bien lo podéis tener por acabado como deseáis". Y así fue» (Rivadeneira, lib. III, cap. VI).

Y viene lo triste de la aventura de Don Quijote, y es que entretanto «estábase el barbero aún de rodillas teniendo gran cuenta de disimular la risa y de que no se le cayese la barba, con cuya caída quizá quedaran todos sin conseguir su buena —según Cervantes— intención». Hasta aquí todas han sido aventuras de las que la suerte le procuraba al hidalgo al azar de los caminos y veredas, aventuras naturales y ordenadas por Dios para su gloria; mas ahora empiezan las que le armaron los hombres y con ellas lo más recio de su carrera. Ya tenemos al héroe siendo, en cuanto héroe, juguete de los hombres y motivo de risa; ya está la compañía de los hombres en campaña contra él. El barbero disimula la risa para no ser conocido. Sabe que la risa, arrancándonos la máscara de la seriedad, barba tan quitadiza como postiza es, nos pone al descubierto.

Empieza ahora, digo, lo triste de la carrera quijotesca. Sus más hermosas y más espontáneas aventuras quedan ya cumplidas; en adelante las más de ellas lo serán ya de tramoya y armadas por hombres maliciosos. Hasta aquí desconocía el mundo al héroe, y este, a su vez, trataba de hacérselo a su antojo; ahora el mundo le conoce y le acepta, mas para burlarse de él, y, siguiéndole el humor, fraguarle a su antojo. Ya estás, mi pobre Don Quijote, hecho regocijo y perindola de barberos, curas, bachilleres, duques y desocupados de toda laya. Empieza tu pasión, y la más amarga: la pasión por la burla.

Mas por esto mismo ganan tus aventuras en profundidad lo que en arrojo pierden, porque concurre a ellas, sea como fuere, y de un modo o de otro, el mundo. Quisiste hacer del mundo tu mundo, enderezando entuertos y asentando la justicia en él; ahora el mundo recibe a tu mundo como a parte suya, y vas a entrar en la vida común. Te desquijotizas algo, pero es quijotizando a cuantos de ti se burlen. Con la risa los llevas tras de ti, te admiran y te quieren. Tú harás que el bachiller Sansón Carrasco acabe por tomar en veras sus burlas y pase de pelear por juego a pelear por honra. Déjale, pues, al barbero que se sotorría bajo sus barbas postizas. «He aquí el hombre», dijeron en burla a Cristo Nuestro Señor; «he aquí el loco», dirán de ti, mi señor Don Quijote, y serás el loco, el único, el Loco.

Y Sancho, el pobre Sancho, sabedor en gran parte de la farsa, pues vio tras bastidores y entre bambalinas preparar la comedia, creía, sin embargo, con fe heroica, en el reino de Micomicón, y aun soñaba con traer de él negros y venderlos para enriquecerse. ¡Oh fe robusta! Y no se nos diga que se la atizaba la codicia, no; sino que era, por el contrario, su fe la que le despertaba la codicia.

Hízose entonces el cura el encontradizo, saludó a su vecino Alonso Quijano como a su buen compatriota Don Quijote de la Mancha, «la flor y la nata de la gentileza [...], la quintaesencia de los caballeros andantes», consagrándole así juguete de sus convecinos, y el ingenioso hidalgo, así que le hubo conocido, intentó apearse, ya que el cura estaba en pie. Rendía parias al burlador, pues era este, al fin y al cabo, el cura de almas de su pueblo.

Un contratiempo hizo que se le cayeran las postizas barbas al barbero, y el cura acudió a pegárselas con un ensalmo «de que se admiró Don Quijote sobremanera y rogó al cura que cuando tuviese lugar le enseñase aquel ensalmo». ¡Ay, mi pobre Caballero, y cómo empieza a obrar en ti la tramoya en que los burladores te envuelven! Ya no inventas tú las maravillas, te las inventan.

Mas no contento el cura con su papel de burlador, quiso tomar el de reprensor también y enderezó una agria reprimenda al hombre valiente que libertó a los galeotes, fingiendo no conocerlo. Y el Caballero, «al cual se le mudaba la color a cada palabra», callaba, sin darse por aludido, pues era al fin su cura, su confesor el que hablaba.

## Capítulo XXX

### Que trata del gracioso artificio y orden que se tuvo en sacar a nuestro enamorado caballero de la asperísima penitencia en que se había puesto

Y hubiera callado del todo si Sancho no lo delata y dice que fue su amo quien dio la libertad a aquellos grandísimos bellacos. Había hablado su hombre, el que para él era su mundo. «Majadero —dijo a esta sazón Don Quijote—, a los caballeros andantes no les toca ni atañe averiguar si los afligidos, encadenados y opresos que se encuentran por los caminos van de aquella manera o están en aquella angustia por sus culpas o por sus gracias; solo les toca ayudarles como a menesterosos, poniendo los ojos en sus penas y no en sus bellaquerías», con todo lo demás que añadió retando a quien le pareciese mal lo que había hecho, salva la santa dignidad del señor licenciado. Admirable respuesta, y digna corona a las razones que expuso al libertar a los galeotes. Natural era que el cura, como los demás curas con que en el curso de su obra topó el hidalgo, discurriera por lo mundano y terrestre, que al fin los mundanos y terrestres le pagaban para que hiciese de cura, mas a Don Quijote cumplíale sentir por lo divino y celestial. ¡Oh, mi señor Don Quijote, y cuándo llegaremos a ver en cada galeote, ante todo y sobre todo, un menesteroso, poniendo los ojos en la pena de su maldad y no en otra alguna cosa! Hasta que a la vista del más horrendo crimen no sea la exclamación que nos brote: ¡pobre hermano! por el criminal, es que el cristianismo no nos ha calado más adentro que el pellejo del alma.

Prosiguiendo en sus burlas, a seguida de esto endilgó la princesa Micomicona a Don Quijote la sarta de disparates que había urdido para justificarse. Y diose el triste caso de creérselas Don Quijote y Sancho, pues siempre el heroísmo es crédulo. Y allí fue el reír de los burladores. Don Quijote renovó sus promesas, mas no aceptó lo de casarse con la princesa, cosa que disgustó a Sancho, y tales cosas dijo este poniendo a la Micomicona sobre Dulcinea, que su amo «no lo pudo sufrir y, alzando el lanzón, sin hablalle palabra a Sancho y sin decirle esta boca es mía, le dio tales dos palos que dio con él en tierra».

Este silencioso castigo, lo único serio entre tan torpes burlas, nos levanta el ánimo, y serias y muy serias fueron las razones con que Don Quijote justificó su castigo, haciendo ver que si no fuese por el valor que infundía Dulcinea en su pecho, no le tendría que matar una pulga, pues no era el valor suyo, sino el de Dulcinea, el que tomando a su brazo por instrumento de sus hazañas, llevaba estas a feliz término. Y así es en verdad que cuando vencemos es la Gloria la que por nosotros vence. «Ella pelea en mí y vence en mí, y yo vivo y respiro en ella y tengo vida y ser.» ¡Heroicas palabras, que debemos llevar grabadas en el corazón! Palabras que son al quijotismo lo que al cristianismo es aquella sentencia de Pablo de Tarso: «Con Cristo estoy juntamente crucificado, y vivo; no ya yo, mas vive Cristo en mí» (Ga II, 20).

Y así es siempre en toda obra grande entre los hombres, y es que la tal obra, si ha de ser de veras grande, ha de hacerse en obsequio de hombre; de hombre o de mujer, mejor de mujer que de hombre. El fin del hombre es la humanidad, y la humanidad personalizada, hecha individuo, y cuando toma por fin a la naturaleza es humanizándola antes. Dios es el ideal de la humanidad, el hombre proyectado al infinito y eternizado en él. Y así tiene que ser. ¿Por qué habláis de error antropocéntrico? ¿No decís que una esfera infinita tiene el centro en todas partes, en cualquiera de ellas? Para cada uno de nosotros el centro está en sí mismo. Pero no puede obrar si no lo polariza; no puede vivir si no se descentra. Y ¿adónde ha de descentrarse sino tendiendo a otro como él? El amor de hombre a hombre, de hombre a mujer quiero decir, ha producido las maravillas todas.

«Yo vivo y respiro en ella y tengo vida y ser.» Al decir esto de tu Dulcinea, mi Don Quijote, ¿no se acordaba tu Alonso el Bueno de aquella Aldonza Lorenzo por la que suspiró doce años sin atreverse a confesarle su inmenso amor? «¡Vivo y respiro en ella!» En ella vivió y respiró y tuvo vida y ser tu Alonso el Bueno, el que llevas dentro, metido en tu locura, en ella vivió y respiró doce largos años de cruel atormentadora cordura. Con ella amasó sus recatados ensueños; de su dulce imagen, entrevista tan solo cuatro veces, bebió sus esperanzas, pues que jamás habría de sazonarse en recuerdos. En ella tuvo vida y ser, una vida oculta y silenciosa, una vida que corría bajo su espíritu como las aguas del Guadiana corren un buen trecho bajo tierra, pero regando allí, en aquellos soterraños, las raíces de las futuras hazañas de su carrera. ¡Oh mi Alonso el Bueno, vivir y respirar en Aldonza, sin que ella lo sepa ni se dé cata de ello, tener la vida y el ser en la dulce imagen que alimenta el alma!

Mas no se dio por vencido el carnal Sancho, sino que insistió en lo de que su amo se casase con la princesa, quedándole libre el amancebarse luego con Dulcinea. ¿Qué has dicho, Sancho, qué has dicho? ¡No sabes cómo atravesando el alma de Don Quijote has llegado a herir la hebra más sensible del corazón de Alonso Quijano! Además, Dulcinea no admite partijas ni aparcerías, y quien la quiera toda entera ha de entregarse todo y entero a ella. Muchos hay que pretenden casarse con la Fortuna y amancebarse con la Gloria, pero así les va, pues aquella les araña de celos y esta se burla de ellos, hurtándoseles.

Y siguiendo en su plática amo y escudero, acabó aquel por pedirle perdón de los palos que le diera, sabido que Sancho no vio a Dulcinea tan despacio que hubiera podido notar «su hermosura y sus buenas partes punto por punto. Pero así, a bulto —añadió—, me parece bien». Es la concesión que los Sanchos, cuando se les ha pegado, hacen, mintiendo, en pro de Dulcinea, a la que no han visto ni conocen. Y luego fue Sancho, instado por la princesa, a besar la mano a Don Quijote, pidiéndole perdón, y el generoso hidalgo se lo otorgó, bendiciéndole. ¡Benditos los palos del lanzón, Sancho amigo, que te han valido ser bendecido por tu amo! De seguro que, al recibir el perdón tan redundante, diste por bueno el castigo que hizo lo merecieras.

Apartáronse después amo y escudero a departir de sus cosas, y entonces recobró Sancho su asno, encontrándose lo traía Ginés de Pasamonte, disfrazado de gitano, el cual, al ver a Don Quijote y su escudero, puso pies en polvorosa.

# Capítulo XXXI

## De los sabrosos razonamientos que pasaron entre Don Quijote y Sancho Panza su escudero, con otros sucesos

Ya seguida pasaron aquellos sabrosos razonamientos entre Don Quijote y Sancho acerca del encuentro de este con Dulcinea. Cuando Sancho dijo haberla encontrado «ahechando dos hanegas de trigo en un corral de su casa», respondió Don Quijote: «Pues haz cuenta que los granos de aquel trigo eran granos de perlas tocados de sus manos», y al decir Sancho que el trigo era rubión, «pues yo te aseguro —dijo Don Quijote— que ahechado por sus manos hizo pan candeal, sin duda alguna». Agregó el escudero que al recibir la carta mandó la ahechadora la pusiese sobre un costal, que no la podía leer hasta que acabara de acribar lo que allí tenía, a lo cual dijo Don Quijote: «Discreta señora; eso debió de ser por leerla despacio y recrearse con ella». Añadió Sancho que olía Dulcinea a hombruno, y «no sería eso —respondió Don Quijote—, sino que tú debías de estar romadizado, o te debiste de oler a ti mismo, porque yo sé bien a lo que huele aquella rosa entre espinas, aquel lirio del campo, aquel ámbar desleído». Dijo luego Sancho que Dulcinea, no sabiendo leer ni escribir, rasgó y desmenuzó la carta en piezas, por que «no se supiesen en el lugar sus secretos», bastándole lo oído al escudero sobre las penitencias de su amo, y diciéndole quería ver a este y se pusiese camino del Toboso. Cuando Sancho respondió a su amo no haberle dado Dulcinea, al despedirse, joya alguna, sino un pedazo de pan y queso por las bardas del corral, «es liberal en extremo —dijo Don Quijote—, y si no te dio joya de oro sin duda debió de ser porque no la tendría allí a la mano para dártela; pero buenas son mangas después de Pascua; yo la veré y se satisfará todo».

Ruego al lector relea todo este admirable diálogo, por cifrarse en él la íntima esencia del quijotismo en cuanto doctrina de conocimiento. A las mentiras de Sancho fingiendo sucesos según la conformidad de la vida vulgar y aparencial, respondían las altas verdades de la fe de Don Quijote, basadas en vida fundamental y honda.

No es la inteligencia, sino la voluntad, la que nos hace el mundo, y al viejo aforismo escolástico de *«Nihil volitum quin praecognitum»* («Nada se quiere sin haberlo antes conocido»), hay que corregirlo con un *«Nihil cognitum quin praevolitum»* («Nada se conoce sin haberlo antes querido»).

*Que en este mundo traidor*
*nada es verdad ni es mentira;*
*todo es según el color*
*del cristal con que se mira,*

como dijo nuestro Campoamor. Lo cual ha de corregirse también diciendo que en este mundo todo es verdad y es mentira todo. Todo es verdad, en cuanto alimenta generosos anhelos y pare obras fecundas; todo es mentira mientras ahogue los impulsos nobles y aborte monstruos estériles. Por sus frutos conoceréis a los hombres y a las cosas. Toda creencia que lleve a obras de vida es creencia de verdad, y lo es de mentira la que lleve a obras de muerte. La vida es el criterio de la verdad y no la concordia lógica, que lo es solo de la razón. Si mi fe me lleva a crear o aumentar vida, ¿para qué queréis más prueba de mi fe? Cuando las matemáticas matan, son mentira las matemáticas. Si caminando moribundo de sed ves una visión de eso que llamamos agua y te abalanzas a ella y bebes y aplacándote la sed te resucita, aquella visión lo era verdadera y el agua de verdad. Verdad es lo que moviéndonos a obrar de un modo o de otro haría que cubriese nuestro resultado a nuestro propósito.

Uno de esos que se dedican a la llamada filosofía dirá que Don Quijote estableció en esa plática con Sancho la doctrina, ya famosa, de la relatividad del conocimiento. Claro está que todo es relativo; pero ¿no es relativa también la relatividad misma? Y jugando con los conceptos, o no sé si con los vocablos, podría decirse que todo es absoluto, absoluto en sí, relativo en relación a lo demás. En esto, en juego de palabras, cae toda la lógica que no se basa en la fe y no busca en la voluntad su último sustento. La lógica de Sancho era una lógica como la escolástica, puramente verbal; partía del supuesto de que todos queremos decir lo mismo cuando expresamos las mismas palabras, y Don Quijote sabía que con las mismas palabras solemos decir cosas opuestas, y con opuestas palabras la misma cosa. Gracias a lo cual podemos conversar y entendernos. Si mi prójimo entendiese por lo que dice lo mismo que entiendo yo, ni sus palabras me enriquecerían el espíritu ni las mías enriquecerían el suyo. Si mi prójimo es otro yo mismo, ¿para qué le quiero? Para yo, me basto y aun me sobro yo.

Los granos de trigo son de rubión o de candeal según las manos que los tocan, y aquellas manos, mi Don Quijote, no han de posarse en las tuyas. Y en lo que el Caballero estuvo profundísimo fue en afirmar que si Dulcinea huele a hombruno a los Sanchos es porque están romadizados y se huelen a sí mismos. Aquellos a quienes el mundo solo les huele a materia es que se huelen a sí mismos; los que solo ven pasajeros fenómenos es que se miran a sí mismos y no se ven en lo hondo. No es contemplando el rodar de los astros por el firmamento como te hemos de descubrir, Dios y Señor nuestro que regalaste con la locura a Don Quijote; es contemplando el rodar de los anhelos amorosos por el cimiento de nuestros corazones.

El pan y el queso que por las bardas del corral te dio Dulcinea, se te ha convertido, Sancho amigo, en joya de eternidad. Por ese pan y ese queso vives y vivirás mientras quede en hombres memoria de hombres, y aun mucho más allá; por ese pan y ese queso con que tú creías mentir, gozas de verdad duradera. Queriendo mentir decías la verdad.

Siguieron departiendo amo y escudero, y en el curso de la plática volvió Sancho a sus trece de que se casase Don Quijote con la princesa, y por rehusarlo le dijo: «Y ¡cómo está vuestra merced lastimado de esos cascos!». Para Sancho la locura de su amo cifrábase tan solo en dejar la fortuna por la gloria, y así son los Sanchos todos; tienen por cuerdo al loco que con su locura prosperó en bienestar y suerte y estiman loco al cuerdo a quien su cordura le impidió cobrar fortuna. Sancho quería amar y servir a Dios «por lo que pudiese»; el puro amor no cupo en él.

## Capítulo XXXII

### Que trata de lo que sucedió en la venta a toda la cuadrilla de Don Quijote

Después de estas pláticas, y del encuentro con Andrés el criado de Juan Haldudo el rico, de quien dijimos llegaron a la venta, y mientras dormía Don Quijote enzarzose el cura con el ventero y su familia a hablar de libros de caballerías, y soltó lo de que los libros en donde se narran las aventuras de don Cirongilio y de Félix Marte son mentirosos y están llenos de disparates y devaneos, y el del Gran Capitán lo es de historia verdadera, así como el de Diego García de Paredes.

Pero véngase acá, señor licenciado, y dígame: ahora, al presente, y en el momento en que vuestra merced habla así, ¿dónde estaban y están en la tierra el Gran Capitán y Diego García de Paredes? Luego que un hombre se murió y pasó acaso a memoria de otros hombres, ¿en qué es más que una de esas ficciones poéticas de que abomináis? Vuestra merced debe saber por sus estudios lo que «*operari sequitur esse*», «el obrar se sigue al ser», y yo le añado que solo existe lo que obra y existir es obrar, y si Don Quijote obra, en cuantos le conocen, obras de vida, es Don Quijote mucho más histórico y real que tantos hombres, puros nombres que andan por esas crónicas que vos, señor licenciado, tenéis por verdaderas. Solo existe lo que obra. Ese investigar si un sujeto existió o no existió proviene de que nos empeñamos en cerrar los ojos al misterio del tiempo. Lo que fue y ya no es, no es más que lo que no es, pero será algún día; el pasado no existe más que el porvenir ni obra más que él sobre el presente. ¿Qué diríamos de un caminante empeñado en negar el camino que le resta por recorrer y no teniendo por verdadero y cierto sino el recorrido ya? Y ¿quién os dice que esos sujetos cuya existencia real negáis no han de existir un día, y por lo tanto existen ya en la eternidad, y hasta que no hay nada concebido, lo cual en la eternidad no sea real y efectivo?

Tenía razón el ventero, quijotizado ya —pues no en vano recibió bajo el techo de su casa al héroe—, tenía razón al deciros, señor licenciado: «Calle, señor, que si oyese esto [las hazañas de don Cirongilio de Tracia] se volvería loco de placer: dos higas para el Gran Capitán y para ese Diego García que dice». En lo eterno son más verdaderas las leyendas y ficciones que no la historia. Y en la disputa entre vos, señor cura racionalista, y el ventero lleno de fe, llevaba este la mejor parte. Lograsteis, sí, señor licenciado, tentar la fe de Sancho, que oía la disputa, pero fe no conquistada entre tentaciones de duda no es fe fecunda en obras duraderas.

Antes de proseguir conviene digamos aquí algo, aunque sea de refilón, pues otra cosa no merecen, de esos sujetos vanos y petulantes que se atreven a sostener que Don Quijote y Sancho mismos no han existido nunca, ni pasan de ser meros entes de ficción.

Sus razones, aparatosas e hinchadas, no merecen siquiera refutación: tan ridículas y absurdas son. Da bascas y grima el oírlas. Pero como hay personas sencillas que, seducidas por la aparente autoridad de los que vierten tan apestosa doctrina, les prestan oído atento, conviene llamarles la atención sobre ello y que no se atengan a lo que viene ya recibido desde tanto tiempo, con asenso de los más doctos y más graves. Para consuelo y corroboración de las gentes sencillas y de buena fe, espero, con la ayuda de Dios, escribir un libro en que se pruebe con buenas razones y con mejores y muy numerosas autoridades —que es lo que en esto vale— cómo Don Quijote y Sancho existieron real y verdaderamente, y pasó todo cuanto se nos cuenta de ellos, tal y como se nos cuenta. Y allí probaré que, aparte de que el regocijo, consuelo y provecho que de esta historia se saca es razón más que bastante en abono de su verdad, allende esto, si se le niega, hay que negar otras muchas cosas también y así vendríamos a zapar y socavar el orden en que se asienta hoy nuestra sociedad, orden que, como es sabido, es hoy el criterio supremo de la verdad de toda doctrina.

## Capítulos XXXIII y XXXIV

Estos dos capítulos se ocupan con la novela de «El curioso impertinente», novela por entero impertinente a la acción de la historia.

## Capítulo XXXVI

Que trata de la brava y descomunal batalla que Don Quijote tuvo con unos cueros de vino tinto, con otros raros sucesos que en la venta sucedieron

Tras la disputa entre el cura y el ventero, y estando leyendo la impertinente novela de «El curioso impertinente», ocurrió la triste aventura del acuchillamiento de los pellejos de vino por Don Quijote, en sueños y mientras dormía. Debió Cervantes habernos callado esta aventura, aunque Don Quijote se ensayase en sueños para sus hazañas de despierto. Y menos mal que no fue sino vino lo que se perdió, y así se perdiese todo él, por la falta que hace.

Para poder juzgar con justicia de esta aventura sería menester conocer lo que no conocemos, y es qué soñaba entonces Don Quijote. Juzgarla de otro modo sería un juicio como el que habría hecho uno de nuestros petulantes sabios si hubiese oído a Íñigo de Loyola cuando en el hospital de Luis de Antezana, en Alcalá de Henares, hospital «infamado en aquella sazón de andar en él de noche muchos duendes y trasgos», al encontrarse una vez «a boca de noche» con que se estremeció todo el aposento, «se le espeluznaron los cabellos, como que viese alguna espantable y temerosa figura; mas luego tornó en sí y, viendo que no había que temer, hincose de rodillas y con grande ánimo comenzó a voces a llamar, y como a desafiar a los demonios, diciendo —según el P. Rivadeneira, en el capítulo IX del libro V de la *Vida* nos cuenta—: "Si Dios os ha dado algún poder sobre mí, infernales espíritus, heme aquí;

ejecutadle en mí, que yo ni quiero resistir ni rehúso cualquiera cosa que por este camino venga; mas si no os ha dado poder ninguno, ¿qué sirven, desventurados y condenados espíritus, estos miedos que me ponéis? ¿Para qué andáis espantando con vuestros cocos y vanos temores los ánimos de los niños y hombres medrosos tan vanamente? Bien os entiendo; porque no podéis dañarnos con las obras, nos queréis atemorizar con esas falsas presentaciones"». Y añade el buen padre historiador que «con este acto tan valeroso no solo venció el miedo presente, mas quedó para adelante muy osado contra las opresiones diabólicas y espantos de Satanás».

Al narrar esta aventura de los pellejos el puntualísimo historiador nos descubre un pormenor secreto, y es que tenía Don Quijote las piernas «no nada limpias». Pudo habérselo callado. Pero en ello nos mostró que al fin el Caballero era de su casta, casta que nunca hizo entrar el aseo entre los deberes caballerescos. Y tanto es así que, aunque se nos diga de un caballero español que era limpio, luego se ve que no extrema la virtud de la limpieza. Y así, aunque en el capítulo XVIII del libro IV de la *Vida del bienaventurado padre Ignacio de Loyola* nos diga de él Rivadeneira que «aunque amaba la pobreza nunca le agradó la poca limpieza», en el capítulo VII del libro V de la misma nos cuenta que «a un novicio dio penitencia rigurosa porque se lavaba las manos algunas veces con jabón, pareciéndole mucha curiosidad para novicio». Bien es verdad que entre las propiedades en que se distingue el que tiene habilidad perteneciente al arte militar, que era el profesado por Don Quijote y por Loyola, señala el Dr. Huarte, en el capítulo XVI de su ya citado *Examen*, como la tercera de ellas el «ser descuidados del ornamento de su persona; son casi todos desaliñados, sucios, las calzas caídas, llenas de arrugas, la capa mal puesta, amigos del sayo viejo y de nunca mudar el vestido» y da la razón de ello diciendo que «el grande entendimiento y la mucha imaginativa hacen burla de todas las cosas del mundo, porque en ninguna de ellas hallan valor ni sustancia», añadiendo que «solas las contemplaciones divinas les dan gusto y contento, y en estas ponen la diligencia y cuidado, y desechan las demás».

Verdad es que, en tiempo de Don Quijote, Íñigo de Loyola y el Dr. Huarte no se había aún inventado esto de los microbios y de la asepsia y antisepsia, ni andaban las gentes tan embrujadas en pensar que en acabando con esos bichillos acabaríamos o poco menos con la muerte, y que la felicidad depende de la higiene, género de superstición no menos dañoso ni menos ridículo que el de creer y pensar que abrazándose uno a la porquería gana el cielo. Un hombre sucio será siempre algo más que un cerdo limpio, aunque es mejor aún que se limpie el hombre.

Y volviendo a la aventura, hay que notar cómo Sancho, el buen Sancho, creía en el descabezamiento del gigante, y que el vino era sangre, y «todos reían». Todos reían, la ventera se quejaba por la pérdida de sus cueros, ayudándola Maritornes, y «la hija callaba y de cuando en cuando se sonreía». ¡Poético rasgo! La hija, enamorada de los libros de caballerías, se sonreía. ¡Dulce rocío sobre la pasión de risas que padecía Don Quijote! En aquel tormento de risotadas, la sonrisa de la hija del ventero era un hálito de piedad.

## Capítulo XXXVII

### Que trata donde se prosigue la historia de la famosa infanta Micomicona, con otras graciosas aventuras

Tras esto se enredaron los sucesos de la venta con la llegada de nuevos comparsas y el desencanto de Sancho al encontrarse con que la princesa Micomicona era Dorotea, la de Fernando, lo cual bastó para persuadirle de que la cabeza del gigante había sido un odre de vino.

¡Oh, pobre Sancho, y cuán bravamente peleas por tu fe y cómo vas conquistándola entre tumbos y desalientos, perdiendo hoy terreno en ella para recobrarlo mañana! ¡Tu carrera fue una carrera de lucha interior, entre tu tosco sentido común, azuzado por la codicia, y tu noble aspiración al ideal, atraída por Dulcinea y por tu amo! Pocos ven cuán de combate fue tu carrera escuderil; pocos ven el purgatorio en que viviste; pocos ven cómo fuiste subiendo hasta aquel grado de sublime y sencilla fe que llegarás a mostrar cuando tu amo muera. De encantamientos en encantamientos llegaste a la cumbre de la fe salvadora.

## Capítulo XXXVIII

### Que trata del curioso discurso que hizo Don Quijote de las armas y las letras

Con el buen suceso de los encuentros de la venta aumentaron los burladores de Don Quijote, a los que enderezó este su discurso de las letras y las armas. Y como no lo dirigió a cabreros, lo pasaremos por alto.

## Capítulos XXXIX, XL, XLI y XLII

Están llenos con la historia del cautivo y el relato de cómo encontró el oidor a su hermano.

## Capítulo XLIII

### Donde se cuenta la agradable historia del mozo de mulas, con otros extraños acaecimientos en la venta sucedidos

Dejemos lo del mozo de mulas, que no nos importa. Reunida toda aquella gente, quedose Don Quijote a hacer la guardia del castillo. Y el demonio, que no descansa, insinuó a la hija de la ventera, la de la sonrisa, y a Maritornes, que hiciesen una burla a Don Quijote, en pago de su guardia.

A solas, y mientras hacía su guardia, recordaba en voz alta Don Quijote a su señora Dulcinea, cuando la hija de la ventera «le comenzó a cecear y a decirle: señor mío, lléguese acá la vuestra merced si es servido». Y el frágil Caballero ablandose y cedió, y, en vez de hacer oídos sordos a los reclamos de la retozona semidoncella, se metió a exponerle la imposibilidad en que estaba de satisfacerla, sin advertir el cuitado que discutir con la tentación, reconociéndola sin beligerancia, es ya camino para ser vencido por ella. Y así fue que le pidieron una de sus manos, llamándolas hermosas. Y el cuitado hidalgo, rendido al requiebro, le dio la mano a que no había tocado otra mujer alguna, y no para que la besara, sino para que por ella admirasen la fuerza del brazo que tal mano tenía.

¿Admirar? ¿No ves, sencillo Caballero, el peligroso juego en que te metes al dar tu mano a la admiración de unas damas? ¿No sabes acaso que la admiración de una mujer hacia un hombre no es sino forma de algo más íntimo que la admiración misma? No se admira sino lo que se ama, y en la mujer no hay más que un modo de admirar al hombre. Y admirar no tus propósitos, no una obra o hazaña tuya, no tus pensamientos, sino admirar tu mano. ¡Oh, si hubieras logrado que la admirase Aldonza Lorenzo; que te la hubiese cojido entre las suyas para que por «la contestura de sus nervios, la trabazón de sus músculos, la anchura y espaciosidad de sus venas» sacase qué tal debía ser la fuerza del brazo que tal mano tenía, y sobre todo la fuerza del corazón que regaba de sangre aquellas venas!

Cometiste, buen Caballero, una imperdonable lijereza al dar a admirar tu mano a damas que te la pedían para burlarse de ti y lo pagaste caro. Lo pagó caro, porque se quedó preso de la mano por un cabestro. Maritornes y la hija del ventero se fueron muertas de risa y le dejaron asido de manera que fue imposible soltarse. Fíate luego de mujeres retozonas y regocijadas.

Creyolo encantamiento Don Quijote y no era sino castigo a su blandura y petulancia. El héroe no debe dar a admirar sus manos, así sin más ni más y al primero o a la primera que las pida, sino guardarlas más bien de miradas curiosas y lijeras. ¿Qué importa a los demás las manos con que se hacen las cosas? Fea costumbre es esa de meterse en casa del combatiente generoso y revisar sus armas, inquirir cómo trabaja y vive y examinarle las manos. Si escribes, que nadie sepa cómo escribes, ni a qué horas, ni de qué modo.

En tanto Don Quijote «maldecía ante sí su poca discreción y discurso» al no estar alerta frente a los encantamientos y «allí fue el maldecir de su fortuna; allí fue el exagerar la falta que haría en el mundo su presencia [...] el acordarse de nuevo de su querida Dulcinea [...] allí fue el llamar a [...] Sancho Panza» y a los sabios Lirgandeo y Alquife, y a su buena amiga Urganda, y «allí le tomó la mañana tan desesperado y confuso que bramaba como un toro». Y aun así, preso de la mano, increpó a cuatro hombres de a caballo, que llamaron a la venta al amanecer, mostrando en ello su indomable fortaleza.

## Capítulo XLIV

### Donde se prosiguen los inauditos sucesos de la venta

Y luego que Maritornes le soltó, temerosa de lo que sucediese, Don Quijote «subió sobre Rocinante, embrazó su adarga, enristró su lanzón» y retó a quien dijese que había sido con justo título encantado. ¡Bravo, mi buen hidalgo!

*Procure siempre acertalla*
*el honrado y principal;*
*pero si la acierta mal,*
*defendella, y no enmendalla,*

como dice el conde Lozano a Peranzules en *Las mocedades del Cid*.

Los de a caballo fueron a su asunto, y Don Quijote, «que vio que ninguno de los cuatro caminantes hacían caso de él», ni le respondían a su demanda, moría y rabiaba de despecho y saña... Sí, mi pobre Don Quijote, sí; gustamos más de que se rían de nosotros que no de que no nos hagan caso. Comprendo tu despecho y saña. Entre aquel corro de burladores, lo peor para ti es que no hiciesen, ni aun de burlas, caso de tus retos ni bravatas.

Poco después de esto trabose el ventero a puñetazos con dos huéspedes que buscaban escurrírsele sin pagar, y acudieron la ventera y su hija a Don Quijote, como más desocupado, para que socorriese al marido y padre, a lo cual respondió «muy de espacio y con mucha flema: fermosa doncella, no ha lugar por ahora vuestra petición, porque estoy impedido de entremeterme en otra aventura en tanto no diere cima a una en que mi palabra me ha puesto», añadiendo que corriese a decir a su padre entretuviera la batalla mientras él obtenía licencia de la princesa Micomicona. Obtúvola, mas ni aun así puso mano a su espada Don Quijote, al ver que eran gente escuderil. E hizo bien.

Pues qué, ¿no hay sino acudir al Caballero cuando se nos antoja, y ahora burlarnos de él y colgarle de la mano y querer luego que nos sirva y acorra en nuestros aprietos con aquella misma mano injuriada antes? Está muy bien burlarse del loco, mas luego, cuando lo necesitamos, acudimos a él. ¡Desgraciado del héroe que pone su heroísmo al servicio de los que le vienen delante, y así lo rebajan! Si tu prójimo anda a puñetazos con bellacos como él, déjale y allá se las haya, sobre todo si es porque quieren escurrírsele sin pagar; tu entremetimiento será dañoso. No cuando él crea deber ser socorrido, sino cuando crea yo deber socorrerle. No des a nadie lo que te pida, sino lo que entiendas que necesita, y soporta luego su ingratitud.

A poco de esto entró en la venta el barbero del yelmo de Mambrino y la tramó con Sancho, llamándole ladrón al ver los aparejos del suyo en el asno de este, y Sancho se defendió bravamente contentando a su amo, que propuso en su corazón armarle caballero. Mentó el barbero la bacía y entonces se interpuso Don Quijote y mandó traerla y juró que era el yelmo y lo puso a la consideración de los allí presentes. ¡Sublime fe que afirmó en voz alta, bacía en la mano, y a la vista de todos, que era yelmo!

## Capítulo XLV

### Donde se acaba de averiguar la duda del yelmo de Mambrino y de la albarda, y otras aventuras sucedidas con toda verdad

«¿Qué les parece a vuestras mercedes, señores —dijo el barbero— de lo que afirman estos gentiles hombres, pues aún porfían que esta no es bacía, sino yelmo? Y quien lo contrario dijere —dijo Don Quijote— le haré yo conocer que miente si fuere caballero, y si escudero que remiente mil veces.»

Así, así, mi señor Don Quijote; así es el valor descarado de afirmar en voz alta y a la vista de todos y de defender con la propia vida la afirmación, lo que crea las verdades todas. Las cosas son tanto más verdaderas cuanto más creídas, y no es la inteligencia, sino la voluntad, la que las impone.

Bien hubo de verlo el pobre barbero de quien la bacía fue cuando no era aún yelmo. Primero fue Sancho, cuando Don Quijote dijo «juro por la orden de caballería que profeso que este yelmo fue el mismo que yo le quité, sin haber añadido en él ni quitado cosa alguna», quien agregó en tímido apoyo de su amo: «En eso no hay duda, porque desde que mi señor le ganó hasta ahora no ha hecho con él más de una batalla, cuando libró a los sin ventura encadenados; y si no fuera por este baciyelmo, no lo pasara entonces muy bien, porque hubo asaz de pedradas en aquel trance».

¿Baciyelmo? ¿Baciyelmo, Sancho? ¡No hemos de ofenderte creyendo que esto de llamarle baciyelmo fue una de tus socarronerías, no!; es la marcha de tu fe. No podías pasar de lo que tus ojos te enseñaban, mostrándote como bacía la prenda de la disputa, a lo que la fe en tu amo te enseñaba, mostrándotela como yelmo, sin agarrarte a eso del baciyelmo. En esto sois muchos los Sanchos, y habéis inventado lo de que en el medio está la virtud. No, amigo Sancho, no; no hay baciyelmo que valga. Es yelmo o es bacía, según quien de él se sirva, o, mejor dicho, es bacía y es yelmo a la vez porque hace a los dos trances. Sin quitarle ni añadirle nada puede y debe ser yelmo y bacía, todo él yelmo y toda ella bacía; pero lo que no puede ni debe ser, por mucho que se le quite o se le añada, es baciyelmo.

Más resueltos encontró el barbero de la bacía al otro barbero maese Nicolás, y a don Fernando, el de Dorotea, y al cura y a Cardenio y al oidor, que con grande asombro de otros de los presentes lo diputaron por yelmo. Como burla pesada quiso tomarlo uno de los cuatro cuadrilleros allí presentes, incomodose, trató de borrachos a los que afirmaban lo contrario, lanzó un mentís Don Quijote y fuese sobre él y armose la de San Quintín, dándose de golpes los unos a los otros. Y fue Don Quijote quien, con sus voces, y recordando la discordia del campo de Agramante, apaciguó el cotarro.

¿Qué? ¿Os extraña la general pendencia por si era bacía o si era yelmo? Otras más entreveradas y más furiosas se han armado en el mundo por otras bacías, y no de Mambrino. Por si el pan es pan y el vino es vino, y por cosas parecidas. En torno a caballeros de la fe se arredilan carneros humanos, y por llevarles el humor o por cualquiera otra cosa sostienen que la bacía es yelmo, como aquellos dicen, y se vienen a las manos por sostenerlo, y es lo fuerte del caso que los más de cuantos pelean sosteniendo que es yelmo, tienen para sí que es bacía. El heroísmo de Don Quijote se comunicó a sus burladores, quedaron quijotizados a su pesar, y don Fernando medía con sus pies a un cuadrillero por haber este osado sostener que la bacía no era yelmo, sino bacía. ¡Heroico don Fernando!

Ved, pues, a los burladores de Don Quijote burlados por él, quijotizados a su despecho mismo, y metidos en pendencia y luchando a brazo partido por defender la fe del Caballero, aun sin compartirla. Seguro estoy, aunque Cervantes no nos lo cuenta, seguro estoy de que después de la tunda dada y recibida empezaron los partidarios del Caballero, los quijotanos o yelmistas, a dudar de que la bacía lo fuera y a empezar a creer que fuese el yelmo de Mambrino, pues con sus costillas habían sostenido tal credo. Cumple afirmar aquí una vez más que son los mártires los que hacen la fe más bien que la fe a los mártires.

En pocas aventuras se nos aparece Don Quijote más grande que en esta en que se impone su fe a los que se burlan de ella y los lleva a defenderla a puñetazos y a coces y a sufrir por ella.

¿Y a qué se debió ello? No a otra cosa sino a su valor de afirmar delante de todos que aquella bacía, que como tal la veía él, lo mismo que los demás, con los ojos de la cara, era el yelmo de Mambrino, pues le hacía oficio de semejante yelmo.

No le faltó «*esse descarado heroísmo d'afirmar que, batendo na terra com pé forte, ou pallidamente elevando os olhos ao Ceo cria a traves da universal illusão Sciencias e Religiões*», como dice Eça de Queiroz al final de su *A relíquia*.

Es el valor de más quilates el que afronta no daño del cuerpo, ni mengua de la fortuna ni menoscabo de la honra, sino el que le tomen a uno por loco o por sandio.

Este valor es el que necesitamos en España, y cuya falta nos tiene perlesiada el alma. Por falta de él no somos fuertes, ni ricos, ni cultos; por falta de él no hay canales de riego, ni pantanos, ni buenas cosechas; por falta de él no llueve más sobre nuestros secos campos, resquebrajados de sed, o cae a chaparrones el agua, arrastrando el mantillo y arrasando a las veces las viviendas.

Qué, ¿también os parece paradoja? Id por esos campos y proponed a un labrador una mejora de cultivo o la introducción de una nueva planta o una novedad agrícola y os dirá: «Eso no pinta aquí». «¿Lo habéis probado?», preguntaréis, y se limitará a repetiros: «Eso no pinta aquí». Y no sabe si pinta o no pinta, porque no lo ha probado, ni lo ensayará nunca. Lo probaría estando de antemano seguro del buen éxito, pero ante la perspectiva de un fracaso y tras él la burla y chacota de sus convecinos, tal vez el que le tengan por loco o por iluso o por mentecato, ante esto se arredra y no ensaya. Y luego se sorprende del triunfo de los valientes, de los que arrostran motajos, de los que no se atienen al «en donde fueres haz lo que vieres» y el «¿adónde vas, Vicente?, ¡adonde va la gente!», de los que se sacuden del instinto rebañego.

Hubo en esta provincia de Salamanca un hombre singular, que surgido de la mayor indigencia amasó unos cuantos millones. Estos charros del rebaño no se explicaban tal fortuna sino suponiendo que había robado en sus mocedades, porque estos desgraciados, tupidos de sentido común y enteramente faltos de valor moral, no creen sino en el robo y en la lotería. Mas un día me contaron una proeza quijotesca de ese ganadero, el Mosco. Y fue que trajo de las costas del Cantábrico hueva de besugo para echarla en una charca de una de sus fincas. Y al oírlo me lo expliqué todo. El que tiene valor de arrostrar la rechifla que ha de atraerle forzosamente el traer hueva de besugo para echarla en una charca de Castilla, el que hace esto, merece la fortuna.

¿Que es ello absurdo, decís? ¿Y quién sabe qué es lo absurdo? ¡Y aunque lo fuera! Solo el que ensaya lo absurdo es capaz de conquistar lo imposible. No hay más que un modo de dar una vez en el clavo, y es dar ciento en la herradura. Y, sobre todo, no hay más que un modo de triunfar de veras: arrostrar el ridículo. Y por no tener valor para arrostrarlo tiene esta gente su agricultura en la postración en que yace.

Sí, todo nuestro mal es la cobardía moral, la falta de arranque para afirmar cada uno su verdad, su fe, y defenderla. La mentira envuelve y agarrota las almas de esta casta de borregos modorros, estúpidos por opilación de sensatez.

Se proclama que hay principios indiscutibles, y cuando se trata de ponerlos en tela de juicio no falta quien ponga el grito en el cielo. No ha mucho pedí que se pidiera la derogación de ciertos artículos de nuestra Ley de Instrucción Pública, y una mazorca de mandrias se pusieron a berrear que era inoportuno e impertinente, y otras palabrotas más fuertes y más groseras. ¡Inoportuno! Estoy harto de oír llamar inoportunas a las cosas más oportunas, a todo lo que corta la digestión de los hartos y enfurece a los tontos. ¿Qué se teme? ¿Que se trabe y se encienda la guerra civil de nuevo? ¡Mejor que mejor! Es lo que necesitamos.

Sí, es lo que necesitamos: una guerra civil. Es menester afirmar que deben ser y son yelmos las bacías y que se arme sobre ello pendencia como la que se armó en la venta. Una nueva guerra civil, con unas o con otras armas. ¿No oís a esos desgraciados de corazón engurruñido y seco que dicen y repiten que estas o las otras disputas a nada práctico conducen? ¿Qué entienden por práctica esas pobres gentes? ¿No oís a los que repiten que hay discusiones que deben evitarse?

No faltan menguados que nos estén cantando de continuo el estribillo de que deben dejarse a un lado las cuestiones religiosas; que lo primero es hacerse fuertes y ricos. Y los muy mandrias no ven que por no resolver nuestro íntimo negocio no somos ni seremos fuertes ni ricos. Lo repito: nuestra patria no tendrá agricultura, ni industria, ni comercio, ni habrá aquí caminos que lleven a parte adonde merezca irse mientras no descubramos nuestro cristianismo, el quijotesco. No tendremos vida exterior, poderosa y espléndida y gloriosa y fuerte mientras no encendamos en el corazón de nuestro pueblo el fuego de las eternas inquietudes. No se puede ser rico viviendo de mentira, y la mentira es el pan nuestro de cada día para nuestro espíritu.

¿No oís a ese burro grave que abre la boca y dice: «¡Eso no puede decirse aquí!»? ¿No oís hablar de paz, de una paz más mortal que la muerte misma, a todos los miserables que viven presos de la mentira? ¿No os dice nada ese terrible artículo, padrón de ignominia para nuestro pueblo, que figura en los reglamentos de casi todas las sociedades de recreo de España, y que dice: «Se prohíben discusiones políticas y religiosas»?

¡Paz!, ¡paz!, ¡paz! Croan a coro todas las ranas y los renacuajos todos de nuestro charco.

¡Paz!, ¡paz!, ¡paz! Sí, sea, paz, pero sobre el triunfo de la sinceridad, sobre la derrota de la mentira. Paz, pero no una paz de compromiso, no un miserable convenio como el que negocian los políticos, sino paz de comprensión. Paz, sí, pero después que los cuadrilleros reconozcan a Don Quijote su derecho a afirmar que la bacía es yelmo; más aún: después que los cuadrilleros confiesen y afirmen que en manos de Don Quijote es yelmo la bacía. Y esos desdichados que gritan «¡paz!, ¡paz!» se atreven a tomar en labios el nombre de Cristo. Y olvidan que el Cristo dijo que Él no venía a traer paz, sino guerra, y que por Él estarían divididos los de cada casa, los padres contra los hijos, los hermanos contra los hermanos. Y por Él, por el Cristo, para establecer su reinado, el reinado social de Jesús —que es todo lo contrario de lo que llaman los jesuitas el reinado social de Jesucristo—, el reinado de la sinceridad y de la verdad y del amor y de la paz verdaderas; para establecer el reinado de Jesús tiene que haber guerra.

¡Raza de víboras la de esos que piden paz! Piden paz para poder morder y roer y emponzoñar más a sus anchas. De ellos dijo el Maestro que «ensanchan sus filacterias y extienden los flecos de sus mantos» (Mt XXIII, 5). ¿Sabéis qué es esto? Eran las filacterias unas cajitas que contenían pasajes de la Escritura y que llevaban los judíos en la cabeza y el brazo izquierdo en ciertas ocasiones. Eran como esos amuletos que se cuelga al cuello de los niños para preservarles de no sé qué mal y consisten en unas bolsitas, bordadas muy cucamente, con lentejuelas, por alguna monja que, bordándolas, mató el aburrimiento, y dentro de las cuales bolsas se mete unos papelitos en que van impresos pasajes del Evangelio que jamás habrá de leer el niño que lleva al cuello el amuleto, y en latín dichos pasajes, para mayor claridad. Eso eran las filacterias, y llevaban además los fariseos en los flecos o randas de los mantos pasajes también de las Escrituras. Era como eso que hoy llevan muchos sobre la solapa de la levita o de la chaqueta: un corazón pintado en un disco de seco y duro barro. Y estos del amuleto, de la filacteria moderna, estos y sus congéneres son los que osan hablar de paz y de oportunidad y de pertinencia. No, ellos mismos nos han enseñado la fórmula: no caben nefandos contubernios entre los hijos de la luz y de las tinieblas. Y ellos, los cobardes servidores de la mentira, son los hijos de las tinieblas, y nosotros, los fieles de Don Quijote, somos los hijos de la luz.

Y volviendo a la historia vemos que se sosegaron todos, pero uno de los cuadrilleros empezó a examinar a Don Quijote, contra quien llevaba mandamiento de prisión por haber libertado a los galeotes, y asiole del cuello y pidió ayuda a la Santa Hermandad, pero revolviose el Caballero contra él y por poco lo ahoga. Separáronlos, pero los cuadrilleros pedían su presa, «aquel robador y salteador de sendas y de carreras».

«Reíase de oír decir estas razones Don Quijote», reíase y hacía bien en reírse, él, de quien los otros se reían; reíase con risa heroica y caballeresca, no burlona, y con mucho sosiego les reprendió por llamar saltear caminos a «acorrer a los miserables, alzar los caídos, remediar los menesterosos». Y allí, arrogante y noble, invocó su fuero de caballero andante, cuya «ley es su espada, sus fueros sus bríos, sus premáticas su voluntad».

¡Bravo, mi señor Don Quijote, bravo! La ley no se hizo para ti, ni para nosotros tus creyentes; nuestras premáticas son nuestra voluntad. Dijiste bien; tenías bríos para dar tú solo cuatrocientos palos a cuatrocientos cuadrilleros que se te pusieran delante, o por lo menos para intentarlo, que en el intento está el valor.

## Capítulo XLVI

### De la notable aventura de los cuadrilleros y la gran ferocidad de nuestro buen caballero Don Quijote

Y así los cuadrilleros hubieron de resignarse a pretexto de estar Don Quijote loco, y el barbero hubo de avenirse a que la bacía era yelmo merced a ocho reales que por ella le dio el cura a socapa, que si por aquí hubiesen empezado habríase evitado la pendencia, pues no hay barbero antiquijotano o baciista que por ocho reales no declare que son yelmos las bacías todas habidas y por haber, y más si antes le han carmenado las costillas por sostener lo contrario. Y ¡qué bien conocía el cura la manera de hacer confesar la fe a los barberos, que andan muy cerca de los carboneros! No sé cómo no se ha hecho la fe del barbero tan proverbial como la del carbonero. Lo merece.

Y no bien había llevado Don Quijote a sus burladores a pelear por fe que no compartían y lo sosegó luego todo, cuando trataron de enjaularle y lo pusieron por obra, disfrazándose para ello. Solo disfrazados pueden los burladores enjaular al Caballero. Encerráronle en una jaula, clavaron los maderos y le sacaron en hombros con unas ridículas palabras que declaró maese Nicolás para hacer creer a Don Quijote que iba encantado, como lo creyó. Y luego acomodaron la jaula en un carro de bueyes.

## Capítulo XLVII

### Del estraño modo con que fue encantado Don Quijote de la Mancha, con otros famosos sucesos

¡Encerrado en una jaula de madera tirada en carro de bueyes! Muchas y muy graves historias de caballeros andantes había leído Don Quijote, pero jamás vio ni oyó que les llevasen de tal manera a los caballeros andantes, sino siempre por los aires «con estraña ligereza, encerrados en alguna parda y escura nube o en algún carro de fuego». Pero es que la caballería y los encantos de su tiempo seguían otro camino distinto del seguido por los antiguos, y así cumplía para que se consumase la burlesca pasión de nuestro Caballero.

El mundo obliga a los caballeros a ir encerrados en jaula y a paso de buey. Y aun finge que llora al verlos ir así, como lo fingieron la ventera, su hija y Maritornes. Y emprendió su camino la carreta, entre los cuadrilleros, llevando Sancho de la rienda a Rocinante. «Don Quijote iba sentado en la jaula, las manos atadas, tendidos los pies y arrimado a las verjas con tanto silencio y tanta paciencia como si no fuera hombre de carne...» Y claro que no lo era, sino hombre de espíritu. Admiremos una vez más a Don Quijote en esta aventura, en su silencio y en su paciencia.

Y no paró aquí su pasión, sino que yendo así hubo de topar con un canónigo, hombre de sobrado sentido común. Y a las primeras de cambio, enterándole Don Quijote de quién era, le mostró ingenuamente el fondo de su heroísmo al decirle que era caballero andante, pero no de los olvidados de la fama, sino de aquellos que ha de poner esta «su nombre en el templo de la inmortalidad, para que sirva de ejemplo y dechado en los venideros siglos».

¡Oh, mi heroico Caballero, que encerrado en jaula y a paso de bueyes llevado aún crees, y crees bien, que tu nombre será puesto para los venideros siglos en el templo de la inmortalidad! Se admiró el canónigo al oír a Don Quijote y aún más de oír al cura confirmar lo dicho por él, cuando vele aquí que Sancho metió su malicioso juicio, dudando fuese encantado su amo, pues comía, bebía, hablaba y hacía sus necesidades, y encarándose con el cura le echó en rostro la su envidia.

Acertaste, fiel escudero, acertaste; la envidia y solo la envidia enjauló a tu amo; la envidia disfrazada de caridad, la envidia de los hombres cuerdos que no pueden sufrir locura heroica, la envidia, que ha erigido al sentido común en tirano nivelador. Esclavos de él eran el canónigo y el cura, ¡es natural!, y se pusieron a departir aparte, ensartando el primero un sin fin de ramplonadas y oquedades a cuenta de literatura.

¡Y cuán profundamente castellana fue aquella plática entre canónigo y cura! En el contacto y trato de estos espíritus alcornoqueños, lejos de gastárseles el corcho de que están recubiertos se les acrecienta, como con el roce crece, en vez de menguar, el callo. ¡Qué alegría hubieron de sentir al encontrarse tan razonables el uno para el otro! Está visto que esta casta solo llega a lo eterno humano, a lo divino más bien, o cuando rompe, gracias a la locura, la corteza que le aprisiona el alma, o cuando con la simplicidad lugareña le rezuma el alma de ella. No le falta inteligencia, sino le falta espíritu. Es brutalmente sensata, y el supuesto espiritualismo cristiano que dice profesar no es, en el fondo, sino el más crudo materialismo que puede concebirse. No le basta sentir a Dios, quiere que le demuestren matemáticamente su existencia y, aún más, necesita tragárselo.

## Capítulo XLVIII

### Donde prosigue el canónigo la materia de los libros de caballerías, con otras cosas dignas de su ingenio

Mientras cura y canónigo se satisfacían con vulgaridades, llegose Sancho a su amo y le reveló lo de ir allí el cura y el barbero del lugar, replicándole Don Quijote que bien podrían parecerle ellos mismos, pero no por eso debía creer que lo fuesen realmente, sino cosa de encantamiento para dar ocasión al pobre escudero a ponerse en un laberinto de imaginaciones. Y así es en verdad, que ni los curas ni los barberos son lo que parecen, sino figuras de encantamiento para meternos en un laberinto de imaginaciones. Y agregó el Caballero: «Yo me veo enjaulado y sé de mí que fuerzas humanas, como no fueran sobrenaturales, no fueran bastantes para enjaularme; ¿qué quieres que diga o piense sino que la manera de mi encantamento excede a cuantas yo he leído?».

¡Oh fe robusta y maravillosa! No hay, en efecto, fuerza humana que pueda esclavizar y enjaular de veras a otro hombre, pues cargado de grilletes y esposas y cadenas será siempre libre el libre, y si alguien se ve sin movimiento es que se halla encantado. Habláis de libertad y buscáis la de fuera; pedís libertad de pensamiento en vez de ejercitaros en pensar. Desea con ansia volar, aunque llevado en el encierro de una jaula y a paso de buey, y tu deseo hará que te broten alas, y la jaula se te ensanchará convirtiéndosete en Universo y volarás por su firmamento. Todo contratiempo que te ocurra ten por seguro que proviene de encantamientos, pues no hay hombre capaz de enjaular a hombre.

Pero Sancho no cejaba en su propósito; para probarle a su amo que no iba encantado, como creía, le preguntó si le había venido gana de hacer lo que no se excusa, a lo que respondió Don Quijote: «Ya, ya te entiendo, Sancho; y muchas veces, y aun ahora la tengo; sácame deste peligro, que no anda todo limpio».

## Capítulo XLIX

### Donde se trata del discreto coloquio que Sancho Panza tuvo con su señor Don Quijote

Y entonces Sancho, triunfante, exclamó: «¡Cogido le tengo!», queriendo por ello probarle que no iba, en verdad, como en verdad iba, encantado. A lo que respondió el Caballero: «Verdad dices, Sancho, pero ya te he dicho que hay muchas maneras de encantamentos».

Claro está, tantas como personas. Y de que sea uno esclavo de su cuerpo, jaula estrecha y pobre y más a paso de buey llevada que aquella en donde iba encantado nuestro hidalgo, de que sea uno esclavo de su cuerpo no se ha de sacar que no es toda la vida de este bajo mundo sino puro encantamiento. Así discurren los Sanchos materialistas, que deducen no hay sino lo aparencial y lo que se ve y se toca y se huele de que tengamos todos, héroes y no héroes, que hacer aguas menores y mayores. La necesidad de tener que hacer lo que no se excusa es el argumento Aquiles del sanchopancismo filosófico, disfrácese como se disfrazare. Pero bien dijo Don Quijote: «Yo sé y tengo para mí que voy encantado, y esto me basta para la seguridad de mi conciencia». ¡Admirable respuesta que pone la seguridad de la conciencia por encima de los engaños de los sentidos! ¡Admirable respuesta que pone a las necesidades de limpiarse el cuerpo la necesidad de asegurarse la conciencia! Rara vez se ha dado una más robusta fórmula de la fe. Lo que basta para la seguridad de la conciencia, eso es la verdad y solo eso. La verdad no es relación lógica del mundo aparencial a la razón, aparencial también, sino que es penetración íntima del mundo sustancial en la conciencia, sustancial también.

Sacáronle a Don Quijote de la jaula para que hiciese lo que no se excusa, y limpio ya su cuerpo pasó por otra más dura prueba, y fue tener que oír las hueras sensateces del canónigo, empeñado en demostrarle que ni iba encantado ni había caballeros andantes en el mundo. Y a ello respondió muy bien Don Quijote que si no era cierto lo de Amadís y Fierabrás no lo sería más lo de Héctor y los Doce Pares y Roldán y el Cid. Y así es, como ya he dicho, pues hoy ¿hay más realidad en el Cid que en Amadís o en Don Quijote mismo? Mas el canónigo, hombre de dura cerviz y tupido de bastísimo sentido común, se salió, como todos los ergotistas más o menos canónigos, con simplezas como la de no haber duda de que hubo Cid, ni menos Bernardo del Carpio, pero sí de que hicieran las hazañas que de ellos se cuentan. Era, al parecer, el tal canónigo uno de esos pobres hombres que manejan la crítica o cedazo y se ponen a puntualizar, papelotes en mano, si tal cosa fue o no como se cuenta, sin advertir que lo pasado no es ya y que solo existe de verdad lo que obra, y que una de esas llamadas leyendas, cuando mueve a obrar a los hombres, encendiéndoles los corazones, o les consuela de la vida, es mil veces más real que el relato de cualquier acta que se pudra en su archivo.

# Capítulo L

## De las discretas altercaciones que Don Quijote y el canónigo tuvieron, con otros sucesos

¿Que no son ciertos los libros de caballerías? «Léalos y verá el gusto que recibe de su leyenda», retrucó triunfadoramente Don Quijote. ¡Válgame Dios, y que no comprendiese el canónigo la fuerza incontrastable de este argumento, cuando había otras tantas cosas tenidas por él como las más verdaderas de todas, más verdaderas aún que las percibidas por el sentido, y cosas cuya verdad se saca del consuelo y provecho que se recibe de ellas y de que bastan para la seguridad de la conciencia! Que todo un canónigo de la Santa Iglesia Católica Apostólica Romana no comprendiese cómo el consuelo, por ser consuelo, ha de ser verdad, y no hayamos de buscar en la verdad lógica consuelo. ¡Oh, y si aplicándolo a los libros de caballería celestial o de ultratumba le hubiesen retrucado al canónigo el argumento! ¿Qué habría dicho entonces? ¿Si los argumentos que él enderezaba contra la locura caballeresca se los hubiesen rebotado enderezados contra la locura de la cruz? Don Quijote esgrimió el tan socorrido argumento del consentimiento de las gentes; ¿por qué no había de tener valor en su boca? Y sobre todo, «de mí sé decir —añadió— que después que soy caballero andante soy valiente, comedido, liberal, bien criado, generoso, cortés, atrevido, blando, paciente, sufridor de trabajos...». ¡Suprema razón! Suprema razón que no podía rechazar el canónigo, pues sabía bien que de haber hecho a los hombres humildes, mansos, caritativos y prontos a sufrir hasta la muerte, se deduce la verdad de las leyendas que los hacen tales. Y, si no los hacen así, entonces son mentira y no verdad las leyendas.

Pero ¡con qué canónigos se topa uno, Dios mío, por esos andurriales de la vida! A este con que topó Don Quijote, y que era la sesudez en pasta, ¿no podría habérsele desentrañado un añico siquiera de locura? Es muy de dudarlo; el seso le había carcomido las entrañas. Estos hombres tan razonables no suelen tener sino razón; piensan con la cabeza tan solo, cuando se debe pensar con todo el cuerpo y con toda el alma.

No consiguió el canónigo convencer a Don Quijote, ni era posible le convenciese. ¿Y por qué? Por la razón misma que decía Teresa de Jesús (*Vida*, XVI, 5) que no logran los predicadores que dejen los pecadores sus vicios públicos: «porque tienen mucho seso los que los predican» y «no están sin él con el gran fuego del amor de Dios como lo estaban los apóstoles y ansí calienta poco esta llama». Y así Don Quijote había movido a sus burladores a que sostuvieran y defendieran, a costa de sus costillas, que la bacía no era bacía, sino yelmo, y el sesudo canónigo no logró convencerle a él de que no hubiese habido caballeros andantes en el mundo, porque Don Quijote, con el gran fuego del amor de Dulcinea, encendido y atizado secretamente por aquellas cuatro furtivas visitas a Aldonza en doce años de pesar, estaba sin seso y calentaba su llama a cuantos de buena fe se le acercaban. No hay sino ver a Sancho, que gracias a ello sintió que hasta conocer a su amo había vivido, aun sin saberlo, en arrecidísima vida.

## Capítulos LI y LII

Que trata de lo que contó el cabrero a todos los que llevaban a Don Quijote y de la pendencia que Don Quijote tuvo con el cabrero, con la rara aventura de los disciplinantes, a quien dio felice fin a costa de su sudor

Ocurrió luego el lance del cabrero y la aventura de los disciplinantes, y a los pocos días entraron al enjaulado Caballero en su aldea, al mediodía de un domingo, para mayor burla y chacota. Y volvió Sancho lleno de fe en las caballerías, como se lo mostró a su mujer, pues «es linda cosa esperar los sucesos atravesando montes, escudriñando selvas, pisando peñas, visitando castillos, alojando en ventas a toda discreción sin pagar ofrecido sea al diablo el maravedí».

Y así acabó la segunda salida del Ingenioso Hidalgo y la primera parte de su historia.

# SEGUNDA PARTE

## Capítulo primero

### De lo que el cura y el barbero pasaron con Don Quijote cerca de su enfermedad

Cuando llevaba muy sosegado Don Quijote un mes ya en su casa, nutriéndose de cosas confortativas para el corazón y el cerebro, creyéronle los suyos curado de su heroísmo caballeresco. Fueron a tentarle y probarle y entonces ocurrió entre él y el cura y el barbero la plática aquella que nos ha conservado Cervantes y lo de «¡caballero andante he de morir!», que dijo Don Quijote a su sobrina. Y a seguida el cuento del loco de Sevilla, por el barbero, y la melancólica respuesta del hidalgo: «Ah, señor rapista, señor rapista, y cuán ciego es aquel que no ve por tela de cedazo», y todo lo que a esto se sigue.

En cierto tiempo en que yo corría una revuelta galerna del espíritu, recibí una carta de un amigo en que a vuelta de mil elogios para dorar la píldora me daba a entender que me tenía por loco, pues me desasosegaban cuidados que a él nunca le quitaron el sueño. Y al leerlo me dije: ¡Válgame Dios y cómo confunden las gentes la locura con la mentecatería, pues este mi pobre amigo, por creerme loco, me juzga tan ciego que no he de ver por tela de cedazo!; ¡me tiene por tan tonto que no he de entenderle! Pero me consolé pronto de la amistad de mi amigo. ¿No ves que ese tan solícito amigo te toma por loco al colmarte de atenciones?

## Capítulo II

### Que trata de la notable pendencia que Sancho Panza tuvo con la sobrina y ama de Don Quijote, con otros sucesos graciosos

Mientras estaban en esas pláticas Don Quijote, el cura y el barbero, se armó en el patio una más que regular pelotera entre Sancho de un lado y del otro el ama y la sobrina, pues no querían estas dejarle entrar, reprochándole de haber sido él quien distraía y sonsacaba a su señor y le llevaba por aquellos andurriales, y replicándoles Sancho que él era el sonsacado y el distraído con engañifas.

Mas cabe aquí hacer notar que acaso el ama y la sobrina no andaban muy lejos de la verdad, pues ambos a la par, Don Quijote y Sancho, se sonsacaban y distraían y se llevaban mutuamente por los andurriales del mundo. El que cree dirigir suele a veces ser en mucha parte el dirigido, y la fe del héroe se alimenta de la que alcanza a infundir en sus seguidores. Sancho era la humanidad para Don Quijote, y Sancho, desfallecido y enardeciéndose a veces en su fe, alimentaba la de su señor y amo. Solemos necesitar de que nos crean para creernos, y si no fuera monstruosa herejía y hasta impiedad manifiesta sostendría que Dios se alimenta de la fe que en Él tenemos los hombres. Pensamiento que, disfrazándolo con los dioses paganos, expresó profundísima y egregiamente Góngora en aquellos dos diamantinos —por la dureza y por el esplendor— versos que dicen:

*Ídolos a los troncos la escultura,*
*a los ídolos dioses hizo el ruego.*

En una misma turquesa forjaron a Caballero y escudero, como suponía el cura. Lo más grande y más consolador de la vida que en común hicieron es el no poderse concebir al uno sin el otro, y que muy lejos de ser dos cabos opuestos, como hay quien mal supone, fueron y son, no ya las dos mitades de una naranja, sino un mismo ser visto por dos lados. Sancho mantenía vivo el sanchopancismo de Don Quijote y este quijotizaba a Sancho, sacándole a flor de alma su entraña quijotesca. Que aunque él dijera «Sancho nací y Sancho pienso morir», lo cierto es que hay dentro de Sancho mucho Don Quijote.

Y así cuando se quedaron solos, dijo el hidalgo a su escudero lo de «juntos salimos, juntos fuimos y juntos peregrinamos; una misma fortuna y una misma suerte ha corrido por los dos», y lo otro de «soy tu cabeza y tú mi parte [...] y por esta razón el mal que a mí me toca, o tocare, a ti te ha de doler, y a mí el tuyo», preñadísimas palabras en que mostró el Caballero cuán a lo hondo sentía lo uno y mismo que con su escudero era.

## Capítulos III y IV

### Del ridículo razonamiento que pasó entre Don Quijote, Sancho Panza y el bachiller Sansón Carrasco y donde Sancho Panza satisface al bachiller Sansón Carrasco de sus dudas y preguntas, con otros sucesos dignos de saberse y de contarse

Siguieron hablando de lo que de ellos se decía por el mundo, radical cuidado de Don Quijote, y luego hizo Sancho venir al bachiller Sansón Carrasco, bachiller por esta Salamanca de mis pecados, típico personaje que entra aquí en tablado. Es este bachiller por Salamanca el hombre más representativo, después de nuestros dos héroes, que en la historia de estos juega papel; es el cogollo y cifra del sentido común, amigo de burlas y regocijos, el cabecilla de los que traían y llevaban, dejándola uno para tomarla otro, la Vida del Ingenioso Hidalgo. Quedose a comer con Don Quijote, y de refilón a burlarse de él para hacer honor a su mesa.

Y el cándido Don Quijote —siempre lo fueron los héroes—, al oír hablar de la historia que de sus hazañas andaba compuesta, se encendió en sed de renombre, pues «una de las cosas que más debe de dar contento a un hombre virtuoso y eminente es verse —dijo—, viviendo, andar con buen nombre por las lenguas de las gentes, impreso y en estampa», y así por ello decidió volver a salir y declaró al bachiller su intento y cayó en la simplicidad de pedirle consejo de «por qué parte comenzaría su jornada».

## Capítulo V

### De la discreta y graciosa plática que pasó entre Sancho Panza y su mujer Teresa Panza, y otros sucesos dignos de felice recordación

De esta plática se saca muy en claro cómo había Don Quijote infundido en su escudero soplo de ambición y el del «Sancho nací, Sancho he de morir», quería morir Don Sancho y señoría y abuelo de condes y marqueses.

## Capítulo VI

### De lo que pasó a Don Quijote con su sobrina y con su ama; y es uno de los más importantes capítulos de toda la historia

¡Y tan importante como es! Pues mientras Sancho altercaba con su mujer, disputaban Don Quijote, su ama y su sobrina, caseros estorbos de su heroísmo.

Y hubo de oír el buen Caballero que una rapaza como su sobrina, que apenas si sabía menear doce palillos de randas, se atreviera a negar que haya habido caballeros andantes en el mundo. Triste cosa es venir a oír en la propia casa, y de labios de una rapazuela, que las repite de coro, las simplezas del vulgo.

¡Y pensar que esta rapaza de Antonia Quijana es la que domeña y lleva hoy a los hombres en España! Sí, es esta atrevida rapaza, esta gallinita de corral, alicorta y picoteadora, es esta la que apaga todo heroísmo naciente. Es la que decía a su señor tío aquello de «y que con todo esto dé en una ceguera tan grande y en una sandez tan conocida, que se dé a entender que es valiente siendo viejo, que tiene fuerzas estando enfermo, y que endereza tuertos estando por la edad agobiado, y sobre todo que es caballero no lo siendo, porque, aunque lo puedan ser los hidalgos, no lo son los pobres». Y hasta el esforzado Caballero de la Fe, vencido por la modesta entereza de aquella humilde rapazuela, se ablandó a contestarla: «Tienes mucha razón, sobrina, en lo que dices».

Y si tú mismo, denodado Don Quijote, te dejaste convencer, aunque solo fue de palabra y pasajeramente, por aquella gatita casera, ¿qué mucho el que rindan a su sabiduría de cocina los que la buscan para perpetuar en ella su linaje? Ella, la muy simplona, no comprende que pueda un viejo ser valiente y tener fuerzas un enfermo y enderezar tuertos el agobiado por la edad, y sobre todo no comprende que pueda un pobre ser Caballero. Y aunque simplona y casera y de tan corto alcance de corazón como de cabeza, si se atreve contigo, su tío, ¿no se ha de atrever con los que la solicitan para novia o la poseen como maridos? Le han enseñado que el matrimonio se instituyó «para casar, dar gracia a los casados y criar hijos para el cielo», y de tal modo lo entiende y lo practica, que aparta a su marido de que nos conquiste ese cielo mismo para el que ha de criar sus hijos.

Hay un sentido común, y junto a él un sentimiento común también; junto a la ramplonería de la cabeza nos embarga y embota la ramplonería del corazón. Y de esta ramplonería eres tú, Antonia Quijana, lectora mía, la guardiana y celadora. La alimentas en tu corazoncito mientras espumas la olla de tu tío o mientras meneas los palillos de randas. ¿Correr tu marido tras la gloria? ¿La gloria? Y eso, ¿con qué se come? El laurel es bueno para asaborar las patatas cocidas; es un excelente condimento de la cocina casera. Y tienes de él bastante con el que cojes en la iglesia el Domingo de Ramos. Además, sientes unos furiosos celos de Dulcinea.

No sé si caerán bajo los lindos ojos de alguna Antonia Quijana estos mis comentarios a la vida de su señor tío; hasta lo dudo, porque nuestras sobrinas de Don Quijote no gustan de leer cosa para la que tengan que fruncir la atención y rumiar algo lo leído; les basta noveluchas de diálogo muy cortado o de argumento que suspenda el ánimo por lo terrible, o ya libricos devotos tupidos de superlativos acaramelados y de desaboridas jaculatorias. Además, presumo que los directores de vuestros espirituelos os prevendrían contra mis peligrosos extravíos de pluma si vuestra propia insustancialidad no os sirviera de fortísimo escudo. Estoy, pues, casi seguro de que no hojearéis con vuestras ociosas manos, hechas a menear palillos de randas, estas empecatadas páginas; pero si por un azar os cayesen bajo la mirada, os digo que no espero surja de entre vosotras ni una nueva Dulcinea que lance a un nuevo Don Quijote a la conquista de la fama, ni otra Teresa de Jesús, dama andante del amor que de tan hondamente humano se sale de lo humano todo. No encenderéis un amor como el que Aldonza Lorenzo, sin de ello percatarse, encendió en el corazón de Alonso el Bueno, ni lo encenderéis en el vuestro como aquel amor de Teresa de Jesús que hizo le atravesase el corazón un serafín con un dardo.

También ella, Teresa, como Alonso Quijano anduvo doce años enamorado de Aldonza, así tuvo ella trato con quien por vía de casamiento le pareció podía acabar en bien, y aquel con quien confesaba le dijo que no iba contra Dios (*Vida*, cap. II), pero comprendió el premio que da el Señor a los que todo lo dejan por Él y que el hombre no aplaca la sed de amor infinito, y aquellos libros de caballerías a que fue aficionada le llevaron a través de lo terreno del amor, al amor sustancial, y anheló gloria eterna y engolfarse en Jesús, ideal del hombre. Y dio en heroica locura y llegó a decir a su confesor: «Suplico a vuestra merced seamos todos locos, por amor de quien por nosotros se lo llamaron» (*Vida*, cap. XVI). Pero ¿tú, mi Antonia Quijana, tú? Tú no enloqueces ni en lo humano ni en lo divino; tendrás poco seso tal vez, pero por poco que sea te llena y tupe la cabecita toda, que es más pequeña aún que él y no te queda sitio para el cogüelmo del corazón.

Tienes muy buen sentido, discreta Antonia, sabes contar los garbanzos y remendar los calzones a tu marido, sabes cuidar la olla de tu tío y menear los palillos de randas, y para pasto de lo supremo de tu espíritu tienes tus funciones de celadora de este o del otro coro y la obligación de recitar a tal hora del día estas o las otras untuosas palabras que te dan por escrito. No dijo para ti Teresa lo de «no haga caso del entendimiento, que es un moledor» (*Vida*, cap. XV), porque te da poca molienda tu entendimientillo enroderado por tu director de espíritu y menoscabado y engurruñido desde que te lo descubrieron. Ese tu espíritu, tu almita que acaso fue soñadora otraño, te la alicortaron y encanijaron en un terrible potro, te la han brezado desde que lanzó su primer medroso vagido, te la han brezado con el viejo estribillo de

*duerme, niño chiquito,*
*que viene el Coco*
*a llevarse a los niños*
*que duermen poco,*

te la han brezado con la gangosa canción con que tú misma, mi pobre Antonia, brezas a tus hijos, cuando eres madre, para que se duerman. Y mira, Antonia, no hagas por un momento caso alguno de los que te quieren gallinita de corral, no les hagas caso y medita en ese plañidero estribillo con que aduermes a tus hijos. Medita en eso de que venga el Coco y se lleve a los niños que duermen poco; medita, mi querida Antonia, en eso de que sea el mucho dormir lo que haya de librarnos de las garras del Coco. Mira, mi Antonia, que el Coco viene y se lleva y se traga a los dormidos, no a los despiertos.

Y ahora, si por un momento logré distraerte de tus faenas y quehaceres, de las que llaman faenas de tu sexo, perdónamelo o no me lo perdones. Yo soy quien no me perdonaría nunca el no haberte dicho que solo te queremos de veras, te queremos mujer fuerte, los que te hablamos recio y duro, no los que te amarran, como ídolo, a un altar y te tienen allí presa atufándote con el incienso de fáciles requiebros, ni los que te aduermen el espíritu brezándotelo con ñoñas canciones de una piedad de alfeñique.

Y tú, mi Don Quijote, triste cosa es que cuando te retraes a tu casa, al amor de tu hogar, como a castillo roquero que te mantenga lejos de las flechas envenenadas del mundo, y no te deje oír las voces de los que hablan por no callarse, triste cosa es que te muelan entonces todavía los oídos con ecos de esas mismas voces importunas. Triste cosa es que en vez de ser tu hogar expansión de tu espíritu y ámbito que de él te hizo, sea trasunto de lo de fuera. No te habría dicho eso Aldonza, de seguro, no te lo habría dicho.

## Capítulo VII

### De lo que pasó Don Quijote con su escudero, con otros sucesos famosísimos

Y a la pena de tener que oír tales cosas en su propia casa uniósele la de ver cómo vacilaba la fe de Sancho, el cual pedía salario fijo, cosa no conocida entre los caballeros andantes, a quienes siempre sirvieron a merced sus escuderos. La fe de Sancho, en continua conquista de sí misma, no le había aún dado esperanza, y quería salario. No estaba para entender la profundísima sentencia entonces pronunciada por su amo, y fue la de «vale más buena esperanza que ruin posesión». ¿Y es que la entendemos en todo su alcance yo y tú, lector mío? ¿No nos atenemos más bien, como buenos Sanchos, a lo de «más vale pájaro en mano que ciento volando»? ¿No olvidamos hoy y siempre que la esperanza crea lo que la posesión mata? Lo que hemos de acaudalar para nuestra última hora es riqueza de esperanzas, que con ellas, mejor que con recuerdos, se entra en la eternidad. Que nuestra vida sea un perduradero Sábado Santo.

Con justa razón, enojado Don Quijote al ver que Sancho, movido de su carnalidad, le pedía salario, como si le hubiera mayor que el de seguirle y servirle en su carrera de gloria, le rechazó de escudero entonces. Y ante el rechazo encendiose la fe del pobre Sancho, «se le anubló el cielo y se le cayeron las alas del corazón, porque tenía creído que su señor no se iría sin él por todos los haberes del mundo».

Rompió esta plática el bachiller Carrasco, que acudió a felicitar a Don Quijote y a ofrecérsele por escudero… ¡impía oferta! Y al oírlo Sancho enterneciose, se le llenaron de lágrimas los ojos y entregose a su amo.

Pero ¿creías acaso, pobre Sancho, que te iba a ser vividera la vida sin tu amo? No, ya no eres tuyo; eres de él. También tú andas, aunque no lo sepas ni lo creas, enamorado de Dulcinea del Toboso.

No faltará quien reproche a Don Quijote el haber arrancado de nuevo a Sancho del sosiego de su vida y de la tranquilidad de su trabajo, haciéndole dejar mujer e hijos por correr tras engañosas aventuras; no faltan corazones tan apocados como para sentir así. Pero nosotros consideramos que, una vez que Sancho hubo encentado la sabrosidad de su nueva vida, no quiso volver a otra, y a despecho de los arredros y trompicones de su fe, se le nublaba el cielo y se le caían las alas del corazón al ocurrirle el recelo de que su amo y señor fuera a dejarle.

Hay espíritus menguados que sostienen ser mejor cerdo satisfecho que no hombre desgraciado, y los hay también para endechar a la que llaman santa ignorancia. Pero quien haya gustado la humanidad la prefiere, aun en lo hondo de la desgracia, a la hartura del cerdo. Hay, pues, que desasosegar a los prójimos los espíritus, hurgándoselos en el meollo, y cumplir la obra de misericordia de despertar al dormido cuando se acerca un peligro o cuando se presenta a la contemplación alguna hermosura. Hay que inquietar los espíritus y enfusar en ellos fuertes anhelos, aun a sabiendas de que no han de alcanzar nunca lo anhelado. Hay que sacarle a Sancho de su casa, desarrimándole de mujer e hijos, y hacer que corra en busca de aventuras; hay que hacerle hombre. Hay un sosiego hondo, entrañado, íntimo, y este sosiego solo se alcanza sacudiéndose del aparencial sosiego de la vida casera y aldeana; las inquietudes del ángel son mil veces más sabrosas que no el reposo de la bestia. Y no ya solo las inquietudes, sino hasta las penas, aquel «recio martirio sabroso» de que nos habla en su *Vida* (XX, 8) Teresa de Jesús.

¿Qué es eso de la santa ignorancia? La ignorancia ni es ni puede ser santa. ¿Qué es eso de envidiar el sosiego de quien nunca vislumbró el supremo misterio ni miró más allá de la vida y de la muerte? Sí, sé la canción, sé lo de «¡qué buena almohada es el catecismo! Hijo mío, duerme y cree; por acá se gana el cielo en la cama». ¡Raza cobarde, y cobarde con la más desastrosa cobardía, con la cobardía moral que tiembla y se arredra de encarar las supremas tinieblas!

Mira, Sancho: si todos esos que envidian, de pico al menos, la tranquilidad de que gozabas antes de haberte sacado de tus casillas tu amo, supieran lo que es la lucha por la fe, créeme, no te ponderarían tanto lo del carbonero. Mi cuerpo vive gracias a luchar momento a momento contra la muerte, y vive mi alma porque lucha también contra la muerte, momento a momento. Y así vamos a la toma de una nueva afirmación sobre los escombros de la que nos desmoronó la lógica, y se van amontonando los escombros de todas ellas, y un día, vencedores, sobre la pingorota de este inmenso montón de afirmaciones desmoronadas, proclamarán los nietos de nuestros nietos la afirmación última y crearán así la inmortalidad del hombre.

Por bien empleados hubo de dar Sancho todos sus trabajos y miserias y escaseces, incluso lo del manteamiento, a trueque de haberse renovado y quijotizado junto a Don Quijote; con tal de haberse trasformado del zafio y oscuro Sancho Panza que era en el inmortal escudero del inmortal Don Quijote de la Mancha, que es para siempre jamás. Henchidos, pues, de lágrimas los ojos entregose a su amo.

Y en consecuencia, a los pocos días, y al anochecer, «sin que nadie lo viese sino el bachiller, que quiso acompañarles media legua del lugar, se pusieron en camino del Toboso».

## Capítulo VIII

### Donde se cuenta lo que le sucedió a Don Quijote yendo a ver a su señora Dulcinea del Toboso

Y de camino disertó Don Quijote sobre Eróstrato y el deseo de alcanzar fama, raigambre de su heroísmo. Y no dejó de abismarse entonces Don Quijote en los abismos de la cordura de Alonso el Bueno, observando la vanidad de la fama que «en este presente y acabable siglo se alcanza; la cual fama, por mucho que dure, en fin se ha de acabar con el mismo mundo, que tiene su fin señalado».

*Eu sou a gloria, genio jocundo*
*do radioso paiz solar;*
*serás o poeta maior do mundo!*
*[...]*
*Dizem que o mundo deve acabar,*

dice Sagramor en el poema de Eugenio de Castro.

En esta tercera y última salida de Don Quijote hemos de ver cómo se hunde en las simas de su cordura, hasta llegar a la inmersión en ellas con su muerte ejemplar.

Movido por las palabras de su amo, y viendo Sancho cuán más grande es la fama de los santos que no la de los héroes, dijo a Don Quijote aquello de que se dieran a ser santos y alcanzarían más brevemente la buena fama que pretendían, poniéndole el ejemplo de san Diego de Alcalá y san Pedro de Alcántara, canonizados por aquellos días.

«Veréis que un día seré adorado por el mundo entero», solía decir el pobrecito de Asís, según nos cuentan los *Tres compañeros* (4) y Tomás de Celano (II Cel., 1, 1), y los mismos móviles que empujaron a unos al heroísmo empujaron a otros a la santidad. Así como Don Quijote, enardecido por la lectura de los libros de caballerías se lanzó al mundo, así Teresa de Cepeda, siendo aún niña y encendida por la lectura de las vidas de santos, que le parecía «compraban muy barato el ir a gozar a Dios», concertó con su hermano irse a tierra de moros, pidiendo por amor de Dios, para que allá los descabezasen, y visto lo imposible de ello, ordenaron hacerse ermitaños, y en una huerta que había en casa procuraban, como podían, hacer ermitas (*Vida*, 1, 2). De Íñigo de Loyola hemos dicho ya lo que nos cuenta al respecto su secretario que fue, el P. Pedro de Rivadeneira.

¿Qué es todo esto sino caballería andante a lo divino o religioso? Y en cabo de cuenta, ¿qué buscaban unos y otros, héroes y santos, sino sobrevivir? Los unos en la memoria de los hombres, en el seno de Dios los otros. ¿Y cuál ha sido el más entrañado resorte de la vida de nuestro pueblo español sino el ansia de sobrevivir, que no a otra cosa viene a reducirse lo que dicen ser nuestro culto a la muerte? No, culto a la muerte, no; sino culto a la inmortalidad.

El mismo Sancho, que tan apegado aparece a la vida que pasa y no queda, declaraba que «más vale ser humilde frailecito de cualquier orden que sea, que valiente y andante caballero», a lo que le contestó muy sesudamente Don Quijote que «no todos podemos ser frailes y muchos son los caminos por donde lleva Dios a los suyos al cielo». Y si no todos podemos ser frailes, no puede ser que sea el estado de frailería o monacato más perfecto en sí que otro cualquiera, pues no cabe que el estado de mayor perfección cristiana no sea igualmente asequible en cualquier estado, sino se reserve, por fuerza de ley natural, a un número de personas, ya que de aspirar a él todos el linaje se acabaría. Y dijo muy bien Don Quijote, respondiendo a Sancho, que si han en el cielo más frailes que caballeros andantes es por ser mayor el número de religiosos que el de caballeros merecedores de tal nombre. ¿Y cuando el religioso sea a la vez caballero?, se preguntará. Ya nos hablará de ellos Don Quijote.

## Capítulo IX

### Donde se cuenta lo que en él se verá

Y ¿cuándo disertó así Don Quijote acerca de la gloria y de su vanidad última y de cómo acaba al acabarse el mundo? Cuando iba al Toboso a ver a Dulcinea, e iba dentro de él Alonso el Bueno a ver a Aldonza Lorenzo, por la que suspiró doce años. Gracias a la locura ha vencido el vergonzoso hidalgo su vergonzosidad sublime, y vestido de Don Quijote y arrebujado en él va a ver el blanco de sus ansias, a curarse de su locura al verla y al abrazarla. Nos acercamos al momento crítico de la vida del Caballero.

Y así, en tales pláticas, llegaron amo y escudero al Toboso, patria de la sin par Dulcinea.

Llegaron a ella y dijo Don Quijote a su escudero: «Sancho, hijo, guía al palacio de Dulcinea; quizá podrá ser que la hallemos despierta».

Observemos que al pedirle tan elevado ministerio y favor tan señalado se adulcigua el Caballero y le llama a Sancho hijo, y observemos además cómo son los Sanchos, la baja humanidad, los que guían a los héroes al palacio de la Gloria.

Y allí fueron los aprietos de Sancho el embustero, buscando escapatorias a su sandez, hasta que declaró no haber visto jamás a Dulcinea, al modo que su amo decía no haberla visto, sino estar enamorado de ella de oídas. De oídas estamos enamorados de la Gloria los que lo estamos, sin que jamás la hayamos visto ni oído. Pero por dentro anda Aldonza, vista y bien vista, aunque solo sea cuatro veces en doce años. Y al cabo el malicioso Sancho consiguió que el cándido de su amo se saliese del Toboso a esperar emboscado en alguna floresta a que diese el socarrón con Dulcinea.

## Capítulo X

### Donde se cuenta la industria que Sancho tuvo para encantar a la señora Dulcinea, y de otros sucesos tan ridículos como verdaderos

Y aquí fue el soliloquio de Sancho al pie de un árbol y el declararse que su amo era un loco de atar y él no le quedaba en zaga, siendo más mentecato que aquel, pues le seguía y servía, y aquí fue el decidir engañarle haciéndole creer «que una labradora, la primera que me topare por aquí —pensó—, es la señora Dulcinea; y, cuando él no lo crea, juraré yo». Y ya tenemos con esto al fiel Sancho decidido a jugársela a su amo y a venir a ser así uno más entre sus burladores, ¡caso de triste meditación! Y hemos de considerar también en él cómo teniendo Sancho a su amo por loco de atar y capaz de ser por él engañado, y que tomaba unas cosas por otras y juzgaba lo blanco por negro y lo negro por blanco, con todo y con esto se dejaba engañar o más bien arrastrar de la fe en Don Quijote y sin creerlo creía en él, y viendo que eran molinos de viento los gigantes y manadas de carneros los ejércitos de enemigos, creía en la ínsula tantas veces prometida.

¡Oh poder maravilloso de la fe, retuso a todo empuje de desengaños! ¡Oh misterios de la fe sanchopancesca, que sin creer cree y viendo y entendiendo y declarando que es negro, hace al que le acaudala sentir y obrar y esperar como si fuese blanco! De todo ello hemos de concluir que Sancho vivía, sentía, obraba y esperaba bajo el encanto de un poder extraño que le dirigía y llevaba contra lo que veía y entendía, y que su vida toda fue una lenta entrega de sí mismo a ese poder de la fe quijotesca y quijotizante. Y así, cuando él creyó engañar a su amo resultó el engañado él y fue el instrumento para encantar real y verdaderamente a Dulcinea.

La fe de Sancho en Don Quijote no fue una fe muerta, es decir, engañosa, de esas que descansan en ignorancia; no fue una fe de carbonero, ni menos fe de barbero, descansadora en ocho reales. Era, por el contrario, fe verdadera y viva, fe que se alimenta de dudas. Porque solo los que dudan creen de verdad, y los que no dudan, ni sienten tentaciones contra su fe, no creen en verdad. La verdadera fe se mantiene de la duda; de dudas, que son su pábulo, se nutre y se conquista instante a instante, lo mismo que la verdadera vida se mantiene de la muerte y se renueva segundo a segundo, siendo una creación continua. Una vida sin muerte alguna en ella, sin deshacimiento en su hacimiento incesante, no sería más que perpetua muerte, reposo de piedra. Los que no mueren, no viven; no viven los que no mueren a cada instante para resucitar al punto, y los que no dudan, no creen. La fe se mantiene resolviendo dudas y volviendo a resolver las que de la resolución de las anteriores hubieren surgido.

Sancho veía las locuras de su amo y que los molinos eran molinos y no gigantes, y sabía bien que la zafia labradora a la que iba a encontrar a la salida del Toboso no era, no ya Dulcinea del Toboso, mas ni aun Aldonza Lorenzo y con todo ello creía a su amo y tenía fe en él y creía en Dulcinea del Toboso y hasta en su encantamiento acabó por creer, como veremos. Esta la tuya es fe, Sancho, y no la de esos que dicen creer un dogma sin entender, ni aun a la letra, siquiera su sentido inmediato, y tal vez sin conocerlo; esta es fe y no la del carbonero, que afirma ser verdad lo que dice un libro que no ha leído porque no sabe leer ni tampoco sabe lo que el libro dice. Tú, Sancho, entendías muy bien a tu amo, pues todo lo que te decía eran dichos muy claros y muy entendederos, y veías, sin embargo, que tus ojos te mostraban otra cosa y sospechabas que tu amo desvariaba por loco y dudabas de lo que veías, y a pesar de ello le creías, pues ibas tras de sus pasos. Y mientras tu cabeza te decía que no, decíate tu corazón que sí, y tu voluntad te llevaba en contra de tu entendimiento y a favor de tu fe.

En mantener esa lucha entre el corazón y la cabeza, entre el sentimiento y la inteligencia, y en que aquel diga ¡sí! mientras esta dice ¡no! y ¡no! cuando la otra ¡sí!, en esto y no en ponerlos de acuerdo consiste la fe fecunda y salvadora; para los Sanchos, por lo menos. Y aun para los Quijotes, porque veremos dudar a Don Quijote mismo. Y no nos quepa duda de que con los ojos de la carne Don Quijote vio los molinos como tales molinos y las ventas como ventas y de que allá, en su fuero interno, reconocía la realidad del mundo aparencial —aunque una realidad aparencial también— en que ponía el mundo sustancial de su fe. Y buena prueba de ello es aquel maravilloso diálogo que sostuvo con Sancho cuando este volvió a Sierra Morena a darle cuenta de su visita a Dulcinea. El loco suele ser un comediante profundo, que toma en serio la comedia, pero que no se engaña, y mientras hace en serio el papel de Dios o de rey o de bestia, sabe bien que ni es Dios, ni rey, ni bestia. ¿Y no es loco todo el que toma en serio el mundo? ¿Y no deberíamos ser locos todos?

Y ahora llegamos al momento tristísimo de la carrera de Don Quijote: a la derrota de Alonso Quijano el Bueno dentro de él.

Aconteció, pues, que al volverse Sancho a su amo salían del Toboso tres labradoras sobre tres pollinos o pollinas, y se las presentó a Don Quijote como Dulcinea y dos doncellas, diciendo que venía a verle. «¡Santo Dios! ¿Qué es lo que dices, Sancho amigo? —dijo Don Quijote—. Mira, no me engañes ni quieras con falsas alegrías alegrar mis verdaderas tristezas.» «¿Qué sacaría yo de engañar a vuesa merced?», respondió Sancho. Salieron al camino, no columbró en él Don Quijote sino a las tres labradoras, porfió Sancho que eran Dulcinea y sus doncellas, atúvose a sus sentidos, contra su costumbre, el amo, y trocáronse los papeles, siquiera en apariencia.

El paso este del encantamiento de Dulcinea es grandemente melancólico. Sancho hizo su comedia, teniendo del cabestro al jumento de una de las tres labradoras, hincándose de rodillas y enderezándole aquel saludo que nos ha conservado la historia. Don Quijote miraba con ojos desencajados y vista turbada a la que Sancho llamaba reina y señora, y en que él, Don Quijote, esperó ver a Dulcinea, y debajo de él, Alonso Quijano, esperaba a Aldonza Lorenzo, suspirada en silencio doce años por solo cuatro goces de su vista. Don Quijote se puso de hinojos y «miraba con ojos desencajados y vista turbada a la que Sancho llamaba reina y señora», sin descubrir en ella «sino una moza aldeana y no de muy buen rostro, porque era carirredonda y chata». Ve aquí, Caballero, que tu Sancho, la humanidad que te acompaña y guía, te presenta a la Gloria, por la que tanto suspiraste, y no ves en ella sino una moza aldeana y no de muy buen rostro.

Pero es aún más triste el paso, pues si Don Quijote no veía a Dulcinea, tampoco el pobre Alonso Quijano el Bueno veía a su Aldonza. Doce años de solitario sufrir, doce años de no haber podido vencer su encojimiento soberano, doce años de esperar lo imposible, y por imposible con más ahínco esperado, a que ella, Aldonza, su Aldonza, por un inaudito milagro se percatara del amor de su Alonso y se fuera a él; doce años de soñar en el imposible procurando acallar con la lectura de los libros de caballerías el todopoderoso amor, y ahora en que, gracias a Dios, ya loco, rota la vergüenza, se cumple lo imposible y va a recibir el premio de su locura, ahora... ¡ahora esto! ¡Qué santa, qué dulce, qué redentora suele ser la locura! Loco Alonso Quijano, por merced del Señor, que se compadece de los buenos, rompió aquella tremenda costra de la timidez del hidalgo lugareño, y se atrevió a escribir a su Aldonza, aunque fuese bajo la advocación de Dulcinea, y ahora, en premio, Aldonza misma viene desde el Toboso a verle. Se cumplió lo imposible, merced a su locura. ¡Al cabo de doce años!

¡Oh momento supremo tanto tiempo suspirado! «¡Santo Dios!» «¿Qué es lo que dices, Sancho amigo?» ¡Ahora, ahora va a redimirse su locura, ahora va a lavársela en el torrente de las lágrimas de la dicha; ahora va a cobrar el premio de su esperanza en lo imposible! ¡Oh, y cuántas tinieblas de locura se disiparían bajo una mirada de amor!

«No quieras con falsas alegrías alegrar mis verdaderas tristezas.» Pensemos en esto de alegrársele las tristezas a Don Quijote: las tristezas de doce años, las tristezas de su locura. Pues qué, ¿creéis que Alonso el Bueno no se daba cuenta de que estaba loco y no aceptaba su locura como único remedio de su amor, como regalo de su piedad divina? Al saber que su locura daba fruto, alborotose el corazón del hidalgo, y mandó a Sancho, en albricias de aquellas no esperadas nuevas, el mejor despojo de la primera aventura que tuviese, y «si esto no te contenta, te mando —le dijo— las crías que este año me dieren las tres yeguas mías, que tú sabes que quedan para parir en el prado concejil de nuestro pueblo». Primero le ofrece Don Quijote del caudal del caballero andante, despojo de aventura, en albricias de anunciarle la venida de Dulcinea, mas luego asoma Alonso Quijano, y con el corazón anegado en gozo porque viene a verle Aldonza, ofrece el hidalgo de su caudal, no ya despojo de aventura, sino crías de las yeguas. ¿No veis aquí cómo el amor saca a flor de la locura quijotesca la locura de Quijano?

Ya te dan fruto tus locuras, buen Caballero, pues merced a ellas sale a verte Aldonza, sacando del exceso de tu desvarío cuán grande debe ser tu amor. Y vino enseguida el tremendo golpe, el golpe que hundió en su locura al pobre Alonso el Bueno, hasta su muerte. Ahora, ahora es cuando se remacha la suerte de Alonso. Esperaba a Aldonza y lo vehemente de la esperanza no le dejaba dudar, y puesto de hinojos, como mejor decía a aquel callado culto de doce años, «miraba con ojos desencajados y vista turbada a la que Sancho llamaba reina y señora, y como no descubría en ella sino una moza aldeana y no de muy buen rostro, porque era carirredonda y chata, estaba suspenso y admirado, sin osar desplegar los labios». ¡Ni la locura te valió, buen Caballero! Cuando al cabo de doce años vas a tocar el precio de ella, la brutal realidad te da en el rostro. ¿No es acaso así con todo amor?

Mas no te pese, Don Quijote, y sigue con tu locura solitaria; no te pese de no llegar a comprometerte con la dicha; no te pese de no votarte a la felicidad; no te pese de que no se haya llenado tu anhelo de doce años, en brazos de tu Aldonza.

«Y tú, oh extremo del valor que puede desearse, término de la humana gentileza, único remedio deste afligido corazón que te adora, ya que el maligno encantador me persigue y ha puesto nubes y cataratas en mis ojos, y para solos ellos y no para otros ha mudado y trasformado tu sin igual hermosura y rostro en el de una labradora pobre, si ya también el mío no le ha cambiado en el de algún vestiglo para hacerle aborrecible a tus ojos, no dejes de mirarme blanda y amorosamente, echando de ver en esta sumisión y arrodillamiento que a tu contrahecha hermosura hago, la humildad con que mi alma te adora.» ¿No os entran ganas de llorar oyendo este plañidero ruego? ¿No oís cómo suena en sus entrañas, bajo la retórica caballeresca de Don Quijote, el lamento infinito de Alonso el Bueno, el más desgarrador quejido que haya jamás brotado del corazón del hombre? ¿No oís la voz agorera y eterna del eterno desengaño humano? Por primera vez, por última, por única vez habla Don Quijote de su propio rostro, de aquel rostro de Alonso que se encendía en rubor al pensar en Aldonza... «La humildad con que mi alma te adora...» Humildad de doce años, humildad alimentada en largas noches de soledad y de absurdas esperanzas, humildad nutrida con el más grandioso temor y encojimiento que jamás se viera. Lo inmenso de su amor le había hecho humilde, y jamás se osó dirigirla una palabra solo.

Seguid leyendo la historia de este encuentro, y sacándola por vosotros mismos, lectores míos, el jugo que tenga; a mí me apesadumbra tanto que me priva de imaginación para rehacerla, y voy a pasar a otra cosa. Leed vosotros la respuesta grosera que la moza dio a Don Quijote, y cómo dio con ella en tierra a corcovos su borrica, y cómo Don Quijote acudió a levantarla, cosa que evitó ella subiéndose de un salto sobre la borrica y dándole un olor a ajos crudos que le encalabrinó y atosigó el alma. No puede leerse sin angustia este martirio del pobre Alonso.

## Capítulo XI

### De la extraña aventura que le sucedió al valeroso Don Quijote con el carro, o carreta, de las Cortes de la Muerte

Reanudaron amo y escudero su camino, burlándose el socarrón Sancho de la candidez de su amo. Y entonces fue cuando toparon con la carreta de la muerte o de la compañía de Angulo el Malo, que Don Quijote, aleccionado y entristecido por lo que acababa de pasarle, tomó por lo que realmente era. Y entonces fue también cuando Rocinante, alborotado por el cascabeleo del moharracho, dio con su amo en tierra y todo lo que sigue. Y cómo quiso castigar el Caballero a los farsantes, y le esperaron estos en ala y armados de guijarros, y convenció Sancho a su amo, hombre cuerdo y sesudo al fin, de que no debía meterse con semejante tropa, pues entre todos los que allí estaban, aunque parecían reyes, príncipes y emperadores, no había ningún caballero andante. Y así Don Quijote mudó ya de su determinado intento. Y al ver que Sancho, por su parte, no quería vengarse, fue cuando le dijo lo de: «Pues esa es tu determinación, Sancho bueno, Sancho discreto, Sancho cristiano y Sancho sincero, dejemos estas fantasmas y volvamos a buscar mejores y más calificadas aventuras».

La del carro de la muerte parece una de las más heroicas que llevó a feliz término nuestro hidalgo, pues en ella se nos muestra venciéndose a sí mismo con su cordura. ¡Es que le pesaba sobre el corazón el encantamiento de su dama! El mundo comedia es, y gran locura querer luchar con gentes que no son lo que parecen, sino míseros farsantes que representan su papel y entre los cuales apenas si se halla de higos a brevas un caballero andante. En el tablado del mundo es novedad sorprendente ver entrar un caballero de verdad, de los que matan y hacen en serio la escena del desafío cuando los otros hacen que la hacen y por hacer el papel no más. Tal es el héroe. Y al héroe le esperaban los comediantes todos en ala y armados de piedras. Dejad, pues, a los farsantes y recordad la profunda sentencia de Sancho: «Nunca los cetros y coronas de los emperadores farsantes fueron de oro puro, sino de oropel o hoja de lata». Recordadla y tened en cuenta que la creencia de los que en la comedia del mundo hacen el papel de maestros, cobrando por ello su salario, es ciencia de oropel u hoja de lata.

## Capítulo XII

### De la extraña aventura que le sucedió al valeroso Don Quijote con el bravo Caballero de los Espejos

Conversando sobre lo que es la comedia del mundo se quedaron amo y escudero bajo de unos altos y sombríos árboles, cuando les rompió el sueño la llegada del Caballero de los Espejos. Y allí fue la plática de los escuderos de un lado y de los caballeros por el otro, y el declarar Sancho que a su amo un niño le hacía entender que era de noche en la mitad del día, sencillez por la que le quería como a las telas de su corazón y no se amañaba a dejarle por más disparates que hiciera. Aquí se nos declara la razón del amor que Sancho profesaba a su amo, mas no la de la admiración.

¿Pues qué creíais, Sancho? El héroe es siempre por dentro un niño, su corazón es infantil siempre; el héroe no es más que un niño grande. Tu Don Quijote no fue sino un niño, un niño durante los doce largos años en que no logró romper la vergüenza que le ataba, un niño al engolfarse en los libros de caballerías, un niño al lanzarse en busca de aventuras, ¡Y Dios nos conserve siempre niños, Sancho amigo!

## Capítulos XIII y XIV

### Donde se prosigue la aventura del Caballero del Bosque con el discreto, nuevo y suave coloquio que pasó entre los dos escuderos

Mientras platicaban los escuderos entre sí también platicaban los caballeros, y de esta plática, y de haber afirmado el de los Espejos ser vencedor de Don Quijote, surgió el que concertasen un duelo bajo condiciones de que el vencido quedase sujeto a obedecer al vencedor. Y así que fue de día fue el lance, derribando Don Quijote al de los Espejos, el bachiller Sansón Carrasco, pues no era otro, que habiendo ido por lana y a llevarse al hidalgo a su casa, salió para la suya trasquilado.

Al descubrirle la visera y ver al bachiller atribuyó Don Quijote a magia, mas Sancho, que se había encaramado a un árbol para ver la pelea, le pidió metiese la espada por la boca al que parecía el bachiller Sansón Carrasco. ¡Ah, Sancho, Sancho, y cuán bien se aviene tu impiadosa crueldad de ahora con tu cobardía de antes!

Volvió al cabo en sí el bachiller, confesó aventajar Dulcinea del Toboso en hermosura a Casilda de Vandalia y prometió ir a presentarse a ella. «Todo lo confieso, juzgo y siento como vos lo creéis, juzgáis y sentís», respondió el derrengado caballero, el burlador burlado, el vencido bachiller. Así, mal que les pese, tienen que declarar los bachilleres ser verdad lo que por tal proclaman los hidalgos; así los burladores son burlados; así el sentido común debe andar por los suelos a botes de la lanza del heroísmo. Pues qué, ¿no hay sino hacerse el loco para reducir a cordura a los que lo son de veras?

## Capítulo XV

### Donde se cuenta y da noticia de quién era el Caballero de los Espejos y su escudero

En este capítulo de la historia se nos cuenta cómo el Caballero de los Espejos no era otro que Sansón Carrasco, bachiller por Salamanca, que de acuerdo con el cura y el barbero ideó aquella traza para obligar a Don Quijote a que se redujese a su casa.

Y el maligno Carrasco juró vengarse de Don Quijote, moliéndole a palos las costillas, locura mil veces más desatinada y más de verdad locura que la del hidalgo; locura, en fin, de pasión de hombre sensato, que son las peores y las más ponzoñosas de las locuras todas. El loco «que lo es por fuerza lo será siempre, y el que lo es de grado lo dejará de ser cuando quisiere», decía el bachiller.

Pero venid acá, señor bachiller por Salamanca, venid y decidme, ¿cuál es peor desvarío, el que arranca de la cabeza o el que del corazón brota, la enfermedad del imaginar o la del querer? Y el que de grado o por voluntad se hace el loco es que tiene la voluntad enferma o torcida, y para esto hay peor remedio que para las enfermedades del entendimiento. Y los que, como su merced, tienen el entendimiento tupido de cordura socarrona, y allende esto se lo han atiborrado de lugares comunes escolásticos en las aulas de Salamanca, suelen tener la voluntad loca de malas pasiones, de rencor, de soberbia, de envidia. ¿Pues qué razón había para ir a pelear Sansón Carrasco contra Don Quijote?

«¿He sido yo su enemigo por ventura? ¿Hele dado yo jamás ocasión de tenerme ojeriza? ¿Soy yo su rival, o hace él profesión de las armas para tener invidia a la fama que yo por ellas he ganado?», decía Don Quijote. Sí, generoso Caballero, sí; fuiste y eres su enemigo, como lo es todo hidalgo heroico y generoso de todo bachiller socarrón y rutinero; le diste ocasión de ojeriza, pues cobraste con tus locas hazañas una fama que él nunca alcanzó con sus cuerdos estudios y bachillerías salamanquesas, y era tu rival y te tenía envidia. Y aunque declaró, y acaso así lo creyese él mismo, que salió al campo con la mira de reducirte a cordura, la verdad es que le movió a ello, tal vez sin él percatarse del motivo, su deseo de unir su nombre al tuyo y de andar junto contigo en lengua de la fama, como lo consiguió.

¿Y no sería acaso que buscaba llegase a oídos de aquella andaluza Casilda, con la que se pasó en claro las noches a la reja, allá en las calles de Salamanca, y a la que envolvió en su Casilda de Vandalia, su hazañosa proeza y su locura? ¿No oiría acaso hablar de ti con admiración a esa Casilda, que habría leído la primera parte de tu historia? Todo podría ser.

Pero tú le venciste, para que se vea que la locura generosa da más arrestos y más bríos que la cordura menguada y socarrona, y sobre todo para que el bueno del bachiller por Salamanca aprendiese aquello de *«quod natura non dat, Salmantica non praestat»*, vieja verdad a pesar de aquel arrogante lema del escudo de la vieja Escuela, que dice: «*Omnium scientiarum princeps, Salmantica docet*».

## Capítulos XVI y XVII

### De lo que sucedió a Don Quijote con un discreto caballero de la Mancha y donde se declaró el último punto y extremo adonde llegó y pudo llegar el inaudito ánimo de Don Quijote, con la felicemente acabada aventura de los leones

Acabado este lance se encontró Don Quijote con el discretísimo don Diego de Miranda, yendo con el cual toparon con los carros de leones. Y allí fue la estupenda y nunca bien ponderada aventura, y cuando Don Quijote exclamó el inmortal: «¿Leoncitos a mí?, ¿a mí leoncitos, y a tales horas? Pues, por Dios, que han de ver esos señores que acá los envían si soy yo hombre que se espanta de leones». Quiso convencerle don Diego con que los leones no iban contra él, mas despacholo Don Quijote con que él sabía si iban o no a él aquellos señores leones y amenazó al leonero si no les abría la jaula. Pidió el leonero desuncir las mulas y ponerse en salvo, y «oh hombre de poca fe —respondió Don Quijote—, apéate y desunce, y haz lo que quisieres».

¡Maravillosa proeza!, ¡nunca visto valor de Don Quijote, y valor en seco, sin motivo ni objetivo, valor puro, valor acendrado! ¿No sería tal vez que mientras Don Quijote mostraba ostentar así su valentía, por debajo de él el pobre Alonso el Bueno, agobiado por el desencanto sufrido al no encontrarse con la suspirada Aldonza, buscaba morir en las garras y quijadas del león con muerte no tan torturadora como la que de continuo le estaba dando su amor desventurado?

Ello fue que no sirvieron ruegos ni razones, sino que Don Quijote se apeó «temiendo que Rocinante se espantaría con la vista de los leones [...], arrojó la lanza y embrazó el escudo, y desenvainando la espada, paso ante paso, con maravilloso denuedo y corazón valiente, se fue a poner delante del carro, encomendándose a Dios de todo corazón y luego a su señora Dulcinea». Al mismo historiador le arranca expresiones de admiración esta intrepidez singular. Abierta la jaula, «lo primero que [el león] hizo fue revolverse [en ella], donde venía echado, y tender la garra y desperezarse todo; abrió luego la boca y bostezó muy despacio, y con casi dos palmos de lengua que sacó fuera se despolvoreó los ojos y se lavó el rostro; hecho esto, sacó la cabeza fuera de la jaula y miró a todas partes con los ojos hechos brasas, vista y ademán para poner espanto a la misma temeridad. Solo Don Quijote lo miraba atentamente, deseando que saltase ya del carro y viniese con él a las manos, entre las cuales pensaba hacerle pedazos», mientras acaso esperase en tanto el pobre Alonso el Bueno que entre las garras de la bestia acabase de sufrir su pobre y llagado corazón y se deshiciese en él la imagen de aquella Aldonza, suspirada doce años. «Pero el generoso león, más comedido que arrogante, no haciendo caso de niñerías ni de bravatas, después de haber mirado a una y otra parte, como se ha dicho, volvió las espaldas y enseñó sus traseras partes a Don Quijote, y con gran flema y remanso se volvió a echar en la jaula.»

¡Ah, condenado Cide Hamete Benengeli, o quienquiera que fuese el que escribió tal hazaña, y cuán menguadamente la entendiste! No parece sino que al narrarla te soplaba al oído el envidioso bachiller Sansón Carrasco. No, no fue así, sino lo que en verdad pasó es que el león se espantó o se avergonzó más bien al ver la fiereza de nuestro Caballero, pues Dios permite que las fieras sientan más al vivo que los hombres la presencia del poder incontrastable de la fe. O ¿no sería acaso que el león, soñando entonces en la leona recostada, allá, en las arenas del desierto, bajo una palmera, vio a Aldonza Lorenzo en el corazón del Caballero? ¿No fue su amor lo que le hizo a la bestia comprender el amor del hombre y respetarle y avergonzarse ante él?

No, el león no podía ni debía burlarse de Don Quijote, pues no era hombre, sino león, y las fieras naturales, como no tienen estragada la voluntad por pecado original alguno, jamás se burlan. Los animales son enteramente serios y enteramente sinceros, sin que en ellos quepa socarronería ni malicia. Los animales no son bachilleres, ni por Salamanca ni por ninguna otra parte, porque les basta lo que la naturaleza les da.

Lo que le pasó al león, enjaulado entonces como en un tiempo lo estuvo Don Quijote, es que al ver a este se avergonzó, y que esto debió ser así nos lo prueba y corrobora el que ya en otra ocasión, siglos antes, se había otro león avergonzado ante otro hazañoso caballero, el Cid Ruy Díaz de Vivar, según nos lo cuenta su viejo romance (*Poema del Cid*, vv. 2.278 a 2.301). El cual dice que estando el Cid en Valencia con todos sus vasallos y sus yernos los infantes de Carrión, y durmiendo el Campeador en un escaño, saliose de la red y se desató el león, sembrando miedo en la corte. Despertó el que en buen hora nació, y al ver lo que acontecía

*Mío Cid fincó el cobdo, en pie se levantó;*
*el manto trae al cuello e adelinó pora leon;*
*el leon quando lo vió assí, envergonçó:*
*ante mío Cid la cabeça premió e el rostro fincó.*
*Mío Cid don Rodrigo al cuello lo tomó,*
*e lieva lo adestrando, en la red lo metió.*

(2.296-2.301)

Así ante Don Quijote, nuevo Cid Campeador, «envergonzó» el león, que acaso fuera uno de los dos que hoy figuran en nuestro escudo de armas, y el avergonzado ante el Cid el otro.

Aún insistió Don Quijote en que se irritase al león; mas el leonero le convenció de que no debía hacerse. Y fue entonces cuando el Caballero pronunció aquellas profundísimas palabras de «bien podrán los encantadores quitarme la ventura, pero el esfuerzo y el ánimo será imposible». Y ¿qué más hace falta?

Y no se me venga ahora aquí diciendo que me aparto del puntualísimo texto del historiador, porque es preciso entender bien en qué no puede uno apartarse de él sin muy grave temeridad y aun peligro de su conciencia, y en qué somos libres de interpretarlo a nuestro sabor y consejo. En cuanto se refiere a hechos, y aparte los evidentes errores de copista —rectificables todos— no hay sino acatar la infalible autoridad del texto cervantino. Y así debemos creer y confesar que el león volvió las espaldas a Don Quijote y se volvió a echar en la jaula. Pero que fue por comedimiento y que considerase niñerías y bravatas las de Don Quijote y que no lo hiciese por vergüenza al ver su valor, o ya compadecido de su amor desgraciado, es una libre interpretación del historiador, que no vale sino por la autoridad personal y puramente humana del historiador mismo. Sucede con esto como con el comentario que pone al discurso de los cabreros, llamándolo «inútil razonamiento», y que es una glosa desdichada que se ha interpolado en el texto.

Hago estas prevenciones porque no quiero, he de repetirlo una vez más, que se me confunda con la perniciosa y pestilente secta de los hombres vanos e hinchados de huera ciencia histórica, que se atreven a sostener que no hubo tales Don Quijote y Sancho en el mundo, y otras atroces osadías semejantes a que les lleva su desmedido afán de lograr notoriedad sosteniendo novedades y singularidades. Y ved aquí cómo el mismo noble impulso de dejar nombre y fama que movió a Don Quijote a llevar a cabo sus hazañas, les mueve a otros a negarlas. ¡Qué abismo de contradicciones es el hombre!

Y, volviendo a nuestra historia, hemos de añadir que luego de avergonzado el león, y al explicar Don Quijote a don Diego de Miranda su aparente locura en tal proeza, descubrió una vez más la raíz de ella al declarar que andaba a la busca de tan arriesgadas aventuras «solo por alcanzar gloriosa fama y duradera», y explicó, con atinadísimas razones, cómo debe el caballero dar en temerario —pues reconoció ser «temeridad esorbitante» lo del león—, ya que «es más fácil dar el temerario en verdadero valiente que no el cobarde subir a la verdadera valentía, y en esto de acometer aventuras [...] antes se ha de perder por carta de más que de menos». ¡Concertadísimas y muy cuerdas razones con las que se justifica todo exceso ascético o heroico!

Conviene también pararse a considerar cómo esta aventura del león fue una aventura, por parte de Don Quijote, de acabada obediencia y de perfecta fe. Cuando el Caballero topó al azar de los caminos con el león aquel fue, sin duda alguna, porque Dios se lo enviaba a él; y su fortísima fe le hizo decir que él sabía si iban o no a él aquellos señores leones. Y con solo verlos entendió la voluntad del Señor y obedeció según la tercera y más perfecta manera de obedecer que hay, según Íñigo de Loyola —véase el cuarto aviso que dictó sobre esto, según lo trae el P. Rivadeneira en el capítulo IV del libro V de la *Vida*— y es «cuando hago esto o aquello sintiendo alguna señal del Superior, aunque no me lo mande ni ordene». Y así Don Quijote, en cuanto vio al león, sintió la señal de Dios, y arremetió sin prudencia alguna, pues como decía el mismo Loyola —véase el mismo capítulo antedicho— «la prudencia no se ha de pedir tanto al que obedece y ejecuta cuanto al que manda y ordena». Y Dios quiso, sin duda, probar la fe y obediencia de Don Quijote como había probado las de Abraham mandándole subir al monte Moria a sacrificar a su hijo (Gn XXII).

## Capítulos XVIII, XIX, XX, XXI, XXII y XXIII

### Que tratan de lo que sucedió a don quijote en el castillo o casa del Caballero del Verde Gabán, de la aventura del pastor enamorado, de las bodas de Camacho el rico, y en los dos últimos de la grande aventura de la cueva de Montesinos, que está en el corazón de la Mancha, y de las admirables cosas que el estremado Don Quijote contó que había visto en ella

Llegaron a casa de don Diego, conoció allí Don Quijote al hijo de aquel, don Lorenzo, y al oírle negar que hubiese habido caballeros andantes no trató ya de sacarle de su engaño, sino que propuso rogar al cielo le sacase de él. ¡Ah, mi pobre Caballero, y cómo te ha dejado el encantamiento de tu Dulcinea!

Tras esto ocurrió lo de las bodas de Camacho, en que nada hay que notar, y después se dirigió Don Quijote a la cueva de Montesinos, que está en el corazón de La Mancha.

Antes de hundirse en ella «hizo una oración en voz baja al cielo, pidiendo a Dios le ayudase y le diese buen suceso en aquella al parecer peligrosa y nueva aventura, y en voz alta dijo luego: "¡Oh, señora de mis acciones y movimientos, clarísima y sin par Dulcinea del Toboso, si es posible que lleguen a tus oídos las plegarias y rogaciones deste tu venturoso amante, por tu inaudita belleza te ruego las escuches, que no son otras que rogarte no me niegues tu favor y amparo ahora que tanto lo he menester!"». Ved cómo a canto de meterse en tan inaudito empeño ruega primero a Dios y a Dulcinea luego, a Dios en voz baja y a Dulcinea en alta voz. Con Dios primero, sí, pero a solas, que no necesita de que nos desgañitemos para oírnos, pues oye hasta el resollar de nuestro silencio; mas con Dulcinea nos es menester dar grandes voces e invocarla a pecho henchido y boca llena, entre los hombres.

Y prosiguió diciendo Don Quijote: «Yo voy a despeñarme, a empozarme y a hundirme en el abismo que aquí se me representa, solo por que conozca el mundo que si tú me favoreces no habrá imposible a quien yo no acometa y acabe». Amad a Dulcinea y no habrá imposible que se os resista y tese. ¡Ahí está el abismo: dentro de él!

«Y, en diciendo esto, se acercó a la sima; vio no ser posible descolgarse ni hacer lugar a la entrada si no era a fuerza de brazo o a cuchilladas, y así, poniendo mano a la espada, comenzó a derribar y a cortar de aquellas malezas que a la boca de la cueva estaban, por cuyo ruido y estruendo salieron por ella una infinidad de grandísimos cuervos y grajos, tan espesos y con tanta priesa que dieron con Don Quijote en el suelo; y, si él fuera tan agorero como católico cristiano, lo tuviera a mala señal y escusara de encerrarse en lugar semejante.» Parémonos a considerarlo.

Si te empeñas en empozarte y hundirte en la sima de la tradición de tu pueblo para escudriñarla y desentrañar sus entrañas, escarbándola y zahondándola hasta dar con su hondón, se te echarán al rostro los grandísimos cuervos y grajos que anidan en su boca y buscan entre las breñas de ella abrigo. Tendrás primero que derribar y cortar las malezas que encubren a la cueva encantada, o más bien tendrás que desescombrar su entrada, obstruida por escombros. Lo que llaman tradición los tradicionalistas no son sino rastrojos y escurrajas de ella. Los grandísimos cuervos y grajos que guardaban la boca de esa sima encantada, y en la que fraguaron sus escondrijos, jamás se empozaron ni hundieron en las entrañas de la sima, y se atreven, no embargante, a graznar diciéndose moradores de su interior. La tradición por ellos invocada no lo es de verdad; se dicen voceros del pueblo y nada hay de esto. Con el machaqueo de sus graznidos han hecho creer al pueblo que cree lo que no cree, y es menester empozarse en las entrañas de la sima para sacar de allí el alma viva de las creencias del pueblo.

Y antes de hundirse y empozarse uno en esa sima de las verdaderas creencias y tradiciones del pueblo, no las del carbonero de la fe, tiene que derribar y cortar las malezas que cubren su entrada. Cuando lo hagáis, os dirán que queréis cegar la cueva y taparla a los moradores de ella; os llamarán malos hijos y descastados y todo cuanto se les ocurra. Haced oídos sordos a graznidos tales.

Y allí, en la cueva, gozó Don Quijote de visiones que se dejan muy a la zaga a las más maravillosas de que otros hayan gozado, sin que sea menester repetir aquí lo de que, si a uno se le aparece un ángel en sueños, es que soñó que se le aparecía un ángel. Invito al lector a que relea, en el capítulo XXIII de la segunda parte, el relato de las asombrosas visiones de Don Quijote y juzgando, como debe juzgarse, por el contento y deleite que de su lectura reciba, me diga luego si no son más fidedignas que otras no menos asombrosas con que dicen que Dios regaló a siervos suyos, soñadores en la profunda cueva encantada del éxtasis. Y no sirve sino creer a Don Quijote, que, siendo hombre incapaz de mentir, afirmó que lo por él contado lo vio por sus propios ojos y lo tocó con sus mismas manos, y esto baste y aun sobre. Sancho quiso negar la verdad de tales visiones, y más cuando oyó decir a su amo que vio a Dulcinea encantada en la moza labradora que aquel le había mostrado, mas Don Quijote respondió sesudamente: «Como te conozco, Sancho, no hago caso de tus palabras». Ni debemos nosotros tampoco hacer caso de palabras sanchopancescas cuando de rendir fe a visiones se trate.

## Capítulo XXIV

### Donde se cuentan mil zarandajas tan impertinentes como necesarias al verdadero entendimiento desta grande historia

Al llegar a esta aventura de visión se cree el historiador obligado a dudar de su autenticidad, mostrando en ello su poca fe, y hasta se propasa a suponer que al tiempo de morir se retractó de ella Don Quijote y dijo que «la había inventado por parecerle que convenía y cuadraba bien con las aventuras que había leído en sus historias». ¡Oh, menguado historiador, cuán poco se te alcanza de achaque de visiones!

Sin duda no leíste, o si lo leíste, pues se publicó veinte años antes que tú publicases la historia de Don Quijote, no meditaste bien el libro de la *Vida del bienaventurado P. Ignacio de Loyola,* del P. Pedro de Rivadeneira, quien en el capítulo VII del libro I nos cuenta las visiones del caballero andante de Cristo y cómo «se le representó la manera que tuvo Dios en hacer el mundo» y «vio la sagrada humanidad de Nuestro Redentor Jesucristo, alguna vez también a la gloriosísima Virgen» y otras maravillosas visiones, entre ellas la del demonio, que se le apareció muchas veces, «no solo en Manresa y en los caminos, sino en París también y en Roma; pero su semblante y aspecto [...] era tan apocado y feo, que, no haciendo caso dél, con el báculo que traía en la mano fácilmente le echaba de sí».

De los que nieguen tales visiones y digan que son imposibles, digamos lo que de ellos dice el piadosísimo P. Rivadeneira, y es que «serán comúnmente hombres que no saben, ni entienden, ni han oído decir qué cosa sea espíritu, ni gozo, ni fruto espiritual [...] ni piensan que hay otros pasatiempos y gustos, ni recreaciones sino las que ellos, de noche y de día, por mar y por tierra, con tanto cuidado y solicitud y artificio buscan para cumplir con sus apetitos y dar contento a su sensualidad. Y así, no hay que hacer caso de ellos». ¡Prudentísimas palabras que debía conocer y haber leído Don Quijote, pues contestó a Sancho lo de: «¡Como te conozco, Sancho, no hago caso de tus palabras!».

Con gran acierto trae a colación aquí el P. Rivadeneira lo del Apóstol (1 Co II), de que los hombres carnales no son quién para juzgar de las cosas y visiones de los espirituales y se consuela el buen padre con que había también «cristianos y cuerdos, y leídos en historias y vidas de santos», que aunque entienden que en cosas de visiones «es menester mucho tiento, porque puede haber engaño y muchas veces le hay», no por eso ha de dejarse de darlas crédito. Conviene que el lector lea las razones todas que aduce el piadoso padre historiador de Íñigo de Loyola para convencernos de la verdad de las visiones de este, pues quien tan grandes obras llevó a cabo bien pudo ver lo que vio, y «necesariamente habernos de conceder lo que es más, concedamos lo que es menos, y entendamos que todos los rayos y resplandores que vemos en las obras que hizo salieron destas luces y visitaciones divinas». ¿Cómo, en efecto, negaremos que vio lo que vio Don Quijote en la cueva de Montesinos siendo caballero incapaz de mentir, y habiendo arremetido a molinos y yangüeses, enzarzado a sus burladores en defender lo del yelmo, vencido al Caballero de los Espejos y avergonzado al león? El que estas y otras no menos asombrosas hazañas llevó a cabo bien pudo ver en la cueva de Montesinos cuanto se le antojara ver en ella. Y si lo vio, de lo cual no debe cabernos duda, ¿qué diremos de la realidad de sus visiones? Si la vida es sueño, ¿por qué hemos de obstinarnos en negar que los sueños sean vida? Y todo cuanto es vida es verdad. Lo que llamamos realidad ¿es algo más que una ilusión que nos lleva a obrar y produce obras? El efecto práctico es el único criterio valedero de la verdad de una visión cualquiera.

# Capítulo XXV

## Donde se apunta la aventura del rebuzno y la graciosa del titerero, con las memorables adivinanzas del mono adivino

De allí continuaron su camino, ardiendo Don Quijote en deseos de saber para qué llevaba armas un hombre que se les adelantó y, como rehusara este darle cuenta de ello hasta que acabase de dar recado a su bestia, ayudole a ello Don Quijote, aechándole la cebada y limpiando el pesebre, maravilloso ejemplo de humildad que no suele ser lo mentado que merece serlo. Y esta es, sin duda, una de las grandes aventuras de nuestro Caballero: la de haber echado cebada y limpiado el pesebre, no más, al parecer, que por oír pronto un relato deleitoso, el relato de los regidores rebuznantes.

Y como no nos está bien el creer que solo por oír tal cosa se redujera Don Quijote a ejercer menesteres tan impropios de su oficio de caballero andante, hemos, por fuerza, de suponer lo hizo para ejercitar su humildad y ejercitarla sencillamente y buscando un pretexto, con lo que evitó la soberbia del humilde. No se las echó de tal, ni hizo ostentación de humildad, sino que pura y sencillamente, como quien hace la cosa más natural y corriente del mundo, y sin concederle importancia al acto, con aquellas manos que alancearon molinos, libertaron galeotes, vencieron al vizcaíno y al Caballero de los Espejos y esperaron, sin temblar, al leoncito; con aquellas mismas manos aechó cebada y limpió el pesebre, dando por razón aquellas sencillísimas palabras de «no quede por eso, que yo os ayudaré a todo».

Lo hizo más sencillamente aún que Íñigo de Loyola después de haber recibido el cargo de prepósito general de la Compañía que formó cuando «se entró en la cocina y en ella por muchos días sirvió de cocinero y hizo otros oficios bajos de casa», porque Íñigo lo hacía con intención de enseñar, «para provocar a todos con su ejemplo al deseo de la verdadera humildad», dice el P. Rivadeneira, lib. III, cap. II, y en Don Quijote no hubo ni esa segunda intención de aleccionar a otros, sino pura y simplemente aechó la cebada y limpió el pesebre como si fuera cosa suya, como la violeta perfuma y el ruiseñor canta. «No quede por eso, que yo os ayudaré a todo.»

«Yo os ayudaré a todo», es lo que dice Don Quijote a todo hombre sencillo y limpio de segundas intenciones.

En esta aventura se ve acaso más que en otra alguna cómo era el espíritu de Alonso Quijano, a quien sus virtudes le valieron el sobrenombre de Bueno, el espíritu que guiaba al de Don Quijote, y cómo en la bondad del hombre está la raíz del heroísmo del Caballero. ¡Oh, mi señor Don Quijote, y cuán grande te me apareces aechando cebada y limpiando el pesebre, sin ostentación alguna de humildad y como si tal cosa hicieras! A bueno es a lo que nadie te ha ganado, a sencillamente bueno. Y por eso tienes un altar en el corazón de todos los buenos que no en tu locura, sino en tu bondad paran su vista. Tú mismo, mi señor, cuando quisiste alabar a tu escudero le llamaste por de pronto y ante todo Sancho bueno, y luego discreto, cristiano y sincero. Es lo que hay que ser en el mundo, señor mío, sencillamente bueno, bueno a secas, bueno sin adjetivo ni teologías ni aditamento alguno, bueno y no más que bueno. Y si tan noble dictado se confunde con el de tonto, tú llegaste, en tu bondad, hasta la locura entre tantos cuerdos burladores; es decir, malos. Porque en nada como en la burla se conoce la maldad humana, y el demonio es el gran burlador, el emperador y padre de los burladores todos. Y si la risa puede llegar a ser santa y libertadora, y, en fin, buena, no es ella risa de burla, sino risa de contento.

## Capítulo XXVI

### Donde se prosigue la graciosa aventura del titerero, con otras cosas en verdad harto buenas

Encontrándose Don Quijote en la venta, y después de haber oído el relato de los alcaldes rebuznantes, fue cuando llegó maese Pedro con el mono adivino y el retablo de la libertad de Melisendra. Pasmado Don Quijote al ver que maese Pedro, luego que oyó al mono, le conoció, lo tuvo por cosa demoniaca y pasó después a ver el retablo y asistir a la representación de la libertad que a Melisendra dio su esposo don Gaiferos.

Salieron allí entonces Cario Magno y Roldán, el alcázar de Zaragoza, moros, Marsilio de Sansueña, don Gaiferos... Y cuando llevándose este a su esposa Melisendra partió en su seguimiento lucida caballería, púsose en pie Don Quijote, acudió en ayuda de don Gaiferos después de pronunciado su discurso a los perseguidores, a estilo homérico, «y comenzó a llover cuchilladas sobre la titerera morisma, derribando a unos, descabezando a otros, estropeando a este, destrozando a aquel, y entre otros muchos tiró un altibajo tal que si maese Pedro no se abaja, se encoge y agazapa, le cercenara la cabeza con más facilidad que si fuera hecha de masa de mazapán».

¡Brava y ejemplarísima pelea! ¡Provechosa lección! Y no servía que maese Pedro advirtiese a Don Quijote que aquellos que derribaba, destrozaba y mataba no eran verdaderos moros, sino unas figurillas de pasta, pues no por eso dejaba de menudear aquel cuchilladas. Y hacía bien, muy requetebién. Arman los maeses Pedros sus retablos de farándula y pretenden que por ser las de ellos figurillas de pasta, declaradas tales, se les respete. Y lo que el Caballero andante debe derribar, descabezar y estropear es lo que, a título de ficción, hace más daño que el error mismo. Porque es más respetable el error creído que no la verdad en que no se cree.

«Mire, señor, que no haga el ridículo ni se meta a perseguir figurillas de retablo; que estamos todos en el secreto y es este un juego de compadres en que a nadie engaña; mire que aquí no se trata sino de pasar el tiempo y hacer que hacemos, y ni Carlo Magno es Carlo Magno, ni Roldán Roldán, ni don Gaiferos es tal don Gaiferos, y aquí a nadie se embauca, sino que se deleita y regocija a la galería, que aunque finge creer la comedia tampoco la cree en verdad; mire, señor, no malgaste sus energías en pelear con figurillas de pasta...»

Pues porque son de pasta las figurillas y estamos en ello todos —respondo— es por lo que hay que descabezarlas y destrozarlas, pues nada más pernicioso que la mentira por todos consentida. Todos estamos en el secreto, secreto a voces; todos sabemos y nos lo decimos al oído los unos a los otros, que el tal don Gaiferos no es don Gaiferos, ni hay tal libertad de Melisendra, y si es así, ¿por qué duele e irrita que se encarame uno a la pingorota de la torre más alta del pueblo y grite desde ella a voces, como vocero de la sinceridad, lo que todos se dicen al oído, derribando, descabezando y estropeando así al embuste? Hay que limpiar el mundo de comedias y de retablos.

Y acude maese Pedro cariacontecido y exclama: «Mire, pecador de mí, que me destruye y echa a perder toda mi hacienda». Pues no vivas de eso, Ginesillo de Pasamonte: es lo que le debemos responder. Trabaja y no armes retablos. Y en resolución, digamos con Don Quijote: «¡Viva la andante caballería sobre cuantas cosas hoy viven en la tierra!». ¡Viva la andante caballería y muera la farándula!

¡Muera la farándula! Hay que acabar con los retablos todos, con las ficciones sancionadas. Don Quijote, tomando en serio la comedia, solo puede parecer ridículo a los que toman en cómico la seriedad y hacen de la vida teatro. Y en último caso, ¿por qué no ha de entrar en la representación y formar parte en ella el descabezamiento, estropicio y destrozo de los comediantes de pasta? Es fuerte cosa que se quejen de quien toma en serio la comedia los que representan esta lo más seriamente del mundo, y ponen todo su cuidado en que no se falte una tilde a las reglas del arte cómico. Porque habréis observado, buenos lectores, que nada hay más insoportable que la exigencia de que se guarden estrechamente los ritos, etiquetas y rúbricas de las cosas de pura representación, y que sean los que se dan de maestros de ceremonias los que menos respeten la verdadera seriedad de la vida. Sabrá muy bien cuándo se debe llevar corbata negra y cuándo blanca, hasta qué hora levita y desde qué hora fraque, y qué tratamiento debe dársele, pero este mismo no sabrá por dónde buscar a su Dios, ni cuál es su destino último. Y no hablemos de los que, rebelándose contra la ética, quieren imponernos la tiranía de la estética y sustituir a la conciencia moral con esa quisicosa que llaman el buen gusto. Cuando empiezan a prevalecer tales doctrinas, los obreros tienen que declararse cursis.

Tratando Teresa de Jesús, en el capítulo XXXVII de su *Vida*, de cómo «no cumple perder punto en puntos de mundo» por no dar «ocasión a que se sientan los que tienen su honra puesta en estos puntos» y de los que dicen que «los monasterios han de ser corte de crianza», dice que no puede entender esto. Agrega que ni aun tiempo hay para aprender tales cosas, pues solo «para títulos de cartas es ya menester haya cátedra adonde se lea cómo se ha de hacer, a manera de decir, porque ya deja papel de una parte, ya de otra, y a quien no se solía poner magnífico hase de poner ilustre». La animosa monja no sabía en qué ha de parar esto, porque no teniendo aún cincuenta años cuando escribía lo trascrito, decía: «En lo que he vivido he visto tantas mudanzas que no sé vivir». Y añadía así: «Por cierto yo he lástima a gente espiritual que está obligada a estar en el mundo por algunos santos fines, que es terrible la cruz que en esto llevan. Si se pudieran concertar todos y hacerse ignorantes, y querer que los tengan por tales en estas ciencias, de mucho trabajo se quitarían». ¡Y de tanto! Los espirituales deben concentrarse, en efecto, y hacerse ignorantes en puntos de mundo y querer que los tengan por tales. Cuantos amamos a la verdad sobre todas las cosas debemos concertarnos para ignorar las premáticas y mandamientos de ese dichoso buen gusto con que se la disfraza, y para pisotear las buenas formas y dejar que nos llamen cursis y querer que nos tengan por tales.

Hay una gavilla suelta de faranduleros que llevan prendido de la boca el amomiado credo, herencia de sus bisabuelos, como llevan el escudo de la casa grabado en la sortija o en el puño del bastón, y respetan esas veneradas tradiciones de nuestros mayores como respetan cualquier otra antigualla: por bien parecer y hacerse pasar por distinguidos. Es de buen tono y viste muy bien eso que llaman ser conservador. Y esa gavilla de farsantes ha declarado cursilería todo lo que es pasión y arranque y brío y de mal gusto los tajos y mandobles a las titereras y los guiñoles todos que tienen armados. Y cuando esos mamarrachos, alcornoques secos y vacíos, digan y repitan la gran sandez de «lo cortés no quita a lo valiente», salgámosles a la cara y digámosles en ella y en sus barbas, si las tuvieran, que lo cortés quita a lo valiente, y que el verdadero valor quijotesco puede, suele y debe consistir muchas veces en atropellar toda cortesía y aparecer, hasta si preciso fuere, grosero. Sobre todo con los maeses Pedros que viven de retablos.

¿Conocéis cosa más terrible que oír la misa de un cura ateo, que la celebra por cobrar el pie de altar? ¡Muera toda farándula, toda ficción sancionada!

Pasando por León fui a ver y contemplar su primorosa catedral gótica, aquella gran lámpara de piedra, en cuyo seno canturrean los canónigos al son pastoso del órgano. Y contemplando sus mimbreñas columnas, sus altos ventanales de pintadas vidrieras por donde la luz al entrar se destrenza y desparrama en colores varios, y la enramada de nervios que sostiene la bóveda, pensé así: ¡cuántos deseos silenciosos, cuántos anhelos callados, cuántos pensares recónditos no habrá recibido esta pedernosa fábrica, junto con oraciones cuchicheadas o tan solo pensadas con ruegos, con imprecaciones, con requiebros de amor al oído de la amada, con quejas, con reconvenciones! ¡Cuántos secretos vertidos en el confesionario! ¿Y si todos estos deseos, anhelos, pensares, oraciones, cuchicheos, ruegos, imprecaciones, requiebros, quejas y secretos, si todo esto empezase a cantar por debajo de la rutinera salmodia litúrgica del coro canónico? En la caja de una vihuela, en sus entrañas, duermen las notas todas que se le arrancaron a ella, así como las notas todas que pasaron junto a ella, rozándola, al pasar en vuelo, con sus alas sonoras; y si todas esas notas, propias y ajenas, que allí duermen, despertaran, estallaría la caja de la vihuela por el empuje de la tempestad sonora. Y así, si despertase todo eso que duerme en el seno de la catedral, vihuela de piedra, y rompiera a cantar todo ello, derrumbaríase la catedral rota por el empuje del clamor inmenso. Las voces, libertadas, buscarían el cielo. Derrumbaríase la catedral de piedra, vencida y agobiada por la violencia del propio esfuerzo, al ponerse a cantar, pero, de entre sus escombros, que seguirían cantando, resurgiría una catedral de espíritu, más aérea, más luminosa y a la vez más sólida, una inmensa seo que elevaría al cielo columnas de sentimiento que se ramificaran bajo la bóveda de Dios, echando a tierra su peso muerto por arbotantes y contrafuertes de ideas. Y esto no sería comedia litúrgica. ¡Oh y quién pudiese hacer cantar a nuestras catedrales toda oración, toda palabra, todo pensar y todo sentir que en su seno han acojido! ¡Quién pudiese animarles las entrañas, las entrañas mismas de la encantada cueva de Montesinos!

Volvamos al retablo. Un retablo hay en la capital de mi patria y la de Don Quijote, donde se representa la libertad de Melisendra o la regeneración de España o la revolución desde arriba, y se mueven allí, en el Parlamento, las figurillas de pasta según les tira de los hilos maese Pedro. Y hace falta que entre en él un loco caballero andante, y sin hacer caso de voces, derribe, descabece y estropee a cuantos allí manotean, y destruya y eche a perder la hacienda de maese Pedro.

El cual volvió a la carga, y el pobre Don Quijote, como llevaba en sí al bueno de Alonso el Bueno, convenciose de que todo había sido cosa de encantamiento y ofreció pagar el destrozo. Y harto hizo con pagarlo. Aunque si bien se mira justo es que al que vive de mentiras, cuando se le han quebrado estas se le remedie en lo posible el daño hasta que aprenda a vivir de la verdad. Porque es lo que se dice: si quitáis a los farânduleros la farándula, de la cual tan solo han aprendido a vivir, ¿cómo vivirán? Y cierto es también que Dios no quiere la muerte del pecador, sino que se convierta y viva, y para que pueda convertirse ha de vivir, y para que viva es menester sustentarle.

¡Oh Don Quijote el Bueno, y cuán magnánimamente, después de haber derribado, descabezado y estropeado la mentira pagaste lo que ella valía, dando cuatro reales y medio por el rey Marsilio de Zaragoza, cinco y cuartillo por Carlo Magno, y así por los otros, hasta cuarenta y dos reales y tres cuartillos! ¡Si no costara más hacer añicos el retablo parlamentario y el otro!

## Capítulo XXVII

### Donde se da cuenta quiénes eran maese Pedro y su mono, con el mal suceso que Don Quijote tuvo en la aventura del rebuzno, que no la acabó como él quisiera y como lo tenía pensado

Luego de eso de maese Pedro, el cual ya sabemos qué pícaro era, fue cuando Don Quijote se halló entre la gente armada del pueblo de los rebuznadores e intentó persuadirlos a que no peleasen por tal niñería y, corroborándole Sancho, dio en la mala ocurrencia de rebuznar, por donde se armó la pedrea de que a todo galope salió Don Quijote, encomendándose de todo corazón a Dios, que de aquel peligro le librase.

Y he aquí, al contar esta la primera vez que huye el denodado vencedor del vizcaíno, del Caballero de los Espejos y del león, del que tantas veces afrontó a tropas de hombres, dice el historiador: «Cuando el valiente huye, la superchería está descubierta, y es de varones prudentes guardarse para mejor ocasión». Y ¿cómo iba a hacer frente Don Quijote a un pueblo que tiene a gala rebuznar? La manera de expresarse colectivamente un pueblo es un a modo de rebuzno, aunque cada uno de los que lo componen use de lenguaje articulado para sus menesteres individuales, pues sabido es cuán a menudo ocurre que, al juntarse hombres racionales o semirracionales siquiera, formen un pueblo asno.

Antes de dictar ordenamientos para regir al pueblo, oigamos su parecer —se dice—, consultémosle. Y es ello algo así como si un albéitar, en vez de escudriñar a un asno y tantearle y pulsarle y registrarle para descubrir de qué padece y dónde le duele y de qué remedio ha menester, le consulta y espera a que rebuzne para recetarle, arrogándose el papel de truchimán de rebuznos. No, sino cuando no se logra convencer al pueblo rebuznador, huir de él como prudente y no temerario caballero. Y no hacer caso de los Sanchos egoístas que se quejan porque no los defendimos cuando tuvieron el mal acuerdo de rebuznar ante rebuznadores.

Y volvió después de esto Sancho a lo del salario, y Don Quijote quiso saldar cuentas y despedirle, y entonces es cuando le dijo aquellas durísimas palabras de «asno eres y asno has de ser, y en asno has de parar cuando se te acabe el curso de la vida», al oír lo cual rompió a llorar el pobre escudero y confesó que para ser asno del todo no le faltaba sino la cola. Y le perdonó el magnánimo Caballero, mandándole procurara ensanchar el corazón. Y fue y es uno de los más señalados beneficios que Sancho debió y debe a Don Quijote el de que este le convenciera y le convenza de que para ser asno del todo no le faltaba sino la cola. Cola que no le brotará ni crecerá mientras siga y sirva a Don Quijote.

## Capítulo XXIX

### De la famosa aventura del barco encantado

Y en esto llegaron a orillas del río Ebro y se encontraron allí con «un pequeño barco sin remos ni otras jarcias algunas», y ¡es claro!, barco sin remos ni otras jarcias, y atado a la orilla, ¡aventura al canto! Donde veas algo en facha de espera, es que te espera a ti, no lo dudes. Y si es barco, métete en él, desátale y que te lleve a la buena de Dios.

Así hizo Don Quijote, y no bien se habían apartado obra de dos varas de la orilla, cuando Sancho, que como buen manchego debía de ser hidrófobo, rompió a llorar. Y tan hidrófobo, pues al tentarse para comprobar si habían pasado la línea equinoccial, en pasando la cual mueren los piojos, topó, no ya con algo, sino con algos. Y el barco fue a dar a una aceña, en que se hizo trizas, no sin antes haberse ido al agua Don Quijote y Sancho.

Y este sí que es típico dechado de aventuras de obediencia, más aún que la del león. Recuerda lo que, siendo general de la Compañía de Jesús, «dijo diversas veces» Íñigo de Loyola, y es que «si el Papa le mandase que en el puerto de Ostia entrase en la primera barca que hallase y que sin mástil, ni gobernalle, sin vela, sin remos, sin las otras cosas necesarias para la navegación y para su mantenimiento, atravesase la mar, que lo haría y obedecería, no solo con paz, mas aun con contentamiento y alegría de su ánimo» (Riv., lib. V, cap. IV).

¿Y para qué había puesto Dios allí aquel barquichuelo sino para que, obedeciéndole, embarcase en él Don Quijote a busca de una aventura desconocida? Nadie sabe para qué le es más propio ni cuál la hazaña* que le está reservada.

Tu hazaña, tu verdadera hazaña, la que hará valer tu vida, no será acaso la que vayas tú a buscar, sino la que venga a buscarte, y ¡ay de los que van en busca de la dicha mientras está llamando a las puertas de su casa! Por algo se dijo lo de que las más grandes obras son obras de circunstancias.

* Sentí por un momento la tentación de añadir «ni la aceña» diciendo «ni cuál la hazaña ni la aceña que le está reservada», pero he vencido pronto la tentación esa. Odio los calambures y juegos de palabras, que revelan el más menguado y más despreciable ingenio.

## Capítulo XXX

### De lo que le avino a Don Quijote con una bella cazadora

Ahora empiezan las tristes aventuras de Don Quijote en casa de los duques; ahora es cuando topó con la bella cazadora, la duquesa, que le llevó a su morada a regocijarse con él y burlarse de su heroísmo; ahora empieza la pasión del Caballero en poder de sus burladores. Aquí es donde la historia de nuestro Ingenioso Hidalgo se hunde en despeñaderos de lamentable miseria; aquí es donde a su magnanimidad y discreción responden la bellaquería y sandez de aquellos próceres que creían, sin duda, nacidos los héroes para divertirlos y servirles de juguete y zarandillos. ¡Oh desdichado, que caminas al templo de la fama y corres tras la inmortalidad de la gloria, mira que, si los grandes de la tierra te agasajan y miman y regalan, es para que adornes sus mansiones o para divertirse contigo como con un juguete! Tu presencia no es sino ornato de su mesa y figuras en ella como figuraría una fruta rara o el último ejemplar de un pajarraco que se extingue. Cuando más parecen reverenciarte más se burlan de ti. Mira que en el fondo no hay soberbia como la soberbia de aquellos que no pueden atribuir a propio mérito, sino al azar del nacimiento, las preeminencias de que gozan. No seas juguete de los grandes. Recorre la historia y ve en lo que vinieron a dar los héroes que se redujeron a ser ornamento de los salones.

# Capítulo XXXI

## Que trata de muchas y grandes cosas

Recibieron de solemne burla a Don Quijote en casa de los duques, vistiéronle a usanza caballeresca y le llevaron a comer.

Y allí fue donde se encontró, en la mesa, con aquel «grave eclesiástico destos que gobiernan las casas de los príncipes; destos que, como no nacen príncipes, no aciertan a enseñar cómo lo han de ser los que lo son; destos que quieren que la grandeza de los grandes se mida con la estrechez de sus ánimos», y el cual enderezó a Don Quijote, llamándole Don Tonto, aquella reprensión áspera y desabrida recomendándole se volviese a su casa a criar a sus hijos si los tenía, y a curar de su hacienda, dejando de andar vagando por el mundo y dando que reír a cuantos le conocían y no conocían.

¡Oh, y cómo dura y persiste y no acaba en nuestra España la ralea de estos graves y sesudos eclesiásticos que quieren que la grandeza de los grandes se mida con la estrechez de sus ánimos! ¡Don Tonto! ¡Don Tonto! ¡Y cómo te viste tratar, mi loco sublime, por aquel grave varón, cifra y compendio de la verdadera tontería humana! El grave eclesiástico no debía de haber leído los Evangelios ni debía de conocer aquel sermón de Jesús desde la montaña, en que dijo: «Cualquiera que dijere a su hermano "raca" será culpado del concejo, y cualquiera que le dijere tonto será reo del infierno del fuego» (Mt V, 22). Reo se hizo, pues, del infierno del fuego, por haber llamado a Don Quijote tonto.

Ya estás, señor mío, frente a la encarnación del sentido común. Y no nos quepa duda de que, si Cristo Nuestro Señor hubiese en tiempo de Don Quijote vuelto al mundo, o si hoy volviese a él, formaría aquel grave eclesiástico entonces o formarían hoy sus sucesores entre los fariseos, que le reputarían por loco o dañino agitador y le buscarían nueva muerte afrentosa.

## Capítulo XXXII

### De la respuesta que dio Don Quijote a su reprehensor, con otros graves y graciosos sucesos

Pero a fe que si fue desabrida la reprimenda, también fue estupenda la réplica de Don Quijote a ella, tal cual en este capítulo se contiene. No hay sino releerla. No hay sino leer la soberana lección a los que «sin haber visto más mundo que el que puede contenerse en veinte o treinta leguas de distrito» se meten de rondón a dar leyes a la caballería y a juzgar de los caballeros andantes.

«Mis intenciones siempre las enderezo a buenos fines, que son de hacer bien a todos y mal a ninguno; si el que esto entiende, si el que esto obra, si el que desto trata merece ser llamado bobo, díganlo vuestras grandezas», exclamó Don Quijote. Pero es que se las había con uno de esos hombres de voluntad mezquina y de corazón estrecho que han inventado lo de que hay ideas buenas e ideas malas, y se empeñan en ser definidores de la verdad y del error, y en que se siguen al mundo grandes males de que los hombres crean las visiones de la cueva de Montesinos y no otras visiones no menos visionarias que ellas. Los tales, locos, o mejor, menguados de corazón, no de cabeza, no hacen sino perseguir a los que tienen por locos de la cabeza y entercarse en hacernos creer que traen perdido al mundo los caballeros andantes que enderezan sus intenciones a buenos fines, crean lo que creyeren, y no los graves eclesiásticos que miden la grandeza de los grandes con la estrechez de sus ánimos. Como sus seseras resecas y amojamadas son incapaces de parir imaginación alguna, atiénense como a inmovible norma de conducta, a las empedernidas y encostradas imágenes que en depósito recibieron, y como no saben abrirse sendero a campo traviesa y por la espesura de la selva, fija en la estrella norte la mirada, obstínanse en que vayamos los demás en su desvencijado carro por las roderas del camino de servidumbre pública. Esas gentes no hacen sino censurar a los que de veras hacen algo. Cuando alguien tiene cuita, acude a los caballeros andantes y no a ellos, ni «al perezoso cortesano que antes busca nuevas para referirlas y contarlas, que procura hacer obras y hazañas para que otros las cuenten y las escriban», como dirá más adelante el mismo Don Quijote cuando se le presente Trifaldín, el heraldo de la Dueña Dolorida.

Dijo muy bien Don Quijote: «Si me tuvieran por tonto los caballeros, los magníficos, los generosos, los altamente nacidos, tuviéralo por afrenta irreparable; pero de que me tengan por sandio los estudiantes, que nunca entraron ni pisaron las sendas de la caballería, no se me da un ardite». Razones dignas del Cid, quien, según el sabio romance, cuando aquel monje bernardo se atrevió a hablarle en lugar del rey Alfonso, platicando en el claustro de San Pedro de Cardeña:

*¿Quién vos mete, dijo el Cid, en el consejo de guerra*
*fraile honrado, a vos agora, la vuesa cogulla puesta?*
*Subid vos a la tribuna, y rogad a Dios que venzan,*
*que non venciera Josué si Moisén non lo ficiera.*
*Llevad vos la capa al coro, yo el pendón a la frontera.*
*[…]*
*que más de aceite que sangre, manchado el hábito muestra,*

reprimenda que hizo exclamar al rey lo de:

*Cosas tenedes, el Cid, que farán fablar las piedras,*
*pues por cualquier niñería facéis campaña la iglesia.*

Y cuando los graves eclesiásticos no pueden con los caballeros andantes, vuélvense a sus escuderos. Pero también Sancho sabe responder: «Soy quien "júntate a los buenos y serás uno de ellos" [...]. Yo me he arrimado a buen señor y ha muchos meses que ando en su compañía y he de ser otro como él, Dios queriendo». Y lo querrá Dios, Sancho bueno, Sancho discreto, Sancho cristiano, Sancho sincero, lo querrá Dios. ¡Tú lo dijiste: júntate a los buenos! Porque tu amo fue y es y será bueno, ante todo y sobre todo, bueno, y en pura fuerza de bondad loco, y su locura le ha merecido gloria en el mundo mientras este dure y gloria también en la eternidad. ¡Oh, Don Quijote, mi san Quijote! Sí, los cuerdos canonizamos tus locuras, y que los graves eclesiásticos de ánimo estrecho se excusen de reprender lo que no pueden remediar. «Y, sin decir más ni comer más, se fue», dice el historiador refiriéndose al grave eclesiástico. ¡Se fue...! ¡Oh, si pudiéramos decir siempre lo mismo...!

Recordemos aquí, lector, que esta reprimenda del grave eclesiástico a Don Quijote no deja de tener parentesco con la reprimenda que el vicario del convento de dominicos de San Esteban, de Salamanca, de esta Salamanca en que escribo y en que se graduó el bachiller Sansón Carrasco, enderezó a Íñigo de Loyola según nos cuenta su historiador en el capítulo XV del libro I de su *Vida*. Cuando le invitaron a que fuese a aquella casa, pues los frailes tenían gran deseo de oírle y de hablarle, y fue, y después de haber comido lo llevaron a una capilla y preguntó el vicario a Ignacio en qué estudios se había criado y qué género de letras había profesado, y dijo luego: «Vosotros sois unos simples idiotas, y hombres sin letras, como vos mismo confesáis; pues ¿cómo podéis hablar seguramente de las virtudes y de los vicios?». Y luego encerraron a Ignacio y sus compañeros, y de allí los llevaron a la cárcel. Loyola, por su parte, «en más de treinta años nunca llamó a nadie bobo, ni dijo otra palabra de que se pudiese agraviar», según su biógrafo, en el capítulo VI del libro V de su *Vida*.

¿Cómo, sin licencia ni título, ni grados conferidos por tribunal ordinario, cómo se atrevía así Ignacio a hablar de la virtud y del vicio? Y a Don Quijote, ¿quién le dio licencia para meterse a caballero andante, o con qué derecho se entremetía a enderezar tuertos y corregir abusos, aunque no lo hicieren los graves eclesiásticos que para hacerlo cobraban su salario? Ni el vicario del monasterio de San Esteban de Salamanca, ni el grave eclesiástico que gobernaba la casa de los duques sufrían que se saliese nadie del oficio que la sociedad les tuviera asignado. ¿Qué orden puede haber, en efecto, si no se atiene y atempera cada uno a lo que se le pide y no más allá que a ello? Cierto que no cabría así progreso, pero el progreso es fuente y raíz de muchos males. Bien se dijo lo de ¡zapatero, a tus zapatos! Ignacio habría hecho mejor en seguir la carrera a que sus padres le dedicaron, o por lo menos no meterse a predicar hasta haberse graduado de teólogo, y Don Quijote debía haberse casado con Aldonza Lorenzo para criar a sus hijos y cuidar de su hacienda. Ambos graves eclesiásticos, el de casa de los duques y el del convento de San Esteban de Salamanca, fueron predecesores de aquel que escribió en el catecismo: «Eso no me lo preguntéis a mí, que soy ignorante; doctores tiene la Santa Madre Iglesia que os sabrán responder».

«Buenos estamos —como dijo el vicario de Salamanca—; tenemos el mundo lleno de errores, y brotan cada día nuevas herejías y doctrinas ponzoñosas; y vos no queréis declararnos lo que andáis enseñando...» Medrados estamos, en efecto, si ha de salir por ahí cada uno a su antojo, este enderezando entuertos y aquel predicando, el uno alanceando molinos y el otro fundando compañías. ¡Al carril, al carril todos! ¡Solo en el carril hay orden! Y lo estupendo es que sea esta hoy la doctrina de los que se dicen hijos del reprendido en el convento de San Esteban y herederos de su espíritu.

Acabada la comida en casa de los duques siguió la burla, no tan amarga ni burlesca como la gravedad del grave eclesiástico, y fue lo triste que fueron ya las doncellas las que, sin contar con sus amos los duques, se propasaron a añadir burlas de su propia cuenta a las burlas tramadas por aquellos. «Ni él ni yo sabemos de achaque de burlas», dijo Don Quijote refiriéndose a Sancho. Y era verdad, pues jamás se vio loco más serio que Don Quijote. Y cuando la locura se acompaña a la seriedad, reálzase y se eleva mil codos sobre la cordura retozona y burladora.

## Capítulo XXXIII

### De la sabrosa plática que la duquesa y sus doncellas pasaron con Sancho Panza, digna de que se lea y de que se note

Entre burlas y regocijo confesó Sancho a la duquesa que tenía a Don Quijote por loco rematado, y él, pues con todo y con eso, le seguía y servía e iba atenido a las vanas promesas suyas, sin duda alguna debía de ser más loco y tonto que su amo.

Pero ven acá, pobre Sancho; ven y dinos: ¿lo crees de veras así? Y aun creyéndolo, ¿no sientes que es mejor para tu fama y tu salud eterna seguir al loco generoso que no a un cuerdo mezquino? ¿No dijiste hace poco al grave eclesiástico, cuerdo hasta reventar de cordura, que hay que juntarse a los buenos, por locos que sean, y que habías de ser otro como él, como tu amo, Dios queriendo? ¡Ah, Sancho, Sancho, y cómo bamboleas en tu fe y perinoleas y te revuelves como veleta a todos vientos y al son que te tocan bailas! Pero sabemos bien que crees creer una cosa y crees otra, y que mientras te figuras sentir de un modo estás, en tu interior, sintiendo de otro modo muy diverso. Bien dijiste lo de «esta fue mi suerte y esta mi malandanza; no puedo más, seguirle tengo; somos de un mismo lugar; he comido su pan; quiérole bien; es agradecido; diome sus pollinos, y, sobre todo, yo soy fiel...». Sí, y tu fidelidad te salvará, Sancho bueno, Sancho cristiano. Estabas y estás quijotizado, y en prueba de ello pronto te hizo dudar la duquesa de que hubieras inventado lo del encanto de Dulcinea, y acabaste por confesar que de tu ruin ingenio no se puede ni se debe presumir que fabricases en un instante tan agudo embuste. Sí, Sancho, sí; cuando creemos ser burladores solemos muchas veces ser burlados, y cuando se nos figura hacer algo en chanza es que el Supremo Poder, que de nosotros se sirve para sus ocultos e inescudriñables fines, nos lo hace hacer de veras. Cuando creemos ir por un camino nos están llevando por otro, y así no hay sino dejarse guiar de las buenas intenciones del corazón y que Dios las haga fructificar, pues si nosotros sembramos la semilla, arando antes la tierra que la recibe, es el cielo el que la riega y airea y da lumbre.

Debo aquí, antes de pasar adelante, protestar contra la malicia del historiador, que al fin de este capítulo XXXIII que vengo explicando y comentando dice que las burlas que hicieron los duques al Caballero fueron «tan propias y discretas que son las mejores aventuras que en esta grande historia se contienen». ¡No, no, y mil veces no! Las tales burlas no fueron ni propias, ni menos discretas, sino torpísimas, y si ellas sirvieron para poner a mayor luz el insondable espíritu de nuestro hidalgo y alumbrar el abismo de la bondad de su locura, débese tan solo a que la grandeza de Don Quijote y su heroísmo eran tales que convertían en veras las más bajas y torpes burlas.

## Capítulo XXXIV

### Que cuenta de la noticia que se tuvo de cómo se había de desencantar la sin par Dulcinea del Toboso, que es una de las aventuras más famosas deste libro

Entre esas burlas que el historiador estima propias y discretas, no lo siendo ni de lejos, estuvo la del modo como se había de desencantar a Dulcinea, dándose Sancho tres mil trescientos azotes

> en ambas sus valientes posaderas
> al aire descubiertas, y de modo
> que le escuezan, le amarguen y le enfaden.

Y los azotes había de dárselos de propia voluntad, sin que valiesen los que por fuerza quería propinarle Don Quijote. Negose Sancho a dárselos, porfiaron, negándole el gobierno de la ínsula si no prometía vapulearse, y al fin, vencido de razones y de codicia, lo prometió. Y «Don Quijote se colgó del cuello de Sancho, dándole mil besos en la frente y en las mejillas», recompensa más que colmada a su final resignación.

Y ¿por qué no te has de azotar por amor de Dulcinea, Sancho amigo, si es a ella a quien debes la perpetuidad de tu fama? Vale más que te azotes por Dulcinea que no por lo que sueles azotarte de ordinario; vale más Dulcinea que no gobierno de ínsula alguna. Si al azotarte, si al trabajar pusieses siempre tu mira en Dulcinea, sería siempre santo tu trabajo. Cuando trabajes de zapatero, pon tu hito en hacerlo mejor que ningún otro y aspira a la gloria de que tus parroquianos no padezcan callos en los pies.

Hay una forma la más elevada de trabajo, cual es la de convertirlo en oración, y aserrar madera, colocar mampuesto, coser zapatos, cortar calzones y componer relojes a la mayor honra de Dios, pero hay otra forma, por menos encumbrada más humana y más conseguidera, y es hacerlo por Dulcinea, por la Gloria. ¡Cuántos pobres Sanchos que se desesperan y reniegan bajo el yugo del trabajo se sentirían alijerados de él y henchidos de alegría en su labor si al trabajar, es decir, al azotarse, pusieran su mira en desencantar a Dulcinea, en cobrar nombre y fama con su trabajo! Esfuérzate, Sancho, por ser en tu pueblo el primero de tu oficio, y toda la pesadumbre y graveza de tu trabajo se disipará ante tan hondo propósito. El pundonor dignifica al artesano.

Cuenta el Génesis, no que Dios condenara al hombre al trabajo, pues dice que le puso en el paraíso para que lo cuidara y trabajase (II, 15), sino que le condenó, luego de haber Adán pecado, a la penosidad del trabajo, a que le fuese este penoso y molesto, a que con dolor comiera de la tierra, que no le produciría sino espinas y cardos; a comer su pan amasado con sudor (III, 17-19). Y el amor a la gloria, el ansia de desencantar a Dulcinea, convierte en rosas los cardos y en suaves pétalos las pinchosas espinas. Y ¿cómo quieres, Sancho, que fuese a vivir Adán en el paraíso sin trabajar? ¿Qué paraíso podía ser ese en que no se trabaja? No, no puede haber verdadero paraíso alguno sin algún trabajo en él.

Ya sé que hay Sanchos que cantan esta copla:

*Cada vez que considero*
*que me tengo de morir,*
*tiendo la capa en el suelo*
*y no me harto de dormir.*

Ya sé que hay Sanchos que se representan la gloria eterna como un eterno nada hacer, como un campo celeste en que, tendidos a la bartola, se está viendo lucir el sol increado, pero para ellos la suprema recompensa debe ser la nada, el sueño inacabable sin ensueños ni despertar. Nacieron cansados y con la pesadumbre de los trabajos y penas de sus abuelos y tatarabuelos a cuestas; ¡descansen sobre sus nietos y tataranietos, durmiendo en las honduras de estos! Y esperen así que Dios los despierte al trabajo divino.

Ten por seguro, Sancho, que si al fin y a la postre se nos da, como te tienen prometido, una visión beatífica de Dios, esa visión habrá de ser un trabajo, una continua y nunca acabadera conquista de la Verdad Suprema e Infinita, un hundirse y chapuzarse cada vez más en los abismos sin fondo de la Vida Eterna. Unos irán en ese glorioso hundimiento más deprisa que otros y ganando más hondura y más gozos que ellos, pero todos irán hundiéndose sin fin ni acabamiento. Si todos vamos al infinito, si todos vamos «infinitándonos», nuestra diferencia estribará en marchar unos más deprisa y otros más despacio, en creer estos en mayor medida que aquellos, pero todos avanzando y creciendo siempre y acercándonos todos al término inasequible, al que ninguno ha de llegar jamás. Y es el consuelo y la dicha de cada uno el saber que llegará alguna vez adonde llegó otro cualquiera, y ninguno a parada de última queda. Y es mejor no llegar a ella, a quietud, pues si el que ve a Dios, según las Escrituras, se muere, el que alcanza por entero la Verdad Suprema queda absorbido en ella y deja de ser.

Trabajo, Señor, da a Sancho, y danos a todos los pobres mortales trabajo siempre; procúranos azotes, y que siempre nos cueste esfuerzo conquistarte y que jamás descanse en Ti nuestro espíritu, no sea que nos anegues y derritas en Tu seno. Danos Tu paraíso, Señor, pero para que lo guardemos y trabajemos, no para dormir en él; dánoslo para que empleemos la eternidad en conquistar palmo a palmo y eternamente los insondables abismos de Tu infinito seno.

## Capítulos XL, XLI, XLII y XLIII

### De la venida de Clavileño y de otras cosas

Viene luego en nuestra historia el relato de la Dueña Dolorida, que al historiador le parece de perlas, según lo declara al principio del capítulo XL, y a mí me parece de lo más burdo y más torpemente tramado que puede darse. Todo el valor de esta grosera burla consiste en preparar la del caballo Clavileño, en el cual habrían de ir Don Quijote y su escudero por los aires al reino de Gandaya, vendados los ojos antes ambos.

Resistiose Sancho a subirse en Clavileño, pues no era brujo «para gustar de andar por los aires», ni era cosa que sus insulanos dijeran que su gobernador se andaba «paseando por los vientos», mas el duque le dijo: «Sancho amigo, la ínsula que yo os he prometido no es movible ni fugitiva [...]; y pues vos sabéis que sé yo que no hay ninguno género de oficios destos de mayor cantía que no se granjee con alguna suerte de cohecho, cuál más, cuál menos, el que yo quiero llevar por este gobierno es que vais con vuestro señor Don Quijote a dar cima y cabo a esta memorable aventura», con otras razones que añadió. A lo cual «no más, señor —dijo Sancho—, yo soy un pobre escudero y no puedo llevar a cuestas tantas cortesías; suba mi amo, tápenme estos ojos y encomiéndenme a Dios, y avísenme si cuando vamos por esas altanerías podré encomendarme a Nuestro Señor o invocar los ángeles que me favorezcan». Entonces declaró Don Quijote que desde la memorable aventura de los batanes nunca había visto a Sancho con tanto temor. A pesar de lo cual montó el escudero en Clavileño, detrás de su amo, y pidió, con lágrimas en los ojos, que rezasen por él. Y luego, cuando iban por los aires imaginarios, se ceñía y apretaba a su amo, lleno de miedo cerval.

El resto de la aventura es cosa tristísima si la hemos de juzgar a lo mundano, pero ¡cuántos se remontan en Clavileño sin moverse del lugar en que montaron y atraviesan así la región del aire y la del fuego! Es tan triste la aventura que quiero llegar a cuando al acabarla, y después de haberse visto Don Quijote y Sancho sin más daño que un revolcón y chamuscamiento, libre ya el escudero de su miedo dio en inventar mentiras, y al oírlas Don Quijote se acercó a Sancho y le dijo estas preñadas palabras: «Sancho, pues vos queréis que se os crea lo que habéis visto en el cielo, yo quiero que vos me creáis a mí lo que vi en la cueva de Montesinos, y no os digo más».

Vele aquí la fórmula más comprensiva y a la vez más vasta de la tolerancia: si quieres que te crea, créeme tú. Sobre el crédito mutuo se cimenta la sociedad de los hombres. La visión del prójimo es para él tan verdadera como para ti lo es tu propia visión. Siempre, sin embargo, que sea verdadera visión y no embuste y patraña.

Y en esto estriba la diferencia entre Don Quijote y Sancho, y es que Don Quijote vio de veras lo que dijo había visto en la cueva de Montesinos —a pesar de las maliciosas insinuaciones de Cervantes en contrario— y Sancho no vio lo que dijo haber visto en las esferas celestes yendo en lomos de Clavileño, sino que lo inventó mintiendo, por imitar a su amo o desahogar su miedo. No nos es dado a todos gozar de visiones, y menos aún el creer en ellas y creyéndolas hacerlas verdaderas.

Poneos en guardia contra los Sanchos que, apareciendo defensores y sustentadores de la ilusión y de las visiones, en realidad no defienden sino la mentira y la farándula. Cuando os digan de un embustero que acaba por creer los embustes que urde, contestad redondamente que no. El arte no puede ni debe ser alcahuete de la mentira; el arte es la suprema verdad, la que se crea en fuerza de fe. Ningún embustero puede ser poeta. La poesía es eterna y fecunda, como la visión; la mentira es estéril como una mula y dura menos que la nieve marcera.

Y admiremos la suprema generosidad de Don Quijote, que estando seguro de que él vio lo que dijo haber visto en la cueva de Montesinos, y más seguro aún, si cabe, de que Sancho no vio lo que decía haber visto en las celestes esferas, se limitó a decirle: «Pues vos queréis que se os crea [...] yo quiero que vos me creáis». ¡Cristianísima manera de salir del paso y cerrárselo a los embusteros que, juzgando a los demás por sus propias mañas, toman por embustes las visiones quijotescas! Y hay, no obstante, una vara infalible para deslindar de la mentira la visión.

Don Quijote se hundió y empozó en la cueva de Montesinos lleno de coraje y denuedo, sin hacer caso de Sancho, que quería disuadirle de ello, a cuyas amonestaciones contestó lo de «¡ata y calla!», y, haciendo oídos sordos al guía, bajó lleno de valor, y Sancho montó en Clavileño aterido de miedo y con lágrimas en los ojos y no muy de su voluntad. Y así como el valor es el padre de las visiones, así la cobardía es la madre de los embustes. El que acomete una empresa henchido de bravura y fiado en el triunfo o sin importársele de la derrota llega a ver visiones, pero no trama mentiras, y el que teme un desenlace adverso, el que no sabe afrontar serenamente el fracaso, el que empeña en su intento esa mezquina pasión del amor propio, que se arredra ante el no salirse con la suya, este trama mentiras para precaverse de la derrota y no sabe ver visiones.

Así en nuestra patria y patria de Don Quijote y Sancho, como es la cobardía moral lo que tiene presas a las almas, y los hombres reculan ante un probable fracaso y tiemblan de haber de caer en ridículo, verbenean que es una lástima las mentiras y escasean que da pena las visiones. Los embusteros ahogan a los visionarios. Y no sabremos ver visiones reconfortantes y encorazonadoras y gozar de ellas mientras no aprendamos a afrontar el ridículo y a arrostrar el que los tontos y los menguados de corazón nos tomen por locos o caprichudos o soberbios, y a saber que el quedarse solo no es quedar derrotado, como dicen los mentecatos, y a no andarnos siempre calculando de antemano el llamado triunfo. Don Quijote no pensó, al meterse en la cueva, en cómo saldría de ella ni en si saldría siquiera, y por eso vio allí dentro visiones. Y Sancho, como mientras iba, a su pesar y con los ojos vendados, sobre Clavileño, no pensaba sino en cómo habría de salir de aquella aventura en que por quiebras de su oficio escuderil se veía metido, así que se vio sano y libre rompió a ensartar embustes.

Y esta otra diferencia hay al respecto entre Don Quijote y Sancho, y es que Don Quijote se metió en la cueva por sí y ante sí, sin que nadie le forzase a ello ni le mandase hacerlo, pudiendo muy bien haberse ahorrado tal proeza, para cuyo cumplimiento hubo de desviarse de su camino, y Sancho montó en Clavileño porque el duque se lo impuso como condición para darle el gobierno de la ínsula. Don Quijote se despeñó, empozó y hundió en la cueva solo porque conociera el mundo que si su Dulcinea le favorecía no habría imposible que él no acometiera y acabase, y Sancho montó en Clavileño por amor al gobierno de la ínsula. Y de lo encumbrado y desinteresado del propósito del Caballero nació su valor, y de su valor las visiones de que gozó, y de lo interesado y pobre del propósito del escudero nació su miedo, y de su miedo los embustes que urdió. Ni Don Quijote buscaba gobierno alguno, sino solo mostrar la fortaleza con que le animaba Dulcinea y hacer que los hombres declararan así la grandeza de esta, ni Sancho buscaba gloria alguna, sino solo el gobierno de la ínsula. Y por esto Don Quijote vio visiones valerosamente, y Sancho fraguó embustes cobardemente.

El interés, sea del género que fuese y aunque se disfrace de amor a la gloria, la rebusca de fortuna, de posición, de honores, de distinciones mundanas, de aplausos del momento, de cargos o preeminencias de aparato, de lo que nos dan los otros a cambio de servicios reales o ilusorios o a trueque de promesas y halagos, todo esto engendra cobardía moral, y la cobardía moral pare mentiras conejilmente, y el desinterés de no buscar sino a Dulcinea y saber esperar a que los hombres nos reconocerán al cabo fieles servidores y favoritos de ella, infunde valor y el valor nos regala visiones. Armémonos, pues, de visiones quijotescas y desbaratemos con ellas los embustes sanchopancescos.

## Capítulo XLIV

### Cómo Sancho Panza fue llevado al gobierno, y de la extraña aventura que en el castillo sucedió a Don Quijote

Partiose luego de esto Sancho para el gobierno de su ínsula, después de recibidos los consejos de su amo, «y apenas se hubo partido Sancho cuando Don Quijote sintió su soledad»; tristísimo rasgo que nos ha conservado la historia. Y ¿cómo no había de sentir su soledad, si Sancho era el linaje humano para él y en cabeza de Sancho amaba a los hombres todos? ¿Cómo no, si había Sancho sido su confidente y el único que le oyó aquello de los doce años en que había querido en silencio a Aldonza Lorenzo más que a la lumbre de sus ojos, que la tierra comería un día? ¿No estaba entre ellos dos solos el secreto misterioso de su vida?

Sin Sancho, Don Quijote no es Don Quijote, y necesita el amo más del escudero que el escudero del amo. ¡Cosa triste la soledad del héroe! Porque los vulgares, los rutineros, los Sanchos, pueden vivir sin caballeros andantes, pero el caballero andante, ¿cómo vivirá sin pueblo? Y es lo triste que necesita de él, y ha de vivir, sin embargo, solo. ¡Oh soledad, oh triste soledad!

Encerrose Don Quijote a solas, sin consentir le sirvieran doncellas, y «a la luz de dos velas de cera se desnudó, y al descalzarse, ¡oh desgracia indigna de tal persona!, se le soltaron no suspiros ni otra cosa que desacreditasen la limpieza de su policía, sino hasta dos docenas de puntos de una media, que quedó hecha celosía. Afligiose en estremo el buen señor —añade la historia—, y diera él por tener allí un adarme de seda verde una onza de plata». Y a seguida diserta el historiador sobre la pobreza, y entre otras cosas dice: «¿Por qué quieres estrellarte con los hidalgos y bien nacidos más que con la otra gente?».

Agradezcamos al puntualísimo historiador de Don Quijote el que nos haya conservado este suceso íntimo del habérsele suelto al Caballero las dos docenas de puntos de la media y de su aflicción por ello. Es algo de una profundísima melancolía. Quédase el héroe a solas y encerrado en su aposento, lejos de los hombres, y cuando estos le creen acaso con la mente ocupada en sus futuras empresas o encendiéndose en nuevos anhelos de perdurable gloria, está el «buen señor» —¡y qué bien cae lo de llamarle «buen señor» en este caso!— afligido por el soltamiento de los puntos de la media.

¡Oh pobreza, pobreza! —digo yo también—, y ¡cómo ocupas las soledades de los caballeros andantes y de los hombres todos! Por no confesarse pobre se deslustra el héroe, y sus desmayos y aflicciones y tristezas es porque se le deshicieron las medias y no tiene con qué sustituirlas. Le veis triste, le veis abatido, juzgáis que el desaliento le gana o que el caballeresco ánimo se le amengua, y no es sino que piensa en lo mucho que rompen botas sus hijitos. ¡Oh pobreza, pobreza, y cuándo te llevaremos de bracete con la vista alta y el corazón sereno! El más terrible enemigo del heroísmo es la vergüenza de aparecer pobre. Pobre era Don Quijote, y al verse con las medias sueltas de puntos se afligía. Arremetió a molinos, embistió a yangüeses, venció al vizcaíno y a Carrasco, esperó a pie firme y sin temblar al león, para venir a afligirse luego de tener que presentarse ante los duques con la media deshecha, mostrando su pobreza. ¡Tener que hacer un papel en el mundo siendo pobre!

¿Y si los pobres mundanos supiéramos el descanso que da el hacer voto de pobreza y no avergonzarse de ella? Íñigo de Loyola, a imitación de otros fundadores, instituyó voto de pobreza en la Compañía por él fundada, y de cuán bien les va a sus hijos con ella nos certifica el P. Alonso Rodríguez en el capítulo III del tratado III de la tercera parte de su *Ejercicio de perfección*. En que nos dice que si deja uno criados en el mundo, halla en la Compañía muchos que le sirvan, y que «si vais a Castilla, a Portugal, a Francia, a Italia, a Alemania, a las Indias y a cualquier parte del mundo, hallaréis que nos tienen ya puesta allá casa con otros tantos oficiales de asiento», por manera que, dejando las riquezas del mundo «más señor sois vos de las cosas y riquezas del mundo que los mismos ricos; que no son ellos los señores de sus haciendas y riquezas, sino vos», y así, en efecto, entienden muchos de los jesuitas. Y agrega con mucho tino el buen padre que mientras el rico está dando vuelcos de noche porque su hacienda y riquezas le quitan el sueño, el religioso «¡cuán sin cuidado y sin tener cuenta si vale caro o barato, o si es buen año o malo, lo tiene todo!».

También el pobre Don Quijote hizo algo así como voto de pobreza al principio de su carrera y salió de su casa sin blanca y se negaba a pagar, creyéndose libre de ello por fuero de caballería, mas el ventero que le armó caballero le persuadió a que llevara dineros y camisas limpias, y le obedeció, «vendiendo una cosa y empeñando otra y malbaratándolas todas». Y, por haber así quebrantado su voto de pobreza, la pobreza le persigue y le acuita, y se acongoja al soltársele los puntos de las medias.

¡Oh pobreza, pobreza!, antes que confesarte preferimos pasar por bellacos, por duros de corazón, por falsos, por malos amigos y hasta por viles. Inventamos miserables embustes para rehusar lo que no podemos dar por carecer nosotros de ello. La pobreza no es la escascz de recursos pecuniarios para la vida, sino el estado de ánimo que tal escasez engendra; la pobreza es algo íntimo, y de aquí su fuerza.

*¡Oh necesidad infame, a cuántos honrados fuerzas*
*a que por salir de ti, hagan mil cosas mal hechas!*,

como dice el tan sabido romance refiriéndose al engaño con que el Cid sacó dinero a los judíos, dándoles un arca llena de arena.

Mira a ese; no sale de casa sino a favor de las espesas sombras de la noche, porque entonces no se ve cómo su traje relumbra de puro roce; tiene vergüenza de aparecer pobre, más aún que de serlo. Mira ese otro; es un Catón, un hombre rígido e incorruptible; repite cada día que hay que predicar con el ejemplo y la pureza de la vida, mas en cuanto se mete a murmurar no inquiere sino cuánto gana este o cuánto tiene aquel y no hace sino pensar en lo cara que es la vida.

¡Oh pobreza, pobreza!, tú has hecho el hediondo orgullo de nuestra España. ¿No conocéis acaso el orgullo de la pobreza, y de la más baja y declarada, de la pobreza del mendigo? Es cosa maravillosa que sea la pobreza lo que más nos afrenta y aflige, una de las cosas que nos dé más orgullo. Aunque no sea sino orgullo fingido y un modo de encubrir aquella; es una vergüenza disfrazada de orgullo para defenderse, como el miedo a esos inofensivos animalitos que lo disfrazan de terribilidad y se ponen amedrentadores, hinchándoseles la gola cuando más muertos de miedo se sienten. Sucede con esto como con aquello de que muchos se ensoberbezcan de su humildad.

Es menester que os fijéis en la gravedad y aun altanería con que pordiosean muchos pordioseros. Os contaré un caso al propósito, y es de un mendigo que acostumbraba a pedir a un señor los sábados y una vez le pidió no siendo sábado y aquel le dio una perra chica, mas percatándose luego de habérsela dado en día no sábado, le llamó al mendigo la atención sobre ello, rogándole no se saliese de la costumbre. Y al oír esto el mendigo le alargó la limosna, devolviéndosela, y le dijo: «¡Ah, pero ¿ahora salimos con esas? Tome, tome su perra chica y busque otro pobre». Que es como si dijera: ¿Conque vengo a hacerle la merced de ponerle en ocasión de que ejercite la virtud de la caridad y gane así méritos para el cielo, y me viene con condiciones y reparos? Tome, tome su limosna y busque quien le favorezca en tomársela.

Y ¡oh pobreza, la más triste y miserable de todas, la de tener que presentarse con las medias enterizas, la de tener que conservar el traje del papel que en la comedia del mundo representamos! Triste caso es el del pobre cómico que no puede mudarse de camisa y tiene que guardar y limpiar y conservar enteros los disfraces con que se gana la vida en su tablado;

triste caso es no tener en las crudas noches del invierno una pobre capa con que guardarse del frío y tener que guardar el vistoso manto con que se hace el papel de rey en la comedia. Y más triste aún que no pueda uno en esas noches abrigarse con el manto teatral.

Don Quijote se afligía y avergonzaba de tener que aparecer pobre. Era, al fin, hijo de Adán. Y Adán mismo, nos cuenta el Génesis (cap. III, vv. 7 a 10), que después que hubo pecado conoció estar desnudo, es decir, que era pobre, y al llamarle Dios se escondió, y es que tenía miedo por verse desnudo. Y el miedo a la desnudez, a la pobreza, ha sido siempre y sigue siendo el primer resorte de acción de los pobres mortales. Terribles fueron aquellos tenebrosos tiempos medievales, hacia el milenio, cuando empujaba a los espíritus, más que el ansia de la gloria celestial, el temor al infierno; ¿no veis que en nuestra sociedad es más el horror a la pobreza que no la sed de riquezas lo que lanza a los más de los hombres a sus más locas empresas? Es más avariciosidad que ambición lo que nos mueve, y si examinamos a los que pasan por más ambiciosos encontraremos un avaro dentro de ellos. Toda garantía nos parece poca para preservarnos y preservar a los nuestros de la tan aborrecida y tan temida pobreza, y amontonamos riquezas para taparle todo agujero por donde se nos meta en casa. El delito hoy, el verdadero delito, es ser pobre; aquellas de nuestras sociedades que se dicen más adelantadas y cultas distínguense por su odio a la pobreza y a los pobres; nada hay más triste que el ejercicio de la beneficencia. Diríase que se quiere suprimir los pobres, no la pobreza; exterminarlos, como si se tratase de exterminar una plaga de animales dañinos. Se trata de acabar con la pobreza, no por amor al pobre, sino para que su presencia no nos recuerde el terrible término.

Y ¿qué de extraño tiene que se buscase el cielo no más que por huir de la indigencia? El ansia de renombre y fama, la sed de gloria que movía a nuestro Don Quijote, ¿no era acaso en el fondo el miedo a oscurecerse, a desaparecer, a dejar de ser? La vanagloria es, en el fondo, el terror a la nada, mil veces más terrible que el infierno mismo. Porque al fin en un infierno se es, se vive, y nunca, diga lo que dijere el Dante, puede, mientras se es, perderse la esperanza, esencia misma del ser. Porque la esperanza es la flor del esfuerzo del pasado por hacerse porvenir, y ese esfuerzo constituye el ser mismo.

Y ven ahora acá, mi Don Quijote, y llama a tu Alonso el Bueno, y dime: esa tu vergüenza de ser pobre, ¿no entró, en parte, al menos, en la grandiosa vergüenza que te impidió declararte a Aldonza Lorenzo? Tú conocías lo de «contigo pan y cebolla», y algo más que pan y cebolla podías ofrecerla, como era «una olla de algo más vaca que carnero, salpicón las más noches [...], lentejas los viernes y algún palomino de añadidura los domingos»: pero ¿era eso bastante para ella? Y aun siéndolo, ¿lo sería para los frutos que de vuestro amor pudiesen nacer...? Pero dejo esto, pues sé bien cuán profundamente te conmueves y ruborizas si se te habla de ello.

No nos extrañe, pues, que Don Quijote se recostase, «pensativo y pesaroso», así de la falta que Sancho le hacía como de la irreparable desgracia de sus medias, a quien tomara los puntos, aunque fuera con seda de otro color, que es una de las mayores señales de miseria que un hidalgo puede dar en el discurso de su prolija estrecheza. ¡Y qué maravillosa conjunción la que el historiador establece aquí entre la soledad y la pobreza de Don Quijote! ¡Pobre y solo! Aún se puede soportar la pobreza en compañía o la soledad en riqueza, pero ¡pobre y solo!

¿De qué le servían, estando pobre y solo, los requiebros de Altisidora? Hizo bien en cerrar la ventana al oírlos.

## Capítulo XLVI

### Del temeroso espanto cencerril y gatuno que recibió Don Quijote en el discurso de los amores de la enamorada Altisidora

Mas luego, apiadado de la dolencia de amor de la desenvuelta moza, mandó le pusiesen un laúd por la noche en el aposento, «que yo consolaré lo mejor que pudiere a esta lastimada doncella», dijo. Y llegadas las once horas de la noche halló Don Quijote una vihuela en su aposento; templola, abrió la reja, y sintió que andaba gente en el jardín, y habiendo recorrido los trastes de la vihuela, y afinándola lo mejor que supo, escupió y remondose el pecho, y luego, con voz ronquilla, aunque entonada, cantó un romance que trae el historiador y que el mismo Don Quijote «aquel día había compuesto».

El verdadero héroe es, sépalo o no, poeta, porque, ¿qué sino poesía es el heroísmo? La misma es la raíz de la una y del otro, y si el héroe es poeta en acción es el poeta héroe en imaginativa. El caballero andante, que hace profesión de las armas, necesita raíces de poeta, porque su arte es arte militar, del cual no dudaba el Dr. Huarte, como en el capítulo XVI de su *Examen* nos dice, sino que «pertenece a la imaginativa, porque todo lo que el buen capitán ha de hacer dice consonancia, figura y correspondencia [...] para todo lo cual es tan impertinente el entendimiento como los oídos para ver». Y todo ello no es sino redundancia de la vida, esfuerzo que en redondearse y cumplirse se perfecciona y acaba, obra cuyo fin es la obra misma. Llega a un punto la savia en que ha de volverse por donde fue, y al llegar allá, al punto que no es camino para otro, sino término, se vuelve sobre sí y da sobre el brote que así forma, la flor, y la flor lo es de belleza.

Don Quijote canta, Don Quijote es poeta, cosa que ya temía la gatita muerta de su sobrina cuando en el escrutinio que el cura y el barbero hicieron en la librería, al querer perdonar *La Diana*, de Jorge de Montemayor, manifestó temores de que su tío diera en poeta, «que según dicen es enfermedad incurable y pegadiza», añadió. ¡Ay Antonia, Antonia, y qué ojeriza tienes a la poesía y qué rencor le guardas! Pero tu tío es poeta, y si no hubiera nunca cantado no habría sido el héroe que fue. No que el ser cantor le hiciera ser héroe, sino que de la plenitud del heroísmo le brotó el canto.

No apruebo, pues, las razones que el P. Rivadeneira, en el capítulo XXII del libro III de su *Vida de san Ignacio* nos da para justificar el que la Compañía de Jesús no tenga coro. Dícenos que «no es de esencia de la Religión el tener coro», y, en efecto, puede haber ruiseñor mudo, pero será ruiseñor enfermo, y añade, con santo Tomás, que los que tienen por oficio enseñar al pueblo y apacentarle con el pan de la doctrina «no deben ocuparse en cantar, porque, ocupados con el canto, no dejen lo que tanto importa». Pero ¿es que hay doctrina más íntima ni más profunda que la que se da cantando? En los consejos mismos que se dan al hombre, no es la letra, sino la música de ellos, lo que aprovecha y edifica. Música es el espíritu, y la carne es letra, y toda doctrina del corazón es canto.

Curioso es, en efecto, que siendo tales y tan grandes las semejanzas entre Don Quijote e Íñigo de Loyola, y recreándose este y enterneciéndose el ánima y hallando a Dios con el canto, al que era muy inclinado, según en el capítulo V del libro V de su *Vida* nos cuenta su biógrafo, no pusiera coro en la Compañía, y de esta no tenerlo hemos de deducir las imperfecciones que la acompañan y la esterilidad poética que sobre ella pesa. Jamás pudo albergarse a sus anchas cigarra en ese hormiguero de clérigos regulares. Y no se diga que no nacimos todos para cantar, que no se trata aquí de «para» alguno, sino que todo el que de veras ha nacido en espíritu y no solo en carne, solo por ello canta, canta porque ha nacido, y si no canta es que no nació sino en carne. Y si fundamos la Compañía de Dulcinea del Toboso, no nos olvidemos del coro, y sea el canto en ella florecimiento de afectos heroicos y de encumbrados anhelos.

Cantando estaba Don Quijote cuando echaron sobre él, en torpísima burla, un saco de gatos, y al defenderse de ellos le saltó uno al rostro y le «asió de las narices con las uñas y los dientes, por cuyo dolor Don Quijote comenzó a dar los mayores gritos que pudo», y costó quitársele.

¡Pobre mi señor! Se avergüenzan ante ti leones y se te agarran a las narices gatos. De gatos que huyen, y no de leones que se ven libres, es de lo que debe apartarse el héroe. «Con pulgas y con mosquitos puede Dios hacer guerra a todos los emperadores y monarcas del mundo», dice el P. Alonso Rodríguez (*Ejercicio de perfección*, parte tercera, tratado primero, cap. XV). ¡Líbrenos Dios de pulgas, de mosquitos y de gatos en huida y mándenos en cambio leones a los que se abre la jaula!

Mas aun así y con todo y con ser temibles enemigos las pulgas y los mosquitos, no debe dejarse de hacerles la guerra, y para que se la hagamos nos los manda Dios. Podía alguno haberle dicho a Don Quijote, para disuadirle de perseguir a pulgas y mosquitos humanos, lo de que el águila no caza moscas —«aquila non capit muscas»—, pero le diría mal. Las moscas, y sobre todo las ponzoñosas, son un excelente digestivo para el águila, un activísimo fermento para la cocción de sus alimentos.

Y es que, en efecto, el veneno mismo que inyectado con aguijón en los canalillos del torrente circulatorio de la sangre nos escuece, molesta y daña o nos levanta un bubón y acaso puede llegar a matarnos, ese mismo veneno, tomado por la boca, no solo es inofensivo, sino que puede ayudarnos a hacer una pronta y acabada digestión. Y es gracias a lo digestivo de la ponzoña de esas moscas venenosas que con aguijón y todo traga, luego de cazadas, el águila, como puede esta, una vez descansado su estómago, mirar cara a cara al sol.

¿Creéis acaso que puede ponerse alma y vida en un trabajo que se emprende por amor a Dulcinea y para que nos haga famosos, no solo en los presentes, sino en los venideros siglos, si no nos espolean a él las miseriucas del lugarejo o lugarón en que comemos, dormimos y vivimos? El mejor libro de Historia Universal, el más duradero y extendido y el de historia más verdaderamente universal sería el de quien acertase a contar con toda su vida y su hondura las rencillas, los chismes, las intrigas y los cabildeos que se traen en Carbajosa de la Sierra, lugar de trescientos vecinos, el alcalde y la alcaldesa, el maestro y la maestra, el secretario y su novia, de una parte, y de la otra el cura y su ama, el tío Roque y la tía Mezuca, asistidos unos y otros por coro de ambos sexos. ¿Qué fue la guerra de Troya a que debemos la *Ilíada*?

Y las moscas, pulgas y mosquitos deben quedar muy satisfechos, porque, vamos a ver: a algún sujeto que intrigue, cabildee y se revuelva en esta ciudad en que escribo, ¿qué otra probabilidad puede quedarle de pasar, de un modo o de otro y bajo uno u otro nombre, a la posteridad, sino el que acierte yo, o acierte otro que como yo ame a Dulcinea, a pintarle con sus rasgos universales y eternos?

Miles de veces se ha dicho y repetido que lo más grande y más duradero en arte y literatura se construyó con reducidos materiales, y todo el mundo sabe que cuanto se pierde en extensión se gana en intensidad. Pero es que al ganarse en intensidad se gana en extensión también, por paradójico que os parezca; y se gana en duración. El átomo es eterno, si existe el átomo. Lo que es de cada uno de los hombres lo es de todos; lo más individual es lo más general. Y por mi parte prefiero ser átomo eterno a ser momento fugitivo de todo el universo.

Lo absolutamente individual es lo absolutamente universal, pues hasta en la lógica se identifica a las proposiciones individuales con las universales. Por vía de remoción se llega en el hombre, al contratante social de Juan Jacobo, al bípedo implume de Platón, al *Homo sapiens* de Linneo o al mamífero vertical de la ciencia moderna, al hombre por definición, que como no es de aquí ni de allí, ni de ahora ni de antes, no es de ninguna parte ni de tiempo alguno, resultando ser, por lo tanto, un *Homo insipidus*. Y así, cuanto más se estrecha y constriñe la acción a lugar y tiempo limitados, tanto más universal y más secular se hace, siempre que se ponga alma de eternidad y de infinitud, soplo divino en ella. La mentira más grande en historia es la llamada historia universal.

Ved a Don Quijote; Don Quijote no fue a Flandes, ni se embarcó para América, ni intentó tomar parte en ninguna de las grandes empresas históricas de su tiempo, sino que anduvo por los polvorientos caminos de su Mancha a socorrer a los menesterosos que en ellos topase y a enderezar los tuertos de allí y de entonces. Su corazón le decía que, vencidos los molinos de viento de La Mancha quedaban vencidos en ellos todos los demás molinos y castigado Juan Haldudo el rico, quedaban castigados todos los amos ricos despiadados y avariciosos. Porque no os quepa duda de que el día en que sea vencido del todo y por entero un malicioso, la malicia empezará a desaparecer de la tierra y desaparecerá pronto de ella.

Don Quijote fue, queda ya dicho, fiel discípulo del Cristo, y Jesús de Nazaret hizo de su vida enseñanza eterna en los campos y caminos de la pequeña Galilea. Ni subió a más ciudad que a Jerusalén, ni Don Quijote a otra que a Barcelona, la Jerusalén de nuestro Caballero.

Nada hay menos universal que lo llamado cosmopolita, o mundial, como ahora han dado en decir; nada menos eterno que lo que pretendemos poner fuera de tiempo. En las entrañas de las cosas, y no fuera de ellas, están lo eterno y lo infinito. La eternidad es la sustancia del momento que pasa, y no la envolvente del pasado, el presente y el futuro de las duraciones todas; la infinitud es la sustancia del punto que miro, y no la envolvente de la anchura, largura y altura de las extensiones todas. La eternidad y la infinitud son las sustancias del tiempo y del espacio, respectivamente, y estos sus formas, estando aquellas virtualmente todas enteras, en cada momento de una duración la una, en cada punto de una extensión la otra.

Cacemos, pues, y traguémonos a las moscas ponzoñosas que, zumbando y esgrimiendo su aguijón, revolotean en torno nuestro, y Dulcinea nos dé el poder convertir esta caza en combate épico que se cante en la duración de los siglos por el ámbito de la tierra toda.

## Capítulos XLVII, XLIX, LI, LIII y LV

### Del fatigado fin y remate que tuvo el gobierno de Sancho Panza

Deja aquí el historiador a Don Quijote, y salteando los capítulos entre las cosas de este y las de su escudero, pasa a contarnos cómo gobernó Sancho su ínsula, gobernamiento a que solo cabe poner de comentario aquellas palabras de Pablo de Tarso en el versillo 18 del capítulo III de su primera epístola a los Corintios, donde dice: «Nadie se engañe a sí mismo; si alguno entre vosotros parece ser sabio en este siglo, hágase simple para ser de veras sabio».

Con razón dijo el mayordomo oyendo a Sancho: «Cada día se ven cosas nuevas en el mundo; las burlas se vuelven en veras, y los burladores se hallan burlados». ¿Y cómo no?

Sancho, el gobernador por burlas, «ordenó cosas tan buenas que hasta hoy se guardan en aquel lugar y se nombran: las Constituciones del Gran Gobernador Sancho Panza». Y no nos extrañe esto, pues los más de los grandes legisladores no pasan de Sancho Panzas, que al no serlo mal podrían legislar.

Y llegó, por fin, el fin del gobierno de Sancho, y con este fin se sumergió Panza en las honduras de su heroísmo. Dejando el gobierno de la ínsula, por el que tanto había suspirado, acabó de conocerse Sancho, y pudiera haber dicho a sus burladores lo que Don Quijote dijo a Pedro Alonso cuando este le recojió en su primera salida, y es aquello de: «Yo sé quién soy». Dije que solo el héroe puede decir «yo sé quién soy», y ahora añado que todo el que pueda decir «yo sé quién soy» es héroe, por humilde y oscura que su vida nos aparezca. Y Sancho, al dejar la ínsula, supo quién era.

Luego que le molieron y quebrantaron en el burlesco asalto a la ínsula, vuelto en sí del desmayo que el temor y el sobresalto le produjeron, preguntó qué hora era, calló, vistiose, se fue a la caballeriza, «siguiéndole todos los que allí se hallaban, y, llegándose al rucio, le abrazó y le dio un beso de paz en la frente, y no sin lágrimas en los ojos le dijo: "Venid vos acá, compañero mío y amigo mío y conllevador de mis trabajos y miserias; cuando yo me avenía con vos y no tenía otros pensamientos que los que me daban los cuidados de remendar vuestros aparejos y de sustentar vuestro corpezuelo, dichosas eran mis horas, mis días y mis años; pero, después que os dejé y me subí sobre las torres de la ambición y de la soberbia, se me han entrado por el alma adentro mil miserias, mil trabajos y cuatro mil desasosiegos"». Y luego de enalbardar al rucio, añadió otras no menos bien concertadas razones, pidiendo le dejaran volver a su «antigua libertad».

«Yo no nací —dijo— para ser gobernador ni para defender ínsulas ni ciudades de los enemigos que quisieren acometerlas. Mejor se me entiende a mí de arar y cavar, podar y ensarmentar las viñas que de dar leyes ni de defender provincias ni reinos. Bien se está San Pedro en Roma: quiero decir, que bien se está cada uno usando el oficio para que fue nacido.» Y tú, Sancho, no naciste para mandar, sino para ser mandado, y el que para ser mandado nació halla su libertad en que le manden y su esclavitud en mandar; naciste, no para guiar a otros, sino para seguir a tu amo Don Quijote, y en seguirle está tu ínsula. ¡Ser señor! ¡Y qué de congojas y miserias trae consigo! Bien decía Teresa de Jesús, cuando en el capítulo XXXIV de su *Vida* nos habla de aquella señora que había de ayudarle en fundar el monasterio de San José, que viéndola vivir aborreció del todo el desear ser señora, porque «ello es una sujeción, que una de las mentiras que dice el mundo es llamar señores a las personas semejantes, que no me parece son sino esclavos de mil cosas».

Creíste, Sancho, salir de casa de tu mujer y tus hijos y los dejaste por buscar para ti y para ellos el gobierno de la ínsula, pero en realidad saliste llevado del heroico espíritu de tu amo y fuiste conocido, aunque sin darte de ello clara cuenta, que el seguirle y servirle y vivir con él era tu ínsula. ¿Qué vas a hacer sin tu amo y señor? ¿De qué te ha servido el gobierno de tu ínsula si no tenías allí a tu Don Quijote y no podías mirarte en él y servirle y admirarle y quererle? Porque ojos que no ven, corazón que no siente.

«Quédense en esta caballeriza —añadió Sancho— las alas de la hormiga, que me levantaron en el aire para que me comiesen vencejos y otros pájaros, y volvámonos a andar por el suelo con pie llano...» Habrás oído muchas veces, buen Sancho, que hay que ser ambicioso y esforzarse por volar para que nos broten alas, y yo te lo he dicho muchas veces y te lo repito, pero tu ambición debe cifrarse en buscar a Don Quijote; la ambición del que nació para ser mandado debe ser buscar quien bien le mande y que pueda de él decirse lo que del Cid decían los burgaleses, según el viejo *Romance de myo Cid*:

*¡Dios, qué buen vassallo si oviesse buen señor!*

Al dejar ese gobierno por el que tanto tiempo suspiraste y que te parecía ser la razón y el fin de todos tus andantes trabajos, al dejarlo y volverte a tu amo, llegas al meollo de ti mismo y puedes hombrearte con Don Quijote y decir como él y con él: «¡Yo sé quién soy!». Eres héroe como él, tan héroe como él. Y es, Sancho, que el heroísmo se pega cuando nos acercamos al héroe con el corazón puro. Admirar y querer al héroe con desinterés y sin malicia es ya participar de su heroísmo; es como el que sabe gozar de la obra del poeta, que es a su vez poeta por saber gozarla.

Teníate por interesado y codicioso, Sancho, y al salir de tu ínsula pudiste exclamar: «Saliendo yo desnudo como salgo, no es menester otra señal para dar a entender que he gobernado como un ángel». Y así era la verdad, y así lo reconoció el Dr. Recio. Ofreciéronle compañía para el camino y «todo aquello que quisiese para el regalo de su persona y para la comodidad de su viaje». Pero «Sancho dijo que no quería más de un poco de cebada para el rucio y medio queso y medio pan para él». No se olvidaba de su amigo y compañero el rucio, del sufrido y noble animal que le ligaba a la tierra. «Abrazáronle todos, y él, llorando, abrazó a todos y los dejó admirados así de sus razones como de su determinación tan resoluta y tan discreta.» Y quedose solo en los caminos del mundo, lejos de su casa, sin la ínsula y sin Don Quijote, abandonado a sí mismo, dueño de sí. ¿Dueño? «Le tomó la noche algo escura y cerrada» y solo, sin su amo, fuera de su lugar, ¿qué iba a sucederle? «Cayeron él y el rucio en una honda y escurísima sima.»

Mira, Sancho, es lo que tiene que sucederte en cuanto te encuentres lejos de tu lugar, del lugar de los tuyos, sin ínsula y sin amo: caerte en sima. Pero no te vino mal esa caída, porque allí, en lo hondo de la sima, pudiste ver mejor lo hondo de la sima de tu vida y cómo el que se vio ayer gobernador de una ínsula, «mandando a sus sirvientes y a sus vasallos, hoy se había de ver sepultado en una sima sin haber persona alguna que le remede, ni criado ni vasallo que acuda a su socorro». Y allí, en el fondo de la sima, comprendiste que no habrías de tener en ella la ventura que tu amo Don Quijote tuvo en la cueva de Montesinos, pues «allí vio él visiones hermosas y apacibles —te decías—, y yo veré aquí, a lo que creo, sapos y culebras». Sí, hermano Sancho; no son las visiones para todos ni es el mundo de las simas más que una proyección del mundo de la sima de nuestro espíritu; tú hubieras visto en la cueva de Montesinos sapos y culebras como en esa cueva en que caíste los viste; y tu amo hubiera visto en esa tu sima visiones hermosas y apacibles como las vio en la cueva de Montesinos. Para ti no ha de haber más visiones que las de tu amo; él ve el mundo de las visiones y tú lo ves en él; él lo ve por su fe en Dios y en sí mismo, y tú lo ves por tu fe en Dios y en tu amo. Y no es menos grande tu fe que la fe de Don Quijote, ni son menos propias de ti las visiones que ves por tu amo, que son propias de él las que él ve por sí mismo. El mismo Dios se las suscita, a él en él mismo y a ti en él. No es menos héroe el que cree en el héroe que el héroe mismo creído por él.

Mas el propio Sancho dio en lamentarse en el fondo de la sima y en llorar su desgracia, viendo ya que sacaría de allí sus huesos «mondos, blancos y raídos» y los de su buen rucio con ellos; viéndose morir lejos de su patria y de los suyos, sin que nadie le cierre los ojos ni se duela de su muerte al tiempo de morir, que es morir dos veces y quedarse solo con la muerte. Y así le llegó el día; y ¿qué iba a hacer el pobre Sancho, solo con su rucio, sino dar voces y pedir socorro? Y explorar su sima, pues para algo había servido a Don Quijote. Y entonces es cuando exclamó aquellas tan preñadas sentencias: «¡Válame Dios Todopoderoso! Esta que para mí es desventura, mejor fuera para aventura de mi amo Don Quijote. Él sí que tuviera estas profundidades y mazmorras por jardines floridos y por palacios de Galiana, y esperara salir desta escuridad y estrecheza a algún florido prado; pero yo, sin ventura, falto de consejo y menoscabado de ánimo, a cada paso pienso que debajo de los pies de improviso se ha de abrir otra sima más profunda que la otra, que acabe de tragarme».

Sí, hermano Sancho, sí; el menoscabo de tu ánimo te impide y te impedirá encontrar jardines floridos y palacios de Galiana en las profundas simas a que caigas. Pero mira, ahora en que en el fondo de la sima de tu desgracia reconoces lo mucho que de tu amo te separa, ahora es cuando estás más cerca de él, pues cuanto más sientas tu distancia de él más a él te acercas. Te pasa con tu amo, aunque en finito y relativo, lo que infinito y absoluto nos pasa a tu amo, a ti, a mí y a todos los mortales con Dios, y es que cuanto más sentimos el infinito que de Él nos separa más cerca de Él estamos, y cuanto menos acertamos a definirle y representárnoslo mejor le conocemos y queremos más.

Y yendo así con el rucio y con sus pensamientos por aquellas profundidades Sancho, dando voces, las oyó… ¿quién había de oírlas?, ¿quién otro sino el mismísimo Don Quijote? El cual, habiendo salido una mañana a imponerse y ensayarse en lo que había de hacer en el trance de la honra de la hija de doña Rodríguez, fue llevado por Dios a la boca de la sima, donde oyó las voces que Sancho daba. Y Don Quijote le creía alma en pena, y le ofrecía sufragios para sacarle del purgatorio, que pues su profesión era de favorecer y acorrer a los necesitados de este mundo, también lo sería para acorrer y ayudar a los menesterosos del otro.

Mira, Sancho, cómo tu amo, al oírte en la sima y en la sima no verte, tiénete por muerto y te ofrece sus sufragios. Y entonces, al oír tú la voz de tu amo, exclamaste lleno de júbilo: «¡Nunca me he muerto en todos los días de mi vida!». Ya no piensas en que recojan tus huesos mondos, blancos y roídos, ni en que has de morir solo con la muerte; oíste a tu amo y, olvidando que has de morir, recuerdas tan solo que no te has muerto nunca todavía. Y rebuznó el rucio, y al oírlo comprendió Don Quijote que no se trataba de alma en pena, sino de su escudero, que le acompañaba. Y es la señal muy cierta, pues cuando de las cosas que nos parecen del otro mundo salen rebuznos, es que no se trata sino de cosas del mundo este. Y Don Quijote hizo que le sacaran de la sima.

Y así fue sacado Sancho de la sima en que cayera al salir del gobierno de su ínsula y encontrarse solo, de aquella sima por la que caminó llevando tras de sí y guiando a su rucio. Que esta diferencia entre otras había entre amo y escudero, y es que aquel se dejaba guiar de su caballo y el escudero guiaba a su rucio. Y así sucede que en la marcha por el bajo mundo se deja el Quijote llevar por su animal, y el Sancho lo lleva.

## Capítulo LVI

### De la descomunal y nunca vista batalla que pasó entre Don Quijote de la Mancha y el lacayo Tosilos, en la defensa de la hija de la dueña doña Rodríguez

En la melancólica aventura de la dueña doña Rodríguez solo hay que advertir la encantadora simplicidad de esta buena mujer, que entre tantos burladores acudió en veras a Don Quijote. Y entonces se preparó el singular duelo del Caballero con Tosilos para obligar al seductor de la hija de doña Rodríguez a que tomase a esta por suegra, y el inesperado desenlace de él, merced al súbito enamorarse Tosilos de la ex doncella y declarar cómo la quería por mujer. Y he aquí cómo entre tantos burladores la simple, la boba, la sincera doña Rodríguez logró poner a su desdoncellada hija a punto de casarse, gracias a Don Quijote. Pues siempre ocurre que quien con pureza de intención y de veras y no en burlas acude a Don Quijote, sin burlarse de él, consigue su propósito. Difícil es esta fe en un mundo de burladores, pero ¿no creéis que quien tomase a Don Quijote tan en serio como doña Rodríguez y su hija le tomaron lograría sus propósitos, a no atravesársele aviesos burladores, como se les atravesaron a ellas?

Cierto es que, al descubrirse que el caballero que se dio por vencido no era el seductor, sino Tosilos, se llamaron a engaño la seducida y su señora madre, pero bien dijo Don Quijote a la ex doncella al encontrarse con aquel nuevo caso de encantamiento: «Tomad mi consejo, y, a pesar de la malicia de mis enemigos, casaos con él, que sin duda es el mismo que vos deseáis alcanzar por esposo». ¡Y tan el mismo! Como que lo aceptó, pues más quería ser mujer legítima de un lacayo que no amiga y burlada de un caballero. De mano de Don Quijote tomó inesperado esposo, y esta es la aventura a que, por el pronto, dio más feliz remate nuestro Caballero. Y le dio tal por haberse encontrado con gentes sencillas y humildes, de las que toman el mundo en serio y acuden en serio a Don Quijote; por haberse encontrado con burlada moza que anhelaba esposo, contentándose con el que Don Quijote le diera.

¡Hermosa conformidad! Y tal es la condición para que pueda el héroe hacer en nosotros su beneficio, y es que nos hallemos dispuestos a recibir de su mano lo que nos diere, siempre que remedie nuestra necesidad. ¿Eres, lectora, una burlada doncella y quieres remediar tu desgracia? ¿Necesitas marido que cubra tu vergüenza? Pues no pretendas que haya él de ser este o aquel, y menos tu burlador; conténtate con el que te depare Don Quijote, que es buen casamentero.

Y al concluir de contar esta tan afortunada aventura, añade el historiador estas terribles palabras: «Aclamaron todos la victoria por Don Quijote, y los más quedaron tristes y melancólicos de ver que no se habían hecho pedazos los tan esperados combatientes». ¡Oh, y qué terrible es en sus burlas el hombre! Más de temer es la burla del hombre que no la seria acometividad de una fiera salvaje, que os ataca por hambre. Puestos los hombres en el despeñadero de las burlas no paran hasta bajar a crímenes y villanías; por burlas comenzaron muchos de los más horrendos delitos; por buscar deleite y regocijo se ha llevado a muchos a trabarse de manos homicidas.

¡Cosa terrible la burla! Dicen que por burla, señor mío Don Quijote, se escribió tu historia para curarnos de la locura del heroísmo y añaden que el burlador logró su objeto. Tu nombre ha llegado a ser para muchos cifra y resumen de burlas y sirve de conjuro para exorcizar heroísmos y achicar grandezas. Y no recobraremos más nuestro aliento de antaño mientras no volvamos la burla en veras y hagamos el Quijote muy en serio y no por compromiso y sin creer en ti.

Ríense los más de los que leen tu historia, loco sublime, y no pueden aprovecharse de su meollo espiritual mientras no la lloren. ¡Pobre de aquel a quien tu historia, Ingenioso Hidalgo, no arranque lágrimas, lágrimas del corazón, no ya de los ojos!

En una obra de burlas se condensó el fruto de nuestro heroísmo; en una obra de burlas se eternizó la pasajera grandeza de nuestra España; en una obra de burlas se cifra y compendia nuestra filosofía española, la única verdadera y hondamente tal; con una obra de burlas llegó el alma de nuestro pueblo, encarnada en hombre, a los abismos del misterio de la vida. Y esa obra de burlas es la más triste historia que jamás se ha escrito; la más triste, sí, pero también la más consoladora para cuantos saben gustar en las lágrimas de la risa la redención de la miserable cordura a que la esclavitud de la vida presente nos condena.

Yo no sé si esa obra, mal entendida y peor sentida, puede tener en ello parte, mas es el caso que se cierne sobre nuestra pobre patria una atmósfera abochornada de gravedad abrumadora. Por dondequiera, hombres graves enormemente graves, graves hasta la estupidez. Enseñan con gravedad, predican con gravedad, mienten con gravedad, engañan con gravedad, disputan con gravedad, juegan y ríen con gravedad, faltan con gravedad a su palabra, y hasta eso que llaman informalidad y lijereza son la lijereza e informalidad más graves que se conocen. Ni aun a solas dan unos tumbos y zapatetas en el aire, en seco y sin motivo alguno, y de tal modo pareció agotarse en la historia de Don Quijote el repuesto todo de heroísmo que en España hubiera, que no es fácil se encuentre hoy en el mundo pueblo más incapaz que el español de comprender y sentir el humor. Aquí se toman por donaires y se ríen las más chocarreras torpezas de cualquier ingenio afrailado; hay asnos en figura humana que celebran como agudo chiste el que se le diga a alguien que se le ven las orejas de burro. Después que tú, Don Quijote, te fuiste de este mundo, se han llegado a reír como gracias las insípidas sandeces de un tal fray Gerundio de Campazas, y luego que Sancho dejó de luchar en la conquista de su fe, se nos vino un Bertoldo italiano y está bertoldizando a nuestro pueblo. Mentira parece que en el pueblo en que Don Quijote elevó a heroicas hazañas las más miserables burlas se rieran los retorcidos chistes de aquel fúnebre Quevedo, hombre grave y tieso, si los ha habido, y fuesen reídas las pretendidas gracias, puramente de corteza, cuando no de pellejo de corteza, es decir de vocablo, de su *Gran tacaño*.

## Capítulo LVII

### Que trata de cómo Don Quijote se despidió del duque, y de lo que le sucedió con la discreta y desenvuelta Altisidora, doncella de la duquesa

Harto Don Quijote de su ociosidad en casa de los duques, y dolido ya, por muy dentro de sí, aunque su historiador no nos lo apunte, de las burlas que se le hacían, decidió marcharse. Y no nos quepa duda de que las tales burlas ni se le pasaban inadvertidas ni dejaban de dolerle, pues, aunque su locura las tomara por buenas y las aprovechase en heroísmo, no dejaba de trabajar por debajo de ella su cordura, a oscuras, y tal vez sin que él mismo se percatara de ello.

Y así, «pidió un día licencia a los duques para partirse», y se la dieron «con muestras de que en gran manera les pesaba de que los dejase». A Sancho le dieron, a escondidas de su amo, «un bolsico con doscientos escudos de oro», el triste precio de las burlas, el salario de los juglares. Y después de sufrir una vez más los burlescos requiebros de Altisidora, se salió Don Quijote del castillo, «enderezando su camino a Zaragoza».

Toma ya libre huelgo el Caballero de la Fe; respiremos con él.

## Capítulo LVIII

### Que trata de cómo menudearon sobre Don Quijote aventuras tantas que no se daban vagar unas a otras

«Cuando Don Quijote se vio en la campaña rasa, libre y desembarazado de los requiebros de Altisidora, le pareció que estaba en su centro y que los espíritus se le renovaban para proseguir de nuevo el asunto de sus caballerías, y, volviéndose a Sancho, le dijo: "La libertad, Sancho, es uno de los más preciados dones que a los hombres dieron los cielos..."», con todo lo que se sigue.

Sí, ya estás libre de burlas y chacotas, ya estás libre de duques y doncellas y lacayos, ya estás libre de la vergüenza de aparecer pobre. Se comprende bien que «en metad de aquellos banquetes sazonados y de aquellas bebidas de nieve» te pareciera estar «metido entre las estrecheces de la hambre». Bien decías: «Venturoso aquel a quien el cielo dio un pedazo de pan, sin que le quede obligación de agradecerlo a otro que al mismo cielo». ¿Y quién es ese?

«En estos y otros razonamientos iban los andantes, Caballero y escudero», y ocupado el corazón de Don Quijote por los dejos de su esclavitud en casa de los duques y el recuerdo de su soledad y su pobreza, cuando se encontró con una docena de labradores que llevaban, cubiertas con unos lienzos, unas imágenes de relieve y entalladura para el retablo de su aldea. Pidió Don Quijote cortésmente que se las mostrasen y le enseñaron las de san Jorge, san Martín, san Diego Matamoros y san Pablo, caballeros andantes del cristianismo los cuatro, y que pelearon a lo divino. Y Don Quijote, al verlos, dijo: «Por buen agüero he tenido, hermanos, haber visto lo que he visto, porque estos santos y caballeros profesaron lo que yo profeso, que es el ejercicio de las armas; sino que la diferencia que hay entre mí y ellos es que ellos fueron santos y pelearon a lo divino y yo soy pecador y peleo a lo humano. Ellos conquistaron el cielo a fuerza de brazos, porque el cielo padece fuerza, y yo, hasta ahora, no sé lo que conquisto a fuerza de mis trabajos; pero si mi Dulcinea del Toboso saliese de los que padece, mejorándose mi ventura y adobándoseme el juicio, podría ser que encaminase mis pasos por mejor camino del que llevo».

¡Hondísimo pasaje! Aquí la temporal locura del Caballero Don Quijote se derrite en la eterna bondad de la cordura del hidalgo Alonso el Bueno, y no hay acaso en toda la tristísima epopeya de su vida pasaje que nos labre más honda pesadumbre en el corazón. Aquí Don Quijote se adentra y entraña en la cordura de Alonso Quijano el Bueno, zahonda en sí mismo, torna a ser niño y a mamar, según aquello de Teresa de Jesús (*Vida*, XIII, 11) de que lo «del conocimiento propio jamás se ha de dejar ni hay alma en este camino tan gigante que no haya menester muchas veces tornar a ser niño y a mamar». Sí, Don Quijote se vuelve aquí a su niñez espiritual, a la niñez cuyo recuerdo es el alivio de nuestra alma, pues es el niño que llevamos todos dentro quien ha de justificarnos algún día. Hay que hacerse como niños para entrar en el reino de los cielos. Aquí se le agolpaban en la cabeza y en el corazón a Don Quijote aquellos años de sus remotas mocedades, de que nada nos dice su historia; todos aquellos misteriosos años en que, libre todavía del encanto de los libros de caballerías, había contemplado con paz, en serenas tardes, la mansedumbre de la reposada Mancha.

¿Y no había, pobre Caballero, en el poso de este tu desencanto, un recuerdo de aquella garrida Aldonza, por la que suspirabas doce años ya sin más que haberla visto cuatro veces? «Si mi Dulcinea del Toboso saliese de los [trabajos] que padece...», decías, mi pobre Don Quijote, y en tanto pensaba dentro de ti Alonso Quijano: ¡oh, si el imposible, por ser imposible, se cumpliese merced a mi locura, si Aldonza, movida a compasión y encantada por la locura de mis proezas, viniese a romper mi vergüenza, esta vergüenza de pobre hidalgo entrado en años y henchido de amor, ¡oh, entonces, «mejorándose mi ventura y adobándoseme el juicio», encaminaría mis pasos a una vida de amor dichoso! ¡Oh, mi Aldonza, mi Aldonza, tú pudiste llevarme por mejor camino del que llevo!, ¡pero... es ya tarde! ¡Te encontré muy tarde en mi vida! ¡Oh misterios del tiempo! ¡Contigo habría yo sido héroe, pero un héroe sin locura; contigo, este mi esfuerzo heroico habríase enderezado a hazañas de otra laya y a otro alcance; contigo, en vez de estas burlas, habría derramado fecundas veras por los campos de mi patria!

Y ahora, dejando a Alonso el Bueno, volvamos a Don Quijote para oír al Caballero empeñado en la hazañosa empresa de enderezar los tuertos del mundo a fin de alcanzar, merced a ello, eternidad de nombre y fama, oírle cómo confiesa no saber lo que conquista a fuerza de sus trabajos, y verle volver su mirada a la salvación de su alma y a la conquista del cielo, que padece fuerza.

«¿De qué aprovecha al hombre si ganare todo el mundo y perdiere su alma? O ¿qué recompensa dará el hombre por su alma?», dice el Evangelio (Mt XVI, 26).

Estas palabras de descorazonamiento en su obra de Don Quijote, esa su bajada a la cordura de Alonso el Bueno, es lo que más a las claras pone su hermandad espiritual con los místicos de su propia tierra castellana, con aquellas almas llenas de sed de los secos parameros sobre que moraban y de la serena limpieza del terso cielo bajo el cual penaban. Son a la vez la queja del alma al encontrarse sola.

¿Por qué afanarse? ¿Para qué todo? Bástale a cada día su malicia. ¿Para qué ir a enderezar los tuertos del mundo? El mundo lo llevamos dentro de nosotros, es nuestro sueño, como lo es la vida; purifiquémonos y lo purificaremos. La mirada limpia limpia cuanto mira; los oídos castos castigan cuanto oyen. La mala intención de un acto, ¿está en quien lo comete o en quien lo juzga? La horrible maldad de un Caín o de un Judas, ¿no será acaso condensación y símbolo de la maldad de los que han fomentado sus leyendas? ¿No es la maldad nuestra lo que nos hace descubrir cuanto hay de malo en nuestro hermano? ¿No es la paja que te anubla el ojo lo que te permite ver la viga del mío? Tal vez el demonio carga con las culpas de los que le temen… Santifiquemos nuestra intención y quedará santificado el mundo; purifiquemos nuestra conciencia y puro saldrá el ambiente. «La caridad cubre multitud de pecados», dice la primera de las epístolas atribuidas al apóstol Pedro (IV, 8). Los limpios de corazón ven a Dios en todo, y todo lo perdonan en su nombre. Las ajenas intenciones caen fuera de nuestro influjo, y solo en la intención está el mal.

Y sobre todo, en esos tus actos heroicos, ¿qué buscas? ¿Enderezar entuertos por amor a la justicia, o cobrar eterno nombre y fama por enderezarlos? La verdad es, pobres mortales, que no sabemos lo que conquistamos a fuerza de trabajos. Mejóresenos la aventura, adóbesenos el juicio y enderezaremos nuestros pasos por mejor camino del que llevamos, por otro camino que no el de la vanagloria.

¡Buscar renombre y fama! Ya lo dijo Segismundo, hermano de Don Quijote:

> ¿Quién por vanagloria humana
> pierde una divina gloria?
> ¿Qué pasado bien no es sueño?
> ¿Quién tuvo dichas heroicas
> que entre sí no diga, cuando
> las revuelve en su memoria:
> sin duda que fue soñado
> cuanto vi? Pues si esto toca
> mi desengaño, si sé
> que es el gusto llama hermosa
> que la convierte en cenizas
> cualquiera viento que sopla,
> acudamos a lo eterno,
> que es la fama vividora
> donde ni duermen las dichas
> ni las grandezas reposan.

*La vida es sueño*, III, 10

Acudamos a lo eterno, sí, y así mejorada nuestra ventura y adobado nuestro juicio, encaminemos nuestros pasos por mejor camino del que llevamos, encaminémonos a conquistar el cielo, que padece fuerza,

la fama vividora
donde ni duermen las dichas
ni las grandezas reposan.

Ya antes, mucho antes que el Segismundo calderoniano, el grave Jorge Manrique, al cantar la muerte de su padre, don Rodrigo, maestre de Santiago, nos dijo de las tres vidas: la vida de la carne, la vida del hombre y la vida del alma. Cuando después de tanta hazaña descansaba don Rodrigo

*en la su villa de Ocaña,*
*vino la muerte a llamar*
*a su puerta,*

*diciendo: buen caballero,*
*dexad el mundo engañoso,*
*y su halago,*
*muestre su esfuerzo famoso*
*vuestro corazón de acero*
*en este trago.*
*Y pues de vida y salud*
*hicisteis tan poca cuenta*
*por la fama*
*esfuércese la virtud*
*para sufrir esta afrenta*
*que os llama.*

*No se os haga tan amarga*
*la batalla temerosa*
*que esperáis,*
*pues otra vida más larga*
*de fama tan gloriosa*
*acá dexáis.*

*Aunque esta vida de honor*
*tampoco no es eternal,*
*ni verdadera;*
*mas con todo muy mejor*
*que la otra temporal*
*perecedera.*
*[...]*
*Y con esta confianza*
*y con la fe tan entera*
*que tenéis*
*partid con buena esperanza,*
*que esta otra vida tercera*
*ganaréis.*

¿No es acaso la mayor locura dejar perder la gloria inacabable por la gloria pasajera, la eternidad de espíritu por que dure nuestro nombre tanto como dure el mundo, un instante de eternidad? Mayormente, cuanto que buscando la gloria celestial se conquista, por añadidura, la terrena. Bien lo decía Fernando del Pulgar, consejero, secretario y cronista de los Reyes Católicos, quien en su libro de los *Claros varones de Castilla,* al hablar del conde de Haro, don Pedro Fernández de Velasco, nos dice que «este noble conde, no señoreado de ambición por aver fama en esta vida, mas señoreando la tentación por aver gloria en la otra, gobernó la república tan rectamente que ovo el premio que suele dar la verdadera virtud: la qual conoscida en él, alcançó tener tanto crédito e autoridad, que si alguna grande y señalada confianza se avía de fazer en el Reyno, quier de personas, quier de fortalezas o de otra cosa de qualquier qualidad siempre se confiaban en él». Quiere decirse que, buscando el reino de Dios y su justicia, haber gloria en la otra vida, consiguió de añadidura fama en esta, por donde se ve una vez más cómo el mejor negocio es la virtud y la carrera más lucrativa y provechosa la de santo.

La carrera más provechosa y lucrativa es la de santo, en efecto. También Íñigo de Loyola fue en sus mocedades, según dije que el P. Rivadeneira nos lo cuenta, amigo de leer libros de caballerías y buscó «alcanzar nombre de hombre valeroso, y honra y gloria militar» (*Vida*, lib. II, cap. II). Pero leyó otros y «trató muy de veras consigo mismo de mudar la vida y enderezar la proa de sus pensamientos a otro puerto más cierto y más seguro que hasta allí, y destejer la tela que había tejido, y desmarañar los embustes y enredos de su vanidad» (lib. II, cap. II). Y este Íñigo, ¿no tuvo alguna Aldonza por la que suspiró años y más años y que le llevó a su vida de santidad, luego de rompérsele la pierna?

¡Abismático pasaje, henchido de suprema melancolía, el del encuentro de Don Quijote con las cuatro imágenes de los caballeros andantes a lo divino! Por buen agüero lo tuvo el Caballero, y era, en efecto, el agüero de sus próximas conversión y muerte. Pronto, mejorada su aventura y adobado su juicio, enderezará sus pasos por mejor camino, por camino de la muerte.

¡Abismático pasaje! ¿Y a quién de nosotros, los que seguimos o queremos seguir en algo a Don Quijote, no nos ha ocurrido cosa parecida? El triste dejo del triunfo es el desencanto. No, no era aquello. Lo que hiciste o dijiste no merecía los aplausos con que te lo premiaron. Y llegas a casa y te encuentras en ella solo, y entonces, vestido como estás, te echas sobre la cama y dejas volar tu imaginación por el vacío. En nada te fijas, en nada concretas tu imaginación; te invade un gran desaliento. No, no era aquello. No quisiste hacer lo hecho, no quisiste decir lo dicho; te aplaudieron lo que no era tuyo. Y llega tu mujer, rebosante de cariño, y al verte así, tendido, te pregunta qué tienes, qué te pasa, por qué te preocupas, y la despides, acaso desabridamente, con un áspero y seco: ¡déjame en paz! Y quedas en guerra. Y en tanto creen los que te censuran que estás embriagado con el triunfo, cuando en verdad estás triste, muy triste, abatido, enteramente abatido. Te has cobrado asco a ti mismo; no puedes volver atrás, no puedes retrotraer el tiempo y decir a los que iban a escucharte: «Todo esto es mentira; yo ni aun sé lo que voy a decir; aquí venimos a engañarnos; voy a ponerme en espectáculo; vámonos, pues, cada uno a su casa, a ver si se nos mejora la ventura y adobamos nuestro juicio».

El lector echará de ver, de seguro, que escribo estas líneas bajo un apretón de desaliento. Y así es. Es ya de noche, he hablado esta tarde en público y aún se me revuelven en el oído tristemente los aplausos. Y oigo también los reproches, y me digo: ¡tienen razón! Tienen razón: fue un número de feria; tienen razón: me estoy convirtiendo en un cómico, en un histrión, en un profesional de la palabra. Y ya hasta mi sinceridad, esta sinceridad de que he alardeado tanto, se me va convirtiendo en tópico de retórica. ¿No sería mejor que me recojiese en casa una temporada y callase y esperara? Pero ¿es esto hacedero?, ¿podré resistir mañana?, ¿no es acaso una cobardía desertar?, ¿no hago algún bien a alguien con mi palabra, aunque ella me desaliente y apesadumbre? Esta voz que me dice: ¡calla, histrión!, ¿es voz de un ángel de Dios o es la voz del demonio tentador? ¡Oh Dios mío, Tú sabes que te ofrezco los aplausos lo mismo que las censuras; Tú sabes que no sé por dónde ni adónde me llevas; Tú sabes que, si hay quienes me juzguen mal, me juzgo yo peor que ellos; Tú, Señor, sabes la verdad, Tú solo; mejórame la ventura y adóbame el juicio, a ver si enderezo mis pasos por mejor camino del que llevo!

«No sé lo que conquisto a fuerza de mis trabajos», digo con Don Quijote. Y Don Quijote tuvo que decirlo en uno de esos momentos en que sacude el alma el soplo del aletazo del ángel del misterio; en un momento de angustia. Porque hay veces que, sin saber cómo y de dónde, nos sobrecoje de pronto, y al menos esperarlo, atrapándonos desprevenidos y en descuido, el sentimiento de nuestra mortalidad. Cuando más entonado me encuentro en el tráfago de los cuidados y menesteres de la vida, estando distraído en fiesta o en agradable charla, de repente parece como si la muerte aleteara sobre mí. No la muerte, sino algo peor, una sensación de anonadamiento, una suprema angustia. Y esta angustia, arrancándonos del conocimiento aparencial, nos lleva de golpe y porrazo al conocimiento sustancial de las cosas.

La creación toda es algo que hemos de perder un día o que un día ha de perdernos, pues ¿qué otra cosa es desvanecernos del mundo sino desvanecerse el mundo de nosotros? ¿Te puedes concebir como no existiendo? Inténtalo; concentra tu imaginación en ello y figúrate a ti mismo sin ver, ni oír, ni tocar, ni recordar nada; inténtalo, y acaso llames y traigas a ti esa angustia que nos visita cuando menos la esperamos, y sientas el nudo que te aprieta el gaznate del alma, por donde resuella tu espíritu. Como el arrendajo al roble, así la cuita imperecedera nos labra a picotazos el corazón para ahoyar en él su nido.

Y en esa angustia, en esa suprema congoja del ahogo espiritual, cuando se te escurran las ideas, te alzarás de un vuelo congojoso para recobrarlas al conocimiento sustancial. Y verás que el mundo es tu creación, no tu representación, como decía el tudesco. A fuerza de ese supremo trabajo de congoja conquistarás la verdad, que no es, no, el reflejo del Universo en la mente, sino su asiento en el corazón. La congoja del espíritu es la puerta de la verdad sustancial. Sufre, para que creas y creyendo vivas. Frente a todas las negaciones de la «lógica» que rige las relaciones aparenciales de las cosas, se alza la afirmación de la «cardiaca», que rige los toques sustanciales de ellas. Aunque tu cabeza diga que se te ha de derretir la conciencia un día, tu corazón, despertado y alumbrado por la congoja infinita, te enseñará que hay un mundo en que la razón no es guía. La verdad es lo que hace vivir, no lo que hace pensar.

A la vista de las imágenes padeció un relámpago de desmayo Don Quijote. De no haberlo nunca padecido sería, en puro sobrehumano, inhumano, y, como tal, modelo imposible para los hombres de cada día. Y ¿qué mucho lo padeciera, si el mismo Cristo, abrumado por la tristeza en el olivar, pidió a su Padre si podía ahorrarle las heces del cáliz de la amargura? Don Quijote dudó por un momento de la Gloria, pero esta, su amada, le amaba a su vez ya y era, por tanto, su madre, como lo es del amado toda su amante verdadera. Hay quien no descubre la hondura toda del cariño que su mujer le guarda sino al oírla, en momento de congoja, un desgarrador ¡hijo mío!, yendo a estrecharle maternalmente en sus brazos. Todo amor de mujer es, si verdadero y entrañable, amor de madre; la mujer prohíja a quien ama. Y así Dulcinea es ya madre espiritual, no tan solo señora de los pensamientos, de Don Quijote, y aunque se le hubiese a este pasado por las mientes desahijarse de ella, veréis que ella le recobra con amoroso reclamo, como al ternerillo recental que corre a triscar suelto le requerencia la vaca al sentirse con las ubres perinchidas, rompiendo con dulce abrullo el aire que los separa. Veréis cómo le detiene con verdes lazos.

Y fue que iban, después de lo narrado, entretenidos amo y escudero en razones y pláticas, entrando por una selva que fuera del camino estaba, cuando «a deshora, y sin pensar en ello, se halló Don Quijote enredado entre unas redes de hilo verde, que desde unos árboles a otros estaban tendidas» y que resultaron estarlo por unas hermosísimas doncellas y unos mozos principales que, disfrazados de pastores y zagalas, querían, formando una nueva y pastoril Arcadia, pasarlo en recitar églogas de Garcilaso y de Camoens. Conocieron a Don Quijote y le rogaron se detuviese con ellos, como así lo hizo, y en su compañía de ellos comió. Y a fuer de agradecido, y para pagar el agasajo, ofreció lo que podía y tenía de su cosecha, cual fue sustentar durante dos días naturales en mitad de aquel camino real que va a Zaragoza, que aquellas señoras contrahechas en pastoras que allí estaban, eran las más hermosas doncellas y más corteses que había en el mundo, exceptuando tan solo a la sin par Dulcinea del Toboso, única señora de sus pensamientos.

¡Vele aquí cómo vuelve ya a su locura nuestro admirable Caballero! Cuando más ensimismado iba en meditar la vanidad y locura del esfuerzo de sus trabajos, le prenden y vuelven verdes redes al fresco sueño de la locura y de la vida. Volvió el Caballero al sueño de la vida, a su generosa locura, resurgiendo reconfortado de la egoísta cordura de Alonso el Bueno. Y entonces, al retornar a su sublime locura, entonces es cuando vuelve a su magnánima intención y ofrece lo que ofreció sostener en honra y prez de sus agasajadoras. De aquella sumersión en los abismos de la oquedad del esfuerzo humano tomó huelgos y recobró nuevo cuajo la energía creadora del Caballero de la Fe, al modo como Anteo al toque de la Tierra, su madre; y se lanzó a la santa resignación de la acción, que nunca vuelve, como la mujer de Lot, la cara al pasado, sino que siempre se orienta al porvenir, único reino del ideal.

Se echó Don Quijote al camino, plantose en él y lanzó su reto. Y aquí dirá el lector lo que ya varias veces se habría dicho en el curso de esta peregrina historia, y es: ¿qué tiene que ver la verdad de una proposición con el valor de quien la sustenta y la fortaleza de su brazo? Porque venza en lid de armas el sustentador de esto o de aquello, ¿ha de tenerse lo que él sustentaba por más verdadero que lo sustentado por el vencido?

Ya te he dicho, lector, que son los mártires los que hacen la fe más bien que ser la fe la que hace mártires. Y la fe hace la verdad.

*Verdad entre burla y juego, como es hija de la fe,*
*es peña que al agua y viento para siempre está en un ser,*

como según el conocido romance dijo Rodrigo Díaz de Vivar,

*ahinojado ante el Rey,*
*delante los que juzgaba, antes de los años diez.*

Es verdadero, te lo repito, cuanto moviéndonos a obrar hace que cubra el resultado a nuestro propósito, y es, por lo tanto, la acción la que hace la verdad. Déjate, pues, de lógicas. Y ¿cómo se hace que los hombres crean las cosas y les lleven a llenar sus propósitos si no es manteniéndolas con valor? Las gentes creen verdadera la empresa que venció por el esfuerzo del ánimo y del brazo de quien la sustentaba, y al creerla verdadera la hacen tal si les lleva a obrar con buen éxito. Las manos, pues, abonan a la lengua, y con hondo sentido dijo Pero Vermúdez a Fernando, el infante de Carrión, en aquellas famosas Cortes, lo de

*Delant myo Cid e delant todos oviste te de alabar*
*que mataras el moro e que fizieras barnax;*
*crovierontelo todos, ma non saben la verdad.*
*E eres fermoso, mas mal barragán.*
*Lengua sin manos, cuemo osas fablar.*

*Poema del Cid*, 3.324-3.328

Y continúa echándole en cara que huyó del león al que avergonzó el Cid, por lo cual valía menos entonces —«poró menos vales oy» (3.334)— y luego abandonó a su mujer, la hija del Cid, y

*por cuanto las dexastes menos valedes vos;*

(3.346)

Y acaba exclamando:

*De cuanto he dicho verdadero seré yo.*

(3.351)

Todos creyeron a Fernando, mas era por ignorar la verdad; que era hermoso, pero «mal barragán». Lengua sin manos, ¿cómo osas hablar?

No faltará todavía chinche escolástico como para venirme con que confundo la verdad lógica con la verdad moral y el error con la mentira, y que puede haber quien se mueva a obrar por manifiesta ilusión y logre, sin embargo, su propósito. A lo que digo que entonces la tal ilusión es la verdad más verdadera, y que no hay más lógica que la moral. Y de cuanto digo verdadero seré yo. Y basta.

Salió Don Quijote al camino, plantose en él, lanzó su reto y entonces fue cuando una manada de toros y cabestros le derribaron y pisotearon. Así sucede que, cuando retáis a caballeros a defender una verdad, vienen toros y cabestros y hasta bueyes, y os pisotean.

## Capítulo LIX

### Donde se cuenta del extraordinario suceso, que se puede tener por aventura, que le sucedió a Don Quijote

Levantose Don Quijote, montó, y sin despedirse de la Arcadia fingida reanudó, más entristecido aún, su camino. Porque venía ya triste desde casa de los duques. Y viendo comer a Sancho: «Come, Sancho amigo —dijo Don Quijote—, sustenta la vida, que más que a mí te importa, y déjame morir a mí a manos de mis pensamientos y a fuerza de mis desgracias». ¡Déjame morir! ¡Déjame morir a manos de mis pensamientos y a fuerza de mis desgracias! ¿Pensabas acaso, pobre Caballero, en el encantamiento de Dulcinea y pensaba tu Alonso en el encanto de Aldonza?

«Yo, Sancho —prosiguió Don Quijote—, nací para vivir muriendo, y tú para morir comiendo.» ¡Preñadísima sentencia! Sí, para vivir muriendo nació todo género de heroísmo. Al verse el Caballero «pisado y acoceado y molido de los pies de animales inmundos y soeces» pensó dejarse morir de hambre. La cercanía de la muerte, que se le venía encima a muy raudos pasos, iba alumbrando su mente y disipando de ella la cerrazón de la locura. Comprendía ya que eran animales inmundos y soeces los que le acocearon y molieron y no los tuvo por cosa de encantamiento y magia.

¡Pobre mi señor! La fortuna se te ha vuelto de espaldas y te desdeña. Mas no por eso la esperas menos, y tu esperanza es tu verdadera fortuna; tu dicha el esperarla. ¿No esperaste durante doce arrastrados años y no esperabas todavía lo imposible, con tanto más grande esperanza cuanto más es lo esperado imposible? Bien se ve que no habías olvidado aquello que leíste en el canto segundo de la áspera *Araucana* de mi paisano Ercilla, y es que

*el más seguro bien de la fortuna*
*es no haberla tenido vez alguna.*

Descansaron un rato amo y escudero, reanudaron camino y llegaron a una venta, que por tal venta la tomó Don Quijote, pues salió, como vemos, de casa de los duques en vía de curación de su locura y desempañada la vista. Las burlas se la iban aclarando. Las burlas le abrieron los ojos para conocer a los animales inmundos y soeces.

Y aún tuvo que apurar en la venta otro tormento, y fue el de conocer las patrañas que acerca de él había propalado la falsa segunda parte de su historia.

## Capítulo LX

### De lo que sucedió a Don Quijote yendo a Barcelona

Continuaron camino de Barcelona, y en él, sesteando entre unas espesas encinas y alcornoques, sucedió el más triste suceso de tantos tan tristísimos como la historia de nuestro Don Quijote encierra. Y fue que, desesperado Don Quijote de la flojedad y caridad poca de Sancho su escudero, «pues, a lo que creía, solos cinco azotes se había dado, número desigual y pequeño para los infinitos que le faltaban» por darse si había de desencantar a Dulcinea, determinó azotarle a pesar suyo. Intentó hacerlo, resistiose el escudero, forcejeó Don Quijote, y viéndolo Sancho Panza «se puso en pie, y arremetiendo a su amo, se abrazó con él a brazo partido, y, echándole una zancadilla dio con él en el suelo boca arriba; púsole la rodilla derecha sobre el pecho y con las manos le tenía las manos de modo que ni le dejaba rodear ni alentar».

Basta ya, que oprime al ánimo más recio la lectura de este tristísimo paso. Tras las burlas de los duques, la aflicción por la pobreza, del desmayo del heroísmo ante las imágenes de los cuatro caballeros y el molimiento por pies de animales inmundos y soeces, solo faltaba, como suprema tortura, la rebeldía de su escudero. Sancho se había visto gobernador y a su amo a las patas de los cabestros. El paso es de hondísima tristeza.

Don Quijote le decía: «¿Cómo, traidor, contra tu amo y señor natural te desmandas? ¿Con quien te da su pan te atreves?». ¿El pan? No solo el pan, sino la gloria y la vida misma perduraderas. «Ni quito rey ni pongo rey —respondió Sancho—, sino ayúdome a mí, que soy mi señor.»

¡Oh, pobre Sancho, y a qué desfalladero de torpeza te arroja la carne pecadora! Te desmandas contra tu amo y señor natural, contra el que te da el eterno pan de tu vida eterna, creyéndote señor de ti mismo. No, pobre Sancho, no; los Sanchos no son señores de sí mismos. Esa proterva razón que para rebelarte aduces de «¡soy mi señor!» no es más que un eco del «¡no serviré!» de Lucifer, el príncipe de las tinieblas. No, Sancho, no; tú no eres ni puedes ser señor de ti mismo y, si mataras a tu amo, en aquel mismo instante te matarías para siempre a ti mismo.

Pero, bien mirado, tampoco está del todo mal que Sancho se rebele así, pues de no haberse nunca rebelado no sería hombre, hombre de verdad, entero y verdadero. Y esa rebelión, si bien se mira, fue un acto de cariño, de hondo cariño a su amo, que se desmandaba y salía, en la tristeza de su locura agonizante, de las buenas prácticas caballerescas. Después de aquello, después de haberle tenido sujeto bajo su rodilla, después de haberle vencido, es seguro que Sancho quiso y respetó y admiró más a su amo. Así es el hombre.

Y Don Quijote prometió no tocarle en el pelo de la ropa, dejándose vencer de su escudero. Es la primera vez en su vida toda en que el Caballero de los Leones se deja vencer humildemente y sin defenderse siquiera; se deja vencer de su escudero.

Y este mismo Sancho, que arremete a su amo y le pone la rodilla sobre el pecho, al sentir sobre su cabeza y pendientes de un árbol dos pies de persona con zapatos y calzas, tiembla de miedo y da voces llamando a Don Quijote que le acorra y favorezca.

No bien acaba de desmandarse contra su amo y señor natural al grito revolucionario de «¡yo soy mi señor!», cuando no es señor de sí mismo, sino que tiembla de miedo al sentir sobre su cabeza unos pies calzados, y llama a su amo y señor natural, al que le amparaba del miedo. Y Don Quijote, ¡claro está!, acudió a la llamada, porque era bueno. Y supuso fueran pies de forajidos y bandoleros que en aquellos árboles estaban ahorcados.

Así lo vieron al amanecer, en que «cuarenta bandoleros vivos, que de improviso les rodearon diciéndoles en lengua catalana que estuviesen quedos y se detuviesen hasta que llegase su capitán». Y el pobre Don Quijote hallose «a pie, su caballo sin freno, su lanza arrimada a un árbol, y finalmente sin defensa alguna, y así tuvo por bien cruzar las manos e inclinar la cabeza, guardándose para mejor sazón y coyuntura». ¡Ejemplarísimo Caballero! Y ¡cómo le han enseñado las burlas de los duques, las coces de los cabestros y la arremetida de Sancho! Es que barrunta, aun sin conocerla, la cercanía de su muerte.

Llegó el capitán, Roque Guinart, vio la triste y melancólica figura de Don Quijote y le animó. Había oído hablar de él. Y allí conoció Don Quijote la concertada república de los bandoleros y pretendió persuadir con buenas palabras, y no obligarle por fuerza, a Roque Guinart a que se hiciese caballero andante. Sirvió el encuentro para que el Caballero admirase la vida del caballeresco bandolero, la equidad con que se repartían los despojos del robo y su generosidad con los viandantes. Y él, Don Quijote, que con grande escándalo de las personas graves había dado libertad a los galeotes, no intentó siquiera deshacer la república de los bandidos.

Esto de la justicia distributiva y el buen orden que en repartir los despojos del botín se observaba en la banda de Roque Guinart es condición de toda sociedad de bandoleros. Fernando del Pulgar, al hablarnos en sus *Claros varones de Castilla* del bandolero don Rodrigo de Villadrados, conde de Ribadeo, que con sus bandas y su gran poder «robó, quemó, destruyó, derribó, despobló villas e lugares e pueblos de Borgoña e de Francia» nos dice que «tenía dos singulares condiciones: la una, que fazía guardar la justicia entre la gente que tenía, e no consentía fuerza ni robo ni otro crimen; e si alguno lo cometía, él por sus manos lo punía». Por donde se ve cómo es en el seno de las sociedades organizadas para el robo donde más severamente se persigue el robo mismo, así como en los ejércitos, organizados para ofender y destruir, es donde más duramente se castigan las ofensas y lo que a la destrucción del ejército mismo tienda. Y así cabe decir de todo género de justicia humana que brotó de la injusticia, de la necesidad que esta tenía de sostenerse y perpetuarse. La justicia y el orden nacieron en el mundo para mantener la violencia y el desorden. Con razón ha dicho un pensador que de los primeros bandoleros a sueldo surgió la Guardia Civil. Y los romanos, formuladores del derecho que aún subsiste, los del «ita ius esto», ¿qué eran sino unos bandoleros que empezaron su vida por un robo, según la leyenda por ellos mismos forjada?

Conviene, lector, te pares a considerar esto de que nuestros preceptos morales y jurídicos hayan nacido de la violencia y de que, para poder matar una sociedad de hombres, se haya dicho a cada uno de estos que no deben matarse entre sí, y se les haya predicado que no deben robarse unos a otros para que así se dediquen al robo en cuadrilla. Tal es el verdadero abolengo y linaje de nuestras leyes y nuestros preceptos; tal la fuente de la moral al uso. Y este su abolengo y linaje se descubre en ella, y por esto nos sentimos inclinados a perdonar y aun querer a los Roque Guinart, porque en ellos no hay doblez ni falsía, sino que aparecen sus bandas tal y como son, mientras los pueblos y naciones que se dicen llamados a cumplir el derecho y servir a la cultura y a la paz son sociedades fariseas. ¿Conocéis algún rasgo quijotesco de una nación de hombres como tal nación?

Consideremos, por otra parte, cómo del mal sale el bien —porque al fin es un bien, si bien transitorio, el de la justicia distributiva— y tiene este sus raíces en aquel, o son más bien caras de una misma figura. De la guerra brota la paz, y del robo en cuadrilla el castigo al robo. La sociedad tiene que tomar sobre sí los crímenes para libertar de ellos, y de su remordimiento, a los que la forman. Y ¿no hay, acaso, un remordimiento social, desparramado entre sus miembros todos? Sin duda, y el hecho este del remordimiento social, tan poco advertido de ordinario, es el móvil principal de todo progreso de la especie. Acaso lo que nos mueve a ser buenos y justos con los de nuestra sociedad es cierto oscuro sentimiento de que la sociedad misma es mala e injusta; el remordimiento colectivo de una tropa de guerra es tal vez lo que les mueve a prestarse servicios entre sí y aun a prestárselos, a las veces, al enemigo vencido. Por conocer la insolencia de su oficio se guardaban fe entre sí los compañeros de Roque.

Este precioso episodio de Roque Guinart es el que más íntima relación guarda con la esencia de la historia de Don Quijote. Es un reflejo, a la vez, del culto popular al bandolerismo, culto jamás borrado de nuestra España. Roque Guinart es un predecesor de los muchos bandidos generosos cuyas hazañas, trasmitidas y esparcidas merced a los pliegos de cordel y coplas de ciegos, han admirado y deleitado a nuestro pueblo: de Diego Corrientes, llamado por antonomasia el bandido generoso; del guapo Francisco Esteban; de José María, el Rey de la Sierra Morena; del gaucho Juan Moreira, allá en la Argentina, y de tantos otros más, cuyo patrón en el cielo de nuestro pueblo es san Dimas.

Cuando crucificaron a Nuestro Señor Jesús Cristo, uno de los malhechores, que estaban colgados junto a Él le injuriaba, diciendo: «Si Tú eres el Cristo, sálvate a Ti mismo y a nosotros». Y respondiendo el otro, reprendiole diciendo: «¿Ni aun tú temes a Dios estando en la condenación? Nosotros, a la verdad, justamente padecemos porque recibimos lo que merecieron nuestros hechos, mas Este ningún mal hizo». Y dijo a Jesús: «Señor: acuérdate de mí cuando fueres en tu Reino». Y entonces Jesús le dijo: «De veras te digo que hoy serás conmigo en el paraíso» (Lc XXIII, 39-43).

No se encuentra otra vez alguna en el Evangelio una afirmación tan redonda de «serás conmigo en el paraíso», una tan firmemente dada seguridad de salvación. Una vez canoniza el Cristo y es a un bandolero en el momento de la muerte. Y al canonizarle canoniza la humildad de nuestro bandolerismo. Y ¿por qué cuando fustigó duramente a tantos escribas y fariseos, hombres honrados según la ley? Porque estos se tenían por justos a sí mismos, como el fariseo de la parábola, mientras el bandolero, como el publicano de la misma, reconoció su culpa. Fue su humildad lo que premió Jesús. El bandolero se confesó culpable y creyó en el Cristo.

Nada aborrece más el pueblo que al Catón, que se tiene por justo y parece ir diciendo: miradme y aprended de mí a ser honrados. Roque Guinart, por el contrario, no ensalzaba su estado, sino que confesó a Don Quijote que no había modo de vivir más inquieto ni sobresaltado que el suyo, y que perseveraba en él por deseo de venganza, a despecho y a pesar de lo que entendía, y añadió: «Y como un abismo llama a otro y un pecado a otro pecado, hanse eslabonado las venganzas de manera que no solo las mías, pero las ajenas, tomo a mi cargo; pero Dios es servido de que, aunque me veo en la mitad del laberinto de mis confusiones, no pierdo la esperanza de salir dél a puerto seguro». Es un eco de la oración de san Dimas. Y nos parece oír aquello de Pablo de Tarso: «No hago el bien que quiero, sino el mal que no quiero hago. [...] miserable hombre de mí, ¿quién me librará de este cuerpo de muerte?» (Rm VII, 19, 24).

«No hago el bien que quiero, sino el mal que no quiero hago.» Palabras que nos sugiere la conducta de Roque Guinart y que nos piden a gritos nos paremos a meditarlas. Y a meditar que no es lo mismo cumplir la ley que ser bueno. Hay, en efecto, quien se muere sin haber abrigado un solo buen deseo y sin haber, a pesar de ello, cometido un solo delito, y quien, por el contrario, llega a la muerte con una vida cargada de delitos y de generosos deseos a la vez. Son las intenciones y no los actos lo que nos empuerca y estraga el alma, y no pocas veces un acto delictuoso nos purga y limpia de la intención que lo engendrara. Más de un rencoroso homicida habrá empezado a sentir amor a su víctima luego que sació su odio en ella, mientras hay gentes que siguen odiando al enemigo que se murió, después de muerto. Ya sé que son muchos los que anhelan una humanidad en que se impidan los crímenes aunque los malos sentimientos envenenen las almas, pero Dios nos dé una humanidad de fuertes pasiones, de odios y de amores, de envidias y de admiraciones, de ascetas y de libertinos, aunque traigan consigo estas pasiones sus naturales frutos. El criterio jurídico solo ve lo de fuera y mide la punibilidad del acto por sus consecuencias; el criterio estrictamente moral debe juzgarlo por su causa y no por su efecto. Lo que ocurre es que nuestra moral corriente está manchada de abogacía, y nuestro criterio ético, estropeado por el jurídico. El matar no es malo por el daño que reciben el muerto o sus deudos o parientes, sino por la perversión que al espíritu del matador lleva el sentimiento que le impulsa a dar a otro la muerte; la fornicación no es pecado por daño alguno que reciba la fornicada —pues de ordinario no lo recibe tal y sí solo deleite—, sino porque el sucio deseo distrae al hombre de la contemplación de su fin propio y le tiñe de falsedad cuanto percibe. Con hondo sentimiento se llama entre los gauchos «desgracia», no al ser muerto, sino al haber tenido que matar a otro. Y por ello, aunque en el mundo de la servidumbre, en el mundo aparencial de las trasgresiones del derecho, caigamos en delito, nos salvaremos si conservamos sana intención en el mundo de la libertad, en el mundo esencial de los anhelos íntimos.

Y además, ¿no endurecerá en sus fechorías al facineroso la desconfianza del perdón? Recordad aquí a los galeotes. Creo que, si todos los hombres se persuadieran de que hay un perdón final para todos y una vida perdurable, en una u otra forma, se harían todos mejores. El temor al castigo no evita más fechorías que las que provoca la desesperanza de perdón. Recordad a Pablo el ermitaño y a Enrico, el bandolero del drama de Tirso de Molina que lleva por título *El condenado por desconfiado*, profunda quintaesencia de la fe española; recordad que si Pablo, macerado en penitencias, se pierde por desconfiar de su salvación, por confiar en ella se salva Enrico, el forajido. Volved a leer este drama. Recordad a aquel Enrico, hijo de Anareto, que conservó entre sus maldades entrañable cariño a su tullido padre y fe en la misericordia de Dios, reconociendo la justicia del castigo. Recordadle diciendo:

*[...] mas siempre tengo esperanza*
*en que tengo que salvarme, puesto que no va fundada*
*mi esperanza en obras mías, sino en saber que se hermana*
*Dios con el más pecador, y con su piedad le salva.*

(II, 17)

Y recordadle arrepentido, gracias a su padre.

¿Que esto repugna al sentido moral? Al sanchopancesco, sí; al quijotesco, no. Un filósofo alemán de hace poco, Nietzsche, metió ruido en el mundo escribiendo de lo que está allende el bien y el mal. Hay algo que está no allende, sino dentro del bien y del mal, en su raíz común. ¿Qué sabemos nosotros, pobres mortales, de lo que son el bien y el mal vistos desde el cielo? ¿Os escandaliza acaso que una muerte de fe abone toda una vida de maldades? ¿Sabéis acaso si este último acto de fe y de contrición no es el brotar a la vida exterior, que se acaba entonces, sentimientos de bondad y de amor que circularon en la vida interior, presos bajo la recia costra de las maldades? Y ¿es que no hay en todos, absolutamente en todos, esos sentimientos, pues sin ellos no se es hombre? Sí, pobres hombres, confiemos, que todos somos buenos.

¡Pero es que así no viviremos nunca seguros! —exclamáis—. ¡Con tales doctrinas no cabe orden social! Y ¿quién os ha dicho, apocados espíritus, que el destino final del hombre se sujete a asegurar el orden social en la tierra y a evitar esos daños aparentes que llamamos delitos y ofensas? ¡Ah, pobres hombres!, siempre veréis en Dios un espantajo o un gendarme, no un Padre que perdona siempre a sus hijos, no más sino por ser hijos suyos, hijos de sus entrañas, y como tales hijos de Dios, buenos siempre por dentro de dentro aunque ellos mismos ni lo sepan ni lo crean. Tengo, pues, para mí que Roque Guinart y sus compañeros eran mejores de lo que ellos mismos se creían. Reconocía el buen Roque la insolencia de su oficio, pero se sentía atado a él como a un sino fatal. Era su estrella. Y podía haber dicho con el gaucho Martín Fierro lo de

*Vamos, suerte, vamos juntos,*
*puesto que juntos nacimos,*
*y ya que juntos vivimos,*
*sin podernos dividir,*
*yo abriré con mi cuchillo*
*el camino pa seguir.*

Y volviendo a nuestra historia, conviene recordar aquí lo que D. Francisco Manuel de Melo, en su *Historia de los movimientos, separación y guerra de Cataluña en tiempo de Felipe IV*, obra publicada unos cuarenta años después de la historia de nuestro Caballero, dice al describir a los catalanes «por la mayor parte hombres de durísimo natural», que «en las injurias muestran gran sentimiento y por eso son inclinados a venganza», y añade: «La tierra, abundante en asperezas, ayuda y dispone su ánimo vengativo a terribles efectos con pequeña ocasión; el quejoso o agraviado deja a los pueblos y se entra a vivir en los bosques, donde en continuos saltos fatigan los caminos; otros, sin más ocasión que su propia insolencia, siguen a estotros; estos y aquellos se mantienen por la industria de sus insultos. Llaman comúnmente andar en trabajo aquel espacio de tiempo que gastan en este modo de vivir, como en señal de que le conocen por desconcierto; no es acción entre ellos reputada por afrentosa, antes al ofendido ayudan siempre sus deudos y amigos». Y habla luego de los famosos bandos de Narros y Cadells, «no menos celebrados y dañosos a su patria que los Güelfos y Gibelinos de Milán, los Pafos y Médicis de Florencia, los Beamonteses y Agramonteses de Navarra y los Gamboinos y Oñacinos de la antigua Vizcaya».

Al bando de los Narros pertenecía Roque Guinart, y como de tal bando despachó un mensajero a Barcelona dando cuenta a sus amigos de cómo iba Don Quijote, «para que con él se solazasen, que él quisiera que careciesen deste gusto los Cadells, sus contrarios; pero que esto era imposible a causa que las locuras y discreciones de Don Quijote y los donaires de su escudero Sancho Panza no podían dejar de dar gusto general a todo el mundo». ¡Pobre Don Quijote, ya querían hacerte monopolio de un bando y solaz a él solo reservado! ¡Lo que se le ocurre a un catalán, aunque sea bandolero!

## Capítulos LXI, LXII y LXIII

### De lo que le sucedió a Don Quijote en la entrada de Barcelona, con otras cosas que tienen más de lo verdadero que de lo discreto

A los tres días, «por caminos desusados, por atajos y sendas encubiertas, partieron Roque, Don Quijote y Sancho con otros seis escuderos a Barcelona», a cuya playa llegaron la víspera de San Juan en la noche, y allí se les despidió Roque, dejando diez escudos a Sancho.

Ya tenemos en ciudad a Don Quijote, y nada menos que en la grande y florida ciudad condal de Barcelona, «archivo de la cortesía, albergue de los extranjeros, hospital de los pobres, patria de los valientes, venganza de los ofendidos y correspondencia grata de firmes amistades, y en sitio y belleza única», como más adelante, en el capítulo LXXII, la llama el historiador. Allí, al rayar el día, apacentó en el mar su vista, pareciéndole espaciosísimo y largo, vio las galeras y se halló de fiesta. Y vino la burla ciudadana de los amigos de Roque, que rodeando a Don Quijote, al son de chirimías y atabales le llevaron a la ciudad, donde los muchachos le hicieron ser derribado de Rocinante, poniendo a este aliagas bajo el rabo.

Ya estás, mi señor Don Quijote, de hazmerreír de una ciudad y juguete de sus muchachos. ¿Por qué te saliste del campo y de sus caminos libres, único terreno propio de tu heroísmo? Allí, en Barcelona, le sacaron al balcón de una de las calles más principales de la ciudad, «a vista de las gentes y de los muchachos, que como a mona le miraban»; allí le pasearon por las calles, sobre un gran macho de paso llano, con un balandrán y a las espaldas un pergamino en que se leía: «Este es Don Quijote de la Mancha», lo que traía consigo, con grande admiración del Caballero, que todos los muchachos, sin haberle jamás visto, le conocieran.

¡Pobre Don Quijote, paseado por la ciudad con tu *ecce homo* a espaldas! Ya estás convertido en curiosidad ciudadana. Y no faltó, un castellano por cierto, quien te llamase loco y te reprendiese tu locura. Y luego, en casa de D. Antonio Moreno, que le hospedaba, hubo sarao y le hicieron bailar hasta que tuvo que sentarse «en mitad de la sala, en el suelo, molido y quebrantado de tan bailador ejercicio».

Esto supera ya en tristeza a cuanto desde el día malaventurado en que topó con los duques le está ocurriendo. Le pasean por las calles, convertido en mona de los muchachos, y luego le hacen bailar. Tómanle de juguete, de trompo, de perinola y zarandillo. Ahora, ahora es, mi señor, cuando cuesta seguirte; ahora es cuando tus fieles han de poner su fe a prueba. «¡Que baile! ¡Que baile!», es uno de los gritos de irrisión y burla con que escarnecen a los hombres las muchedumbres españolas. Y a ti, mi señor Don Quijote, te hicieron bailar en Barcelona hasta molerte y quebrantarte.

Ser blanco de la ociosa curiosidad de las muchedumbres; oír que al pasar dicen junto a uno a media voz: «¡Ese!, ¡ese!»; aguantar las miradas de los necios que le miran a uno porque se le trae y se le lleva en los papeles públicos, y luego persuadirte de que no conoce tu obra esa gente, como no conocían las hazañas de Don Quijote, y menos aún su espíritu heroico, los chicuelos que por las calles de Barcelona le aclamaban, y de que no eres sino un nombre para ellos; ¿sabéis lo que es esto? ¿Sabéis lo que es eso de que se conozca solo vuestro nombre y de que os conozcan en dondequiera, mientras en dondequiera no saben lo que habéis hecho? Pudiera muy bien suceder que estos mis comentarios a la vida de mi señor Don Quijote provocaran en esta nuestra España, como han provocado algunos otros trabajos míos, discusiones y vocerío; pues bien: os aseguro desde ahora que los más furiosos en vocear por ellos no los habrán leído. Y, sin embargo, es tan miserable el hombre que prefiere el nombre sin la obra a la obra sin el nombre; quiere más dejar su efigie acuñada en cobre a dejar oro puro de su espíritu, pero de donde se borren la efigie y la leyenda.

Allí, en la industriosa ciudad de Barcelona, le enseñaron, ¿qué sino curiosidades de industria? Allí vio y oyó a la cabeza encantada; allí visitó el taller de imprimir. «Sucedió, pues, que yendo por una calle alzó los ojos Don Quijote y vio escrito sobre una puerta, con letras muy grandes: AQUÍ SE IMPRIMEN LIBROS; de lo que se contentó mucho, porque hasta entonces no había visto emprenta alguna y deseaba saber cómo fuese». Curiosidad naturalísima en quien buscó en libros bálsamo al demasiado amor y fue por libros llevado a meterse en las azarosas andanzas de su carrera de gloria. Figuraos al hidalgo cincuentón que allá, en su lugarejo manchego, había alimentado con lecturas su soledad, para quien más que para otro cualquiera fueron los libros fieles amigos, y comprenderéis con qué ánimo entraría en la imprenta. En la cual se portó como discreto y manifestó que sabía algún tanto del toscano y se preciaba de cantar algunas estancias del Ariosto. Y hasta allí dejó asomar ciertas puntas y ribetes de ironía a cuenta de los traductores y las traducciones.

Este y otros pasajes especialmente literarios de nuestra historia son de los que más suelen citar esos que se llaman a sí mismos cervantistas, pero la verdad es que ello apenas lo merece. Son tiquismiquis y minucias de los del oficio, que a los demás les debe tener sin cuidado. Bien está que los escritores nos cuidemos de la hechura de nuestros trabajos y les demos vueltas y más vueltas al lenguaje y al estilo, pero de esto nada se le da al que nos lee. Bien está el que un escritor teja sus párrafos y luego los desmonte, perche, lustre, tunda y prense para cortarlos y coserlos luego y hacer así traje a su pensamiento, mas sea para provecho del que le haya de leer. Yo mismo, en estas páginas, confieso que a las veces he zuñido y bruñido mi discurso, mas en lo que sobre todo he puesto ahínco es en sacar a ras de lengua escrita voces de la lengua corrientemente hablada, en desentonar y desentrañar palabras que chorrean vida según corren frescas y rozagantes de boca en oído y de oído en boca de los buenos lugareños de Castilla y de León. Hay que flexibilizar y enriquecer el rígido y escueto castellano, dicen allende los mares. Sin duda hay que darle más soltura y más riqueza, pero es a la lengua enteca y enclavijada de los periódicos y de los cafés. Mas para ello no es menester acudir fuera y tomar de prestado voces y giros de otros idiomas; basta remejerle los entresijos al mismo romance castellano. Cada uno ha de engordar de sí mismo.

Otros vienen y nos dicen que no, sino que lo necesario y apremiante es podar nuestra lengua y recortarla y darla precisión y fijeza. Dicen los tales que padece de maraña y de braveza montesina nuestra lengua, que por dondequiera le asoman y apuntan ramas viciosas, y nos la quieren dejar como arbolito de jardín, como boje enjaulado. Así, añaden, ganará en claridad y en lógica. Pero ¿es que vamos a escribir algún *Discurso del método* con ella? ¡Al demonio la lógica y la claridad esas! Quédense los tales recortes y podas y redondeos para lenguas en que haya de encarnar la lógica del raciocinio raciocinante, pero la nuestra ¿no sabe ser acaso, ante todo y sobre todo, instrumento de pasión y envoltura de quijotescos anhelos conquistadores?

Y en eso mismo de claridad habría que entenderse, pues hay quien aspira a que le den las ideas mascadas, ensalivadas y hechas bola engullible para no tener que pasar otro trabajo sino el tragarlas, o, mejor aún, que se las empapucen.

## Capítulo LXIV

### Que trata de la aventura que más pesadumbre dio a Don Quijote de cuantas hasta entonces le habían sucedido

Y allí, en Barcelona, dieron fin las malandanzas caballerescas de nuestro Don Quijote; allí fue vencido por el Caballero de la Blanca Luna. Hízose este el encontradizo, le buscó quimera por precedencia de hermosura de sus respectivas damas, le derribó y le pidió confesase las condiciones del desafío. Y el gran Don Quijote, el inquebrantable Caballero de la Fe, el heroico loco, molido y aturdido y «como si hablara dentro de una tumba, con voz debilitada y enferma dijo: "Dulcinea del Toboso es la más hermosa mujer del mundo, y yo el más desdichado caballero de la tierra, y no es bien que mi flaqueza defraude esta verdad. Aprieta, caballero, la lanza y quítame la vida, pues me has quitado la honra"».

Ved aquí cómo cuando es vencido el invicto Caballero de la Fe es el amor lo que en él vence. Esas sublimes palabras del vencimiento de Don Quijote son el grito sublime de la victoria del Amor. Él se había entregado a Dulcinea sin pretender que por eso se le entregase Dulcinea, y así su derrota en nada empañaba la hermosura de la dama. Él la había hecho en pura fe, él la había creado con el fuego de su pasión; pero, una vez creada, ella era ella y de ella recibía su vida él. Yo forjo con mi fe, y contra todos, mi verdad, pero, luego de así forjada ella, mi verdad se valdrá y sostendrá sola y me sobrevivirá y viviré yo de ella.

¡Oh, mi Don Quijote, y cuán a dos dedos de tu salvación eterna estás, pues curado ya de la presunción no hablas de la fortaleza de tu brazo, sino que confiesas tu flaqueza! Y ¡cómo se te viene encima la luz purificadora de la muerte próxima! ¡Cómo de dentro de una tumba hablas; cómo de dentro de la tumba del mundo que se burla de los héroes y los pasea por las calles con su pergamino a la espalda! Y vencido y maltrecho y triste y afligido y conociendo tu flaqueza, aún proclamas a Dulcinea del Toboso la más hermosa mujer del mundo. ¡Oh, generoso Caballero! Tú no eres como esos que, buscando la Gloria cuando se ven por ella desdeñados, la niegan y la deniegan y la motejan de vana y aun dañosa; tú no eres de los que culpan a la Gloria de sus propias flaquezas y de no haber podido conquistarla; tú, vencido y maltrecho, prefieres la muerte a renegar de la que te metió en tu carrera de heroísmo.

Y es porque tienes fe en ella, en tu Dulcinea; sientes que, cuando pareciendo abandonarte, deja que te venzan, es para luego ceñirte entre sus temblorosos brazos con hambriento cariño, y apretarte a su pecho encendido hasta que sean un parejo golpear el de su corazón y el del tuyo, y pegar a tu boca su boca, respirando de tu aliento y de su aliento tú y quedar así las dos bocas prendidas para siempre en un beso inacabable de gloria y de amor eternos. Te deja ser vencido para que comprendas que no a la fortaleza de tu brazo, sino al amor que la tuviste debes tu vida eterna. Tú la amaste, invicto Caballero de la Fe, con el amor más esmerado y grande, con amor que se alimentaba de sus desdenes y rechazos. No por haberla visto trasformada en zafia labradora se te amenguó el denodado ánimo ni pregonaste el vanidad de vanidades y todo vanidad, del sabio rey podrido por los hartazgos. Al ser vencido, tu grito de triunfo, invicto Caballero, fue proclamar la hermosura sin par de Dulcinea.

Así a nosotros, tus fieles, cuando más vencidos estemos, cuando el mundo nos aplaste y nos estruje el corazón la vida y se nos derritan las esperanzas todas, danos alma, Caballero, danos alma y coraje para gritar desde el fondo de nuestra nadería: ¡plenitud de plenitudes y todo plenitud! ¿Que yo muero en mi demanda? Pues así se hará esta más grande con mi muerte. ¿Que peleando en pro de mi verdad me vencen? ¡No importa! No importa, pues ella vivirá, y viviendo ella os mostrará que no depende de mí, sino de ella.

No es este mi yo deleznable y caduco; no es este mi yo que come de la tierra y al que la tierra comerá un día, el que tiene que vencer; no es este, sino que es mi verdad, mi yo eterno, mi padrón y modelo desde antes de antes y hasta después de después; es la idea que de mí tiene Dios, Conciencia del Universo. Y esta mi divina idea, esta mi Dulcinea, se engrandece y se sobrehermosea con mi vencimiento y muerte. Todo tu problema es este: si has de empañar esa tu idea y borrarla y hacer que Dios te olvide, o si has de sacrificarte a ella y hacer que ella sobrenade y viva para siempre en la eterna e infinita Conciencia del Universo. O Dios o el olvido.

Si por guardar tu mecha apagas la luz; si por ahorrar tu vida malgastas tu idea, Dios no se acordará de ti, anegándote en su olvido como en perdón supremo. Y no hay otro infierno que este: el que Dios nos olvide y volvamos a la inconciencia de que surgimos. «Señor, acuérdate de mí», digamos con el bandolero que moría junto a Jesús (Lc XXIII, 42). Señor, acuérdate de mí, y que mi vida toda sea una vivificación de mi idea divina, y si la empeñare, si la sepultare en mi carne, si la deshiciere en este mi yo caduco y terreno, entonces ¡ay de mí, Señor, porque me perdonarías olvidándome! Si aspiro a Ti, viviré en Ti; si de Ti me aparto, iré a dar en lo que no es tuyo, en lo único que fuera de Ti cabe: en la nada.

Y el vencedor de Don Quijote, el de la Blanca Luna, a quien también sacó del sosiego aldeano el amor a Dulcinea, no mata al Caballero, sino que exclama: «¡Viva, viva en su entereza la fama de la hermosura de la señora Dulcinea del Toboso!», y se contenta con pedirle al vencido que se retire a su lugar mientras él le mande... ¡que se retire a bien morir! Sansón Carrasco, el bachiller por Salamanca, que no era otro el de la Blanca Luna, fue también en busca de gloria, y para que la fama lleve su nombre con el de Don Quijote. ¿Y no fue acaso también para merecer a los ojos de aquella andaluza Casilda, de quien se enamoró en unas callejas de la dorada ciudad del Tormes?

Y Sancho, el fiel Sancho, «todo triste, toda apesarado, no sabía qué decirse ni qué hacerse; parecíale que todo aquel suceso pasaba en sueños y que toda aquella máquina era cosa de encantamento. Veía a su señor rendido y obligado a no tomar armas en un año; imaginaba la luz de la gloria de sus hazañas escurecida, las esperanzas de sus nuevas promesas deshechas, como se deshace el humo con el viento».

Parémonos a considerar este fin de la gloriosa carrera de Don Quijote y cómo fue en Barcelona vencido, y vencido por su convecino el bachiller Sansón Carrasco. Y aquí, mi señor Don Quijote, he de confesarte una mi pasada bellaquería.

Hace algunos años que en un semanario que en esta nuestra España alcanzó autoridad y renombre, lancé contra ti, generoso hidalgo, este grito de guerra: ¡Muera Don Quijote! Resonó el grito, sobre todo en esa Barcelona donde fuiste vencido, y donde me lo tradujeron al catalán; resonó el grito y tuvo eco y me lo corearon y aplaudieron muchos. Pedí que murieras para que resucitara en ti Alonso el Bueno, el enamorado de Aldonza, como si su bondad se hubiera nunca mostrado más espléndida que en tus locas hazañas. Y hoy te confieso, señor mío, que aquel mi grito que tanto gusto dio en esa Barcelona, donde fuiste vencido y donde me lo tradujeron al catalán, fue un grito que me lo inspiró tu vencedor Sansón Carrasco, bachiller por Salamanca. Porque si es en esa Barcelona, faro y como centro de la nueva vida industrial de España, si es en esa ciudad donde más se grita contra el quijotismo, es el espíritu bachilleresco, espíritu de socarronería y de envidia, el que lo anima. Fuiste, sí, vencido en Barcelona, pero lo fuiste por un manchego, bachiller por Salamanca. Es, sí, en Barcelona donde más se denigra tu espíritu, pero es lo bajo del espíritu bachilleresco y salmantino lo que a esas denigraciones les lleva. Porque allí, en Barcelona, es donde vence el bachiller Sansón Carrasco.

Y cuando este declaró a D. Antonio Moreno quién era: «Oh, señor —dijo D. Antonio—, Dios os perdone el agravio que habéis hecho a todo el mundo en querer volver cuerdo al más gracioso loco que hay en él. ¿No veis, señor, que no podrá llegar el provecho que cause la cordura de Don Quijote a lo que llega el gusto que da con sus desvaríos?». Y por este hilo siguió ensartando sus pareceres. ¡Triste modo de pensar, pues no quiere que sane, por parecerle loco «gracioso» y por tomar «gusto» de sus desvaríos! No se sabe qué deplorar más, si la pequeñez de alma de Sansón Carrasco o la de D. Antonio Moreno.

Quieren a Don Quijote para reírle las gracias y tomar gusto de sus desvaríos, y por haberlas reído antaño tienen hogaño que llorar, y por haber tomado de sus desvaríos gusto les tiene que disgustar la vida de hoy.

Yo lancé contra ti, mi señor Don Quijote, aquel muera. Perdónamelo; perdónamelo, porque lo lancé lleno de sana y buena aunque equivocada intención, y por amor a ti, pero los espíritus menguados, a los que su mengua les pervierte las entendederas, me lo tomaron al revés de como yo lo tomaba, y queriendo servirte te ofendí acaso. Triste caso este de que no nos hayan de entender cosa alguna a derechas, y no más por defecto de cabeza que por vicio de corazón. Perdóname, pues, Don Quijote mío, el daño que pude hacerte queriendo hacerte bien; tú me has convencido de cuán peligroso es predicar cordura entre estos espíritus alcornoqueños; tú me has enseñado el mal que se sigue de amonestar a que sean prácticos a hombres que propenden al más grosero materialismo, aunque se disfrace de espiritualismo cristiano.

Pégame tu locura, Don Quijote mío, pégamela por entero. Y luego que me llamen soberbio o lo que quieran. No quiero buscar el provecho que ellos buscan. Que digan: ¿qué querrá?, ¿qué busca?, y, conjeturando por los suyos, no encuentren mis caminos. Ellos buscan el provecho de esta vida perecedera y se aduermen en la rutinera creencia de la otra; a mí, Don Quijote, déjame luchar conmigo mismo, ¡déjame sufrir! Guárdense para sí aspiraciones de diputado provincial; a mí dame tu Clavileño, y, aunque no me mueva del suelo, sueñe en él subir a los cielos del aire y del fuego imperecederos. ¡Alma de mi alma, corazón de mi vida, insaciable sed de eternidad e infinitud!, sé mi pan de cada día. ¡Hábil! No, hábil, no; no quiero ser hábil. No quiero ser razonable según esa miserable razón que da de comer a los vividores; ¡enloquéceme, mi Don Quijote!

¡Viva Don Quijote!, ¡viva Don Quijote vencido y maltrecho!, ¡viva Don Quijote muerto!, ¡viva Don Quijote! ¡Regálanos tu locura y deja que en tu regazo me desahogue! Si supieras lo que sufro, Don Quijote mío, entre estos tus paisanos, cuyo repuesto todo de locura heroica te llevaste tú, dejándoles solo la petulante presunción que te perdía. ¡Si supieras cómo desdeñan desde su estúpida e insultante sanidad todo hervor de espíritu y todo anhelo de vida íntima! ¡Si supieras con qué asnal gravedad ríen las gracias de la que creen locura y toman gusto de lo que estiman desvaríos! ¡Oh, Don Quijote mío, qué soberbia, qué estúpida soberbia la soberbia silenciosa de estos brutos que llaman paradoja a lo que no estaba etiquetado en su mollera y afán de originalidad, a todo revuelo del espíritu! Para ellos no hay quemantes lágrimas vertidas en el silencio, en el silencio del misterio, porque estos bárbaros se lo creen tener todo resuelto; para ellos no hay inquietud del alma, pues se creen nacidos en posesión de la verdad absoluta; para ellos no hay sino dogmas y fórmulas y recetas. Todos ellos tienen alma de bachilleres. Y aunque odian a Barcelona, van a Barcelona y allí te vencen.

«Seis días estuvo Don Quijote en el lecho, marrido, triste, pensativo y mal acondicionado, yendo y viniendo con la imaginación en el desdichado suceso de su vencimiento», sin que le sirviesen los consuelos de su fiel Sancho. El cual veía bien que era él allí el más perdidoso, aunque su amo el más malparado. Y pocos días después emprendieron su regreso a la aldea, «Don Quijote desarmado y de camino, Sancho a pie, por ir el rucio cargado con las armas». Así es desde que vencieron a Don Quijote: son rucios los que llevan sus armas.

En el camino encontró a Tosilos el lacayo, que le contó cómo los duques le hicieron apalear, y doña Rodríguez se volvió a Castilla y su hija entró monja. Así había acabado una de las aventuras a que dio mejor remate Don Quijote.

## Capítulo LXVII

### De la resolución que tomó Don Quijote de hacerse pastor y de seguir la vida del campo en tanto que se pasaba el año de su promesa, con otros sucesos en verdad gustosos y buenos

Caminando, caminando, llegaron al lugar en que habían topado a «las bizarras pastoras y gallardos pastores que en él querían renovar e imitar a la pastoral Arcadia». Y, al reconocerlo, dijo Don Quijote: «Si es que a ti te parece bien, querría, oh Sancho, que nos convirtiésemos en pastores siquiera el tiempo que tengo de estar recogido. Yo compraré algunas ovejas y todas las demás cosas que al pastoral ejercicio son necesarias, y, llamándome yo el pastor Quijótiz y tú el pastor Pancino, nos andaremos por los montes, por las selvas y por los prados, cantando aquí, endechando allí, bebiendo de los líquidos cristales de las fuentes, o ya de los limpios arroyuelos, o de los caudalosos ríos. Darannos con abundantísima mano de su dulcísimo fruto las encinas, asiento los troncos de los durísimos alcornoques, sombra los sauces, olor las rosas, alfombras de mil colores matizados los estendidos prados, aliento el aire claro y puro, luz la luna y las estrellas, a pesar de la escuridad de la noche, gusto el canto, alegría el lloro, Apolo versos, el amor conceptos, con que podremos hacernos eternos y famosos, no solo en los presentes, sino en los venideros siglos».

¡Válgame Dios y con qué tino se dijo aquello de «cada loco con su tema», y cuán bien conocía a su tío la sobrina de Don

Quijote cuando, al encontrarse el cura y el barbero, en el escrutinio que de la librería hicieron, con *La Diana* de Jorge de Montemayor y querer perdonarla, exclamó: «¡Ay, señor!, bien los puede vuestra merced mandar quemar como a los demás; porque no sería mucho que, habiendo sanado mi señor tío de la enfermedad caballeresca, leyendo estos se le antojase de hacerse pastor y andarse por los bosques y prados cantando y tañendo».

Parece, al volver Don Quijote de Barcelona, ir en camino de curarse de su heroica locura y de prepararse a bien morir, mas, en viendo el prado de otrora, sueña de nuevo con hacerse eterno y famoso, no solo en los presentes, sino en los venideros siglos. Porque esta era su radical locura, este su resorte de acción, esta, como vimos al principio de su historia, la causa que le movió a hacerse caballero andante. El ansia de gloria y renombre es el espíritu íntimo del quijotismo, su esencia y su razón de ser, y si no se puede cobrarlos venciendo gigantes y vestiglos y enderezando entuertos, cobraráselos endechando a la luna y haciendo de pastor. El toque está en dejar nombre por los siglos, en vivir en la memoria de las gentes. ¡El toque está en no morir! ¡En no morir! ¡No morir! Esta es la raíz última, la raíz de las raíces de la locura quijotesca. ¡No morir!, ¡no morir! Ansia de vida; ansia de vida eterna es la que te dio vida inmortal, mi señor Don Quijote; el sueño de tu vida fue y es sueño de no morir.

Con tal de no morir cambiabas tu profesión de caballero andante por la de pastor endechante. Así tu España, mi Don Quijote, al tener que recojerse a su aldea, vencida y maltrecha, piensa en dedicarse al pastoreo y habla de colonización interior, de pantanos, de riegos y de granjas.

Y por debajo de esa ansia de no morir, ¿no andaba, mi pobre Alonso, tu soberano amor? «Las pastoras de quien hemos de ser amantes —dijiste— como entre peras podremos escoger sus nombres, y pues el de mi señora cuadra así al de pastora como al de princesa, no hay para qué cansarme en buscar otro que mejor le venga.» Sí, siempre era Dulcinea, la Gloria, y por debajo de ella siempre era Aldonza Lorenzo, la suspirada doce años. ¡Y cómo suspirarías ahora por ella!, ¡cómo la llamarías!, ¡cómo grabarías un día y otro su nombre en las cortezas de los árboles y hasta alguna vez en tu corazón! ¿Y si así llegaba ello a su noticia y se daba cata de ello y venía a ti, desencantada?

¡Hacerse pastor! Es también, mi Don Quijote, lo que se le ha ocurrido a tu pueblo luego que ha vuelto de América derrotado en su encontronazo con el de Robinsón. Ahora habla de dedicarse a cuidar y cultivar su hacienda, a alumbrar pozos y trazar canales para regar sus resecas tierras; ahora habla de política hidráulica. ¿No será que siente el remordimiento de sus atrocidades pasadas por tierras de Italia, Flandes y América?

Leed *Pátria*, el hermoso poema de Guerra Junqueiro, el poeta de nuestro pueblo hermano, el pueblo portugués. Leed esa amarga sátira y llegad al fin de ella, cuando aparece vestido de monje carmelita el espectro del condestable Nunalvares, el vencedor de Aljubarrota, que luego entró en religión. Oídle hablar, oídle hablar del dolor que purifica y redime, del dolor que

*Como no ar o vento sôbre o vento,*
*como no mar a vaga sôbre a vaga,*
*só na dôr tem a dôr sossegamento*

y llegad a cuando en un éxtasis descuelga la vieja espada de Aljubarrota, tinta en sangre fraternal, y exclama:

*Porêm, se a pátria, já na derradeira*
*angústia e míngua onde a lançou meu dano,*
*terra d'escravos é, terra estrangeira,*

*Rútila espada, que brandi ufano!*
*Antes un velho lavrador mendigo*
*te erga a custo do chão, piadoso e humano!*

*Volte a bigorna o duro aço antigo!*
*E acabes, afinal, relha de arado,*
*pelos campos de Deus, a lavrar trigo*

y arroja su espada al abismo de la noche, exclamando:

*Deus te acompanhe! Seja Deus louvado!*

Y luego entra en escena «el loco» —«o doido»—, el pobre pueblo portugués, nuestro hermano, y echa de menos los tiempos en que fue campesino.

*Fôsse eu ainda o camponês adusto,*
*lavrador matinal, risonho e grave,*
*d'alma de pomba e coração de justo!*

*Sentisse eu ainda a música suave*
*da candura feliz no peito agreste,*
*qual em rórida brenha um trino d'ave!*

*Em vez do mundo (fome, guerra e peste!)*
*conquistasse, por única vitória,*
*os tesoiros sem fin do amor celeste.*

*Nunca de feitos meus cantasse a História;*
*ignorasse o meu nome a voz da Fama*
*e a minha sombra humilde a luz da Glória.*

*Vivesse obscuro e triste, erva da lama;*
*nas alturas, porêm, fôsse contado*
*entre os que Deus aceita, os que Deus ama.*

Es todo lo contrario de Don Quijote y Sancho. Busca nuestro Caballero en la vida pastorial hacerse eterno y famoso; busca en ella este pobre loco portugués ser olvidado, expiar sus culpas y redimirse en el dolor,

*Dôr temerosa, Dôr idolatrada*
*o Dôr, filha de Deus, mãe do Universo!*

¿No buscan, en el fondo, una misma cosa? ¿No buscaba lo mismo Don Quijote echándose al mundo a deshacer entuertos y proponiéndose dedicarse al ejercicio pastoril? ¿No busca nuestro pueblo ahora, con los pantanos y canales y la política hidráulica, lo mismo que buscó con sus atrocidades en América?

El pobre loco portugués, «o doido», luego de confesar sus culpas, sus glorias

*Minhas glórias...! infâmias e vergonhas*
*de ladrão, de pirata e de assassino!*

pide la cruz, pide el dolor, y muere en la cruz, en cuya cabecera «desenhada a sangue», esta ironía: «Portugal, rei do Oriente!» muere bendiciendo el llanto que brota de sus ojos

*[...] porque és o mar de pranto*
*que os meus crimes verteram pelo mundo...*

bendiciendo la sangre que corre de sus heridas, porque es

*[...] o mar de sangue*
*do meu orgulho e minha iniquidade...*

¿Es esto lo que pide y busca nuestro loco, nuestro pueblo español? No, no es esto precisamente. No es que no cante sus hechos la Historia, que ignore su nombre la voz de la Fama, y su nombre humilde la luz de la gloria; no, no es esto.

Se retira a la vida pastoril, derrotado en la de caballero andante, para poder hacerse eterno y famoso, no solo en los presentes, sino en los venideros siglos. Cambia de camino, pero no de estrella que le guíe.

¿Ha de renunciar el pueblo a toda acción quijotesca y encerrarse en su natal dehesa a purgar sus antiguas culpas, cuidando de su ganado o labrando su tierra y sin poner su mira más que en el cielo? ¿Ha de pensar tan solo en ser allá en las alturas contado entre los que Dios ama? ¿Ha de volver a su apacible vida de antes de lanzarse a sus aventureras empresas? ¿Tuvimos esta vida nunca? ¿Tuvimos paz?

No basta como ideal de la vida de un pueblo el de mantener la vida misma en el mayor bienestar y holgura, ni aun basta la felicidad. Menos aún abrazarse al dolor. No puede ser ideal de un pueblo el ideal ascético, destructor de la vida.

¿Aspirar al cielo? No; ¡al reino de Dios! Y a todas horas, día tras día, alza por miles de bocas nuestro pueblo esta plegaria a Nuestro Padre que está en los cielos: «Venga a nos el tu reino»; es el reino de Dios el que ha de bajar a la tierra, y no ir la tierra al reino de Dios, pues este reino ha de ser reino de vivos y no de muertos. Y ese reino cuyo advenimiento pedimos a diario, tenemos que crearlo, y no con oraciones solo; con lucha.

*Pudesse eu, d'alma livre e resoluta,*
*olhos no fogo da manhã nascente,*
*erguer ainda os braços para a luta!*
*Não, como outr'ora, para a luta ardente*
*da riqueza e grandeza, é vaidade…*
*da fortuna, que é sombra que nos mente…*
*Seja a hora do prélio a eternidade!*
*E o globo estreito a arena, onde não cansa*
*a batalla do Amor e da Verdade!*

¡Esta, la batalla del Amor y de la Verdad! Y en tal pelea ha de ser el pueblo todo un Don Quijote, un pastor Quijótiz más bien,

*Cavalleiro de Deus, ergue-te e avança!*
*Põe na bigorna os cravos de Jesus;*
*bate-os contando… E o ferro da tua lança!*
*Faz a hástea de lança d'uma cruz;*
*vae, cavalleiro, de viseira erguida;*
*dá lançadas magnânimas de luz!…*

¡Hay que pelear, sí, a lanzadas de luz!

Encerrémonos, bien está, en la natal dehesa, pero a cobrar fama pastoreando y cantando. Es un derivativo de la acción heroica; es otra nueva empresa. Vayamos a manejar el cayado con mano movida por el corazón mismo que nos hizo manejar la espada. Es el ejercicio pastoril ahora gobierno, que «no consiste —dice el maestro fray Luis de León en los *Nombres de Cristo*, lib. I, cap. IV— en dar leyes ni en poner mandamientos, sino en apacentar y alimentar a los que gobiernan». ¿Apacentarlos y alimentarlos con qué? Con amor y verdad.

Pueblo moribundo se ha llamado a tu pueblo, Don Quijote mío, por los que embriagados con el triunfo pasajero olvidan que la fortuna da más vueltas que la Tierra y que aquello mismo que nos hace menos aptos para el tipo de civilización que hoy priva en el mundo, acaso eso mismo nos haga más aptos para la civilización de mañana. El mundo da muchas vueltas, y la fortuna, más.

Hay que aspirar, de todos modos, a hacerse eternos y famosos, no solo en los presentes, sino en los venideros siglos; no puede subsistir como pueblo aquel pueblo cuyos pastores, su conciencia, no se lo representen con una misión histórica, con un ideal propio que realizar en la tierra. Estos pastores han de aspirar a cobrar fama pastoreándolo y cantando, y así, cobrando fama, llevarle a su destino. ¿Es que no hay en la Conciencia eterna e infinita una eterna idea de tu pueblo, Don Quijote mío? ¿Es que no hay una España celestial, de que esta España terrena no es sino trasunto y reflejo en los pobres siglos de los hombres? ¿Es que no hay un alma de España tan inmortal como el alma de cada uno de sus hijos?

Cruzando el mar en quebradizas carabelas fueron nuestros abuelos a descubrir el Nuevo Mundo, que dormía bajo estrellas antes desconocidas; ¿no hay algún nuevo mundo del espíritu cuyo descubrimiento nos reserve Dios cuando osemos, como los héroes de Camoens, lanzarnos a «mares d'antes nunca navegados» en espirituales carabelas labradas con madera de los bosques de nuestro pueblo?

Dicen en mi tierra vasca que los abuelos de mis abuelos, los denodados pescadores del golfo de mi Vizcaya, se iban tras de la ballena hasta los bancos de Terranova siglos antes de que Colón llamara a las puertas de la Rábida. Soberbiamente lo dice el escudo de Lequeitio: «Reges debellavit horrenda cete subiecit, terra marique potens, Lequeitio». Y para someter a horrendas ballenas fueron, dicen, los balleneros de mi casta hasta las entonces desconocidas costas de la remota América. Y aún dicen más, y es que corre la leyenda de que fue un marino vasco, por nombre Andialotza, es decir, Gran Vergüenza, quien primero dio a Colón noticias del Nuevo Mundo, por no atreverse, sin duda, el gran vergonzoso a descubrirlo. Temía a la gloria. ¿Será esto profético? Y si el buen Andialotza, mi paisano, pierde su ingénita vergüenza, ¿habrá que esperar al Colón del Nuevo Espíritu de España?

¿Hay una filosofía española? Sí, la de Don Quijote. Y conviene que este, nuestro Caballero de Fe, el Caballero de nuestra Fe, deje en el astillero su lanza y en la cuadra a Rocinante y cuelgue la espada, y convertido en el pastor Quijótiz, empuñe el cayado con mano firme, y lleve consigo el caramillo, y a la sombra de las sombrosas encinas de dulcísimo fruto, mientras pacen cabizbajas sus ovejas, cante inspirado por Dulcinea, su visión del mundo y de la vida, para cobrar, cantándola, eterno nombre y fama. Y no ya su visión, sino más bien su encorazonamiento de ellos. Y para cobrar fama, pues se nos dio la gloria como norte de la vida.

El Nunalvares del poeta os dirá de la fama que

*Fama grande do mundo tão mesquinho*
*dando ás trombetas com ardor, não vôa*
*onde vôa cantando, um passarinho.*

Mas no os fieis demasiado de tales voces de desaliento, pues sí, la fama vuela, vuela más allá del mundo, y vuela aún más la canción del amor y la verdad.

Tal vez a los ecos de esa canción de amores del pastor Quijótiz caigan vencidos los gigantes que fingen ser molinos y se amansen los galeotes, y licencie Roque Guinart a sus huestes, y enmudezcan los canónigos y los graves eclesiásticos, y reconozcan los cuadrilleros que las bacías en manos del hidalgo milagrero son yelmos, y renuncien los maese Pedro a sus titereras, y se nos abran las entrañas de la cueva de Montesinos, y se enderece todo entuerto, y se deshaga todo agravio, y se adoncellen todas las mozas del partido, y venga a nosotros el reino de Dios, realizándose en la tierra aquel Siglo de Oro con cuya visión embobó y suspendió Don Quijote el ánimo de los cabreros.

Hay que dar «lanzadas magnánimas de luz», o, mejor, hay que lanzar la verdad al mundo, mientras se pastorea el ganado, al son de pastoril caramillo, la santa palabra que ha de hacer el milagro. Hay que pedir a Apolo versos, al amor conceptos. Sobre todo, conceptos al amor.

¿Hay una filosofía española, mi Don Quijote? Sí, la tuya, la filosofía de Dulcinea, la de no morir, la de creer, la de crear la verdad. Y esta filosofía ni se aprende en cátedras ni se expone por lógica inductiva ni deductiva, ni surge de silogismos, ni de laboratorios, sino surge del corazón.

Pensabas, mi Don Quijote, en hacerte pastor Quijótiz y que te diera el amor conceptos. Todos los conceptos de vida, todos los conceptos eternos, manan del amor. Es Aldonza, mi pastor Quijótiz, es siempre Aldonza la fuente de sabiduría. A través de ella, a través de tu Aldonza, a través de la mujer, ves Universo todo.

¿No ves a este pueblo endiosando cada día más el ideal de la mujer, a la mujer por excelencia, a la Virgen Madre? ¿No le ves rendido a ese culto, y hasta casi olvidando por él el culto al Hijo? ¿No ves que no hace sino ensalzarla más y más alto, pujando por ponerla al lado del Padre mismo, a su igual, en el seno de la Trinidad, que pasaría a ser Cuaternidad si no es ya que la identificaran con el Espíritu como con el Verbo se identificó al Hijo? ¿No la han declarado Corredentora? Y esto, ¿por qué es?

La concepción de Dios que se nos ha venido trasmitiendo ha sido una concepción, no ya antropomórfica, sino andromórfica; nos lo representamos, no ya como a persona humana —*homo*—, sino como a varón —*vir*—; Dios era y es en nuestras mentes masculino. Su modo de juzgar y condenar a los hombres, modo de varón, no de persona humana por encima de sexo; modo de Padre. Y para compensarlo hacía falta la Madre, la Madre que perdona siempre, la Madre que abre siempre los brazos al hijo cuando huye este de la mano levantada o del ceño fruncido del irritado Padre, la Madre en cuyo regazo se busca como consuelo una oscura remembranza de aquella tibia paz de la inconciencia que dentro de él fue el alba que precedió a nuestro nacimiento, y un dejo de aquella dulce leche que embalsamó nuestros sueños de inocencia, la Madre que no conoce más justicia que el perdón ni más ley que el amor. Las lágrimas maternales borran las tablas del Decálogo. Nuestra pobre e imperfecta concepción de un Dios varón, de un Dios con largas barbas y voz de trueno, de un Dios que impone preceptos y pronuncia sentencias, de un Dios Amo de Casa, *Pater familias* a la romana, necesitaba compensarse y completarse, y como en el fondo no podemos concebir al Dios personal y vivo, no ya por encima de rasgos humanos, mas ni aun por encima de rasgos varoniles y menos un Dios neutro o hermafrodita, acudimos a darle un Dios femenino y junto al Dios Padre hemos puesto a la Diosa Madre, a la que perdona siempre porque, como mira con amor ciego, ve siempre el fondo de la culpa y en ese fondo la justicia única del perdón, a la que siempre consuela, a la Madre Dulcísima, a la Madre de Dios, a la Virgen Madre. Es la Virgen Madre, es la Madre Purísima, la que no es sino madre y, siendo todo lo que hace ser mujer a la mujer, queda limpia de todo el barro humano para que en ella aliente e irradie tan solo el soplo divino.

Es la Virgen Madre, es la Madre de Dios. Es la Madre de Dios, es la pobre Humanidad dolorida. Porque, aunque compuesta de hombres y mujeres, la Humanidad es mujer, es madre. Lo es cada sociedad, lo es cada pueblo. Las muchedumbres son femeninas. Juntad a los hombres y tened por cierto que es lo femenino de ellos, lo que tienen de sus madres lo que los junta. La pobre Humanidad dolorida es la madre de Dios, pues en ella, en su seno, es donde se manifiesta, donde encarna la eterna e infinita Conciencia del Universo. Y la Humanidad es pura, purísima, limpia de toda mancha, aunque nazcamos manchados cada uno de los hombres y mujeres. ¡Dios te salve, Humanidad: llena eres de gracia!

Mira, mi pastor Quijótiz, cómo se va a la Humanidad desde Aldonza, la recatada doncella del Toboso: mira cómo da el amor conceptos. Y mira si al son de tu pastoril caramillo puede hacerse amorosa filosofía española, aunque graznen, para ahogar sus melódicos sones, los grandísimos cuervos y grajos que anidan en la boca de la cueva de Montesinos.

Si Don Quijote volviera al mundo sería pastor Quijótiz, no ya caballero andante de espada: sería pastor de almas, empuñando, en vez del cayado, la pluma o dirigiendo su encendida palabra a los cabreros todos. Y ¡quién sabe si no ha resucitado…!

Si Don Quijote volviera al mundo sería pastor, o lo será cuando vuelva; pastor de pueblos. Y buscará que le dé el amor conceptos, y en hacer vivir y triunfar estos pondrá todo el denuedo y la bravura toda que puso antes en acometer molinos y libertar galeotes. Y buena falta nos está haciendo, porque es cobardía de pensar lo que nos tiene tan abatidos. Es cobardía de afrontar los eternos problemas; es cobardía de escarbar en el corazón; es cobardía de hurgar las inquietudes íntimas de las entrañas eternas. Esa cobardía lleva a muchos a la erudición adormidera de desasosiegos del espíritu u ocupación de la pereza espiritual: algo así como el juego del ajedrez.

«No quiero meterme a estudiar patología —me decía un cobarde—, ni aun quiero saber hacia dónde me cae el hígado ni para qué sirve, pues si me pongo a ello llego a creer que padezco de la enfermedad cuya descripción acabo de leer. Ahí está el médico, cuyo oficio es curarme y para lo cual le pago; descargo en él mi responsabilidad, y si me mata, allá por su cuenta; moriré, al menos, sin aprensiones ni cuidados. Y lo mismo tengo al cura. No quiero meterme a pensar en mi origen ni en mi destino, de dónde vengo y adónde voy, y si hay o no Dios y cómo sea, y si hay o no otra vida y en qué consista; eso no sirve más que para dar quebraderos de cabeza y robarme el tiempo y la energía que necesito para ganar el pan de mis hijos. Ahí está el cura, y pues tal es su oficio, averigüe él lo que haya, dígame misa y absuélvame cuando al ir a morirme confiese mis pecados. Y si se engaña y me engaña, allá él por su cuenta. Él responderá de sí: para mí, en el creer no hay engaño.»

¡Qué falta nos estás haciendo, pastor Quijótiz, para arremeter con tus conceptos, dictados por el amor, a lanzadas magnánimas de luz contra esta mentira apestosa y libertar a los pobres galeotes aunque luego te apedreen, que te apedrearán, de seguro, si les rompes las cadenas de la cobardía que les tienen presos; te apedrearán!

Te apedrearán. Los galeotes espirituales apedrean al que les rompe las cadenas que les agarrotan. Y precisamente por esto, porque ha de ser uno apedreado por ellos, es por lo que hay que libertarlos. El primer uso que de su libertad hacen es apedrear al libertador.

El más acendrado beneficio es el que se hace al que no nos lo reconoce por tal; la mayor caridad que puedes rendir a tu prójimo no es aplacarle deseos ni remediarle necesidades, sino encenderle aquellos y crearle estas. Libértale, y luego que te apedree por haberle libertado y ejercite así sus brazos libres, empezará a desear la libertad.

Te apedrearán porque se verán perdidos. Y dirán: ¿libertad? Bien, ¿y qué hago yo con esto? Un galeote amigo mío, a quien me dedicaba yo a limarle las cadenas espirituales y sembrar inquietudes y dudas en su alma, me dijo un día: «Mira, déjame en paz y no me molestes; así vivo bien. ¿Para qué tribulaciones y congojas? Si yo no creyera en el infierno sería un criminal». Y le contesté: «No, seguirías siendo como eres y haciendo lo que haces y no haciendo lo que hoy no haces, y si así no fuera y dieses en criminal entonces, es que lo eres también ahora». Y me replicó: «Necesito una razón para ser bueno; un fundamento objetivo sobre que basar mi conducta; necesito saber por qué es malo lo que a mi conciencia repugna». Y yo le contrarrepliqué: «Lo es porque repugna a tu conciencia, en la que vive Dios». Y volvió a replicarme: «No quiero encontrarme en medio del océano, como un náufrago, ahogándome, perdido y sin tener una tabla a que agarrarme». Y volví a contrarreplicarle: «¿Tabla? La tabla soy yo mismo; no la necesito, porque floto en ese océano de que hablas, y que no es sino Dios. El hombre flota en Dios sin necesidad de tabla alguna, y lo único que yo deseo es quitarte la tabla, dejarte solo, infundirte aliento y que sientas que flotas. ¿Fundamento objetivo, dices? ¿Y qué es eso? ¿Quieres más objetivo de ti que tú mismo? Hay que echar a los hombres en medio del océano y quitarles toda tabla, y que aprendan a ser hombres, a flotar. Tienes tan poca confianza en Dios que estando en Él, en quien vivimos, nos movemos y somos (Hch, XVII, 28), ¿necesitas tabla a que agarrarte? Él te sostendrá, sin tabla. Y si te hundes en

Él, ¿qué importa? Estas congojas y tribulaciones y dudas que tanto temes son el principio del ahogo, son las aguas vivas y eternas, que te echan el aire de la tranquilidad aparencial en que estás muriendo hora tras hora; déjate ahogar, déjate ir al fondo y perder sentido y quedar como una esponja, que luego volverás a la sobrehaz de las aguas, donde te veas y te toques y te sientas dentro del océano». «Sí, muerto», me dijo. «No, resucitado y más vivo que nunca», le dije. Y el pobrecito de mi amigo el galeote se me escapó lleno de miedo de sí mismo. Y luego me ha apedreado, y al sentir sus pedradas sobre el yelmo de Mambrino con que me cubro la cabeza, he dicho en mi corazón: ¡Gracias, Dios mío, porque has hecho que no cayeran mis palabras en el espíritu de mi amigo como en pelada roca, sino que prendieron en él!

¡Si les oyeses, mi pastor Quijótiz, hablar de su fe y de sus creencias a los galeotes del espíritu...! ¡Si oyeras, mi buen pastor, hablar de ello a sus pastores...! Uno de estos pastores he conocido, para quien la virtud de los silbos con que llamaba a sus ovejas, la verdad de la doctrina en que les adoctrinaba y sin acatar la cual les negaba salud eterna, estribaba, ¡figúrate, en que era castiza, en que era la más española! Para él la herejía no era sino una traición a la patria. Y conozco un perro de pastor, un ladrador de nuestras glorias patrias y guardián de nuestras tradiciones, para quien la religión no es más que un género literario, tal vez una rama de las humanidades y a lo sumo una de las bellas artes. Contra estos miserables haces falta, mi pastor Quijótiz, para limpiar con tus cantos toda esa asquerosa cotena del espíritu e infundirnos a todos valor para que nos hundamos en la cueva de Montesinos y miremos allí cara a cara las visiones que se nos presenten.

Se comprende bien que los jesuitas, remachadores de cadenas de galeotes, te guarden ojeriza, mi Don Quijote, y quemen con algazara el libro de tu historia, según nos asegura que alguna vez lo han hecho, uno que rompió las cadenas de la orden: el ex jesuita autor de *Un barrido hacia fuera en la Compañía de Jesús*.

¡Ven, pastor Quijótiz, a pastorearnos y cantar los conceptos que el amor te inspire!

## Capítulo LXVIII

### De la cerdosa aventura que le aconteció a Don Quijote

Y a poco de haber hecho Don Quijote estos propósitos de pastoreo, llegó una piara de más de seiscientos puercos, y pasaron sobre él. Por pena de su pecado tuvo aquella afrenta el Caballero, mas no le acongojó tanto que no le dejase componer aquel madrigalete en que decía, entre otras cosas, lo de:

> Así el vivir me mata
> que la muerte me torna a dar la vida.
> ¡Oh condición no oída
> la que conmigo muerte y vida trata!

¡Maravillosa sentencia en que se declara lo más íntimo del espíritu quijotesco! Y ved cómo cuando Don Quijote llegó a expresar lo más recóndito, lo más profundo, lo más entrañable de su locura de gloria, lo hizo en verso, y después de vencido y después de pisoteado por piara de cerdos. El verso es, sin duda, el lenguaje natural de lo profundo del espíritu; en verso compendiaron san Juan de la Cruz y santa Teresa lo más íntimo de sus sentires. Y así Don Quijote fue en verso como llegó a descubrir los abismos de su locura, que el vivir le mataba y la muerte tornaría a darle vida, que su anhelo era anhelo de vida inacabable y eterna, de vida en la muerte, de perdurable vida.

Así el vivir me mata
que la muerte me torna a dar la vida.

Sí, Don Quijote mío, la muerte tornó a darte vida, y vida imperecedera. El vivir nos mata. Ya lo dijo tu hermana Teresa de Jesús, cuando cantó:

*Sácame de aquesta muerte*
*mi Dios y dame la vida;*
*no me tengas impedida*
*en este lazo tan fuerte;*
*mira que muero por verte*
*y vivir sin Ti no puedo,*
*que muero porque no muero.*

## Capítulo LXIX

### Del más raro y más nuevo suceso que en todo el discurso desta grande historia avino a Don Quijote

Cantando el madrigalete Don Quijote y durmiendo la vida Sancho, les llegó el nuevo día, y al declinar de la tarde de este la última burla de los duques. Y fue que les rodearon hasta diez hombres de a caballo y cuatro o cinco de a pie, y entre denuestos e improperios los llevaron al castillo de los duques. Y allí se encontraron sobre un túmulo con el cuerpo muerto de Altisidora, para resucitar a la cual mandó Radamante que sellaran el rostro de Sancho con veinticuatro mamonas y doce pellizcos y seis alfilerazos en brazos y lomos. Y a pesar de su resistencia luciéronle así seis dueñas y resucitó Altisidora. Y viendo Don Quijote la virtud que el cielo puso en el cuerpo de Sancho, pidiole de rodillas el que entonces, teniendo sazonada semejante virtud, se diera algunos azotes para desencantar a Dulcinea.

Y lo cierto es, a pesar de las torpes burlas de los duques, que el cuerpo de Sancho tiene virtud para desencantar y resucitar doncellas. Del cuerpo de Sancho se alimentaban los duques y sus lacayos y sus doncellas; del cuerpo de Sancho, en última instancia, procede el que Dulcinea pueda llevar a sus favoritos al templo de la eternidad de la fama. Sancho se azota con el trabajo para que puedan otros, libres de él, enamorar a Dulcinea; los azotes de Sancho hacen al héroe y a su cantor celebrado, y al santo santo y al poderoso poderoso.

Aquí dice el historiador una verdad como un templo, cual es «que tiene para sí ser tan locos los burladores como los burlados, y que no estaban los duques dos dedos de parecer tontos, pues tanto ahínco ponían en burlarse de dos tontos...». Alto aquí, que ni a Don Quijote ni a Sancho puede llamárseles tontos y sí a los duques, que lo eran, y de remate y capirote, y tontos, como todos los tontos suelen serlo, maliciosos y bellacos. No hay, en efecto, tonto bueno; el tonto, y más si es amigo de burlas, rumia el pasto amargo de la envidia. En el fondo no perdonaban los duques a Don Quijote el renombre por este adquirido y aspiraban a unir su nombre al nombre inmortal del Caballero. Pero bien los castigó el sabio historiador pasando en silencio sus nombres, con lo cual no lograron su propósito. En «los duques» a secas se quedarán, y como cifra y compendio de duques sandios y mal intencionados.

Poco después de la resurrección de Altisidora, entró esta desenvueltísima doncella en el aposento de Don Quijote, y en la plática que allí tuvieron dijo el Caballero aquellas memorables palabras de «no hay otro yo en el mundo», sentencia hermana melliza de aquella otra de «¡yo sé quién soy!».

¡No hay otro yo en el mundo! He aquí una sentencia que deberíamos no olvidar nunca, y sobre todo cuando, al acongojarnos por tener que desaparecer un día, nos vengan con la ridícula monserga de que somos un átomo en el Universo y que sin nosotros siguen los astros su curso y que el Bien ha de realizarse hasta sin nuestro concurso, y que es soberbia imaginar que toda esa inmensa fábrica se hizo para nuestra salud. ¡No hay otro yo en el mundo! Cada uno de nosotros es único e insustituible.

¡No hay otro yo en el mundo! Cada cual de nosotros es absoluto. Si hay un Dios que ha hecho y conserva el mundo, lo ha hecho y conserva para mí. ¡No hay otro yo! Los habrá mayores y menores, mejores y peores, pero no otro yo. Yo soy algo enteramente nuevo; en mí se resume una eternidad de pasado y de mí arranca una eternidad de porvenir. ¡No hay otro yo! Esta es la única base sólida del amor entre los hombres porque tampoco hay otro tú que tú, ni otro él que él.

Prosiguió la plática y en ella mostró la liviana Altisidora que, aun en burlas y todo, le dolía el desvío de Don Quijote. Imposible es que una doncella finja en chanzas enamorarse y no lleve a mal el que no se la corresponda en veras. Y fue tal su irritación por no haber logrado esto que, llamando a Don Quijote «don vencido y don molido a palos», le declaró que lo de la resurrección había sido una burla.

Este rasgo debía bastar para convencernos de cuán real y verdadera es la historia que estoy explicando y comentando, porque esto de acabar por tomar en veras las burlas la desdeñada doncella es de las cosas que no se inventan ni pueden inventarse. Y tengo para mí que si Don Quijote flaquea y cede y la requiere, se le entrega ella en cuerpo y alma, aunque solo fuera para poder decir luego que fue poseída por un loco cuya fama llenaba el mundo entero. Todo el mal de aquella doncella nacía de ociosidad, según declaró a los duques el mismo Don Quijote. Sin duda, pero falta saber de qué género de ociosidad nacía su mal.

## Capítulo LXXI

### De lo que a Don Quijote le sucedió con su escudero Sancho yendo a su aldea

Salieron amo y escudero de casa de los duques y reanudaron camino de su aldea. Y yendo de camino ofreció Don Quijote a Sancho pagarle los azotes, «a cuyos ofrecimientos abrió Sancho los ojos y las orejas de un palmo, y dio consentimiento en su corazón a azotarse de buena gana», pues el amor de sus hijos y de su mujer le hacía mostrarse interesado, según declaró él mismo. Estimolos Sancho en ochocientos veinticinco reales, y Don Quijote exclamó: «¡Oh Sancho bendito!, ¡oh Sancho amable!, y cuán obligados hemos de quedar Dulcinea y yo a servirte todos los días que el cielo nos diere de vida». Y llegada la noche se retiró Sancho entre unos árboles, y «haciendo del cabestro y de la jáquima del rucio un poderoso y flexible azote», desnudose de medio cuerpo arriba, «comenzó a darse y comenzó Don Quijote a contar los azotes». A los seis u ocho pidió Sancho aumento de precio y se lo dobló su amo, «pero el socarrón dejó de dárselos en las espaldas, y daba en los árboles, con unos suspiros de cuando en cuando, que parecía que con cada uno dellos se le arrancaba el alma».

Mira, Sancho, esto que a cuenta de tus azotes pasó entre tu amo y tú es un perfecto símbolo de lo que en tu vida pasa. Ya te dije que de tus azotes vivimos todos, incluso los que filosofamos sobre ellos o los ponemos en coplas. Tiempo hay en que se te quiere obligar por fuerza a que te azotes, y se te esclaviza, pero llega día en que haces lo que hiciste con tu amo y señor natural Don Quijote, y es desmandarte contra quien te quiere forzar a que te azotes y poner tu rodilla sobre su pecho y exclamar: «¡Mi amo soy yo!». Y entonces se cambia de táctica y se te ofrece pagarte los azotes, lo cual es un nuevo engaño, pues que de ellos sale también la paga que por ellos te dan. Y tú, pobre Sancho, movido del amor a tus hijos y a tu mujer, accedes y te dispones a azotarte. Pero ¿cómo has de hacerlo con voluntad y de veras, si no estás persuadido del valer de tus azotes? Das seis u ocho en tu cuerpo y los tres mil doscientos noventa y dos restantes en los árboles, y lo más de tu trabajo se pierde. Lo más del trabajo humano se pierde, y es natural que así sea, porque ¿con qué devoción va a pulir joyas un infeliz que las pule para ganarse el pan, mas sin estar persuadido del valor social de las tales joyas?, ¿con qué ahínco hará juguetes para los hijos de los ricos el que haciéndolos saca el pan para los suyos, que no tienen con qué jugar?

Trabajo de Sísifo es lo más del trabajo humano, y el pueblo no tiene conciencia de que es solo un pretexto para que le den el jornal, y no como cosa suya, sino como algo ajeno que le hacen la merced de dejárselo ganar. El toque está en que reciba Sancho su salario como cosa que no le pertenece sino en virtud de los azotes que se hubiera dado y porque le han hecho la merced de proporcionarle azotina, y para sostener y perpetuar la mentira del derecho de propiedad y del acaparamiento de la tierra por los poderosos, se inventan azotes, por absurdos que ellos sean. Y así se azota Sancho con el mismo empeño con que desenchinarran calles esos desgraciados a los que en los meses de invierno, cuando escasean azotes, les mandan los municipios a desenchinarrar calles para volverlas a enchinarrar y con ello justificar la limosna vergonzante que se les reparte.

Tela de Penélope y tonel de las Danaides es lo más de tu azotina, Sancho; el caso es que te cueste ganarte el pan y que tengas que agradecérselo a los que te proporcionan azotes, y que reconozcas que te pagan de lo suyo y no pongas el pie en sus hanegas de sembradura como en su pecho pusiste la rodilla. Haces, pues, muy bien en desollar los árboles a jaquimazos, pues lo mismo te han de pagar, ya que te pagan, no por que te azotes, sino por que no te rebeles. Haces bien, pero harías mejor si volvieras la jáquima alguna vez contra tus amos y los azotaras a ellos y no a los árboles, y los echaras a azotes de sus hanegas de sembradura, o que las aren y siembren ellos contigo y como cosa de los dos.

## Capítulos LXXII y LXXIII

### De cómo Don Quijote y Sancho llegaron a su aldea

Prosiguiendo su camino se encontraron en el mesón con D. Álvaro Tarfe; a los dos días acabó con sus azotes Sancho, y a poco divisaron la aldea. Entraron en ella y en sus casas. Y al declarar Don Quijote al cura y al bachiller su propósito de que se hicieran pastores, descubrió Carrasco su mal, la locura pegada por Don Quijote, y que le llevó a vencer a este al decir lo de «como ya todo el mundo sabe, yo soy celebérrimo poeta». ¿No os dije que el bachiller estaba tocado de la misma locura del hidalgo? ¿No había acaso soñado entre las doradas piedras de Salamanca, sueño de no morir?

Acudió el ama al oír lo de los pastores a aconsejar a su amo, y le dijo: «Estese en casa, atienda a su hacienda, confiese a menudo, favorezca a los pobres y sobre mi ánima si mal le fuere».

Esta buena ama habla poco, pero cuando rompe a hablar se vacía en pocas palabras. ¡Y qué bien discurre!, ¡con cuánto seso! Lo que aconsejó a su amo es lo que nos aconsejan los que dicen querernos bien.

¡Querernos bien...! ¡Querernos bien...! ¡Ay, cariño, cariño, y qué miedo te tengo! Así que oigo a un amigo lo de «yo te quiero bien», o «haga caso de los que bien le queremos», me echo a temblar. Los que me quieren bien... ¿y quiénes me quieren bien? Los que quieren que sea como ellos quieren, para quererme. ¡Ay, cariño, cariño, terrible cariño, que nos lleva a buscar en el querido el que de él hicimos! ¿Quién me quiere como soy? Tú, Tú solo, Dios mío, que queriéndome me creas de continuo, pues es mi existencia misma obra de tu eterno amor.

«Estese en su casa...» ¿Y por qué he de estarme en casa? Estese cada uno en la suya y no habrá Dios que esté en la de todos.

«Atienda a su hacienda...» ¿Y cuál es mi hacienda? Mi hacienda es mi gloria.

«Confiese a menudo...» Mi vida y mi obra son una confesión perpetua. Desgraciado del hombre que tiene que recojerse a tiempos y lugares para confesarse. Eso de la confesión, de que habla el ama de Don Quijote, ¿no nos educa acaso a ser reservados y chismosos a la vez?

«Favorezca a los pobres...» Sí, pero a los verdaderos pobres, a los pobres de espíritu, y no con el favor que ellos piden, sino con el que necesitan.

Mira, lector, aunque no te conozco, te quiero tanto que si pudiese tenerte en mis manos te abriría el pecho y en el cogollo del corazón te rasgaría una llaga y te pondría allí vinagre y sal para que no pudieses descansar nunca y vivieras en perpetua zozobra y en anhelo inacabable. Si no he logrado desasosegarte con mi Quijote es, créemelo bien, por mi torpeza y porque este muerto papel en que escribo ni grita, ni chilla, ni suspira, ni llora, porque no se hizo el lenguaje para que tú y yo nos entendiéramos.

Y ahora vamos a asistir a bien morir a Don Quijote.

## Capítulo LXXIV

### De cómo Don Quijote cayó malo, y del testamento que hizo, y su muerte

*Dio el alma a quien se la dio.*
*El cual la ponga en el cielo*
*y en su gloria,*
*y aunque la vida murió,*
*nos dejó harto consuelo*
*su memoria.*

Final de las *Coplas* que Jorge Manrique compuso a la muerte de su padre don Rodrigo Manrique, gran maestre de Santiago

Llegamos al cabo, oh lector, al remate de esta lastimosa historia; a la coronación de la vida de Don Quijote, o sea a su muerte, y a la luz de la muerte es como hay que mirar la vida. Y tan es así que aquella antigua máxima que dice «cual fue la vida tal será la muerte» —*sicut vita finis ita*— habrá que cambiarla diciendo «cual es la muerte tal fue la vida». Una muerte buena y gloriosa abona y glorifica la vida toda, por mala e infame que esta hubiese sido, y una muerte mala malea la vida al parecer más buena. En la muerte se revela el misterio de la vida, su secreto fondo. En la muerte de Don Quijote se reveló el misterio de su vida quijotesca.

Seis días estuvo encamado con calentura, desahuciole el médico, quedose solo y durmió más de seis horas de un tirón. «Despertó al cabo del tiempo dicho, y dando una gran voz dijo: "Bendito sea el poder de Dios, que tanto bien me ha hecho. En fin, sus misericordias no tienen límite, ni las abrevian ni impiden los pecados de los hombres".» ¡Piadosísimas palabras! Preguntole la sobrina qué le pasaba, y respondió: «Las misericordias, sobrina, son las que en este instante ha usado Dios conmigo, a quien, como dije, no las impiden mis pecados. Yo tengo juicio ya, libre y claro, sin las sombras caliginosas de la ignorancia, que sobre él me pusieron mi amarga y continuada leyenda de los detestables libros de las caballerías. Ya conozco sus disparates y sus embelecos, y no me pesa sino que este desengaño ha llegado tan tarde que no me deja tiempo para hacer alguna recompensa, leyendo otros que sean luz del alma. Yo me siento, sobrina, a punto de muerte; querría hacerla de tal modo que diese a entender que no había sido mi vida tan mala que dejase renombre de loco, que, puesto que lo he sido, no querría confirmar esta verdad en mi muerte».

¡Pobre Don Quijote! A lindero de morir, y a la luz de la muerte, confiesa y declara que no fue su vida sino sueño de locura. ¡La vida es sueño! Tal es, en resolución última, la verdad a que con su muerte llega Don Quijote, y en ella se encuentra con su hermano Segismundo.

Mas todavía lamenta no poder leer otros libros, que sean luz del alma. ¿Libros? Pero ¿es, noble hidalgo, que no estás desengañado ya de ellos? Libros te metieron a caballero andante, libros te llevaban a ser pastor; ¿y si esos libros que sean luz del alma te meten en otras, aunque nuevas caballerías? ¿Será cosa de recordar aquí, una vez más, a Íñigo de Loyola en cama, herido, en Pamplona, pidiendo le llevasen libros de caballerías para matar con ellos el tiempo y dándole la vida de Cristo Nuestro Señor y el *Flos Sanctorum*, los que le empujaron a meterse a ser caballero andante a lo divino?

Llamó Don Quijote a sus buenos amigos el cura, el bachiller Sansón Carrasco y a maese Nicolás el barbero, y pidió confesarse y hacer testamento. Y apenas vio entrar a los tres dijo: «Dadme albricias, buenos señores, de que ya no soy Don Quijote de la Mancha, sino Alonso Quijano, a quien mis costumbres me dieron renombre de bueno». Pocos días hace que hablando con D. Álvaro de Tarfe y al llamarle este bueno, le dijo: «Yo no sé si soy bueno, pero sé decir que no soy el malo», tal vez recordando aquello del Evangelio: «¿Por qué me llamas bueno? Ninguno es bueno sino uno: Dios», y ahora, a pique de morir y por la luz de la muerte alumbrado, dice que sus costumbres le dieron «renombre de bueno». ¡Renombre!, ¡renombre!, y ¡cuán dura de arrancar es, Don Quijote mío, la raíz de la locura de tu vida! ¡Renombre de bueno!, ¡renombre!

Siguió disertando piadosamente, abominó de Amadís de Gaula y «de toda la infinita caterva de su linaje», y al oírle creyeron los tres «que alguna nueva locura le había tomado». Y así era, en verdad, que le tomó la última locura, la no curadera, la de la muerte. La vida es sueño, de cierto, pero dinos, desventurado Don Quijote, tú que despertaste del sueño de tu locura para morir abominando de ella, dinos, ¿no es sueño también la muerte? ¡Ah, y si fuera sueño eterno y sueño sin ensueños ni despertar!, entonces, querido Caballero, ¿en qué más valía la cordura de tu muerte que la locura de tu vida? Si es la muerte sueño, Don Quijote mío, ¿por qué han de ser molinos los gigantes, carneros los ejércitos, zafia labradora Dulcinea y burladores los hombres? Si es la muerte sueño, locura y solo honda locura fue tu anhelo de inmortalidad.

Y si fue sueño y vanidad tu locura, ¿qué sino sueño y vanidad es todo heroísmo humano, todo esfuerzo en pro del bien del prójimo, toda ayuda a los menesterosos y toda guerra a los opresores? Si fue sueño y vanidad tu locura de no morir, entonces solo tienen razón en el mundo los bachilleres Carrascos, los duques, los D. Antonio Moreno, cuantos burladores, en fin, hacen del valor y de la bondad pasatiempo y regocijo de sus ocios. Si fue sueño y vanidad tu ansia de vida eterna, toda la verdad se encierra en aquellos versos de la *Odisea*:

> τὸν δὲ θεοὶ μὲν τεῦξαν ἐπεκλῶσαντο δ' ὄλεθρον
> ἀνθρώποιζ, ἳνα ἦσι καὶ ἐσσομένοισιν ἀοιδή.

«Los dioses traman y cumplen la perdición de los mortales para que los venideros tengan algo que cantar.»

(VIII, 579-580)

Y entonces sí que podemos decir con Segismundo, tu hermano, que «el delito mayor del hombre es haber nacido». Más nos valiera, si eso fuese así, no haber visto la luz del sol ni haber recojido en nuestro pecho el aire de la vida.

¿Qué te arrastró, Don Quijote mío, a tu locura de renombre y fama y a tu ansia de sobrevivir con gloria en los recuerdos de los hombres, sino tu ansia de no morir, tu anhelo de inmortalidad, esa herencia que heredamos de nuestros padres, «que tenemos un apetito de divinidad y una locura y un frenesí de querer ser más de lo que somos», para servirme de palabras del P. Alonso Rodríguez, tu contemporáneo (*Ejercicio de perfección y virtudes cristianas*, tratado VIII, cap. XV)? ¿Qué es sino el espanto de tener que llegar a ser nada lo que nos empuja a querer serlo todo, como único remedio para no caer en ese tan pavoroso de anonadarnos?

Pero allí estaba Sancho, en la cumbre de su fe, a que llegó después de tantos tumbos, arredros y tropiezos, y Sancho, al oírle tan desengañado, le dijo: «¿Ahora, señor Don Quijote, que tenemos nueva que está desencantada la señora Dulcinea, sale vuestra merced con eso. ¿Y ahora que estamos tan a pique de ser pastores para pasar cantando la vida como unos príncipes, quiere vuesa merced hacerse ermitaño? Calle, por su vida, vuelva en sí y déjese de cuentos». ¡Notables palabras! «¡Vuelva en sí! ¡Vuelva en sí y déjese de cuentos!» Mas ¡ay!, amigo Sancho, que tu amo no puede ya volver en sí, sino que ha de volver al seno de la tierra todoparidora, que a todos nos da a luz y a todos nos recoje en sombras. ¡Pobre Sancho, que te quedas solo con tu fe, con la fe que te dio tu amo!

¡Déjese de cuentos! «Los de hasta aquí —replicó Don Quijote—, que han sido verdaderos en mi daño, los ha de volver mi muerte, con ayuda del cielo, en mi provecho.» Sí, Don Quijote mío, esos cuentos son tu provecho. Tu muerte fue aún más heroica que tu vida, porque al llegar a ella cumpliste la más grande renuncia, la renuncia de tu gloria, la renuncia de tu obra. Fue tu muerte encumbrado sacrificio. En la cumbre de tu pasión, cargado de burlas, renuncias, no a ti mismo, sino a algo más grande que tú: a tu obra. Y la gloria te acoje para siempre.

Hizo salir la gente el cura y quedose solo con él y confesole. Y acabose la confesión y salió el cura diciendo: «Verdaderamente se muere y verdaderamente está cuerdo Alonso Quijano el Bueno; bien podemos entrar para que haga su testamento». Rompieron a llorar Sancho, el ama y la sobrina, porque en verdad, «en tanto que Don Quijote fue Alonso Quijano el Bueno a secas, y en tanto que fue Don Quijote de la Mancha, fue siempre de apacible condición y de agradable trato, y por esto no solo era bien querido de los de su casa, sino de todos cuantos le conocían». Fue siempre bueno, bueno sobre todo y ante todo, bueno con bondad nativa, y esta bondad que sirvió de cimiento a la cordura de Alonso Quijano y a su muerte ejemplar, esta misma bondad sirvió de cimiento a la locura de Don Quijote y a su ejemplarísima vida. La raíz de tu locura de inmortalidad, la raíz de tu anhelo de vivir en los inacabables siglos, la raíz de tu ansia de no morir, fue tu bondad, Don Quijote mío. El bueno no se resigna a disiparse, porque siente que su bondad hace parte de Dios, del Dios que es Dios no de los muertos, sino de los vivos, pues para Él viven todos. La bondad no teme ni al infinito ni a lo eterno; la bondad reconoce que solo en alma humana se perfecciona y acaba; la bondad sabe que es una mentira la realización del Bien en el proceso de la especie. El toque está en ser bueno, sea cual fuere el sueño de la vida. Ya lo dijo Segismundo (jornada III, escena IV),

> que estoy soñando y que quiero
> obrar bien, pues no se pierde
> el hacer bien ni aun en sueños.

Y si la bondad nos eterniza, ¿qué mayor cordura que morirse? «Verdaderamente se muere y verdaderamente está cuerdo Alonso Quijano el Bueno»; muere a la locura de la vida, despierta de su sueño.

Hizo Don Quijote su testamento y en él la mención de Sancho que este merecía, pues si loco fue su amo para darle el gobierno de la ínsula, «pudiera ahora, estando cuerdo, darle el de un reino, se le diera, porque la sencillez de su condición y fidelidad de su trato lo merece». Y volviéndose a Sancho quiso quebrantarle la fe y persuadirle de que no había habido caballeros andantes en el mundo, a lo cual Sancho, henchido de fe y loco de remate cuando su amo se moría cuerdo, respondió llorando: «Ay, no se muera vuestra merced, señor mío, sino tome mi consejo y viva muchos años, porque la mayor locura que puede hacer un hombre en esta vida es dejarse morir sin más ni más». ¿La mayor locura, Sancho?

*Y consiento en mi morir*
*con voluntad placentera*
*clara y pura;*
*que querer hombre vivir*
*cuando Dios quiere que muera,*
*es locura,*

pudo contestarte tu amo, con palabras del maestro D. Rodrigo Manrique, tales cuales en su boca las pone su hijo D. Jorge, el de las coplas inmortales.

Y dicho lo de la locura de dejarse morir, volvió Sancho a las andadas, hablando a Don Quijote del desencanto de Dulcinea y de los libros de caballerías. ¡Oh heroico Sancho, y cuán pocos advierten el que ganaste la cumbre de la locura cuando tu amo se despeñaba en el abismo de la sensatez y que sobre su lecho de muerte irradiaba tu fe, tu fe, Sancho, la fe de ti, que ni has muerto ni morirás! Don Quijote perdió su fe y muriose; tú la cobraste y vives; era preciso que él muriera en desengaño para que en engaño vivificante vivas tú.

¡Oh Sancho, y cuán melancólico es tu recuerdo de Dulcinea, ahora que tu amo se prepara al trance de la muerte! Ya no es Don Quijote, sino Alonso Quijano, sino Alonso Quijano el Bueno, el tímido hidalgo que se pasó doce años queriendo como a la lumbre de sus ojos, de esos ojos que en breve ha de comerse la tierra, a Aldonza Lorenzo, hija de Lorenzo Corchuelo y de Aldonza Nogales, la del Toboso. Al recordarle, Sancho, en su lecho de muerte a su dama, le recuerdas a la garrida moza a la que solo gozó, a hurtadillas, con los ojos cuatro veces en doce largos años de soledad y de recato. La vería el hidalgo ahora casada ya, rodeada de sus hijos, gloriándose en su marido, haciendo fructificar la vida en el Toboso. Y entonces, en su lecho de muerte de soltero, pensó acaso que pudo haberla llevado a él y haber bebido de ella en él la vida. Y habría muerto sin gloria, sin que Dulcinea le llamase desde el cielo de la locura, pero sintiendo sobre sus labios fríos los ardientes labios de Aldonza, y rodeado de sus hijos, en quienes pervivía. ¡Tenerla allí, en el lecho en que morías, buen hidalgo, y en que se habrían confundido antes tantas veces en una sola vuestras sendas vidas; tenerla allí, cojida de su mano tu mano y dándote así con la suya un calor que de la tuya se escapaba, y ver llegar la luz encegadora del último misterio, luz de tinieblas, en sus ojos llorosos y despavoridos, fijos en los cuales pasarían a la eterna visión los tuyos! Te morías sin haber gozado del amor, del único amor que a la muerte vence. Y entonces, al oír a Sancho hablar de Dulcinea, debiste de repasar en tu corazón aquellos doce largos años de la tortura de vergonzosidad invencible. Fue tu último combate, mi Don Quijote, del que ninguno de los que te rodeaban en tu lecho de muerte se dio cata.

Acudió el bachiller en ayuda de Sancho, y al oírlo dijo Don Quijote con mortal sosiego: «Señores, vámonos poco a poco, pues ya en los nidos de antaño no hay pájaros hogaño; yo fui loco y ya soy cuerdo; fui Don Quijote de la Mancha, y soy ahora, como he dicho, Alonso Quijano el Bueno. Pueda con vuestras mercedes mi arrepentimiento y mi verdad volverme a la estimación que de mí se tenía». Sanaste, Caballero, para morir; volviste a ser Alonso Quijano el Bueno para morir. Mira, pobre Alonso Quijano, mira a tu pueblo y ve si no sanará de su locura para morirse luego. Molido y maltrecho y después de que allá, en las Américas, acabaron de vencerle, retorna a su aldea. ¿A curar de su locura? ¡Quién sabe...! Tal vez a morir. Tal vez a morir si no quedara Sancho, que te reemplazará lleno de fe. Porque tu fe, Caballero, se atesora en Sancho hoy.

Sancho, que no ha muerto, es el heredero de tu espíritu, buen hidalgo, y esperamos tus fieles en que Sancho sienta un día que se le hincha de quijotismo el alma, que le florecen los viejos recuerdos de su vida escuderil, y vaya a tu casa y se revista de tus armaduras, que hará se las arregle a su cuerpo y talla el herrero del lugar, y saque a Rocinante de su cuadra y monte en él, y embrace lanza, la lanza con que diste libertad a los galeotes y derribaste al Caballero de los Espejos, y, sin hacer caso de las voces de tu sobrina, salga al campo y vuelva a la vida de aventuras, convertido de escudero en caballero andante. Y entonces, Don Quijote mío, entonces es cuando tu espíritu se asentará en la tierra. Es Sancho, es tu fiel Sancho, es Sancho el bueno, el que enloqueció cuando tú curabas de tu locura en tu lecho de muerte, es Sancho el que ha de asentar para siempre el quijotismo sobre la tierra de los hombres. Cuando tu fiel Sancho, noble Caballero, monte en tu Rocinante, revestido de tus armas y embrazando tu lanza, entonces resucitarás en él, y entonces se realizará tu ensueño. Dulcinea os cojerá a los dos, y estrechándoos con sus brazos contra su pecho, os hará uno solo.

«Vámonos poco a poco, pues ya en los nidos de antaño no hay pájaros hogaño»; disipose el sueño.

> Y la experiencia me enseña
> que el hombre que vive sueña
> lo que es, hasta dispertar.
> Sueña el rey que es rey y vive
> con este engaño mandando,
> disponiendo y gobernando…

*La vida es sueño,* II, 19

Soñó Don Quijote que era caballero andante hasta que todas sus aventuras

> en cenizas le convierte
> la muerte —¡desdicha fuerte!

(II, 19)

¿Qué fue la vida de Don Quijote?

> ¿Qué es la vida? Una ilusión,
> una sombra, una ficción,
> y el mayor bien es pequeño;

que toda la vida es sueño
y los sueños sueños son.

(II, 19)

«¡Ay, no se muera vuestra merced, señor mío, sino tome mi consejo y viva muchos años!»

¿Otra vez —¡qué es esto, cielos!—
queréis que sueñe grandezas
que ha de deshacer el tiempo?
¿Otra vez queréis que vea
entre sombras y bosquejos
la majestad y la pompa
desvanecida del viento?

(III, 3)

«Señores, vámonos poco a poco, pues ya en los nidos de antaño no hay pájaros hogaño.»

Idos, sombras que fingís
hoy a mis sentidos muertos
cuerpo y voz, siendo verdad
que ni tenéis voz ni cuerpo;
que no quiero majestades
fingidas, pompas no quiero
fantásticas, ilusiones
que al soplo menos ligero
del aura han de deshacerse,
bien como el florido almendro
que por madrugar sus flores
sin aviso y sin consejo,
al primer soplo se apagan,
marchitando y desluciendo
de los rosados capullos
belleza, luz y ornamento.

(III, 70)

Dejadme, que diga con mi hermana Teresa de Jesús:

*Aquella vida de arriba*
*es la vida verdadera;*
*hasta que esta vida muera*
*no se goza estando viva;*
*muerte, no me seas esquiva;*
*vivo muriendo primero,*
*que muero porque no muero.*

«¡Señores, vámonos poco a poco, pues ya en los nidos de antaño no hay pájaros hogaño!» O como dijo Íñigo de Loyola cuando al tiempo de ir a despertar del sueño de la vida, ya expirante, querían darle un poco de sustancia: «Ya no es tiempo deso» (Rivadeneira, lib. IV, cap. XVI), y murió Íñigo, como había de morir, unos cincuenta años más tarde, Don Quijote, sencillamente, sin comedia alguna, sin reunir gente en torno de su lecho, sin hacer espectáculo de la muerte, como se mueren los verdaderos santos y los verdaderos héroes, casi como los animales se mueren: acostándose a morir.

Siguió dictando Alonso Quijano su testamento y mandó toda su hacienda a puerta cerrada a Antonia Quijana, su sobrina, mas imponiéndola como obligación para el disfrute de ella que «si quisiere casarse, se case con hombre de quien primero se haya hecho información que no sabe qué cosas sean libros de caballerías; y en caso que se averiguare que lo sabe y, con todo eso, mi sobrina quisiere casarse con él y se casare, pierda todo lo que le he mandado, lo cual puedan mis albaceas distribuir en obras pías a su voluntad».

Y ¡qué bien calaba Don Quijote que entre el oficio de marido y de caballero andante hay mutua y fortísima irreductibilidad! Y al dictar esto, ¿no pensaría acaso el buen hidalgo en su Aldonza, y que de haber él roto el sello de su demasiado amor se habría ahorrado las malandanzas caballerescas, preso junto al fogón del hogar por los brazos de ella?

Tu testamento se cumple, Don Quijote, y los mozos de esta tu patria renuncian a todas las caballerías para poder gozar de las haciendas de tus sobrinas, que son casi todas las españolas, y gozar de las sobrinas mismas. En sus brazos se ahoga todo heroísmo. Tiemblan de que a sus novios y maridos les dé la ventolera por donde le dio a su tío. Es tu sobrina, Don Quijote, es tu sobrina la que hoy reina y gobierna en tu España; es tu sobrina, no Sancho. Es la medrosica, casera y encojida Antonia Quijana, la que temía te diese por dar en poeta, «enfermedad incurable y pegadiza»; la que ayudó con tanto celo al cura y al barbero a quemar tus libros; la que te aconsejaba no te metieses en pendencias ni fueses por el mundo en busca de pan de trastrigo; la que se te atrevió a asegurar en tus barbas que todo eso de los caballeros andantes es fábula y mentira, doncellesco atrevimiento que te obligó a exclamar: «Por el Dios que me sustenta que si no fueras mi sobrina derechamente, como hija de mi misma hermana, que había de hacer un tal castigo en ti, por la blasfemia que has dicho, que sonara por todo el mundo»; es esta la «rapaza que apenas sabe menear doce palillos de randas» y se atrevía a poner lengua en las historias de los caballeros andantes y a censurarlas; es esta la que maneja y zarandea y asenderea como a unos dominguillos a los hijos de tu España. No es Dulcinea del Toboso, no; no es tampoco Aldonza Lorenzo, por la que se suspira doce años sin haberla visto sino solo cuatro veces y sin haberla confesado amor; es Antonia Quijana, la que apenas sabe menear doce palillos de randas y menea a los hombres de hoy en tu patria.

Es Antonia Quijana la que, por mezquindad de espíritu, por creer a su marido pobre, le retiene y le impide lanzarse a heroicas aventuras en que cobre eterno nombre y fama. ¡Si fuese siquiera Dulcinea...! Dulcinea, sí; por extraño que nos parezca, Dulcinea puede moverle a uno a renunciar a toda gloria, a que se dé la gloria de renunciar a ella. Dulcinea, o, mejor dicho, Aldonza. Aldonza, la ideal, puede decirle: «Ven, ven acá a mis brazos y deshaz en lágrimas tus ansias sobre mi pecho, ven acá; ya veo, veo para ti un empinado tormo en los siglos de los hombres, un picacho en que te contemplen tus hermanos todos; te veo aclamado por tus generaciones, pero ven a mí y por mí renuncia a todo eso; serás así más grande, mi Alonso, serás más grande. Toma mi boca entera y hártala de calientes besos en su silencio, y renuncia a que ande en frío tu nombre en bocas de los que no has de conocer nunca. ¿Oirás luego de muerto lo que de ti digan? ¡Sepulta en mi pecho tu amor, que si él es grande, mejor es que lo sepultes en mí a no que lo desparrames entre los hombres pasajeros y casquivanos! No merecen admirarte, mi Alonso, no merecen admirarte. Serás para mí sola y así serás mejor para el Universo todo y para Dios. Parecerán así perdidos tu poderío y tu heroísmo, mas no hagas caso; ¿sabes, por ventura, el efluvio inmenso de vida que, sin nadie notarlo, se desprende de un amor heroico y callado y se desparrama luego por más allá de los hombres todos hasta el confín de las últimas estrellas? ¿Sabes la misteriosa energía que irradia a todo un pueblo y a sus generaciones venideras hasta la consumación de los siglos de una feliz pareja donde se asienta el amor triunfante y silencioso? ¿Sabes lo que es conservar el fuego sagrado de la vida y aun encenderlo más y más en un culto callado y recojido? El amor, con solo amar, y sin hacer otra cosa, cumple una labor heroica. Ven y renuncia a toda acción entre mis brazos, que este tu reposo y tu oscurecimiento en ellos serán fuente de acciones y de claridades para los que nunca sabrán tu nombre. Cuando hasta el eco de tu nombre se disipe en el aire, al disiparse este, aún el rescoldo de tu amor calentará las ruinas de los orbes. Ven y date a mí, Alonso, que aunque no salgas a los caminos a enderezar entuertos tu grandeza no habrá de perderse, pues en mi seno nada se pierde. Ven, que yo te llevaré desde el reposo de mi regazo al reposo final e inacabable».

Así podría hablar Aldonza, y sería grande Alonso renunciando en sus brazos a toda gloria; pero tú, Antonia, tú no sabes hablar así. Tú no crees que el amor vale más que la gloria; tú lo que crees es que ni el amor ni la gloria valen el amodorrador sosiego del hogar, que ni el amor ni la gloria valen la seguridad de los garbanzos; tú crees que el Coco se lleva a los que duermen poco, y no sabes que el amor, lo mismo que la gloria, no duerme, sino vela.

Acabó de hacer su testamento Alonso Quijano, recibió los sacramentos, abominó de nuevo de los libros de caballerías, y «entre compasiones y lágrimas de los que allí se hallaron, dio su espíritu; quiero decir que se murió», agrega el historiador.

¿Dio su espíritu? ¿Y a quién se lo dio? ¿Dónde está hoy?, ¿dónde sueña?, ¿dónde vive?, ¿cuál es el abismo de la cordura en que van a descansar las almas curadas del sueño de la vida, de la locura de no morir? ¡Oh Dios mío!; Tú, que diste vida y espíritu a Don Quijote en la vida y en el espíritu de su pueblo; Tú, que inspiraste a Cervantes esa epopeya profundamente cristiana; Tú, Dios de mi sueño, ¿dónde acojes los espíritus de los que atravesamos este sueño de la vida tocados de la locura de vivir por los siglos de los siglos venideros? Nos diste el ansia de renombre y fama, como sombra de tu gloria; pasará el mundo; ¿pasaremos con él también nosotros, Dios mío?

¡La vida es sueño! ¿Será acaso también sueño, Dios mío, este tu Universo de que eres la Conciencia eterna e infinita?, ¿será un sueño tuyo?, ¿será que nos estás soñando? ¿Seremos sueño, sueño tuyo, nosotros los soñadores de la vida? Y si así fuese, ¿qué será el Universo todo, qué será de nosotros, qué será de mí cuando Tú, Dios de mi vida, despiertes? ¡Suéñanos, Señor! Y ¿no será tal vez que despiertas para los buenos cuando a la muerte despiertan ellos del sueño de la vida? ¿Podemos acaso nosotros, pobres sueños soñadores, soñar lo que sea la vela del hombre en tu eterna vela, Dios nuestro? ¿No será la bondad resplandor de la vigilia en las oscuridades del sueño? Mejor que indagar tu sueño y nuestro sueño, escudriñando el Universo y la vida, mejor mil veces obrar el bien

> [...] pues no se pierde
> el hacer bien, ni aun en sueños.

Mejor que investigar si son molinos o gigantes los que se nos muestran dañosos, seguir la voz del corazón y arremeterlos, que toda arremetida generosa trasciende del sueño de la vida. De nuestros actos y no de nuestras contemplaciones sacaremos sabiduría. ¡Suéñanos, Dios de nuestro sueño!

¡Consérvale a Sancho su sueño, su fe, Dios mío, y que crea en su vida perdurable y que sueñe ser pastor allá en los infinitos campos de Tu Seno, endechando sin fin a la Vida inacabable, que eres Tú mismo; consérvasela, Dios de mi España! Mira, Señor, que el día en que tu siervo Sancho cure de su locura, se morirá, y al morir él se morirá su España, tu España, Señor. Fundaste este tu pueblo, el pueblo de tus siervos Don Quijote y Sancho, sobre la fe en la inmortalidad personal; mira, Señor, que esa es nuestra razón de vida y es nuestro destino entre los pueblos el de hacer que esa nuestra verdad del corazón alumbre las mentes contra todas las tinieblas de la lógica y del raciocinio y consuele los corazones de los condenados al sueño de la vida.

*Así el vivir nos mata*
*que la muerte nos torna a dar la vida.*

Agrega el historiador que pidió el cura al escribano le diese por testimonio «cómo Alonso Quijano el Bueno, llamado comúnmente Don Quijote de la Mancha, había pasado desta presente vida y muerto naturalmente, y que el tal testimonio pedía para quitar la ocasión de que algún otro autor que Cide Hamete Benengeli le resucitase falsamente», y más adelante añade que yace en la huesa «tendido de largo a largo, imposibilitado de hacer tercera jornada y salida nueva».

Pero ¿es que creéis que Don Quijote no ha de resucitar? Hay quien cree que no ha muerto; que el muerto, y bien muerto, es Cervantes que quiso matarle, y no Don Quijote. Hay quien cree que resucitó al tercer día, y que volverá a la tierra en carne mortal y a hacer de las suyas. Y volverá cuando Sancho, agobiado hoy por los recuerdos, sienta hervir la sangre que acopió en sus andanzas escuderiles, y monte, como dije, en Rocinante, y, revestido de las armas de su amo, embrace el lanzón y se lance a hacer de Don Quijote. Y su amo vendrá entonces y encarnará en él. ¡Ánimo, Sancho heroico, y aviva esa fe que encendió en ti tu amo y que tanto te costó atizar y afirmar!, ¡ánimo!

Y no se cuenta milagro que hiciese después de muerto, como se cuenta del Cid que ganó la batalla siendo cadáver, y se cuenta de él además que estando muerto también y queriendo un judío tocarle la barba, que en su vida nadie se la tocó.

*Antes que a la barba llegue, el buen Cid había empuñado*
*a la su espada tizona, y un buen palmo la había sacado;*

*y el judío que esto vido, muy gran pavor ha cobrado;*
*tendido cayó de espaldas, amortecido de espanto.*

Don Quijote no sé que haya ganado batalla después de muerto, y sé que muchos judíos osan tocarle la barba. De Don Quijote no se sabe que haya hecho milagro alguno después de muerto, pero ¿no basta con los que hizo en vida, y no fue perpetuo milagro su carrera de aventuras? Cuanto más que, como recordaba el P. Rivadeneira en el capítulo final de su tantas veces citada obra al hablarnos de los milagros que Dios hizo por san Ignacio, entre los nacidos de mujer no se había levantado, al decir del Evangelio, otro mayor que san Juan Bautista, y con todo eso dice de él el Evangelio mismo que no hizo milagro alguno. Y si el piadoso biógrafo de Loyola tiene por el mayor milagro de este la fundación de la Compañía de Jesús, ¿no hemos de tener nosotros por el milagro mayor de Don Quijote el que hubiese hecho escribir la historia de su vida a un hombre que, como Cervantes, mostró en sus demás trabajos la endeblez de su ingenio y cuán por debajo estaba, en el orden natural de las cosas, de lo que para contar las hazañas del Ingenioso Hidalgo y tal cual él las contó, se requería?

No cabe duda sino que en *El Ingenioso Hidalgo Don Quijote de la Mancha* que compuso Miguel de Cervantes Saavedra se mostró este muy por encima de lo que podríamos esperar de él juzgándole por sus otras obras; se sobrepujó con mucho a sí mismo. Por lo cual es de creer que el historiador arábigo Cide Hamete Benengeli no es puro recurso literario, sino que encubre una profunda verdad, cual es la de que esa historia se la dictó a Cervantes otro que llevaba dentro de sí, y al que ni antes ni después de haberla escrito trató una vez más; un espíritu que en las profundidades de su alma habitaba. Y esta inmensa lejanía que hay de la historia de nuestro Caballero a todas las demás obras que Cervantes escribió, este patentísimo y espléndido milagro es la razón principal —si para ello hiciesen, que no hacen falta razones, miserables siempre— para creer nosotros y confesar que la historia fue real y verdadera, y que el mismo Don Quijote, envolviéndose en Cide Hamete Benengeli, se la dictó a Cervantes. Y aun llego a sospechar que, mientras he estado explicando y comentando esta vida, me han visitado secretamente Don Quijote y Sancho, y, aun sin yo saberlo, me han desplegado y descubierto las entretelas de sus corazones.

Y he de añadir aquí que muchas veces tenemos a un escritor por persona real y verdadera e histórica por verle de carne y hueso y a los sujetos que finge en sus ficciones no más sino por de pura fantasía, y sucede al revés, y es que estos sujetos lo son muy de veras y de toda realidad y se sirven de aquel otro que nos parece de carne y hueso para tomar ellos ser y figura ante los hombres. Y cuando despertemos todos del sueño de la vida, se han de ver a este respecto cosas muy peregrinas y se espantarán los sabios al ver qué es la verdad y qué es la mentira y cuán errados andábamos al pensar que esa quisicosa que llamamos lógica tenga valor alguno fuera de este miserable mundo en que nos tienen presos el tiempo y el espacio, tiranos del espíritu.

Cosas muy peregrinas conoceremos allí respecto a la vida y a la muerte, y allí se verá cuán profundo sentido tiene la primera parte del epitafio que en la sepultura de Don Quijote puso Sansón Carrasco y que dice:

> Yace aquí el hidalgo fuerte
> que a tanto extremo llegó
> de valiente, que se advierte
> que la muerte no triunfó
> de su vida con la muerte.

Y así es, pues Don Quijote es, merced a su muerte, inmortal; la muerte es nuestra inmortalizadora.

Nada pasa, nada se disipa, nada se anonada; eternízase la más pequeña partecilla de materia y el más débil golpéenlo de fuerza, y no hay visión, por huidera que sea, que no quede reflejada para siempre en alguna parte. Así como si al pasar por un punto, en el infinito de las tinieblas, se encendiera y brillara por un momento todo lo que por allí pasase, así brilla un momento en nuestra conciencia del presente cuanto desfila de lo insondable del porvenir a lo insondable del pasado. No hay visión ni cosa ni momento de ella que no descienda de las honduras eternas de donde salió y allí se quede. Sueño es este súbito y momentáneo encendimiento de la sustancia tenebrosa, sueño es la vida, y apagado el pasajero fulgor desciende su reflejo a las honduras de las tinieblas y allí queda y persiste hasta que una suprema sacudida lo reenciende para siempre un día. Porque la muerte no triunfa de la vida con la muerte de esta. «Muerte» y «vida» son mezquinos términos de que nos valemos en esta prisión del tiempo y del espacio; tienen ambas una raíz común y la raigambre de esta raíz arraiga en la eternidad de lo infinito: en Dios, Conciencia del Universo.

Al acabar la historia colgó el historiador su pluma y le dijo: «Aquí quedarás colgada desta espetera y deste hilo de alambre, ni sé si bien cortada o mal tajada péñola mía, adonde vivirás luengos siglos, si presuntuosos y malandrines historiadores no te descuelgan para profanarte».

Líbreme Dios de meterme a contar sucesos que al puntualísimo historiador de Don Quijote se le hubiesen escapado; nunca me tuve por erudito ni me he metido jamás a escudriñar los archivos caballerescos de La Mancha. Yo solo he querido explicar y comentar su vida.

«Para mí sola nació Don Quijote, y yo para él; él supo obrar y yo escribir», hace decir el historiador a su pluma. Y yo digo que para que Cervantes contara su vida y yo la explicara y comentara nacieron Don Quijote y Sancho, Cervantes nació para explicarla, y para comentarla nací yo... No puede contar tu vida, ni puede explicarla ni comentarla, señor mío Don Quijote, sino quien esté tocado de tu misma locura de no morir. Intercede, pues, en favor mío, oh mi señor y patrón, para que tu Dulcinea del Toboso, ya desencantada merced a los azotes de tu Sancho, me lleve de su mano a la inmortalidad del nombre y de la fama. ¡Y si es la vida sueño, déjame soñarla inacabable!

A reinar, fortuna, vamos;
no me despiertes si sueño.

*La vida es sueño,* II, 4

καὶ μαχόμην κατ' ἐμ' αὐτὸν ἐγώ

ΙΛΙΑΔΟΣ, Α

# Del sentimiento trágico de la vida

# Capítulo primero

## El hombre de carne y hueso

*Homo sum; nihil humani a me alienum puto*, dijo el cómico latino. Y yo diría más bien, *nullum hominem a me alienum puto*; «soy hombre, a ningún otro hombre estimo extraño». Porque el adjetivo *humanus* me es tan sospechoso como su sustantivo abstracto *humanitas*, la «humanidad». Ni lo humano ni la humanidad, ni el adjetivo simple, ni el adjetivo sustantivado, sino el sustantivo concreto: el hombre. El hombre de carne y hueso, el que nace, sufre y muere —sobre todo muere—, el que come y bebe y juega y duerme y piensa y quiere, el hombre que se ve y a quien se oye, el hermano, el verdadero hermano.

Porque hay otra cosa, que llaman también hombre, y es el sujeto de no pocas divagaciones más o menos científicas. Y es el bípedo implume de la leyenda, el ζῷον πολιτικόν de Aristóteles, el contratante social de Rousseau, el *Homo oeconomicus* de los manchesterianos, el *Homo sapiens*, de Linneo, o, si se quiere, el mamífero vertical. Un hombre que no es de aquí o de allí, ni de esta época o de la otra, que no tiene ni sexo ni patria, una idea, en fin. Es decir, un no hombre.

El nuestro es el otro, el de carne y hueso; yo, tú, lector mío; aquel otro de más allá, cuantos pesamos sobre la tierra.

Y este hombre concreto, de carne y hueso, es el sujeto y el supremo objeto a la vez de toda filosofía, quiéranlo o no ciertos sedicentes filósofos.

En las más de las historias de la filosofía que conozco se nos presenta a los sistemas como originándose los unos de los otros, y sus autores, los filósofos, apenas aparecen sino como meros pretextos. La íntima biografía de los filósofos, de los hombres que filosofaron, ocupa un lugar secundario. Y es ella, sin embargo, esa íntima biografía, la que más cosas nos explica.

Cúmplenos decir, ante todo, que la filosofía se acuesta más a la poesía que no a la ciencia. Cuantos sistemas filosóficos se han fraguado como suprema concinación de los resultados finales de las ciencias particulares, en un periodo cualquiera, han tenido mucha menos consistencia y menos vida que aquellos otros que representaban el anhelo integral del espíritu de su autor.

Y es que las ciencias, importándonos tanto y siendo indispensables para nuestra vida y nuestro pensamiento, nos son, en cierto sentido, más extrañas que la filosofía. Cumplen un fin más objetivo, es decir, más fuera de nosotros. Son, en el fondo, cosa de economía. Un nuevo descubrimiento científico, de los que llamamos teóricos, es como un descubrimiento mecánico, el de la máquina de vapor, el teléfono, el fonógrafo, el aeroplano, una cosa que sirve para algo. Así, el teléfono puede servirnos para comunicarnos a distancia con la mujer amada. Pero esta ¿para qué nos sirve? Toma uno el tranvía eléctrico para ir a oír una ópera, y se pregunta: ¿cuál es en este caso más útil, el tranvía o la ópera?

La filosofía responde a la necesidad de formarnos una concepción unitaria y total del mundo y de la vida, y, como consecuencia de esa concepción, un sentimiento que engendre una actitud íntima y hasta una acción. Pero resulta que ese sentimiento, en vez de ser consecuencia de aquella concepción, es causa de ella. Nuestra filosofía, esto es, nuestro modo de comprender o de no comprender el mundo y la vida, brota de nuestro sentimiento respecto a la vida misma. Y esta, como todo lo afectivo, tiene raíces subconcientes, inconcientes tal vez.

No suelen ser nuestras ideas las que nos hacen optimistas o pesimistas, sino que es nuestro optimismo o nuestro pesimismo, de origen fisiológico o patológico quizás, tanto el uno como el otro, el que hace nuestras ideas.

El hombre, dicen, es un animal racional. No sé por qué no se haya dicho que es un animal afectivo o sentimental. Y acaso lo que de los demás animales le diferencia sea más el sentimiento que no la razón. Más veces he visto razonar a un gato que no reír o llorar. Acaso llore o ría por dentro, pero por dentro acaso también el cangrejo resuelva ecuaciones de segundo grado.

Y así, lo que en un filósofo nos debe más importar es el hombre.

Tomad a Kant, al hombre Manuel Kant, que nació y vivió en Königsberg, a fines del siglo XVIII y hasta pisar los umbrales del XIX. Hay en la filosofía de este hombre Kant, hombre de corazón y de cabeza, es decir, hombre, un significativo salto, como habría dicho Kierkegaard, otro hombre —¡y tan hombre!— el salto de la *Crítica de la razón pura* a la *Crítica de la razón práctica*. Reconstruye en esta, digan lo que quieran los que no ven al hombre, lo que en aquella abatió. Después de haber examinado y pulverizado con su análisis las tradicionales pruebas de la existencia de Dios, del Dios aristotélico, que es el Dios que corresponde al ζῶον πολιτικόν, del Dios abstracto, del primer motor inmóvil, vuelve a reconstruir a Dios, pero al Dios de la conciencia, al Autor del orden moral, al Dios luterano, en fin. Ese salto de Kant está ya en germen en la noción luterana de la fe.

El un Dios, el dios racional, es la proyección al infinito de fuera del hombre por definición, es decir, del hombre abstracto, del hombre no hombre, y el otro Dios, el dios sentimental o volitivo, es la proyección al infinito de dentro del hombre por vida, del hombre concreto, de carne y hueso.

Kant reconstruyó con el corazón lo que con la cabeza había abatido. Y es que sabemos, por testimonio de los que le conocieron y por testimonio propio, en sus cartas y manifestaciones privadas, que el hombre Kant, el solterón un sí es no es egoísta, que profesó filosofía en Königsberg a fines del siglo de la Enciclopedia y de la diosa Razón, era un hombre muy preocupado del problema. Quiero decir del único verdadero problema vital, del que más a las entrañas nos llega, del problema de nuestro destino individual y personal, de la inmortalidad del alma. El hombre Kant no se resignaba a morir del todo. Y, porque no se resignaba a morir del todo, dio el salto aquel, el salto inmortal, de una a otra crítica.

Quien lea con atención y sin antojeras la *Crítica de la razón práctica*, verá que, en rigor, se deduce en ella la existencia de Dios de la inmortalidad del alma, y no esta de aquella. El imperativo categórico nos lleva a un postulado moral que exige a su vez, en el orden ideológico o más bien escatológico, la inmortalidad del alma, y para sustentar esta inmortalidad aparece Dios. Todo lo demás es escamoteo de profesional de la filosofía.

El hombre Kant sintió la moral como base de la escatología, pero el profesor de filosofía invirtió los términos.

Ya dijo no sé dónde otro profesor, el profesor y hombre Guillermo James, que Dios para la generalidad de los hombres es el productor de inmortalidad. Sí, para la generalidad de los hombres, incluyendo al hombre Kant, al hombre James y al hombre que traza estas líneas que estás, lector, leyendo.

Un día, hablando con un campesino, le propuse la hipótesis de que hubiese, en efecto, un Dios que rige cielo y tierra, Conciencia del Universo, pero que no por eso sea el alma de cada hombre inmortal en el sentido tradicional y concreto. Y me respondió: «Entonces ¿para qué Dios?». Y así se respondían en el recóndito foro de su conciencia el hombre Kant y el hombre James. Solo que al actuar como profesores tenían que justificar racionalmente esa actitud tan poco racional. Lo que no quiere decir, claro está, que sea absurda.

Hegel hizo célebre su aforismo de que todo lo racional es real y todo lo real racional; pero somos muchos los que, no convencidos por Hegel, seguimos creyendo que lo real, lo realmente real, es irracional; que la razón construye sobre irracionalidades. Hegel, gran definidor, pretendió reconstruir el universo con definiciones, como aquel sargento de artillería decía que se construyen los cañones tomando un agujero y recubriéndole de hierro.

Otro hombre, el hombre José Butler, obispo anglicano, que vivió a principios del siglo XVIII, y de quien dice el cardenal católico Newman que es el nombre más grande de la Iglesia anglicana, al final del capítulo primero de su gran obra sobre la analogía de la religión (*The Analogy of Religion*), capítulo que trata de la vida futura, escribió estas preñadas palabras:

«Esta credibilidad en una vida futura, sobre lo que tanto aquí se ha insistido, por poco que satisfaga nuestra curiosidad, parece responder a los propósitos todos de la religión tanto como respondería una prueba demostrativa. En realidad, una prueba, aun demostrativa, de una vida futura, no sería una prueba de religión. Porque el que hayamos de vivir después de la muerte es cosa que se compadece tan bien con el ateísmo, y que puede ser por este tan tomada en cuenta como el que ahora estamos vivos, y nada puede ser, por lo tanto, más absurdo que argüir del ateísmo que no puede haber estado futuro».

El hombre Butler, cuyas obras acaso conociera el hombre Kant, quería salvar la fe en la inmortalidad del alma, y para ello la hizo independiente de la fe en Dios. El capítulo primero de su *Analogía* trata, como os digo, de la vida futura, y el segundo, del gobierno de Dios por premios y castigos. Y es que, en el fondo, el buen obispo anglicano deduce la existencia de Dios de la inmortalidad del alma. Y como el buen obispo anglicano partió de aquí, no tuvo que dar el salto que a fines de su mismo siglo tuvo que dar el buen filósofo luterano. Era un hombre el obispo Butler, y era otro hombre el profesor Kant.

Y ser un hombre es ser algo concreto, unitario y sustantivo, es ser cosa, *res*. Y ya sabemos lo que otro hombre, el hombre Benito Spinoza, aquel judío portugués que nació y vivió en Holanda a mediados del siglo XVII, escribió de toda cosa. La proposición 6.ª de la parte III de su *Ética,* dice: *unaquaeque res, quatenus in se est, in suo esse perseverare conatur;* es decir, «cada cosa, en cuanto es en sí, se esfuerza por perseverar en su ser». Cada cosa, en cuanto es en sí, es decir, en cuanto sustancia, ya que, según él, sustancia es *id quod in se est et per se concipitur,* «lo que es por sí y por sí se concibe». Y en la siguiente proposición, la 7.ª, de la misma parte añade: *conatus, quo unaqueque rei in suo esse perseverare conatur, nihil est praeter ipsius rei actualem essentiam*; esto es, «el esfuerzo con que cada cosa trata de perseverar en su ser no es sino la ciencia actual de la cosa misma». Quiere decirse que tu esencia, lector, la mía, la del hombre Spinoza, la del hombre Butler, la del hombre Kant y la de cada hombre que sea hombre, no es sino el conato, el esfuerzo que pone en seguir siendo hombre, en no morir. Y la otra proposición que sigue a estas dos, la 8.ª, dice: *conatus, quo unaquaeque res in suo esse perseverare conatur, nullum tempus finitum, sed indefinitum involvit,* o sea: «el esfuerzo con que cada cosa se esfuerza por perseverar en su ser no implica tiempo finito, sino indefinido». Es decir, que tú, yo y Spinoza queremos no morirnos nunca y que este nuestro anhelo de nunca morirnos es nuestra esencia actual. Y, sin embargo, este pobre judío portugués, desterrado en las nieblas holandesas, no pudo llegar a creer nunca en su propia inmortalidad personal, y toda su filosofía no fue sino una consolación que fraguó para esa su falta de fe. Como a otros les duele una mano o un pie o el corazón o la cabeza, a Spinoza le dolía Dios. ¡Pobre hombre! ¡Y pobres hombres los demás!

Y el hombre, esta cosa, ¿es una cosa? Por absurda que parezca la pregunta, hay quienes se la han propuesto. Anduvo no ha mucho por el mundo una cierta doctrina que llamábamos positivismo, que hizo mucho bien y mucho mal. Y entre otros males que hizo, fue el de traernos un género tal de análisis que los hechos se pulverizaban con él, reduciéndose a polvo de hechos. Los más de los que el positivismo llamaba hechos no eran sino fragmentos de hechos. En psicología su acción fue deletérea. Hasta hubo escolásticos metidos a literatos —no digo filósofos metidos a poetas, porque poeta y filósofo son hermanos gemelos, si es que no la misma cosa— que llevaron el análisis psicológico positivista a la novela y al drama, donde hay que poner en pie hombres concretos, de carne y hueso, y, en fuerza de estados de conciencia, las conciencias desaparecieron. Les sucedió lo que dicen sucede con frecuencia al examinar y ensayar ciertos complicados compuestos químicos orgánicos, vivos, y es que los reactivos destruyen el cuerpo mismo que se trata de examinar, y lo que obtenemos son no más que productos de su composición.

Partiendo del hecho evidente de que por nuestra conciencia desfilan estados contradictorios entre sí, llegaron a no ver claro la conciencia, el yo. Preguntarle a uno por su yo es como preguntarle por su cuerpo. Y cuenta que, al hablar del yo, hablo del yo concreto y personal; no del yo de Fichte, sino de Fichte mismo, del hombre Fichte.

Y lo que determina a un hombre, lo que le hace *un* hombre, uno y no otro, el que es y no el que no es, es un principio de unidad y un principio de continuidad. Un principio de unidad primero en el espacio, merced al cuerpo, y luego en la acción y en el propósito. Cuando andamos, no va un pie hacia adelante y el otro hacia atrás: ni cuando miramos, mira un ojo al norte y el otro al sur, como estemos sanos. En cada momento de nuestra vida tenemos un propósito, y a él conspira la sinergia de nuestras acciones. Aunque al momento siguiente cambiemos de propósito. Y es en cierto sentido un hombre tanto más hombre, cuanto más unitaria sea su acción. Hay quien en su vida toda no persigue sino un solo propósito, sea el que fuere.

Y un principio de continuidad en el tiempo. Sin entrar a discutir —discusión ociosa— si soy o no el que era hace veinte años, es indiscutible, me parece, el hecho de que el que soy hoy proviene, por serie continua de estados de conciencia, del que era en mi cuerpo hace veinte años. La memoria es la base de la personalidad individual, así como la tradición lo es de la personalidad colectiva de un pueblo. Se vive en el recuerdo y por el recuerdo, y nuestra vida espiritual no es, en el fondo, sino el esfuerzo de nuestro recuerdo por perseverar, por hacerse esperanza, el esfuerzo de nuestro pasado por hacerse porvenir.

Todo esto es de una perogrullería chillante, bien lo sé; pero es que, rodando por el mundo, se encuentra uno con hombres que parece no se sienten a sí mismos. Uno de mis mejores amigos, con quien he paseado a diario durante muchos años enteros, cada vez que yo le hablaba de este sentimiento de la propia personalidad, me decía: «Pues yo no me siento a mí mismo; no sé qué es eso».

En cierta ocasión, este amigo a que aludo me dijo: «Quisiera ser fulano» (aquí un nombre), y le dije: eso es lo que yo no acabo nunca de comprender, que uno quiera ser otro cualquiera. Querer ser otro es querer dejar de ser uno el que es. Me explico que uno desee tener lo que otro tiene, sus riquezas o sus conocimientos; pero ser otro es cosa que no me la explico. Más de una vez se ha dicho que todo hombre desgraciado prefiere ser el que es, aun con sus desgracias, a ser otro sin ellas. Y es que los hombres desgraciados, cuando conservan la sanidad en su desgracia, es decir, cuando se esfuerzan por perseverar en su ser, prefieren la desgracia a la no existencia. De mí sé decir que cuando era un mozo, y aun de niño, no lograron conmoverme las patéticas pinturas que del infierno se me hacían, pues ya desde entonces nada se me aparecía tan horrible como la nada misma. Era una furiosa hambre de ser, un apetito de divinidad, como nuestro ascético dijo.

Irle a uno con la embajada de que sea otro, de que se haga otro, es irle con la embajada de que deje de ser él. Cada cual defiende su personalidad, y solo acepta un cambio en su modo de pensar o de sentir en cuanto este cambio pueda entrar en la unidad de su espíritu y enzarzar en la continuidad de él; en cuanto ese cambio pueda armonizarse e integrarse con todo el resto de su modo de ser, pensar y sentir, y pueda a la vez enlazarse a sus recuerdos. Ni a un hombre, ni a un pueblo —que es, en cierto sentido, un hombre también— se le puede exigir un cambio que rompa la unidad y la continuidad de su persona. Se le puede cambiar mucho, hasta por completo casi; pero dentro de una continuidad.

Cierto es que se da en ciertos individuos eso que se llama un cambio de personalidad; pero esto es un caso patológico, y como tal lo estudian los alienistas. En esos cambios de personalidad, la memoria, base de la conciencia, se arruina por completo, y solo le queda al pobre paciente, como substrato de continuidad individual —ya que no personal— el organismo físico. Tal enfermedad equivale a la muerte para el sujeto que la padece; para quienes no equivale a su muerte es para los que hayan de heredarle, si tiene bienes de fortuna. Y esa enfermedad no es más que una revolución, una verdadera revolución.

Una enfermedad es, en cierto respecto, una disociación orgánica; es un órgano o un elemento cualquiera del cuerpo vivo que se rebela, rompe la sinergia vital y conspira a un fin distinto del que conspiran los demás elementos con él coordinados. Su fin puede ser, considerado en sí, es decir, en abstracto, más elevado, más noble, más… todo lo que se quiera, pero es otro. Podrá ser mejor volar y respirar en el aire que nadar y respirar en el agua; pero si las aletas de un pez dieran en querer convertirse en alas, el pez, como pez, perecería. Y no sirve decir que acabaría por hacerse ave, si es que no había en ello un proceso de continuidad. No lo sé bien, pero acaso se pueda dar que un pez engendre un ave, u otro pez que esté más cerca del ave que él; pero un pez, este pez, no puede él mismo, y durante su vida, hacerse ave.

Todo lo que en mí conspire a romper la unidad y la continuidad de mi vida conspira a destruirme y, por lo tanto, a destruirse. Todo individuo que en un pueblo conspira a romper la unidad y la continuidad espirituales de ese pueblo tiende a destruirlo y a destruirse como parte de ese pueblo. ¿Que tal otro pueblo es mejor? Perfectamente, aunque no entendamos bien qué es eso de mejor o peor. ¿Que es más rico? Concedido. ¿Que es más culto? Concedido también. ¿Que vive más feliz? Esto ya... pero, en fin, ¡pase! ¿Que vence, eso que llaman vencer, mientras nosotros somos vencidos? Enhorabuena. Todo eso está bien, pero es otro. Y basta. Porque para mí, el hacerme otro, rompiendo la unidad y la continuidad de mi vida, es dejar de ser el que soy, es decir, es sencillamente dejar de ser. Y esto no; ¡todo antes que esto!

¿Que otro llenaría tan bien o mejor que yo el papel que lleno? ¿Que otro cumpliría mi función social? Sí, pero no yo.

«¡Yo, yo, yo, siempre yo! —dirá algún lector—; y ¿quién eres tú?» Podría aquí contestarle con Obermann, con el enorme hombre Obermann, «para el universo nada, para mí todo»; pero no, prefiero recordarle una doctrina del hombre Kant, y es la de que debemos considerar a nuestros prójimos, a los demás hombres, no como medios, sino como fines. Pues no se trata de mí tan solo; se trata de ti, lector, que así refunfuñas; se trata del otro, se trata de todos y de cada uno. Los juicios singulares tienen valor de universales, dicen los lógicos. Lo singular no es particular, es universal.

El hombre es un fin, no un medio. La civilización toda se endereza al hombre, a cada hombre, a cada yo. ¿O qué es ese ídolo, llámese Humanidad o como se llamare, a que se han de sacrificar todos y cada uno de los hombres? Porque yo me sacrifico por mis prójimos, por mis compatriotas, por mis hijos, y estos a su vez por los suyos, y los suyos por los de ellos, así en serie inacabable de generaciones. ¿Y quién recibe el fruto de ese sacrificio?

Los mismos que nos hablan de ese sacrificio fantástico, de esa dedicación sin objeto, suelen también hablarnos del derecho a la vida. ¿Y qué es el derecho a la vida? Me dicen que he venido a realizar no sé qué fin social; pero yo siento que yo, lo mismo que cada uno de mis hermanos, he venido a realizarme, a vivir.

Sí, sí, lo veo; una enorme actividad social, una poderosa civilización, mucha ciencia, mucho arte, mucha industria, mucha moral, y luego, cuando hayamos llenado el mundo de maravillas industriales, de grandes fábricas, de caminos, de museos, de bibliotecas, caeremos agotados al pie de todo eso, y quedará ¿para quién? ¿Se hizo el hombre para la ciencia o se hizo la ciencia para el hombre?

«Ea —exclamará de nuevo el mismo lector—, volvemos a aquello del catecismo: P. ¿Para quién hizo Dios el mundo? R. Para el hombre.» Pues bien, sí, así debe responder el hombre que sea hombre. La hormiga, si se diese cuenta de esto, y fuera persona, conciente de sí misma, contestaría que para la hormiga, y contestaría bien. El mundo se hace para la conciencia, para cada conciencia.

Un alma humana vale por todo el universo, ha dicho no sé quién, pero ha dicho egregiamente. Un alma humana, ¿eh? No una vida. La vida esta no. Y sucede que a medida que se cree menos en el alma, es decir, en su inmortalidad conciente, personal y concreta, se exagerará más el valor de la pobre vida pasajera. De aquí arrancan todas las afeminadas sensiblerías contra la guerra. Sí, uno no debe querer morir, pero la otra muerte. «El que quiera salvar su vida, la perderá», dice el Evangelio; pero no dice el que quiera salvar su alma, el alma inmortal. O que creemos y queremos que lo sea.

Y todos los definidores del objetivismo no se fijan, o mejor dicho, no quieren fijarse que al afirmar un hombre su yo, su conciencia personal, afirma al hombre, al hombre concreto y real, afirma el verdadero humanismo —que no es el de las cosas del hombre, sino el del hombre—, y, al afirmar al hombre, afirma la conciencia. Porque la única conciencia de que tenemos conciencia es la del hombre.

El mundo es para la conciencia. O, mejor dicho, este «para», esta noción de finalidad, y mejor que noción sentimiento, este sentimiento teleológico no nace sino donde hay conciencia. Conciencia y finalidad son la misma cosa en el fondo.

Si el sol tuviese conciencia, pensaría vivir para alumbrar a los mundos, sin duda; pero pensaría también, y sobre todo, que los mundos existen para que él los alumbre y se goce en alumbrarlos y así viva. Y pensaría bien.

Y toda esta trágica batalla del hombre por salvarse, ese inmortal anhelo de inmortalidad que le hizo al hombre Kant dar aquel salto inmortal de que os decía, todo eso no es más que una batalla por la conciencia. Si la conciencia no es, como ha dicho algún pensador inhumano, nada más que un relámpago entre dos eternidades de tinieblas, entonces no hay nada más execrable que la existencia.

Alguien podrá ver un fondo de contradicción en todo cuanto voy diciendo, anhelando unas veces la vida inacabable, y diciendo otras que esta vida no tiene el valor que se la da. ¿Contradicción? ¡Ya lo creo! ¡La de mi corazón, que dice sí, y mi cabeza, que dice no! Contradicción, naturalmente. ¿Quién no recuerda aquellas palabras del Evangelio: «¡Señor, creo; ayuda a mi incredulidad!»? ¡Contradicción!, ¡naturalmente! Como que solo vivimos de contradicciones, y por ellas; como que la vida es tragedia, y la tragedia es perpetua lucha, sin victoria ni esperanza de ella; es contradicción.

Se trata, como veis, de un valor afectivo, y contra los valores afectivos no valen razones. Porque las razones no son nada más que razones, es decir, ni siquiera son verdades. Hay definidores de esos pedantes por naturaleza y por gracia, que me hacen el efecto de aquel señor que va a consolar a un padre que acaba de perder un hijo muerto de repente en la flor de sus años, y le dicen: «¡Paciencia, amigo, que todos tenemos que morirnos!». ¿Os chocaría que este padre se irritase contra semejante impertinencia? Porque es una impertinencia.

Hasta un axioma puede llegar a ser en ciertos casos una impertinencia. Cuántas veces no cabe decir aquello de

para pensar cual tú, solo es preciso
no tener nada más que inteligencia.

Hay personas, en efecto, que parecen no pensar más que con el cerebro, o con cualquier otro órgano que sea el específico para pensar; mientras otros piensan con todo el cuerpo y toda el alma, con la sangre, con el tuétano de los huesos, con el corazón, con los pulmones, con el vientre, con la vida. Y las gentes que no piensan más que con el cerebro dan en definidores; se hacen profesionales del pensamiento. ¿Y sabéis lo que es un profesional? ¿Sabéis lo que es un producto de la diferenciación del trabajo?

Aquí tenéis un profesional del boxeo. Ha aprendido a dar puñetazos con tal economía que reconcentra sus fuerzas en el puñetazo, y apenas pone en juego sino los músculos precisos para obtener el fin inmediato y concretado de su acción: derribar al adversario. Un boleo dado por un no profesional podrá no tener tanta eficacia objetiva inmediata; pero vitaliza mucho más al que lo da, haciéndole poner en juego casi todo su cuerpo. El uno es un puñetazo de boxeador, el otro, de hombre. Y sabido es que los hércules de circo, que los atletas de feria, no suelen ser sanos. Derriban a los adversarios, levantan enormes pesas, pero se mueren, o de tisis o de dispepsia.

Si un filósofo no es un hombre, es todo menos un filósofo; es, sobre todo, un pedante, es decir, un remedo de hombre. El cultivo de una ciencia cualquiera, de la química, de la física, de la geometría, de la filología, puede ser, y aun esto muy restringidamente y dentro de muy estrechos límites, obra de especialización diferenciada; pero la filosofía, como la poesía, o es obra de integración, de concinación, o no es sino filosofería, erudición pseudofilosófica.

Todo conocimiento tiene una finalidad. Lo de saber para saber, no es, dígase lo que se quiera, sino una tétrica petición de principio. Se aprende algo, o para un fin práctico inmediato, o para completar nuestros demás conocimientos. Hasta la doctrina que nos aparezca más teórica, es decir, de menor aplicación inmediata a las necesidades no intelectuales de la vida, responde a una necesidad —que también lo es— intelectual, a una razón de economía en el pensar, a un principio de unidad y continuidad de la conciencia. Pero así como un conocimiento científico tiene su finalidad en los demás conocimientos, la filosofía que uno haya de abrazar tiene otra finalidad extrínseca, se refiere a nuestro destino todo, a nuestra actitud frente a la vida y al universo. Y el más trágico problema de la filosofía es el de conciliar las necesidades intelectuales con las necesidades afectivas y con las volitivas. Como que ahí fracasa toda filosofía que pretende deshacer la eterna y trágica contradicción, base de nuestra existencia. Pero ¿afrontan todos esta contradicción?

Poco puede esperarse, verbigracia, de un gobernante que alguna vez, aun cuando sea por modo oscuro, no se ha preocupado del principio primero y del fin último de las cosas todas, y sobre todo de los hombres, de su primer por qué y de su último para qué.

Y esta suprema preocupación no puede ser puramente racional, tiene que ser afectiva. No basta pensar, hay que sentir nuestro destino. Y el que, pretendiendo dirigir a sus semejantes, dice y proclama que le tienen sin cuidado las cosas de tejas arriba, no merece dirigirlos. Sin que esto quiera decir, ¡claro está!, que haya de pedírsele solución alguna determinada. ¡Solución! ¿La hay acaso?

Por lo que a mí hace, jamás me entregaré de buen grado, y otorgándole mi confianza, a conductor alguno de pueblos que no esté penetrado de que, al conducir un pueblo, conduce hombres, hombres de carne y hueso, hombres que nacen; sufren y, aunque no quieran morir, mueren; hombres que son fines en sí mismos, no solo medios; hombres que han de ser los que son y no otros; hombres, en fin, que buscan eso que llamamos la felicidad. Es inhumano, por ejemplo, sacrificar una generación de hombres a la generación que le sigue cuando no se tiene sentimiento del destino de los sacrificados. No de su memoria, no de sus nombres, sino de ellos mismos.

Todo eso de que uno vive en sus hijos, o en sus obras, o en el universo, son vagas elucubraciones con que solo se satisfacen los que padecen de estupidez afectiva, que pueden ser, por lo demás, personas de una cierta eminencia cerebral. Porque puede uno tener un gran talento, lo que llamamos un gran talento, y ser un estúpido del sentimiento y hasta un imbécil moral. Se han dado casos.

Estos estúpidos afectivos con talento suelen decir que no sirve querer zahondar en lo inconocible ni dar coces contra el aguijón. Es como si se le dijera a uno a quien le han tenido que amputar una pierna que de nada le sirve pensar en ello. Y a todos nos falta algo; solo que unos lo sienten y otros no. O hacen como que no lo sienten, y entonces son unos hipócritas.

Un pedante, que vio a Solón llorar la muerte de un hijo, le dijo: «¿Para qué lloras así, si eso de nada sirve?». Y el sabio le respondió: «Por eso precisamente, porque no sirve». Claro está que el llorar sirve de algo, aunque no sea más que de desahogo; pero bien se ve el profundo sentido de la respuesta de Solón al impertinente. Y estoy convencido de que resolveríamos muchas cosas si saliendo todos a la calle, y poniendo a luz nuestras penas, que acaso resultasen una sola pena común, nos pusiéramos en común a llorarlas y a dar gritos al cielo y a llamar a Dios. Aunque no nos oyese, que sí nos oiría. Lo más santo de un templo es que es el lugar a que se va a llorar en común. Un *miserere,* cantado en común por una muchedumbre azotada del destino, vale tanto como una filosofía. No basta curar la peste, hay que saber llorarla. ¡Sí, hay que saber llorar! Y acaso esta es la sabiduría suprema. ¿Para qué? Preguntádselo a Solón.

Hay algo que, a falta de otro nombre, llamaremos el sentimiento trágico de la vida, que lleva tras sí toda una concepción de la vida misma y del universo, toda una filosofía más o menos formulada, más o menos conciente. Y ese sentimiento pueden tenerlo, y lo tienen, no solo hombres individuales, sino pueblos enteros. Y ese sentimiento, más que brotar de ideas, las determina, aun cuando luego, claro está, estas ideas reaccionen sobre él, corroborándolo. Unas veces puede provenir de una enfermedad adventicia, de una dispepsia, verbigracia; pero otras veces es constitucional. Y no sirve hablar, como veremos, de hombres sanos e insanos. Aparte de no haber una noción normativa de la salud, nadie ha probado que el hombre tenga que ser naturalmente alegre. Es más: el hombre, por ser hombre, por tener conciencia, es ya, respecto al burro o a un cangrejo, un animal enfermo. La conciencia es una enfermedad.

Ha habido entre los hombres de carne y hueso ejemplares típicos de esos que tienen el sentimiento trágico de la vida. Ahora recuerdo a Marco Aurelio, san Agustín, Pascal, Rousseau, René, Obermann, Thomson, Leopardi, Vigny, Lenau, Kleist, Amiel, Quental, Kierkegaard, hombres cargados de sabiduría más bien que de ciencia.

Habrá quien crea que uno cualquiera de estos hombres adoptó su actitud —como si actitudes así cupiese adoptar, como quien adopta una postura—, para llamar la atención o tal vez para congraciarse con los poderosos, con sus jefes acaso, porque no hay nada más menguado que el hombre cuando se pone a suponer intenciones ajenas; pero *honni soit qui mal y pense*. Y esto por no estampar ahora y aquí otro proverbio, este español, mucho más enérgico, pero que acaso raye en grosería.

Y hay, creo, también pueblos que tienen el sentimiento trágico de la vida.

Es lo que hemos de ver ahora, empezando por eso de la salud y la enfermedad.

## Capítulo II

### El punto de partida

Acaso las reflexiones que vengo haciendo puedan parecer a alguien de un cierto carácter morboso. ¿Morboso? Pero ¿qué es eso de la enfermedad? ¿Qué es la salud?

Y acaso la enfermedad misma sea la condición esencial de lo que llamamos progreso, y el progreso mismo, una enfermedad.

¿Quién no conoce la mítica tragedia del paraíso? Vivían en él nuestros primeros padres en estado de perfecta salud y de perfecta inocencia, y Jahvé les permitía comer del árbol de la vida, y había creado todo para ellos; pero les prohibió probar del fruto del árbol de la ciencia del bien y del mal. Pero ellos, tentados por la serpiente, modelo de prudencia para el Cristo, probaron de la fruta del árbol de la ciencia del bien y del mal, y quedaron sujetos a las enfermedades todas y a la que es corona y acabamiento de ellas, la muerte, y al trabajo y al progreso. Porque el progreso arranca, según esta leyenda, del pecado original. Y así fue cómo la curiosidad de la mujer, de Eva, de la más presa a las necesidades orgánicas y de conservación, fue la que trajo la caída y con la caída la redención, la que nos puso en el camino de Dios, de llegar a Él, y ser en Él.

¿Queréis otra versión de nuestro origen? Sea. Según ella, no es en rigor el hombre, sino una especie de gorila, orangután, chimpancé o cosa así, hidrocéfalo o algo parecido. Un mono antropoide tuvo una vez un hijo enfermo, desde el punto de vista estrictamente animal o zoológico, enfermo, verdaderamente enfermo, y esa enfermedad resultó, además de una flaqueza, una ventaja para la lucha por la persistencia. Acabó por ponerse derecho el único mamífero vertical: el hombre. La posición erecta le libertó las manos de tener que apoyarse en ellas para andar, y pudo oponer el pulgar a los otros cuatro dedos, y cojer objetos y fabricarse utensilios, y son las manos, como es sabido, grandes fraguadoras de inteligencia. Y esa misma posición le puso pulmones, tráquea, laringe y boca en aptitud de poder articular lenguaje, y la palabra es inteligencia. Y esa posición también, haciendo que la cabeza pese verticalmente sobre el tronco, permitió un mayor peso y desarrollo de aquella, en que el pensamiento se asienta. Pero, necesitando para esto unos huesos de la pelvis más resistentes y recios que en las especies cuyo tronco y cabeza descansan sobre las cuatro extremidades, la mujer, la autora de la caída, según el Génesis, tuvo que dar salida en el parto a una cría de mayor cabeza por entre unos huesos más duros. Y Jahvé la condenó, por haber pecado, a parir con dolor sus hijos.

El gorila, el chimpancé, el orangután y sus congéneres deben de considerar como un pobre animal enfermo al hombre, que hasta almacena sus muertos. ¿Para qué?

Y esa enfermedad primera y las enfermedades todas que se le siguen, ¿no son acaso el capital elemento del progreso? La artritis, pongamos por caso, inficiona la sangre, introduce en ella cenizas, escurrajas de una imperfecta combustión orgánica; pero esta impureza misma, ¿no hace por ventura más excitante a esa sangre? ¿No provocará acaso esa sangre impura, y, precisamente por serlo, a una más aguda cerebración? El agua químicamente pura es impotable. Y la sangre fisiológicamente pura, ¿no es acaso también inapta para el cerebro del mamífero vertical que tiene que vivir del pensamiento?

La historia de la medicina, por otra parte, nos enseña que no consiste tanto el progreso en expulsar de nosotros los gérmenes de las enfermedades, o más bien las enfermedades mismas, cuanto en acomodarlas a nuestro organismo, enriqueciéndolo tal vez, en macerarlas en nuestra sangre. ¿Qué otra cosa significan la vacunación y los sueros todos, qué otra cosa la inmunización por el trascurso del tiempo?

Si eso de la salud no fuera una categoría abstracta, algo que en rigor no se da, podríamos decir que un hombre perfectamente sano no sería ya un hombre, sino un animal irracional. Irracional por falta de enfermedad alguna que encendiera su razón. Y es una verdadera enfermedad, y trágica, la que nos da el apetito de conocer por gusto del conocimiento mismo, por el deleite de probar de la fruta del árbol de la ciencia del bien y del mal.

Πάντες ἄνθρωποι τοῦ εἰδ'ἐναι ὀρέγονται φύσει, «todos los hombres se empeñan por naturaleza en conocer». Así empieza Aristóteles su *Metafísica*, y desde entonces se ha repetido miles de veces que la curiosidad o deseo de saber, lo que, según el Génesis, llevó a nuestra primera madre al pecado, es el origen de la ciencia.

Mas es menester distinguir aquí entre el deseo o apetito de conocer, aparentemente y a primera vista, por amor al conocimiento mismo, entre el ansia de probar del fruto del árbol de la ciencia, y la necesidad de conocer para vivir. Esto último, que nos da el conocimiento directo e inmediato, y que en cierto sentido, si no pareciese paradójico, podría llamarse conocimiento inconciente, es común al hombre con los animales, mientras lo que nos distingue de estos es el conocimiento reflexivo, el conocer del conocer mismo.

Mucho han disputado y mucho seguirán todavía disputando los hombres, ya que a sus disputas fue entregado el mundo, sobre el origen del conocimiento; mas, dejando ahora para más adelante lo que de ello sea en las hondas entrañas de la existencia, es lo averiguado y cierto que en el orden aparencial de las cosas, en la vida de los seres dotados de algún conocer o percibir, más o menos brumoso, o que por sus actos parecen estar dotados de él, el conocimiento se nos muestra ligado a la necesidad de vivir y de procurarse sustento para lograrlo. Es una secuela de aquella esencia misma del ser, que, según Spinoza, consiste en el conato por perseverar indefinidamente en su ser mismo. Con términos en que la concreción raya acaso en grosería, cabe decir que el cerebro, en cuanto a su función, depende del estómago. En los seres que figuran en lo más bajo de la escala de los vivientes, los actos que presentan caracteres de voluntariedad, los que parecen ligados a una conciencia más o menos clara, son actos que se enderezan a procurarse subsistencia al ser que los ejecuta.

Tal es el origen que podemos llamar histórico del conocimiento, sea cual fuere su origen en otro respecto. Los seres que parecen dotados de percepción perciben para poder vivir, y solo en cuanto para vivir lo necesitan perciben. Pero tal vez, atesorados estos conocimientos, que empezaron siendo útiles y dejaron de serlo, han llegado a constituir un caudal que sobrepuja con mucho al necesario para la vida.

Hay, pues, primero, la necesidad de conocer para vivir, y de ella se desarrolla ese otro que podríamos llamar conocimiento de lujo o de exceso, que puede a su vez llegar a constituir una nueva necesidad. La curiosidad, el llamado deseo innato de conocer, solo se despierta y obra luego que está satisfecha la necesidad de conocer para vivir; y aunque alguna vez no sucediese así en las condiciones actuales de nuestro linaje, sino que la curiosidad se sobreponga a la necesidad y la ciencia al hambre, el hecho primordial es que la curiosidad brotó de la necesidad de conocer para vivir, y este es el peso muerto y la grosera materia que en su seno la ciencia lleva; y es que aspirando a ser un conocer por conocer, un conocer la verdad por la verdad misma, las necesidades de la vida fuerzan y tuercen a la ciencia a que se ponga al servicio de ellas, y los hombres, mientras creen que buscan la verdad por ella misma, buscan de hecho la vida en la verdad. Las variaciones de la ciencia dependen de las variaciones de las necesidades humanas, y los hombres de ciencia suelen trabajar, queriéndolo o sin quererlo, a sabiendas o no, al servicio de los poderosos o al del pueblo que les pide confirmación de sus anhelos.

Pero ¿es esto realmente un peso muerto y una grosera materia de la ciencia, o no es más bien la íntima fuente de su redención? El hecho es que es ello así, y torpeza grande pretender rebelarse contra la condición misma de la vida.

El conocimiento está al servicio de la necesidad de vivir, y primariamente al servicio del instinto de conservación personal. Y esta necesidad y este instinto han creado en el hombre los órganos del conocimiento, dándoles el alcance que tienen. El hombre ve, oye, toca, gusta y huele lo que necesita ver, oír, tocar, gustar y oler para conservar su vida; la merma o la pérdida de uno cualquiera de esos sentidos aumenta los riesgos de que su vida está rodeada, y, si no los aumenta tanto en el estado de sociedad en que vivimos, es porque los unos ven, oyen, tocan, gustan o huelen por los otros. Un ciego solo, sin lazarillo, no podría vivir mucho tiempo. La sociedad es otro sentido, el verdadero sentido común.

El hombre, pues, en su estado de individuo aislado, no ve, ni oye, ni toca, ni gusta, ni huele más que lo que necesita para vivir y conservarse. Si no percibe colores ni por debajo del rojo ni por encima del violeta, es acaso porque le bastan los otros para poder conservarse. Y los sentidos mismos son aparatos de simplificación, que eliminan de la realidad objetiva todo aquello que no nos es necesario conocer para poder usar de los objetos a fin de conservar la vida. En la completa oscuridad, el animal que no perece acaba por volverse ciego. Los parásitos, que en las entrañas de otros animales viven de los jugos nutritivos por estos otros preparados ya, como no necesitan ni ver ni oír, ni ven ni oyen, sino que, convertidos en una especie de saco, permanecen adheridos al ser de quien viven. Para estos parásitos no deben de existir ni el mundo visual ni el mundo sonoro. Basta que vean y oigan aquellos que en sus entrañas los mantienen.

Está, pues, el conocimiento primariamente al servicio del instinto de conservación, que es más bien, como con Spinoza dijimos, su esencia misma. Y así cabe decir que es el instinto de conservación el que nos hace la realidad y la verdad del mundo perceptible, pues del campo insondable e ilimitado de lo posible es ese instinto el que nos saca y separa lo para nosotros existente. Existe, en efecto, para nosotros todo lo que, de una o de otra manera, necesitamos conocer para existir nosotros; la existencia objetiva es, en nuestro conocer, una dependencia de nuestra propia existencia personal. Y nadie puede negar que no pueden existir y acaso existan aspectos de la realidad desconocidos, hoy al menos, de nosotros, y acaso inconocibles, porque en nada nos son necesarios para conservar nuestra propia existencia actual.

Pero el hombre ni vive solo ni es individuo aislado, sino que es miembro de sociedad, encerrando no poca verdad aquel dicho de que el individuo, como el átomo, es una abstracción. Sí, el átomo fuera del universo es tan abstracción como el universo aparte de los átomos. Y si el individuo se mantiene por el instinto de conservación, la sociedad debe su ser y su mantenimiento al instinto de perpetuación de aquel. Y de este instinto, mejor dicho, de la sociedad, brota la razón.

La razón, lo que llamamos tal, el conocimiento reflejo y reflexivo, el que distingue al hombre, es un producto social.

Debe su origen acaso al lenguaje. Pensamos articulada, o sea reflexivamente, gracias al lenguaje articulado, y este lenguaje brotó de la necesidad de transmitir nuestro pensamiento a nuestros prójimos. Pensar es hablar consigo mismo, y hablamos cada uno consigo mismo gracias a haber tenido que hablar los unos con los otros, y en la vida ordinaria acontece con frecuencia que llega uno a encontrar una idea que buscaba, llega a darla forma, es decir, a obtenerla, sacándola de la nebulosa de percepciones oscuras a que representa, gracias a los esfuerzos que hace para presentarla a los demás. El pensamiento es lenguaje interior, y el lenguaje interior brota del exterior. De donde resulta que la razón es social y común. Hecho preñado de consecuencias, como hemos de ver.

Y si hay una realidad que es en cuanto conocida obra del instinto de conservación personal y de los sentidos al servicio de este, ¿no habrá de haber otra realidad, no menos real que aquella, obra, en cuanto conocida, del instinto de perpetuación, el de la especie, y al servicio de él? El instinto de conservación, el hambre, es el fundamento del individuo humano; el instinto de perpetuación, el amor, en su forma más rudimentaria y fisiológica, es el fundamento de la sociedad humana. Y así como el hombre conoce lo que necesita conocer para que se conserve, así la sociedad o el hombre, en cuanto ser social, conoce lo que necesita conocer para perpetuarse en sociedad.

Hay un mundo, el mundo sensible, que es hijo del hambre, y hay otro mundo, el ideal, que es hijo del amor. Y así como hay sentidos al servicio del conocimiento del mundo sensible, los hay también, hoy en su mayor parte dormidos, porque apenas si la conciencia social alborea, al servicio del conocimiento del mundo ideal. Y ¿por qué hemos de negar realidad objetiva a las creaciones del amor, del instinto de perpetuación, ya que se lo concedemos a las del hambre o instinto de conservación? Porque si se dice que estas otras creaciones no lo son más que de nuestra fantasía, sin valor objetivo, ¿no puede decirse igualmente de aquellas que no son sino creaciones de nuestros sentidos? ¿Quién nos dice que no haya un mundo invisible e intangible, percibido por el sentido íntimo que vive al servicio del instinto de perpetuación?

La sociedad humana, como tal sociedad, tiene sentidos de que el individuo, a no ser por ella, carecería, lo mismo que este individuo, el hombre, que es a su vez una especie de sociedad, tiene sentidos de que carecen las células que le componen. Las células ciegas del oído, en su oscura conciencia, deben de ignorar la existencia del mundo visible, y, si de él les hablasen, lo estimarían acaso creación arbitraria de las células sordas de la vista, las cuales, a su vez, habrán de estimar ilusión el mundo sonoro que aquellas crean.

Mentábamos antes a los parásitos que, viviendo en las entrañas de los animales superiores, de los jugos nutritivos que estos preparan, no necesitan ver ni oír, y no existe, por lo tanto, para ellos mundo visible ni sonoro. Y si tuviesen cierta conciencia, y se hicieran cargo de que aquel a cuyas expensas viven cree en otro mundo, juzgaríanlo acaso desvaríos de la imaginación. Y así hay parásitos sociales, como hace muy bien notar Mr. Balfour,* que, recibiendo de la sociedad en que viven los móviles de su conducta moral, niegan que la creencia en Dios y en otra vida sean necesarias para fundamentar una buena conducta y una vida soportables, porque la sociedad les ha preparado ya los jugos espirituales de que viven. Un individuo suelto puede soportar la vida y vivirla buena, y hasta heroica, sin creer en manera alguna ni en la inmortalidad del alma ni en Dios, pero es que vive vida de parásito espiritual. Lo que llamamos sentimiento del honor es, aun en

* Arthur James Balfour, *The Foundations of Belief, Being Notes Introductory to the Study of Theology*, by the Right Hon.

los no cristianos, un producto cristiano. Y aun digo más, y es: que si se da en un hombre la fe en Dios unida a una vida de pureza y elevación moral, no es tanto que el creer en Dios le haga bueno, cuanto que el ser bueno, gracias a Dios, le hace creer en Él. La bondad es la mejor fuente de clarividencia espiritual.

No se me oculta tampoco que podrá decírseme que todo esto de que el hombre crea el mundo sensible, y el amor, el ideal, todo lo de las células ciegas del oído y las sordas de la vista, lo de los parásitos espirituales, etc., son metáforas. Así es, y no pretendo otra cosa sino discurrir por metáforas. Y es que ese sentido social, hijo del amor, padre del lenguaje y de la razón y del mundo ideal que de él surge, no es en el fondo otra cosa que lo que llamamos fantasía o imaginación. De la fantasía brota la razón. Y si se toma a aquella como una facultad que fragua caprichosamente imágenes, preguntaré qué es el capricho, y en todo caso también los sentidos y la razón yerran.

Y hemos de ver que es esa facultad íntima social, la imaginación que lo personaliza todo, la que, puesta al servicio del instinto de perpetuación, nos revela la inmortalidad del alma y a Dios, siendo así Dios un producto social.

Pero esto para más adelante.

Y ahora bien; ¿para qué se filosofa?, es decir, ¿para qué se investiga los primeros principios y los fines últimos de las cosas? ¿Para qué se busca la verdad desinteresada? Porque aquello de que todos los hombres tienden por naturaleza a conocer está bien; pero ¿para qué?

Buscan los filósofos un punto de partida teórico o ideal a su trabajo humano, el de filosofar; pero suelen descuidar buscarle el punto de partida práctico y real, el propósito. ¿Cuál es el propósito al hacer filosofía, al pensarla y exponerla luego a los semejantes? ¿Qué busca en ello y con ello el filósofo? ¿La verdad por la verdad misma? ¿La verdad para sujetar a ella nuestra conducta y determinar conforme a ella nuestra actitud espiritual para con la vida y el universo?

La filosofía es un producto humano de cada filósofo, y cada filósofo es un hombre de carne y hueso que se dirige a otros hombres de carne y hueso como él. Y haga lo que quiera, filosofa, no con la razón solo, sino con la voluntad, con el sentimiento, con la carne y con los huesos, con el alma toda y con todo el cuerpo. Filosofa el hombre.

Y no quiero emplear aquí el yo, diciendo que al filosofar filosofo yo y no el hombre, para que no se confunda este yo concreto, circunscrito, de carne y hueso, que sufre de mal de muelas y no encuentra soportable la vida si la muerte es la aniquilación de la conciencia personal, para que no se le confunda con ese otro yo de matute, el Yo con letra mayúscula, el Yo teórico que introdujo en la filosofía Fichte, ni aun con el Único, también teórico, de Max Stirner. Es mejor decir nosotros. Pero nosotros los circunscritos en espacios.

¡Saber por saber! ¡La verdad por la verdad! Eso es inhumano. Y si decimos que la filosofía teórica se endereza a la práctica, la verdad al bien, la ciencia a la moral, diré: y el bien ¿para qué? ¿Es acaso un fin en sí? Bueno no es sino lo que contribuye a la conservación, perpetuación y enriquecimiento de la conciencia. El bien se endereza al hombre, al mantenimiento y perfección de la sociedad humana, que se compone de hombres. Y esto, ¿para qué? «Obra de modo que tu acción pueda servir de norma a todos los hombres», nos dice Kant. Bien, ¿y para qué? Hay que buscar un para qué.

En el punto de partida, en el verdadero punto de partida, el práctico, no el teórico, de toda filosofía, hay un para qué. El filósofo filosofa para algo más que para filosofar. *Primum vivere, deinde philosophari,* dice el antiguo adagio latino, y, como el filósofo antes que filósofo es hombre, necesita vivir para poder filosofar, y de hecho filosofa para vivir. Y suele filosofar, o para resignarse a la vida, o para buscarle alguna finalidad, o para divertirse y olvidar penas, o por deporte y juego. Buen ejemplo de esto último, aquel terrible ironista ateniense que fue Sócrates, y de quien nos cuenta Jenofonte, en sus *Memorias,* que de tal modo le expuso a Teodota la cortesana las artes de que debía valerse para atraer a su casa amantes, que le pidió ella al filósofo que fuese su compañero de caza, συνθηρατής, su alcahuete, en una palabra. Y es que, de hecho, en arte de alcahuetería, aunque sea espiritual, suele no pocas veces convertirse la filosofía. Y otras en opio para adormecer pesares.

Tomo al azar un libro de metafísica, el que encuentro más a mano, *Time and Space. A Metaphysical Essay,* de Shadworth H. Hodgson; lo abro, y en el párrafo quinto del primer capítulo de su parte primera leo: «La metafísica no es, propiamente hablando, una ciencia, sino una filosofía; esto es, una ciencia cuyo fin está en sí misma, en la gratificación y educación de los espíritus que la cultivan, no en propósito alguno externo, tal como el de fundar un arte conducente al bienestar de la vida». Examinemos esto. Y veremos primero que la metafísica no es, hablando con propiedad *—properly speaking—*, una ciencia, «esto es», *that is,* que es una ciencia cuyo fin, etcétera. Y esta ciencia, que no es propiamente una ciencia, tiene su fin en sí, en la gratificación y educación de los espíritus que la cultivan. ¿En qué, pues, quedamos? ¿Tiene su fin en sí, o es su fin, gratificar y educar a los espíritus que la cultivan? ¡O lo uno o lo otro! Luego añade Hodgson que el fin de la metafísica no es propósito alguno externo, como el de fundar un arte conducente al bienestar de la vida. Pero es que la gratificación del espíritu de aquel que cultiva la filosofía, ¿no es parte del bienestar de su vida? Fíjese el lector en ese pasaje del metafísico inglés, y dígame si no es un tejido de contradicciones.

Lo cual es inevitable, cuando se trate de fijar *humanamente* eso de una ciencia, de un conocer, cuyo fin esté en sí mismo, eso de un conocer por el conocer mismo, de un alcanzar la verdad por la misma verdad. La ciencia no existe sino en la conciencia personal, y gracias a ella; la astronomía, las matemáticas no tienen otra realidad que la que como conocimiento tienen en las mentes de los que las aprenden y cultivan. Y si un día ha de acabarse toda conciencia personal sobre la tierra; si un día ha de volver a la nada, es decir, a la absoluta inconciencia de que brotara el espíritu humano, y no ha de haber espíritu que se aproveche de toda nuestra ciencia acumulada, ¿para qué esta? Porque no se debe perder de vista que el problema de la inmortalidad personal del alma implica el porvenir de la especie humana toda.

Esa serie de contradicciones en que el inglés cae, al querer explicarnos lo de una ciencia cuyo fin está en sí misma, es fácilmente comprensible tratándose de un inglés que ante todo es hombre. Tal vez un especialista alemán, un filósofo que haya hecho de la filosofía su especialidad, y en esta haya enterrado, matándola antes, su humanidad, explicara mejor eso de la ciencia, cuyo fin está en sí mismo, y lo del conocer por conocer.

Tomad al hombre Spinoza, a aquel judío portugués desterrado en Holanda; leed su *Ética,* como lo que es, como un desesperado poema elegiaco, y decidme si no se oye allí, por debajo de las escuetas, y al parecer serenas proposiciones expuestas *more geometrico*, el eco lúgubre de los salmos proféticos. Aquella no es la filosofía de la resignación, sino la de la desesperación. Y cuando escribía lo de que el hombre libre en todo piensa menos en la muerte, y es su sabiduría meditación no de la muerte, sino de la vida misma —*homo liber de nulla re minus quam de morte cogitat et eius sapientiam non mortis, sed vitae meditatio est* (*Ethice*, pars IV, prop. LXVII)—, cuando escribía, sentíase, como nos sentimos todos, esclavos, y pensaba en la muerte, y para libertarse, aunque en vano, de este pensamiento lo escribía. Ni al escribir la proposición XLII de la parte V de que «la felicidad no es premio de la virtud, sino la virtud misma», sentía, de seguro, lo que escribía. Pues para eso suelen filosofar los hombres, para convencerse a sí mismos, sin lograrlo. Y este querer convencerse, es decir, este querer violentar la propia naturaleza humana, suele ser el verdadero punto de partida íntimo de no pocas filosofías.

¿De dónde vengo yo y de dónde viene el mundo en que vivo y del cual vivo? ¿Adónde voy y adónde va cuanto me rodea? ¿Qué significa esto? Tales son las preguntas del hombre, así que se liberta de la embrutecedora necesidad de tener que sustentarse materialmente. Y si miramos bien, veremos que debajo de esas preguntas no hay tanto el deseo de conocer un por qué como el de conocer el para qué; no de la causa, sino de la finalidad. Conocida es la definición que de la filosofía daba Cicerón llamándola «ciencia de lo divino y de lo humano, y de las causas en que ellos se contienen», *rerum divinarum et humanarum, causarumque quibus hae res continen-*

*tur*; pero, en realidad, esas causas son, para nosotros, fines. Y la Causa Suprema, Dios, ¿qué es sino el Supremo Fin? Solo nos interesa el porqué en vista del para qué; solo queremos saber de dónde venimos, para mejor poder averiguar adónde vamos.

Esa definición ciceroniana, que es la estoica, se halla también en aquel formidable intelectualista que fue Clemente de Alejandría, por la Iglesia católica canonizado, el cual la expone en el capítulo V del primero de sus *Stromata*. Pero este mismo filósofo cristiano —¿cristiano?— en el capítulo XXII de su cuarto *stroma*, nos dice que debe bastarle al gnóstico, es decir, al intelectual, el conocimiento, la *gnosis*, y añade: «Y me atrevería a decir que no por querer salvarse escojerá el conocimiento el que lo siga por la divina ciencia misma; el conocer tiende, mediante el ejercicio, al siempre conocer; pero el conocer siempre, hecho esencia del conociente por continua mezcla y hecho contemplación eterna, queda sustancia viva; y si alguien por su posición propusiese al intelectual qué prefería, o el conocimiento de Dios o la salvación eterna, y se pudieran dar estas cosas separadas, siendo, como son, más bien una sola, sin vacilar escojería el conocimiento de Dios». ¡Que Él, que Dios mismo, a quien anhelamos gozar y poseer eternamente, nos libre de este gnosticismo o intelectualismo clementino!

¿Por qué quiero saber de dónde vengo y adónde voy, de dónde viene y adónde va lo que me rodea, y qué significa todo esto? Porque no quiero morirme del todo, y quiero saber si he de morirme o no definitivamente. Y, si no muero, ¿qué será de mí?; y si muero, ya nada tiene sentido. Y hay tres soluciones: *a)* o sé que me muero del todo, y entonces la desesperación irremediable, o *b)* sé que no muero del todo, y entonces la resignación, o *c)* no puedo saber ni una ni otra cosa, y entonces la resignación en la desesperación o esta en aquella, una resignación desesperada, o una desesperación resignada, y la lucha.

«Lo mejor es —dirá algún lector— dejarse de lo que no se puede conocer.» ¿Es ello posible? En su hermosísimo poema «El sabio antiguo» («*The Ancient Sage*») decía Tennyson: «No puedes probar lo inefable [*the Nameless*], oh hijo mío, ni puedes probar el mundo en que te mueves; no puedes probar que eres cuerpo solo, ni puedes probar que eres solo espíritu, ni que eres ambos en uno; no puedes probar que eres inmortal, ni tampoco que eres mortal; sí, hijo mío, no puedes probar que yo, que contigo hablo, no eres tú que hablas contigo mismo, porque nada digno de probarse puede ser probado ni desprobado, por lo cual sé prudente, agárrate siempre a la parte más soleada de la duda y trepa a la Fe allende las formas de la Fe». Sí, acaso, como dice el sabio, nada digno de probarse puede ser probado ni desprobado

> *for nothing worthy proving can be proven,*
> *nor yet disproven;*

pero ¿podemos contener a ese instinto que lleva al hombre a querer conocer y sobre todo a querer conocer aquello que a vivir, y a vivir siempre, conduzca? A vivir siempre, no a conocer siempre como el gnóstico alejandrino. Porque vivir es una cosa y conocer otra, y, como veremos, acaso hay entre ellas una tal oposición que podamos decir que todo lo vital es antirracional, no ya solo irracional, y todo lo racional, antivital. Y esta es la base del sentimiento trágico de la vida.

Lo malo del discurso del método de Descartes no es la duda previa metódica; no es que empezara queriendo dudar de todo, lo cual no es más que un mero artificio; es que quiso empezar prescindiendo de sí mismo, de Descartes, del hombre real, de carne y hueso, del que no quiere morirse, para ser un mero pensador, esto es, una abstracción. Pero el hombre real volvió y se le metió en la filosofía.

*«Le bon sens est la chose du monde la mieux partagée.»* Así comienza el *Discurso del método,* y ese buen sentido le salvó. Y sigue hablando de sí mismo, del hombre Descartes, diciéndonos, entre otras cosas, que estimaba mucho la elocuencia y estaba enamorado de la poesía; que se complacía sobre todo en las matemáticas, a causa de la certeza y evidencia de sus razones, y que veneraba nuestra teología, y pretendía, tanto como cualquier otro, ganar el cielo, *et prétendais autant qu'aucun autre à gagner le ciel.* Y esta pretensión, por

lo demás creo que muy laudable, y sobre todo muy natural, fue la que le impidió sacar todas las consecuencias de la duda metódica. El hombre Descartes pretendía, tanto como otro cualquiera, ganar el cielo; «pero habiendo sabido, como cosa muy segura, que no está su camino menos abierto a los más ignorantes que a los más doctos, y que las verdades reveladas que a él llevan están por encima de nuestra inteligencia, no me hubiera atrevido a someterlas a la flaqueza de mis razonamientos, y pensé que para emprender el examinarlos y lograrlo era menester tener alguna extraordinaria asistencia del cielo y ser más que hombre». Y aquí está el hombre. Aquí está el hombre que no se sentía, a Dios gracias, en condición que le obligase a hacer de la ciencia un oficio —*métier*— para alivio de su fortuna, y que no se hacía una profesión de despreciar, en cínico, la gloria. Y luego nos cuenta cómo tuvo que detenerse en Alemania, y encerrado en una estufa, *poêle*, empezó a filosofar su método. En Alemania, ¡pero encerrado en una estufa! Y así es, un discurso de estufa, y de estufa alemana, aunque el filósofo en ella encerrado, un francés que se proponía ganar el cielo.

Y llega al *cogito ergo sum*, que ya san Agustín preludiara; pero el *ego* implícito en este entimema, *ego cogito, ergo ego sum*, es un *ego*, un yo irreal o sea ideal, y su *sum*, su existencia, algo irreal también. «Pienso, luego soy», no puede querer decir sino «pienso, luego soy pensante»; ese ser del soy, que se deriva de «pienso», no es más que un conocer; ese ser es conocimiento, mas no vida. Y lo primitivo no es que pienso, sino que vivo, porque también viven los que no piensan. Aunque ese vivir no sea un vivir verdadero. ¡Qué de contradicciones, Dios mío, cuando queremos casar la vida y la razón!

La verdad es *sum, ergo cogito*, «soy, luego pienso», aunque no todo lo que es piense. La conciencia de pensar ¿no será ante todo conciencia de ser? ¿Será posible acaso un pensamiento puro, sin conciencia de sí, sin personalidad? ¿Cabe acaso conocimiento puro, sin sentimiento, sin esta especie de materialidad que el sentimiento le presta? ¿No se siente acaso el pensamiento, y se siente uno a sí mismo a la vez que se conoce y se quiere? ¿No pudo decir el hombre de la estufa:

«Siento, luego soy»; o «quiero, luego soy»? Y sentirse ¿no es acaso sentirse imperecedero? Quererse ¿no es quererse eterno, es decir, no querer morirse? Lo que el triste judío de Amsterdam llamaba la esencia de la cosa, el conato que pone en perseverar indefinidamente en su ser, el amor propio, el ansia de inmortalidad, ¿no será acaso la condición primera y fundamental de todo conocimiento reflexivo o humano? ¿Y no será, por lo tanto, la verdadera base, el verdadero punto de partida de toda filosofía, aunque los filósofos, pervertidos por el intelectualismo, no lo reconozcan?

Y fue además el *cogito* el que introdujo una distinción que, aunque fecunda en verdades, lo ha sido también en confusiones, y es la distinción entre objeto, *cogito,* y sujeto, *sum*. Apenas hay distinción que no sirva también para confundir. Pero a esto volveremos.

Quedémonos ahora en esta vehemente sospecha de que el ansia de no morir, el hambre de inmortalidad personal, el conato con que tendemos a persistir indefinidamente en nuestro ser propio y que es, según el trágico judío, nuestra misma esencia, eso es la base afectiva de todo conocer y el íntimo punto de partida personal de toda filosofía humana, fraguada por un hombre y para hombres. Y veremos cómo la solución a ese íntimo problema afectivo, solución que puede ser la renuncia desesperada de solucionarlo, es la que tiñe todo el resto de la filosofía. Hasta debajo del llamado problema del conocimiento no hay sino el afecto ese humano, como debajo de la inquisición del porqué de la causa no hay sino la rebusca del para qué, de la finalidad. Todo lo demás es o engañarse o querer engañar a los demás. Y querer engañar a los demás para engañarse a sí mismo.

Y ese punto de partida personal y afectivo de toda filosofía y de toda religión es el sentimiento trágico de la vida. Vamos a verlo.

# Capítulo III

## El hambre de inmortalidad

Parémonos en esto del inmortal anhelo de inmortalidad, aunque los gnósticos o intelectuales puedan decir que es retórica lo que sigue y no filosofía. También el divino Platón, al disertar en su *Fedón* sobre la inmortalidad del alma, dijo que conviene hacer sobre ella leyendas, μυθολογεῖν.

Recordemos ante todo una vez más, y no será la última, aquello de Spinoza de que cada ser se esfuerza por perseverar en él, y que este esfuerzo es su esencia misma actual, e implica tiempo indefinido, y que el ánimo, en fin, ya en sus ideas distintas y claras, ya en las confusas, tiende a perseverar en su ser con duración indefinida y es sabedor de este su empeño (*Ethice*, part. III, propositiones VI-IX).

Imposible nos es, en efecto, concebirnos como no existentes, sin que haya esfuerzo alguno que baste a que la conciencia se dé cuenta de la absoluta inconciencia, de su propio anonadamiento. Intenta, lector, imaginarte en plena vela cuál sea el estado de tu alma en el profundo sueño; trata de llenar tu conciencia con la representación de la no conciencia, y lo verás. Causa congojosísimo vértigo el empeñarse en comprenderlo. No podemos concebirnos como no existiendo.

El universo visible, el que es hijo del instinto de conservación, me viene estrecho, esme como una jaula que me resulta chica, y contra cuyos barrotes da en sus revuelos mi alma; fáltame en él aire que respirar. Más, más y cada vez más; quiero ser yo, y sin dejar de serlo, ser además los otros, adentrarme en la totalidad de las cosas visibles e invisibles, extenderme a lo ilimitado del espacio y prolongarme a lo inacabable del tiempo. De no serlo todo y por siempre, es como si no fuera, y por lo menos ser todo yo, y serlo para siempre jamás. Y ser todo yo es ser todos los demás. ¡O todo o nada!

¡O todo o nada! ¡Y qué otro sentido puede tener el «ser o no ser»! *To be or not to be* shakesperiano, el de aquel mismo poeta que hizo decir de Marcio en su *Coroliano* (V, 4) que solo necesitaba la eternidad para ser dios: *he wants nothing of a god but eternity?* ¡Eternidad!, ¡eternidad! Este es el anhelo; la sed de eternidad es lo que se llama amor entre los hombres, y quien a otro ama es que quiere eternizarse en él. Lo que no es eterno tampoco es real.

Gritos de las entrañas del alma ha arrancado a los poetas de los tiempos todos esta tremenda visión del fluir de las olas de la vida, desde el «sueño de una sombra» σκιᾶς ὄναρ, de Píndaro, hasta el «la vida es sueño», de Calderón, y el «estamos hechos de la madera de los sueños», de Shakespeare, sentencia esta última aún más trágica que la del castellano, pues mientras en aquella solo se declara sueño a nuestra vida, mas no a nosotros los soñadores de ella, el inglés nos hace también a nosotros sueño, sueño que sueña.

La vanidad del mundo y el cómo pasa y el amor son las dos notas radicales y entrañadas de la verdadera poesía. Y son dos notas que no puede sonar la una sin que la otra a la vez resuene. El sentimiento de la vanidad del mundo pasajero nos mete el amor, único en que se vence lo vano y transitorio, único que rellena y eterniza la vida. Al parecer al menos, que en realidad... Y el amor, sobre todo cuando lucha contra el destino, súmenos en el sentimiento de la vanidad de este mundo de apariencias, y nos abre el vislumbre de otro en que, vencido el destino, sea ley la libertad.

¡Todo pasa! Tal es el estribillo de los que han bebido de la fuente de la vida, boca al chorro, de los que han gustado del fruto del árbol de la ciencia del bien y del mal.

¡Ser, ser siempre, ser sin término! ¡Sed de ser, sed de ser más! ¡Hambre de Dios! ¡Sed de amor eternizante y eterno! ¡Ser siempre! ¡Ser Dios!

«¡Seréis como dioses!», cuenta el Génesis (III, 5) que dijo la serpiente a la primera pareja de enamorados. «Si en esta vida tan solo hemos de esperar en Cristo, somos los más lastimosos de los hombres», escribía el Apóstol (1 Co XV, 19), y toda religión arranca históricamente del culto a los muertos, es decir, a la inmortalidad.

Escribía el trágico judío portugués de Amsterdam que el hombre libre en nada piensa menos que en la muerte; pero ese hombre libre es un hombre muerto, libre del resorte de la vida, falto de amor, esclavo de su libertad. Ese pensamiento de que me tengo que morir y el enigma de lo que habrá después es el latir mismo de mi conciencia. Contemplando el sereno campo verde o contemplando unos ojos claros, a que se asome un alma hermana de la mía, se me hinche la conciencia, siento la diástole del alma y me empapo en vida ambiente, y creo en mi porvenir; pero al punto la voz del misterio me susurra ¡dejarás de ser!, me roza con el ala el Ángel de la muerte, y la sístole del alma me inunda las entrañas espirituales en sangre de divinidad.

Como Pascal, no comprendo al que asegura no dársele un ardite de este asunto, y ese abandono en cosa «en que se trata de ellos mismos, de su eternidad, de su todo, me irrita más que me enternece, me asombra y me espanta», y el que así siente «es para mí», como para Pascal, cuyas son las palabras señaladas, «un monstruo».

Mil veces y en mil tonos se ha dicho cómo es el culto a los muertos antepasados lo que enceta, por lo común, las religiones primitivas, y cabe en rigor decir que lo que más al hombre destaca de los demás animales es lo de que guarde, de una manera o de otra, sus muertos sin entregarlos al descuido de su madre la tierra todoparidora; es un animal guardamuertos. ¿Y de qué los guarda así? ¿De qué los ampara el pobre? La pobre conciencia huye de su propia aniquilación, y así que un espíritu animal desplacentándose del mundo se ve frente a este, y como distinto de él se conoce, ha de querer tener otra vida que no la del mundo mismo. Y así la tierra correría riesgo de convertirse en un vasto cementerio, antes de que los muertos mismos se remueran.

Cuando no se hacía para los vivos más que chozas de tierra o cabanas de paja que la intemperie ha destruido, elevábase túmulos para los muertos, y antes se empleó la piedra para las sepulturas que no para las habitaciones. Han vencido a los siglos por su fortaleza las casas de los muertos, no las de los vivos; no las moradas de paso, sino las de queda.

Este culto, no a la muerte, sino a la inmortalidad, inicia y conserva las religiones. En el delirio de la destrucción, Robespierre hace declarar a la Convención la existencia del Ser Supremo y «el principio consolador de la inmortalidad del alma», y es que el Incorruptible se aterraba ante la idea de tener que corromperse un día.

¿Enfermedad? Tal vez, pero quien no se cuida de la enfermedad descuida la salud, y el hombre es un animal esencial y sustancialmente enfermo. ¿Enfermedad? Tal vez lo sea como la vida misma a que va presa, y la única salud posible, la muerte; pero esa enfermedad es el manantial de toda salud poderosa. De lo hondo de esa congoja, del abismo del sentimiento de nuestra mortalidad, se sale a la luz de otro cielo como de lo hondo del infierno salió el Dante a volver a ver las estrellas

*e quindi uscimmo a riveder le stelle.*

Aunque al pronto nos sea congojosa esta meditación de nuestra mortalidad, nos es al cabo corroboradora. Recójete, lector, en ti mismo, y figúrate un lento deshacerte de ti mismo, en que la luz se te apague, se te enmudezcan las cosas y no te den sonido, envolviéndote en silencio, se te derritan de entre las manos los objetos asideros, se te escurra de bajo los pies el piso, se te desvanezcan como en desmayo los recuerdos, se te vaya disipando todo en nada, y disipándote también tú, y ni aun la conciencia de la nada te quede siquiera como fantástico agarradero de una sombra.

He oído contar de un pobre segador muerto en cama de hospital, que al ir el cura a ungirle en extremaunción las manos se resistía a abrir la diestra con que apuñaba unas sucias monedas, sin percatarse de que muy pronto no sería ya suya su mano ni él de sí mismo. Y así cerramos y apuñamos, no ya la mano, sino el corazón, queriendo apuñar en él al mundo.

Confesábame un amigo que, previendo en pleno vigor de salud física la cercanía de una muerte violenta, pensaba en concentrar la vida, viviéndola en los pocos días que de ella calculaba le quedarían para escribir un libro. ¡Vanidad de vanidades!

Si al morírseme el cuerpo que me sustenta, y al que llamo mío para distinguirle de mí mismo, que soy yo, vuelve mi conciencia a la absoluta inconciencia de que brotara, y como a la mía les acaece a las de mis hermanos todos en humanidad, entonces no es nuestro trabajado linaje humano más que una fatídica procesión de fantasmas, que van de la nada a la nada, y el humanitarismo, lo más inhumano que se conoce.

Y el remedio no es el de la copla que dice:

*Cada vez que considero*
*que me tengo de morir,*
*tiendo la capa en el suelo*
*y no me harto de dormir.*

¡No! El remedio es considerarlo cara a cara, fija la mirada en la mirada de la Esfinge, que es así como se deshace el maleficio de su aojamiento.

Si del todo morimos todos, ¿para qué todo? ¿Para qué? Es el ¿para qué? de la Esfinge, es el ¿para qué? que nos corroe el meollo del alma, es el padre de la congoja la que nos da el amor de esperanza.

Hay, entre los poéticos quejidos del pobre Cowper, unas líneas escritas bajo el peso del delirio, y en las cuales, creyéndose blanco de la divina venganza, exclama que el infierno podrá procurar un abrigo a sus miserias:

*Hell might afford my miseries a shelter.*

Este es el sentimiento puritano, la preocupación del pecado y de la predestinación; pero, leed estas otras mucho más terribles palabras de Senancour, expresivas de la desesperación católica, no ya de la protestante, cuando hace decir a su *Obermann* (carta XC): «*L'homme est périssable. Il se peut; mais périssons en résistant, et, si le néant nous est réservé, ne faisons pas que ce soit une justice*». Y he de confesar, en efecto, por dolorosa que la confesión sea, que nunca, en los días de la fe ingenua de mi mocedad, me hicieron temblar las descripciones, por truculentas que fuesen, de las torturas del infierno, y sentí siempre ser la nada mucho más aterradora que él. El que sufre vive, y el que vive sufriendo ama y espera, aunque a la puerta de su mansión le pongan el «¡Dejad toda esperanza!», y es mejor vivir en dolor que no dejar de ser en paz. En el fondo era que no podía creer en esa atrocidad de un infierno, de una eternidad de pena, ni veía más verdadero infierno que la nada y su perspectiva. Y sigo creyendo que si creyésemos todos en nuestra salvación de la nada seríamos todos mejores.

¿Qué es ese arregosto de vivir, *la joie de vivre,* de que ahora nos hablan? El hambre de Dios, la sed de eternidad, de sobrevivir, nos ahogará siempre ese pobre goce de la vida que pasa y no queda. Es el desenfrenado amor a la vida, el amor que la quiere inacabable, lo que más suele empujar al ansia de la muerte. «Anonadado yo, si es que del todo me muero —nos decimos—, se me acabó el mundo, acabose; ¿y por qué no ha de acabarse cuanto antes para que no vengan nuevas conciencias a padecer el pesadumbroso engaño de una existencia pasajera y aparencial? Si deshecha la ilusión del vivir, el vivir por el vivir mismo o para otros que han de morirse también no nos llena el alma, ¿para qué vivir? La muerte es nuestro remedio.» Y así es como se endecha al reposo inacabable por miedo a él, y se le llama liberadora a la muerte.

Ya el poeta del dolor, del aniquilamiento, aquel Leopardi que, perdido el último engaño, el de creerse eterno,

*[...] Perì l'inganno estremo*
*ch'eterno io mi credei,*

le hablaba a su corazón de *l'infinita vanità del tutto,* vio la estrecha hermandad que hay entre el amor y la muerte y cómo cuando «nace en el corazón profundo un amoroso afecto, lánguido y cansado juntamente con él en el pecho, un deseo de morir se siente». A la mayor parte de los que se dan a sí mismos la muerte, es el amor el que les mueve el brazo, es el ansia suprema de vida, de más vida, de prolongar y perpetuar la vida lo que a la muerte les lleva, una vez persuadidos de la vanidad de su ansia.

Trágico es el problema y de siempre, y cuanto más queramos de él huir, más vamos a dar en él. Fue el sereno —¿sereno?— Platón, hace ya veinticuatro siglos, el que en su diálogo sobre la inmortalidad del alma dejó escapar de la suya, hablando de lo dudoso de nuestro ensueño de ser inmortales, y del *riesgo* de que no sea vano aquel profundo dicho: ¡hermoso es el riesgo!, καλὸς γὰρ ὁ κίνδυνος, hermosa es la suerte que podemos correr de que no se nos muera el alma nunca, germen esta sentencia del argumento famoso de la apuesta de Pascal.

Frente a este riesgo, y para suprimirlo, me dan raciocinios en prueba de lo absurda que es la creencia en la inmortalidad del alma; pero esos raciocinios no me hacen mella, pues son razones y nada más que razones, y no es de ellas de lo que se apacienta el corazón. No quiero morirme, no, no quiero ni quiero quererlo; quiero vivir siempre, siempre, siempre, y vivir yo, este pobre yo que me soy y me siento ser ahora y aquí, y por esto me tortura el problema de la duración de mi alma, de la mía propia.

Yo soy el centro de mi universo, el centro del universo, y en mis angustias supremas grito con Michelet: «¡Mi yo, que me arrebatan mi yo!». ¿De qué le sirve al hombre ganar el mundo todo si pierde su alma? (Mt XVI, 26). ¿Egoísmo decís? Nada hay más universal que lo individual, pues lo que es de cada uno lo es de todos. Cada hombre vale más que la humanidad entera, ni sirve sacrificar cada uno a todos, sino en cuanto todos se sacrifiquen a cada uno. Eso que llamáis egoísmo es el principio de la gravedad psíquica, el postulado necesario. «¡Ama a tu prójimo como a ti mismo!», se nos dijo presuponiendo que cada cual se ame a sí mismo; y no se nos dijo: ¡ámate! Y, sin embargo, no sabemos amarnos.

Quitad la propia persistencia, y meditad lo que os dicen. ¡Sacrifícate por tus hijos! Y te sacrificas por ellos, porque son tuyos, parte y prolongación de ti, y ellos a su vez se sacrificarán por los suyos, y estos por los de ellos, y así irá, sin término, un sacrificio estéril del que nadie se aprovecha. Vine al mundo a hacer mi yo, y ¿qué será de nuestros yos todos? ¡Vive para la Verdad, el Bien, la Belleza! Ya veremos la suprema vanidad y la suprema insinceridad de esta posición hipócrita.

«¡Eso eres tú!», me dicen con los Upanishads. Y yo les digo: sí, yo soy eso, cuando eso es yo y todo es mío y mía la totalidad de las cosas. Y como mía la quiero y amo al prójimo porque vive en mí y como parte de mi conciencia, porque es como yo, es mío.

¡Oh, quién pudiera prolongar este dulce momento y dormirse en él y en él eternizarse! ¡Ahora y aquí, a esta luz discreta y difusa, en este remanso de quietud, cuando está aplacada la tormenta del corazón y no me llegan los ecos del mundo! ¡Duerme el deseo insaciable y ni aun sueña; el hábito, el santo hábito reina en mi eternidad; han muerto con los recuerdos los desengaños, y con las esperanzas, los temores!

¡Y vienen queriendo engañarnos con un engaño de engaños, y nos hablan de que nada se pierde, de que todo se trasforma, muda y cambia, que ni se aniquila el menor cachito de materia, ni se desvanece del todo el menor golpecito de fuerza, y hay quien pretende darnos consuelo con esto! ¡Pobre consuelo! Ni de mi materia ni de mi fuerza me inquieto, pues no son mías mientras no sea yo mismo mío, esto es, eterno. No, no es anegarme en el gran Todo, en la Materia o en la Fuerza infinitas y eternas o en Dios lo que anhelo; no es ser poseído por Dios, sino poseerle, hacerme yo Dios sin dejar de ser el yo que ahora os digo esto. No nos sirven engañifas de monismo; ¡queremos bulto y no sombra de inmortalidad!

¿Materialismo? ¿Materialismo decís? Sin duda; pero es que nuestro espíritu es también alguna especie de materia o no es nada. Tiemblo ante la idea de tener que desgarrarme de mi carne; tiemblo más aún ante la idea de tener que desgarrarme de todo lo sensible y material, de toda sustancia. Si acaso esto merece el nombre de materialismo y si a Dios me agarro con mis potencias y mis sentidos todos, es para que Él me lleve en sus brazos allende la muerte, mirándome con su cielo a los ojos cuando se me vayan estos a apagar para siempre. ¿Que me engaño? ¡No me habléis de engaño y dejadme vivir!

Llaman también a esto orgullo; «hediondo orgullo» le llamó Leopardi, y nos preguntan que quiénes somos, viles gusanos de la tierra, para pretender inmortalidad; ¿en gracia a qué? ¿Para qué? ¿Con qué derecho? ¿En gracia a qué? —preguntáis—. ¿Y en gracia a qué vivimos? ¿Para qué? ¿Y para qué somos? ¿Con qué derecho? ¿Y con qué derecho somos? Tan gratuito es existir como seguir existiendo siempre. No hablemos de gracia, ni de derecho, ni de para qué de nuestro anhelo que es un fin en sí, porque perderemos la razón en un remolino de absurdos. No reclamo derecho ni merecimiento alguno; es solo una necesidad, lo necesito para vivir.

Y ¿quién eres tú?, me preguntas, y con Obermann te contesto: ¡para el universo nada, para mí todo! ¿Orgullo? ¿Orgullo querer ser inmortal? ¡Pobres hombres! Trágico hado, sin duda, el de tener que cimentar en la movediza y deleznable piedra del deseo de inmortalidad la afirmación de esta; pero torpeza grande condenar el anhelo por creer probado, sin probarlo, que no sea conseguidero. ¿Que sueño...? Dejadme soñar, si ese sueño es mi vida, no me despertéis de él. Creo en el inmortal origen de este anhelo de inmortalidad, que es la sustancia misma de mi alma. Pero ¿de veras creo en ello...? ¿Y para qué quieres ser inmortal?, me preguntas, ¿para qué? No entiendo la pregunta francamente, porque es preguntar la razón de la razón, el fin del fin, el principio del principio.

Pero de estas cosas no se puede hablar.

Cuenta el libro de los Hechos de los Apóstoles que adondequiera que fuese Pablo se concitaban contra él los celosos judíos para perseguirle. Apedreáronle en Iconio y en Listra, ciudades de Licaonia, a pesar de las maravillas que en la última obró; le azotaron en Filipos de Macedonia y le persiguieron sus hermanos de raza en Tesalónica y en Berea. Pero llegó a Atenas, a la noble ciudad de los intelectuales, sobre la que velaba el alma excelsa de Platón, el de la hermosura del riesgo de ser inmortal, y allí disputó Pablo con epicúreos y estoicos, que decían de él, o bien: ¿qué quiere decir este charlatán (σπερμολόγος)?, o bien: ¡parece que es predicador de nuevos dioses! (Hch XVII, 18), y «tomándole le llevaron al Areópago, diciendo: ¿podremos saber qué sea esta nueva doctrina que dices?, porque traes a nuestros oídos cosas peregrinas, y queremos saber qué quiere ser eso» (vv. 19-20), añadiendo el libro esta maravillosa caracterización de aquellos atenienses de la decadencia, de aquellos lamineros y golosos de curiosidades, pues «entonces los atenienses todos y sus huéspedes extranjeros no se ocupaban en otra cosa sino en decir o en oír algo de más nuevo» (v. 21). ¡Rasgo maravilloso, que nos pinta a qué habían venido a parar los que aprendieron en la *Odisea* que los dioses traman y cumplen la destrucción de los mortales para que los venideros tengan algo que contar!

Ya está, pues, Pablo ante los refinados atenienses, ante los *graeculos,* los hombres cultos y tolerantes que admiten toda doctrina, toda la estudian y a nadie apedrean ni azotan ni encarcelan por profesar estas o las otras, ya está donde se respeta la libertad de conciencia y se oye y se escucha todo parecer. Y alza la voz allí, en medio del Areópago, y les habla como cumplía a los cultos ciudadanos de Atenas, y todos, ansiosos de la última novedad, le oyen; mas cuando llega a hablarles de la resurrección de los muertos, se les acaba la paciencia y la tolerancia, y unos se burlan de él y otros le dicen: «¡Ya oiremos otra vez de esto!», con propósito de no oírle. Y una cosa parecida le ocurrió en Cesarea con el pretor romano Félix, hombre también tolerante y culto, que le alivió de la pesadumbre de su prisión, y quiso oírle y le oyó disertar de la justicia y de la continencia; mas al llegar al juicio venidero, le dijo espantado (ἔμφοβος γενόμενος): ¡Ahora vete, que te volveré a llamar cuando cuadre! (Hch XXIV, 22-25). Y cuando hablaba ante el rey Agripa, al oírle Festo, el gobernador, decir de resurrección de muertos exclamó: «Estás loco, Pablo; las muchas letras te han vuelto loco» (Hch, XXVI, 24).

Sea lo que fuere de la verdad del discurso de Pablo en el Areópago, y aun cuando no lo hubiere habido, es lo cierto que en ese relato admirable se ve hasta dónde llega la tolerancia ática y dónde acaba la paciencia de los intelectuales. Os oyen todos en calma, y sonrientes, y a las veces os animan diciéndoos: ¡es curioso!, o bien: ¡tiene ingenio!, o ¡es sugestivo!, o ¡qué hermosura!, o ¡lástima que no sea verdad tanta belleza!, o ¡eso hace pensar!; pero, así que les habláis de resurrección y de vida allende la muerte, se les acaba la paciencia y os atajan la palabra diciéndoos: ¡déjalo!, ¡otro día hablarás de esto!; y es de esto, mis pobres atenienses, mis intolerantes intelectuales, es de esto de lo que voy a hablaros aquí.

Y aun si esa creencia fuese absurda, ¿por qué se tolera menos el que se les exponga que otras muchas más absurdas aún? ¿Por qué esa evidente hostilidad a tal creencia? ¿Es miedo? ¿Es acaso pesar de no poder compartirla?

Y vuelven los sensatos, los que no están a dejarse engañar, y nos machacan los oídos con el sonsonete de que no sirve entregarse a la locura y dar coces contra el aguijón, pues lo que no puede ser es imposible. Lo viril —dicen— es resignarse a la suerte, y pues no somos inmortales, no queramos serlo; sojuzguémonos a la razón sin acongojarnos por lo irremediable, entenebreciendo y entristeciendo la vida. Esa obsesión —añaden— es una enfermedad. Enfermedad, locura, razón... ¡el estribillo de siempre! Pues bien, ¡no! No me someto a la razón y me rebelo contra ella, y tiro a crear en fuerza de fe a mi Dios inmortalizador y a torcer con mi voluntad el curso de los astros, porque, si tuviéremos fe como un grano de mostaza, diríamos a ese monte: pásate de ahí, y se pasaría, y nada nos sería imposible (Mt XVII, 20).

Ahí tenéis a ese ladrón de energías, como él llamaba torpemente al Cristo, que quiso casar el nihilismo con la lucha por la existencia, y os habla de valor. Su corazón le pedía el todo eterno, mientras su cabeza le enseñaba la nada, y desesperado y loco para defenderse de sí mismo, maldijo de lo que más amaba. Al no poder ser Cristo, blasfemó del Cristo. Henchido de sí mismo, se quiso inacabable y soñó la vuelta eterna, mezquino remedo de inmortalidad, y, lleno de lástima hacia sí, abominó de toda lástima. ¡Y hay quien dice que es la suya filosofía de hombres fuertes! No; no lo es. Mi salud y mi fortaleza me empujan a perpetuarme. ¡Esa es doctrina de endebles que aspiran a ser fuertes, pero no de fuertes que lo son! Solo los débiles se resignan a la muerte final, y sustituyen con otro el anhelo de inmortalidad personal. En los fuertes, el ansia de perpetuidad sobrepuja a la duda de lograrla, y su rebose de vida se vierte al más allá de la muerte.

Ante este terrible misterio de la mortalidad, cara a cara de la esfinge, el hombre adopta distintas actitudes y busca por varios modos consolarse de haber nacido. Y ya se le ocurre tomarlo a juego, y se dice con Renan que este universo es un espectáculo que Dios se da a sí mismo, y que debemos servir las intenciones del gran Corega, contribuyendo a hacer el espectáculo lo más brillante y lo más variado posible. Y han hecho del arte una religión y un remedio para el mal metafísico, y han inventado la monserga del arte por el arte.

Y no les basta. El que os diga que escribe, pinta, esculpe o canta para propio recreo, si da al público lo que hace, miente; miente si firma su escrito, pintura, estatua o canto. Quiere, cuando menos, dejar una sombra de su espíritu, algo que le sobreviva. Si la *Imitación de Cristo* es anónima, es porque su autor, buscando la eternidad del alma, no se inquietaba de la del nombre. Literato que os diga que desprecia la gloria miente como un bellaco. De Dante, el que escribió aquellos treinta y tres vigorosísimos versos («Purgatorio», XI, 85-117), sobre la vanidad de la gloria mundana, dice Boccaccio que gustó de los honores y las pompas más acaso de lo que correspondía a su ínclita virtud. El deseo más ardiente de sus condenados es el de que se les recuerde aquí, en la tierra, y se hable de ellos, y es esto lo que más ilumina las tinieblas de su infierno. Y él mismo expuso el concepto de la monarquía, no solo para utilidad de los demás, sino para lograr palma de gloria (lib. I, cap. I). ¿Qué más? Hasta de aquel santo varón, el más desprendido, al parecer, de vanidad terrena, del Pobrecito de Asís cuentan los Tres Socios que dijo: *adhuc adorabor per totum mumdum!* «¡Veréis como soy aún adorado por todo el mundo!» (2 Celano, 1, 1). Y hasta de Dios mismo dicen los teólogos que creó el mundo para manifestación de su gloria.

Cuando las dudas nos invaden y nublan la fe en la inmortalidad del alma, cobra brío y doloroso empuje el ansia de perpetuar el nombre y la fama, de alcanzar una sombra de inmortalidad siquiera. Y de aquí esa tremenda lucha por singularizarse, por sobrevivir de algún modo en la memoria de los otros y los venideros, esa lucha mil veces más terrible que la lucha por la vida, y que da tono, color y carácter a esta nuestra sociedad, en que la fe medieval en el alma inmortal se desvanece. Cada cual quiere afirmarse, siquiera en apariencia.

Una vez satisfecha el hambre, y esta se satisface pronto, surge la vanidad, la necesidad —que lo es— de imponerse y sobrevivir en otros. El hombre suele entregar la vida por la bolsa, pero entrega la bolsa por la vanidad. Engríese, a falta de algo mejor, hasta de sus flaquezas y miserias, y es como el niño, que con tal de hacerse notar se pavonea con el dedo vendado. ¿Y la vanidad qué es sino ansia de sobrevivirse?

Acontécele al vanidoso lo que al avaro, que toma los medios por los fines, y, olvidadizo de estos, se apega a aquellos en los que se queda. El parecer algo, conducente a serlo, acaba por formar nuestro objetivo. Necesitamos que los demás nos crean superiores a ellos para creernos nosotros tales, y basar en ello nuestra fe en la propia persistencia, por lo menos en la de la fama. Agradecemos más el que se nos encomie el talento con que defendemos una causa, que no el que se reconozca la verdad o bondad de ella. Una furiosa manía de originalidad sopla por el mundo moderno de los espíritus, y cada cual la pone en una cosa. Preferimos desbarrar con ingenio a acertar con ramplonería. Ya dijo Rousseau en su *Emilio*: «Aunque estuvieran los filósofos en disposición de descubrir la verdad, ¿quién de entre ellos se interesaría en ella? Sabe cada uno que su sistema no está mejor fundado que los otros, pero lo sostiene porque es suyo. No hay uno solo que, en llegando a conocer lo verdadero y lo falso, no prefiera la mentira que ha hallado a la verdad descubierta por otro. ¿Dónde está el filósofo que no engañase de buen grado, por su gloria, al género humano? ¿Dónde el que en el secreto de su corazón se proponga otro objeto que distinguirse? Con tal de elevarse por encima del vulgo, con tal de borrar el brillo de sus concurrentes, ¿qué más pide? Lo esencial es pensar de otro modo que los demás. Entre los creyentes es ateo; entre los ateos sería creyente». ¡Cuánta verdad hay en el fondo de estas tristes confesiones de aquel hombre de sinceridad dolorosa!

Nuestra lucha a brazo partido por la sobrevivencia del nombre se retrae al pasado, así como aspira a conquistar el porvenir; peleamos con los muertos, que son los que nos hacen sombra a los vivos. Sentimos celos de los genios que fueron, y cuyos nombres, como hitos de la historia, salvan las edades. El cielo de la fama no es muy grande, y cuantos más en él entren, a menos toca cada uno de ellos. Los grandes nombres del pasado nos roban lugar en él; lo que ellos ocupan en la memoria de las gentes nos lo quitarán a los que aspiramos a ocuparla. Y así nos revolvemos contra ellos, y de aquí la agrura con que cuantos buscan en las letras nombradía juzgan a los que ya la alcanzaron y de ella gozan. Si la literatura se enriquece mucho, llegará el día del cernimiento y cada cual teme quedarse entre las mallas del cedazo. El joven irreverente para con los maestros, al atacarlos, es que se defiende; el iconoclasta o rompeimágenes es un estilita que se erige a sí mismo en imagen, en *icono*. «Toda comparación es odiosa», dice un dicho decidero, y es que, en efecto, queremos ser únicos. No le digáis a Fernández que es uno de los jóvenes españoles de más talento, pues, mientras finge agradecéroslo, moléstale el elogio; si le decís que es el español de más talento... ¡vaya!... pero aún no le basta; una de las eminencias mundiales es ya más de agradecer, pero solo le satisface que le crean el primero de todas partes y de los siglos todos. Cuanto más solo, más cerca de la inmortalidad aparencial, la del nombre, pues los nombres se menguan los unos a los otros.

¿Qué significa esa irritación cuando creemos que nos roban una frase, o un pensamiento, o una imagen que creíamos nuestra; cuando nos plagian? ¿Robar? ¿Es que es acaso nuestra, una vez que al público se la dimos? Solo por nuestra la queremos y más encariñados vivimos de la moneda falsa que conserva nuestro cuño, que no de la pieza de oro puro de donde se ha borrado nuestra efigie y nuestra leyenda. Sucede muy comúnmente que cuando no se pronuncia ya el nombre de un escritor es cuando más influye en su pueblo desparramado y enfusado su espíritu en los espíritus de los que le leyeron, mientras que se le citaba cuando sus dichos y pensamientos, por chocar con los corrientes, necesitaban garantía de nombre. Lo suyo es ya de todos y él en todos vive. Pero en sí mismo vive triste y lacio y se cree en derrota. No oye ya los aplausos ni tampoco el latir silencioso de los corazones de los que le siguen leyendo. Preguntad a cualquier artista sincero qué prefiere, que se hunda su obra y sobreviva su memoria, o que hundida esta persista aquella, y veréis, si es de veras sincero, lo que os dice. Cuando el hombre no trabaja para vivir, e irlo pasando, trabaja para sobrevivir. Obrar por la obra misma es juego y no trabajo. ¿Y el juego? Ya hablaremos de él.

Tremenda pasión esa de que nuestra memoria sobreviva por encima del olvido de los demás si es posible. De ella arranca la envidia a la que se debe, según el relato bíblico, el crimen que abrió la historia humana: el asesinato de Abel por su hermano Caín. No fue lucha por pan, fue lucha por sobrevivir en Dios, en la memoria divina. La envidia es mil veces más terrible que el hambre, porque es hambre espiritual. Resuelto el que llamamos problema de la vida, el del pan, convertiríase la tierra en un infierno, por surgir con más fuerza la lucha por la sobrevivencia.

Al nombre se sacrifica no ya la vida, la dicha. La vida desde luego. «¡Muera yo; viva mi fama!», exclama en *Las mocedades del Cid* Rodrigo Arias, al caer herido de muerte por D. Diego Ordóñez de Lara. Débese uno a su nombre. «¡Ánimo Jerónimo, que se te recordará largo tiempo; la muerte es amarga, pero la fama eterna!», exclamó Jerónimo Olgiati, discípulo de Cola Montano y matador, conchabado con Lampugnani y Visconti, de Galeazzo Sforza, tirano de Milán. Hay quien anhela hasta el patíbulo para cobrar fama aunque sea infame; *avidus malae famae,* que dijo Tácito.

Y este erostratismo, ¿qué es en el fondo, sino ansia de inmortalidad, ya que no de sustancia y bulto, al menos de nombre y sombra?

Y hay en ello sus grados. El que desprecia el aplauso de la muchedumbre de hoy es que busca sobrevivir en renovadas minorías durante generaciones. «La posteridad es una superposición de minorías», decía Gounod. Quiere prolongarse en tiempo más que en espacio. Los ídolos de las muchedumbres son pronto derribados por ellas mismas, y su estatua se deshace al pie del pedestal sin que la mire nadie, mientras que quienes ganan el corazón de los escojidos recibirán más largo tiempo fervoroso culto en una capilla siquiera, recojida y pequeña, pero que salvará las avenidas del olvido. Sacrifica el artista la extensión de su fama a su duración; ansía más durar por siempre en un rinconcito, a no brillar un segundo en el universo todo; quiere más ser átomo eterno y consciente de sí mismo, que momentánea conciencia del universo todo; sacrifica la infinitud a la eternidad.

Y vuelven a molernos los oídos con el estribillo aquel de ¡orgullo!, ¡hediondo orgullo! ¿Orgullo querer dejar nombre imborrable? ¿Orgullo? Es como cuando se habla de sed de placeres, interpretando así la sed de riquezas. No, no es tanto ansia de procurarse placeres cuanto el terror a la pobreza lo que nos arrastra a los pobres hombres a buscar el dinero como no era el deseo de gloria, sino el terror al infierno lo que arrastraba a los hombres en la Edad Media al claustro con su acedía. Ni eso es orgullo, sino terror a la nada. Tendemos a serlo todo, por ver en ello el único remedio para no reducirnos a nada. Queremos salvar nuestra memoria, siquiera nuestra memoria. ¿Cuánto durará? A lo sumo lo que durare el linaje humano. ¿Y si salváramos nuestra memoria en Dios?

Todo esto que confieso son, bien lo sé, miserias; pero del fondo de estas miserias surge vida nueva, y solo apurando las heces del dolor espiritual puede llegarse a gustar la miel del poso de la copa de la vida. La congoja nos lleva al consuelo.

Esa sed de vida eterna apáganla muchos, los sencillos sobre todo, en la fuente de la fe religiosa; pero no a todos es dado beber de ella. La institución cuyo fin primordial es proteger esa fe en la inmortalidad personal del alma es el catolicismo; pero el catolicismo ha querido racionalizar esa fe haciendo de la religión teología, queriendo dar por base a la creencia vital una filosofía y una filosofía del siglo XIII. Vamos a verlo y ver sus consecuencias.

## Capítulo IV

### La esencia del catolicismo

Vengamos ahora a la solución cristiana católica, pauliniana o atanasiana, de nuestro íntimo problema vital, el hambre de inmortalidad.

Brotó el cristianismo de la confluencia de dos grandes corrientes espirituales, la una judaica y la otra helénica, ya de antes influidas mutuamente, y Roma acabó de darle sello práctico y permanencia social.

Hase afirmado del cristianismo primitivo, acaso con precipitación, que fue anescatológico, que en él no aparece claramente la fe en otra vida después de la muerte, sino en un próximo fin del mundo y establecimiento del reino de Dios, en el llamado *quiliasmo*. ¿Y es que no eran en el fondo una misma cosa? La fe en la inmortalidad del alma, cuya condición tal vez no se precisaba mucho, cabe decir que es una especie de *subentendido,* de supuesto tácito, en el Evangelio todo, y es la situación del espíritu de muchos de los que hoy le leen, situación opuesta a la de los cristianos de entre quienes brotó el Evangelio, lo que les impide verlo. Sin duda, que todo aquello de la segunda venida del Cristo, con gran poder, rodeado de majestad y entre nubes, para juzgar a muertos y a vivos, abrir a los unos el reino de los cielos y echar a los otros a la geena, donde será el lloro y el crugir de dientes, cabe entenderlo quiliásticamente, y aun se hace decir al Cristo en el Evangelio (Mc IX, 1), que había con él algunos que no gustarían de la muerte sin haber visto el reino de Dios; esto es, que vendría durante su generación; y en el mismo capítulo, versículo 10, se hace decir a Jacobo, a Pedro y a Juan, que con Jesús subieron al monte de la Transfiguración y le oyeron hablar de que resucitaría de entre los muertos aquello de: «Y guardaron el dicho consigo, razonando unos con otros sobre qué sería eso de resucitar de entre los muertos». Y en todo caso, el Evangelio se compuso cuando esa creencia, base y razón de ser del cristianismo, se estaba formando. Véase en Mateo XXII, 29-32; en Marcos XII, 24-27; en Lucas XVI, 22-31; XX, 34-37; en Juan V, 24-29; VI, 40, 54 y 58; VIII, 51; XI, 25 y 56; XIV, 2 y 19. Y sobre todo, aquello de Mateo XXVII, 52, de que al resucitar el Cristo «muchos cuerpos santos que dormían resucitaron».

Y no era esta una resurrección natural, no. La fe cristiana nació de la fe de que Jesús no permaneció muerto, sino que Dios le resucitó y que esta resurrección era un hecho; pero eso no suponía una mera inmortalidad del alma, al modo filosófico (véase Harnack, *Dogmengeschichte*, «Prolegomena», 5, 4). Para los primeros Padres de la Iglesia mismos, la inmortalidad del alma no era algo natural; bastaba para su demostración, como dice Nemesio, la enseñanza de las Divinas Escrituras, y era, según Lactancio, un don —y como tal, gratuito— de Dios. Pero sobre esto más adelante.

Brotó, decíamos, el cristianismo de una confluencia de los dos grandes procesos espirituales, judaico y helénico, cada uno de los cuales había llegado por su parte, si no a la definición precisa, al preciso anhelo de otra vida. No fue entre los judíos ni general ni clara la fe en otra vida; pero a ella les llevó la fe en un Dios personal y vivo, cuya formación es toda su historia espiritual.

Jahvé, el Dios judaico, empezó siendo un dios entre otros muchos, el dios del pueblo de Israel, revelado entre el fragor de la tormenta en el monte Sinaí. Pero era tan celoso que exigía se le rindiese culto a él solo, y fue por el monocultismo como los judíos llegaron al monoteísmo. Era adorado como fuerza viva, no como entidad metafísica, y era el dios de las batallas. Pero este Dios, de origen social y guerrero, sobre cuya génesis hemos de volver, se hizo más íntimo y personal en los profetas, y al hacerse más íntimo y personal, más individual y más universal, por lo tanto. Es Jahvé, que no ama a Israel por ser hijo suyo, sino que le toma por hijo, porque le ama (Os XI, 1). Y la fe en el Dios personal, en el Padre de los hombres, lleva consigo la fe en la eternización del hombre individual, que ya en el fariseísmo alborea, aun antes de Cristo.

La cultura helénica, por su parte, acabó descubriendo la muerte, y descubrir la muerte es descubrir el hambre de inmortalidad. No aparece este anhelo en los poemas homéricos que no son algo inicial, sino final; no el arranque, sino el término de una civilización. Ellos marcan el paso de la vieja religión de la Naturaleza, la de Zeus, a la religión más espiritual de Apolo, la de la redención. Mas en el fondo persistía siempre la religión popular e íntima de los misterios eleusinos, el culto de las almas y de los antepasados. «En cuanto cabe hablar de una teología délfica, hay que tomar en cuenta, entre los más importantes elementos de ella, la fe en la continuación de la vida de las almas después de la muerte en sus formas populares y en el culto a las almas de los difuntos», escribe Rohde.* Había lo titánico y lo dionisiaco, y el hombre debía, según la doctrina órfica, libertarse de los lazos del cuerpo en que estaba el alma como prisionera en una cárcel (véase Rohde, *Psyche*, «Die Orphiker», 4). La noción nietzscheniana de la vuelta eterna es una idea órfica. Pero la idea de la inmortalidad del alma no fue un principio filosófico. El intento de Empédocles de hermanar un sistema hilozoístico con el espiritualismo probó que una ciencia natural filosófica no puede llevar por sí a corroborar el axioma de la perpetuidad del alma individual; solo podía servir de apoyo una especulación teológica. Los primeros filósofos griegos afirmaron la inmortalidad por contradicción, saliéndose de la filosofía natural y entrando en la teología, asentando un dogma dionisiaco y órfico, no apolíneo. Pero «una inmortalidad del alma humana como tal, en virtud de su propia naturaleza y condición como imperecede-

* Erwin Rohde, *Psyche. Seelencult und Unsterblichkeitsglaube der Griechen*, Tubinga, Mohr Siebeck Verlag, 1907. Es la obra hasta hoy capital en lo que se refiere a la fe de los griegos en la inmortalidad del alma.

ra fuerza divina en el cuerpo mortal, no ha sido jamás objeto de la fe popular helénica» (Rohde, obra citada).

Recordad el *Fedón* platónico y las elucubraciones neoplatónicas. Allí se ve ya el ansia de inmortalidad personal, ansia que, no satisfecha del todo por la razón, produjo el pesimismo helénico. Porque, como hace muy bien notar Pfleiderer (*Religionsphilosophie auf geschichtliche Grundlage*, 3, Berlín, 1896), «ningún pueblo vino a la tierra tan sereno y soleado como el griego en los días juveniles de su existencia histórica [...], pero ningún pueblo cambió tan por completo su noción del valor de la vida. La grecidad que acaba en las especulaciones religiosas del neopitagorismo y el neoplatonismo consideraba a este mundo, que tan alegre y luminoso se le apareció en un tiempo, cual morada de tinieblas y de errores, y la existencia terrena como un periodo de prueba que nunca se pasaba demasiado deprisa». El nirvana es una noción helénica.

Así, cada uno por su lado, judíos y griegos llegaron al verdadero descubrimiento de la muerte, que es el que hace entrar a los pueblos, como a los hombres, en la pubertad espiritual, la del sentimiento trágico de la vida, que es cuando engendra la humanidad al Dios vivo. El descubrimiento de la muerte es el que nos revela a Dios, y la muerte del hombre perfecto, del Cristo, fue la suprema revelación de la muerte, la del hombre que no debía morir y murió.

Tal descubrimiento, el de la inmortalidad, preparado por los procesos religiosos judaico y helénico, fue lo específicamente cristiano. Y lo llevó a cabo sobre todo Pablo de Tarso, aquel judío fariseo helenizado. Pablo no había conocido personalmente a Jesús, y por eso le descubrió como Cristo. «Se puede decir que es, en general, la teología del Apóstol la primera teología cristiana. Era para él una necesidad; sustituíale, en cierto modo, la falta de conocimiento personal de Jesús», dice Weizsäcker (*Das apostolische Zeitalter der christlichen Kirche*, Freiburg i. B., 1892). No conoció a Jesús, pero le sintió renacer en sí, y pudo decir aquello de «no vivo en mí, sino en Cristo». Y predicó la cruz, que era escándalo para los judíos y necedad para los griegos (1 Cr I, 23), y el dogma central para el Apóstol convertido fue el de la resurrección del Cristo; lo importante para él era que el Cristo se hubiese hecho hombre y hubiese muerto y resucitado, y no lo que hizo en vida; no su obra moral y pedagógica, sino su obra religiosa y eternizadora. Y fue quien escribió aquellas inmortales palabras: «Si se predica que Cristo resucitó de los muertos, ¿cómo dicen algunos entre vosotros que no hay resurrección de muertos? Porque si no hay resurrección de muertos, tampoco Cristo resucitó, y si Cristo no resucitó, vana es nuestra predicación y vuestra fe es vana. [...] Entonces los que durmieron en Cristo se pierden. Si en esta vida solo esperamos en Cristo, somos los más miserables de los hombres» (1 Cr XV, 12-19).

Y puede, a partir de esto, afirmarse que quien no crea en esa resurrección carnal de Cristo podrá ser filócristo, pero no específicamente cristiano. Cierto que un Justino mártir pudo decir que «son cristianos cuantos viven conforme a la razón, aunque sean tenidos por ateos, como entre los griegos Sócrates y Heráclito y otros tales»; pero este mártir, ¿es mártir, es decir, testigo de cristianismo? No.

Y en torno al dogma, de experiencia íntima pauliniana, de la resurrección e inmortalidad del Cristo, garantía de la resurrección e inmortalidad de cada creyente, se formó la cristología toda. El Dios hombre, el Verbo encarnado, fue para que el hombre, a su modo, se hiciese Dios, esto es, inmortal. Y el Dios cristiano, el Padre del Cristo, un Dios necesariamente antropomórfico, es el que, como dice el Catecismo de la doctrina cristiana que en la escuela nos hicieron aprender de memoria, ha creado el mundo para el hombre, para cada hombre. Y el fin de la redención fue, a pesar de las apariencias por desviación ética del dogma propiamente religioso, salvarnos de la muerte más bien que del pecado, o de este en cuanto implica muerte. Y Cristo murió, o más bien resucitó, por *mí*, por cada uno de nosotros. Y estableciose una cierta solidaridad entre Dios y su criatura. Decía Malebranche que el primer hombre cayó *para* que Cristo nos redimiera, más bien que nos redimió *porque* aquel había caído.

Después de Pablo rodaron los años y las generaciones cristianas, trabajando en torno de aquel dogma central y sus consecuencias para asegurar la fe en la inmortalidad del alma individual, y vino el Niceno, y en él aquel formidable Atanasio, cuyo nombre es ya un emblema, encarnación de la fe popular. Era Atanasio un hombre de pocas letras, pero de mucha fe, y, sobre todo, de la fe popular, henchido de hambre de inmortalidad. Y opúsose al arrianismo, que, como el protestantismo unitariano y soziniano amenazaba, aun sin saberlo ni quererlo, la base de esa fe. Para los arrianos, Cristo era ante todo un maestro, un maestro de moral, el hombre perfectísimo, y garantía por lo tanto de que podemos los demás llegar a la suma perfección; pero Atanasio sentía que no puede el Cristo hacernos dioses si él antes no se ha hecho Dios; si su divinidad hubiera sido por participación, no podría habérnosla participado. «No, pues —decía—, siendo hombre se hizo después Dios, sino que siendo Dios se hizo después hombre para que mejor nos deificara (θεοποιήσῃ)» (*Orat.*, I, 30). No era el Logos de los filósofos, el Logos cosmológico el que Atanasio conocía y adoraba.* Y así hizo se separasen naturaleza y revelación. El Cristo atanasiano o niceno, que es el Cristo católico, no es el cosmológico ni siquiera en rigor el ético, es el eternizador, el deificador, el religioso. Dice Harnack de este Cristo, del Cristo de la cristología nicena o católica, que es en el fondo docético, esto es, aparencial, porque el proceso de la divinización del hombre en Cristo se hizo en interés escatológico; pero ¿cuál es el Cristo real? ¿Acaso ese llamado Cristo histórico de la exégesis racionalista que se nos diluye o en un mito o en un átomo social?

Este mismo Harnack, un racionalista protestante, nos dice que el arrianismo o unitarismo habría sido la muerte del cristianismo, reduciéndolo a cosmología y a moral, y que solo sirvió de puente para llevar a los doctos al catolicismo, es decir, de la razón a la fe. Parécele a este mismo docto historiador de los dogmas, indicación de perverso estado de cosas, el que el hombre Atanasio, que salvó al cristianismo como religión de la comunión viva con Dios, hubiese borrado al Jesús de Nazaret, al histórico, al que no conocieron personalmente ni

* Para todo esto véase, entre otros, Harnack, *Dogmengeschichte II*, parte I, libro VII, cap. 1.

Pablo ni Atanasio, ni ha conocido Harnack mismo. Entre los protestantes, este Jesús histórico sufre bajo el escalpelo de la crítica mientras vive el Cristo católico, el verdaderamente histórico, el que vive en los siglos garantizando la fe en la inmortalidad y la salvación personales.

Y Atanasio tuvo el valor supremo de la fe, el de afirmar cosas contradictorias entre sí: «la perfecta contradicción que hay en el ἁμούσιος trajo tras de sí todo un ejército de contradicciones, y más cuanto más avanzó el pensamiento», dice Harnack. Sí, así fue, y así tuvo que ser. «La dogmática se despidió para siempre del pensamiento claro y de los conceptos sostenibles, y se acostumbró a lo contrarracional», añade. Es que se acostó a la vida, que es contrarracional y opuesta al pensamiento claro. Las determinaciones de valor no solo no son nunca racionalizables, son antirracionales.

En Nicea vencieron, pues, como más adelante en el Vaticano, los idiotas —tomada esta palabra en su recto sentido primitivo y etimológico—, los ingenuos, los obispos cerriles y voluntariosos, representantes del genuino espíritu humano, del popular, del que no quiere morirse, diga lo que quiera la razón; y busca garantía, lo más material posible, a su deseo.

*Quid ad aeternitatem?* He aquí la pregunta capital. Y acaba el Credo con aquello de *resurrectionem mortuorum et vitam venturi saeculi,* la resurrección de los muertos y la vida venidera. En el cementerio, hoy amortizado, de Mallona, en mi pueblo natal, Bilbao, hay grabada una cuarteta que dice:

> Aunque estamos en polvo convertidos,
> en ti, Señor, nuestra esperanza fía,
> que tornaremos a vivir vestidos
> con la carne y la piel que nos cubría;

o como el Catecismo dice: con los mismos cuerpos y almas que tuvieron. A punto tal que es doctrina católica ortodoxa la de que la dicha de los bienaventurados no es del todo perfecta hasta que recobran sus cuerpos. Quéjanse en el cielo, y «aquel quejido les nace —dice nuestro fray Pedro Malón de

Chaide, de la Orden de San Agustín, español y vasco—* de que no están enteros en el cielo, pues solo está allá el alma, y aunque no pueden tener pena porque ven a Dios, en quien inefablemente se gozan, con todo eso parece que no están del todo contentos. Estarlo han cuando se vistieren de sus propios cuerpos».

Y a este dogma central de la resurrección en Cristo y por Cristo corresponde un sacramento central también, el eje de la piedad popular católica, y es el sacramento de la Eucaristía. En él se administra el cuerpo de Cristo, que es pan de inmortalidad.

Es el sacramento genuinamente realista, *dinglich,* que se diría en alemán, y que no es gran violencia traducir «material», el sacramento más genuinamente *ex opere operato,* sustituido entre los protestantes con el sacramento idealista de la palabra. Trátase, en el fondo, y lo digo con todo el posible respeto, pero sin querer sacrificar la expresividad de la frase, de comerse y beberse a Dios, al Eternizador, de alimentarse de Él. ¿Qué mucho, pues, que nos diga santa Teresa que cuando estando en la Encarnación el segundo año que tenía el priorato, octava de san Martín, comulgando, partió la Forma el padre fray Juan de la Cruz para otra hermana, pensó que no era falta de forma, sino que le quería mortificar «porque yo le había dicho que gustaba mucho cuando eran grandes las formas, no porque no entendía no importaba para dejar de estar entero el Señor, aunque fuese muy pequeño el pedacito»? Aquí la razón va por un lado, el sentimiento por otro. ¿Y qué importan para este sentimiento las mil y una dificultades que surgen de reflexionar racionalmente en el misterio de ese sacramento? ¿Qué es un cuerpo divino? El cuerpo, en cuanto cuerpo de Cristo, ¿era divino? ¿Qué es un cuerpo inmortal e inmortalizador? ¿Qué es una sustancia separada de los accidentes? ¿Qué es la sustancia del cuerpo? Hoy hemos afinado mucho en esto de la materialidad y la sustancialidad; pero hasta Padres de la Iglesia hay para los cuales la inmaterialidad de Dios mismo no era una cosa tan definida y clara como para nosotros. Y este sacramento de la Eucaristía es el inmortali-

* *Libro de la conversión de la Magdalena,* parte IV, cap. IX.

zador por excelencia y el eje, por lo tanto, de la piedad popular católica. Y, si cabe decirlo, el más específicamente religioso.

Porque lo específico religioso católico es la inmortalización y no la justificación al modo protestante. Esto es más bien ético. Y es en Kant, en quien el protestantismo, mal que pese a los ortodoxos de él, sacó sus penúltimas consecuencias: la religión depende de la moral, y no esta de aquella, como en el catolicismo.

No ha sido la preocupación del pecado nunca tan angustiosa entre los católicos, o, por lo menos, con tanta aparencialidad de angustia. El sacramento de la confesión ayuda a ello. Y tal vez es que persiste aquí más que entre ellos el fondo de la concepción primitiva judaica y pagana del pecado como de algo material e infeccioso y hereditario, que se cura con el bautismo y la absolución. En Adán pecó toda su descendencia, casi materialmente, y se trasmitió su pecado como una enfermedad material se trasmite. Tenía, pues, razón Renan, cuya educación era católica, al revolverse contra el protestante Amiel, que le acusó de no dar la debida importancia al pecado. Y, en cambio, el protestantismo, absorto en eso de la justificación, tomada en un sentido más ético que otra cosa, aunque con apariencias religiosas, acaba por neutralizar y casi borrar lo escatológico, abandona la simbólica nicena, cae en la anarquía confesional, en puro individualismo religioso y en vaga religiosidad estética, ética o cultural. La que podríamos llamar «allendidad», *Jenseitigkeit*, se borra poco a poco detrás de la «aquendidad», *Diesseitigkeit*. Y esto, a pesar del mismo Kant, que quiso salvarla, pero arruinándola. La vocación terrenal y la confianza pasiva en Dios dan su ramplonería religiosa al luteranismo, que estuvo a punto de naufragar en la edad de la ilustración, de la *Aufklärung*, y que apenas si el pietismo, imbuyéndole alguna savia religiosa católica, logró galvanizar un poco. Y así resulta muy exacto lo que Oliveira Martins decía en su espléndida *História da civilização ibérica*, lib. 4.°, cap. III; y es que «el catolicismo dio héroes y el protestantismo sociedades sensatas, felices, ricas, libres, en lo que respecta a las instituciones y a la economía externa, pero incapaces de ninguna acción grandiosa, porque la religión comenzaba por despedazar en el corazón del hombre aquello que le hace susceptible de las audacias y de los nobles sacrificios». Cojed una dogmática cualquiera de las producidas por la última disolución protestante, la del ritschleniano Kaftan, por ejemplo, y ved a lo que allí queda reducida la escatología. Y su maestro mismo, Albrecht Ritschl, nos dice: «El problema de la necesidad de la justificación o remisión de los pecados solo puede derivarse del concepto de la vida eterna como directa relación de fin de aquella acción divina. Pero, si se ha de aplicar ese concepto no más que al estado de la vida de ultratumba, queda su contenido fuera de toda experiencia, y no puede fundar conocimiento alguno que tenga carácter científico. No son, por lo tanto, más claras las esperanzas y los anhelos de la más fuerte certeza subjetiva, y no contienen en sí garantía alguna de la integridad de lo que se espera y anhela. Claridad e integridad de la representación ideal son, sin embargo, las condiciones para la comprensión, esto es, para el conocimiento de la conexión necesaria de la cosa en sí y con sus dados presupuestos. Así es que la confesión evangélica de que la justificación por la fe fundamental lleva consigo la certeza de la vida eterna es inaplicable teológicamente, mientras no se muestre en la experiencia presente posible esa relación de fin» (*Rechtfertigung und Versöhnung*, III, cap. VII, 52). Todo esto es muy racional, pero…

En la primera edición de los *Loci communes,* de Melanchthon, la de 1521, la primera obra teológica luterana, omite su autor las especulaciones trinitaria y cristológica, la base dogmática de la escatología. Y el Dr. Hermann, profesor en Marburgo, el autor del libro sobre el comercio del cristiano con Dios (*Der Verkehr des Christen mit Gott*), libro cuyo primer capítulo trata de la oposición entre la mística y la religión cristiana, y que es, en sentir de Harnack, el más perfecto manual luterano, nos dice en otra parte,* refiriéndose a esa especulación cristológica —o atanasiana—, que «el conocimiento

* En su exposición de la dogmática protestante en el tomo *Systematische christliche Religion,* Berlín, 1909, de la colección «*Die Kultur der Gegenwart*», publicada por P. Hinneberg.

efectivo de Dios y de Cristo en que vive la fe es algo enteramente distinto. No debe hallar lugar en la doctrina cristiana nada que no pueda ayudar al hombre a reconocer sus pecados, lograr la gracia de Dios y servirle en verdad. Hasta entonces (es decir, hasta Lutero) había pasado en la Iglesia como *doctrina sacra* mucho que no puede en absoluto contribuir a dar a un hombre un corazón libre y una conciencia tranquila». Por mi parte, no concibo la libertad de un corazón ni la tranquilidad de una conciencia que no estén seguras de su perdurabilidad después de la muerte. «El deseo de la salvación del alma —prosigue Hermann— debía llevar finalmente a los hombres a conocer y comprender la efectiva doctrina de la salvación.» Y a este eminente doctor en luteranismo, en su libro sobre el comercio del cristiano con Dios, todo se le vuelve hablarnos de confianza en Dios, de paz en la conciencia y de una seguridad en la salvación, que no es precisamente y en rigor la certeza de la vida perdurable, sino más bien de la remisión de los pecados.

Y en un teólogo protestante, en Ernesto Troeltsch, he leído que lo más alto que el protestantismo ha producido en el orden conceptual es en el arte de la música, donde le ha dado Bach su más poderosa expresión artística. ¡En eso se disuelve el protestantismo, en música celestial! Y podemos decir, en cambio, que la más alta expresión artística católica, por lo menos española, es en el arte más material, tangible y permanente —pues a los sonidos se los lleva el aire— de la escultura y la pintura, en el Cristo de Velázquez, ¡en ese Cristo que está siempre muriéndose, sin acabar nunca de morirse, para darnos vida!

¡Y no es que el catolicismo abandone lo ético, no! No hay religión moderna que pueda soslayarlo. Pero esta nuestra es en su fondo y en gran parte, aunque sus doctores protesten contra esto, un compromiso entre la escatología y la moral, aquella puesta al servicio de esta. ¿Qué otra cosa es si no ese horror de las penas eternas del infierno que tan mal se compadece con la apocatástasis pauliniana? Atengámonos a aquello que la *Theologia deutsch*, el manual místico que Lutero leía, hace decir a Dios y es: «Si he de recompensar tu maldad, tengo que hacerlo con bien, pues ni soy ni tengo otra cosa». Y el Cristo dijo: «Padre, perdónalos, pues no saben lo que se hacen», y no hay hombre que sepa lo que se hace. Pero ha sido menester convertir a la religión, a beneficio del orden social, en policía, y de ahí el infierno. El cristianismo oriental o griego es predominantemente escatológico, predominantemente ético el protestantismo, y el catolicismo un compromiso entre ambas cosas, aunque con predominancia de lo primero. La más genuina moral católica, la ascética monástica, es moral de escatología enderezada a la salvación del alma individual más que al mantenimiento de la sociedad. Y en el culto a la virginidad ¿no habrá acaso una cierta oscura idea de que el perpetuarse en otros estorba la propia perpetuación? La moral ascética es una moral negativa. Y, en rigor, lo importante es no morirse, péquese o no. Ni hay que tomar muy a la letra, sino como una efusión lírica y más bien retórica, aquello de nuestro célebre soneto

*No me mueve, mi Dios, para quererte*
*el cielo que me tienes prometido,*

y lo que sigue.

El verdadero pecado, acaso el pecado contra el Espíritu Santo que no tiene remisión, es el pecado de herejía, el de pensar por cuenta propia. Ya se ha oído aquí, en nuestra España, que ser liberal, esto es, hereje, es peor que ser asesino, ladrón o adúltero. El pecado más grave es no obedecer a la Iglesia, cuya infalibilidad nos defiende de la razón.

¿Y por qué ha de escandalizar la infalibilidad de un hombre, del Papa? ¿Qué más da que sea infalible un libro: la Biblia, una sociedad de hombres: la Iglesia, o un hombre solo? ¿Cambia por eso la dificultad racional de esencia? Y pues no siendo más racional la infalibilidad de un libro o la de una sociedad que la de un hombre solo, había que asentar este supremo escándalo para el racionalismo.

Es lo vital que se afirma, y para afirmarse crea, sirviéndose de lo racional, su enemigo, toda una construcción dogmática, y la Iglesia la defiende contra racionalismo, contra protestantismo y contra modernismo. Defiende la vida. Salió al paso a Galileo, e hizo bien, porque su descubrimiento en un principio, y hasta acomodarlo a la economía de los conocimientos humanos, tendía a quebrantar la creencia antropocéntrica de que el universo ha sido creado para el hombre; se opuso a Darwin, e hizo bien, porque el darwinismo tiende a quebrantar nuestra creencia de que es el hombre un animal de excepción, creado expreso para ser eternizado. Y por último, Pío IX, el primer pontífice declarado infalible, declarose irreconciliable con la llamada civilización moderna. E hizo bien.

Loisy, el ex abate católico, dijo: «Digo sencillamente que la Iglesia y la teología no han favorecido el movimiento científico, sino que lo han estorbado más bien en cuanto de ellas dependía, en ciertas ocasiones decisivas; digo, sobre todo, que la enseñanza católica no se ha asociado ni acomodado a ese movimiento. La teología se ha comportado y se comporta todavía, como si poseyese en sí misma una ciencia de la naturaleza y una ciencia de la Historia con la filosofía general de estas cosas que resultan de su conocimiento científico. Diríase que el dominio de la teología y el de la ciencia, distintos en principio y hasta por definición del concilio del Vaticano, no deben serlo en la práctica. Todo pasa poco más o menos como si la teología no tuviese nada que aprender de la ciencia moderna, natural o histórica, y que estuviese en disposición y en derecho de ejercer por sí misma una inspección directa y absoluta sobre todo el trabajo del espíritu humano» (*Autour d'un petit livre*, pp. 211-212).

Y así tiene que ser y así es en su lucha con el modernismo de que fue Loisy doctor y caudillo.

La lucha reciente contra el modernismo kantiano y fideísta es una lucha por la vida. ¿Puede acaso la vida, la vida que busca seguridad de la supervivencia, tolerar que un Loisy, sacerdote católico, afirme que la resurrección del Salvador no es un hecho de orden histórico, demostrable y demostrado por el solo testimonio de la Historia? Leed, por otra parte, en la excelente obra de E. Le Roy, *Dogme et critique*, su exposición del dogma central, el de la resurrección de Jesús, y decidme si queda algo sólido en que apoyar nuestra esperanza. ¿No ven que más que de la vida inmortal del Cristo, reducida acaso a una vida en la conciencia colectiva cristiana, se trata de una garantía de nuestra propia resurrección personal, en alma y también en cuerpo? Esa nueva apologética psicológica apela al milagro moral, y nosotros, como los judíos, queremos señales, algo que se pueda agarrar con todas las potencias del alma y con todos los sentidos del cuerpo. Y con las manos y los pies y la boca, si es posible.

Pero ¡ay! que no lo conseguimos; la razón ataca, y la fe, que no se siente sin ella segura, tiene que pactar con ella. Y de aquí vienen las trágicas contradicciones y las desgarraduras de conciencia. Necesitamos seguridad, certeza, señales, y se va a los *motiva credibilitatis*, a los «motivos de credibilidad», para fundar el *rationale obsequium*, y aunque la fe precede a la razón, *fides praecedit rationem*, según san Agustín, este mismo doctor y obispo quería ir por la fe a la inteligencia, *per fidem ad intellectum*, y creer para entender *credo ut intelligam*. Cuán lejos de aquella soberbia expresión de Tertuliano: *et sepultus resurrexit, certum est quia impossibile est!*, «y sepultado resucitó; es cierto porque es imposible», y su excelso: *credo quia absurdum!*, escándalo de racionalistas. ¡Cuán lejos del *il faut s'abêtir*, de Pascal, y de aquel «la razón humana ama el absurdo», de nuestro Donoso Cortés, que debió de aprenderlo del gran José de Maistre!

Y buscose como primera piedra de cimiento la autoridad de la tradición y la revelación de la palabra de Dios, y se llegó hasta aquello del consentimiento unánime. *Quod apud multos unum invenitur non est erratum, sed traditum*, dijo Tertuliano, y Lamennais añadió, siglos más tarde, que «la certeza, principio de la vida y de inteligencia [...] es, si se me permite la expresión, un producto social».* Pero aquí, como en tantas otras cosas, dio la fórmula suprema aquel gran católico del catolicismo popular y vital, el conde José de Maistre, cuando escribió: «No creo que sea posible mostrar una sola opinión universalmente útil que no sea verdadera».** Esta es la fija ca-

* *Essai sur l'indifférence en matière de religion*, parte III, cap. II.

** *Les soirées de Saint-Pétersbourg*, X$^{e}$ entretien.

tólica: deducir la verdad de un principio de su bondad o utilidad suprema. ¿Y qué más útil, más soberanamente útil, que no morírsenos nunca el alma? «Como todo sea incierto, o hay que creer a todos o a ninguno», decía Lactancio; pero aquel formidable místico y asceta que fue el beato Enrique Suso, el dominicano, pidiole a la eterna Sabiduría una sola palabra de qué era el amor; y al contestarle: «Todas las criaturas invocan que lo soy», replicó Suso, el servidor: «Ay, Señor, eso no basta para un alma anhelante». La fe no se siente segura ni con el consentimiento de los demás, ni con la tradición, ni bajo la autoridad. Busca el apoyo de su enemiga la razón.

Y así se fraguó la teología escolástica, y saliendo de ella su criada, la *ancilla theologiae,* la filosofía escolástica también, y esta criada salió respondona. La escolástica, magnífica catedral con todos los problemas de mecánica arquitectónica resueltos por los siglos, pero catedral de adobes, llevó poco a poco a eso que llaman teología natural, y no es sino cristianismo despotencializado. Buscose apoyar hasta donde fuese posible racionalmente los dogmas; mostrar por lo menos que si bien sobrerracionales, no eran contrarracionales, y se les ha puesto un basamento filosófico de filosofía aristotélico-neoplatónica-estoica del siglo XIII; que tal es el tomismo, recomendado por León XIII. Y ya no se trata de hacer aceptar el dogma, sino su interpretación filosófica medieval y tomista. No basta creer que al tomar la hostia consagrada se toma el cuerpo y sangre de Nuestro Señor Jesucristo; hay que pasar por todo eso de la transustanciación, y la sustancia separada de los accidentes, rompiendo con toda la concepción racional moderna de la sustancialidad.

Pero para eso está la fe implícita, la fe del carbonero, la de los que, como santa Teresa (*Vida*, cap. XXV, 2), no quieren aprovecharse de teología. «Eso no me lo preguntéis a mí que soy ignorante; doctores tiene la Santa Madre Iglesia que os sabrán responder», como se nos hizo aprender en el catecismo. Que para eso, entre otras cosas, se instituyó el sacerdocio, para que la Iglesia docente fuese la depositaria, depósito más que río, *reservoir instead of river,* como dijo Brooks, de los secretos teológicos. «La labor del Niceno —dice Harnack

(*Dogmengeschichte*, II, 1, cap. VII, 3)— fue un triunfo del sacerdocio sobre la fe del pueblo cristiano. Ya la doctrina del Logos se había hecho ininteligible para los no teólogos. Con la erección de la fórmula nicenocapadocia como confesión fundamental de la Iglesia, se hizo completamente imposible a los legos católicos el adquirir un conocimiento íntimo de la fe cristiana según la norma de la doctrina eclesiástica. Y arraigose cada vez más la idea de que el cristianismo era la revelación de lo ininteligible.» Y así es en verdad.

Y ¿por qué fue esto? Porque la fe, esto es: la vida, no se sentía ya segura de sí misma. No le bastaba ni el tradicionalismo ni el positivismo teológico de Duns Escoto; quería racionalizarse. Y buscó a poner su fundamento, no ya contra la razón, que es donde está, sino sobre la razón, es decir, en la razón misma. La posición nominalista o positivista o voluntarista de Escoto, la de que la ley y la verdad dependen, más bien que de la esencia, de la libre e inescudriñable voluntad de Dios, acentuando la irracionalidad suprema de la religión, ponía a esta en peligro entre los más de los creyentes dotados de razón adulta y no carboneros. De aquí el triunfo del racionalismo teológico tomista. Y ya no basta creer en la existencia de Dios, sino que cae anatema sobre quien, aun creyendo en ella, no cree que esa su existencia sea por razones demostrables o que hasta hoy nadie con ellas la ha demostrado irrefutablemente. Aunque aquí acaso quepa decir lo de Pohle: «Si la salvación eterna dependiera de los axiomas matemáticos, habría que contar con que la más odiosa sofistería humana habríase vuelto ya contra su validez universal con la misma fuerza con que ahora contra Dios, el alma y Cristo».*

Y es que el catolicismo oscila entre la mística, que es experiencia íntima del Dios vivo en Cristo, experiencia intrasmisible, y cuyo peligro es, por otra parte, absorber en Dios la propia personalidad, lo cual no salva nuestro anhelo vital, y entre el racionalismo a que combate (véase Weizsäcker, obra citada); oscila entre ciencia religionizada y religión cientificada.

* Joseph Pohle, «Christlich Katolische Dogmatik», en la *Systematische christliche Religion*, Berlín, 1909, de la colección «*Die Kultur dar Gegenwar*».

El entusiasmo apocalíptico fue cambiando poco a poco en misticismo neoplatónico, a que la teología hizo arredrar. Temíase los excesos de la fantasía, que suplantaba a la fe creando extravagancias gnósticas. Pero hubo que firmar un cierto pacto con el gnosticismo y con el racionalismo otro; ni la fantasía ni la razón se dejaban vencer del todo. Y así se hizo la dogmática católica un sistema de contradicciones, mejor o peor concordadas. La Trinidad fue un cierto pacto entre el monoteísmo y el politeísmo, y pactaron la humanidad y la divinidad en Cristo, la naturaleza y la gracia, esta y el libre albedrío, este con la presciencia divina, etc. Y es que acaso, como dice Hermann (*loco citato*), «en cuanto se desarrolla un pensamiento religioso en sus consecuencias lógicas, entra en conflicto con otros que pertenecen igualmente a la vida de la religión». Que es lo que le da al catolicismo su profunda dialéctica vital. Pero ¿a qué costa?

A costa, preciso es decirlo, de oprimir las necesidades mentales de los creyentes en uso de razón adulta. Exígeseles que crean o todo o nada, que acepten la entera totalidad de la dogmática, o que se pierda todo mérito si se rechaza la mínima parte de ella. Y así resulta lo que el gran predicador unitariano Channing decía,* y es que tenemos en Francia y España multitudes que han pasado de rechazar el papismo al absoluto ateísmo, porque «el hecho es que las doctrinas falsas y absurdas, cuando son expuestas, tienen natural tendencia a engendrar escepticismo en los que sin reflexión las reciben, y no hay quienes estén más prontos a creer demasiado poco que aquellos que empezaron por creer demasiado [*believing too much*]». Aquí está, en efecto, el terrible peligro, en creer demasiado. ¡Aunque no!, el terrible peligro está en otra parte, y es en querer creer con la razón y no con la vida.

La solución católica de nuestro problema, de nuestro único problema vital, del problema de la inmortalidad y salvación eterna del alma individual, satisface a la voluntad, y, por lo tanto, a la vida; pero, al querer racionalizarla con la teología

* «Objections to unitarian Christianity considered», 1816, en *The Complete Works of William Ellery Channing*, D. D., Londres, 1884.

dogmática, no satisface a la razón. Y esta tiene sus exigencias, tan imperiosas como las de la vida. No sirve querer forzarse a reconocer sobrerracional lo que claramente se nos aparece contrarracional, ni sirve querer hacerse carbonero el que no lo es. La infalibilidad, noción de origen helénico, es en el fondo una categoría racionalista.

Veamos ahora, pues, la solución o, mejor, disolución racionalista o científica de nuestro problema.

## Capítulo V

### La disolución racional

El gran maestro del fenomenalismo racionalista, David Hume, empieza su ensayo *Sobre la inmortalidad del alma* con estas definitivas palabras: «Parece difícil probar con la mera luz de la razón la inmortalidad del alma. Los argumentos en favor de ella se derivan comúnmente de tópicos metafísicos, morales o físicos. Pero es en realidad el Evangelio, y solo el Evangelio, el que ha traído a luz la vida y la inmortalidad». Lo que equivale a negar la racionalidad de la creencia de que sea inmortal el alma de cada uno de nosotros.

Kant, que partió de Hume para su crítica, trató de establecer la racionalidad de ese anhelo y de la creencia que este importa, y tal es el verdadero origen, el origen íntimo, de su crítica de la razón práctica y de su imperativo categórico y de su Dios. Mas, a pesar de todo ello, queda en pie la afirmación escéptica de Hume, y no hay manera alguna de probar racionalmente la inmortalidad del alma. Hay, en cambio, modos de probar racionalmente su mortalidad.

Sería, no ya excusado, sino hasta ridículo, el que nos extendiésemos aquí en exponer hasta qué punto la conciencia individual humana depende de la organización del cuerpo, cómo va naciendo, poco a poco, según el cerebro recibe las impresiones de fuera, cómo se interrumpe temporalmente, durante el sueño, los desmayos y otros accidentes, y cómo todo nos lleva a conjeturar racionalmente que la muerte trae consigo la pérdida de la conciencia. Y así como antes de nacer no fuimos ni tenemos recuerdo alguno personal de entonces, así después de morir no seremos. Esto es lo racional.

Lo que llamamos alma no es nada más que un término para designar la conciencia individual en su integridad y su persistencia; y que ella cambia, y que lo mismo que se integra se desintegra, es cosa evidente. Para Aristóteles era la forma sustancial del cuerpo, la entelequia, pero no una sustancia. Y más de un moderno la ha llamado un epifenómeno, término absurdo. Basta llamarla fenómeno.

El racionalismo, y por este entiendo la doctrina que no se atiene sino a la razón, a la verdad objetiva, es forzosamente materialista. Y no se me escandalicen los idealistas.

Es menester ponerlo todo en claro, y la verdad es que eso que llamamos materialismo no quiere decir para nosotros otra cosa que la doctrina que niega la inmortalidad del alma individual, la persistencia de la conciencia personal después de la muerte.

En otro sentido cabe decir que como no sabemos más lo que sea la materia que el espíritu, y como eso de la materia no es para nosotros más que una idea, el materialismo es idealismo. De hecho y para nuestro problema —el más vital, el único de veras vital—, lo mismo da decir que todo es materia, como que es todo idea, o todo fuerza, o lo que se quiera. Todo sistema monístico se nos aparecerá siempre materialista. Solo salvan la inmortalidad del alma los sistemas dualistas, los que enseñan que la conciencia humana es algo sustancialmente distinto y diferente de las demás manifestaciones fenoménicas. Y la razón es naturalmente monista. Porque es obra de la razón comprender y explicar el universo, y para comprenderlo y explicarlo, para nada hace falta el alma como sustancia imperecedera. Para explicarnos y comprender la vida anímica, para la psicología, no es menester la hipótesis del alma. La que en un tiempo llamaban psicología racional, por oposición a la llamada empírica, ni es psicología, sino metafísica, y muy turbia, y no es racional, sino profundamente irracional, o más bien contrarracional.

La doctrina pretendida racional de la sustancialidad del alma y de su espiritualidad, con todo el aparato que la acompaña, no nació sino de que los hombres sentían la necesidad de apoyar en razón su incontrastable anhelo de inmortalidad y la creencia a este subsiguiente. Todas las sofisterías que tienden a probar que el alma es sustancia simple e incorruptible proceden de ese origen. Es más aún, el concepto mismo de sustancia, tal como lo dejó asentado y definido la escolástica, ese concepto que no resiste la crítica, es un concepto teológico enderezado a apoyar la fe en la inmortalidad del alma.

W. James, en la tercera de las conferencias que dedicó al pragmatismo en el Lowell Institute de Boston, en diciembre de 1906 y enero de 1907,* y que es lo más débil de toda la obra del insigne pensador norteamericano —algo excesivamente débil—, dice así: «El escolasticismo ha tomado la noción de sustancia del sentido común, haciéndola técnica y articulada. Pocas cosas parecerían tener menos consecuencias pragmáticas para nosotros que las sustancias, privados como estamos de todo contacto con ellas. Pero hay un caso en que el escolasticismo ha probado la importancia de la sustancia-idea tratándola pragmáticamente. Me refiero a ciertas disputas concernientes al misterio de la Eucaristía. La sustancia aparecería aquí con un gran valor pragmático. Desde que los accidentes de la hostia no cambian en la consagración y se ha convertido ella, sin embargo, en el cuerpo de Cristo, el cambio no puede ser más que de la sustancia. La sustancia del pan tiene que haberse retirado, sustituyéndola milagrosamente la divina sustancia sin alterarse las propiedades sensibles inmediatas. Pero, aun cuando estas no se alteran, ha tenido lugar una tremenda diferencia; no menos sino el que nosotros, los que recibimos el sacramento, nos alimentamos ahora de la sustancia misma de la divinidad. La noción de sustancia irrumpe, pues, en la vida con terrible efecto si admitís que las sustancias pueden separarse de sus accidentes y cambiar estos últimos. Y es esta la única aplicación pragmática de la idea de sustancia de que tenga yo conocimiento, y es obvio que solo puede ser tratada en serio por los que creen en *la presencia real* por fundamentos independientes».

* *Pragmatism, A New Name for Some Old Ways of Thinking. Popular Lectures on Philosophy by William James*, 1907.

Ahora bien; dejando de lado la cuestión de si en buena teología, y no digo en buena razón, porque todo esto cae fuera de ella, se puede confundir la sustancia del cuerpo —del cuerpo, no del alma— de Cristo con la sustancia misma de la divinidad, es decir, con Dios mismo, parece imposible que un tan ardiente anhelador de la inmortalidad del alma, un hombre como W. James, cuya filosofía toda no tiende sino a establecer racionalmente esa creencia, no hubiera echado de ver que la aplicación pragmática del concepto de sustancia a la doctrina de la transustanciación eucarística no es sino una consecuencia de su aplicación anterior a la doctrina de la inmortalidad del alma. Como en el anterior capítulo expuse, el sacramento de la eucaristía no es sino el reflejo de la creencia en la inmortalidad; es, para el creyente, la prueba experimental mística de que es inmortal el alma y gozará eternamente de Dios. Y el concepto de sustancia nació, ante todo y sobre todo, del concepto de la sustancialidad del alma, y se afirmó este para apoyar la fe en su persistencia después de separada del cuerpo. Tal es su primera aplicación pragmática y con ella su origen. Y luego hemos trasladado ese concepto a las cosas de fuera. Por sentirme sustancia, es decir, permanente en medio de mis cambios, es por lo que atribuyo sustancialidad a los agentes que fuera de mí, en medio de sus cambios, permanecen. Del mismo modo que el concepto de fuerza, en cuanto distinto del movimiento, nace de mi sensación de esfuerzo personal al poner en movimiento algo.

Léase con cuidado, en la primera parte de la *Summa theologica* de santo Tomás de Aquino, los seis artículos primeros de la cuestión LXXV, en que trata de si el alma humana es cuerpo, de si es algo subsistente, de si lo es también el alma de los brutos, de si el hombre es alma, de si esta se compone de materia y forma, y de si es incorruptible, y dígase luego si todo aquello no está sutilmente enderezado a soportar la creencia de que esa sustancialidad incorruptible le permite recibir de Dios la inmortalidad, pues claro es que como la creó al infundirla en el cuerpo, según santo Tomás, podía al separarlo de él aniquilarla. Y, como se ha hecho cien veces la crítica de esas pruebas, no es cosa de repetirla aquí.

¿Qué razón desprevenida puede concluir el que nuestra alma sea una sustancia del hecho de que la conciencia de nuestra identidad —y esto dentro de muy estrechos y variables límites— persista a través de los cambios de nuestro cuerpo? Tanto valdría hablar del alma sustancial de un barco que sale de un puerto, pierde hoy una tabla que es sustituida por otra de igual forma y tamaño, luego pierde otra pieza y así una a una todas, y vuelve el mismo barco, con igual forma, iguales condiciones marineras, y todos lo reconocen por el mismo. ¿Qué razón desprevenida puede concluir la simplicidad del alma del hecho de que tengamos que juzgar y unificar pensamientos? Ni el pensamiento es uno, sino vario, ni el alma es para la razón nada más que la sucesión de estados de conciencia coordinados entre sí.

Es lo corriente que en los libros de psicología espiritualista, al tratarse de la existencia del alma como sustancia simple y separable del cuerpo, se empiece con una fórmula por este estilo: Hay en mí un principio que piensa, quiere y siente... Lo cual implica una petición de principio. Porque no es una verdad inmediata, ni mucho menos, el que haya en mí tal principio; la verdad inmediata es que pienso, quiero y siento yo. Y yo, el yo que piensa, quiere y siente, es inmediatamente mi cuerpo vivo con los estados de conciencia que soporta. Es mi cuerpo vivo el que piensa, quiere y siente. ¿Cómo? Como sea.

Y pasan luego a querer fijar la sustancialidad del alma, hipostasiando los estados de conciencia, y empiezan por que esa sustancia tiene que ser simple, es decir, por oponer, al modo del dualismo cartesiano, el pensamiento a la extensión. Y como ha sido nuestro Balmes uno de los espiritualistas que han dado forma más concisa y clara al argumento de la simplicidad del alma, voy a tomarlo de él tal y como lo expone en el capítulo II de la Psicología de su *Curso de filosofía elemental*. «El alma humana es simple», dice, y añade: «Es simple lo que carece de partes, y el alma no las tiene. Supóngase que hay en ella las partes A, B, C; pregunto: ¿Dónde reside el pensamiento? Si solo en A, están de más B y C; y, por consiguiente, el sujeto simple A será el alma. Si el pensamiento reside en A, B y C, resulta el pensamiento dividido en partes, lo que es absurdo. ¿Qué serán una percepción, una comparación, un juicio, un raciocinio, distribuidos en tres sujetos?». Más evidente petición de principio no cabe. Empieza por darse como evidente que el todo, como todo, no puede juzgar. Prosigue Balmes: «La unidad de conciencia se opone a la división del alma: cuando pensamos, hay un sujeto que sabe todo lo que piensa, y esto es imposible atribuyéndole partes. Del pensamiento que está en la A, nada sabrán B ni C, y recíprocamente; luego no habrá *una* conciencia de todo el pensamiento; cada parte tendrá su conciencia especial, y dentro de nosotros habrá tantos seres pensantes cuantas sean las partes». Sigue la petición de principio; supónese, porque sí, sin prueba alguna, que un todo como todo no puede percibir unitariamente. Y luego Balmes pasa a preguntar si esas partes A, B, C son simples o compuestas, y repite al argumento hasta venir a parar a que el sujeto pensante tiene que ser una parte que no sea todo, esto es, simple. El argumento se basa, como se ve, en la unidad de apercepción y de juicio. Y luego trata de refutar el supuesto de apelar a una comunicación de las partes entre sí.

Balmes, y con él los espiritualistas *a priori* que tratan de racionalizar la fe en la inmortalidad del alma, dejan de lado la única explicación racional: la de que la apercepción y el juicio son una resultante, la de que son las percepciones o las ideas mismas componentes las que se concuerdan. Empiezan por suponer algo fuera y distinto de los estados de conciencia que no es el cuerpo vivo que los soporta, algo que no soy yo, sino que está en mí.

El alma es simple, dicen otros, porque se vuelve sobre sí toda entera. No, el estado de conciencia A, en que pienso en mi anterior estado de conciencia B, no es este mismo. O si pienso en mi alma, pienso en una idea distinta del acto en que pienso en ella. Pensar que se piensa, y nada más, no es pensar.

El alma es el principio de la vida, dicen. Sí; también se ha ideado la categoría de fuerza o de energía como principio del movimiento. Pero eso son conceptos, no fenómenos, no realidades externas. El principio del movimiento ¿se mueve? Y solo tiene realidad externa lo que se mueve. ¿El principio de la vida vive? Con razón escribía Hume: «Jamás me encuentro con esta idea de mí mismo; solo me observo deseando u obrando o sintiendo algo». La idea de algo individual, de este tintero que tengo delante, de ese caballo que está a la puerta de casa, de ellos dos y no de otros cualesquiera individuos de su clase, es el hecho, el fenómeno mismo. La idea de mí mismo soy yo.

Todos los esfuerzos para sustantivar la conciencia, haciéndola independiente de la extensión —recuérdese que Descartes oponía el pensamiento a la extensión—, no son sino sofísticas argucias para asentar la racionalidad de la fe en que el alma es inmortal. Se quiere dar valor de realidad objetiva a lo que no la tiene; a aquello cuya realidad no está sino en el pensamiento. Y la inmortalidad que apetecemos es una inmortalidad fenoménica, es una continuación de esta vida.

La unidad de la conciencia no es para la psicología científica —la única racional— sino una unidad fenoménica. Nadie puede decir que sea una unidad sustancial. Es más aún, nadie puede decir que sea una sustancia. Porque la noción de sustancia es una categoría no fenoménica. Es el númeno y entra, en rigor, en lo inconocible. Es decir, según se le aplique. Pero en su aplicación trascendente es algo en realidad inconocible y en rigor irracional. Es el concepto mismo de sustancia lo que una razón desprevenida reduce a un uso que está muy lejos de aquella su aplicación pragmática a que James se refería.

Y no salva esta aplicación el tomarla idealísticamente, según el principio berkelayano de que ser es ser percibido, *esse est percipi*. Decir que todo es idea o decir que todo es espíritu es lo mismo que decir que todo es materia o que todo es fuerza, pues si siendo todo idea o todo espíritu este diamante es idea o espíritu, lo mismo que mi conciencia, no se ve porque no ha de persistir eternamente el diamante, si mi conciencia, por ser idea o espíritu, persiste siempre.

Jorge Berkeley, obispo anglicano de Cloyne y hermano en espíritu del también obispo anglicano José Butler, quería salvar como este la fe en la inmortalidad del alma. Desde las primeras palabras del prefacio de su *Tratado referente a los principios del conocimiento humano (A Treatise Concerning the Principles of Human Knowledge)*, nos dice que este su tratado le parece útil, especialmente para los tocados de escepticismo o que necesitan una demostración de la existencia e inmaterialidad de Dios y de la inmortalidad natural del alma. En el capítulo CXL establece que tenemos una idea o más bien noción del espíritu, conociendo otros espíritus por medio de los nuestros, de lo cual afirma redondamente, en el párrafo siguiente, que se sigue la natural inmortalidad del alma. Y aquí entra en una serie de confusiones basadas en la ambigüedad que al término «noción» da. Y es después de haber establecido casi como *per saltum* la inmortalidad del alma, porque esta no es pasiva, como los cuerpos, cuando pasa en el capítulo CXLVII a decirnos que la existencia de Dios es más evidente que la del hombre. ¡Y decir que hay quien, a pesar de esto, duda de ella!

Complicábase la cuestión porque se hacía de la conciencia una propiedad del alma, que era algo más que ella, es decir, una forma sustancial del cuerpo, originadora de las funciones orgánicas todas de este. El alma no solo piensa, siente y quiere, sino mueve al cuerpo y origina sus funciones vitales; en el alma humana se unen las funciones vegetativa, animal y racional. Tal es la doctrina. Pero el alma separada del cuerpo no puede tener ya funciones vegetativas y animales.

Para la razón, en fin, un conjunto de verdaderas confusiones.

A partir del Renacimiento y la restitución del pensamiento puramente racional y emancipado de toda teología, la doctrina de la mortalidad del alma se restableció con Alejandro Afrodisiense, Pedro Pomponazzi y otros. Y en rigor, poco o nada puede agregarse a cuanto Pomponazzi dejó escrito en su *Tractatus de inmortalitate animae*. Esa es la razón, y es inútil darle vueltas.

No ha faltado, sin embargo, quienes hayan tratado de apoyar empíricamente la fe en la inmortalidad del alma, y ahí está la obra de Frederic W. H. Myers sobre la personalidad humana y su sobrevivencia a la muerte corporal: *Human Personality and Its Survival of Bodily Death*. Nadie se ha acercado con más ansia que yo a los dos gruesos volúmenes de esta obra, en que el que fue alma de la Sociedad de Investigaciones Psíquicas —*Society for Psychical Research*— ha resumido el formidable material de datos, sobre todo género de corazonadas, apariciones de muertos, fenómenos de sueño, telepatía, hipnotismo, automatismo sensorial, éxtasis y todo lo que constituye el arsenal espiritista. Entré en su lectura, no solo sin la prevención de antemano que a tales investigaciones guardan los hombres de ciencia, sino hasta prevenido favorablemente, como quien va a buscar confirmación a sus más íntimos anhelos; pero por esto la decepción fue mayor. A pesar del aparato de crítica, todo eso en nada se diferencia de las milagrerías medievales. Hay en el fondo un error de método, de lógica.

Y si la creencia en la inmortalidad del alma no ha podido hallar comprobación empírica racional, tampoco le satisface el panteísmo. Decir que todo es Dios, y que al morir volvemos a Dios, mejor dicho, seguimos en Él, nada vale a nuestro anhelo; pues si es así, antes de nacer, en Dios estábamos, y si volvemos al morir adonde antes de nacer estábamos, el alma humana, la conciencia individual, es perecedera. Y como sabemos muy bien que Dios, el Dios personal y conciente del monoteísmo cristiano, no es sino el productor, y, sobre todo, el garantizador de nuestra inmortalidad, de aquí que se dice, y se dice muy bien, que el panteísmo no es sino un ateísmo disfrazado. Y yo creo que sin disfrazar. Y tenían razón los que llamaron ateo a Spinoza, cuyo panteísmo es el más lógico, el más racional. Ni salva al anhelo de inmortalidad, sino que lo disuelve y hunde, el agnosticismo o doctrina de lo inconocible, que cuando ha querido dejar a salvo los sentimientos religiosos ha procedido siempre con la más refinada hipocresía. Toda la primera parte y, sobre todo, su capítulo V, el titulado «Reconciliación» —entre la razón y la fe, o la religión y la ciencia se entiende— de los *Primeros principios* de Spencer es un modelo, a la vez que de superficialidad filosófica y de insinceridad religiosa, del más refinado *cant* británico. Lo inconocible, si es algo más que lo meramente desconocido hasta hoy, no es sino un concepto puramente negativo, un concepto de límite. Y sobre eso no se edifica sentimiento ninguno.

La ciencia de la religión, por otra parte, de la religión como fenómeno psíquico individual y social sin entrar en la validez objetiva trascendente de las afirmaciones religiosas, es una ciencia que, al explicar el origen de la fe en que el alma es algo que puede vivir separado del cuerpo, ha destruido la racionalidad de esta creencia. Por más que el hombre religioso repita con Schleiermacher: «La ciencia no puede enseñarte nada, aprenda ella de ti», por dentro le queda otra.

Por cualquier lado que la cosa se mire, siempre resulta que la razón se pone enfrente de ese nuestro anhelo de inmortalidad personal, y nos le contradice. Y es que en rigor la razón es enemiga de la vida.

Es una cosa terrible la inteligencia. Tiende a la muerte como a la estabilidad la memoria. Lo vivo, lo que es absolutamente inestable, lo absolutamente individual, es, en rigor, ininteligible. La lógica tira a reducirlo todo a identidades y a géneros, a que no tenga cada representación más que un solo y mismo contenido en cualquier lugar, tiempo o relación en que se nos ocurra. Y no hay nada que sea lo mismo en dos momentos sucesivos de su ser. Mi idea de Dios es distinta cada vez que la concibo. La identidad, que es la muerte, es la aspiración del intelecto. La mente busca lo muerto, pues lo vivo se le escapa; quiere cuajar en témpanos la corriente fugitiva, quiere fijarla. Para analizar un cuerpo, hay que menguarlo o destruirlo. Para comprender algo, hay que matarlo, enrigidecerlo en la mente. La ciencia es un cementerio de ideas muertas, aunque de ellas salga vida. También los gusanos se alimentan de cadáveres. Mis propios pensamientos, tumultuosos y agitados en los senos de mi mente, desgajados de su raíz cordial, vertidos a este papel y fijados en él en formas inalterables, son ya cadáveres de pensamientos. ¿Cómo, pues, va a abrirse la razón a la revelación de la vida? Es un trágico combate, es el fondo de la tragedia, el combate de la vida con la razón. ¿Y la verdad? ¿Se vive o se comprende?

No hay sino leer el terrible *Parménides* de Platón, y llegar a su conclusión trágica de que «el uno existe y no existe, y él y todo lo otro existen y no existen, aparecen y no aparecen en relación a sí mismos, y unos a otros». Todo lo vital es irracional, y todo lo racional es antivital, porque la razón es esencialmente escéptica.

Lo racional, en efecto, no es sino lo relacional; la razón se limita a relacionar elementos irracionales. Las matemáticas son la única ciencia perfecta en cuanto suman, restan, multiplican y dividen números, pero no cosas reales y de bulto; en cuanto es la más formal de las ciencias. ¿Quién es capaz de extraer la raíz cúbica de este fresno?

Y, sin embargo, necesitamos de la lógica, de este poder terrible, para trasmitir pensamientos y percepciones y hasta para pensar y percibir, porque pensamos con palabras, percibimos con formas. Pensar es hablar uno consigo mismo, y el habla es social, y sociales son el pensamiento y la lógica. Pero ¿no tienen acaso un contenido, una materia individual, intrasmisible e intraductible? ¿Y no está aquí su fuerza?

Lo que hay es que el hombre, prisionero de la lógica, sin la cual no piensa, ha querido siempre ponerla al servicio de sus anhelos, y sobre todo del fundamental anhelo. Se quiso tener siempre a la lógica, y más en la Edad Media, al servicio de la teología y la jurisprudencia, que partían ambas de lo establecido por la autoridad. La lógica no se propuso hasta muy tarde el problema del conocimiento, el de la validez de ella misma, el examen de los fundamentos metalógicos.

«La teología occidental —escribe Stanley— es esencialmente lógica en su forma y se basa en la ley; la oriental es retórica en la forma y se basa en la filosofía. El teólogo latino sucedió al abogado romano; el teólogo oriental al sofista griego.»*

Y todas las elucubraciones pretendidas racionales o lógicas en apoyo de nuestra hambre de inmortalidad no son sino abogacía y sofistería.

Lo propio y característico de la abogacía, en efecto, es poner la lógica al servicio de una tesis que hay que defender, mientras el método, rigurosamente científico, parte de los hechos, de los datos que la realidad nos ofrece para llegar o no llegar a conclusión. Lo importante es plantear bien el proble-

* Arthur Penrhyn Stanley, *Lectures on the History of the Eastern Church*.

ma, y de aquí que el progreso consiste, no pocas veces, en deshacer lo hecho. La abogacía supone siempre una petición de principio, y sus argumentos todos son *ad probandum*. Y la teología supuesta racional no es sino abogacía.

La teología parte del dogma, y dogma, δόγμα, en su sentido primitivo y más directo, significa «decreto», algo como el latín *placitum*, lo que ha parecido que debe ser ley a la autoridad legislativa. De este concepto jurídico parte la teología. Para el teólogo, como para el abogado, el dogma, la ley, es algo dado, un punto de partida que no se discute sino en cuanto a su aplicación y a su más recto sentido. Y, de aquí, que el espíritu teológico o abogadesco sea en su principio dogmático, mientras el espíritu estrictamente científico, puramente racional, es escéptico, σκεπτικός, esto es, investigativo. Y añado en su principio, porque el otro sentido del término «escepticismo», el que tiene hoy más corrientemente, el de un sistema de duda, de recelo y de incertidumbre, ha nacido del empleo teológico o abogadesco de la razón, del abuso del dogmatismo. El querer aplicar la ley de autoridad, el *placitum*, el dogma, a distintas y a las veces contrapuestas necesidades prácticas, es lo que ha engendrado el escepticismo de duda. Es la abogacía, o lo que es igual, la teología, la que enseña a desconfiar de la razón, y no la verdadera ciencia, la ciencia investigativa, escéptica en el sentido primitivo y directo de este término, que no camina a una solución ya prevista ni procede sino a ensayar una hipótesis.

Tomad la *Summa theologica* de santo Tomás, el clásico monumento de la teología —esto es, de la abogacía— católica, y abridla por dondequiera. Lo primero la tesis: *utrum*... si tal cosa es así o de otro modo; enseguida las objeciones: *ad primum sic proceditur;* luego las respuestas a las objeciones: *sed contra est*... o *respondeo dicendum*... Pura abogacía. Y en el fondo de una gran parte, acaso de la mayoría de sus argumentos, hallaréis una falacia lógica que puede expresarse *more scholastico* con este silogismo: yo no comprendo este hecho sino dándole esta explicación; es así que tengo que comprenderlo, luego esta tiene que ser su explicación. O me quedo sin comprenderlo. La verdadera ciencia enseña, ante todo, a dudar y a ignorar; la abogacía ni duda ni cree que ignora. Necesita de una solución.

A este estado de ánimo en que se supone, más o menos a conciencia, que tenemos que conocer una solución, acompaña aquello de las funestas consecuencias. Cojed cualquier libro apologético, es decir, de teología abogadesca, y veréis con qué frecuencia os encontráis con epígrafes que dicen: «Funestas consecuencias de esta doctrina». Y las consecuencias funestas de una doctrina probarán, a lo sumo, que esta doctrina es funesta, pero no que es falsa, porque falta probar que lo verdadero sea lo que más nos conviene. La identificación de la verdad y el bien no es más que un piadoso deseo. A. Vinet, en sus *Études sur Blaise Pascal,* dice: «De las dos necesidades que trabajan sin cesar a la naturaleza humana, la de la felicidad no es solo la más universalmente sentida y más constantemente experimentada, sino que es también la más imperiosa. Y esta necesidad no es solo sensitiva; es intelectual. No solo para el *alma,* sino también para el *espíritu,** es una necesidad la dicha. La dicha forma parte de la verdad». Esta proposición última: *le bonheur fait partie de la vérité,* es una proposición profundamente abogadesca, pero no científica ni de razón pura. Mejor sería decir que la verdad forma parte de la dicha en un sentido tertulianesco, de *credo quia absurdum,* que en rigor quiere decir: *credo quia consolans,* «creo porque es cosa que me consuela».

No, para la razón, la verdad es lo que se puede demostrar que es, que existe, consuélenos o no. Y la razón no es ciertamente una facultad consoladora. Aquel terrible poeta latino Lucrecio, bajo cuya aparente serenidad y ataraxia epicúrea tanta desesperación se cela, decía que la piedad consiste en poder contemplarlo todo con alma serena, *pacata posse mente omnia tueri.* Y fue este Lucrecio el mismo que escribió que la religión puede inducirnos a tantos males: *tantum religio*

* Traduzco aquí por «espíritu» el francés *esprit,* aunque acaso fuera mejor traducir «inteligencia». Así como tampoco nuestra voz «felicidad» corresponde por entero al *bonheur* francés (tal vez mejor: «dicha») ni «necesidad» a *besoin.*

*potuit suadere malorum.* Y es que la religión, y sobre todo la cristiana más tarde, fue, como dice el Apóstol, un escándalo para los judíos y una locura para los intelectuales. Tácito llamó a la religión cristiana, a la de la inmortalidad del alma, perniciosa superstición, *exitialis superstitio,* afirmando que envolvía un odio al género humano, *odium generis humani.*

Hablando de la época de estos hombres, de la época más genuinamente racionalista, escribía Flaubert a madame Roger des Genettes estas preñadas palabras: «Tiene usted razón; hay que hablar con respeto de Lucrecio; no le veo comparable sino a Byron, y Byron no tiene ni su gravedad ni la sinceridad de su tristeza. La melancolía antigua me parece más profunda que la de los modernos, que sobrentienden todos más o menos la inmortalidad de más allá del *agujero negro.* Pero para los antiguos este agujero negro era el infinito mismo; sus ensueños se dibujan y pasan sobre un fondo de ébano inmutable. No existiendo ya los dioses, y no existiendo todavía Cristo, hubo, desde Cicerón a Marco Aurelio, un momento único en que el hombre estuvo solo. En ninguna parte encuentro esta grandeza; pero lo que hace a Lucrecio intolerable es su física, que da como positiva. Si es débil, es por no haber dudado bastante, ha querido explicar ¡concluir!».*

Sí, Lucrecio quiso concluir, solucionar y, lo que es peor, quiso hallar en la razón consuelo. Porque hay también una abogacía antiteológica y un *odium antitheologicum.*

Muchos, muchísimos hombres de ciencia, la mayoría de los que se llaman a sí mismos racionalistas, lo padecen.

El racionalista se conduce racionalmente, esto es, está en su papel mientras se limita a negar que la razón satisfaga a nuestra hambre vital de inmortalidad; pero pronto, poseído de la rabia de no poder creer, cae en la irritación del *odium antitheologicum,* y dice con los fariseos: «Estos vulgares que no saben la ley son malditos». Hay mucho de verdad en aquellas palabras de Soloviev: «Presiento la proximidad de tiempos en que los cristianos se reúnan de nuevo en las catacum-

* Gustave Flaubert, *Correspondance*, Troisième série (1854-1869), París, MDCCCCX [MCMX, es decir, 1910].

bas porque se persiga la fe, acaso de una manera menos brutal que en la época de Nerón, pero con un rigor no menos refinado, por la mentira, la burla y todas las hipocresías».

El odio antiteológico, la rabia cientificista —no digo científica— contra la fe en otra vida, es evidente. Tomad no a los más serenos investigadores científicos, los que saben dudar, sino a los fanáticos del racionalismo, y ved con qué grosera brutalidad hablan de la fe. A Vogt le parecía probable que los apóstoles ofreciesen en la estructura del cráneo marcados caracteres simianos; de las groserías de Haeckel, este supremo incomprensivo, no hay que hablar; tampoco de las de Büchner; Virchow mismo no se ve libre de ellas. Y otros lo hacen más sutilmente. Hay gentes que parece como si no se limitasen a no creer que haya otra vida, o, mejor dicho, a creer que no la hay, sino que les molesta y duele que otros crean en ella, o hasta que quieran que la haya. Y esta posición es despreciable así como es digna de respeto la de aquel que, empeñándose en creer que la hay, porque la necesita, no logra creerlo. Pero de este nobilísimo, y el más profundo, y el más humano, y el más fecundo estado de ánimo, el de la desesperación, hablaremos más adelante.

Y los racionalistas que no caen en la rabia antiteológica se empeñan en convencer al hombre que hay motivos para vivir y hay consuelo de haber nacido, aunque haya de llegar un tiempo, al cabo de más o menos decenas, centenas o millones de siglos, en que toda conciencia humana haya desaparecido. Y estos motivos de vivir y obrar, esto que algunos llaman humanismo, son la maravilla de la oquedad afectiva y emocional del racionalismo y de su estupenda hipocresía, empeñada en sacrificar la sinceridad a la veracidad, y en no confesar que la razón es una potencia desconsoladora y disolvente.

¿He de volver a repetir lo que ya he dicho sobre todo eso de fraguar cultura, de progresar, de realizar el bien, la verdad y la belleza, de traer la justicia a la tierra, de hacer mejor la vida para los que nos sucedan, de servir a no sé qué destino, sin preocuparnos del fin último de cada uno de nosotros? ¿He de volver a hablaros de la suprema vaciedad de la cultura, de la ciencia, del arte, del bien, de la verdad, de la belleza, de la justicia... de todas estas hermosas concepciones, si al fin y al cabo, dentro de cuatro días o dentro de cuatro millones de siglos —que para el caso es igual—, no ha de existir conciencia humana que reciba la cultura, la ciencia, el arte, el bien, la verdad, la belleza, la justicia y todo lo demás así?

Muchas y muy variadas son las invenciones racionalistas —más o menos racionales— con que desde los tiempos de epicúreos y estoicos se ha tratado de buscar en la verdad racional consuelo y de convencer a los hombres, aunque los que de ello trataran no estuviesen en sí mismos convencidos, de que hay motivos de obrar y alicientes de vivir, aun estando la conciencia humana destinada a desaparecer un día.

La posición epicúrea, cuya forma extrema y más grosera es la de «comamos y bebamos, que mañana moriremos», o el *carpe diem* horaciano, que podría traducirse por «vive al día», no es, en el fondo, distinta de la posición estoica con su «cumple con lo que la conciencia moral te dicte, y que sea después lo que fuere». Ambas posiciones tienen una base común, y lo mismo es el placer por el placer mismo que el deber por el mismo deber.

El más lógico y consecuente de los ateos, quiero decir de los que niegan la persistencia en tiempo futuro indefinido de la conciencia individual, y el más piadoso a la vez de ellos, Spinoza, dedicó la quinta y última parte de su *Ética* a dilucidar la vía que conduce a la libertad y a fijar el concepto de la felicidad. ¡El concepto! ¡El concepto y no el sentimiento! Para Spinoza, que era un terrible intelectualista, la felicidad, la *beatitudo,* es un concepto, y el amor a Dios, un amor intelectual. Después de establecer en la proposición 21 de esta parte quinta que «la mente no puede imaginarse nada ni acordarse de las cosas pasadas sino mientras dura el cuerpo», lo que equivale a negar la inmortalidad del alma, pues un alma que separada del cuerpo en que vivió no se acuerda ya de su pasado ni es inmortal ni es alma, procede a decirnos en la proposición 23 que «la mente humana no puede destruirse en absoluto con el cuerpo, sino que queda algo de ella, que es *eterno*», y esta eternidad de la mente es cierto modo de pensar. Mas no os dejéis engañar; no hay tal eternidad de la mente individual. Todo es *sub aeternitatis specie,* es decir, un puro engaño. Nada más triste, nada más desolador, nada más antivital que esa felicidad, esa *beatitudo* spinoziana, que consiste en el amor intelectual a Dios, el cual no es sino el amor mismo de Dios, el amor con que Dios se ama a sí mismo (prop. 36). Nuestra felicidad, es decir, nuestra libertad, consiste en el constante y eterno amor de Dios a los hombres. Así dice el escolio a esta proposición 36. Y todo para concluir en la proposición final de toda la *Ética,* en su coronamiento, con aquello de que la felicidad no es el premio de la virtud, sino la virtud misma. ¡Lo de todos! O dicho en plata: que de Dios salimos y a Dios volvemos; lo que, traducido a lenguaje vital, sentimental, concreto, quiere decir que mi conciencia personal brotó de la nada, de mi inconciencia, y a la nada volverá.

Y esa voz tristísima y desoladora de Spinoza es la voz misma de la razón. Y la libertad de que nos habla es una libertad terrible. Y contra Spinoza y su doctrina de la felicidad no cabe sino un argumento incontrastable: el argumento *ad hominem.* ¿Fue feliz él, Baruc Spinoza, mientras para acallar su íntima infelicidad disertaba sobre la felicidad misma? ¿Fue él libre?

En el escolio a la proposición 41 de esta misma última y más trágica parte de esa formidable tragedia de su *Ética,* nos habla el pobre judío desesperado de Amsterdam, de la persuasión común del vulgo sobre la vida eterna. Oigámosle: «Parece que creen que la piedad y la religión y todo lo que se refiere a la fortaleza de ánimo son cargas que hay que deponer después de la muerte, y esperan recibir el precio de la servidumbre, no de la piedad y la religión. Y no solo por esta esperanza, sino también, y más principalmente, por el miedo de ser castigados con terribles suplicios después de la muerte, se mueven a vivir conforme a la prescripción de la ley divina en cuanto les lleva su debilidad y su ánimo impotente; y si no fuese por esta esperanza y este miedo, y creyeran, por el contrario, que las almas mueren con los cuerpos, ni les quedara el vivir más tiempo sino miserables bajo el peso *de la piedad,* volverían a su índole, prefiriendo acomodarlo todo a su gusto y entregarse a la fortuna más que a sí mismos. Lo cual no parece menos absurdo que si uno, por no creer poder alimentar a su cuerpo con buenos alimentos para siempre, prefiriese saturarse de venenos mortíferos, o porque ve que el alma no es eterna o inmortal, prefiera ser sin alma [*amens*] y vivir sin razón; todo lo cual es tan absurdo que apenas merece ser refutado [*quae adeo absurda sunt, ut vix recenseri mereantur*]».

Cuando se dice de algo que no merece siquiera refutación, tenedlo por seguro, o es una insigne necedad, y en este caso ni eso hay que decir de ella, o es algo formidable, es la clave misma del problema. Y así es en este caso. Porque sí, pobre judío portugués desterrado en Holanda, sí, que quien se convenza, sin rastro de duda, sin el más leve resquicio de incertidumbre salvadora, de que su alma no es inmortal, prefiera ser sin alma, *amens*, o irracional, o idiota, prefiera no haber nacido, no tiene nada, absolutamente nada de absurdo. Él, el pobre judío intelectualista definidor del amor intelectual y de la felicidad, ¿fue feliz? Porque este y no otro es el problema. «¿De qué te sirve saber definir la compunción, si no la sientes?», dice el Kempis. Y ¿de qué te sirve meterte o definir la felicidad si no logra uno con ello ser feliz? Aquí encaja aquel terrible cuento de Diderot sobre el eunuco que, para mejor poder escojer esclavas con destino al harem del soldán, su dueño, quiso recibir lecciones de estética de un marsellés. A la primera lección, fisiológica, brutal y carnalmente fisiológica, exclamó el eunuco compungido: «¡Está visto que yo nunca sabré estética!». Y así es; ni los eunucos sabrán nunca estética aplicada a la selección de mujeres hermosas, ni los puros racionalistas sabrán ética nunca, ni llegarán a definir la felicidad, que es una cosa que se vive y se siente, y no una cosa que se razona y se define.

Y ahí tenemos otro racionalista, este no ya resignado y triste, como Spinoza, sino rebelde, y fingiéndose hipócritamente alegre cuando era no menos desesperado que el otro; ahí tenéis a Nietzsche, que inventó *matemáticamente* (!!!) aquel remedo de la inmortalidad del alma que se llama la vuelta eterna, y que es la más formidable tragicomedia o comitragedia. Siendo el número de átomos o primeros elementos irreductibles finito, en el universo eterno tiene que volver alguna vez a darse una combinación como la actual y, por lo tanto, tiene que repetirse un número eterno de veces lo que ahora pasa. Claro está, y así como volveré a vivir la vida que estoy viviendo, la he vivido ya infinitas veces, porque hay una eternidad hacia el pasado, *a parte ante*, como la habrá en el porvenir, *a parte post*. Pero se da el triste caso de que yo no me acuerdo de ninguna de mis existencias anteriores, si es posible que me acuerde de ellas, pues dos cosas absoluta y totalmente idénticas no son sino una sola. En vez de suponer que vivimos en un universo finito, de un número finito de primeros elementos componentes irreductibles, suponed que vivamos en un universo infinito, sin límite en el espacio —la cual infinitud concreta no es menos inconcebible que la eternidad concreta, en el tiempo—, y entonces resultará que este nuestro sistema, el de la Vía Láctea, se repite infinitas veces en el infinito del espacio, y que estoy yo viviendo infinitas vidas, todas exactamente idénticas. Una broma, como veis, pero no menos cómica, es decir, no menos trágica que la de Nietzsche, la del león que se ríe. ¿Y de qué se ríe el león? Yo creo que de rabia, porque no acaba de consolarle eso de que ha sido ya el mismo león antes y que volverá a serlo.

Pero es que tanto Spinoza como Nietzsche eran, sí, racionalistas, cada uno de ellos a su modo; pero no eran eunucos espirituales; tenían corazón, sentimiento y, sobre todo, hambre, un hambre loca de eternidad, de inmortalidad. El eunuco corporal no siente la necesidad de reproducirse carnalmente, en cuerpo, y el eunuco espiritual tampoco siente el hambre de perpetuarse.

Cierto es que hay quienes aseguran que con la razón les basta, y nos aconsejan desistamos de querer penetrar en lo impenetrable. Mas de estos que dicen no necesitar de fe alguna en vida personal eterna para encontrar alicientes de vida y móviles de acción no sé qué pensar. También un ciego de nacimiento puede asegurarnos que no siente gran deseo de gozar del mundo de la visión, ni mucha angustia por no haberlo gozado, y hay que creerle, pues de lo totalmente desconocido no cabe anhelo por aquello de *nihil volitum quin praecognitum*; «no cabe querer sino lo de antes conocido»; pero el que alguna vez en su vida o en sus mocedades o temporalmente ha llegado a abrigar la fe en la inmortalidad del alma, no puedo persuadirme a creer que se aquiete sin ella. Y en este respecto apenas cabe entre nosotros la ceguera de nacimiento, como no sea por una extraña aberración. Que aberración y no otra cosa es el hombre mera y exclusivamente racional.

Más sinceros, mucho más sinceros son los que dicen: «De eso no se debe hablar, que es perder el tiempo y enervar la voluntad; cumplamos aquí con nuestro deber, y sea luego lo que fuere»; pero esta sinceridad oculta una más profunda insinceridad. ¿Es que acaso con decir: «De eso no se debe hablar», se consigue que uno no piense en ello? ¿Que se enerva la voluntad...? ¿Y qué? ¿Que nos incapacita para una acción humana? ¿Y qué? Es muy cómodo decirle al que tiene una enfermedad mortal, que le condena a corta vida y lo sabe, que no piense en ello.

*Meglio oprando obliar, senza indagarlo,*
*questo enorme mister de l'universo!*

«¡Mejor obrando olvidar, sin indagarlo, este enorme misterio del universo!», escribió Carducci en su «*Idillio maremmano*», el mismo Carducci que al final de su oda «*Sobre el monte Mario*» nos habló de que la tierra, madre del alma fugitiva, ha de llevar en torno al sol gloria y dolor

*hasta que bajo el Ecuador rendida,*
*a las llamadas del calor que huye,*
*la ajada prole una mujer tan solo*
*tenga y un hombre,*
*que erguidos entre trozos de montañas,*
*en muertos bosques, lívidos, con ojos*
*vítreos te vean sobre inmenso hielo,*
*oh sol, ponerte!**

Pero ¿es posible trabajar en algo serio y duradero, olvidando el enorme misterio del universo y sin inquirirlo? ¿Es

* La traducción es mía, y figura en mi tomo de *Poesías*.

posible contemplarlo todo con alma serena, según la piedad lucreciana, pensando que un día no se ha de reflejar eso todo en conciencia humana alguna?

«¿Sois felices?», pregunta Caín en el poema byroniano a Lucifer, príncipe de los intelectuales, y este le responde: «Somos poderosos»; y Caín replica: «¿Sois felices?», y entonces el gran Intelectual le dice: «No; ¿lo eres tú?». Y más adelante este mismo Luzbel dice a Adah, hermana y mujer de Caín: «Escoje entre el Amor y la Ciencia, pues no hay otra elección». Y en este mismo estupendo poema, al decir Caín que el árbol de la ciencia del bien y del mal era un árbol mentiroso, porque «no sabemos nada, y su prometida ciencia fue al precio de la muerte», Luzbel le replica: «Puede ser que la muerte conduzca al más alto conocimiento». Es decir, a la nada.

En todos estos pasajes donde he traducido «ciencia», dice lord Byron *knowledge*, «conocimiento»; el francés *science* y el alemán *Wissenschaft*, al que muchos enfrentan la *wisdom* —*sagesse* francesa y *Weisheit* alemana—, la «sabiduría». «La ciencia llega, pero la sabiduría se retarda, y trae un pecho cargado, lleno de triste experiencia, avanzando hacia la quietud de su descanso.»

*Knowledge comes, but wisdom lingers, and he bears a laden breast,*
*full of sad experience, moving toward the stillness of his rest,*

dice otro lord, Tennyson, en su «Locksley Hall». ¿Y qué es esta sabiduría, que hay que ir a buscarla principalmente en los poetas, dejando la ciencia? Está bien que se diga, con Matthew Arnold —en su prólogo a los poemas de Wordsworth—, que la poesía es la realidad, y la filosofía, la ilusión; la razón es siempre la razón, y la realidad, la realidad, lo que se puede probar que existe fuera de nosotros, consuélenos o desespérenos.

No sé por qué tanta gente se escandalizó o hizo que se escandalizaba cuando Brunetière volvió a proclamar la bancarrota de la ciencia. Porque la ciencia, en cuanto sustitutiva de la religión, y la razón en cuanto sustitutiva de la fe, han fracasado siempre. La ciencia podrá satisfacer, y de hecho satisface en una medida creciente, nuestras crecientes necesidades lógicas o mentales, nuestro anhelo de saber y conocer la verdad; pero la ciencia no satisface nuestras necesidades afectivas y volitivas, nuestra hambre de inmortalidad, y, lejos de satisfacerla, contradícela. La verdad racional y la vida están en contraposición. ¿Y hay acaso otra verdad que la verdad racional?

Debe quedar, pues, sentado, que la razón, la razón humana, dentro de sus límites, no solo no prueba racionalmente que el alma sea inmortal y que la conciencia humana haya de ser en la serie de los tiempos venideros indestructible, sino que prueba más bien, dentro de sus límites, repito, que la conciencia individual no puede persistir después de la muerte del organismo corporal de que depende. Y esos límites, dentro de los cuales digo que la razón humana prueba esto, son los límites de la racionalidad, de lo que conocemos comprobadamente. Fuera de ellos está lo irracional, que es lo mismo que se la llame sobrerracional que infrarracional o contrarracional; fuera de ellos está el absurdo de Tertuliano, el imposible del *certum est, quia impossibile est*. Y ese absurdo no puede apoyarse sino en la más absoluta incertidumbre.

La disolución racional termina en disolver la razón misma, en el más absoluto esceptismo, en el fenomenalismo de Hume o en el contingencialismo absoluto de Stuart Mill, este el más consecuente y lógico de los positivistas. El triunfo supremo de la razón, facultad analítica, esto es, destructiva y disolvente, es poner en duda su propia validez. Cuando hay una úlcera en el estómago, acaba este por digerirse a sí mismo. Y la razón acaba por destruir la validez inmediata y absoluta del concepto de verdad y del concepto de necesidad. Ambos conceptos son relativos; ni hay verdad ni hay necesidad absolutas. Llamamos verdadero a un concepto que concuerda con el sistema general de nuestros conceptos todos, verdadera a una percepción que no contradice al sistema de nuestras percepciones; verdad es coherencia. Y en cuanto al sistema todo, al conjunto, como no hay fuera de él nada para nosotros conocido, no cabe decir que sea o no verdadero. El universo es imaginable que sea en sí, fuera de nosotros, muy de otro modo que como a nosotros se nos aparece, aunque esta sea una suposición que carezca de todo sentido racional. Y en cuanto a la necesidad, ¿la hay absoluta? Necesario no es sino lo que es y en cuanto es, pues, en otro sentido más trascendente, ¿qué necesidad absoluta, lógica, independiente del hecho de que el universo existe, hay de que haya universo ni cosa alguna?

El absoluto relativismo, que no es ni más ni menos que el escepticismo, en el sentido más moderno de esta denominación, es el triunfo supremo de la razón raciocinante.

Ni el sentimiento logra hacer del consuelo verdad, ni la razón logra hacer de la verdad consuelo; pero esta segunda, la razón, procediendo sobre la verdad misma, sobre el concepto mismo de realidad, logra hundirse en un profundo escepticismo. Y en este abismo encuéntrase el escepticismo racional con la desesperación sentimental, y de este encuentro es de donde sale una base —¡terrible base!— de consuelo. Vamos a verlo.

# Capítulo VI

## En el fondo del abismo

*Parce unicae spes totius orbis.*

TERTULLIANUS, *Adversus Marcionem*, 5

Ni, pues, el anhelo vital de inmortalidad humana halla confirmación racional, ni tampoco la razón nos da aliciente y consuelo de vida y verdadera finalidad a esta. Mas he aquí que en el fondo del abismo se encuentran la desesperación sentimental y volitiva y el escepticismo racional frente a frente, y se abrazan como hermanos. Y va a ser de este abrazo, un abrazo trágico, es decir, entrañadamente amoroso, de donde va a brotar manantial de vida, de una vida seria y terrible. El escepticismo, la incertidumbre, última posición a que llega la razón ejerciendo su análisis sobre sí misma, sobre su propia validez, es el fundamento sobre que la desesperación del sentimiento vital ha de fundar su esperanza.

Tuvimos que abandonar, desengañados, la posición de los que quieren hacer verdad racional y lógica del consuelo, pretendiendo probar su racionalidad, o por lo menos su no irracionalidad, y tuvimos también que abandonar la posición de los que querían hacer de la verdad racional consuelo y motivo de vida. Ni una ni otra de ambas posiciones nos satisfacía. La una riñe con nuestra razón, la otra con nuestro sentimiento. La paz entre estas dos potencias se hace imposible, y hay que vivir de su guerra. Y hacer de esta, de la guerra misma, condición de nuestra vida espiritual.

Ni cabe aquí tampoco ese expediente repugnante y grosero que han inventado los políticos, más o menos parlamentarios, y a que llaman una fórmula de concordia, de que no resulten ni vencedores ni vencidos. No hay aquí lugar para el pasteleo. Tal vez una razón degenerada y cobarde llegase a proponer tal fórmula de arreglo, porque en rigor la razón vive de fórmulas; pero la vida, que es informulable; la vida, que vive y quiere vivir siempre, no acepta fórmulas. Su única fórmula es: o todo o nada. El sentimiento no transige con términos medios.

*Initium sapientiae timor Domini,* se dijo, queriendo acaso decir *timor mortis,* o tal vez *timor vitae,* que es lo mismo. Siempre resulta que el principio de la sabiduría es un temor.

Y este escepticismo salvador de que ahora voy a hablaros, ¿puede decirse que sea la duda? Es la duda, sí, pero es mucho más que la duda. La duda es con frecuencia una cosa muy fría, muy poco vitalizadora, y, sobre todo, una cosa algo artificiosa, especialmente desde que Descartes la rebajó al papel de método. El conflicto entre la razón y la vida es algo más que una duda. Porque la duda con facilidad se reduce a ser un elemento cómico.

La duda metódica de Descartes es una duda cómica, una duda puramente teórica, provisoria, es decir, la duda de uno que hace como que duda sin dudar. Y porque era una duda de estufa, el hombre que concluyó que existía de que pensaba, no aprobaba «esos humores turbulentos [*brouillones*] e inquietos que, no siendo llamados ni por su nacimiento ni por su fortuna al manejo de los negocios públicos, no dejan de hacer siempre en idea alguna nueva reforma», y se dolía de que pudiera haber algo de esto en su escrito. No; él, Descartes, no se propuso sino «reformar sus propios pensamientos y edificar sobre un cimiento suyo propio». Y se propuso no recibir por verdadero nada que no conociese evidentemente ser tal, y destruir todos los prejuicios e ideas recibidas para construirse de nuevo su morada intelectual. Pero «como no basta, antes de comenzar a reconstruir la casa en que se mora, abatirla y hacer provisión de materiales y arquitectos, o ejercitarse uno mismo en la arquitectura [...], sino que es menester haberse provisto de otra en que pueda uno alojarse cómodamente mientras trabaja», se formó una moral provisional —*une morale de provision*—, cuya primera ley era obedecer a las costumbres de su país y retener constantemente la religión en que Dios le hizo la gracia de que se hubiese instruido desde su infancia, gobernándose en todo según las opiniones más moderadas. Vamos, sí, una religión provisional, y hasta un Dios provisional. Y escojía las opiniones más moderadas, por ser «las más cómodas para la práctica». Pero más vale no seguir.

Esta duda cartesiana, metódica o teórica, esta duda filosófica de estufa, no es la duda, no es el esceptismo, no es la incertidumbre de que aquí os hablo, ¡no! Esta otra duda es una duda de pasión, es el eterno conflicto entre la razón y el sentimiento, la ciencia y la vida, la lógica y la biótica. Porque la ciencia destruye el concepto de personalidad, reduciéndolo a un complejo en continuo flujo de momento, es decir, destruye la base misma sentimental de la vida del espíritu, que, sin rendirse, se revuelve contra la razón.

Y esta duda no puede valerse de moral alguna de provisión, sino que tiene que fundar su moral, como veremos, sobre el conflicto mismo, una moral de batalla, y tiene que fundar sobre sí misma la religión. Y habita una casa que se está derruyendo de continuo y a la que de continuo hay que restablecer. De continuo la voluntad, quiero decir, la voluntad de no morirse nunca, la irresignación a la muerte, fragua la morada de la vida, y de continuo la razón la está abatiendo con vendavales y chaparrones.

Aún hay más, y es que, en el problema concreto vital que nos interesa, la razón no toma posición alguna. En rigor, hace algo peor aún que negar la inmortalidad del alma, lo cual sería una solución, y es que desconoce el problema como el deseo vital nos lo presenta. En el sentido racional y lógico del término «problema» no hay tal problema. Esto de la inmortalidad del alma, de la persistencia de la conciencia individual, no es racional, cae fuera de la razón. Es como problema, y aparte de la solución que se le dé, irracional. Racionalmente carece de sentido hasta el plantearlo. Tan inconcebible es la inmortalidad del alma, como es, en rigor, su mortalidad absoluta. Para explicarnos el mundo y la existencia —y tal es la obra de la razón—, no es menester supongamos ni que es mortal ni inmortal nuestra alma. Es, pues, una irracionalidad el solo planteamiento del supuesto problema.

Oigamos al hermano Kierkegaard, que nos dice: «Donde precisamente se muestra el riesgo de la abstracción, es respecto al problema de la existencia cuya dificultad resuelve soslayándola, jactándose luego de haberlo explicado todo. Explica la inmortalidad en general, y lo hace egregiamente, identificándola con la eternidad; con la eternidad, que es esencialmente el medio del pensamiento. Pero que cada hombre singularmente existente sea inmortal, que es precisamente la dificultad, de esto no se preocupa la abstracción, no le interesa; pero la dificultad de la existencia es el interés del existente; al que existe le interesa infinitamente existir. El pensamiento abstracto no le sirve a mi inmortalidad sino para matarme en cuanto individuo singularmente existente, y así hacerme inmortal, poco más o menos a la manera de aquel doctor de Holberg, que con su medicina quitaba la vida al paciente, pero le quitaba también la fiebre. Cuando se considera un pensador abstracto que no quiere poner en claro y confesar la relación que hay entre su pensamiento abstracto y el hecho de que él sea existente, nos produce, por excelente y distinguido que sea, una impresión cómica, porque corre el riesgo de dejar de ser hombre. Mientras un hombre efectivo, compuesto de infinitud y de finitud, tiene su efectividad precisamente en mantener juntas esas dos y se interesa infinitamente en existir, un semejante pensador abstracto es un ser doble, un ser fantástico que vive en el puro ser de la abstracción, y a las veces la triste figura de un profesor que deja a un lado aquella esencia abstracta como deja el bastón. Cuando se lee la vida de un pensador así —cuyos escritos pueden ser excelentes—, tiembla uno ante la idea de lo que es ser hombre. Y cuando se lee en sus escritos que el pensar y el ser son una misma cosa, se piensa, pensando en su vida, que ese ser que es idéntico al pensar, no es precisamente ser hombre» (*Afsluttende uvidenskabelig Efterskrift*, cap. 3).

¡Qué intensa pasión, es decir, qué verdad encierra esta amarga invectiva contra Hegel, prototipo del racionalista, que nos quita la fiebre quitándonos la vida, y nos promete, en vez de una inmortalidad concreta, una inmortalidad abstracta, como si fuese abstracta, y no concreta, el hambre de ella, que nos consume!

Podrá decirse, sí, que muerto el perro se acabó la rabia, y que después que me muera no me atormentará ya esta hambre de no morir, y que el miedo a la muerte, o, mejor dicho, a la nada, es un miedo irracional, pero... Sí, pero... *E pur si muove!* Y seguirá moviéndose. ¡Cómo que es la fuente de todo movimiento!

Mas no creo esté del todo en lo cierto el hermano Kierkegaard, porque el mismo pensador abstracto, o pensador de abstracciones, piensa *para* existir, para no dejar de existir, o tal vez piensa para olvidar que tendrá que dejar de existir. Tal es el fondo de la pasión del pensamiento abstracto. Y acaso Hegel se interesaba tan infinitamente como Kierkegaard en su propia, concreta y singular existencia, aunque para mantener el decoro profesional de filósofo del Estado lo ocultase. Exigencias del cargo.

La fe en la inmortalidad es irracional. Y, sin embargo, fe, vida y razón se necesitan mutuamente. Ese anhelo vital no es propiamente problema, no puede tomar estado lógico, no puede formularse en proposiciones racionalmente discutibles, pero se nos plantea, como se nos plantea el hambre. Tampoco un lobo que se echa sobre su presa para devorarla, o sobre la loba para fecundarla, puede plantearse racionalmente y como problema lógico su empuje. Razón y fe son dos enemigos que no pueden sostenerse el uno sin el otro. Lo irracional pide ser racionalizado, y la razón solo puede operar sobre lo irracional. Tienen que apoyarse uno en otro y asociarse. Pero asociarse en lucha, ya que la lucha es un modo de asociación.

En el mundo de los vivientes, la lucha por la vida, *the struggle for life*, establece una asociación, y estrechísima, no ya entre los que se unen para combatir a otro, sino entre los que se combaten mutuamente. ¿Y hay, acaso, asociación más íntima que la que se traba entre el animal que se come a otro y este que es por él comido, entre el devorador y el devorado? Y si esto se ve claro en la lucha de los individuos entre sí, más claro aun se ve en la de los pueblos. La guerra ha sido siempre el más completo factor de progreso, más aún que el comercio. Por la guerra es como aprenden a conocerse y, como consecuencia de ello, a quererse vencedores y vencidos.

Al cristianismo, a la locura de la cruz, a la fe irracional en que el Cristo había resucitado para resucitarnos, le salvó la cultura helénica racionalista, y a esta el cristianismo. Sin este, sin el cristianismo, habría sido imposible el Renacimiento; sin el Evangelio, sin san Pablo, los pueblos que habían atravesado la Edad Media no habrían comprendido ni a Platón ni a Aristóteles. Una tradición puramente racionalista es tan imposible como una tradición puramente religiosa. Suele discutirse si la Reforma nació como hija del Renacimiento o en protesta a este, y cabe decir que las dos cosas, porque el hijo nace siempre en protesta contra el padre. Dícese también que fueron los clásicos griegos redivivos los que volvieron a hombres como Erasmo a san Pablo y al cristianismo primitivo, el más irracional; pero cabe retrucar diciendo que fue san Pablo, que fue la irracionalidad cristiana que sustentaba su teología católica, lo que les volvió a los clásicos. «El cristianismo es lo que ha llegado a ser —se dice— solo por su alianza con la Antigüedad, mientras entre los coptos y etíopes no es sino una bufonada. El islam se desenvolvió bajo el influjo de cultura persa y griega, y bajo el de los turcos se ha convertido en destructora incultura.»*

Salimos de la Edad Media y de su fe tan ardiente como en el fondo desesperada, y no sin íntimas y hondas incertidumbres, y entramos en la edad del racionalismo, no tampoco sin sus incertidumbres. La fe en la razón está expuesta a la misma insostenibilidad racional que toda otra fe. Y cabe decir con

* Véase Troeltsch, en *Systematische Christliche Religion*, de la colección «*Die Kultur der Gegenwart*».

Roberto Browning, que «todo lo que hemos ganado con nuestra incredulidad es una vida de duda diversificada por la fe, en vez de una de fe diversificada por la duda».

> *All we have gained then by our unbelief*
> *is a life of doubt diversified by faith,*
> *for one of faith diversified by doubt.*
>
> «Bishop Blougram's Apology»

Y es que, como digo, si la fe, la vida, no se puede sostener sino sobre razón que la haga trasmisible —y ante todo trasmisible de mí a mí mismo, es decir, refleja y conciente—, la razón a su vez no puede sostenerse sino sobre fe, sobre vida, siquiera fe en la razón, fe en que esta sirve para algo, más que para conocer, sirve para vivir. Y, sin embargo, ni la fe es trasmisible o racional, ni la razón es vital.

La voluntad y la inteligencia se necesitan y a aquel viejo aforismo de *nihil volitum quin praecognitum*, «no se quiere nada que no se haya conocido antes», no es tan paradójico como a primera vista parece retrucarlo diciendo *nihil cognitum quin praevolitum*, «no se conoce nada que no se haya antes querido». «El conocimiento mismo del espíritu como tal —escribe Vinet en su estudio sobre el libro de Cousin acerca de los *Pensamientos* de Pascal— necesita del corazón. Sin el deseo de ver, no se ve; en una gran materialización de la vida y del pensamiento, no se cree en las cosas del espíritu.» Ya veremos que creer es en primera instancia querer creer.

La voluntad y la inteligencia buscan cosas opuestas: aquella, absorber al mundo en nosotros, apropiárnoslo; y esta, que seamos absorbidos en el mundo. ¿Opuestas? ¿No son más bien una misma cosa? No, no lo son, aunque lo parezca. La inteligencia es monista o panteísta, la voluntad es monoteísta o egotista. La inteligencia no necesita algo fuera de ella en que ejercerse; se funde con las ideas mismas, mientras que la voluntad necesita materia. Conocer algo es hacerme aquello que conozco; pero para servirme de ello, para dominarlo, ha de permanecer distinto de mí.

Filosofía y religión son enemigas entre sí, y por ser enemigas se necesitan una a otra. Ni hay religión sin alguna base filosófica, ni filosofía sin raíces religiosas; cada una vive de su contraria. La historia de la filosofía es, en rigor, una historia de la religión. Y los ataques que a la religión se dirigen desde un punto de vista presunto científico o filosófico no son sino ataques desde otro adverso punto de vista religioso. «La colisión que ocurre entre la ciencia natural y la religión cristiana no lo es, en realidad, sino entre el instinto de la religión natural, fundido en la observación natural científica, y el valor de la concepción cristiana del universo, que asegura al espíritu su preeminencia en el mundo natural todo», dice Ritschl (*Rechtfertigung und Versoehnung*, III, cap. 4, § 28). Ahora, que ese instinto es el instinto mismo de racionalidad. Y el idealismo crítico de Kant es de origen religioso, y para salvar a la religión es para lo que franqueó Kant los límites de la razón después de haberla en cierto modo disuelto en escepticismo. El sistema de antítesis, contradicciones y antinomias sobre el que construyó Hegel su idealismo absoluto tiene su raíz y germen en Kant mismo, y esa raíz es una raíz irracional.

Ya veremos más adelante, al tratar de la fe, cómo esta no es en su esencia sino cosa de voluntad, no de razón, como creer es querer creer, y creer en Dios ante todo y sobre todo es querer que le haya. Y así, creer en la inmortalidad del alma es querer que el alma sea inmortal, pero quererlo con tanta fuerza que esta querencia, atropellando a la razón, pasa sobre ella. Mas no sin represalia.

El instinto de conocer y el de vivir, o más bien de sobrevivir, entran en lucha. El Dr. E. Mach, en su obra sobre *El análisis de las sensaciones y la relación de lo físico a lo psíquico (Die Analyse der Empfindungen und das Verhältniss des Physischen zum Psychischen)*, nos dice en una nota (I. L., § 12) que también el investigador, el sabio *der Forscher*, lucha en la batalla por la existencia, que también los caminos de la ciencia llevan a la boca, y que no es todavía sino un ideal en nuestras actuales condiciones sociales el puro instinto de conocer, *der reine Erkenntnisstrieb*. Y así será siempre. *Primum vivere, deinde philosophari*, o mejor acaso *primum supervivere* o *superesse*.

Toda posición de acuerdo y armonía persistentes entre la razón y la vida, entre la filosofía y la religión, se hace imposible. Y la trágica historia del pensamiento humano no es sino la de una lucha entre la razón y la vida, aquella empeñada en racionalizar a esta haciéndola que se resigne a lo inevitable, a la mortalidad; y esta, la vida, empeñada en vitalizar a la razón obligándola a que sirva de apoyo a sus anhelos vitales. Y esta es la historia de la filosofía, inseparable de la historia de la religión.

El sentimiento del mundo, de la realidad objetiva, es necesariamente subjetivo, humano, antropomórfico. Y siempre se levantará frente al racionalismo el vitalismo, siempre la voluntad se erguirá frente a la razón. De donde el ritmo de la historia de la filosofía y la sucesión de periodos en que se impone la vida produciendo formas espiritualistas, y otros en que la razón se impone produciendo formas materialistas, aunque a una y otra clase de formas de creer se las disfrace con otros nombres. Ni la razón ni la vida se dan por vencidas nunca. Mas sobre esto volveremos en el próximo capítulo.

La consecuencia vital del racionalismo sería el suicidio. Lo dice muy bien Kierkegaard: «El suicidio es la consecuencia de existencia* del pensamiento puro [...]. No elogiamos el suicidio, pero sí la pasión. El pensador, por el contrario, es un curioso animal, que es muy inteligente a ciertos ratos del día, pero que, por lo demás, nada tiene de común con el hombre» (*Afsluttende uvidenskabelig Efterskrift*, cap. 3, § 1).

Como el pensador no deja, a pesar de todo, de ser hombre, pone la razón al servicio de la vida, sépalo o no. La vida engaña a la razón; y esta a aquella. La filosofía escolástico-aristotélica, al servicio de la vida, fraguó un sistema teleológico-evolucionista de metafísica, al parecer racional, que sirviese de apoyo a nuestro anhelo vital. Esa filosofía, base del sobrenaturalismo ortodoxo cristiano, sea católico o sea protestante, no era, en el fondo, sino una astucia de la vida para

* Dejo así, casi sin traducir, su expresión original *Existents-Consequents*. Quiere decir la consecuencia existencial o práctica, no de razón pura o lógica.

obligar a la razón a que la apoyase. Pero tanto la apoyó esta que acabó por pulverizarla.

He leído que el ex carmelita Jacinto Loyson decía poder presentarse a Dios tranquilo, pues estaba en paz con su conciencia y con su razón. ¿Con qué conciencia? ¿Con la religiosa? Entonces no lo comprendo. Y es que no cabe servir a dos señores, y menos cuando estos dos señores, aunque firmen treguas y armisticios y componendas, son enemigos por ser opuestos sus intereses.

No faltará a todo esto quien diga que la vida debe someterse a la razón, a lo que contestaremos que nadie debe lo que no puede, y la vida no puede someterse a la razón. «Debe, luego puede», replicará algún kantiano. Y le contrarreplicaremos: «No puede, luego no debe». Y no lo puede porque el fin de la vida es vivir y no lo es comprender.

Ni ha faltado quien haya hablado del deber religioso de resignarse a la mortalidad. Es ya el colmo de la aberración y de la insinceridad. Y a esto de la sinceridad vendrá alguien oponiéndonos la veracidad. Sea, mas ambas cosas pueden muy bien conciliarse. La veracidad, el respeto a lo que creo ser lo racional, lo que lógicamente llamamos verdad, me mueve a afirmar una cosa en este caso: que la inmortalidad del alma individual es un contrasentido lógico, es algo, no solo irracional, sino contrarracional; pero la sinceridad me lleva a afirmar también que no me resigno a esa otra afirmación y que protesto contra su validez. Lo que siento es una verdad, tan verdad por lo menos como lo que veo, toco, oigo y se me demuestra —yo creo que más verdad aún—, y la sinceridad me obliga a no ocultar mis sentimientos.

Y la vida, que se defiende, busca el flaco de la razón y lo encuentra en el escepticismo, y se agarra de él y trata de salvarse asida a tal agarradero. Necesita de la debilidad de su adversaria.

Nada es seguro; todo está al aire. Y exclama, henchido de pasión, Lamennais (*Essai sur l'indifférence en matière de religion*, parte III, cap. 67): «¡Y qué! ¿Iremos a hundirnos, perdida toda esperanza y a ojos ciegas en las mudas honduras de un escepticismo universal? ¿Dudaremos si pensamos, si sentimos, si somos? No nos lo deja la naturaleza; oblíganos a creer hasta cuando nuestra razón no está convencida. La certeza absoluta y la duda absoluta nos están igualmente vedadas. Flotamos en un medio vago entre estos dos extremos, como entre el ser y la nada, porque el escepticismo completo sería la extinción de la inteligencia y la muerte total del hombre. Pero no le es dado anonadarse; hay en él algo que resiste invenciblemente a la destrucción, yo no sé qué fe vital, indomable hasta para su voluntad misma. Quiéralo o no, es menester que crea, porque tiene que obrar, porque tiene que conservarse. Su razón, si no escuchase más que a ella, enseñándole a dudar de todo y de sí misma, le reduciría a un estado de inacción absoluta; perecería aun antes de haberse podido probar a sí mismo que existe».

No es, en rigor, que la razón nos lleve al escepticismo absoluto, ¡no! La razón no me lleva ni puede llevarme a dudar de que exista; adonde la razón me lleva es al escepticismo vital; mejor aún, a la negación vital; no ya a dudar, sino a negar que mi conciencia sobreviva a mi muerte. El escepticismo vital viene del choque entre la razón y el deseo. Y de este choque, de este abrazo entre la desesperación y el escepticismo, nace la santa, la dulce, la salvadora incertidumbre, nuestro supremo consuelo.

La certeza absoluta, completa, de que la muerte es un completo y definitivo e irrevocable anonadamiento de la conciencia personal, una certeza de ello como estamos ciertos de que los tres ángulos de un triángulo valen dos rectos, o la certeza absoluta, completa, de que nuestra conciencia personal se prolonga más allá de la muerte en estas o las otras condiciones, haciendo sobre todo entrar en ello la extraña y adventicia añadidura del premio o del castigo eternos, ambas certezas nos harían igualmente imposible la vida. En un escondrijo, el más recóndito del espíritu, sin saberlo acaso el mismo que cree estar convencido de que con la muerte acaba para siempre su conciencia personal, su memoria, en aquel escondrijo le queda una sombra, una vaga sombra, una sombra de sombra de incertidumbre, y mientras él se dice: «Ea, ¡a vivir esta vida pasajera, que no hay otra!», el silencio de aquel escondrijo le dice: «¡Quién sabe...!». Cree acaso no oírlo, pero lo oye. Y en un repliegue también del alma del creyente que guarde más fe en la vida futura hay una voz tapada, voz de incertidumbre, que le cuchichea al oído, espiritual: «¡Quién sabe...!». Son estas voces acaso como el zumbar de un mosquito cuando el vendaval brama entre los árboles del bosque; no nos damos cuenta de ese zumbido y, sin embargo, junto con el fragor de la tormenta, nos llega al oído. ¿Cómo podríamos vivir, si no, sin esa incertidumbre?

El «¿y si hay?» y el «¿y si no hay?» son las bases de nuestra vida íntima. Acaso haya racionalista que nunca haya vacilado en su convicción de la mortalidad del alma, y vitalista que no haya vacilado en su fe en la inmortalidad; pero eso solo querrá decir a lo sumo que, así como hay monstruos, hay también estúpidos afectivos o de sentimiento, por mucha inteligencia que tengan, y estúpidos intelectuales, por mucha que su virtud sea. Mas en lo normal no puedo creer a los que me aseguren que nunca, ni en un parpadeo el más fugaz, ni en las horas de mayor soledad y tribulación, se les ha aflorado a la conciencia ese rumor de la incertidumbre. No comprendo a los hombres que me dicen que nunca les atormentó la perspectiva del allende la muerte, ni el anonadamiento propio les inquieta; y por mi parte no quiero poner paz entre mi corazón y mi cabeza, entre mi fe y mi razón; quiero más bien que se peleen entre sí.

En el capítulo IX del Evangelio, según Marcos, se nos cuenta cómo llevó uno a Jesús a ver a su hijo preso de un espíritu mudo, que dondequiera le cojiese le despedazaba, haciéndole echar espumarajos, crujir de dientes e irse secando, por lo cual quería presentárselo para que le curara. Y el Maestro, impaciente de aquellos hombres que no querían sino milagros y señales, exclamó: «¡Oh generación infiel!, ¿hasta cuándo estaré con vosotros?, ¿hasta cuándo os tengo de sufrir? ¡Traédmele!» (v. 19), y se lo trajeron; le vio el Maestro revolcándose por tierra, preguntó a su padre cuánto tiempo hacía de aquello, contestole este que desde que era su hijo niño, y Jesús le dijo: «Si puedes creer, al que cree todo es posible» (v. 23). Y entonces el padre del epiléptico o endemoniado contestó con estas preñadas y eternas palabras: «¡Creo, Señor; ayuda mi incredulidad!», Πιστεύω, κύριε, ζοήθει τῃ ἀπιστίᾳ μου (v. 23).

¡Creo, Señor; socorre a mi incredulidad! Esto podrá parecer una contradicción, pues si cree, si confía, ¿cómo es que pide al Señor que venga en socorro de su falta de confianza? Y, sin embargo, esa contradicción es lo que da todo su más hondo valor humano a ese grito de las entrañas del padre del endemoniado. Su fe es una fe a base de incertidumbre. Porque cree, es decir, porque quiere creer, porque necesita que su hijo se cure, pide al Señor que venga en ayuda de su incredulidad, de su duda de que tal curación pueda hacerse. Tal es la fe humana; tal fue la heroica fe que Sancho Panza tuvo en su amo el Caballero Don Quijote de la Mancha, según creo haberlo mostrado en mi *Vida de Don Quijote y Sancho*; una fe a base de incertidumbre, de duda. Y es que Sancho Panza era hombre, hombre entero y verdadero, y no era estúpido, pues solo siéndolo hubiese creído, sin sombra de duda, en las locuras de su amo. Que a su vez tampoco creía en ellas de ese modo, pues tampoco, aunque loco, era estúpido. Era, en el fondo, un desesperado, como en esa mi susomentada obra creo haber mostrado. Y por ser un heroico desesperado, el héroe de la desesperación íntima y resignada, por eso es el eterno dechado de todo hombre cuya alma es un campo de batalla entre la razón y el deseo inmortal, Nuestro Señor Don Quijote es el ejemplar del vitalista cuya fe se basa en incertidumbre, y Sancho lo es del racionalista que duda de su razón.

Atormentado Augusto Hermann Francke por torturadoras dudas, decidió invocar a Dios, a un Dios en que no creía ya, o en quien más bien creía no creer, para que tuviese piedad de él, del pobre pietista Francke, si es que existía.* Y un estado análogo de ánimo es el que me inspiró aquel soneto titulado «La oración del ateo», que en mi *Rosario de sonetos líricos* figura y termina así:

* A. Albrecht Ritschl, *Geschichte des Pietismus,* II, 1 Abt., Bonn, 1884, p. 251.

*[...] sufro yo a tu costa,*
*Dios no existente, pues si tú existieras*
*existiría yo también de veras.*

Sí, si existiera el Dios garantizador de nuestra inmortalidad personal, entonces existiríamos nosotros de veras. ¡Y si no, no!

Aquel terrible secreto, aquella voluntad oculta de Dios que se traduce en la predestinación, aquella idea que dictó a Lutero su *servum arbitrium* y da su trágico sentido al calvinismo, aquella duda en la propia salvación, no es en el fondo, sino la incertidumbre, que aliada a la desesperación forma la base de la fe. La fe —dicen algunos— es no pensar en ello; entregarse confiadamente a los brazos de Dios, los secretos de cuya providencia son inescudriñables. Sí, pero también la infidelidad es no pensar en ello. Esa fe absurda, esa fe sin sombra de incertidumbre, esa fe de estúpidos carboneros, se une a la incredulidad absurda, a la incredulidad sin sombra de incertidumbre, a la incredulidad de los intelectuales atacados de estupidez afectiva, para no pensar en ello.

¿Y qué sino la incertidumbre, la duda, la voz de la razón era el abismo, el *gouffre* terrible ante el que temblaba Pascal? Y ello fue lo que le llevó a formular su terrible sentencia: *il faut s'abêtir*, «¡hay que entontecerse!».

Todo el jansenismo, adaptación católica del calvinismo, lleva este mismo sello. Aquel Port-Royal que se debía a un vasco, el abate de Saint-Cyran, vasco como Íñigo de Loyola, y como el que estas líneas traza, lleva siempre en su fondo un sedimento de desesperación religiosa, de suicidio de la razón. También Íñigo la mató en la obediencia.

Por desesperación se afirma, por desesperación se niega, y por ella se abstiene uno de afirmar y de negar. Observad a los más de nuestros ateos, y veréis que lo son por rabia, por rabia de no poder creer que haya Dios. Son enemigos personales de Dios. Han sustantivado y personalizado la Nada, y su no Dios es un Anti-Dios.

Y nada hemos de decir de aquella frase abyecta e innoble de «si no hubiera Dios habría que inventarlo». Esta es la expresión del inmundo escepticismo de los conservadores, de los que estiman que la religión es un resorte de gobierno, y cuyo interés es que haya en la otra vida infierno para los que aquí se oponen a sus intereses mundanos. Esa repugnante frase de saduceo es digna del incrédulo adulador de poderosos a quien se atribuye.

No, no es ese el hondo sentido vital. No se trata de una policía trascendente, no de asegurar el orden —¡vaya un orden!— en la tierra con amenazas de castigos y halagos de premios eternos después de la muerte. Todo esto es muy bajo, es decir, no más que política, o si se quiere ética. Se trata de vivir.

Y la más fuerte base de la incertidumbre, lo que más hace vacilar nuestro deseo vital, lo que más eficacia da a la obra disolvente de la razón, es el ponernos a considerar lo que podría ser una vida del alma después de la muerte. Porque, aun venciendo, por un poderoso esfuerzo de fe, a la razón que nos dice y enseña que el alma no es sino una función del cuerpo organizado, queda luego el imaginarnos qué pueda ser una vida inmortal y eterna del alma. En esta imaginación las contradicciones y los absurdos se multiplican y se llega, acaso, a la conclusión de Kierkegaard, y es que si es terrible la mortalidad del alma, no menos terrible es su inmortalidad.

Pero vencida la primera dificultad, la única verdadera, vencido el obstáculo de la razón, ganada la fe, por dolorosa y envuelta en incertidumbre que esta sea, de que ha de persistir nuestra conciencia personal después de la muerte, ¿qué dificultad, qué obstáculo hay en que nos imaginemos esa persistencia a medida de nuestro deseo? Sí, podemos imaginárnosla como un eterno rejuvenecimiento, como un eterno acrecentarnos, e ir hacia Dios, hacia la Conciencia Universal, sin alcanzarle nunca, podemos imaginárnosla... ¿Quién pone trabas a la imaginación, una vez que ha roto la cadena de lo racional?

Ya sé que me pongo pesado, molesto, tal vez tedioso, pero todo es menester. Y he de repetir una vez más que no se trata ni de policía trascendente, ni de hacer de Dios un gran juez o guardia civil; es decir, no se trata de cielo y de infierno para apuntalar nuestra pobre moral mundana, ni se trata de nada egoísta y personal. No soy yo, es el linaje humano todo el que entra en juego; es la finalidad última de nuestra cultura toda. Yo soy uno; pero todos son yos.

¿Recordáis el fin de aquel «Cántico del gallo salvaje», que en prosa escribiera el desesperado Leopardi, el víctima de la razón, que no logró llegar a creer? «Tiempo llegará —dice— en que este Universo y la Naturaleza misma se habrán extinguido. Y al modo que de grandísimos reinos e imperios humanos y sus maravillosas acciones que fueron en otra edad famosísimas, no queda hoy ni señal ni fama alguna, así igualmente del mundo entero y de las infinitas vicisitudes y calamidades de las cosas creadas no quedará ni un solo vestigio, sino un silencio desnudo y una quietud profundísima llenarán el espacio inmenso. Así, este arcano admirable y espantoso de la existencia universal, antes de haberse declarado o dado a entender, se extinguirá y perderase.» A lo cual llaman ahora, con un término científico y muy racionalista, la «entropía». Muy bonito, ¿no? Spencer inventó aquello del homogéneo primitivo, del cual no se sabe cómo pudo brotar heterogeneidad alguna. Pues bien; esto de la entropía es una especie de homogéneo último, de estado de perfecto equilibrio. Para un alma ansiosa de vida, lo más parecido a la nada que puede darse.

* * *

He traído hasta aquí al lector que ha tenido la paciencia de leerme al través de una serie de dolorosas reflexiones, y procurando siempre dar a la razón su parte y dar también su parte al sentimiento. No he querido callar lo que callan otros; he querido poner al desnudo, no ya mi alma, sino el alma humana; sea ella lo que fuere y esté o no destinada a desaparecer. Y hemos llegado al fondo del abismo, al irreconciliable conflicto entre la razón y el sentimiento vital. Y, llegado aquí, os he dicho que hay que aceptar el conflicto como tal y vivir de él. Ahora me queda el exponeros cómo, a mi sentir y hasta a mi pensar, esa desesperación puede ser base de una vida vigorosa, de una acción eficaz, de una ética, de una estética, de una religión y hasta de una lógica. Pero en lo que va a seguir habrá tanto de fantasía como de raciocinio; es decir, mucho más.

No quiero engañar a nadie ni dar por filosofía lo que acaso no sea sino poesía o fantasmagoría, mitología en todo caso. El divino Platón, después que en su diálogo *Fedón* discutió la inmortalidad del alma —una inmortalidad ideal, es decir, mentirosa—, lanzose a exponer los mitos sobre la otra vida, diciendo que se debe también mitologizar. Vamos, pues, a mitologizar.

El que busque razones, lo que estrictamente llamamos tales, argumentos científicos, consideraciones técnicamente lógicas, puede renunciar a seguirme. En lo que de estas reflexiones sobre el sentimiento trágico resta, voy a pescar la atención del lector a anzuelo desnudo, sin cebo; el que quiera picar que pique, mas yo a nadie engaño. Solo al final pienso recojerlo todo y sostener que esta desesperación religiosa que os decía, y que no es sino el sentimiento mismo trágico de la vida, es, más o menos velada, el fondo mismo de la conciencia de los individuos y de los pueblos cultos de hoy en día, es decir, de aquellos individuos y de aquellos pueblos que no padecen ni de estupidez intelectual ni de estupidez sentimental.

Y es ese sentimiento la fuente de las hazañas heroicas.

Si en lo que va a seguir os encontráis con apotegmas arbitrarios, con transiciones bruscas, con soluciones de continuidad, con verdaderos saltos mortales del pensamiento, no os llaméis a engaño. Vamos a entrar, si es que queréis acompañarme, en un campo de contradicciones entre el sentimiento y el raciocinio, y teniendo que servirnos del uno y del otro.

Lo que va a seguir no me ha salido de la razón, sino de la vida, aunque para trasmitíroslo tengo en cierto modo que racionalizarlo. Lo más de ello no puede reducirse a teoría o sistema lógico; pero, como Walt Whitman, el enorme poeta yanqui, os encargo que no se funde escuela o teoría sobre mí.

*I charge that there be no theory or school founded out of me.*

«MYSELF AND MINE»

Ni son las fantasías que han de seguir mías, ¡no! Son también de otros hombres, no precisamente de otros pensadores, que me han precedido en este valle de lágrimas y han sacado fuera su vida y la han expresado. Su vida, digo, y no su pensamiento sino en cuanto era pensamiento de vida; pensamiento a base irracional.

¿Quiere esto decir que cuanto vamos a ver, los esfuerzos de lo irracional por expresarse, carece de toda racionalidad, de todo valor objetivo? No; lo absoluta, lo irrevocablemente irracional es inexpresable, es intrasmisible. Pero lo contrarracional no. Acaso no haya modo de racionalizar lo irracional; pero le hay de racionalizar lo contrarracional y es tratando de exponerlo. Como solo es inteligible, de veras inteligible, lo racional, como lo absurdo está condenado, careciendo como carece de sentido, a ser intrasmisible, y veréis que, cuando algo que parece irracional o absurdo logra uno expresarlo y que se lo entiendan, se resuelve en algo racional siempre, aunque sea en la negación de lo que se afirma.

Los más locos ensueños de la fantasía tienen algún fondo de razón, y quién sabe si todo cuanto puede imaginar un hombre no ha sucedido, sucede o sucederá alguna vez en uno o en otro mundo. Las combinaciones posibles son acaso infinitas. Solo falta saber si todo lo imaginable es posible.

Se podrá también decir, y con justicia, que mucho de lo que voy a exponer es repetición de ideas, cien veces expuestas antes y otras cien refutadas; pero cuando una idea vuelve a repetirse es que, en rigor, no fue de veras refutada. No pretendo la novedad de las más de estas fantasías, como no pretendo tampoco, ¡claro está!, el que no hayan resonado antes que la mía voces dando al viento las mismas quejas. Pero el que pueda volver la misma eterna queja, saliendo de otra boca, solo quiere decir que el dolor persiste.

Y conviene repetir una vez más las mismas eternas lamentaciones, las que eran ya viejas en tiempo de Job y del Eclesiastés, y aunque sea repetirlas con las mismas palabras, para que vean los progresistas que eso es algo que nunca muere. El que, haciéndose propio el vanidad de vanidades del Eclesiastés, o las quejas de Job, las repite, aun al pie de la letra, cumple una obra de advertencia. Hay que estar repitiendo de continuo el *memento mori*.

¿Para qué?, diréis. Aunque solo sea para que se irriten algunos y vean que eso no ha muerto, que eso, mientras haya hombres, no puede morir; para que se convenzan de que subsisten hoy, en el siglo XX, todos los siglos pasados y todos ellos vivos. Cuando hasta un supuesto error vuelve, es, creédmelo, que no ha dejado de ser verdad en parte, como cuando uno reaparece, es que no murió del todo.

Sí, ya sé que otros han sentido antes que yo lo que yo siento y expreso; que otros muchos lo sienten hoy, aunque se lo callan. ¿Por qué no lo callo también? Pues porque lo callan los más de los que lo sienten; pero, aun callándolo, obedecen en silencio a esa voz de las entrañas. Y no lo callo, porque es para muchos lo que no debe decirse, lo infando —*infandum*—, y creo que es menester decir una y otra vez lo que no debe decirse. ¿Que a nada conduce? Aunque solo condujese a irritar a los progresistas, a los que creen que la verdad es consuelo, conduciría a no poco. A irritarles y a que digan: ¡lástima de hombre!; ¡si emplease mejor su inteligencia...! A lo que alguien acaso añada que no sé lo que me digo, y yo le responderé que acaso tenga razón —¡y tener razón es tan poco!—, pero que siento lo que digo y sé lo que siento, y me basta. Y que es mejor que le falte a uno razón que no el que le sobre.

Y el que me siga leyendo verá también cómo de este abismo de desesperación puede surgir esperanza, y cómo puede ser fuente de acción y de labor humana, hondamente humana, y de solidaridad y hasta de progreso, esta posición crítica. El lector que siga leyéndome verá su justificación pragmática. Y verá cómo para obrar, y obrar eficaz y moralmente, no hace falta ninguna de las dos opuestas certezas, ni la de la fe ni la de la razón, ni menos aún —esto en ningún caso— esquivar el problema de la inmortalidad del alma a deformarlo idealísticamente, es decir, hipócritamente. El lector verá cómo esa incertidumbre, y el dolor de ella y la lucha infructuosa por salir de la misma, puede ser y es base de acción y cimiento de moral.

Y con esto de ser base de acción y cimiento de moral el sentimiento de la incertidumbre y la lucha íntima entre la razón y la fe y el apasionado anhelo de vida eterna, quedaría, según un pragmatista, justificado tal sentimiento. Mas debe constar que no le busco esta consecuencia práctica para justificarlo, sino porque la encuentro por experiencia íntima. Ni quiero ni debo buscar justificación alguna a ese estado de lucha interior y de incertidumbre y de anhelo; es un hecho, y basta. Y si alguien encontrándose en él, en el fondo del abismo, no encuentra allí mismo móviles e incentivos de acción y de vida, y por ende se suicida corporal o espiritualmente, o bien matándose o bien renunciando a toda labor de solidaridad humana, no seré yo quien se lo censure. Y aparte de que las malas consecuencias de una doctrina, es decir, lo que llamamos malas, solo prueban, repito, que la doctrina es para nuestros deseos mala, pero no que sea falsarias consecuencias dependen, más aún que de la doctrina, de quien las saca. Un mismo principio sirve a uno para obrar y a otro para abstenerse de obrar; a este para obrar en tal sentido, y a aquel para obrar en sentido contrario. Y es que nuestras doctrinas no suelen ser sino la justificación *a posteriori* de nuestra conducta, o el modo como tratamos de explicárnosla para nosotros mismos.

El hombre, en efecto, no se aviene a ignorar los móviles de su conducta propia, y así como uno, a quien habiéndosele hipnotizado y sugerido tal o cual acto, inventa luego razones que lo justifiquen y hagan lógico a sus propios ojos y a los de los demás, ignorando, en realidad, la verdadera causa de su acto, así todo otro hombre, que es un hipnotizado también, pues que la vida es sueño, busca razones de su conducta. Y si las piezas del ajedrez tuviesen conciencia, es fácil que se atribuyeran albedrío en sus movimientos, es decir, la racionalidad finalista de ellos. Y así resulta que toda teoría filosófica sirve para explicar y justificar una ética, una doctrina de conducta, que surge en realidad del íntimo sentimiento moral del autor de ella. Pero de la verdadera razón o causa de este sentimiento acaso no tiene clara conciencia el mismo que lo abriga.

Consiguientemente a esto creo poder suponer que si mi razón, que es en cierto modo parte de la razón de mis hermanos en humanidad en tiempo y en espacio, me enseña ese absoluto escepticismo por lo que al anhelo de vida inacabable se refiere, mi sentimiento de la vida, que es la esencia de la vida misma, mi vitalidad, mi apetito desenfrenado de vivir y mi repugnancia a morirme, esta mi irresignación a la muerte es lo que me sugiere las doctrinas con que trato de contrarrestar la obra de la razón. ¿Estas doctrinas tienen un valor objetivo?, me preguntará alguien, y yo responderé que no entiendo qué es eso del valor objetivo de una doctrina. Yo no diré que sean las doctrinas más o menos poéticas o infilosóficas que voy a exponer las que me hacen vivir; pero me atrevo a decir que es mi anhelo de vivir y de vivir por siempre el que me inspira esas doctrinas. Y si con ellas logro corroborar y sostener en otro ese mismo anhelo, acaso desfalleciente, habré hecho obra humana y, sobre todo, habré vivido. En una palabra, que con razón, sin razón o contra ella, no me da la gana de morirme. Y cuando al fin me muera, si es del todo, no me habré muerto yo, esto es, no me habré dejado morir, sino que me habrá matado el destino humano. Como no llegue a perder la cabeza, o mejor aún que la cabeza, el corazón, yo no dimito de la vida; se me destituirá de ella.

Y nada tampoco se adelanta con sacar a relucir las ambiguas palabras de pesimismo y optimismo, que con frecuencia nos dicen lo contrario que quien las emplea quiso decirnos. Poner a una doctrina el mote de pesimista no es condenar su validez ni los llamados optimistas son más eficaces en la acción. Creo, por el contrario, que muchos de los más grandes héroes, acaso los mayores, han sido desesperados, y que por desesperación acabaron sus hazañas. Y que aparte esto y aceptando, ambiguas y todo como son, esas denominaciones de optimismo y pesimismo, cabe un cierto pesimismo trascendente engendrador de un optimismo temporal y terrenal es cosa que me propongo desarrollar en lo sucesivo de este tratado.

Muy otra es, bien sé, la posición de nuestros progresistas, los de la *corriente central del pensamiento europeo contemporáneo*, pero no puedo hacerme a la idea de que estos sujetos no cierran voluntariamente los ojos al gran problema y viven, en el fondo de una mentira, tratando de ahogar el sentimiento trágico de la vida.

Y hechas estas consideraciones, que son a modo de resumen práctico de la crítica desarrollada en los seis primeros capítulos de este tratado, una manera de dejar asentada la posición práctica a que la tal crítica puede llevar al que no quiere renunciar a la vida y no quiere tampoco renunciar a la razón, y tiene que vivir y obrar entre esas dos muelas contrarias que nos trituran el alma, ya sabe el lector que en adelante me siga que voy a llevarle a un campo de fantasías no desprovistas de razón, pues sin ella nada subsiste, pero fundadas en sentimiento. Y en cuanto a su verdad, la verdad verdadera, lo que es independientemente de nosotros, fuera de nuestra lógica y nuestra cardiaca, ¿de eso quién sabe?

## Capítulo VII

### Amor, dolor, compasión y personalidad

CAÍN: [...]
*Let me, or happy or unhappy, learn*
*to anticipate my inmortality.*
LUCIFER: *Thou didst before I came upon*
*thee.*
CAÍN: [...] *How?*
LUCIFER: *By suffering.*

LORD BYRON, *Caín*, acto II, escena 1

Es el amor, lectores y hermanos míos, lo más trágico que en el mundo y en la vida hay; es el amor hijo del engaño y padre del desengaño; es el amor el consuelo en el desconsuelo, es la única medicina contra la muerte, siendo como es de ella hermana.

*Fratelli, a un tempo stesso, Amore e Morte*
*ingenerò la sorte,*

como cantó Leopardi.

El amor busca con furia a través del amado, algo que está allende este, y, como no lo halla, se desespera.

Siempre que hablamos de amor tenemos presente a la memoria el amor sexual, el amor entre hombre y mujer para perpetuar el linaje humano sobre la tierra. Y esto es lo que hace que no se consiga reducir el amor ni a lo puramente intelectivo, ni a lo puramente volitivo, dejando lo sentimental o, si se quiere, sensitivo de él. Porque el amor no es en el fondo ni idea ni volición; es más bien deseo, sentimiento; es algo carnal hasta en el espíritu. Gracias al amor sentimos todo lo que de carne tiene el espíritu.

El amor sexual es el tipo generador de todo otro amor. En el amor y por él buscamos perpetuarnos y solo nos perpetuamos sobre la tierra a condición de morir, de entregar a otros nuestra vida. Los más humildes animalitos, los vivientes ínfimos, se multiplican dividiéndose, partiéndose, dejando de ser el uno que antes eran.

Pero, agotada al fin la vitalidad del ser que así se multiplica dividiéndose de la especie, tiene de vez en cuando que renovar el manantial de la vida mediante uniones de dos individuos decadentes, mediante lo que se llama conjugación en los protozoarios. Únense para volver con más brío a dividirse. Y todo acto de engendramiento es un dejar de ser, total o parcialmente, lo que se era, un partirse, una muerte parcial. Vivir es darse, perpetuarse, y perpetuarse y darse es morir. Acaso el supremo deleite del engendrar no es sino un anticipado gustar la muerte, el desgarramiento de la propia esencia vital. Nos unimos a otro, pero es para partirnos; ese más íntimo abrazo no es sino un más íntimo desgarramiento. En su fondo el deleite amoroso sexual, el espasmo genésico, es una sensación de resurrección, de resucitar en otro, porque solo en otros podemos resucitar para perpetuarnos.

Hay, sin duda, algo de trágicamente destructivo en el fondo del amor, tal como en su forma primitiva animal se nos presenta, en el invencible instinto que empuja a un macho y una hembra a confundir sus entrañas en un apretón de furia. Lo mismo que les confunde los cuerpos les separa, en cierto respecto, las almas; al abrazarse se odian tanto como se aman, y sobre todo luchan, luchan por un tercero, aún sin vida. El amor es una lucha, y especies animales hay en que al unirse el macho a la hembra la maltrata, y otras en que la hembra devora al macho luego que este la hubo fecundado.

Hase dicho del amor que es un egoísmo mutuo. Y de hecho cada uno de los amantes busca poseer al otro, y buscando mediante él, sin entonces pensarlo ni proponérselo, su propia perpetuación, busca consiguientemente su goce. Cada uno de los amantes es un instrumento de goce inmediatamente y de perpetuación mediatamente para el otro. Y así son tiranos y esclavos; cada uno de ellos tirano y esclavo a la vez del otro.

¿Tiene algo de extraño acaso que el más hondo sentido religioso haya condenado el amor carnal, exaltando la virginidad? La avaricia es la fuente de los pecados todos, decía el Apóstol, y es porque la avaricia toma la riqueza que no es sino un medio como fin, y la entraña del pecado es esa, tomar los medios como fines, desconocer o despreciar el fin. Y el amor carnal que toma por fin el goce, que no es sino un medio, y no la perpetuación, que es el fin, ¿qué es sino avaricia? Y es posible que haya quien para mejor perpetuarse guarde su virginidad. Y para perpetuar algo más humano que la carne.

Porque lo que perpetúan los amantes sobre la tierra es la carne de dolor, es el dolor, es la muerte. El amor es hermano, hijo y a la vez padre de la muerte, que es su hermana, su madre y su hija. Y así es que hay en la hondura del amor una hondura de eterno desesperarse, de la cual brotan la esperanza y el consuelo. Porque de este amor carnal y primitivo de que vengo hablando, de este amor de todo el cuerpo con sus sentidos, que es el origen animal de la sociedad humana, de este enamoramiento surge el amor espiritual y doloroso.

Esta otra forma del amor, este amor espiritual, nace del dolor, nace de la muerte del amor carnal; nace también del compasivo sentimiento de protección que los padres experimentan ante los hijos desvalidos. Los amantes no llegan a amarse con dejación de sí mismos, con verdadera fusión de sus almas, y no ya de sus cuerpos, sino luego que el mazo poderoso del dolor ha triturado sus corazones remejiéndolos en un mismo almirez de pena. El amor sensual confundía sus cuerpos, pero separaba sus almas; manteníalas extraña una a otra; mas de ese amor tuvieron un fruto de carne, un hijo. Y este hijo engendrado en muerte enfermó acaso y se murió. Y sucedió que sobre el fruto de su fusión carnal y separación o mutuo extrañamiento espiritual, separados y fríos de dolor sus cuerpos, pero confundidas en dolor sus almas, se dieron los amantes, los padres, un abrazo de desesperación, y nació entonces, de la muerte del hijo de la carne, el verdadero amor espiritual. O bien, roto el lazo de carne que les unía, respiraron con suspiro de liberación. Porque los hombres solo se aman con amor espiritual cuando han sufrido juntos un mismo dolor, cuando araron durante algún tiempo la tierra pedregosa uncidos al mismo yugo de un dolor común. Entonces se conocieron y se sintieron, y se consintieron en su común miseria, se compadecieron y se amaron. Porque amar es compadecer y, si a los cuerpos les une el goce, úneles a las almas la pena.

Todo lo cual se siente más clara y más fuertemente aún cuando brota, arraiga y crece uno de esos amores trágicos que tienen que luchar contra las diamantinas leyes del Destino, uno de esos amores que nacen a destiempo o desazón, antes o después del momento, o fuera de la norma en que el mundo, que es costumbre, los hubiera recibido. Cuantas más murallas pongan el Destino y el mundo y su ley entre los amantes, con tanta más fuerza se sienten empujados el uno al otro, y la dicha de quererse se les amarga y se les acrecienta el dolor de no poder quererse a las claras y libremente, y se compadecen desde las raíces del corazón el uno del otro, y esta común compasión, que es su común miseria y su felicidad común, da fuego y pábulo a la vez a su amor. Y sufren su gozo gozando su sufrimiento. Y ponen su amor fuera del mundo, y la fuerza de ese pobre amor sufriente bajo el yugo del Destino les hace intuir otro mundo en que no hay más ley que la libertad del amor, otro mundo en que no hay barreras porque no hay carne. Porque nada nos penetra más de la esperanza y la fe en otro mundo que la imposibilidad de que un amor nuestro fructifique de veras en este mundo de carne y de apariencias.

Y el amor maternal, ¿qué es, sino compasión al débil, al desvalido, al pobre niño inerme que necesita de la leche y del regazo de la madre? Y en la mujer todo amor es maternal.

Amar en espíritu es compadecer, y quien más compadece más ama. Los hombres encendidos en ardiente caridad hacia sus prójimos es porque llegaron al fondo de su propia miseria, de su propia aparencialidad, de su nadería, y volviendo luego sus ojos, así abiertos, hacia sus semejantes, los vieron también miserables, aparenciales, anonadables, y los compadecieron y los amaron.

El hombre ansía ser amado, o, lo que es igual, ansía ser compadecido. El hombre quiere que se sientan y se compartan sus penas y sus dolores. Hay algo más que una artimaña para obtener limosna en eso de los mendigos que a la vera del camino muestran al viandante su llaga o su gangrenoso muñón. La limosna, más bien que socorro para sobrellevar los trabajos de la vida, es compasión. No agradece el pordiosero la limosna al que se la da volviéndole la cara por no verle y para quitárselo de al lado, sino que agradece mejor el que se le compadezca no socorriéndole a no que socorriéndole no se le compadezca, aunque por otra parte prefiera esto. Ved, si no, con qué complacencia cuenta sus cuitas al que se conmueve oyéndoselas. Quiere ser compadecido, amado.

El amor de la mujer, sobre todo, decía que es siempre en su fondo compasivo, es maternal. La mujer se rinde al amante porque le siente sufrir con el deseo. Isabel compadeció a Lorenzo, Julieta a Romeo, Francisca a Pablo. La mujer parece decir: «¡Ven, pobrecito, y no sufras tanto por mi causa!». Y por eso es su amor más amoroso y más puro que el del hombre, y más valiente y más largo.

La compasión, es, pues, la esencia del amor espiritual humano, del amor que tiene conciencia de serlo, del amor que no es puramente animal, del amor, en fin, de una persona racional. El amor compadece, y compadece más cuanto más ama.

Invirtiendo el *nihil volitum quin praecognitum*, os dije que *nihil cognitum quin praevolitum*, que no se conoce nada que de un modo o de otro no se haya antes querido, y hasta cabe añadir que no se puede conocer bien nada que no se ame, que no se compadezca.

Creciendo el amor, esta ansia ardorosa de más allá y más adentro va extendiéndose a todo cuanto ve, lo va compadeciendo todo. Según te adentras en ti mismo y en ti mismo ahondas, vas descubriendo tu propia inanidad, que no eres todo lo que no eres, que no eres lo que quisieras ser, que no eres, en fin, más que nonada. Y al tocar tu propia nadería, al no sentir tu fondo permanente, al no llegar ni a tu propia infinitud, ni menos a tu propia eternidad, te compadeces de todo corazón de ti propio, y te enciendes en doloroso amor a ti mismo, matando lo que se llama amor propio, y no es sino una especie de delectación sensual de ti mismo, algo como un gozarse a sí misma la carne de tu alma.

El amor espiritual a sí mismo, la compasión que uno cobra para consigo, podrá acaso llamarse egotismo; pero es lo más opuesto que hay al egoísmo vulgar. Porque de este amor o compasión a ti mismo, de esta intensa desesperación, porque así como antes de nacer no fuiste, así tampoco después de morir serás, pasas a compadecer, esto es, a amar a todos tus semejantes y hermanos en aparencialidad, miserables sombras que desfilan de su nada a su nada, chispas de conciencia que brillan un momento en las infinitas y eternas tinieblas. Y de los demás hombres, tus semejantes, pasando por los que más semejantes te son, por tus convivientes, vas a compadecer a todos los que viven, y hasta a lo que acaso no vive, pero existe. Aquella lejana estrella que brilla allí arriba durante la noche se apagará algún día y se hará polvo, y dejará de brillar y de existir. Y como ella, el cielo todo estrellado. ¡Pobre cielo!

Y si doloroso es tener que dejar de ser un día, más doloroso sería acaso seguir siendo siempre uno mismo, y no más que uno mismo, sin poder ser a la vez otro, sin poder ser a la vez todo lo demás, sin poder serlo todo.

Si miras al universo lo más cerca y lo más dentro que puedes mirarlo, que es en ti mismo; si sientes y no ya solo contemplas las cosas todas en tu conciencia, donde todas ellas han dejado su dolorosa huella, llegarás al hondón del tedio, no ya de la vida, sino de algo más: al tedio de la existencia, al pozo del vanidad de vanidades. Y así es como llegarás a compadecerlo todo, al amor universal.

Para amarlo todo, para compadecerlo todo, humano y extrahumano, viviente y no viviente, es menester que lo sientas todo dentro de ti mismo, que lo personalices todo. Porque el amor personaliza todo cuanto ama, todo cuanto compadece.

Solo compadecemos, es decir, amamos, lo que nos es semejante y en cuanto nos lo es, y tanto más cuanto más se nos asemeja, y así crece nuestra compasión, y con ella nuestro amor a las cosas a medida que descubrimos las semejanzas que con nosotros tienen. O más bien es el amor mismo, que de suyo tiende a crecer, el que nos revela las semejanzas esas. Si llego a compadecer y amar a la pobre estrella que desaparecerá del cielo un día, es porque el amor, la compasión, me hace sentir en ella una conciencia, más o menos oscura, que la hace sufrir por no ser más que estrella, y por tener que dejarlo de ser un día. Pues toda conciencia lo es de muerte y de dolor.

Conciencia, *conscientia*, es conocimiento participado, es con–sentimiento, y con–sentir es com–padecer.

El amor personaliza cuanto ama. Solo cabe enamorarse de una idea personalizándola. Y cuando el amor es tan grande y tan vivo, y tan fuerte y desbordante que lo ama todo, entonces lo personaliza todo y descubre que el total Todo, que el Universo es Persona también que tiene una Conciencia, Conciencia que a su vez sufre, compadece y ama, es decir, es conciencia. Y a esta Conciencia del Universo, que el amor descubre personalizando cuanto ama, es a lo que llamamos Dios. Y así el alma compadece a Dios y se siente por Él compadecida, le ama y se siente por Él amada, abrigando su miseria en el seno de la miseria eterna e infinita, que es al eternizarse e infinitarse la felicidad suprema misma.

Dios es, pues, la personalización del Todo, es la Conciencia eterna e infinita del Universo, Conciencia presa de la materia, y luchando por libertarse de ella. Personalizamos al Todo para salvarnos de la nada, y el único misterio verdaderamente misterioso es el misterio del dolor.

El dolor es el camino de la conciencia y es por él como los seres vivos llegan a tener conciencia de sí. Porque tener conciencia de sí mismo, tener personalidad, es saberse y sentirse distinto de los demás seres, y a sentir esta distinción solo se llega por el choque, por el dolor más o menos grande, por la sensación del propio límite. La conciencia de sí mismo no es sino la conciencia de la propia limitación. Me siento yo mismo al sentirme que no soy los demás; saber y sentir hasta dónde soy es saber dónde acabo de ser, desde dónde no soy.

¿Y cómo saber que se existe no sufriendo poco o mucho? ¿Cómo volver sobre sí, lograr conciencia refleja, no siendo por el dolor? Cuando se goza olvídase uno de sí mismo, de que existe, pasa a otro, a lo ajeno, se enajena. Y solo se ensimisma, se vuelve a sí mismo, a ser él en el dolor.

*Nessun maggior dolore*
*che ricordarsi del tempo felice*
*nella miseria,*

hace decir el Dante a Francesca de Rímini («Inferno», V, 121-123); pero, si no hay dolor más grande que el de acordarse del tiempo feliz en la desgracia, no hay placer, en cambio, en acordarse de la desgracia en el tiempo de la prosperidad.

«El más acerbo dolor entre los hombres es el de aspirar mucho y no poder nada» (πολλὰ φρονέοντα μηδενὸς κρατέειν), como, según Heródoto (lib. IX, cap. 16), dijo un persa a un tebano en un banquete. Y así es. Podemos abarcarlo todo o casi todo con el conocimiento y el deseo, nada o casi nada con la voluntad. Y no es la felicidad contemplación, ¡no!, si esa contemplación significa impotencia. Y de este choque entre nuestro conocer y nuestro poder surge la compasión.

Compadecemos a lo semejante a nosotros, y tanto más lo compadecemos cuanto más y mejor sentimos su semejanza con nosotros. Y si esta semejanza podemos decir que provoca nuestra compasión, cabe sostener también que nuestro repuesto de compasión, pronto a derramarse sobre todo, es lo que nos hace descubrir la semejanza de las cosas con nosotros, el lazo común que nos une con ellas en el dolor.

Nuestra propia lucha por cobrar, conservar y acrecentar la propia conciencia nos hace descubrir en los forcejeos y movimientos y revoluciones de las cosas todas una lucha por cobrar, conservar o acrecentar conciencia, a la que todo tiende. Bajo los actos de mis más próximos semejantes, los demás hombres, siento —o consiento más bien— un estado de conciencia como es el mío bajo mis propios actos. Al oírle un grito de dolor a mi hermano, mi propio dolor se despierta y grita en el fondo de mi conciencia. Y de la misma manera siento el dolor de los animales y el de un árbol al que le arrancan una rama, sobre todo cuando tengo viva la fantasía, que es la facultad de intuimiento, de visión interior.

Descendiendo desde nosotros mismos, desde la propia conciencia humana, que es lo único que sentimos por dentro y en que el sentirse se identifica con el serse, suponemos que tienen alguna conciencia, más o menos oscura, todos los vivientes y las rocas mismas, que también viven. Y la evolución de los seres orgánicos no es sino una lucha por la plenitud de conciencia a través del dolor, una constante aspiración a ser otros sin dejar de ser lo que son, a romper sus límites limitándose.

Y este proceso de personalización o de subjetivación de todo lo externo, fenoménico u objetivo, constituye el proceso mismo vital de la filosofía en la lucha de la vida contra la razón y de esta contra aquella. Ya lo indicamos en nuestro anterior capítulo, y aquí lo hemos de confirmar desarrollándolo más.

Juan Bautista Vico, con su profunda penetración estética en el alma de la Antigüedad, vio que la filosofía espontánea del hombre era hacerse regla del universo guiado por *istinto d'animazione*. El lenguaje, necesariamente antropomórfico, mitopeico, engendra el pensamiento. «La sabiduría poética, que fue la primera sabiduría de la gentilidad —nos dice en su *Scienza nuova*—, debió comenzar por una metafísica no razonada y abstracta, cual es la de los hoy adoctrinados, sino sentida e imaginada, cual debió ser la de los primeros hombres. [...] Esta fue su propia poesía, que les era una facultad connatural, porque estaban naturalmente provistos de tales sentidos y tales fantasías, nacida de ignorancia de las causas, que fue para ellos madre de maravillas en todo, pues ignorantes de todo, admiraban fuertemente. Tal poesía comenzó divina en ellos, porque al mismo tiempo que imaginaban las causas de las cosas, que sentían y admiraban ser dioses. [...] De tal manera, los primeros hombres de las naciones gentiles, como niños del naciente género humano, creaban de sus ideas las cosas. [...] De esta naturaleza de cosas humanas quedó la eterna propiedad, explicada con noble expresión por Tácito al decir no vanamente que los hombres aterrados *fingunt simul creduntque.*»

Y luego Vico pasa a mostrarnos la era de la razón, no ya la de la fantasía, esta edad nuestra en que nuestra mente está demasiado retirada de los sentidos, hasta en el vulgo, «con tantas abstracciones como están llenas las lenguas», y nos está «naturalmente negado poder formar la vasta imagen de una tal dama a que se llama Naturaleza simpatética, pues mientras con la boca se la llama así, no hay nada de eso en la mente, porque la mente está en lo falso, en la nada». «Ahora —añade Vico— nos está naturalmente negado poder entrar en la vasta imaginación, de aquellos primeros hombres.» Mas ¿es esto cierto? ¿No seguimos viviendo de las creaciones de su fantasía, encarnadas para siempre en el lenguaje, con el que pensamos, o más bien el que en nosotros piensa?

En vano Comte declaró que el pensamiento humano salió ya de la edad teológica y está saliendo de la metafísica para entrar en la positiva; las tres edades coexisten y se apoyan, aun oponiéndose, unas en otras. El flamante positivismo no es sino metafísica cuando deja de negar para afirmar algo, cuando se hace realmente positivo, y la metafísica es siempre, en su fondo, teología, y la teología nace de la fantasía puesta al servicio de la vida, que se quiere inmortal.

El sentimiento del mundo, sobre el que se funda la compresión de él, es necesariamente antropomórfico y mitopeico. Cuando alboreó con Tales de Mileto el racionalismo, dejó este filósofo al Océano y Tetis, dioses y padres de dioses, para poner al agua como principio de las cosas, pero esta agua era un dios disfrazado. Debajo de la naturaleza, φύσις, y del mundo κόσμος, palpitaban creaciones míticas, antropomórficas. La lengua misma lo llevaba consigo. Sócrates distinguía en los fenómenos, según Jenofonte nos cuenta (*Memorabilia*, i. I, 6-9), aquellos al alcance del estudio humano y aquellos otros que se han reservado los dioses, y execraba de que Anaxágoras quisiera explicarlo todo racionalmente. Hipócrates, su coetáneo, estimaba ser divinas las enfermedades todas, y Platón creía que el Sol y las estrellas son dioses animados, con sus almas (*Filebo*, c, 16; *Leyes,* X), y solo permitía la investigación astronómica hasta que no se blasfemara contra esos dioses. Y Aristóteles, en su *Física*, nos dice que llueve Zeus, no para que el trigo crezca, sino por necesidad, ἐξἀνάγκης. Intentaron mecanizar o racionalizar a Dios, pero Dios se les rebelaba.

Y el concepto de Dios, siempre redivivo, pues brota del eterno sentimiento de Dios en el hombre, ¿qué es sino la eterna protesta de la vida contra la razón, el nunca vencido instinto de personalización? ¿Y qué es la noción misma de sustancia, sino objetivación de lo más subjetivo, que es la voluntad o la conciencia? Porque la conciencia, aun antes de conocerse como razón, se siente, se toca, se es más bien como voluntad, y como voluntad de no morir. De aquí ese ritmo de que hablábamos en la historia del pensamiento. El positivismo nos trajo una época de racionalismo, es decir, de materialismo, mecanicismo o mortalismo; y he aquí que el vitalismo, el espiritualismo vuelve. ¿Qué han sido los esfuerzos del pragmatismo sino esfuerzos por restaurar la fe en la finalidad humana del universo? ¿Qué son los esfuerzos de un Bergson, verbigracia, sobre todo en su obra sobre la evolución creadora, sino forcejeos por restaurar al Dios personal y la conciencia eterna? Y es que la vida no se rinde.

Y de nada sirve querer suprimir ese proceso mitopeico o antropomórfico y racionalizar nuestro pensamiento, como si se pensara solo para pensar y conocer, y no para vivir. La lengua misma, con la que pensamos, nos lo impide. La lengua, sustancia del pensamiento, es un sistema de metáforas a base mítica y antropomórfica. Y para hacer una filosofía puramente racional, habría que hacerla por fórmulas algebraicas o crear una lengua —una lengua inhumana, es decir, inapta para las necesidades de la vida— para ella, como lo intentó el Dr. Ricardo Avenarius, profesor de filosofía, en Zurich, en su *Crítica de la experiencia pura* (*Kritik der reinen Erfahrung*), para evitar los preconceptos. Y este vigoroso esfuerzo de Avenarius, el caudillo de los empiriocriticistas, termina en rigor en puro escepticismo. Él mismo nos lo dice al final del prólogo de la susomentada obra: «Ha tiempo que desapareció la infantil confianza de que nos sea dado hallar la verdad; mientras avanzamos, nos damos cuenta de sus dificultades, y con ello del límite de nuestras fuerzas. ¿Y el fin...? ¡Con tal de que lleguemos a ver claro en nosotros mismos!».

¡Ver claro...!, ¡ver claro! Solo vería claro un puro pensador, que en vez de lenguaje usara álgebra, y que pudiese libertarse de su propia humanidad, es decir, un ser insustancial, meramente objetivo, un no ser, en fin. Mal que pese a la razón, hay que pensar con la vida, y, mal que pese a la vida, hay que racionalizar el pensamiento.

Esa animación, esa personificación va entrañada en nuestro mismo conocer. «¿Quién llueve? ¿Quién truena?», pregunta el viejo Estrepsiades a Sócrates en *Las nubes*, de Aristófanes, y el filósofo le contesta: «No Zeus, sino las nubes». Y Estrepsiades: «Pero ¿quién sino Zeus las obliga a marchar?», a lo que Sócrates: «Nada de eso, sino el torbellino etéreo». «¿El Torbellino? —agrega Estrepsiades—, no lo sabía... No es, pues, Zeus, sino el Torbellino el que en vez de él rige ahora.» Y sigue el pobre viejo personificando y animando al Torbellino, que reina ahora como un rey no sin conciencia de su realeza. Y todos, al pasar de un Zeus cualquiera a un cualquier torbellino, de Dios a la materia, verbigracia, hacemos lo mismo. Y es porque la filosofía no trabaja sobre la realidad objetiva que tenemos delante de los sentidos, sino sobre el complejo de ideas, imágenes, nociones, percepciones, etc., incorporadas en el lenguaje, y que nuestros antepasados nos trasmitieron con él. Lo que llamamos el mundo, el mundo objetivo, es una tradición social. Nos lo dan hecho.

El hombre no se resigna a estar, como conciencia, solo en el Universo, ni a ser un fenómeno objetivo más. Quiere salvar su subjetividad vital o pasional haciendo vivo, personal, animado al Universo todo. Y por eso y para eso ha descubierto a Dios y la sustancia, Dios y sustancia que vuelven siempre en su pensamiento de uno o de otro modo disfrazados. Por ser concientes nos sentimos existir, que es muy otra cosa que sabernos existentes y queremos sentir la existencia de todo lo demás, que cada una de las demás cosas individuales sea también un yo.

El más consecuente, aunque más incongruente y vacilante idealismo, el de Berkeley, que negaba la existencia de la materia, de algo inerte y extenso y pasivo, que sea la causa de nuestras sensaciones y el substrato de los fenómenos externos, no es en el fondo más que un absoluto espiritualismo o dinamismo, la suposición de que toda sensación nos viene, como de causa, de otro espíritu, esto es, de otra conciencia. Y se da su doctrina en cierto modo la mano con las de Schopenhauer y Hartmann. La doctrina de la Voluntad del primero de estos dos y la de lo Inconciente del otro están ya en potencia en la doctrina berkeleyana, de que ser es ser percibido. A lo que hay que añadir: y hacer que otro perciba al que es. Y así el viejo adagio de que *operari sequitur esse*, «el obrar se sigue al ser», hay que modificarlo diciendo que ser es obrar y solo existe lo que obra, lo activo, y en cuanto obra.

Y por lo que a Schopenhauer hace, no es menester esforzarse en mostrar cómo la voluntad que pone como esencia de las cosas procede de la conciencia. Y basta leer su libro sobre la voluntad en la Naturaleza para ver cómo atribuía un cierto espíritu y hasta una cierta personalidad a las plantas mismas. Y esa su doctrina le llevó lógicamente al pesimismo, porque lo más propio y más íntimo de la voluntad es sufrir. La voluntad es una fuerza que se siente, esto es, que sufre. Y que goza, añadirá alguien. Pero es que no cabe poder gozar sin poder de sufrir, y la facultad del goce es la misma que la del dolor. El que no sufre tampoco goza, como no siente calor el que no siente frío.

Y es muy lógico también que Schopenhauer, el que de la doctrina voluntarista o de personalización de todo, sacó el pesimismo, sacara de ambas que el fundamento de la moral es la compasión. Solo que su falta de sentido social e histórico, el no sentir a la humanidad como una persona también, aunque colectiva, su egoísmo, en fin, le impidió sentir a Dios, le impidió individualizar y personalizar la Voluntad total y colectiva: la Voluntad del Universo.

Compréndese, por otra parte, su aversión a las doctrinas evolucionistas o trasformistas puramente empíricas, y tal como alcanzó a ver expuestas por Lamarck y Darwin, cuya teoría, juzgándola solo por un extenso extracto del *Times*, calificó de «ramplón empirismo» (*platter Empirismus*), en una de sus cartas a Adán Luis von Doss (de 1.º de marzo de 1860). Para un voluntarista como Schopenhauer, en efecto, en teoría tan sana y cautelosamente empírica y racional como la de Darwin, quedaba fuera de cuenta el íntimo resorte, el motivo esencial de la evolución. Porque, ¿cuál es, en efecto, la fuerza oculta, el último agente del perpetuarse los organismos y pugnar por persistir y propagarse? La selección, la adaptación, la herencia no son sino condiciones externas. A esa fuerza íntima, esencial, se le ha llamado voluntad, por suponer nosotros que sea en los demás seres lo que en nosotros mismos sentimos como sentimiento de voluntad, el impulso a serlo todo, a ser también los demás sin dejar de ser lo que somos. Y esa fuerza cabe decir que es lo divino en nosotros, que es Dios mismo, que en nosotros obra porque en nosotros sufre.

Y esa fuerza, esa aspiración a la conciencia, la simpatía nos la hace descubrir en todo. Mueve y agita a los más menudos seres vivientes, mueve y agita acaso a las células mismas de nuestro propio organismo corporal, que es una federación más o menos unitaria de vivientes; mueve a los glóbulos mismos de nuestra sangre. De vidas se compone nuestra vida, de aspiraciones, acaso en el limbo de la subconciencia, nuestra aspiración vital. No es un sueño más absurdo que tantos sueños que pasan por teorías valederas el de creer que nuestras células, nuestros glóbulos, tengan algo así como una conciencia o base de ella rudimentaria, celular, globular. O que puedan llegar a tenerla. Y ya puestos en la vía de las fantasías, podemos fantasear el que estas células se comunicaran entre sí, y expresara alguna de ellas su creencia de que formaban parte de un organismo superior dotado de conciencia colectiva personal. Fantasía que se ha producido más de una vez en la historia del sentimiento humano, al suponer alguien, filósofo o poeta, que somos los hombres a modo de glóbulos de la sangre de un Ser Supremo, que tiene su conciencia colectiva personal, la conciencia del universo.

Tal vez la inmensa Vía Láctea que contemplamos durante las noches claras en el cielo, ese enorme anillo de que nuestro sistema planetario, no es sino una molécula, es a su vez una célula del universo, Cuerpo de Dios. Las células todas de nuestro cuerpo conspiran y concurren con su actividad a mantener y encender nuestra conciencia, nuestra alma; y si las conciencias o las almas de todas ellas entrasen enteramente en la nuestra, en la componente, si tuviese yo conciencia de todo lo que en mi organismo corporal pasa, sentiría pasar por mí al universo, y se borraría tal vez el doloroso sentimiento de mis límites. Y si todas las conciencias de todos los seres concurren por entero a la conciencia universal, esta, es decir, Dios, es todo.

En nosotros nacen y mueren a cada instante oscuras conciencias, almas elementales, y este nacer y morir de ellas constituye nuestra vida. Y cuando mueren bruscamente, en choque, hacen nuestro dolor. Así en el seno de Dios nacen y mueren —¿mueren?— conciencias, constituyendo sus nacimientos y sus muertes su vida.

Si hay una Conciencia Universal y Suprema, yo soy una idea de ella, y ¿puede en ella apagarse del todo idea alguna? Después que yo haya muerto, Dios seguirá recordándome, y el ser yo por Dios recordado, el ser mi conciencia mantenida por la Conciencia Suprema, ¿no es acaso ser?

Y si alguien dijese que Dios ha hecho el universo, se le puede retrucar que también nuestra alma ha hecho nuestro cuerpo tanto más que ha sido por él hecha. Si es que hay alma.

Cuando la compasión, el amor nos revela al universo todo luchando por cobrar, conservar y acrecentar su conciencia, por concientizarse más y más cada vez, sintiendo el dolor de las discordancias que dentro de él se producen, la compasión nos revela la semejanza del universo todo con nosotros, que es humano, y nos hace descubrir en él a nuestro Padre, de cuya carne somos carne; el amor nos hace personalizar al todo de que formamos parte.

En el fondo, lo mismo da decir que Dios está produciendo eternamente las cosas, como que las cosas están produciendo eternamente a Dios. Y la creencia en un Dios personal y espiritual se basa en la creencia en nuestra propia personalidad y espiritualidad. Porque nos sentimos conciencia, sentimos a Dios conciencia, es decir, persona, y, porque anhelamos que nuestra conciencia pueda vivir y ser independientemente del cuerpo, creemos que la persona divina vive y es inindependiente del universo, que es su estado de conciencia *ad extra*.

Claro es que vendrán los lógicos, y nos pondrán todas las evidentes dificultades racionales que de esto nacen; pero ya dijimos que, aunque bajo formas racionales, el contenido de todo esto no es, en rigor, racional. Toda concepción racional de Dios es en sí misma contradictoria. La fe en Dios nace del amor a Dios, creemos que existe por querer que exista, y nace acaso también del amor de Dios a nosotros. La razón no nos prueba que Dios exista, pero tampoco que no pueda existir.

Pero, más adelante, más sobre esto de que la fe en Dios sea, la personalización del universo.

Y, recordando lo que en otra parte de esta obra dijimos, podemos decir que las cosas materiales, en cuanto conocidas, brotan al conocimiento desde el hambre, y del hambre brota el universo sensible o material en que las conglobamos, y las cosas ideales brotan del amor y del amor brota Dios, en quien esas cosas ideales conglobamos, como en Conciencia del Universo. Es la conciencia social, hija del amor, del instinto de perpetuación, la que nos lleva a socializarlo todo, a ver en todo sociedad, y no muestra, por último, cuán de veras es una Sociedad infinita la Naturaleza toda. Y, por lo que a mí hace, he sentido que la Naturaleza es sociedad cientos de veces al pasearme en un bosque y tener el sentimiento de solidaridad con las encinas, que de alguna oscura manera se daban sentido de mi presencia.

La fantasía que es el sentido social, anima lo inanimado y lo antropomorfiza todo; todo lo humaniza, y aun lo humana. Y la labor del hombre es sobrenaturalizar a la Naturaleza, esto es: divinizarla humanizándola, hacerla humana, ayudarla a que se conciencie, en fin. La razón, por su parte, mecaniza o materializa.

Y así como se dan unidos y fecundándose mutuamente el individuo —que es, en cierto modo, sociedad— y la sociedad —que es también un individuo— inseparables el uno del otro, y sin que nos quepa decir dónde empieza el uno para acabar el otro, siendo más bien aspectos de una misma esencia, así se dan en uno el espíritu, el elemento social que al relacionarnos con lo demás nos hace concientes, y la materia o elemento individual e individuante, y se dan en uno fecundándose mutuamente la razón, la inteligencia y la fantasía, y en uno se dan el Universo y Dios.

* * *

¿Es todo esto verdad? ¿Y qué es verdad?, preguntaré a mi vez, como preguntó Pilato. Pero no para volver a lavarme las manos sin esperar respuesta.

¿Está la verdad en la razón, o sobre la razón, o bajo la razón, o fuera de ella, de un modo cualquiera? ¿Es solo verdadero lo racional? ¿No habrá realidad inasequible, por su naturaleza misma, a la razón, y acaso, por su misma naturaleza, opuesta a ella? ¿Y cómo conocer esa realidad si es que solo por la razón conocemos?

Nuestro deseo de vivir, nuestra necesidad de vida quisiera que fuese verdadero lo que nos hace conservarnos y perpetuarnos, lo que mantiene al hombre y a la sociedad; que fuese verdadera agua el líquido que bebido apaga la sed y porque la apaga, y pan verdadero lo que nos quita el hambre porque nos la quita.

Los sentidos están al servicio del instinto de conservación y cuanto nos satisfaga a esta necesidad de conservarnos, aun sin pasar por los sentidos, es a modo de una penetración íntima de la realidad en nosotros. ¿Es acaso menos real el proceso de asimilación del alimento que el proceso de conocimiento de la cosa alimenticia? Se dirá que comerse un pan no es lo mismo que verlo, tocarlo o gustarlo; que de un modo entra en nuestro cuerpo, mas no por eso en nuestra conciencia. ¿Es verdad esto? ¿El pan que he hecho carne y sangre mía no entra más en mi conciencia de aquel otro al que viendo y tocando digo: esto es mío? Y a ese pan así convertido en mi carne y sangre y hecho mío, ¿he de negarle la realidad objetiva cuando solo lo toco?

Hay quien vive del aire sin conocerlo. Y así vivimos de Dios y en Dios acaso, en Dios espíritu y conciencia de la sociedad y del Universo todo, en cuanto este también es sociedad.

Dios no es sentido sino en cuanto es vivido, y no solo de pan vive el hombre, sino de toda palabra que sale de la boca de Él (Mt IV, 4; Dt VIII, 3).

Y esta personalización del todo, del Universo, a que nos lleva el amor, la compasión, es la de una persona que abarca y encierra en sí a las demás personas que la componen.

Es el único modo de dar al Universo finalidad dándole conciencia. Porque donde no hay conciencia no hay tampoco finalidad que supone un propósito. Y la fe en Dios no estriba, como veremos, sino en la necesidad vital de dar finalidad a la existencia, de hacer que responda a un propósito. No para comprender el *porqué*, sino para sentir y sustentar el *para qué* último, necesitamos a Dios, para dar sentido al Universo.

Y tampoco debe extrañar que se diga que esa conciencia del Universo esté compuesta e integrada por las conciencias de los seres que el Universo forman, por las conciencias de los seres todos, y sea, sin embargo, una conciencia personal distinta de las que la componen. Solo así se comprende lo de que en Dios seamos, nos movamos y vivamos. Aquel gran visionario que fue Emanuel Swedenborg vio o entrevió esto cuando en su libro sobre el cielo y el infierno (*De coelo et inferno*, 52) nos dice que: «Una entera sociedad angélica aparece a las veces en forma de un solo ángel, como el Señor me ha permitido ver. Cuando el Señor mismo aparece en medio de los ángeles, no lo hace acompañado de una multitud, sino como un solo ser en forma angélica. De aquí que en la Palabra se le llama al Señor un ángel, y que así es llamada una sociedad entera. Miguel, Gabriel y Rafael no son sino sociedades angélicas así llamadas por las funciones que llenan».

¿No es que acaso vivimos y amamos, esto es, sufrimos y compadecemos en esa Gran Persona envolvente a todos, las personas todas que sufrimos y compadecemos y los seres todos que luchan por personalizarse, por adquirir conciencia de su dolor y de su limitación? ¿Y no somos acaso ideas de esa Gran Conciencia total que al pensarnos existentes nos da la existencia? ¿No es nuestro existir ser por Dios percibidos y sentidos? Y más adelante nos dice este mismo visionario, a su manera imaginativa, que cada ángel, cada sociedad de ángeles y el cielo todo contemplado de consuno, se presentan en forma humana, y que, por virtud de esta su humana forma, lo rige el Señor como a un solo hombre.

«Dios no piensa, crea; no existe, es eterno», escribió Kierkegaard (*Afslutende uvidenskabelige Efterskrift*); pero es acaso más exacto decir con Mazzini, el místico de la ciudad italiana, que «Dios es grande porque piensa obrando» (*Ai giovani d'Italia*), porque en Él pensar es crear y hace existir a aquello que piensa existente con solo pensarlo, y es lo imposible lo impensable por Dios. ¿No se dice en la Escritura que Dios crea con su palabra, es decir, con su pensamiento, y que por este, por su Verbo, se hizo cuanto existe? ¿Y olvida Dios lo que una vez hubo pensado? ¿No subsisten acaso en la Suprema Conciencia los pensamientos todos que por ella pasan una vez? En Él, que es eterno, ¿no se eterniza toda existencia?

Es tal nuestro anhelo de salvar a la conciencia, de dar finalidad personal y humana al Universo y a la existencia, que hasta en un supremo, dolorosísimo y desgarrador sacrificio llegaríamos a oír que se nos dijese que si nuestra conciencia se desvanece es para ir a enriquecer la Conciencia infinita y eterna, que nuestras almas sirven de alimento al Alma Universal. Enriquezco, sí, a Dios, porque antes de yo existir no me pensaba como existente, porque soy uno más, uno más aunque sea entre infinitos, que, como habiendo vivido y sufrido y amado realmente, quedo en su seno. Es el furioso anhelo de dar finalidad al Universo, de hacerle conciente y personal, lo que nos ha llevado a creer en Dios, a querer que haya Dios, a crear a Dios, en una palabra. ¡A crearle, sí! Lo que no debe escandalizar se diga ni al más piadoso teísta. Porque creer en Dios es en cierto modo crearle, aunque Él nos cree antes. Es Él quien en nosotros se crea de continuo a sí mismo.

Hemos creado a Dios para salvar al Universo de la nada, pues lo que no es conciencia y conciencia eterna, conciente de su eternidad y eternamente conciente, no es nada más que apariencia. Lo único de veras real es lo que siente, sufre, compadece, ama y anhela, es la conciencia; lo único sustancial es la conciencia. Y necesitamos a Dios para salvar la conciencia; no para pensar la existencia, sino para vivirla; no para saber por qué y cómo es, sino para sentir para qué es. El amor es un contrasentido si no hay Dios.

Veamos ahora eso de Dios, lo del Dios lógico o Razón Suprema, y lo del Dios biótico o cordial, esto es, el Amor Supremo.

# Capítulo VIII

## De Dios a Dios

No creo que sea violentar la verdad el decir que el sentimiento religioso es sentimiento de divinidad, y que solo con violencia del corriente lenguaje humano puede hablarse de religión atea. Aunque es claro que todo dependerá del concepto que de Dios nos formemos. Concepto que depende a su vez del de divinidad.

Conviénenos, en efecto, comenzar por el sentimiento de divinidad, antes de mayusculizar el concepto de esta cualidad, y, articulándola, convertirla en la Divinidad, esto es, en Dios. Porque el hombre ha ido a Dios por lo divino más bien que ha deducido lo divino de Dios.

Ya antes, en el curso de estas algo errabundas y a la par insistentes reflexiones sobre el sentimiento trágico de la vida, recordé el *timor fecit deos* de Estacio para corregirlo y limitarlo. Ni es cosa de trazar una vez más el proceso histórico por que los pueblos han llegado al sentimiento y al concepto de un Dios personal como el del cristianismo. Y digo los pueblos y no los individuos aislados, porque si hay sentimiento y concepto colectivo, social, es el de Dios, aunque el individuo lo individualice luego. La filosofía puede tener, y de hecho tiene, un origen individual; la teología es necesariamente colectiva.

La doctrina de Schleiermacher que pone el origen, o más bien la esencia del sentimiento religioso, en el inmediato y sencillo sentimiento de dependencia, parece ser la explicación más profunda y exacta. El hombre primitivo, viviendo en sociedad, se siente depender de misteriosas potencias que invisiblemente le rodean, se siente en comunión social, no solo con sus semejantes, los demás hombres, sino con la Naturaleza toda animada e inanimada, lo que no quiere decir otra cosa sino que lo personaliza todo. No solo tiene él conciencia del mundo, sino que se imagina que el mundo tiene también conciencia como él. Lo mismo que un niño habla a su perro o a su muñeco, cual si le entendiesen, cree el salvaje que le oye su fetiche o que la nube tormentosa se acuerda de él y le persigue. Y es que el espíritu del hombre natural, primitivo, no se ha desplacentado todavía de la Naturaleza, ni ha marcado el lindero entre el sueño y la vigilia, entre la realidad y la imaginación.

No fue, pues, lo divino, algo objetivo, sino la subjetividad de la conciencia proyectada hacia fuera, la personalización del mundo. El concepto de divinidad surgió del sentimiento de ella, y el sentimiento de divinidad no es sino el mismo oscuro y naciente sentimiento de personalidad vertido a lo de fuera. Ni cabe en rigor decir fuera y dentro, objetivo y subjetivo, cuando tal distinción no era sentida, y, siendo como es, de esa indistinción de donde el sentimiento y el concepto de divinidad proceden. Cuanto más clara la conciencia de la distinción entre lo objetivo y lo subjetivo, tanto más oscuro el sentimiento de divinidad en nosotros.

Hase dicho, y al parecer con entera razón, que el paganismo helénico es, más bien que politeísta, panteísta. La creencia en muchos dioses, tomando el concepto de Dios como hoy le tomamos, no sé que haya existido en cabeza humana. Y si por panteísmo se entiende la doctrina no de que todo y cada cosa es Dios —proposición para mí impensable—, sino de que todo es divino, sin gran violencia cabe decir que el paganismo era politeísta. Los dioses no solo se mezclaban entre los hombres, sino que se mezclaban con ellos; engendraban los dioses en las mujeres mortales, y los hombres mortales engendraban en las diosas a semidioses. Y si hay semidioses, esto es, semihombres, es tan solo porque lo divino y lo humano eran caras de una misma realidad. La divinización de todo no era sino su humanización. Y decir que el Sol era un dios equivalía a decir que era un hombre, una conciencia humana más o menos agrandada y sublimada. Y esto vale desde el fetichismo hasta el paganismo helénico.

En lo que propiamente se distinguían los dioses de los hombres, era en que aquellos eran inmortales. Un dios venía a ser un hombre inmortal, y divinizar a un hombre, considerarle como a un Dios, era estimar que, en rigor, al morirse no había muerto. De ciertos héroes se creía que fueron vivos al reino de los muertos. Y este es un punto importantísimo para estimar el valor de lo divino.

En aquellas repúblicas de dioses había siempre algún dios máximo, algún verdadero monarca. La monarquía divina fue la que, por el monocultismo, llevó a los pueblos al monoteísmo. Monarquía y monoteísmo son, pues, cosas gemelas. Zeus, Júpiter, iba en camino de convertirse en dios único, como en dios único, primero del pueblo de Israel, después de la Humanidad y, por último, del Universo todo, se convirtió Jahvé, que empezó siendo uno de entre tantos dioses.

Como la monarquía, tuvo el monoteísmo un origen guerrero. «Es en la marcha y en tiempo de guerra —dice Robertson Smith, *The Prophets of Israel*, lect. I— cuando un pueblo nómada siente la instante necesidad de una autoridad central, y así ocurrió que, en los primeros comienzos de la organización nacional en torno al santuario del arca, Israel se creyó la hueste de Jehová. El nombre mismo de Israel es marcial y significa "*Dios pelea*", y Jehová es en el Viejo Testamento *Iahwé Zebahât*, el Jehová de los ejércitos de Israel. Era en el campo de batalla donde se sentía más claramente la presencia de Jehová; pero, en las naciones primitivas, el caudillo de tiempo de guerra es también el juez natural en tiempo de paz.»

Dios, el Dios único, surgió, pues, del sentimiento de divinidad en el hombre como Dios guerrero, monárquico y social. Se reveló al pueblo, no a cada individuo. Fue el Dios de un pueblo y exigía celoso se le rindiese culto a él solo, y de este monocultismo se pasó al monoteísmo, en gran parte por la acción individual, más filosófica acaso que teológica, de los profetas. Fue, en efecto, la actividad individual de los profetas lo que individualizó la divinidad. Sobre todo al hacerla ética.

Y de este Dios surgido así en la conciencia humana a partir del sentimiento de divinidad, apoderose luego la razón, esto es, la filosofía, y tendió a definirlo, a convertirlo en idea. Porque definir algo es idealizarlo, para lo cual hay que prescindir de su elemento inconmensurable o irracional, de su fondo vital. Y el Dios sentido, la divinidad sentida como persona y conciencia única fuera de nosotros, aunque envolviéndonos y sosteniéndonos, se convirtió en la idea de Dios.

El Dios lógico, racional, el *ens summum*, el *primum movens*, el Ser Supremo de la filosofía teológica, aquel a que se llega por los tres famosos caminos de negación, eminencia y causalidad, *viae negationis, eminentiae, causalitatis*, no es más que una idea de Dios, algo muerto. Las tradicionales y tantas veces debatidas pruebas de su existencia no son, en el fondo, sino un intento vano de determinar su esencia; porque, como hacía muy bien notar Vinet, la existencia se saca de la esencia; y decir que Dios existe, sin decir qué es Dios y cómo es, equivale a no decir nada.

Y este Dios, por eminencia y negación o remoción de cualidades finitas, acaba por ser un Dios impensable, una pura idea, un Dios de quien, a causa de su excelencia misma ideal, podemos decir que no es nada, como ya definió Escoto Eriúgena: *Deus propter excellentiam non inmerito nihil vocatur.* O con frase del falso Dionisio Areopagita, en su epístola 5: «La divina tiniebla es la luz inaccesible en la que se dice habita Dios». El Dios antropomórfico y sentido, al ir purificándose de atributos humanos, y como tales finitos y relativos y temporales, se evapora en el Dios del deísmo o del panteísmo.

Las supuestas pruebas clásicas de la existencia de Dios refiérense todas a este Dios-Idea, a este Dios lógico, al Dios por remoción, y de aquí que en rigor no prueben nada, es decir, no prueban más que la existencia de esa idea de Dios.

Era yo un mozo que empezaba a inquietarme de estos eternos problemas, cuando en cierto libro, de cuyo autor no quiero acordarme, leí esto: «Dios es una gran equis sobre la barrera última de los conocimientos humanos; a medida que la ciencia avanza, la barrera se retira». Y escribí al margen: «De la barrera acá, todo se explica sin Él; de la barrera allá, ni con Él ni sin Él; Dios, por lo tanto, sobra». Y en respecto al Dios-Idea, al de las pruebas, sigo en la misma sentencia. Atribúyese a Laplace la frase de que no había necesitado de la hipótesis de Dios para construir su sistema del origen del Universo, y así es muy cierto. La idea de Dios en nada nos ayuda para comprender mejor la existencia, la esencia y la finalidad del Universo.

No es más concebible el que haya un Ser Supremo infinito, absoluto y eterno, cuya esencia desconocemos, y que haya creado el Universo, que el que la base material del Universo mismo, su materia, sea eterna e infinita y absoluta. En nada comprendemos mejor la existencia del mundo con decirnos que lo crio Dios. Es una petición de principio o una solución meramente verbal para encubrir nuestra ignorancia. En vigor, deducimos la existencia del Creador del hecho de que lo creado existe, y no se justifica racionalmente la existencia de Aquel; de un hecho no se saca una necesidad, o es necesario todo.

Y si del modo de ser del Universo, pasamos a lo que se llama el orden y que se supone necesita un ordenador, cabe decir qué orden es lo que hay y no concebimos otro. La prueba esa del orden del Universo implica un paso del orden ideal al real, un proyectar nuestra mente a fuera, un suponer que la explicación racional de una cosa produce la cosa misma. El arte humano, aleccionado por la Naturaleza, tiene un hacer conciente con que comprende el modo de hacer, y luego trasladamos este hacer artístico y conciente a una conciencia de un artista, que no se sabe de qué naturaleza aprendió su arte.

La comparación ya clásica con el reló y el relojero es inaplicable a un Ser absoluto, infinito y eterno. Es, además, otro modo de no explicar nada. Porque decir que el mundo es como es y no de otro modo porque Dios así lo hizo, mientras no sepamos por qué razón lo hizo así, no es decir nada. Y si sabemos la razón de haberlo así hecho Dios, este sobra, y la razón basta. Si todo fuera matemáticas, si no hubiese elemento irracional, no se habría acudido a esa explicación de un Sumo Ordenador, que no es sino la razón de lo irracional y otra tapadera de nuestra ignorancia. Y no hablemos de aquella ridícula ocurrencia de que, echando al azar caracteres de imprenta, no puede salir compuesto el *Quijote*. Saldría compuesta cualquier otra cosa que llegaría a ser un *Quijote* para los que a ella tuviesen que atenerse y en ella se formasen y formaran parte de ella.

Esa ya clásica supuesta prueba redúcese, en el fondo, a hipostatizar o sustantivar la explicación o razón de un fenómeno, a decir que la Mecánica hace el movimiento; la Biología, la vida; la Filología, el lenguaje; la Química, los cuerpos, sin más que mayusculizar la ciencia y convertirla en una potencia distinta de los fenómenos de que la extraemos y distinta de nuestra mente que la extrae. Pero a ese Dios así obtenido, y que no es sino la razón hipostatizada y proyectada al infinito, no hay manera de sentirlo como algo vivo y real y ni aun de concebirlo si no como una mera idea que con nosotros morirá.

Pregúntase, por otra parte, si una cosa cualquiera imaginada pero no existente, no existe porque Dios no lo quiere, o no lo quiere Dios porque no existe, y, respecto a lo imposible, si es que no puede ser porque Dios así lo quiere, o no lo quiere Dios porque ello en sí y por su absurdo mismo no puede ser. Dios tiene que someterse a la ley lógica de contradicción, y no puede hacer, según los teólogos, que dos más dos hagan más o menos que cuatro. La ley de la necesidad está sobre Él o es Él mismo. Y en el orden moral se pregunta si la mentira, o el homicidio, o el adulterio, son malos porque así lo estableció o si lo estableció así porque ello es malo. Si lo primero, Dios o es un Dios caprichoso y absurdo que establece una ley pudiendo haber establecido otra, u obedece a una naturaleza y esencia intrínseca de las cosas mismas independiente de él, es decir, de su voluntad soberana; y si es así, si obedece a una razón de ser de las cosas, esta razón, si la conociésemos, nos bastaría sin necesidad alguna de más Dios, y, no conociéndola, ni Dios tampoco nos aclara nada. Esa razón estaría sobre Dios. Ni vale decir que esa razón es Dios mismo, razón suprema de las cosas. Una razón así, necesaria, no es algo personal. La personalidad la da la voluntad. Y es este problema de las relaciones entre la razón, necesariamente necesaria, de Dios y su voluntad, necesariamente libre, lo que hará siempre del Dios lógico o aristotélico un Dios contradictorio.

Los teólogos escolásticos no han sabido nunca desenredarse de las dificultades en que se veían metidos al tratar de conciliar la libertad humana con la presciencia divina y el conocimiento que Dios tiene de lo futuro contingente y libre; y es porque, en rigor, el Dios racional es completamente inaplicable a lo contingente, pues que la noción de contingencia no es en el fondo sino la noción de irracionalidad. El Dios racional es forzosamente necesario en su ser y en su obrar, no puede hacer en cada caso sino lo mejor, y no cabe que haya varias cosas igualmente mejores, pues entre infinitas posibilidades solo hay una que sea la más acomodada a su fin, como entre las infinitas líneas que pueden trazarse de un punto a otro solo hay una recta. Y el Dios racional, el Dios de la razón, no puede menos sino seguir en cada caso la línea recta, la más conducente al fin que se propone, fin necesario como es necesaria la única recta dirección que a él conduce. Y así la divinidad de Dios es sustituida por su necesidad. Y en la necesidad de Dios perece su voluntad libre, es decir, su personalidad conciente. El Dios que anhelamos, el Dios que ha de salvar nuestra alma de la nada, el Dios inmortalizador, tiene que ser un Dios arbitrario.

Y es que Dios no puede ser Dios porque piensa, sino porque obra, porque crea; no es un Dios contemplativo, sino activo. Un Dios Razón, un Dios teórico o contemplativo, como es el Dios este del racionalismo teológico, es un Dios que se diluye en su propia contemplación. A este Dios corresponde, como veremos, la visión beatífica como expresión suprema de la felicidad eterna. Un Dios quietista, en fin, como es quietista por su esencia misma la razón.

Queda la otra famosa prueba, la del consentimiento, supuesto unánime, de los pueblos todos en creer en un Dios. Pero esta prueba no es en rigor racional ni a favor del Dios racional que explica el Universo, sino del Dios cordial que nos hace vivir. Solo podríamos llamarla racional en el caso de que creyésemos que la razón es el consentimiento, más o menos unánime, de los pueblos, el sufragio universal, en el caso de que hiciésemos razón a la *vox populi* que se dice ser *vox Dei*.

Así lo creía aquel trágico y ardiente Lamennais, el que dijo que la vida y la verdad no son sino una sola y misma cosa —¡ojalá!—, y que declaró a la razón una, universal, perpetua y santa (*Essai sur l'indifférence*, parte IV, cap. VIII). Y glosó el «o hay que creer a todos o a ninguno —*aut omnibus credendum est aut nemini*—», de Lactancio, y aquello de Heráclito de que toda opinión individual es falible, y lo de Aristóteles de que la más fuerte prueba es el consentimiento de los hombres todos, y sobre todo lo de Plinio (*in Paneg. Trajani*, LXII) de que ni engaña uno a todos ni todos a uno —*nemo omnes, neminem omnes fefellerunt*—. ¡Ojalá! Y así se acaba en lo de Cicerón (*De natura deorum*, lib. III, cap. II, 5 y 6) de que hay que creer a nuestros mayores, aun sin que nos den razones, *maioribus autem nostris, etiam nulla ratione reddita credere*.

Sí, supongamos que es universal y constante esa opinión de los antiguos que nos dice que lo divino penetra a la Naturaleza toda, y que sea un dogma paternal, πάτριος δόξα, como dice Aristóteles (*Metaphysica*, lib. VII, cap. VII); eso probaría solo que hay un motivo que lleva a los pueblos y los individuos —sean todos o casi todos o muchos— a creer en un Dios. Pero ¿no es que hay acaso ilusiones y falacias que se fundan en la naturaleza misma humana? ¿No empiezan los pueblos todos por creer que el Sol gira en torno de ellos? ¿Y no es natural que propendamos todos a creer lo que satisface nuestro anhelo? ¿Diremos con W. Hermann (v. *Christlich systematische Dogmatik*, en el tomo *Systematische christliche Religion*, de la colección «*Die Kultur der Gegenwart*», editada por P. Hinneberg), «que si hay un Dios, no se ha dejado sin indicársenos de algún modo, y quiere ser hallado por nosotros»?

Piadoso deseo, sin duda, pero no razón en su estricto sentido, como no le apliquemos la sentencia agustiniana, que tampoco es razón, de «pues que me buscas, es que me encontraste», creyendo que es Dios quien hace que le busquemos.

Ese famoso argumento del consentimiento supuesto unánime de los pueblos, que es el que con un seguro instinto más emplearon los antiguos, no es, en el fondo y trasladado de la colectividad al individuo, sino la llamada prueba moral, la que Kant, en su *Crítica de la razón práctica*, empleó, la que se saca de nuestra conciencia —o más bien de nuestro sentimiento de la divinidad—, y que no es una prueba estricta y específicamente racional, sino vital, y que no puede ser aplicada al Dios lógico, al *ens summum*, al Ser simplicísimo y abstractísimo, al primer motor inmóvil e impasible, al Dios Razón, en fin, que ni sufre ni anhela, sino al Dios biótico, al Ser complejísimo y concretísimo, al Dios paciente que sufre y anhela en nosotros y con nosotros, al Padre de Cristo, al que no se puede ir sino por el Hombre, por su Hijo (v. Jn XIV, 6), y cuya revelación es histórica, o si se quiere anecdótica, pero no filosófica, no categórica.

El consentimiento unánime —¡supongámoslo así!— de los pueblos, o sea el universal anhelo de las almas todas humanas que llegaron a la conciencia de su humanidad que quiere ser fin y sentido del Universo, ese anhelo, que no es sino aquella esencia misma del alma, que consiste en su conato por persistir eternamente y porque no se rompa la continuidad de la conciencia, nos lleva al Dios humano, antropomórfico, proyección de nuestra conciencia a la Conciencia del Universo, al Dios que da finalidad y sentido humanos al Universo y que no es el *ens summus, el primum movens* ni el creador del Universo, no es la Idea-Dios. Es un Dios vivo, subjetivo —pues que no es sino la subjetividad objetivada o la personalidad universalizada—, que es más que mera idea, y antes que razón es voluntad. Dios es Amor, esto es, Voluntad. La razón, el Verbo, deriva de Él; pero Él, el Padre, es, ante todo, Voluntad.

«No cabe duda alguna —escribe Ritschl (*Rechtfertigung und Versöhnung*, III, cap. V)— que la personalidad espiritual de Dios se estimaba muy imperfectamente en la antigua teología al limitarla a las funciones de conocer y querer. La concepción religiosa no puede menos de aplicar a Dios también el atributo del sentimiento espiritual. Pero la antigua teología ateníase a la impresión de que el sentimiento y el afecto son notas de una personalidad limitada y creada, y trasformaba la concepción religiosa de la felicidad de Dios, verbigracia, en el eterno conocerse a sí mismo, y la del odio en el habitual propósito de castigar el pecado.» Sí, aquel Dios lógico, obtenido *via negationis,* era un Dios que, en rigor, ni amaba ni odiaba, porque ni gozaba ni sufría, un Dios sin pena ni gloria, inhumano, y su justicia, una justicia racional o matemática, esto es, una injusticia.

Los atributos del Dios vivo, del Padre de Cristo, hay que deducirlos de su revelación histórica en el Evangelio y en la conciencia de cada uno de los creyentes cristianos, y no de razonamientos metafísicos que solo llevan al Dios-Nada de Escoto Eriúgena, al Dios racional o panteístico, al Dios ateo, en fin, a la Divinidad despersonalizada.

Y es que al Dios vivo, al Dios humano, no se llega por camino de razón, sino por camino de amor y de sufrimiento. La razón nos aparta más bien de Él. No es posible conocerle para luego amarle; hay que empezar por amarle, por anhelarle, por tener hambre de Él, antes de conocerle. El conocimiento de Dios procede del amor a Dios, y es un conocimiento que poco o nada tiene de racional. Porque Dios es indefinible. Querer definir a Dios es pretender limitarlo en nuestra mente; es decir, matarlo. En cuanto tratamos de definirlo, nos surge la nada.

La idea de Dios de la pretendida teodicea racional no es más que una hipótesis, como, por ejemplo, la idea del éter.

Este, el éter, en efecto, no es sino una entidad supuesta, y que no tiene valor sino en cuanto explica lo que por ella tratamos de explicarnos: la luz, o la electricidad, o la gravitación universal, y solo en cuanto no se pueda explicar estos hechos de otro modo. Y, así, la idea de Dios es una hipótesis también que solo tiene valor en cuanto con ella nos explicamos lo que tratamos con ella de explicarnos: la existencia y esencia del Universo, y mientras no se expliquen mejor de otro modo. Y como en realidad no nos la explicamos ni mejor ni peor con esa idea que sin ella, la idea de Dios, suprema petición de principio, marra.

Pero si el éter no es sino una hipótesis para explicar la luz, el aire, en cambio, es una cosa inmediatamente sentida; y, aunque con él no nos explicásemos el sonido, tendríamos siempre su sensación directa, sobre todo la de su falta, en momentos de ahogo, de hambre de aire. Y, de la misma manera, Dios mismo, no ya la idea de Dios, puede llegar a ser una realidad inmediatamente sentida; y aunque no nos expliquemos con su idea ni la existencia ni la esencia del Universo, tenemos a las veces el sentimiento directo de Dios, sobre todo en los momentos de ahogo espiritual. Y este sentimiento, obsérvese bien, porque en esto estriba todo lo trágico de él y el sentimiento trágico todo de la vida, es un sentimiento de hambre de Dios, de carencia de Dios. Creer en Dios es, en primera instancia, y como veremos, querer que haya Dios, no poder vivir sin Él.

Mientras peregriné por los campos de la razón en busca de Dios, no pude encontrarle porque la idea de Dios no me engañaba, ni pude tomar por Dios a una idea, y fue entonces, cuando erraba por los páramos del racionalismo, cuando me dije que no debemos buscar más consuelo que la verdad, llamando así a la razón, sin que por eso me consolara. Pero, al ir hundiéndome en el escepticismo racional de una parte y en la desesperación sentimental de otra, se me encendió el hambre de Dios, y el ahogo de espíritu me hizo sentir, con su falta, su realidad. Y quise que haya Dios, que exista Dios. Y Dios no existe, sino que más bien sobre-existe, y está sustentando nuestra existencia, existiéndonos.

Dios, que es el Amor, el Padre del Amor, es hijo del amor en nosotros. Hay hombres lijeros y exteriores, esclavos de la razón que nos exterioriza, que creen haber dicho algo con decir que lejos de haber hecho Dios al hombre a su imagen y semejanza, es el hombre el que a su imagen y semejanza se hace sus dioses o su Dios, sin reparar, los muy livianos, que si esto segundo es, como realmente es, así, se debe a que no es menos verdad lo primero. Dios y el hombre se hacen mutuamente, en efecto; Dios se hace o se revela en el hombre, y el hombre se hace en Dios, Dios se hizo a sí mismo, *Deus ipse se fecit,* dijo Lactancio (*Divinarum institutionum*, II, 8), y podemos decir que se está haciendo, y en el hombre y por el hombre. Y si cada cual de nosotros, en el empuje de su amor, en su hambre de divinidad, se imagina a Dios a su medida, y a su medida se hace Dios para él, hay un Dios colectivo, social, humano, resultante de las imaginaciones todas humanas que le imaginan. Porque Dios es y se revela en la colectividad. Y es Dios la más rica y más personal concepción humana.

Nos dijo el Maestro de divinidad que seamos perfectos como es perfecto nuestro Padre que está en los cielos (Mt V, 48), y en el orden del sentir y del pensar nuestra perfección consiste en ahincarnos por que nuestra imaginación llegue a la total imaginación de la Humanidad de que formamos, en Dios, parte.

Conocida es la doctrina lógica de la contraposición entre la extensión y la comprensión de un concepto, y como a medida que la una crece, la otra mengua. El concepto más extenso y a la par menos comprensivo es el de ente o cosa que abarca todo lo existente y no tiene más nota que la de ser, y el concepto más comprensivo y el menos extenso es el del universo, que solo a sí mismo se aplica y comprende todas las notas existentes. Y el Dios lógico o racional, el Dios obtenido por vía de negación, el ente sumo, se sume, como realidad, en la nada, pues el ser puro y la pura nada, según enseñaba Hegel, se identifican. Y el Dios cordial o sentido, el Dios de los vivos, es el Universo mismo personalizado, es la conciencia del Universo.

Un Dios universal y personal, muy otro que el Dios individual del rígido monoteísmo metafísico.

Debo aquí advertir una vez más cómo opongo la individualidad a la personalidad, aunque se necesiten una a otra. La individualidad es, si puedo así expresarme, el continente, y la personalidad, el contenido, o podría también decir en un cierto sentido que mi personalidad es mi comprensión, lo que comprendo y encierro en mí —y que es de una cierta manera todo el Universo—, y mi individualidad es mi extensión; lo uno, lo infinito mío, y lo otro, mi finito. Cien tinajas de fuerte casco de barro están vigorosamente individualizadas, pero pueden ser iguales y vacías, o a lo sumo llenas del mismo líquido homogéneo, mientras que dos vejigas de membrana sutilísima, a través de la cual se verifica activa ósmosis y exósmosis, pueden diferenciarse fuertemente y estar llenas de líquidos muy complejos. Y así puede uno destacarse fuertemente de otros, en cuanto individuo, siendo como un crustáceo espiritual, y ser pobrísimo de contenido diferencial. Y sucede más aún, y es que cuanta más personalidad tiene uno, cuanta mayor riqueza interior, cuanto más sociedad es en sí mismo, menos rudamente se divide de los demás. Y de la misma manera, el rígido Dios del deísmo, del monoteísmo aristotélico, el *ens summum*, es un ser en quien la individualidad, o más bien la simplicidad, ahoga a la personalidad. La definición le mata, porque definir es poner fines, es limitar, y no cabe definir lo absolutamente indefinible. Carece ese Dios de riqueza interior; no es sociedad en sí mismo. Y a esto obvio la revelación vital con la creencia en la Trinidad que hace de Dios una sociedad, y hasta una familia en sí, y no ya un puro individuo. El Dios de la fe es personal; es persona, porque incluye tres personas, puesto que la personalidad no se siente aislada. Una persona aislada deja de serlo. ¿A quién, en efecto, amaría? Y, si no ama, no es persona. Ni cabe amarse a sí mismo siendo simple y sin desdoblarse por el amor.

Fue el sentir a Dios como a Padre lo que trajo consigo la fe en la Trinidad. Porque un Dios Padre no puede ser un Dios soltero, esto es, solitario. Un padre es siempre padre de familia. Y el sentir a Dios como Padre ha sido una perenne sugestión a concebirlo, no ya antropomórficamente, es decir, como a hombre —*anthropos*—, sino andromórficamente, como a varón —*aner*—. A Dios Padre, en efecto, concíbelo la imaginación popular cristiana como a un varón. Y es porque el hombre, *homo*, ἄνθρωπος, no se nos presenta sino como varón, *vir*, ἀνήρ, o como mujer, *mulier*, γυνή. A lo que puede añadirse el niño, que es neutro. Y de aquí para completar con la imaginación la necesidad sentimental de un Dios hombre perfecto, esto es, familia, el culto al Dios Madre, a la Virgen María, y el culto al niño Jesús.

El culto a la Virgen, en efecto, la mariolatría, que ha ido poco a poco elevando en dignidad lo divino de la Virgen hasta casi deificarla, no responde sino a la necesidad sentimental de que Dios sea hombre perfecto, de que entre la feminidad en Dios. Desde la expresión de Madre de Dios, θεοτόκος *deipara*, ha ido la piedad católica exaltando a la Virgen María hasta declararla corredentora y proclamar dogmática su concepción sin mancha de pecado original, lo que la pone ya entre la Humanidad y la Divinidad y más cerca de esta que de aquella. Y alguien ha manifestado su sospecha de que, con el tiempo, acaso se llegue a hacer de ella algo así como una persona divina más.

Y tal vez no por esto la Trinidad se convirtiese en Cuaternidad. Si πνεῦμα, «espíritu» en griego, en vez de ser neutro fuese femenino, ¿quién sabe si no se hubiese hecho ya de la Virgen María una encarnación o humanación del Espíritu Santo? El texto del Evangelio, según Lucas en el versillo 35 del capítulo I, donde se narra la Anunciación por el ángel Gabriel que le dice: «El Espíritu Santo vendrá sobre ti», πνεῦμα ἅγιον ἐπελεύσεται ἐπί σε, habría bastado para una encendida piedad que sabe siempre plegar a sus deseos la especulación teológica. Y habríase hecho un trabajo dogmático paralelo al de la divinización de Jesús, el Hijo, y su identificación con el Verbo.

De todos modos, el culto a la Virgen, a lo eterno femenino, o más bien a lo divino femenino, a la maternidad divina, acude a completar la personalización de Dios haciéndole familia.

En uno de mis libros (*Vida de Don Quijote y Sancho*, segunda parte, cap. LXVII) he dicho que «Dios era y es en nuestras mentes masculino. Su modo de juzgar y condenar a los hombres, modo de varón, no de persona humana por encima de sexo; modo de Padre. Y para compensarlo hacía falta la Madre, la Madre que perdona siempre, la Madre que abre siempre los brazos al hijo cuando huye este de la mano levantada o del ceño fruncido del irritado padre; la Madre en cuyo regazo se busca como consuelo una oscura remembranza de aquella tibia paz de la inconciencia que dentro de él fue el alba que precedió a nuestro nacimiento y un dejo de aquella dulce leche que embalsamó nuestros sueños de inocencia; la Madre que no conoce más justicia que el perdón ni más ley que el amor. [...] Nuestra pobre e imperfecta concepción de un Dios varón, de un Dios con largas barbas y voz de trueno, de un Dios que impone preceptos y pronuncia sentencias, de un

Dios Amo de casa, *Pater familias* a la romana, necesitaba compensarse y completarse; y como en el fondo no podemos concebir al Dios personal y vivo, no ya por encima de rasgos humanos, mas ni aun por encima de rasgos varoniles, y menos un Dios neutro o hermafrodita, acudimos a darle un Dios femenino y junto al Dios Padre hemos puesto a la Diosa Madre, a la que perdona siempre, porque, como mira con amor ciego, ve siempre el fondo de la culpa y en ese fondo la justicia única del perdón [...]».

A lo que debo ahora añadir que no solo no podemos concebir al Dios vivo y entero como solamente varón, sino que no le podemos concebir como solamente individuo, como proyección de un yo solitario, fuera de sociedad, de un yo en realidad abstracto. Mi yo vivo es un yo que es en realidad un nosotros; mi yo vivo, personal, no vive sino en los demás, de los demás y por los demás yos; procedo de una muchedumbre de abuelos y en mí los llevo en extracto, y llevo a la vez en mí en potencia una muchedumbre de nietos, y Dios, proyección de mi yo al infinito —o más bien yo proyección de Dios a lo finito— es también muchedumbre. Y de aquí, para salvar la personalidad de Dios, es decir, para salvar al Dios vivo, la necesidad de fe —esto es sentimental e imaginativa— de concebirle y sentirle con una cierta multiplicidad interna.

El sentimiento pagano de divinidad viva obvió a esto con el politeísmo. Es el conjunto de sus dioses, la república de estos, lo que constituye realmente su Divinidad. El verdadero Dios del paganismo helénico es más bien que Zeus Padre (*Júpiter*) la sociedad toda de los dioses y semidioses. Y de aquí la solemnidad de la invocación de Demóstenes cuando invocaba a los dioses todos, y a todas las diosas: τοῖς θεοῖς εὔχομαι πᾶσι καὶ πάσαις. Y cuando los razonadores sustantivaron el término dios, θεός, que es propiamente un adjetivo, una cualidad predicada de cada uno de los dioses, y le añadieron un artículo, forjaron *el* dios —ὁ θεός— abstracto o muerto del racionalismo filosófico, una cualidad sustantivada y falta de personalidad por lo tanto. Porque *el* dios no es más que *lo* divino. Y es que de sentir la divinidad en todo no puede pasarse, sin riesgo para el sentimiento, a sustantivarla y hacer de la Divinidad Dios. Y el Dios aristotélico, el de las pruebas lógicas, no es más que la Divinidad, un concepto y no una persona viva a que se pueda sentir y con la que pueda por el amor comunicarse el hombre. Ese Dios que no es sino un adjetivo sustantivado, es un dios constitucional que reina, pero no gobierna; la Ciencia es su carta constitucional.

Y en el propio paganismo grecolatino, la tendencia al monoteísmo vivo se ve en concebir y sentir a Zeus como padre, Ζεῦς πατηρ que le llama Homero, *Iu–piter* o sea *Iu–pater* entre los latinos, y padre de toda una dilatada familia de dioses y diosas que con él constituyen la Divinidad.

De la conjunción del politeísmo pagano con el monoteísmo judaico, que había tratado por otros medios de salvar la personalidad de Dios, resultó el sentimiento del Dios católico, que es sociedad, como era sociedad ese Dios pagano de que dije, y es uno como el Dios de Israel acabó siéndolo. Y tal es la Trinidad cuyo más hondo sentido rara vez ha logrado comprender el deísmo racionalista, más o menos impregnado de cristianismo, pero siempre unitariano o sociniano.

Y es que sentimos a Dios, más bien que como una conciencia sobrehumana, como la conciencia misma del linaje humano todo, pasado, presente y futuro, como la conciencia colectiva de todo el linaje, y, aún más, como la conciencia total e infinita que abarca y sostiene las conciencias todas, infrahumanas, humanas y acaso sobrehumanas. La divinidad que hay en todo, desde la más baja, es decir, desde la menos conciente forma viva hasta la más alta, pasando por nuestra conciencia humana, la sentimos personalizada, conciente de sí misma, en Dios. Y a esa gradación de conciencias, sintiendo el salto de la nuestra humana a la plenamente divina, a la universal, responde la creencia en los ángeles, con sus diversas jerarquías, como intermedios entre nuestra conciencia humana y la de Dios. Gradaciones que una fe coherente consigo misma ha de creer infinitas, pues solo por infinito número de grados puede pasarse de lo finito a lo infinito.

El racionalismo deísta concibe a Dios como Razón del Universo, pero su lógica le lleva a concebirlo como una razón impersonal, es decir, como una idea, mientras el vitalismo deísta siente e imagina a Dios como Conciencia, y, por lo tanto, como persona o más bien como sociedad de personas. La conciencia de cada uno de nosotros, en efecto, es una sociedad de personas; en mí viven varios yos, y hasta los yos de aquellos con quienes vivo.

El Dios del racionalismo deísta, en efecto, el Dios de las pruebas lógicas de su existencia, el *ens realissimum* y primer motor inmóvil, no es más que una Razón suprema, pero en el mismo sentido en que podemos llamar razón de la caída de los cuerpos a la ley de la gravitación universal, que es su explicación. Pero dirá alguien que esa que llamamos ley de la gravitación universal, u otra cualquiera ley o un principio matemático es una realidad propia e independiente, es un ángel, es algo que tiene conciencia de sí y de los demás, ¿que es persona? No, no es más que una idea sin realidad fuera de la mente del que la concibe. Y así ese Dios Razón o tiene conciencia de sí, o carece de realidad fuera de la mente de quien lo concibe. Y si tiene conciencia de sí, es ya una razón personal, y entonces todo el valor de aquellas pruebas se desvanece, porque las tales pruebas solo probaban una razón, pero no una conciencia suprema. Las matemáticas prueban un orden, una constancia, una razón en la serie de los fenómenos mecánicos, pero no prueban que esa razón sea conciente de sí. Es una necesidad lógica, pero la necesidad lógica no prueba la necesidad teleológica o finalista. Y donde no hay finalidad no hay personalidad tampoco, no hay conciencia.

El Dios, pues, racional, es decir el Dios que no es sino Razón del Universo, se destruye a sí mismo en nuestra mente en cuanto tal Dios, y solo renace en nosotros cuando en el corazón lo sentimos como persona viva, como Conciencia, y no ya solo como Razón impersonal y objetiva del Universo. Para explicarnos racionalmente la construcción de una máquina nos basta conocer la ciencia mecánica del que la construyó; pero para comprender que la tal máquina exista, pues que la Naturaleza no las hace y sí los hombres, tenemos que suponer un ser conciente constructor. Pero esta segunda parte del razonamiento no es aplicable a Dios, aunque se diga que en Él la ciencia mecánica y el mecanismo constructores de la máquina son una sola y misma cosa. Esta identificación no es racionalmente sino una petición de principio. Y así es como la razón destruye a esa Razón suprema en cuanto persona.

No es la razón humana, en efecto, razón que a su vez tampoco se sustenta sino sobre lo irracional, sobre la conciencia vital toda, sobre la voluntad y el sentimiento; no es esa nuestra razón la que puede probarnos la existencia de una Razón Suprema, que tendría a su vez que sustentarse sobre lo Supremo Irracional, sobre la Conciencia Universal. Y la revelación sentimental e imaginativa, por amor, por fe, por obra de personalización, de esa Conciencia Suprema, es la que nos lleva a creer en el Dios vivo.

Y este Dios, el Dios vivo, tu Dios, nuestro Dios, está en mí, está en ti, vive en nosotros, y nosotros vivimos, nos movemos y somos en Él. Y está en nosotros por el hambre que de Él tenemos, por el anhelo, haciéndose apetecer. Y es el Dios de los humildes, porque Dios escojió lo necio del mundo para avergonzar a los sabios, y lo flaco para avergonzar a lo fuerte, según el Apóstol (1 Cr I, 27). Y es Dios en cada uno según cada uno lo siente y según le ama. «Si de dos hombres —dice Kierkegaard— reza el uno al verdadero Dios con insinceridad personal, y el otro con la pasión toda de la infinitud reza a un ídolo, es el primero el que en realidad ora a un ídolo, mientras que el segundo ora en verdad a Dios.» Mejor es decir que es Dios verdadero Aquel a quien se reza y se anhela de verdad. Y hasta la superstición misma puede ser más reveladora que la teología. El viejo Padre de luengas barbas y melenas blancas, que aparece entre nubes llevando la bola del mundo en la mano, es más vivo y más verdadero que el *ens realissimum* de la teodicea.

La razón es una fuerza analítica, esto es, disolvente, cuando dejando de obrar sobre la forma de las intuiciones, ya sean del instinto individual de conservación, ya del instinto social de perpetuación, obra sobre el fondo, sobre la materia misma de ellas. La razón ordena las percepciones sensibles que nos da el mundo material; pero, cuando su análisis se ejerce sobre la realidad de las percepciones mismas, nos las disuelve y nos sume en un mundo aparencial, de sombras sin consistencia, porque la razón fuera de lo formal es nihilista, aniquiladora. Y el mismo terrible oficio cumple cuando sacándola del suyo propio la llevamos a escudriñar las intuiciones imaginativas que nos da el mundo espiritual. Porque la razón aniquila y la imaginación *entera* integra o totaliza; la razón por sí sola mata y la imaginación es la que da vida. Si bien es cierto que la imaginación por sí sola, al darnos vida sin límite nos lleva a confundirnos con todo, y en cuanto individuos, nos mata también, nos mata por exceso de vida. La razón, la cabeza, nos dice: ¡nada!, la imaginación, el corazón, nos dice: ¡todo!, y entre nada y todo, fundiéndose el todo y la nada en nosotros, vivimos en Dios, que es todo, y vive Dios en nosotros que, sin Él, somos nada. La razón repite: ¡vanidad de vanidades, y todo vanidad! Y la imaginación replica: ¡plenitud de plenitudes, y todo plenitud! Y así vivimos la vanidad de la plenitud, o la plenitud de la vanidad.

Y tan de las entrañas del hombre arranca esta necesidad vital de vivir un mundo ilógico, irracional, personal o divino, que cuantos no creen en Dios o creen no creer en Él creen en cualquier diosecillo, o siquiera en un demoniejo, o en un agüero, o en una herradura que encontraron por acaso al azar de los caminos, y que guardan sobre su corazón para que les traiga buena suerte y les defienda de esa misma razón de que se imaginan ser fieles servidores y devotos.

El Dios de que tenemos hambre es el Dios a que oramos, el Dios del *pater noster*, de la oración dominical; el Dios a quien pedimos, ante todo y sobre todo, démonos o no de esto cuenta, que nos infunda fe, fe en Él mismo, que haga que creamos en Él, que se haga Él en nosotros, el Dios a quien pedimos que sea santificado su nombre y que se haga su voluntad —su voluntad, no su razón—, así en la tierra como en el cielo; mas sintiendo que su voluntad no puede ser sino la esencia de nuestra voluntad, el deseo de persistir eternamente.

Y tal es el Dios del amor, sin que sirva el que nos pregunten como sea, sino que cada cual consulte a su corazón y deje a su fantasía que se lo pinte en las lontananzas del Universo, mirándole por sus millones de ojos, que son los luceros del cielo de la noche. Ese en que crees, lector, ese es tu Dios, el que ha vivido contigo en ti, y nació contigo y fue niño cuando eras tú niño, y fue haciéndose hombre según tú te hacías hombre y que se te disipa cuando te disipas, y que es tu principio de continuidad en la vida espiritual, porque es el principio de solidaridad entre los hombres todos y en cada hombre, y de los hombres con el Universo y que es como tú, persona. Y si crees en Dios, Dios cree en ti, y creyendo en ti te crea de continuo. Porque tú no eres en el fondo sino la idea que de ti tiene Dios; pero una idea viva, como de Dios vivo y conciente de sí, como de Dios Conciencia, y fuera de lo que eres en la sociedad no eres nada.

¿Definir a Dios? Sí, ese es nuestro anhelo; ese era el anhelo del hombre Jacob, cuando luchando la noche toda, hasta el rayar del alba, con aquella fuerza divina, decía: ¡Dime, te lo ruego, tu nombre! (Gn XXXII, 29). Y oíd lo que aquel gran predicador cristiano, Federico Guillermo Robertson, predicaba en la capilla de la Trinidad, de Brighton, el 10 de junio de 1849, diciendo:* «Y esta es nuestra lucha —*la* lucha—. Que baje un hombre veraz a las profundidades de su propio ser y nos responda: ¿cuál es el grito que le llega de la parte más real de su naturaleza? ¿Es pidiendo el pan de cada día? Jacob pidió en *su primera* comunión con Dios esto; pidió seguridad, conservación. ¿Es acaso el que se nos perdonen nuestros pecados? Jacob tenía un pecado por perdonar; mas en este, el más solemne momento de su existencia, no pronunció una sílaba respecto a él. ¿O es acaso esto: "Santificado sea tu nombre"? No, hermanos míos. De nuestra frágil, aunque humilde humanidad, la petición que surja en las horas más terrenales de nuestra religión puede ser esta de: ¡Salva mi alma!; pero en los momentos menos terrenales es esta otra: ¡Dime tu nombre!

»Nos movemos por un mundo de misterio, y la más profunda cuestión es la de cuál es el ser que nos está cerca siempre, a las veces sentido, jamás visto —que es lo que nos ha obsesionado desde la niñez con un sueño de algo soberanamente hermoso y que jamás se nos aclara—, que es lo que a las veces

* *Sermons by the Rev. Frederick W. Robertson*, M.A. Collection of British Authors, Leipzig, Tanchnitz, I, p. 46.

pasa por el alma como una desolación, como el soplo de las alas del Ángel de la Muerte, dejándonos aterrados y silenciosos en nuestra soledad —lo que nos ha tocado en lo más vivo, y la carne se ha estremecido de agonía, y nuestros afectos mortales se han contraído de dolor—, que es lo que nos viene en aspiraciones de nobleza y concepciones de sobrehumana excelencia. ¿Hemos de llamarle Ello o Él? [*It or Her?*] ¿Qué es Ello? ¿Quién es Él? Estos presentimientos de inmortalidad y de Dios ¿qué son? ¿Son meras ansias de mi propio corazón no tomadas por algo vivo fuera de mí? ¿Son el sonido de mis propios anhelos que resuenan por el vasto vacío de la nada? ¿O he de llamarlas Dios, Padre, Espíritu, Amor? ¿Un ser vivo dentro o fuera de mí? Dime tu nombre, tú, ¡terrible misterio del amor! Tal es la lucha de toda mi vida seria».

Así Robertson. A lo que he de hacer notar que: ¡dime tu nombre!, no es en el fondo otra cosa que: ¡salva mi alma! Le pedimos su nombre para que salve nuestra alma, para que salve el alma humana, para que salve la finalidad humana del Universo. Y si nos dicen que se llama Él, que es o *ens realissimum* o Ser Supremo o cualquier otro nombre metafísico, no nos conformamos, pues sabemos que todo nombre metafísico es equis, y seguimos pidiéndole su nombre. Y solo hay un nombre que satisfaga a nuestro anhelo, y este nombre es Salvador, Jesús. Dios es el amor que salva:

*Fot the loving worm within its clod,*
*were diviner than a loveless God*
*amid his worlds, I will dare to say.*

«Me atreveré a decir que el gusano que ama en su terrón sería más divino que un dios sin amor entre sus mundos», dice Roberto Browning (*Christmas-Eve and Easter-Day*). Lo divino es el amor, la voluntad personalizadora y eternizadora, la que siente hambre de eternidad y de infinitud.

Es a nosotros mismos, es nuestra eternidad lo que buscamos en Dios, es que nos divinice. Fue ese mismo Browning el que dijo («*Saul*» en *Dramatic Lyrics*):

*'Tis the weakness in strength, that I cry for! my flesh that I seek in the Godhead!*

«¡Es la debilidad en la fuerza por lo que clamo; mi carne lo que busco en la Divinidad!»

Pero este Dios que nos salva, este Dios personal, Conciencia del Universo que envuelve y sostiene nuestras conciencias, este Dios que da finalidad humana a la creación toda, ¿existe? ¿Tenemos pruebas de su existencia?

Lo primero que aquí se nos presenta es el sentido de la noción esta de existencia. ¿Qué es existir y cómo son las cosas de que decimos que no existen?

Existir en la fuerza etimológica de su significado es estar fuera de nosotros, fuera de nuestra mente: *exsistere*. Pero ¿es que hay algo fuera de nuestra mente, fuera de nuestra conciencia que abarca a lo conocido todo? Sin duda que lo hay. La materia del conocimiento nos viene de fuera. ¿Y cómo es esa materia? Imposible saberlo, porque conocer es informar la materia, y no cabe, por lo tanto, conocer lo informe como informe. Valdría tanto como tener ordenado el caos.

Este problema de la existencia de Dios, problema racionalmente insoluble, no es en el fondo sino el problema de la conciencia, de la *ex–sistencia* y no de la *in–sistencia* de la conciencia, el problema mismo de la existencia sustancial del alma, el problema mismo de la perpetuidad del alma humana, el problema mismo de la finalidad humana del Universo.

Creer en un Dios vivo y personal, en una conciencia eterna y universal que nos conoce y nos quiere, es creer que el Universo existe *para* el hombre. Para el hombre o para una conciencia en el orden de la humana, de su misma naturaleza, aunque sublimada, de una conciencia que nos conozca, y en cuyo seno viva nuestro recuerdo para siempre.

Acaso en un supremo y desesperado esfuerzo de resignación llegáramos a hacer, ya lo he dicho, el sacrificio de nuestra personalidad si supiéramos que al morir iba a enriquecer una Personalidad, una Conciencia Suprema; si supiéramos que el Alma Universal se alimenta de nuestras almas y de ellas necesita. Podríamos tal vez morir en una desesperada resignación o en una desesperación resignada entregando nuestra alma al alma de la Humanidad, legando nuestra labor, la labor que lleva el sello de nuestra persona, si esa Humanidad hubiera de legar a su vez su alma a otra alma cuando al cabo se extinga la conciencia sobre esta Tierra de dolor de ansias. Pero ¿y si no ocurre así?

Y si el alma de la Humanidad es eterna, si es eterna la conciencia colectiva humana, si hay una Conciencia del Universo y esta es eterna, ¿por qué nuestra propia conciencia individual, la tuya, lector, la mía no ha de serlo?

¿En todo el vasto Universo habría de ser esto de la conciencia que se conoce, se quiere y se siente, una excepción unida a un organismo que no puede vivir sino entre tales y cuales grados de calor, un pasajero fenómeno? No es, no, una mera curiosidad lo de querer saber si están o no los astros habitados por organismos vivos animados, por conciencias hermanas de las nuestras, y hay un profundo anhelo en el ensueño de la trasmigración de nuestras almas por los astros que pueblan las vastas lontananzas del cielo. El sentimiento de lo divino nos hace desear y creer que todo es animado, que la conciencia, en mayor o menor grado, se extiende a todo. Queremos no solo salvarnos, sino salvar al mundo de la nada. Y para esto Dios. Tal es su finalidad sentida.

¿Qué sería un universo sin conciencia alguna que lo reflejase y lo conociese? ¿Qué sería la razón objetivada, sin voluntad ni sentimiento? Para nosotros lo mismo que la nada; mil veces más pavoroso que ella.

Si tal supuesto llega a ser realidad, nuestra vida carece de valor y de sentido.

No es, pues, necesidad racional, sino angustia vital, lo que nos lleva a creer en Dios. Y creer en Dios es ante todo y sobre todo, he de repetirlo, sentir hambre de Dios, hambre de divinidad, sentir su ausencia y vacío, querer que Dios exista. Y es querer salvar la finalidad humana del Universo. Porque hasta podría llegar uno a resignarse a ser absorbido por Dios si en una Conciencia se funda nuestra conciencia, si es la conciencia el fin del Universo.

«Dijo el malvado en su corazón: no hay Dios.» Y así es en verdad. Porque un justo puede decirse en su cabeza: ¡Dios no existe! Pero en el corazón solo puede decírselo el malvado. No creer que haya Dios o creer que no le haya es una cosa; resignarse a que no le haya es otra, aunque inhumana y horrible; pero no querer que le haya excede a toda otra monstruosidad moral. Aunque de hecho los que reniegan de Dios es por desesperación de no encontrarlo.

Y ahora viene de nuevo la pregunta racional, esfíngica —la Esfinge, en efecto, es la razón— de: ¿existe Dios? Esa persona eterna y eternizadora que da sentido —y no añadiré «humano», porque no hay otro— al universo, ¿es algo sustancial fuera de nuestra conciencia, fuera de nuestro anhelo? He aquí algo insoluble, y vale más que así lo sea. Bástele a la razón el no poder probar la imposibilidad de su existencia.

Creer en Dios es anhelar que le haya y es además conducirse como si le hubiera; es vivir de ese anhelo y hacer de él nuestro íntimo resorte de acción. De este anhelo o hambre de divinidad surge la esperanza; de esta la fe y de la fe y la esperanza, la caridad; de ese anhelo arrancan los sentimientos de belleza, de finalidad, de bondad.

Veámoslo.

## Capítulo IX

### Fe, esperanza y caridad

*Sanctiusque ac reverentius visum*
*de actis deorum credere quam scire.*

TÁCITO, *Germania*, 34

A este Dios cordial o vivo se llega, y se vuelve a Él cuando por el Dios lógico o muerto se le ha dejado por camino de fe y no de convicción racional o matemática.

¿Y qué cosa es fe?

Así pregunta el catecismo de la doctrina cristiana que se nos enseñó en la escuela, y contesta así: creer lo que no vimos.

A lo que hace ya una docena de años corregí en un ensayo diciendo: «¡Creer lo que no vimos, no!, sino crear lo que no vemos». Y antes os he dicho que creer en Dios es, en primera instancia al menos, querer que le haya, anhelar la existencia de Dios.

La virtud teologal de la fe es, según el apóstol Pablo, cuya definición sirve de base a las tradicionales disquisiciones cristianas sobre ella, «la sustancia de las cosas que se espera, la demostración de lo que no se ve». ἐλπιζομένων ὑπόστασις, πραγμάτων ἔλεγχος οὐ βλεπομένων (Hb XI, 1).

La sustancia, o más bien el sustento o base de la esperanza, la garantía de ella. Lo cual conexiona, y más que conexiona subordina, la fe a la esperanza. Y de hecho no es que esperamos porque creemos, sino más bien que creemos porque esperamos. Es la esperanza en Dios, esto es, el ardiente anhelo de que haya un Dios que garantice la eternidad de la conciencia lo que nos lleva a creer en Él.

Pero la fe, que es al fin y al cabo algo compuesto en que entra un elemento conocitivo, lógico o racional juntamente con uno afectivo, biótico o sentimental, y en rigor irracional, se nos presenta en forma de conocimiento. Y de aquí la insuperable dificultad de separarla de un dogma cualquiera. La fe pura, libre de dogmas, de que tanto escribí en un tiempo, es un fantasma. Ni con inventar aquello de la fe en la fe misma se salía del paso. La fe necesita una materia en que ejercerse.

El creer es una forma de conocer, siquiera no fuese otra cosa que conocer nuestro anhelo vital y hasta formularlo. Solo que el término «creer» tiene en nuestro lenguaje corriente una doble y hasta contradictoria significación, queriendo decir, por una parte, el mayor grado de adhesión de la mente a un conocimiento como verdadero, y, de otra parte, una débil y vacilante adhesión. Pues si en un sentido creer algo es el mayor asentimiento que cabe dar, la expresión «creo que sea así, aunque no estoy de ello seguro» es corriente y vulgar.

Lo cual responde a lo que respecto a la incertidumbre, como base de fe, dijimos. La fe más robusta, en cuanto distinta de todo otro conocimiento que no sea *pístico* o de fe —fiel como si dijéramos—, se basa en incertidumbre. Y es porque la fe, la garantía de lo que se espera, es, más que adhesión racional a un principio teórico, confianza en la persona que nos asegura algo. La fe supone un elemento personal objetivo. Mas bien que creemos algo, creemos a alguien que nos promete o asegura esto o lo otro. Se cree a una persona y a Dios en cuanto persona y personalización del Universo.

Este elemento personal, o religioso, en la fe es evidente. La fe, suele decirse, no es en sí ni un conocimiento teórico o adhesión racional a una verdad, ni se explica tampoco suficientemente su esencia por la confianza en Dios. «La fe es la sumisión íntima a la autoridad espiritual de Dios, la obediencia inmediata. Y en cuanto esta obediencia es el medio de alcanzar un principio racional es la fe una convicción personal.» Así dice Seeberg.*

La fe que definió san Pablo, la πίστις, *pistis* griega, se traduce mejor por «confianza». La voz *pistis,* en efecto, procede del verbo πείθω, *peitho,* que si en su voz activa significa «persuadir», en la media equivale a «confiar en uno», «hacerle caso», «fiarse de él», «obedecer». Y fiarse, *fidare se,* procede del tema *fid* —de donde *fides,* «fe», y de donde también «confianza»—. Y el tema griego πιθ —*pith*— y el latino —*fid*— parecen hermanos. Y en resolución, que la voz misma «fe» lleva en su origen implícito el sentido de confianza, de rendimiento a una voluntad ajena, a una persona. Solo se confía en las personas. Confíase en la Providencia que concebimos como algo personal y conciente, no en el Hado, que es algo impersonal. Y así se cree en quien nos dice la verdad, en quien nos da la esperanza; no en la verdad misma directa e inmediatamente, no en la esperanza misma.

Y este sentido personal o más bien personificante de la fe se delata hasta en sus formas más bajas, pues es el que produce la fe en la ciencia infusa, en la inspiración, en el milagro. Conocido es, en efecto, el caso de aquel médico parisiense que, al ver que en su barrio le quitaba un curandero la clientela, trasladose a otro, al más distante, donde por nadie era conocido, anunciándose como curandero y conduciéndose como tal. Y, al denunciarle por ejercicio ilegal de la medicina, exhibió su título, viniendo a decir poco más o menos esto: «Soy médico pero, si como tal me hubiese anunciado, no habría obtenido la clientela que como curandero tengo; mas ahora, al saber mis clientes que he estudiado medicina y poseo título de médico, huirán de mí a un curandero que les ofrezca la garantía de no haber estudiado, de curar por inspiración». Y es que se desacredita al médico a quien se le prueba que no posee título ni hizo estudios, y se desacredita al curandero a quien se le prueba que los hizo y que es médico titulado. Porque unos creen en la ciencia, en el estudio,

* Reinold Seeberg, *Christliche-protestantische Ethik*, en la *Systematische christliche Religion*, de la colección «*Die Kultur der Gegenwart*».

y otros creen en la persona, en la inspiración y hasta en la ignorancia.

«Hay una distinción en la geografía del mundo que se nos presenta cuando establecemos los diferentes pensamientos y deseos de los hombres respecto a su religión. Recordemos cómo el mundo todo está en general dividido en dos hemisferios por lo que a esto hace. Una mitad del mundo, el gran Oriente oscuro, es místico. Insiste en no ver cosa alguna demasiado claro. Poned distinta y clara una cualquiera de las grandes ideas de la vida, e inmediatamente le parece al oriental que no es verdadera. Tiene un instinto que le dice que los más vastos pensamientos son demasiado vastos para la mente humana, y que, si se presentan en formas de expresión que la mente humana puede comprender, se violenta su naturaleza y se pierde su fuerza. Y, por otra parte, el occidental exige claridad y se impacienta con el misterio. Le gusta una proposición definida tanto como a su hermano del Oriente la desagrada. Insiste en saber lo que significan para su vida personal las fuerzas eternas e infinitas, cómo han de hacerle personalmente más feliz y mejor y casi cómo han de construir la casa que le abrigue y cocerle la cena en el fogón... Sin duda hay excepciones; místicos en Boston y San Luis, hombres atenidos a los hechos en Bombay y Calcuta. Ambas disposiciones de ánimo no pueden estar separadas una de otra por un océano o una cordillera. En ciertas naciones y tierras, como, por ejemplo, entre los judíos y en nuestra propia Inglaterra, se mezclan mucho. Pero, en general, dividen así el mundo. El Oriente cree en la luz de luna del misterio; el Occidente, en el mediodía del hecho científico. El Oriente pide al Eterno vagos impulsos; el Occidente coje el presente con lijera mano y no quiere soltarlo hasta que le dé motivos razonables, inteligibles. Cada uno de ellos entiende mal al otro, desconfía de él, y hasta en gran parte le desprecia. Pero ambos hemisferios juntos, y no uno de ellos por sí, forman el mundo todo.» Así dijo en uno de sus sermones el Rvdo. Phillips Brooks, obispo que fue de Massachusetts, el gran predicador unitariano (v. *The Mystery of Iniquity and Other Sermons*, sermón XII).

Podríamos más bien decir que en el mundo todo, lo mismo en Oriente que en Occidente, los racionalistas buscan la definición y creen en el concepto, y los vitalistas buscan la inspiración y creen en la persona. Los unos estudian el Universo para arrancarle sus secretos; los otros rezan a la Conciencia del Universo, tratan de ponerse en relación inmediata con el Alma del mundo, con Dios, para encontrar garantía o sustancia a lo que esperan, que es no morirse, y demostración de lo que no ven.

Y como la persona es una voluntad y la voluntad se refiere siempre al porvenir, el que cree cree en lo que vendrá, esto es, en lo que espera. No se cree, en rigor, lo que es y lo que fue, sino como garantía, como sustancia de lo que será. Creer el cristiano en la resurrección de Cristo, es decir, creer a la tradición y al Evangelio —y ambas potencias son personales— que le dicen que el Cristo resucitó, es creer que resucitará él un día por la gracia de Cristo. Y hasta la fe científica, pues la hay, se refiere al porvenir y es acto de confianza. El hombre de ciencia cree que en tal día venidero se verificará un eclipse de Sol, cree que las leyes que hasta hoy han regido al mundo seguirán rigiéndolo.

Creer, vuelvo a decirlo, es dar crédito a uno, y se refiere a persona. Digo que sé que hay un animal llamado caballo, y que tiene estos y aquellos caracteres, porque lo he visto, y que creo en la existencia del llamado girafa u ornitorrinco, y que sea de este o el otro modo, porque creo a los que aseguran haberlo visto. Y de aquí el elemento de incertidumbre que la fe lleva consigo, pues una persona puede engañarse o engañarnos.

Mas, por otra parte, este elemento personal de la creencia le da un carácter afectivo, amoroso y sobre todo, en la fe religiosa, el referirse a lo que se espera. Apenas hay quien sacrificara la vida por mantener que los tres ángulos de un triángulo valgan dos rectos, pues tal verdad no necesita del sacrificio de nuestra vida; mas, en cambio, muchos han perdido la vida por mantener su fe religiosa, y es que los mártires hacen la fe más aún que la fe los mártires. Pues la fe no es la mera adhesión del intelecto a un principio abstracto, no es el reconocimiento de una verdad teórica en que la voluntad no hace sino movernos a entender; la fe es cosa de la voluntad, es movimiento del ánimo hacia una verdad práctica, hacia una persona, hacia algo que nos hace vivir y no tan solo comprender la vida.*

La fe nos hace vivir mostrándonos que la vida, aunque dependa de la razón, tiene en otra parte su manantial y su fuerza, en algo sobrenatural y maravilloso. Un espíritu singularmente equilibrado y muy nutrido de ciencia, el del matemático Cournot, dijo ya que es la tendencia a lo sobrenatural y a lo maravilloso lo que da vida, y que, a falta de eso, todas las especulaciones de la razón no vienen a parar sino a la aflicción de espíritu (*Traité de l'enchaînement des idées fondamentales dans les sciences et dans l'histoire*, § 329). Y es que queremos vivir.

Mas, aunque decimos que la fe es cosa de la voluntad, mejor sería acaso decir que es la voluntad misma, la voluntad de no morir, o más bien otra potencia anímica distinta de la inteligencia, de la voluntad y del sentimiento. Tendríamos, pues, el sentir, el conocer, el querer y el creer, o sea crear. Porque ni el sentimiento, ni la inteligencia, ni la voluntad crean, sino que se ejercen sobre materia dada ya, sobre materia dada por la fe. La fe es el poder creador del hombre. Pero, como tiene más íntima relación con la voluntad que con cualquiera otra de las potencias, la presentamos en forma volitiva. Adviértase, sin embargo, como querer creer, es decir, querer crear, no es precisamente creer o crear, aunque sí comienzo de ello.

La fe es, pues, si no potencia creativa, flor de la voluntad; y su oficio, crear. La fe crea, en cierto modo, su objeto. Y la fe en Dios consiste en crear a Dios, y, como es Dios el que nos da la fe en Él, es Dios el que se está creando a sí mismo de continuo en nosotros. Por la que dijo san Agustín: «Te buscaré, Señor, invocándote, y te invocaré creyendo en Ti. Te invoca, Señor, mi fe, la fe que me diste, que me inspiraste con la humanidad de tu Hijo, por el ministerio de tu predicador» (*Confesiones,* lib. I, cap. I). El poder de crear un Dios a nuestra imagen y semejanza, de personalizar el Universo, no significa otra cosa sino que llevamos a Dios dentro, como sustancia de

* Cotéjese santo Tomás, *Summa*, Secunda secundae, quaestio 4, art. 2.

lo que esperamos, y que Dios nos está de continuo creando a su imagen y semejanza.

Y se crea a Dios, es decir, se crea Dios a sí mismo en nosotros por la compasión, por el amor. Creer en Dios es amarle y temerle con amor, y se empieza por amarle aun antes de conocerle, y amándole es como se acaba por verle y descubrirle en todo.

Los que dicen creer en Dios, y ni le aman ni le temen, no creen en Él, sino en aquellos que les han enseñado que Dios existe, los cuales, a su vez con harta frecuencia, tampoco creen en Él. Los que sin pasión de ánimo, sin congoja, sin incertidumbre, sin duda, sin la desesperación en el consuelo, creen creer en Dios no creen sino en la idea Dios, mas no en Dios mismo. Y así como se cree en Él por amor, puede también creerse por temor, y hasta por odio, como creía en Él aquel ladrón Vanni Fucci, a quien el Dante hace insultarle con torpes gestos desde el infierno («Inf.», XXV, 1, 3). Que también los demonios creen en Dios, y muchos ateos.

¿No es, acaso, una manera de creer en Él esa furia con que le niegan y hasta le insultan los que no quieren que le haya, ya que no logran creer en Él? Quieren que exista como lo quieren los creyentes; pero siendo hombres débiles y pasivos o malvados, en quienes la razón puede más que la voluntad, se sienten arrastrados por aquella, bien a su íntimo pesar, y se desesperan y niegan por desesperación, y, al negar, afirman y crean lo que niegan, y Dios se revela en ellos, afirmándose por la negación de sí mismo.

Mas a todo esto se me dirá que enseñar que la fe crea su objeto es enseñar que el tal objeto no lo es sino para la fe, que carece de realidad objetiva fuera de la fe misma; como, por otra parte, sostener que hace falta la fe para contener o para consolar al pueblo es declarar ilusorio el objeto de la fe. Y lo cierto es que creer en Dios es hoy, ante todo y sobre todo, para los creyentes intelectuales querer que Dios exista.

Querer que exista Dios, y conducirse y sentir como si existiera. Y por este camino de querer su existencia, y obrar conforme a tal deseo, es como creamos a Dios, esto es, como Dios se crea en nosotros, como se nos manifiesta, se abre y se revela a nosotros. Porque Dios sale al encuentro de quien le busca con amor y por amor, y se hurta de quien le inquiere por fría razón no amorosa. Quiere Dios que el corazón descanse, pero que no descanse la cabeza, ya que en la vida física duerme y descansa a veces la cabeza, y vela y trabaja arreo el corazón. Y, así, la ciencia sin amor nos aparta de Dios, y el amor, aun sin ciencia y acaso mejor sin ella, nos lleva a Dios; y por Dios a la sabiduría. ¡Bienaventurados los limpios de corazón, porque ellos verán a Dios!

Y si se me preguntara cómo creo en Dios, es decir, cómo Dios se crea en mí mismo y se me revela, tendré acaso que hacer sonreír, reír o escandalizarse tal vez al que se lo diga.

Creo en Dios como creo en mis amigos, por sentir el aliento de su cariño y su mano invisible e intangible que me trae y me lleva y me estruja, por tener íntima conciencia de una providencia particular y de una mente universal que me traza mi propio destino. Y el concepto de la ley —¡concepto al cabo!— nada me dice ni me enseña.

Una y otra vez durante mi vida heme visto en trance de suspensión sobre el abismo; una y otra vez heme encontrado sobre encrucijadas en que se me abría un haz de senderos, tomando uno de los cuales renunciaba a los demás, pues que los caminos de la vida son irrevertibles, y una y otra vez en tales únicos momentos he sentido el empuje de una fuerza conciente, soberana y amorosa. Y ábresele a uno luego la senda del Señor.

Puede uno sentir que el Universo le llama y le guía como una persona a otra, oír en su interior su voz sin palabras que le dice: ¡ve y predica a los pueblos todos! ¿Cómo sabéis que un hombre que se os está delante tiene una conciencia como vosotros, y que también la tiene, más o menos oscura, un animal y no una piedra? Por la manera como el hombre, a modo de hombre, a vuestra semejanza se conduce con vosotros, y la manera como la piedra no se conduce para con vosotros, sino que sufre vuestra conducta. Pues así es como creo que el Universo tiene una cierta conciencia como yo, por la manera como se conduce conmigo humanamente, y siento que una personalidad me envuelve.

Ahí está una masa informe; parece una especie de animal; no se le distinguen miembros; solo veo dos ojos, y ojos que me miran con mirada humana, de semejante, mirada que me pide compasión, y oigo que respira. Y concluyo que en aquella masa informe hay una conciencia. Y así, y no de otro modo, mira al creyente el cielo estrellado, con mirada sobrehumana, divina, que le pide suprema compasión y amor supremo, y oye en la noche serena la respiración de Dios que le toca en el cogollo del corazón, y se revela a él. Es el Universo que vive, sufre, ama y pide amor.

De amar estas cosillas de tomo que se nos van como se nos vinieron, sin tenernos apego alguno, pasamos a amar las cosas más permanentes y que no pueden agarrarse con las manos; de amar los bienes pasamos a amar el Bien; de las cosas bellas, a la Belleza; de lo verdadero, a la Verdad; de amar los goces, a amar la Felicidad, y, por último, a amar al Amor. Se sale uno de sí mismo para adentrarse más en su Yo supremo; la conciencia individual se nos sale a sumergirse en la Conciencia total de que forma parte, pero sin disolverse en ella. Y Dios no es sino el Amor que surge del dolor universal y se hace conciencia.

Aun esto, se dirá, es moverse en un cerco de hierro, y tal Dios no es objetivo. Y aquí convendría darle a la razón su parte y examinar qué sea eso de que algo existe, es objetivo.

¿Qué es, en efecto, existir, y cuándo decimos que una cosa existe? Existir es ponerse algo de tal modo fuera de nosotros que precediera a nuestra percepción de ello y pueda subsistir fuera cuando desaparezcamos. ¿Y estoy acaso seguro de que algo me precediera o de que algo me ha de sobrevivir? ¿Puede mi conciencia saber que hay algo fuera de ella? Cuanto conozco o puedo conocer está en mi conciencia. No nos enredemos, pues, en el insoluble problema de otra objetividad de nuestras percepciones, sino que existe cuanto obra, y existir es obrar.

Y aquí volverá a decirse que no es Dios, sino la idea de Dios, la que obra en nosotros. Y diremos que Dios por su idea, y más bien muchas veces por sí mismo. Y volverán a redargüirnos pidiéndonos pruebas de la verdad objetiva de la existencia de Dios, pues que pedimos señales. Y tendremos que preguntar con Pilato: ¿qué es la verdad?

Así preguntó, en efecto, y sin esperar respuesta, volviose a lavarse las manos para sincerarse de haber dejado condenar a muerte al Cristo. Y así preguntan muchos «¿qué es verdad?» sin ánimo alguno de recibir respuesta, y solo para volverse a lavarse las manos del crimen de haber contribuido a matar a Dios de la propia conciencia o de las conciencias ajenas.

¿Qué es verdad? Dos clases hay de verdad, la lógica u objetiva, cuyo contrario es el error, y la moral o subjetiva a que se opone la mentira. Y ya en otro ensayo he tratado de demostrar cómo el error es hijo de la mentira.*

La verdad moral, camino para llegar a la otra, también moral, nos enseña a cultivar la ciencia, que es ante todo y sobre todo una escuela de sinceridad y de humildad. La ciencia nos enseña, en efecto, a someter nuestra razón a la verdad y a conocer y a juzgar las cosas como ellas son; es decir, como ellas quieren ser, y no como nosotros queremos que ellas sean. En una investigación religiosamente científica, son los datos mismos de la realidad, son las percepciones que del mundo recibimos las que en nuestra mente llegan a formularse en ley, y no somos nosotros los que las formulamos. Son los números mismos los que en nosotros hacen matemáticas. Y es la ciencia la más recojida escuela de resignación y de humildad, pues nos enseña a doblegarnos ante el hecho, al parecer, más menudo. Y es pórtico de la religión; pero, dentro de esta, su función acaba.

Y es que, así como hay verdad lógica a que se opone el error y verdad moral a que se opone la mentira, hay también verdad estética o verosimilitud a que se opone el disparate, y verdad religiosa o de esperanza a que se opone la inquietud de la desesperanza absoluta. Pues ni la verosimilitud estética, la de lo que cabe expresar con sentido, es la verdad lógica, la de lo que se demuestra con razones, ni la verdad religiosa, la de la fe, la sustancia de lo que se espera, equivale a la verdad

* En mi ensayo «¿Qué es verdad?», publicado en *La España Moderna*, número de marzo de 1906, tomo 207.

moral, sino que se le sobrepone. El que afirma su fe a base de incertidumbre no miente ni puede mentir.

Y no solo no se cree con la razón ni aun sobre la razón o por debajo de ella, sino que se cree contra la razón. La fe religiosa, habrá que decirlo una vez más, no es ya tan solo irracional, es contrarracional. «La poesía es la ilusión antes del conocimiento; la religiosidad, la ilusión después del conocimiento. La poesía y la religiosidad suprimen el *vaudeville* de la mundana sabiduría de vivir. Todo individuo que no vive o poética o religiosamente es tonto.» Así nos dice Kierkegaard (*Afsluttende uvidenskabelig Efterskrift*, cap. 4, sect. II, A § 2), el mismo que nos dice también que el cristianismo es una salida desesperada. Y así es, pero solo mediante la desesperación de esta salida podemos llegar a la esperanza, a esa esperanza cuya ilusión vitalizadora sobrepuja a todo conocimiento racional, diciéndonos que hay siempre algo irreductible a la razón. Y de esta, de la razón, puede decirse lo que del Cristo, y es que quien no está con ella está contra ella. Lo que no es racional es contrarracional. Y así es la esperanza.

Por todo este camino llegamos siempre a la esperanza.

El misterio del amor, que lo es de dolor, tiene una forma misteriosa, que es el tiempo. Atamos el ayer al mañana con eslabones de ansia, y no es el ahora, en rigor, otra cosa que el esfuerzo del antes por hacerse después; no es el presente, sino el empeño del pasado por hacerse porvenir. El ahora es un punto que no bien pronunciado se disipa, y, sin embargo, en ese punto está la eternidad toda, sustancia del tiempo.

Cuanto ha sido no puede ya ser sino como fue, y cuanto es no puede ser sino como es; lo posible queda siempre relegado a lo venidero, único reino de libertad y en que la imaginación, potencia creadora y libertadora, carne de la fe, se mueve a sus anchas.

El amor mira y tiende siempre al porvenir, pues que su obra es la obra de nuestra perpetuación; lo propio del amor es esperar, y solo de esperanzas se mantiene. Y así que el amor ve realizado su anhelo, se entristece y descubre al punto que no es su fin propio aquello a que tendía, y que no se lo puso Dios sino como señuelo para moverle a la obra; que su fin está más allá, y emprende de nuevo tras él su afanosa carrera de engaños y desengaños por la vida. Y va haciendo recuerdos de sus esperanzas fallidas, y saca de esos recuerdos nuevas esperanzas. La cantera de las visiones de nuestro porvenir está en los soterraños de nuestra memoria; con recuerdos nos fragua la imaginación esperanzas. Y es la Humanidad como una moza henchida de anhelos, hambrienta de vida y sedienta de amor, que teje sus días con ensueños, y espera, espera siempre, espera sin cesar al amador eterno, que por estarle destinado desde antes de antes, desde mucho más atrás de sus remotos recuerdos, desde allende la cuna hacia el pasado, ha de vivir con ella y para ella, después de después, hasta mucho más allá de sus remotas esperanzas, hasta allende la tumba, hacia el porvenir. Y el deseo más caritativo para con esta pobre enamorada es, como para con la moza que espera siempre a su amado, que las dulces esperanzas de la primavera de su vida se le conviertan, en el invierno de ella, en recuerdos más dulces todavía y recuerdos engendradores de esperanzas nuevas. ¡Qué jugo de apacible felicidad, de resignación al destino debe dar en los días de nuestro sol más breve el recordar esperanzas que no se han realizado aún, y que por no haberse realizado conservan su pureza!

El amor espera, espera siempre sin cansarse nunca de esperar, y el amor a Dios, nuestra fe en Dios, es ante todo esperanza en Él. Porque Dios no muere, y quien espera en Dios vivirá siempre. Y es nuestra esperanza fundamental, la raíz y tronco de nuestras esperanzas todas, la esperanza de la vida eterna.

Y si es la fe la sustancia de la esperanza, esta es a su vez la forma de la fe. La fe antes de darnos esperanza es una fe informe, vaga, caótica, potencial, no es sino la posibilidad de creer, anhelo de creer. Mas hay que creer en algo, y se cree en lo que se espera, se cree en la esperanza. Se recuerda el pasado, se conoce el presente, solo se cree en el porvenir. Creer lo que no vimos es creer lo que veremos. La fe es, pues, lo repito, fe en la esperanza; creemos lo que esperamos.

El amor nos hace creer en Dios, en quien esperamos, y de quien esperamos la vida futura; el amor nos hace creer en lo que el ensueño de la esperanza nos crea.

La fe es nuestro anhelo a lo eterno, a Dios, y la esperanza es el anhelo de Dios, de lo eterno, de nuestra divinidad, que viene al encuentro de aquella y nos eleva. El hombre aspira a Dios por la fe, y le dice: «Creo, ¡dame, Señor en qué creer!». Y Dios, su divinidad, le manda la esperanza en otra vida para que crea en ella. La esperanza es el premio a la fe. Solo el que cree espera de verdad, y solo el que de verdad espera cree. No creemos sino lo que esperamos, ni esperamos sino lo que creemos.

Fue la esperanza la que llamó a Dios Padre, y es ella la que sigue dándole ese nombre preñado de consuelo y de misterio. El padre nos dio la vida y nos da el pan para mantenerla, y al padre pedimos que nos la conserve. Y si el Cristo fue el que a corazón más lleno y a boca más pura llamó Padre a su padre y nuestro, si el sentimiento cristiano se encumbra en el sentimiento de la paternidad de Dios, es porque en el Cristo sublimó el linaje humano su hambre de eternidad.

Se dirá tal vez que este anhelo de la fe, que esta esperanza es, más que otra cosa, un sentimiento estético. Lo informa también acaso, pero sin satisfacerle del todo.

En el arte, en efecto, buscamos un remedo de eternización. Si en lo bello se aquieta un momento el espíritu, y descansa y se alivia, ya que no se le cure la congoja, es por ser lo bello revelación de lo eterno, de lo divino de las cosas, y la belleza no es sino la perpetuación de la momentaneidad. Que así como la verdad es el fin del conocimiento racional, así la belleza es el fin de la esperanza, acaso irracional en su fondo.

Nada se pierde, nada pasa del todo, pues que todo se perpetúa de una manera o de otra, y todo, luego de pasar por el tiempo, vuelve a la eternidad. Tiene el mundo temporal raíces en la eternidad, y allí está junto el ayer con el hoy y el mañana. Ante nosotros pasan las escenas como en un cinematógrafo, pero la cinta permanece una y entera más allá del tiempo.

Dicen los físicos que no se pierde un solo pedacito de materia ni un solo golpecito de fuerza, sino que uno y otro se trasforman y trasmiten persistiendo. ¿Y es que se pierde acaso forma alguna, por huidera que sea? Hay que creer —¡creerlo y esperarlo!— que tampoco, que en alguna parte quede archivada y perpetuada, que hay un espejo de eternidad en que se suman, sin perderse unas en otras, las imágenes todas que desfilan por el tiempo. Toda impresión que me llegue queda en mi cerebro almacenada, aunque sea tan hondo o con tan poca fuerza que se hunda en lo profundo de mi subconciencia; pero desde allí anima mi vida, y si mi espíritu todo, si el contenido total de mi alma se me hiciera conciente, resurgirían todas las fugitivas impresiones olvidadas no bien percibidas, y aun las que se me pasaron inadvertidas. Llevo dentro de mí todo cuanto ante mí desfiló y conmigo lo perpetúo, y acaso va todo ello en mis gérmenes, y viven en mí mis antepasados todos por entero, y vivirán, juntamente conmigo, en mis descendientes. Y voy yo tal vez, todo yo, con todo este mi universo, en cada una de mis obras, o por lo menos va en ellas lo esencial de mí, lo que me hace ser yo, mi esencia individual.

Y esta esencia individual de cada cosa, esto que la hace ser ella y no otra, ¿cómo se nos revela sino como belleza? ¿Qué es la belleza de algo si no es su fondo eterno, lo que une su pasado con su porvenir, lo que de ello reposa y queda en las entrañas de la eternidad? ¿O qué es más bien sino la revelación de su divinidad?

Y esta belleza, que es la raíz de eternidad, se nos revela por el amor, y es la más grande revelación del amor de Dios y la señal de que hemos de vencer al tiempo. El amor es quien nos revela lo eterno nuestro y de nuestros prójimos.

¿Es lo bello, lo eterno de las cosas, lo que despierta y enciende nuestro amor a ella, o es nuestro amor a las cosas lo que nos revela lo bello, lo eterno de ellas? ¿No es acaso la belleza una creación del amor, lo mismo que el mundo sensible lo es del instinto de conservación y el supresensible del de perpetuación y en el mismo sentido? ¿No son la belleza y la eternidad con ella una creación del amor? «Nuestro hombre exterior —escribe el Apóstol, 2 Co IV, 16— se va desgastando, pero el interior se renueva de día en día.» El hombre de las apariencias que pasan se desgasta, y con ellas pasa; pero el hombre de la realidad queda y crece. «Porque lo que al presente es momentáneo y leve en nuestra tribulación nos da un peso de gloria sobremanera alto y eterno» (v. 17). Nuestro dolor nos da congoja, y la congoja, al estallar de la plenitud de sí misma, nos parece consuelo. «No mirando nosotros a las cosas que se ven, sino a las que no se ven; porque las cosas que se ven son temporales, mas las que no se ven son eternas» (v. 18).

Este dolor da esperanza, que es lo bello de la vida, la suprema belleza, o sea el supremo consuelo. Y como el amor es doloroso, es compasión, es piedad, la belleza surge de la compasión, y no es sino el consuelo temporal que esta se busca. Trágico consuelo. Y la suprema belleza es la de la tragedia. Acongojados al sentir que todo pasa, que pasamos nosotros, que pasa lo nuestro, que pasa cuanto nos rodea, la congoja misma nos revela el consuelo de lo que no pasa, de lo eterno, de lo hermoso.

Y esta hermosura así revelada, esta perpetuación de la momentaneidad, solo se realiza prácticamente, solo vive por obra de la caridad. La esperanza en la acción es la caridad, así como la belleza en acción es el bien.

* * *

La raíz de la caridad que eterniza cuanto ama y nos saca la belleza en ello oculta, dándonos el bien, es el amor a Dios, o, si se quiere, la caridad hacia Dios, la compasión a Dios. El amor, la compasión, lo personaliza todo, dijimos; al descubrir el sufrimiento en todo y personalizándolo todo, personaliza también al Universo mismo, que también sufre, y nos descubre a Dios. Porque Dios se nos revela porque sufre y porque sufrimos; porque sufre exige nuestro amor, y porque sufrimos nos da el suyo y cubre nuestra congoja con la congoja eterna e infinita.

Este fue el escándalo del cristianismo entre judíos y helenos, entre fariseos y estoicos, y este, que fue su escándalo, el escándalo de la cruz, sigue siéndolo y lo seguirá aún entre cristianos; el de un Dios que se hace hombre para padecer y morir y resucitar por haber padecido y muerto, el de un Dios que sufre y muere. Y esta verdad de que Dios padece, ante la que se sienten aterrados los hombres, es la revelación de las entrañas mismas del Universo y de su misterio, la que nos reveló al enviar a su Hijo a que nos redimiese sufriendo y muriendo. Fue la revelación de lo divino del dolor, pues solo es divino lo que sufre.

Y los hombres hicieron dios al Cristo, que padeció, y descubrieron por él la eterna esencia de un Dios vivo, humano, esto es, que sufre —solo no sufre lo muerto, lo inhumano—, que ama, que tiene sed de amor, de compasión, que es persona. Quien no conozca al Hijo jamás conocerá al Padre, y al Padre solo por el Hijo se le conoce; quien no conozca al Hijo del hombre, que sufre congojas de sangre y desgarramientos del corazón, que vive con el alma triste hasta la muerte, que sufre dolor que mata y resucita, no conocerá al Padre ni sabrá del Dios paciente.

El que no sufre, y no sufre porque no vive, es ese lógico y congelado *ens realissimum*, es el *primum movens*, es esa entidad impasible y por impasible no más que pura idea. La categoría no sufre, pero tampoco vive ni existe como persona. Y ¿cómo va a fluir y vivir el mundo desde una idea impasible? No sería sino idea del mundo mismo. Pero el mundo sufre y el sufrimiento es sentir la carne de la realidad, es sentirse de bulto y de tomo el espíritu, es tocarse a sí mismo, es la realidad inmediata.

El dolor es la sustancia de la vida y la raíz de la personalidad, pues solo sufriendo se es persona. Y es universal, y lo que a los seres todos nos une es el dolor, la sangre universal o divina que por todos circula. Eso que llamamos voluntad ¿qué es sino dolor?

Y tiene el dolor sus grados, según se adentra; desde aquel dolor que flota en el mar de las apariencias, hasta la eterna congoja, la fuente del sentimiento trágico de la vida, que va a posarse en lo hondo de lo eterno, y allí despierta el consuelo; desde aquel dolor físico que nos hace retorcer el cuerpo, hasta la congoja religiosa, que nos hace acostarnos en el seno de Dios y recibir allí el riego de sus lágrimas divinas.

La congoja es algo mucho más hondo, más íntimo y más espiritual que el dolor. Suele uno sentirse acongojado hasta en medio de eso que llamamos felicidad y por la felicidad misma, a la que no se resigna y ante la cual tiembla. Los hombres felices que se resignan a su aparente dicha, a una dicha pasajera, creeríase que son hombres sin sustancia, o, por lo menos, que no la han descubierto en sí, que no se la han tocado. Tales hombres suelen ser impotentes para amar y para ser amados, y viven, en su fondo, sin pena ni gloria.

No hay verdadero amor sino en el dolor, y en este mundo hay que escojer o el amor, que es el dolor, o la dicha. Y el amor no nos lleva a otra dicha que a la del amor mismo, y su trágico consuelo de esperanza incierta. Desde el momento en que el amor se hace dichoso, se satisface, ya no desea y ya no es amor. Los satisfechos, los felices, no aman; aduérmense en la costumbre, rayana en el anonadamiento. Acostumbrarse es ya empezar a no ser. El hombre es tanto más hombre, esto es, tanto más divino, cuanta más capacidad para el sufrimiento, o mejor dicho, para la congoja, tiene.

Al venir al mundo, dásenos a escojer entre el amor y la dicha, y queremos —¡pobrecillos!— uno y otra: la dicha de amar y el amor de la dicha. Pero debemos pedir que se nos dé amor y no dicha, que no se nos deje adormecernos en la costumbre, pues podríamos dormirnos del todo, y, sin despertar, perder conciencia para no recobrarla. Hay que pedir a Dios que se sienta uno en sí mismo, en su dolor.

¿Qué es el Hado, qué la Fatalidad, sino la hermandad del amor y el dolor, y ese terrible misterio de que, tendiendo el amor a la dicha, así que la toca se muere, y se muere la verdadera dicha con él? El amor y el dolor se engendran mutuamente, y el amor es caridad y compasión, y amor que no es caritativo y compadeciente no es tal amor. Es el amor, en fin, la desesperación resignada.

Eso que llaman los matemáticos un problema de máximos y mínimos, lo que también se llama ley de economía, es la fórmula de todo movimiento existencial, esto es, pasional. En mecánica material y en la social, en industria y economía política, todo el problema se reduce a lograr el mayor resultado útil posible con el menor posible esfuerzo, lo más de ingresos con lo menos de gastos, lo más de placeres con lo menos de dolores. Y la fórmula terrible, trágica, de la vida íntima espiritual es o lograr lo más de dicha con lo menos de amor, o lo más de amor con lo menos de dicha. Y hay que escojer entre una y otra cosa. Y estar seguro de que quien se acerque al infinito del amor, al amor infinito, se acerca al cero de la dicha, a la suprema congoja. Y, en tocando a este cero, se está fuera de la miseria que mata. «No seas y podrás más que todo lo que es», dice el maestro fray Juan de los Ángeles en uno de sus *Diálogos de la conquista del reino de Dios* (*Dial.*, III, 8).

Y hay algo más congojoso que el sufrir.

Esperaba aquel hombre, al recibir el tan temido golpe, haber de sufrir tan reciamente como hasta sucumbir al sufrimiento, y el golpe le vino encima y apenas si sintió dolor; pero luego, vuelto en sí, al sentirse insensible, se sobrecojió de espanto, de un trágico espanto, del más espantoso, y gritó, ahogándose en angustia: «¡Es que no existo!». ¿Qué te aterraría más: sentir un dolor que te privase de sentido al atravesarte las entrañas con un hierro candente, o ver que te las atravesaban así, sin sentir dolor alguno? ¿No has sentido nunca el espanto, el horrendo espanto, de sentirte sin lágrimas y sin dolor? El dolor nos dice que existimos, el dolor nos dice que existen aquellos que amamos; el dolor nos dice que existe el mundo en que vivimos, y el dolor nos dice que existe y que sufre Dios; pero es el dolor de la congoja, de la congoja de sobrevivir y ser eternos. La congoja nos descubre a Dios y nos hace quererle.

Creer en Dios es amarle, y amarle es sentirle sufriente, compadecerle.

Acaso parezca blasfemia esto de que Dios sufre, pues el sufrimiento implica limitación. Y, sin embargo, Dios, la Conciencia del Universo, está limitado por la materia bruta en que vive, por lo inconciente, de que trata de libertarse y de libertarnos. Y nosotros, a nuestra vez, debemos tratar de libertarle de ella. Dios sufre en todos y en cada uno de nosotros; en todas y en cada una de las conciencias, presas de la materia pasajera, y todos sufrimos en Él. La congoja religiosa no es sino el divino sufrimiento, sentir que Dios sufre en mí, y que yo sufro en Él.

El dolor universal es la congoja de todo por ser todo lo demás sin poder conseguirlo, de ser cada uno el que es, siendo a la vez todo lo que no es, y siéndolo por siempre. La esencia de un ser no es solo el empeño en persistir por siempre, como nos enseñó Spinoza, sino, además, el empeño por universalizarse, es el hambre y sed de eternidad y de infinitud. Todo ser creado tiende no solo a conservarse en sí, sino a perpetuarse, y además a invadir a todos los otros, a ser los otros sin dejar de ser él, a ensanchar sus linderos al infinito, pero sin romperlos. No quiere romper sus muros y dejarlo todo en tierra llana, comunal, indefensa, confundiéndose y perdiendo su individualidad, sino que quiere llevar sus muros a los extremos de lo creado y abarcarlo todo dentro de ellos. Quiere el máximo de individualidad con el máximo también de personalidad, aspira a que el Universo sea él, a Dios.

Y ese vasto yo, dentro del cual quiere cada yo meter al Universo, ¿qué es sino Dios? Y por aspirar a Él le amo, y esa mi aspiración a Dios es mi amor a Él, y como yo sufro por ser Él, también Él sufre por ser yo y cada uno de nosotros.

Bien sé que a pesar de mi advertencia, de que se trata aquí de dar forma lógica a un sistema de sentimientos alógicos, seguirá más de un lector escandalizándose de que le hable de un Dios paciente, que sufre, y de que aplique a Dios mismo, en cuanto Dios, la pasión de Cristo. El Dios de la teología llamada racional excluye, en efecto, todo sufrimiento. Y el lector pensará que esto del sufrimiento no puede tener sino un valor metafórico aplicado a Dios, como le tiene, dicen, cuando el Antiguo Testamento nos habla de pasiones humanas, del Dios de Israel. Pues no caben cólera, ira y venganza sin sufrimiento. Y por lo que hace que sufra atado a la materia, se me dirá, con Plotino (*Enéada segunda*, IX, 7), que el alma del todo no puede estar atada, por aquello mismo —que son los cuerpos o la materia— que está por ella atado.

En esto va incluso el problema todo del origen del mal, tanto del mal de culpa como del mal de pena, pues, si Dios no sufre, hace sufrir, y si no es su vida, pues que Dios vive, un ir haciéndose conciencia total cada vez más llena, es decir, cada vez más Dios, es un ir llevando las cosas todas hacia sí, un ir dándose a todo, un hacer que la conciencia de cada parte entre en la conciencia del todo, que es Él mismo, hasta llegar a ser

Él todo en todos, πάντα ἐν πᾶσι, según la expresión de san Pablo, el primer místico cristiano. Mas de esto, en el próximo ensayo sobre la apocatástasis o unión beatífica.

Por ahora, digamos que una formidable corriente de dolor empuja a unos seres hacia otros, y les hace amarse y buscarse, y tratar de completarse, y de ser cada uno él mismo y los otros a la vez. En Dios vive todo, y en su padecimiento padece todo, y al amar a Dios amamos en Él a las criaturas, así como, al amar a las criaturas y compadecerles, amamos en ellas y compadecemos a Dios. El alma de cada uno de nosotros no será libre mientras haya algo esclavo en este mundo de Dios, ni Dios tampoco, que vive en el alma de cada uno de nosotros, será libre mientras no sea libre nuestra alma.

Y lo más inmediato es sentir y amar mi propia miseria, mi congoja, compadecerme de mí mismo, tenerme a mí mismo amor. Y esta compasión, cuando es viva y superabundante, se vierte de mí a los demás, y del exceso de mi compasión propia compadezco a mis prójimos. La miseria propia es tanta que la compasión que hacia mí mismo me despierta se me desborda pronto, revelándome la miseria universal.

Y la caridad, ¿qué es sino un desbordamiento de compasión? ¿Qué es sino dolor reflejado, que sobrepasa y se vierte a compadecer los males ajenos y ejercer caridad?

Cuando el colmo de nuestro compadecimiento nos trae a la conciencia de Dios en nosotros, nos llena tan grande congoja por la miseria divina derramada en todo que tenemos que verterla fuera, y lo hacemos en forma de caridad. Y, al así verterla, sentimos alivio y la dulzura dolorosa del bien. Es lo que llamó «dolor sabroso» la mística doctora Teresa de Jesús, que de amores dolorosos sabía. Es como el que contempla algo hermoso y siente la necesidad de hacer partícipes de ello a los demás. Porque el impulso a la producción, en que consiste la caridad, es obra de amor doloroso.

Sentimos, en efecto, una satisfacción en hacer el bien cuando el bien nos sobra, cuando estamos henchidos de compasión, y estamos henchidos de ella cuando Dios, llenándonos el alma, nos da la dolorosa sensación de la vida universal, del universal anhelo a la divinización eterna. Y es que no estamos en el mundo puestos nada más junto a los otros, sin raíz común con ellos, ni nos es su suerte indiferente, sino que nos duele su dolor, nos acongojamos con su congoja, y sentimos nuestra comunidad de origen y de dolor aun sin conocerla. Son el dolor y la compasión que de él nace los que nos revelan la hermandad de cuanto de vivo y más o menos conciente existe. «Hermano lobo» llamaba san Francisco de Asís al pobre lobo que siente dolorosa hambre de ovejas, y acaso el dolor de tener que devorarlas, y esa hermandad nos revela la paternidad de Dios, que Dios es Padre y existe. Y como Padre ampara nuestra común miseria.

Es, pues, la caridad el impulso a libertarme y a libertar a todos mis prójimos del dolor y a libertar de él a Dios que nos abarca a todos.

Es el dolor algo espiritual y la revelación más inmediata de la conciencia, que acaso no se nos dio el cuerpo sino para dar ocasión a que el dolor se manifestase. Quien no hubiese nunca sufrido, poco o mucho, no tendría conciencia de sí. El primer llanto del hombre al nacer es cuando, entrándole el aire en el pecho y limitándole parece como que le dice: ¡tienes que respirarme para poder vivir!

El mundo material o sensible, el que nos crean los sentidos, hemos de creer con la fe, enseñe lo que nos enseñare la razón, que no existe sino para encarnar y sustentar al otro mundo, al mundo espiritual o imaginable, al que la imaginación nos crea. La conciencia tiende a ser más conciencia cada vez, a concienciarse, a tener conciencia plena de toda ella misma, de su contenido todo. En las profundidades de nuestro propio cuerpo, en los animales, en las plantas, en las rocas, en todo lo vivo, en el Universo todo, hemos de creer con la fe, enseñe lo que nos enseñare la razón, que hay un espíritu que lucha por conocerse, por cobrar conciencia de sí, por serse —pues serse es conocerse—, por ser espíritu puro, y como solo puede lograrlo mediante el cuerpo, mediante la materia, la crea y de ella se sirve a la vez que de ella queda preso. Solo puede verse uno la cara retratada en un espejo, pero del espejo en que se ve queda preso para verse, y se ve en él tal y como el espejo le deforma, y, si el espejo se le rompe, rómpesele su imagen, y, si se le empaña, empáñasele.

Hállase el espíritu limitado por la materia en que tiene que vivir y cobrar conciencia de sí, de la misma manera que está el pensamiento limitado por la palabra, que es su cuerpo social. Sin materia no hay espíritu, pero la materia hace sufrir al espíritu limitándolo. Y no es el dolor, sino el obstáculo que la materia pone al espíritu, es el choque de la conciencia con lo inconciente.

Es el dolor, en efecto, la barrera que la inconciencia o sea la materia pone a la conciencia, al espíritu; es la resistencia a la voluntad, el límite que el universo visible pone a Dios, es el muro con que topa la conciencia al querer ensancharse a costa de la inconciencia, es la resistencia que esta última pone a concienciarse.

Aunque lo creamos por autoridad, no sabemos tener corazón, estómago o pulmones, mientras no nos duelen, oprimen o angustian. Es el dolor físico, o siquiera la molestia, lo que nos revela la existencia de nuestras propias entrañas. Y así ocurre también con el dolor espiritual, con la angustia, pues no nos damos cuenta de tener alma hasta que esta nos duele.

Es la congoja lo que hace que la conciencia vuelva sobre sí. El no acongojado conoce lo que hace y lo que piensa, pero no conoce de veras que lo hace y lo piensa. Piensa, pero no piensa que piensa, y sus pensamientos son como si no fuesen suyos. Ni él es tampoco de sí mismo. Y es que solo por la congoja, por la pasión de no morir nunca, se adueña de sí mismo un espíritu humano.

El dolor, que es un deshacimiento, nos hace descubrir nuestras entrañas, y en el deshacimiento supremo, el de la muerte, llegaremos por el dolor del anonadamiento a las entrañas de nuestras entrañas temporales, a Dios, a quien en la congoja espiritual respiramos y aprendemos a amar.

Es así como hay que creer con la fe, enséñenos lo que nos enseñare la razón.

El origen del mal no es, como ya de antiguo lo han visto muchos, sino eso que por otro nombre se llama inercia de la materia, y en el espíritu, pereza. Y por algo se dijo que la pereza es la madre de todos los vicios. Sin olvidar que la suprema pereza es la de no anhelar locamente la inmortalidad.

La conciencia, el ansia de más y más, cada vez más, el hambre de eternidad y sed de infinitud, las ganas de Dios, jamás se satisfacen; cada conciencia quiere ser ella y ser todas las demás sin dejar de ser ella, quiere ser Dios. Y la materia, la conciencia, tiende a ser menos, cada vez menos, a no ser nada, siendo la suya una sed de reposo. El espíritu dice: ¡quiero ser!, y la materia le responde: ¡no lo quiero!

Y en el orden de la vida humana el individuo, movido por el mero instinto de conservación, creador del mundo material, tendería a la destrucción, a la nada, si no fuese por la sociedad que dándole el instinto de perpetuación, creador del mundo espiritual, le lleva y empuja al todo, a inmortalizarse. Y todo lo que el hombre hace como mero individuo, frente a la sociedad, por conservarse aunque sea a costa de ella, es malo, y es bueno cuanto hace como persona social, por la sociedad en que él se incluye, por perpetuarse en ella y perpetuarla. Y muchos que parecen grandes egoístas y que todo lo atropellan por llevar a cabo su obra no son sino almas encendidas en caridad y rebosantes de ella porque su yo mezquino lo someten y soyugan al yo social que tiene una misión que cumplir.

El que ata la obra del amor, de la espiritualización, de la liberación, a formas transitorias e individuales, crucifica a Dios en la materia; crucifica a Dios en la materia todo el que hace servir el ideal a sus intereses temporales o a su gloria mundana. Y el tal es un deicida.

La obra de la caridad, del amor a Dios, es tratar de libertarle de la materia bruta, tratar de espiritualizarlo, concienciarlo o universalizarlo todo; es soñar en que lleguen a hablar las rocas y obrar conforme a ese ensueño; que se haga todo lo existente conciente, que resucite el Verbo.

No hay sino verlo en el símbolo eucarístico. Han apresado al Verbo en un pedazo de pan material, y lo han apresado en él para que nos lo comamos, y al comérnoslo nos lo hagamos nuestro, de este nuestro cuerpo en que el espíritu habita, y que se agite en nuestro corazón y piense en nuestro cerebro y sea conciencia. Lo han apresado en ese pan para que enterrándolo en nuestro cuerpo resucite en nuestro espíritu.

Y es que hay que espiritualizarlo todo. Y esto se consigue dando a todos y a todo mi espíritu que más se acrecienta cuanto más lo reparto. Y dar mi espíritu es invadir el de los otros y adueñarme de ellos.

En todo esto hay que creer con la fe, enséñenos lo que nos enseñare la razón.

* * *

Y ahora vamos a ver las consecuencias prácticas de todas estas más o menos fantásticas doctrinas, a la lógica, a la estética, a la ética sobre todo, su concreción religiosa. Y acaso entonces podrá hallarlas más justificadas quienquiera que, a pesar de mis advertencias, haya buscado aquí el desarrollo científico o siquiera filosófico, de un sistema irracional.

No creo excusado remitir al lector una vez más a cuanto dije al final del sexto capítulo, aquel titulado «En el fondo del abismo»; pero ahora nos acercamos a la parte práctica o pragmática de todo este tratado. Mas antes nos falta ver cómo puede concretarse el sentimiento religioso en la visión esperanzosa de otra vida.

# Capítulo X

## Religión, mitología de ultratumba y apocatástasis

> καὶ γὰρ ἴσως καὶ μάλιστα πρέπει μέλλοντα ἐκεῖ σε ἀποδημεῖν διασκοπειν τε καὶ μυθολογεῖν περὶ τῆς ἀποδημιᾶς τῆς ἐκεῖ, ποῖαν τινα αὐτὴν οἰόμεθα εἶναι.
>
> PLATÓN, *Fedón*

El sentimiento de divinidad y de Dios, y la fe, la esperanza y la caridad en él fundadas fundan a su vez la religión. De la fe en Dios nace la fe en los hombres, de la esperanza en Él, la esperanza en estos, y de la caridad o piedad hacia Dios —pues como Cicerón, *De natura deorum*, lib. 1, cap. 41, dijo *est enim pietas iustitia adversum deos*—, la caridad para con los hombres. En Dios se cifra no ya solo la Humanidad, sino el Universo todo, y este espiritualizado e intimado, ya que la fe cristiana dice que Dios acabará siendo todo en todos. Santa Teresa dijo, y con más áspero y desesperado sentido lo repitió Miguel de Molinos, que el alma debe hacerse cuenta de que no hay sino ella y Dios.

Y a la relación con Dios, a la unión más o menos íntima con Él, es a lo que llamamos religión.

¿Qué es la religión? ¿En qué se diferencia de la religiosidad y qué relaciones median entre ambas? Cada cual define la religión según la sienta en sí más aún que según en los demás la observe, ni cabe definirla sin de un modo o de otro sentirla. Decía Tácito *(Hist.*, V, 4), hablando de los judíos, que era para estos profano todo lo que para ellos, para los romanos, era sagrado, y a la contraria entre los judíos lo que para los romanos impuro: *profana illic omnia quae apud nos sacra, rursum conversa apud illos quae nobis incesta*. Y de aquí que llame él, el romano, a los judíos (V, 13) gente sometida a la superstición y contraria a la religión: *gens superstitioni obnoxia, religionibus adversa*, y que al fijarse en el cristianismo, que conocía muy mal y apenas si distinguía del judaismo, lo repute una perniciosa superstición, *existialis superstitio*, debida a odio al género humano, *odium generis humani* (*Ab. excessu Aug.*, XV, 44). Así Tácito y así muchos con él. Pero ¿dónde acaba la religión y empieza la superstición, o tal vez dónde acaba esta para empezar aquella? ¿Cuál es el criterio para discernirlas?

A poco nos conduciría recorrer aquí, siquiera someramente, las principales definiciones que de la religión, según el sentimiento de cada definidor, han sido dadas. La religión, más que se define se describe, y más que se describe se siente. Pero, si alguna de esas definiciones alcanzó recientemente boga, ha sido la de Schleiermacher, de que es el sencillo sentimiento de una relación de dependencia con algo superior a nosotros y el deseo de entablar relaciones con esa misteriosa potencia. Ni está mal aquello de W. Hermann (en la obra ya citada) de que el anhelo religioso del hombre es el deseo de la verdad de su existencia humana. Y para acabar con testimonios ajenos, citaré el del ponderado y clarividente Cournot, al decir que «las manifestaciones religiosas son la consecuencia necesaria de la inclinación del hombre a creer en la existencia de un mundo invisible, sobrenatural y maravilloso, inclinación que ha podido mirarse, ya como reminiscencia de un estado anterior, ya como el presentimiento de un destino futuro» (*Traité de l'enchaînement des idées fondamentales dans les sciences et dans l'histoire*, § 396). Y estamos ya en lo del destino futuro, la vida eterna, o sea la finalidad humana del Universo, o bien de Dios. A ello se llega por todos los caminos religiosos, pues que es la esencia misma de toda religión.

La religión, desde la del salvaje que personaliza en el fetiche al Universo todo, arranca, en efecto, de la necesidad vital de dar finalidad humana al Universo, a Dios, para lo cual hay que atribuirle conciencia de sí y de su fin, por lo tanto. Y cabe decir que no es la religión, sino la unión con Dios, sintiendo a este como cada cual le sienta. Dios da sentido y finalidad trascendentes a la vida; pero se la da en relación con cada uno de nosotros que en Él creemos. Y así Dios es para el hombre tanto como el hombre es para Dios, ya que se dio al hombre haciéndose hombre, humanándose, por amor a él.

Y este religioso anhelo de unirnos con Dios no es ni por ciencia ni por arte, es por vida. «Quien posee ciencia y arte, tiene religión; quien no posee ni una ni otra tenga religión», decía en uno de sus muy frecuentes accesos de paganismo Goethe. Y sin embargo de lo que decía, él, Goethe...

Y desear unirnos con Dios no es perdernos y anegarnos en Él; que perderse y anegarse es siempre ir a deshacerse en el sueño sin ensueños del nirvana; es poseerlo, más bien que ser por Él poseídos. Cuando, en vista de la imposibilidad humana de entrar un rico en el reino de los cielos, le preguntaban a Jesús sus discípulos quién podrá salvarse, respondiéndoles el Maestro que para con los hombres era ello imposible, mas no para con Dios, Pedro le dijo: «He aquí que nosotros lo hemos dejado todo siguiéndote, ¿qué pues, tendremos?». Y Jesús les contestó no que se anegarían en el Padre sino que se sentarían en doce tronos para juzgar a las doce tribus de Israel (Mt XIX, 23-28).

Fue un español, y muy español, Miguel de Molinos, el que en su *Guía espiritual que desembaraza al alma y la conduce por el interior camino para alcanzar la perfecta contemplación y el rico tesoro de la paz interior*, dijo (§ 175): «Que se ha de despegar y negar de cinco cosas el que ha de llegar a la ciencia mística: la primera, de las criaturas; la segunda, de las cosas temporales; la tercera, de los mismos dones del Espíritu Santo; la cuarta, de sí misma, y la quinta se ha de despegar del mismo Dios». Y añade que «esta última es la más perfecta, porque el alma que así se sabe solamente despegar es la que se llega a perder en Dios, y solo la que así se llega a perder es la que se acierta a hallar». Muy español Molinos, sí, y no menos española esta paradójica expresión de quietismo o más bien de nihilismo —ya que él mismo habla de aniquilación en otra parte—, pero no menos, sino acaso más españoles los jesuitas que le combatieron volviendo por los fueros del todo contra la nada. Porque la religión no es anhelo de aniquilarse, sino de totalizarse, es anhelo de vida y no de muerte. La «eterna religión de las entrañas del hombre [...] el ensueño individual del corazón, es el culto de su ser, es la adoración de la vida», como sentía el atormentado Flaubert (*Par les champs et par les grèves*, VII).

Cuando a los comienzos de la llamada Edad Moderna, con el Renacimiento, resucita el sentimiento religioso pagano, toma este forma concreta en el ideal caballeresco con sus códigos del amor y del honor. Pero es un paganismo cristianizado, bautizado. «La mujer, la dama —la *donna*— era la divinidad de aquellos rudos pechos. Quien busque en las memorias de la primera edad, ha de hallar este ideal de la mujer en su pureza y en su omnipotencia: el Universo es la mujer. Y tal fue en los comienzos de la Edad Moderna en Alemania, en Francia, en Provenza, en España, en Italia. Hízose la historia a esta imagen; figurábanse a troyanos y romanos como caballeros andantes, y así los árabes, sarracenos, turcos, el soldán y Saladino... En esta fraternidad universal se hallan los ángeles, los santos, los milagros, el paraíso, en extraña mezcolanza con lo fantástico y lo voluptuoso del mundo oriental, bautizado todo bajo el nombre de *caballería*.» Así, Francesco de Sanctis (*Storia della letteratura italiana*, II), quien poco antes nos dice que para aquellos hombres «en el mismo paraíso el goce del amante es contemplar a su dama —*Madonna*— y sin su dama *ni querría ir allá*». ¿Qué era, en efecto, la caballería, que luego depuró y cristianizó Cervantes en Don Quijote, al querer acabar con ella por la risa, sino una verdadera monstruosa religión híbrida de paganismo y cristianismo, cuyo Evangelio fue acaso la leyenda de Tristán e Iseo? ¿Y la misma religión cristiana de los místicos —estos caballeros andantes a lo divino— no culminó acaso en el culto a la mujer divinizada, a la Virgen Madre? ¿Qué es la mariolatría de un san Buenaventura, el trovador de María? Y ello era el amor a la fuente de la vida, a la que nos salva de la muerte.

Mas, avanzando el Renacimiento, de esta religión de la mujer se pasó a la religión de la ciencia; la concupiscencia terminó en lo que era ya en su fondo, en curiosidad, en ansia de probar del fruto del árbol del bien y del mal. Europa corría a aprender a la Universidad de Bolonia. A la caballería sucedió el platonismo. Queríase descubrir el misterio del mundo y de la vida. Pero era en el fondo para salvar la vida, que con el culto a la mujer quiso salvarse. Quería la conciencia humana penetrar en la Conciencia Universal, pero era, supiéralo o no, para salvarse.

Y es que no sentimos e imaginamos la Conciencia Universal —y este sentimiento e imaginación son la religiosidad— sino para salvar nuestras sendas conciencias. ¿Y cómo?

Tengo que repetir una vez más que el anhelo de la inmortalidad del alma, de la permanencia, en una u otra forma, de nuestra conciencia personal e individual es tan de la esencia de la religión como el anhelo de que haya Dios. No se da el uno sin el otro, y es porque en el fondo los dos son una sola y misma cosa. Mas desde el momento en que tratamos de concretar y racionalizar aquel primer anhelo, de definírnoslo a nosotros mismos, surgen más dificultades aún que surgieron al tratar de racionalizar a Dios.

Para justificar ante nuestra propia pobre razón el inmortal anhelo de inmortalidad, hase apelado también a lo del consenso humano: *Permanere animos arbitratur consensu nationum omnium*, decía, con los antiguos, Cicerón (*Tuscul. Quaest.*, XVI, 36); pero este mismo compilador de sus sentimientos confesaba que mientras leía en el *Fedón* platónico los razonamientos en pro de la inmortalidad del alma, asentía a ellos, mas, así que dejaba el libro y empezaba a revolver en su mente el problema, todo aquel asentimiento se le escapaba, *assentio omnis illa illabitur* (cap. XI, 25). Y lo que a Cicerón, nos ocurre a los demás, y le ocurría a Swedenborg, el más intrépido visionario de otro mundo, al confesar que quien habla de la vida ultramundana sin doctas cavilaciones respecto al alma o a su modo de unión con el cuerpo cree que, después de muerto, vivirá en goce y en visión espléndidas, como un hombre entre ángeles; mas en cuanto se pone a pensar en la doctrina de la unión del alma con el cuerpo, o en hipótesis respecto a aquella, súrgenle dudas de si es el alma así o asá, y, en cuanto esto surge, la idea anterior desaparece (*De coelo et inferno*, § 183). Y, sin embargo, «lo que me toca, lo que me inquieta, lo que me consuela, lo que me lleva a la abnegación y al sacrificio es el destino que me aguarda a *mí* o a *mi persona,* sean cuales fueren el origen, la naturaleza, la esencia del lazo inasequible, sin el cual place a los filósofos decidir que mi persona se desvanecería», como dice Cournot (*Traité...*, § 297).

¿Hemos de aceptar la pura y desnuda fe en una vida eterna sin tratar de representárnosla? Esto es imposible; no nos es hacedero hacernos a ello. Y hay, sin embargo, quienes se dicen cristianos y tienen poco menos que dejada de lado esa representación. Tomad un libro cualquiera del protestantismo más ilustrado, es decir, del más racionalista, del más cultural, la *Dogmatik,* del Dr. Julio Kaftan, verbigracia, y de las 668 páginas de que consta su sexta edición, la de 1909, solo una, la última, dedica a este problema. Y en esa página, después de asentar que Cristo es así como principio y medio, así también fin de la Historia, y que quienes en Cristo son alcanzarán la vida de plenitud, la eterna vida de los que son en Cristo, ni una sola palabra siquiera sobre lo que esa vida pueda ser. A lo más, cuatro palabras sobre la muerte eterna, esto es, el infierno, «porque lo exige el carácter moral de la fe y de la esperanza cristiana». Su carácter moral, ¿eh?, no su carácter religioso, pues este no sé que exija tal cosa. Y todo ello de una prudente parsimonia agnóstica.

Sí, lo prudente, lo racional, y alguien dirá que lo piadoso, es no querer penetrar en misterios que están a nuestro conocimiento vedados, no empeñarnos en lograr una representación plástica de la gloria eterna como la de una *Divina Comedia.* La verdadera fe, la verdadera piedad cristiana, se nos dirá, consiste en reposar en la confianza de que Dios, por la gracia de Cristo, nos hará, de una o de otra manera, vivir en Este, su Hijo; que, como está en sus todopoderosas manos nuestro destino, nos abandonemos a ellas seguros de que Él hará de nosotros lo que mejor sea, para el fin último de la vida, del espíritu y del universo. Tal es la lección que ha atravesado muchos siglos, y, sobre todo, lo que va de Lutero hasta Kant.

Y, sin embargo, los hombres no han dejado de tratar de representarse el cómo puede ser esa vida eterna, ni dejarán nunca, mientras sean hombres y no máquinas de pensar, de intentarlo. Hay libros de teología —o de lo que ello fuere— llenos de disquisiciones sobre la condición en que vivan los bienaventurados, sobre la manera de su goce, sobre las propiedades del cuerpo glorioso, ya que sin algún cuerpo no se concibe el alma.

Y a esta misma necesidad, verdadera necesidad de formarnos una representación concreta de lo que pueda esa otra vida ser, responde en gran parte la indestructible vitalidad de doctrinas como las del espiritismo, la metempsícosis, la trasmigración de las almas a través de los astros, y otras análogas; doctrinas que cuantas veces se las declara vencidas ya y muertas, otras tantas renacen en una u otra forma más o menos nueva. Y es insigne torpeza querer en absoluto prescindir de ellas y no buscar su meollo permanente. Jamás se avendrá el hombre al renunciamiento de concretar en representación esa otra vida.

Pero ¿es acaso pensable una vida eterna y sin fin después de la muerte? ¿Qué puede ser la vida de un espíritu desencarnado? ¿Qué puede ser un espíritu así? ¿Qué puede ser una conciencia pura, sin organismo corporal? Descartes dividió el mundo entre el pensamiento y la extensión, dualismo que le impuso el dogma cristiano de la inmortalidad del alma. Pero ¿es la extensión, la materia, la que piensa o se espiritualiza, o es el pensamiento el que se extiende y materializa? Las más graves cuestiones metafísicas surgen prácticamente —y por ello adquieren su valor dejando de ser ociosas discusiones de curiosidad inútil— al querer darnos cuenta de la posibilidad de nuestra inmortalidad. Y es que la metafísica no tiene valor sino en cuanto trate de explicar cómo puede o no puede realizarse ese nuestro anhelo vital. Y así es que hay y habrá siempre una metafísica racional y otra vital, en conflicto perenne una con otra, partiendo la una de la noción de causa, de la de sustancia la otra.

Y aun imaginada una inmortalidad personal, ¿no cabe que la sintamos como algo tan terrible como su negación? «Calipso no podía consolarse de la marcha de Ulises; en su dolor, hallábase desolada de ser inmortal», nos dice el dulce Fenelón, el místico, al comienzo de su *Telémaco*. ¿No llegó a ser la condena de los antiguos dioses, como la de los demonios, el que no les era dado suicidarse?

Cuando Jesús, habiendo llevado a Pedro, Jacobo y Juan a un alto monte, se trasfiguró ante ellos volviéndoseles como la nieve de blanco resplandeciente los vestidos, y se le aparecieron Moisés y Elías que con él hablaban, le dijo Pedro al Maestro: «Maestro, estaría bien que nos quedásemos aquí haciendo tres pabellones, para ti uno y otros dos para Moisés y Elías», porque quería eternizar aquel momento. Y al bajar del monte les mandó Jesús que a nadie dijesen lo que habían visto sino cuando el Hijo del Hombre hubiese resucitado de los muertos. Y ellos, reteniendo este dicho, altercaban sobre qué sería aquello de resucitar de los muertos, como quienes no lo entendían. Y fue después de esto cuando encontró Jesús al padre del chico presa de espíritu mudo, al que le dijo: «¡Creo, ayuda mi incredulidad!» (Mc IX).

Aquellos tres apóstoles no entendían qué sea eso de resucitar de los muertos. Ni tampoco aquellos saduceos que le preguntaron al Maestro de quién será mujer en la resurrección la que en esta vida hubiese tenido varios maridos (Mt XXII), que es cuando él dijo que Dios no es Dios de muertos, sino de vivos. Y no nos es, en efecto, pensable otra vida sino en las formas mismas de esta terrena y pasajera. Ni aclara nada el misterio todo aquello del grano y el trigo que de él sale con que el apóstol Pablo se contesta a la pregunta de «¿cómo resucitarán los muertos? [...] ¿con qué cuerpo vendrán?» (1 Co XV, 35).

¿Cómo puede vivir y gozar de Dios eternamente un alma humana sin perder su personalidad individual, es decir, sin perderse? ¿Qué es gozar de Dios? ¿Qué es la eternidad por oposición al tiempo? ¿Cambia el alma o no cambia en la otra vida? Si no cambia, ¿cómo vive? Y si cambia, ¿cómo conserva su individualidad en tan largo tiempo? Y la otra vida puede excluir el espacio, pero no puede excluir el tiempo, como hace notar Cournot ya citado.

Si hay vida en el cielo hay cambio, y Swedenborg hacía notar que los ángeles cambian porque el deleite de la vida celestial perdería poco a poco su valor si gozaran siempre de él en plenitud, y porque los ángeles, lo mismo que los hombres, se aman a sí mismos, y el que a sí mismo se ama experimenta alteraciones de estado, y añade que a las veces los ángeles se entristecen, y que él, Swedenborg, habló con algunos de ellos cuando estaban tristes (*De coelo et inferno*, § 158 y 160). En todo caso, nos es imposible concebir vida sin cambio, cambio de crecimiento o de mengua, de tristeza o de alegría, de amor o de odio.

Es que una vida eterna es impensable y más impensable aún una vida eterna de absoluta felicidad, de visión beatífica.

¿Y qué es esto de la visión beatífica? Vemos en primer lugar que se le llama visión y no acción, suponiendo algo pasivo. Y esta visión beatífica, ¿no supone pérdida de la propia conciencia? Un santo en el cielo es, dice Bossuet, un ser que apenas se siente a sí mismo, tan poseído está de Dios y tan abismado en su gloria... No puede uno detenerse en él, porque se le encuentra fuera de sí mismo, y sujeto por un amor inmutable a la fuente de su ser, y de sus dichas (*Du culte qui est dû à Dieu*). Y esto lo dice Bossuet el antiquietista. Esa visión amorosa de Dios supone una absorción en Él. Un bienaventurado que goza plenamente de Dios no debe pensar en sí mismo, ni acordarse de sí, ni tener de sí conciencia, sino que ha de estar en perpetuo éxtasis —ἔκστασις— fuera de sí, en enajenamiento. Y un preludio de esa visión nos describen los místicos en el éxtasis.

El que ve a Dios se muere, dice la Escritura (Jc XIII, 22), y la visión eterna de Dios ¿no es acaso una eterna muerte, un desfallecimiento de la personalidad? Pero santa Teresa, en el capítulo XX de su *Vida*, al describirnos el último grado de oración, el arrobamiento, arrebatamiento, vuelo o éxtasis del alma nos dice que es esta levantada como por una nube o águila caudalosa, pero «veisos llevar y no sabéis dónde», y es «con deleite», y «si no se resiste, no se pierde el sentido, al menos estaba de manera en mí que podía entender era llevada», es decir, sin pérdida de conciencia. Y Dios «no parece se contenta con llevar tan de veras el alma a sí, sino que quiere el cuerpo aun siendo tan mortal y de tierra tan sucia». «Muchas veces se engolfa el alma, o la engolfa el Señor en sí, por mejor decir, y, teniéndola en sí un poco, quédase con sola la voluntad», no con sola la inteligencia. No es, pues, como se ve, visión, sino unión volitiva, y entretanto «el entendimiento y memoria divertidos [...] como una persona que ha mucho dormido y soñado y aun no acaba de despertar». Es «vuelo suave, es vuelo deleitoso, vuelo sin ruido». Y ese vuelo deleitoso es con conciencia de sí, sabiéndose distinto de Dios con quien se une uno. Y a este arrobamiento se sube, según la mística doctora española, por la contemplación de la Humanidad de Cristo, es decir, de algo concreto y humano; es la visión del Dios vivo, no de la idea de Dios. Y en el capítulo XXVIII nos dice que «cuando otra cosa no hubiere para deleitar la vista en el cielo, sino la gran hermosura de los cuerpos glorificados, es grandísima gloria, en especial ver la Humanidad de Jesucristo Señor nuestro...». «Esta visión —añade—, aunque es imaginaria, nunca la vi con los ojos corporales, ni ninguna, sino con los ojos del alma.» Y resulta que en el cielo no se ve solo a Dios, sino todo en Dios; mejor dicho, se ve todo Dios, pues que Él lo abarca todo. Y esta idea la recalca más Jacobo Boehme. La santa, por su parte, nos dice en las *Moradas séptimas,* capítulo II, que «pasa esta secreta unión en el centro muy interior del alma, que debe ser adonde está el mismo Dios». Y luego que «queda el alma, digo el espíritu de esta alma, hecho una cosa con Dios...»; y es «como si dos velas de cera se juntasen tan en extremo que toda la luz fuese una o que el pábilo y la luz y la cera es todo uno; mas después bien se puede apartar la una vela de la otra, y quedar en dos velas o el pábilo de la cera». Pero hay otra más íntima unión, que es «como si cayendo agua del cielo en un río o fuente, adonde queda hecho todo agua, que no podrán ya dividir ni apartar cuál es el agua del río o la que cayó del cielo; o como si un arroyico pequeño entra en la mar, que no habrá remedio de apartarse; o como si en una pieza estuviesen dos ventanas por donde entrase gran luz, aunque entra dividida, se hace todo una luz». ¿Y qué diferencia va de esto a aquel silencio interno y místico de Miguel de Molinos, cuyo tercer grado y perfectísimo es el silencio de pensamiento? (*Guía*, cap. XVII, § 129). ¿No estamos cerca de aquello de que es la nada el camino para llegar a aquel alto estado del ánimo reformado? (cap. XX, § 186). ¿Y qué extraño es que Amiel usara hasta por dos veces de la palabra española «nada» en su *Diario íntimo*, sin duda por no encontrar en otra lengua alguna otra más expresiva? Y, sin embargo, si se lee con cuidado a nuestra mística doctora, se verá que nunca queda fuera el elemento sensitivo, el del deleite, es decir, el de la propia conciencia. Se deja el alma absorber de Dios para absorberlo, para cobrar conciencia de su propia divinidad.

Una visión beatífica, una contemplación amorosa en que esté el alma absorta en Dios y como perdida en Él aparece o como un aniquilamiento propio o como un tedio prolongado a nuestro modo natural de sentir. Y de aquí ese sentimiento que observamos con frecuencia y que se ha expresado más de una vez en expresiones satíricas no exentas de irreverencia y acaso de impiedad, de que el cielo de la gloria eterna es una morada de eterno aburrimiento. Sin que sirva querer desdeñar estos sentimientos así, tan espontáneos y naturales, o pretender denigrarlos.

Claro está que sienten así los que no aciertan a darse cuenta de que el supremo placer del hombre es adquirir y acrecentar conciencia. No precisamente el de conocer, sino el de aprender. En conociendo una cosa, se tiende a olvidarla, a hacer su conocimiento inconciente, si cabe decir así. El placer, el deleite más puro del hombre, va unido al acto de aprender, de enterarse, de adquirir conocimiento, esto es, a una diferenciación. Y de aquí, el dicho famoso de Lessing, ya citado. Conocido es el caso de aquel anciano español que acompañaba a Vasco Núñez de Balboa, cuando, al llegar a la cumbre del Darién, dieron vista a los dos océanos, y es que, cayendo de rodillas, exclamó: «Gracias, Dios mío, porque no me has dejado morir sin haber visto tal maravilla». Pero, si este hombre se hubiese quedado allí, pronto la maravilla habría dejado de serlo, y con ella, el placer. Su goce fue el del descubrimiento. Y acaso el goce de la visión beatífica sea no precisamente el de la contemplación de la Verdad suma, entera y toda, que a esto no resistiría el alma, sino el de un continuo descubrimiento de ella, el de un incesante aprender mediante un esfuerzo que mantenga siempre el sentimiento de la propia conciencia activa.

Una visión beatífica de quietud mental, de conocimiento pleno y no de aprensión gradual, nos es difícil concebir como otra cosa que como un nirvana, una difusión espiritual, una disipación de la energía en el seno de Dios, una vuelta a la inconciencia por falta de choque, de diferencia, o sea de actividad.

¿No es acaso que la condición misma que hace pensable nuestra eterna unión con Dios destruye nuestro anhelo? ¿Qué diferencia va de ser absorbido por Dios a absorberle uno en sí? ¿Es el arroyico el que se pierde en el mar o el mar en el arroyico? Lo mismo da.

El fondo sentimental es nuestro anhelo de no perder el sentido de la continuidad de nuestra conciencia, de no romper el encadenamiento de nuestros recuerdos, el sentimiento de nuestra propia identidad personal concreta, aunque acaso vayamos poco a poco absorbiéndonos en Él, enriqueciéndole. ¿Quién a los ochenta años se acuerda del que a los ocho fue, aunque sienta el encadenamiento entre ambos? Y podría decirse que el problema sentimental se reduce a si hay un Dios, una finalidad humana al Universo. Pero ¿qué es finalidad? Porque así como siempre cabe preguntar por un porqué de todo porqué, así cabe preguntar también siempre por un para qué de todo para qué. Supuesto que haya un Dios, ¿para qué Dios? Para sí mismo, se dirá. Y no faltará quien replique: ¿y qué más da esta conciencia que la no conciencia? Mas siempre resultará lo que ya dijo Plotino (*Enn.*, II, IX, 8), que el porqué hizo el mundo, es lo mismo que el porqué hay alma. O, mejor aún, que el porqué δια τι, el para qué.

Para el que se coloca fuera de sí mismo, en una hipotética posición objetiva —lo que vale decir inhumana—, el último para qué es tan inasequible y en rigor tan absurdo como el último porqué. ¿Qué más da, en efecto, que no haya finalidad alguna? ¿Qué contradicción lógica hay en que el Universo no esté destinado a finalidad alguna, ni humana ni sobrehumana? ¿En qué se opone a la razón que todo esto no tenga más objeto que existir, pasando como existe y pasa? Esto, para el que se coloca fuera de sí, pero para el que vive y sufre y anhela dentro de sí... para este es ello cuestión de vida o muerte.

¡Búscate, pues, a ti mismo! Pero, al encontrarse, ¿no es que se encuentra uno con su propia nada? «Habiéndose hecho el hombre pecador buscándose a sí mismo, se ha hecho desgraciado al encontrarse», dijo Bossuet (*Traité de la concupiscence*, cap. XI). «¡Búscate a ti mismo!», empieza por «¡conócete a ti mismo!». A lo que replica Carlyle (*Past and Present*, book III, chap. XI): «El último evangelio de este mundo es: ¡conócete tu obra y cúmplela! ¡Conócete a ti mismo...! Largo tiempo ha que este mismo tuyo te ha atormentado; jamás llegarás a conocerlo, me parece. No creas que es tu tarea la de conocerte, eres un individuo inconocible; conoce lo que puedes hacer y hazlo como un Hércules. Esto será lo mejor». Sí; pero eso que yo haga ¿no se perderá también al cabo? Y si se pierde, ¿para qué hacerlo? Sí, sí; el llevar a cabo mi obra —¿y cuál es mi obra?— sin pensar en mí, sea acaso amar a Dios. ¿Y qué es amar a Dios?

Y por otra parte, al amar a Dios en mí ¿no es que me amo más que a Dios, que me amo en Dios a mí mismo?

Lo que en rigor anhelamos para después de la muerte es seguir viviendo esta vida, esta misma vida mortal, pero sin sus males, sin el tedio y sin la muerte. Es lo que expresó Séneca, el español, en su *Consolación a Marcia* (XXVI); es lo que quería, volver a vivir esta vida: *ista moliri.* Y es lo que pedía Job (XIX, 25-27), ver a Dios en carne, no en espíritu. ¿Y qué otra cosa significa aquella cómica ocurrencia de la *vuelta eterna* que brotó de las trágicas entrañas del pobre Nietzsche, hambriento de inmortalidad concreta y temporal?

Esa visión beatífica que se nos presenta como primera solución católica ¿cómo puede cumplirse, repito, sin anegar la conciencia de sí? ¿No será como en el sueño en que soñamos sin saber lo que soñamos? ¿Quién apetecería una vida eterna así? Pensar sin saber que se piensa no es sentirse a sí mismo, no es serse. Y la vida eterna ¿no es acaso conciencia eterna, no solo ver a Dios, sino ver que se le ve, viéndose uno a sí mismo a la vez y como distinto de Él? El que duerme vive, pero no tiene conciencia de sí; ¿y apetecerá nadie un sueño así eterno? Cuando Circe recomienda a Ulises que baje a la morada de los muertos a consultar al adivino Tiresias, dícele que este es allí, entre las sombras de los muertos, el único que tiene sentido, pues los demás se agitan como sombras (*Odisea,* X, 487-495). Y es que los otros, aparte de Tiresias, ¿vencieron a la muerte? ¿Es vencerla acaso errar así como sombras sin sentido?

Por otra parte, ¿no cabe acaso imaginar que sea esta nuestra vida terrena respecto a la otra como es aquí el sueño para con la vigilia? ¿No será ensueño nuestra vida toda, y la muerte, un despertar? Pero ¿despertar a qué? ¿Y si todo esto no fuese sino un ensueño de Dios, y Dios despertara un día? ¿Recordará su ensueño?

Aristóteles, el racionalista, nos habla en su *Ética* de la superior felicidad de la vida contemplativa —δῖοςθεωρητικός—, y es corriente en los racionalistas todos poner la dicha en el conocimiento. Y la concepción de la felicidad eterna, del goce de Dios, como visión beatífica, como conocimiento y comprensión de Dios, es algo de origen racionalista, es la clase de felicidad que corresponde al Dios idea del aristotelismo. Pero es que para la felicidad se requiere, además de la visión, la delectación, y esta es muy poco racional y solo conseguidera sintiéndose uno distinto de Dios.

Nuestro teólogo católico aristotélico, el que trató de racionalizar el sentimiento católico, santo Tomás de Aquino, dícenos en su *Summa* (*Prima secundae partis quaestio*, IV, art. 1.º) que «la delectación se requiere para la felicidad, que la delectación se origina de que el apetito descansa en el bien conseguido, y que como la felicidad no es otra cosa que la consecución del sumo bien, no puede haber felicidad sin delectación concomitante». Pero ¿qué delectación es la del que descansa? Descansar, *requiescere,* ¿no es dormir y no tener siquiera conciencia de que se descansa? «De la misma visión de

Dios se origina la delectación», añade el teólogo. Pero el alma ¿se siente a sí misma como distinta de Dios? «La delectación que acompaña a la operación del intelecto no impide esta, sino más bien la conforta», dice luego. ¡Claro está! Si no, ¿qué dicha es esa? Y para salvar la delectación, el deleite, el placer que tiene siempre, como el dolor, algo de material, y que no concebimos sino en un alma encarnada en cuerpo, hubo que imaginar que el alma bienaventurada esté unida a su cuerpo. Sin alguna especie de cuerpo, ¿cómo el deleite? La inmortalidad del alma pura, sin alguna especie de cuerpo o periespíritu, no es inmortalidad verdadera. Y, en el fondo, el anhelo de prolongar esta vida, esta y no otra, esta de carne y de dolor, esta de que maldecimos a las veces tan solo porque se acaba. Los más de los suicidas no se quitarían la vida si tuviesen la seguridad de no morirse nunca sobre la tierra. El que se mata se mata por no esperar a morirse.

Cuando el Dante llega a contarnos en el canto XXXIII del «*Paradiso*» cómo llegó a la visión de Dios, nos dice que como a aquel que ve soñando y después del sueño le queda la pasión impresa, y no otra cosa, en la mente; así a él, que casi cesa toda su visión y aun le destila en el corazón lo dulce que nació de ella,

*Cotal son io, che quasi tutta cessa*
*mia visione ed ancor mi distilla*
*nel cuor lo dolce che nacque da essa,*

no de otro modo que la nieve se descuaja al sol

*così la neve al sol si disigilla.*

Esto es, que se le va la visión, lo intelectual, y le queda el deleite, la *passione impressa*, lo emotivo, lo irracional, lo corporal, en fin.

Una felicidad corporal, de deleite, no solo espiritual, no solo visión es lo que apetecemos. Esa otra felicidad, esa *beatitud* racionalista, la de anegarse en la comprensión, solo puede... no digo satisfacer ni engañar, porque creo que ni le satisfizo ni le engañó, a un Spinoza. El cual, al fin de su *Ética*, en las proposiciones XXXV y XXXVI de la parte quinta, establece que Dios se ama a sí mismo con infinito amor intelectual; que el amor intelectual de la mente a Dios es el mismo amor de Dios con que Dios se ama a sí mismo; no en cuanto es infinito, sino en cuanto puede explicarse por la esencia de la mente humana considerada en respecto de eternidad, esto es, que el amor intelectual de la mente hacia Dios es parte del infinito amor con que Dios a sí mismo se ama. Y después de estas trágicas, de estas desoladoras proposiciones, la última del libro todo, la que cierra y corona esa tremenda tragedia de la *Ética*, nos dice que la felicidad no es premio de la virtud, sino la virtud misma, y que no nos gozamos en ella por comprimir los apetitos, sino que por gozar de ella podemos comprimirlos. ¡Amor intelectual! ¡Amor intelectual! ¿Qué es eso de amor intelectual? Algo así como un sabor rojo, o un sonido amargo, o un color aromático, o, más bien, algo así como un triángulo enamorado o una elipse encolerizada, una pura metáfora, pero una metáfora trágica. Y una metáfora que corresponde trágicamente a aquello de que también el corazón tiene sus razones. ¡Razones de corazón! ¡Amores de cabeza! ¡Deleite intelectivo! ¡Intelección deleitosa! ¡Tragedia, tragedia y tragedia!

Y, sin embargo, hay algo que se puede llamar amor intelectual y que es el amor de entender, la vida misma contemplativa de Aristóteles, porque el comprender es algo activo y amoroso, y la visión beatífica es la visión de la verdad total. ¿No hay acaso en el fondo de toda pasión la curiosidad? ¿No cayeron, según el relato bíblico, nuestros primeros padres por el ansia de probar el fruto del árbol de la ciencia del bien y del mal, y ser como dioses, conocedores de esa ciencia? La visión de Dios, es decir, del Universo mismo en su alma, en su íntima esencia ¿no apagaría todo nuestro anhelo? Y esta perspectiva solo no puede satisfacer a los hombres groseros que no penetran el que el mayor goce de un hombre es ser más hombre, esto es, más dios, y que es más dios cuanta más conciencia tiene.

Y ese amor intelectual, que no es sino el llamado amor platónico, es un medio de dominar y de poseer. No hay, en efecto, más perfecto dominio que el conocimiento; el que conoce algo lo posee. El conocimiento une al que conoce con lo conocido. «Yo te contemplo y te hago mía al contemplarte»; tal es la fórmula. Y conocer a Dios, ¿qué ha de ser sino poseerlo? El que a Dios conoce es ya Dios él.

Cuenta B. Brunhes (*La dégradation de l'énergie*, parte IV, cap. XVIII, E. 2) haberle contado M. Sarrau, que lo tenía del P. Gratry, que este se paseaba por los jardines del Luxemburgo departiendo con el gran matemático y católico Cauchy, respecto a la dicha que tendrían los elegidos en conocer, al fin sin restricción ni velo las verdades largo tiempo perseguidas trabajosamente en este mundo. Y aludiendo el P. Gratry a los estudios de Cauchy sobre la teoría mecánica de la reflexión de la luz, emitió la idea de que uno de los más grandes goces intelectuales del ilustre geómetra sería penetrar en el secreto de la luz, a lo que replicó Cauchy que no le parecía posible saber en esto más que ya sabía, ni concebía que la inteligencia más perfecta pudiese comprender el misterio de la reflexión mejor que él lo había expuesto, ya que había dado una teoría mecánica del fenómeno. «Su piedad —añade Brunhes—, no llegaba hasta creer que fuese posible hacer otra cosa ni hacerla mejor.»

Hay en este relato dos partes que nos interesan. La primera es la expresión de lo que sea la contemplación, el amor intelectual o la visión beatífica para hombres superiores, que hacen del conocimiento su pasión central, y otra la fe en la explicación mecanicista del mundo.

A esta disposición mecanicista del intelecto va unida la ya célebre fórmula de «nada se crea, nada se pierde, todo se trasforma», con que se ha querido interpretar el ambiguo principio de la conservación de la energía, olvidando que para nosotros, para los hombres, prácticamente, energía es la energía utilizable, y que esta se pierde de continuo, se disipa por la difusión del calor, se degrada, tendiendo a la nivelación y a lo homogéneo. Lo valedero para nosotros, más aún, lo real para nosotros, es lo diferencial, que es lo cualitativo; la cantidad pura, sin diferencias, es como si para nosotros no existiese, pues que no obra. Y el Universo material, el cuerpo del Universo, parece camina poco a poco, y sin que sirva la acción retardadora de los organismos vivos y más aún la acción conciente del hombre, a un estado de perfecta estabilidad, de homogeneidad (v. Brunhes, obra citada). Que si el espíritu tiende a concentrarse, la energía material tiende a difundirse.

¿Y no tiene esto acaso una íntima relación con nuestro problema? ¿No habrá una relación entre esta conclusión de la filosofía científica respecto a un estado final de estabilidad y homogeneidad y el ensueño místico de la apocatástasis? ¿Esa muerte del cuerpo del Universo no será el triunfo final de su espíritu, de Dios?

Es evidente la relación íntima que media entre la exigencia religiosa de una vida eterna después de la muerte, y las conclusiones —siempre provisorias— a que la filosofía científica llega respecto al probable porvenir del Universo material o sensitivo. Y el hecho es que, así como hay teólogos de Dios y de la inmortalidad del alma, hay también los que Brunhes (obra citada, cap. XXVI, § 2) llama teólogos del monismo, a los que estaría mejor llamar ateólogos, gentes que persisten en el espíritu de afirmación *a priori*; y que se hace insoportable —añade— cuando abrigan la pretensión de desdeñar la teología. Un ejemplar de estos señores es Haeckel, ¡que ha logrado disipar los enigmas de la Naturaleza!

Estos ateólogos se han apoderado de la conservación de la energía, del «nada se crea y nada se pierde, todo se trasforma», que es de origen teológico ya en Descartes, y se han servido de él para dispensarnos de Dios. «El mundo construido para durar —escribe Brunhes—, que no se gasta, o más bien repara por sí mismo las grietas que aparecen en él; ¡qué hermoso tema de ampliaciones oratorias!; pero estas mismas ampliaciones, después de haber servido en el siglo XVII para probar la sabiduría del Creador, han servido en nuestros días de argumentos para los que pretenden pasarse sin él.» Es lo de siempre: la llamada filosofía científica, de origen y de inspiración teológica o religiosa en su fondo, yendo a dar en una ateología o irreligión, que no es otra cosa que teología y religión. Recordemos aquello de Ritschl, ya citado en estos ensayos.

Ahora, la última palabra de la ciencia, más bien aún que de la filosofía científica, parece ser que el mundo material, sensible, camina por la degradación de la energía, por la predominancia de los fenómenos irrevertibles, a una nivelación última, a una especie de homogéneo final. Y este nos recuerda aquel hipotético homogéneo primitivo de que tanto usó y abusó Spencer, y aquella fantástica inestabilidad de lo homogéneo. Inestabilidad de que necesitaba el agnosticismo ateológico de Spencer para explicar el inexplicable paso de lo homogéneo a lo heterogéneo. Porque ¿cómo puede surgir heterogeneidad alguna, sin acción externa, del perfecto y absoluto homogéneo? Mas había que descartar todo género de creación, y para ello el ingeniero desocupado, metido a metafísico, como lo llamó Papini, inventó lo de la inestabilidad de lo homogéneo, que es más... ¿cómo lo diré?, más místico y hasta más mitológico, si se quiere, que la acción creadora de Dios.

Acertado anduvo aquel positivista italiano, Roberto Ardigò, que, objetando a Spencer, le decía que lo más natural era suponer que siempre fue como hoy, que siempre hubo mundos en formación, en nebulosa, mundos formados y mundos que se deshacían; que la heterogeneidad es eterna. Otro modo, como se ve, de no resolver.

¿Será esta la solución? Mas, en tal caso, el Universo sería infinito, y en realidad no cabe concebir un Universo eterno y limitado como el que sirvió de base a Nietzsche para lo de la vuelta eterna. Si el Universo ha de ser eterno, si han de seguirse en él, para cada uno de sus mundos, periodos de homogeneización, de degradación de energía, y otros de heterogeneización, es menester que sea infinito, que haya lugar siempre y en cada mundo para una acción de fuera. Y, de hecho, el cuerpo de Dios no puede ser sino eterno e infinito.

Mas para nuestro mundo parece probada su gradual nivelación, o, si queremos, su muerte. ¿Y cuál ha de ser la suerte de nuestro espíritu en este proceso? ¿Menguará con la degradación de la energía de nuestro mundo y volverá a la inconciencia, o crecerá más bien a medida que la energía utilizable mengua y por los esfuerzos mismos para retardarlo y dominar a la Naturaleza, que es lo que constituye la vida del espíritu? ¿Serán la conciencia y su soporte extenso dos poderes en contraposición tal que el uno crezca a expensas del otro?

El hecho es que lo mejor de nuestra labor científica, que lo mejor de nuestra industria, es decir, lo que en ella no conspira a destrucción —que es mucho—, se endereza a retardar ese fatal proceso de degradación de la energía. Ya la vida misma orgánica, sostén de la conciencia, es un esfuerzo por evitar en lo posible ese término fatídico, por irlo alargando.

De nada sirve querernos engañar con himnos paganos a la Naturaleza, a aquella a que con más profundo sentido llamó Leopardi, este ateo cristiano, «madre en el parto, en el querer madrastra», en aquel su estupendo canto a la retama (*«La ginestra»*). Contra ella se ordenó en un principio la humana compañía; fue horror contra la impía Naturaleza lo que anudó primero a los hombres en cadena social. Es la sociedad humana, en efecto, madre de la conciencia refleja y del ansia de inmortalidad, la que inaugura el estado de gracia sobre el de Naturaleza, y es el hombre el que, humanizando, espiritualizando a la Naturaleza con su industria, la sobrenaturaliza.

El trágico poeta portugués, Antero de Quental, soñó en dos estupendos sonetos a que tituló «*Redención*», que hay un espíritu preso, no ya en los átomos o en los iones o en los cristales, sino —como a un poeta corresponde— en el mar, en los árboles, en la selva, en la montaña, en el viento, en las individualidades y formas todas materiales, y que, un día, todas esas almas, en el limbo aún de la existencia, despertarán en la conciencia, y, cerniéndose como puro pensamiento, verán a las formas, hijas de la ilusión, caer deshechas como un sueño vano. Es el ensueño grandioso de la concienciación de todo.

¿No es acaso que empezó el Universo, este nuestro Universo —¿quién sabe si hay otros?— con un cero de espíritu —y cero no es lo mismo que nada— y un infinito de materia, y marcha a acabar en un infinito de espíritu con un cero de materia? ¡Ensueños!

¿No es acaso que todo tiene un alma, y que esa alma pide liberación? «¡Oh, tierras de Alvargonzález, / en el corazón de España, / tierras pobres, tierras tristes, / tan tristes que tienen alma!», canta nuestro poeta Antonio Machado (*Campos de Castilla*). La tristeza de los campos ¿está en ellos o en nosotros que los contemplamos? ¿No es que sufren? Pero ¿qué puede ser un alma individual en el mundo de la materia? ¿Es individuo una roca o una montaña? ¿Lo es un árbol?

Y siempre resulta, sin embargo, que luchan el espíritu y la materia. Ya lo dijo Espronceda al decir que

*Aquí, para vivir en santa calma,*
*o sobra la materia o sobra el alma.*

¿Y no hay en la historia del pensamiento, o, si queréis, de la imaginación humana, algo que corresponda a ese proceso de reducción de lo material, en el sentido de una reducción de todo a conciencia?

Sí, la hay, y es del primer místico cristiano, de san Pablo de Éfeso, del apóstol de los gentiles, de aquel que por no haber visto con los ojos carnales de la cara al Cristo carnal y mortal, al ético, le creó en sí inmortal y religioso, de aquel que fue arrebatado al tercer cielo, donde vio secretos inefables (2 Co XIII). Y este primer místico cristiano soñó también en un triunfo final del espíritu, de la conciencia, y es lo que se llama técnicamente en teología la apocatástasis o reconstitución.

Es en los versículos 26 al 28 del capítulo XV de su primera epístola a los Corintios donde nos dice que el último enemigo que ha de ser dominado será la muerte, pues Dios puso todo bajo sus pies; pero cuando diga que todo le está sometido, es claro que excluyendo al que hizo que todo se le sometiese, y cuando le haya sometido todo, entonces también Él, el Hijo, se someterá al que le sometió todo para que Dios sea todo en todos: ἵνα ᾖ ὁ θεός πάντα ἐν πᾶσιν. Es decir, que el fin es que Dios, la Conciencia, acabe siéndolo todo en todo.

Doctrina que se completa con cuanto el mismo Apóstol expone respecto al fin de la historia toda del mundo en su Epístola a los Efesios. Preséntanos en ella, como es sabido, a Cristo —que es por quien fueron hechas las cosas todas del cielo y de la tierra, visibles e invisibles (Col I, 16)—, como cabeza de todo (I, 22), y en él, en esta cabeza, hemos de resucitar todos para vivir en comunión de santos y comprender con todos los santos cuál sea la anchura, la largura, la profundidad y la altura, y conocer el amor de Cristo, que excede a todo conocimiento (III, 18 y 19). Y a este recojernos en Cristo, cabeza de la Humanidad, y como resumen de ella, es a lo que el Apóstol llama recaudarse, recapitularse o recojerse todo en Cristo, ἀνακεφαλαιώσασθαι τὰ πάντα ἐν Χριστῷ. Y esta recapitulación —ανακεφαλαιωσις, *anacefaleosis*—, fin de la historia del mundo y del linaje humano, no es sino otro aspecto de la apocatástasis. Esta, la apocatástasis, el que llegue a ser Dios todo en todos, redúcese, pues, a la anacefaleosis, a que todo se recoja en Cristo, en la Humanidad, siendo por lo tanto la Humanidad el fin de la creación. Y esta apocatástasis, esta humanación o divinización de todo ¿no suprime la materia? Pero ¿es que suprimida la materia, que es el principio de individuación —*principium individuationis,* según la Escuela—, no vuelve todo a una conciencia pura, que en puro pureza, ni se conoce a sí, ni es cosa alguna concebible y sentible? Y suprimida toda materia, ¿en qué se apoya el espíritu?

Las mismas dificultades, las mismas impensabilidades, se nos vienen por otro camino.

Alguien podría decir, por otra parte, que la apocatástasis, el que Dios llegue a ser todo en todos, supone que no lo era antes. El que los seres todos lleguen a gozar de Dios supone que Dios llega a gozar de los seres todos, pues la visión beatífica es mutua, y Dios se perfecciona con ser mejor conocido, y de almas se alimenta y con ellas se enriquece.

Podría en este camino de locos ensueños imaginarse un Dios inconciente, dormitando en la materia, y que va a un Dios conciente del todo, conciente de su divinidad; que el Universo todo se haga conciente de sí como todo y de cada una de las conciencias que le integran que se haga Dios. Mas, en tal caso, ¿cómo empezó ese Dios inconciente? ¿No es la materia misma? Dios no sería así el principio, sino el fin del Universo; pero ¿puede ser fin lo que no fue principio? ¿O es que hay fuera del tiempo, en la eternidad, diferencia entre principio y fin? «El alma del todo no estaría atada por aquello mismo (esto es: la materia) que está por ella atado», dice Plotino (*Enn.*, II, IX, 7). ¿O no es más bien la Conciencia del Todo que se esfuerza por hacerse de cada parte, y en que cada conciencia parcial tenga de ella, de la total, conciencia? ¿No es un Dios monoteísta o solitario que camina a hacerse panteísta? Y si no es así, si la materia y el dolor son extraños a Dios se preguntará uno: ¿para qué creó Dios el mundo? ¿Para qué hizo la materia e introdujo el dolor? ¿No era mejor que no hubiese hecho nada? ¿Qué gloria le añade el crear ángeles u hombres que caigan y a los que tenga que condenar a tormento eterno? ¿Hizo acaso el mal para curarlo? ¿O fue la redención, y la redención total y absoluta, de todo y de todos, su designio? Porque no es esta hipótesis ni más racional ni más piadosa que la otra.

En cuanto tratamos de representarnos la felicidad eterna, preséntasenos una serie de preguntas sin respuesta alguna satisfactoria, esto es, racional, sea que partamos de una suposición monoteísta o de una panteísta o siquiera panenteísta.

Volvamos a la apocatástasis pauliniana.

Al hacerse Dios todo en todos, ¿no es acaso que se completa, que acaba de ser Dios, conciencia infinita que abarca las conciencias todas? ¿Y qué es una conciencia infinita? Suponiendo, como supone, la conciencia, límite, o siendo más bien la conciencia conciencia de límite, de distinción, ¿no excluye por lo mismo la infinitud? ¿Qué valor tiene la noción de infinitud aplicada a la conciencia? ¿Qué es una conciencia toda ella conciencia, sin nada fuera de ella que no lo sea? ¿De qué es conciencia la conciencia en tal caso? ¿De su contenido? ¿O no será más bien que nos acercamos a la apocatástasis o apoteosis final sin llegar nunca a ella a partir de un caos, de una absoluta inconciencia, en lo eterno del pasado?

¿No será más bien eso de la apocatástasis, de la vuelta de todo a Dios, un término ideal a que sin cesar nos acercamos sin haber nunca de llegar a él, y unos a más lijera marcha que otros? ¿No será la absoluta y perfecta felicidad eterna una eterna esperanza que de realizarse moriría? ¿Se puede ser feliz sin esperanza? Y no cabe esperar ya una vez realizada la posesión, porque esta mata la esperanza, el ansia. ¿No será, digo, que todas las almas crezcan sin cesar, unas en mayor proporción que otras, pero habiendo todas de pasar alguna vez por un mismo grado cualquiera de crecimiento, y sin llegar nunca al infinito, a Dios, a quien de continuo se acercan?

¿No es la eterna felicidad una eterna esperanza, con su núcleo eterno de pesar para que la dicha no se suma en la nada?

Siguen las preguntas sin respuesta.

«Será todo en todos», dice el Apóstol. Pero ¿lo será de distinta manera en cada uno o de la misma en todos? ¿No será Dios todo en un condenado? ¿No está en su alma? ¿No está en el llamado infierno? ¿Y cómo está en él?

De donde surgen nuevos problemas, y son los referentes a la oposición entre cielo e infierno, entre felicidad e infelicidad eternas.

¿No es que al cabo se salvan todos, inclusos Caín y Judas, y Satanás mismo, como desarrollando la apocatástasis pauliniana quería Orígenes?

Cuando nuestros teólogos católicos quieren justificar racionalmente —o sea éticamente— el dogma de la eternidad de las penas del infierno, dan unas razones tan especiosas, ridículas e infantiles que parece mentira hayan logrado curso. Porque decir que siendo Dios infinito la ofensa a Él inferida es infinita también, y exige, por lo tanto, un castigo eterno, es, aparte de lo inconcebible de una ofensa infinita, desconocer que, en moral y no en policía humanas, la gravedad de la ofensa se mide, más que por la dignidad del ofendido, por la intención del ofensor, y que una intención culpable infinita es un desatino, y nada más. Lo que aquí cabría aplicar son aquellas palabras del Cristo, dirigiéndose a su Padre: «¡Padre, perdónalos, porque no saben lo que se hacen!», y no hay hombre que al ofender a Dios o a su prójimo sepa lo que se hace. En ética humana, o si se quiere en policía —eso que llaman derecho penal, y que es todo menos derecho— humana una pena eterna es un desatino.

«Dios es justo, y se nos castiga; he aquí cuanto es indispensable sepamos; lo demás no es para nosotros sino pura curiosidad.» Así, Lamennais (*Essai*, parte IV, cap. VII), y así otros con él. Y así también Calvino. Pero ¿hay quien se contente con eso? ¡Pura curiosidad! ¡Llamar pura curiosidad a lo que más estruja el corazón!

¿No será acaso que el malo se aniquila porque deseó aniquilarse, o que no deseó lo bastante eternizarse por ser malo?

¿No podremos decir que no es el creer en otra vida lo que le hace a uno bueno, sino que por ser bueno cree en ella? ¿Y qué es ser bueno y ser malo? Esto es ya del dominio de la ética, no de la religión. O, más bien, ¿no es de la ética el hacer el bien, aun siendo malo, y de la religión el ser bueno, aun haciendo mal?

¿No se nos podrá acaso decir, por otra parte, que si el pecador sufre un castigo eterno es porque sin cesar peca, porque los condenados no cesan de pecar? Lo cual no resuelve el problema, cuyo absurdo todo proviene de haber concebido el castigo como vindicta o venganza, no como corrección; de haberlo concebido a la manera de los pueblos bárbaros. Y así un infierno policiaco, para meter miedo en este mundo. Siendo lo peor que ya no amedrenta, por lo cual habrá que cerrarlo.

Mas, por otra parte, en concepción religiosa y dentro del misterio, ¿por qué no una eternidad de dolor, aunque esto subleve nuestros sentimientos?, ¿por qué no un Dios que se alimenta de nuestro dolor? ¿Es acaso nuestra dicha el fin del Universo?, ¿o no alimentamos con nuestro dolor alguna dicha ajena? Volvamos a leer en las *Euménides* del formidable trágico Esquilo aquellos coros de las Furias, porque los dioses nuevos, destruyendo las antiguas leyes, les arrebataban a Orestes de las manos; aquellas encendidas invectivas contra la redención apolínea. ¿No es que la redención arranca de las manos de los dioses a los hombres, su presa y su juguete, con cuyos dolores juegan y se gozan como los chiquillos atormentando a un escarabajo, según la sentencia del trágico? Y recordemos aquello de: ¡Dios mío! ¡Dios mío!, ¿por qué me has abandonado?

Sí, ¿por qué no una eternidad de dolor? El infierno es una eternización del alma, aunque sea en pena. ¿No es la pena esencial a la vida?

Los hombres andan inventando teorías para explicarse eso que llaman el origen del mal. ¿Y por qué no el origen del bien? ¿Por qué suponer que es el bien lo positivo y originario, y el mal lo negativo y derivado? «Todo lo que es en cuanto es es bueno», sentenció san Agustín; pero ¿por qué?, ¿qué quiere decir ser bueno? Lo bueno es bueno para algo, conducente a un fin, y decir que todo es bueno vale decir que todo va a su fin. Pero ¿cuál es su fin? Nuestro apetito es eternizarnos, persistir, y llamamos bueno a cuanto conspira a ese fin, y malo a cuanto tiende a amenguarnos o destruirnos la conciencia. Suponemos que la conciencia humana es fin y no medio para otra cosa que no sea conciencia, ya humana, ya sobrehumana.

Todo optimismo metafísico, como el de Leibniz, o pesimismo de igual orden, como el de Schopenhauer, no tienen otro fundamento. Para Leibniz, este mundo es el mejor, porque conspira a perpetuar la conciencia y con ella la voluntad, porque la inteligencia acrecienta la voluntad y la perfecciona, porque el fin del hombre es la contemplación de Dios, y para Schopenhauer es este mundo el peor de los posibles, porque conspira a destruir la voluntad, porque la inteligencia, la representación, anula a la voluntad, su madre. Y así Franklin, que creía en otra vida, aseguraba que volvería a vivir esta, la vida que vivió, de cabo a rabo, *from its beginning to the end*; y Leopardi, que no creía en otra, aseguraba que nadie aceptaría volver a vivir la vida que vivió. Ambas doctrinas, no ya éticas, sino religiosas, y el sentimiento del bien moral, en cuanto valor teleológico, de origen religioso también.

Y vuelve uno a preguntarse: ¿no se salvan, no se eternizan, y no ya en dolor, sino en dicha, todos, lo mismo los que llamamos buenos que los llamados malos?

¿En esto de bueno y de malo no entra la malicia del que juzga? ¿La maldad está en la intención del que ejecuta el acto o no está más bien en la del que lo juzga malo? ¡Pero es lo terrible que el hombre se juzga a sí mismo, se hace juez de sí propio!

¿Quiénes se salvan? Ahora otra imaginación —ni más ni menos racional que cuantas van interrogativamente expuestas—, y es que solo se salven los que anhelaron salvarse, que solo se eternicen los que vivieron aquejados de terrible hambre de eternidad y de eternización. El que anhela no morir nunca, y cree no haberse nunca de morir en espíritu, es porque lo merece, o, más bien, solo anhela la eternidad personal el que la lleva ya dentro. No deja de anhelar con pasión su propia inmortalidad, y con pasión avasalladora de toda razón, sino aquel que no la merece, y porque no la merece no la anhela. Y no es injusticia no darle lo que no sabe desear, porque pedid y se os dará. Acaso se le dé a cada uno lo que deseó. Y acaso el pecado aquel contra el Espíritu Santo, para el que no hay, según el Evangelio, remisión, no sea otro que no desear a Dios, no anhelar eternizarse.

«Según es vuestro espíritu, así es vuestra rebusca; hallaréis lo que deséis, y esto es ser cristiano», *as is your sort of mind —so is your sort of search: you'll find— what you desire, and that's to be —a Christian—* decía R. Browning (*Christmas-Eve and Easter-Day*, VII).

El Dante condena en su infierno a los epicúreos, a los que no creyeron en otra vida a algo más terrible que no tenerla y es a la conciencia de que no la tienen, y esto en forma plástica, haciendo que permanezcan durante la eternidad toda encerrados dentro de sus tumbas, sin luz, sin aire, sin fuego, sin movimiento, sin vida («*Inferno*», X, 10-15).

¿Qué crueldad hay en negar a uno lo que no deseó o no pudo desear? Virgilio el dulce, en el canto VI de su *Eneida* (426-429), nos hace oír las voces y vagidos quejumbrosos de los niños que lloran a la entrada del infierno

*continuo auditae voces, vagitus et ingens*
*infantumque animae flentes in limine primo*

desdichados que apenas entraron en la vida ni conocieron sus dulzuras, y a quienes un negro día les arrebató de los pechos maternos para sumergirlos en acerbo luto

*quos dulcis vitae exsortes et ab ubere raptos*
*abstulit atra dies et funere mersit acerbo.*

Pero ¿qué vida perdieron, si no la conocían ni la anhelaban? ¿O es que en realidad no la anhelaron?

Aquí podrá decirse que la anhelaron otros por ellos, que sus padres les quisieron eternos, para con ellos recrearse luego en la gloria. Y así entramos en un nuevo campo de imaginaciones, y es el de la solidaridad y representatividad de la salvación eterna.

Son muchos, en efecto, los que se imaginan al linaje humano como un ser, un individuo colectivo y solidario, y en que cada miembro representa o puede llegar a representar a la colectividad toda y se imaginan la salvación como algo colectivo también. Como algo colectivo el mérito, y como algo colectivo también la culpa; y la redención. O se salvan todos o no se salva nadie, según este modo de sentir y de imaginar; la redención es total y es mutua; cada hombre, un Cristo de su prójimo.

¿Y no hay acaso como un vislumbre de esto en la creencia popular católica de las benditas ánimas del purgatorio y de los sufragios que por ellas, por sus muertos, rinden los vivos y los méritos que les aplican? Es corriente en la piedad popular católica este sentimiento de trasmisión de méritos ya a vivos, ya a muertos.

No hay tampoco que olvidar el que muchas veces se ha presentado ya en la historia del pensamiento religioso humano la idea de la inmortalidad restringida a un número de elegidos, de espíritus representativos de los demás, y que en cierto modo los incluyen en sí, idea de abolengo pagano —pues tales eran los héroes y semidioses— que se abroquela a las veces en aquello de que son muchos los llamados y pocos los elegidos.

En estos días mismos en que me ocupaba en preparar este ensayo llegó a mis manos la tercera edición del *Dialogue sur la vie et sur la mort*, de Charles Bonnefon, libro en que imaginaciones análogas a las que vengo exponiendo hallan expresión concentrada y sugestiva. Ni el alma puede vivir sin el cuerpo, ni este sin aquella, nos dice Bonnefon, y así no existen en realidad ni la muerte ni el nacimiento, ni hay en rigor, ni cuerpo, ni alma, ni nacimiento, ni muerte, todo lo cual son abstracciones o apariencias, sino tan solo una vida pensante, de que formamos parte, y que no puede ni nacer ni morir. Lo que le lleva a negar la individualidad humana, afirmando que nadie puede decir «yo soy», sino más bien, «nosotros somos», o mejor aún: «es en nosotros». Es la Humanidad, la especie, la que piensa y ama en nosotros. Y como se trasmiten los cuerpos se trasmiten las almas. «El pensamiento vivo o la vida pensante que somos volverá a encontrarse inmediatamente bajo una forma análoga a la que fue nuestro origen y correspondiente a nuestro ser en el seno de una mujer fecundado.» Cada uno de nosotros, pues, ha vivido ya y volverá a vivir, aunque lo ignore. «Si la Humanidad se eleva gradualmente por encima de sí misma, ¿quién nos dice que al momento de morir el último hombre, que contendrá en sí a todos los demás, no haya llegado a la humanidad superior tal como existe en cualquier otra parte, en el cielo? [...] Solidarios todos, recojeremos todos poco a poco los frutos de nuestros esfuerzos.» Según este modo de imaginar y de sentir, como nadie nace nadie muere, sino que cada alma no ha cesado de luchar y varias veces hase sumergido en medio de la pelea humana «desde que el tipo de embrión correspondiente a la misma conciencia se representaba en la sucesión de los fenómenos humanos». Claro es que, como Bonnefon empieza por negar la individualidad personal, deja fuera nuestro verdadero anhelo, que es el de salvarla; mas como, por otra parte, él, Bonnefon, es individuo personal y siente ese anhelo, acude a la distinción entre llamados y elegidos, y a la noción de espíritus representativos, y concede a un número de hombres esa inmortalidad individual, representativa. De estos elegidos dice que «serán un poco más necesarios a Dios que nosotros mismos». Y termina este grandioso ensueño en que «de ascensión en ascensión no es imposible que lleguemos a la dicha suprema, y que nuestra vida se funda en la Vida perfecta como la gota de agua en el mar. Comprenderemos entonces —prosigue diciendo— que todo era necesario, que cada filosofía o cada religión tuvo su hora de verdad, que a través de nuestros rodeos y errores y en los momentos más sombríos de nuestra historia hemos columbrado el faro y que estábamos todos predestinados a participar de la Luz Eterna. Y si el Dios que volveremos a encontrar posee un cuerpo —y no podemos concebir Dios vivo que no le tenga—, seremos una de sus células concientes a la vez que las miríadas de razas brotadas en las miríadas de soles. Si este ensueño se cumpliera, un océano de amor batiría nuestras playas, y el fin de toda vida añadir una gota de agua a su infinito». ¿Y qué es este ensueño cósmico de Bonnefon sino la forma plástica de la apocatástasis pauliniana?

Sí, este tal ensueño, de viejo abolengo cristiano, no es otra cosa, en el fondo, que la anacefaleosis pauliniana, la fusión de los hombres todos en el Hombre, en la Humanidad toda hecha Persona, que es Cristo, y con los hombres todos, y la sujeción luego de todo ello a Dios, para que Dios, la Conciencia, lo sea todo en todos. Lo cual supone una redención colectiva y una sociedad de ultratumba.

A mediados del siglo XVIII dos pietistas de origen protestante, Juan Jacobo Moser y Federico Cristóbal Oetinger, volvieron a dar fuerza y valor a la anacefaleosis pauliniana. Moser declaraba que su religión no consistía en tener por verdaderas ciertas doctrinas y vivir virtuosamente conforme a ellas, sino en unirse de nuevo con Dios por Cristo; a lo que corresponde el conocimiento, creciente hasta el fin de la vida, de los propios pecados y de la misericordia y paciencia de Dios, la alteración del sentido natural todo, la adquisición de la reconciliación fundada en la muerte de Cristo, el goce de la paz con Dios en el testimonio permanente del Espíritu Santo, respecto a la remisión de los pecados; el conducirse según el modelo de Cristo, lo cual solo brota de la fe, el acercarse a Dios y tratar con Él, y la disposición de morir en gracia y la esperanza del juicio que otorga la bienaventuranza en el próximo goce de Dios y en *trato con todos los santos* (Ritschl, *Geschichte des Pietismus*, III, § 43). El trato con todos los santos, es decir, la sociedad eterna humana. Y Oetinger, por su parte, considera la felicidad eterna, no como la visión de Dios en su infinitud, sino basándose en la Epístola a los Efesios, como la contemplación de Dios en la armonía de la criatura con Cristo. El trato con todos los santos era, según él, esencial al contenido de la felicidad eterna. Era la realización del reino de Dios, que resulta así ser el reino del Hombre. Y al exponer estas doctrinas de los dos pietistas confiesa Ritschl (obra citada, III, § 46) que ambos testigos adquirieron para el protestantismo con ellas algo de tanto valor como el método teológico de Spener, otro pietista.

Vese, pues, cómo el íntimo anhelo místico cristiano, desde san Pablo, ha sido dar finalidad humana, o sea divina, al Universo, salvar la conciencia humana y salvarla haciendo una persona de la Humanidad toda. A ello responde la anacefaleosis, la recapitulación de todo, todo lo de la tierra y el cielo, lo visible y lo invisible, en Cristo, y la apocatástasis, la vuelta de todo a Dios, a la conciencia, para que Dios sea todo en todo. ¿Y ser Dios todo en todo no es acaso el que cobre todo conciencia y resucite en esta todo lo que pasó, y se eternice todo cuanto en el tiempo fue? Y, entre ello, todas las conciencias individuales, las que han sido, las que son y las que serán, y, tal como se dieron, se dan y se darán en sociedad y solidaridad.

Mas este resucitar a conciencia todo lo que alguna vez fue, ¿no trae necesariamente consigo una fusión de lo idéntico, una amalgama de lo semejante? Al hacerse el linaje humano verdadera sociedad en Cristo, comunión de santos, reino de Dios, ¿no es que las engañosas y hasta pecaminosas diferencias individuales se borran, y queda solo de cada hombre que fue lo esencial de él en la sociedad perfecta? ¿No resultaría tal vez, según la suposición de Bonnefon, que esta conciencia que vivió en el siglo XX en este rincón de esta tierra se sintiese la misma que tales otras que vivieron en otros siglos y acaso en otras tierras?

¡Y qué no puede ser una efectiva y real unión, una unión sustancial e íntima, alma a alma, de todos los que han sido! «Si dos criaturas cualesquiera se hicieran una, harían más que ha hecho el mundo.»

> *If any two creatures grew into one*
> *they would do more than the world has done,*

sentenció Browning («*The Flight of the Duchess*»), y el Cristo nos dejó dicho que donde se reúnan dos en su nombre allí está Él.

La gloria es, pues, según muchos, sociedad, más perfecta sociedad que la de este mundo, es la sociedad humana hecha persona. Y no falta quien crea que el progreso humano todo conspira a hacer de nuestra especie un ser colectivo con verdadera conciencia —¿no es acaso un organismo humano individual, una especie de federación de células?— y que, cuando la haya adquirido plena, resucitarán en ella cuantos fueron.

La gloria, piensan muchos, es sociedad. Como nadie vive aislado nadie puede sobrevivir aislado tampoco. No puede gozar de Dios en el cielo quien vea que su hermano sufre en el infierno, porque fueron comunes la culpa y el mérito. Pensamos con los pensamientos de los demás, y con sus sentimientos sentimos. Ver a Dios, cuando Dios sea todo en todos, es verlo todo en Dios y vivir en Dios con todo.

Este grandioso ensueño de la solidaridad final humana es la anacefaleosis y la apocatástasis paulinianas. Somos los cristianos, decía el Apóstol (1 Co XII, 27), el cuerpo de Cristo, miembros de él, carne de su carne y hueso de sus huesos (Ef V, 30), sarmientos de la vid.

Pero en esta final solidarización, en esta la verdadera y suprema *cristinación* de las criaturas todas, ¿qué es de cada conciencia individual?, ¿qué es de mí, de este pobre yo frágil, de este yo esclavo del tiempo y del espacio, de este yo que la razón me dice ser un mero accidente pasajero; pero por salvar al cual vivo y sufro y espero y creo? Salvada la finalidad humana del Universo, si al fin se salva; salvada la conciencia, ¿me resignaría a hacer el sacrificio de este mi pobre yo, por el cual y solo por el cual conozco esa finalidad y esa conciencia?

Y henos aquí en lo más alto de la tragedia, en su nudo, en la perspectiva de este supremo sacrificio religioso: el de la propia conciencia individual en aras de la Conciencia Humana perfecta, de la Conciencia Divina.

Pero ¿hay tal tragedia? Si llegáramos a ver claro esa anacefaleosis; si llegáramos a comprender y sentir que vamos a enriquecer a Cristo, ¿vacilaríamos un momento en entregarnos del todo a Él? El arroyico que entra en el mar y siente en la dulzura de sus aguas el amargor de la sal oceánica ¿retrocedería hacia su fuente?, ¿querría volver a la nube que nació de mar?, ¿no es su gozo sentirse absorbido?

Y, sin embargo...

Sí, a pesar de todo, la tragedia culmina aquí.

Y el alma, mi alma al menos, anhela otra cosa, no absorción, no quietud, no paz, no apagamiento, sino eterno acercarse sin llegar nunca, inacabable anhelo, eterna esperanza que eternamente se renueva sin acabarse del todo nunca. Y con ello un eterno carecer de algo y un dolor eterno. Un dolor, una pena, gracias a la cual se crece sin cesar en conciencia y en anhelo. No pongáis a la puerta de la Gloria como a la del infierno puso el Dante el *Lasciate ogni speranza!* ¡No matéis el tiempo! Es nuestra vida una esperanza que se está convirtiendo sin cesar en recuerdo, que engendra a su vez a la esperanza. ¡Dejadnos vivir! La eternidad, como un eterno presente, sin recuerdo y sin esperanza, es la muerte. Así son las ideas, pero así no viven los hombres. Así son las ideas en el Dios-Idea; pero no pueden vivir así los hombres, en el Dios vivo, en el Dios-Hombre.

Un eterno purgatorio, pues, más que una Gloria; una ascensión eterna. Si desaparece todo dolor, por puro y espiritualizado que lo supongamos, toda ansia, ¿qué hace vivir a los bienaventurados? Si no sufren allí por Dios, ¿cómo le aman? Y si aun allí, en la Gloria, viendo a Dios poco a poco y cada vez de más cerca sin llegar a Él del todo nunca, no les queda siempre algo por conocer y anhelar, no les queda siempre un poso de incertidumbre, ¿cómo no se aduermen?

O en resolución, si allí no queda algo de la tragedia íntima del alma, ¿qué vida es esa? ¿Hay acaso goce mayor que acordarse de la miseria —y acordarse de ella es sentirla— en el tiempo de la felicidad? ¿No añora la cárcel quien se libertó de ella? ¿No echa de menos aquellos sus anhelos de libertad?

* * *

¡Ensueños mitológicos!, se dirá. Ni como otra cosa los hemos presentado. Pero ¿es que el ensueño mitológico no contiene su verdad? ¿Es que el ensueño y el mito no son acaso revelaciones de una verdad inefable, de una verdad irracional, de una verdad que no puede probarse?

¡Mitología! Acaso; pero hay que mitologizar respecto a la otra vida como en tiempo de Platón. Acabamos de ver que cuando tratamos de dar forma concreta, concebible, es decir, racional, a nuestro anhelo primario, primordial y fundamental de vida eterna conciente de sí y de su individualidad personal, los absurdos estéticos, lógicos y éticos se multiplican y no hay modo de concebir sin contradicciones y despropósitos la visión beatífica y la apocatástasis.

¡Y sin embargo...!

Sin embargo, sí, hay que anhelarla, por absurda que nos parezca, es más, hay que creer en ella, de una manera o de otra, para vivir. Para vivir, ¿eh?, no para comprender el Universo. Hay que creer en ella, y creer en ella es ser religioso. El cristianismo, la única religión que nosotros, los europeos del siglo XX, podemos de veras sentir, es, como decía Kierkegaard, una salida desesperada (*Afsluttende uvidenskabelig Efferskrift*, II, I, cap. I), salida que solo se logra mediante el martirio de la fe, que es la crucifixión de la razón, según el mismo trágico pensador.

No sin razón quedó dicho por quien pudo decirlo aquello de la locura de la cruz. Locura, sin duda, locura. Y no andaba del todo descaminado el humorista yanqui —Oliver Wendell Holmes— al hacer decir a uno de los personajes de sus ingeniosas conversaciones que se formaba mejor idea de los que estaban encerrados en un manicomio por monomanía religiosa que no de los que, profesando los mismos principios religiosos, andaban sueltos y sin enloquecer. Pero ¿es que realmente no viven estos también, gracias a Dios, enloquecidos? ¿Es que no hay locuras mansas, que no solo nos permiten convivir con nuestros prójimos sin detrimento de la sociedad, sino que más bien nos ayudan a ello, dándonos como nos dan sentido y finalidad a la vida y a la sociedad mismas?

Y después de todo, ¿qué es la locura y cómo distinguirla de la razón no poniéndose fuera de una y de otra, lo cual nos es imposible?

Locura tal vez, y locura grande, querer penetrar en el misterio de ultratumba; locura querer sobreponer nuestras imaginaciones, preñadas de contradicción íntima, por encima de lo que una sana razón nos dicta. Y una sana razón nos dice que no se debe fundar nada sin cimientos, y que es labor, más que ociosa, destructiva, la de llenar con fantasías el hueco de lo desconocido. Y sin embargo…

Hay que creer en la otra vida, en la vida eterna de más allá de la tumba, y en una vida individual y personal, en una vida en que cada uno de nosotros sienta su conciencia y la sienta unirse, sin confundirse, con las demás conciencias todas en la Conciencia Suprema, en Dios; hay que creer en esa otra vida para poder vivir esta y soportarla y darle sentido y finalidad. Y hay que creer acaso en esa otra vida para merecerla, para conseguirla, o tal vez ni la merece ni la consigue el que no la anhela sobre la razón y, si fuere menester, hasta contra ella.

Y hay, sobre todo, que sentir y conducirse como si nos estuviese reservada una continuación sin fin de nuestra vida terrenal después de la muerte; y, si es la nada lo que nos está reservado, no hacer que esto sea una justicia, según la frase de *Obermann*.

Lo que nos trae como de la mano a examinar el aspecto práctico o ético de nuestro único problema.

# Capítulo XI

## El problema práctico

> L'homme est périssable. Il se peut; mais périssons en résistant, et, si le néant nous est réservé, ne faisons pas que ce soit une justice.
>
> SENANCOUR, *Obermann*, lettre XC

Varias veces, en el errabundo curso de estos ensayos, he definido, a pesar de mi horror a las definiciones, mi propia posición frente al problema que vengo examinando; pero sé que no faltará nunca el lector insatisfecho, educado en un dogmatismo cualquiera, que se dirá: «Este hombre no se decide, vacila; ahora parece afirmar una cosa, y luego la contraria, está lleno de contradicciones; no le puedo encasillar; ¿qué es?». Pues eso, uno que afirma contrarios, un hombre de contradicción y de pelea, como de sí mismo decía Job: uno que dice una cosa con el corazón y la contraria con la cabeza, y que hace de esta lucha su vida. Más claro, ni el agua que sale de la nieve de las cumbres.

Se me dirá que esta es una posición insostenible, que hace falta un cimiento en que cimentar nuestra acción y nuestras obras, que no cabe vivir de contradicciones, que la unidad y la claridad son condiciones esenciales de la vida y del pensamiento, y que se hace preciso unificar este. Y seguimos siempre en lo mismo. Porque es la contradicción íntima precisamente lo que unifica mi vida y le da razón práctica de ser.

O más bien es el conflicto mismo, es la misma apasionada incertidumbre lo que unifica mi acción y me hace vivir y obrar.

Pensamos para vivir, he dicho; pero acaso fuera más acertado decir que pensamos porque vivimos, y que la forma de nuestro pensamiento responde a la de nuestra vida. Una vez más tengo que repetir que nuestras doctrinas éticas y filosóficas en general no suelen ser sino la justificación *a posteriori* de nuestra conducta, de nuestros actos. Nuestras doctrinas suelen ser el medio que buscamos para explicar y justificar a los demás y a nosotros mismos nuestro propio modo de obrar. Y nótese que no solo a los demás, sino a nosotros mismos. El hombre, que no sabe en rigor por qué hace lo que hace y no otra cosa, siente la necesidad de darse cuenta de su razón de obrar, y la forja. Los que creemos móviles de nuestra conducta no suelen ser sino pretextos. La misma razón que uno cree que le impulsa a cuidarse para prolongar su vida es la que en la creencia de otro le lleva a este a pegarse un tiro.

No puede, sin embargo, negarse que los razonamientos, las ideas, no influyan en los actos humanos, y aun a las veces los determinen por un proceso análogo al de la sugestión en un hipnotizado, y es por la tendencia que toda idea —que no es sino un acto incoado o abortado— tiene a resolverse en acción. Esta noción es la que llevó a Fouillée a lo de las ideas-fuerzas. Pero son de ordinario fuerzas que acomodamos a otras más íntimas y mucho menos concientes.

Mas, dejando por ahora todo esto, quiero establecer que la incertidumbre, la duda, el perpetuo combate con el misterio de nuestro final destino, la desesperación mental y la falta de sólido y estable fundamento dogmático pueden ser base de moral.

El que basa o cree basar su conducta —interna o externa, de sentimiento o de acción— en un dogma o principio teórico que estima incontrovertible corre riesgo de hacerse un fanático, y, además, el día en que se le quebrante o afloje ese dogma, su moral se relaja. Si la tierra que cree firme vacila, él, ante el terremoto, tiembla, porque no todos somos el estoico ideal a quien le hieren impávido las ruinas del orbe hecho pedazos. Afortunadamente, le salvará lo que hay debajo de sus ideas. Pues al que os diga que si no estafa y pone cuernos a su más íntimo amigo es porque teme al infierno, podéis asegurar que, si dejase de creer en este, tampoco lo haría, inventando entonces otra explicación cualquiera. Y esto en honra del género humano.

Pero al que cree que navega, tal vez sin rumbo, en balsa movible y anegable, no ha de inmutarle el que la balsa se le mueva bajo los pies y amenace hundirse. Este tal cree obrar no porque estime su principio de acción verdadero, sino para hacerlo tal, para probarse su verdad, para crearse su mundo espiritual.

Mi conducta ha de ser la mejor prueba, la prueba moral de mi anhelo supremo; y si no acabo de convencerme, dentro de la última e irremediable incertidumbre, de la verdad de lo que espero, es que mi conducta no es bastante pura. No se basa, pues, la virtud en el dogma, sino este en aquella, y es el mártir el que hace la fe más que la fe el mártir. No hay seguridad y descanso —los que se pueden lograr en esta vida, esencialmente insegura y fatigosa— sino en una conducta apasionadamente buena.

Es la conducta, la práctica, la que sirve de prueba a la doctrina, a la teoría. «El que quiera hacer la voluntad de él —de Aquel que me envió, dice Jesús— conocerá si es la doctrina de Dios o si hablo por mí mismo» (Jn VII, 17); y es conocido aquello de Pascal de: empieza por tomar agua bendita, y acabarás creyendo. En esta misma línea pensaba Juan Jacobo Moser, el pietista, que ningún ateo o naturalista tiene derecho a considerar infundada la religión cristiana mientras no haya hecho la prueba de cumplir con sus prescripciones y mandamientos (v. Ritschl, *Geschichte des Pietismus*, lib. VII, 43).

¿Cuál es nuestra verdad cordial y antirracional? La inmortalidad del alma humana, la de la persistencia sin término alguno de nuestra conciencia, la de la finalidad humana del Universo. ¿Y cuál su prueba moral? Podemos formularla así: obra de modo que merezcas a tu propio juicio y a juicio de los demás la eternidad, que te hagas insustituible, que no merezcas morir. O tal vez así: obra como si hubieses de morirte mañana, pero para sobrevivir y eternizarte. El fin de la moral es dar finalidad humana, personal, al Universo; descubrir la que tenga —si es que la tiene— y descubrirla obrando.

Hace ya más de un siglo, en 1804, el más hondo y más intenso de los hijos espirituales del patriarca Rousseau, el más trágico de los sentidores franceses, sin excluir a Pascal, Senancour, en la carta XC de las que constituyen aquella inmensa monodia de su *Obermann* escribió las palabras que van como lema a la cabeza de este capítulo: «El hombre es perecedero. Puede ser, mas perezcamos resistiendo, y, si es la nada lo que nos está reservado, no hagamos que sea esto justicia». Cambiad esta sentencia de su forma negativa en la positiva diciendo: «Y, si es la nada lo que nos está reservado, hagamos que sea una injusticia esto», y tendréis la más firme base de acción para quien no pueda o no quiera ser un dogmático.

Lo irreligioso, lo demoniaco, lo que incapacita para la acción o nos deja sin defensa ideal contra nuestras malas tendencias es el pesimismo aquel que pone Goethe en boca de Mefistófeles cuando le hace decir: «Todo lo que nace merece hundirse» (*denn alles was entsteht ist wert dass es zugrunde geht*). Este es el pesimismo que los hombres llamamos malo, y no aquel otro que, ante el temor de que todo al cabo se aniquile, consiste en deplorarlo y en luchar contra ese temor. Mefistófeles afirma que todo lo que nace merece hundirse, aniquilarse, pero no que se hunda o se aniquile, y nosotros afirmamos que todo cuanto nace merece elevarse, aunque nada de ello lo consiga. La posición moral es la contraria.

Sí, merece eternizarse todo, absolutamente todo, hasta lo malo mismo, pues lo que llamamos malo al eternizarse perdería su maleza, perdiendo su temporalidad. Que la esencia del mal está en su temporalidad, en que no se enderece a fin último y permanente.

Y no estaría acaso de más decir aquí algo de esa distinción, una de las más confusas que hay, entre lo que suele llamarse pesimismo y el optimismo, confusión no menor que la que reina al distinguir el individualismo del socialismo. Apenas cabe ya darse cuenta de qué sea eso del pesimismo.

Hoy precisamente acabo de leer en *The Nation* (número de julio 6, 1912) un editorial titulado «Un infierno dramático» («*A Dramatic Inferno*»), referente a una traducción inglesa de obras de Strindberg, y en él se empieza con estas juiciosas observaciones: «Si hubiera en el mundo un pesimismo sincero y total, sería por necesidad silencioso. La desesperación que encuentra voz es un modo social, es el grito de angustia que un hermano lanza a otro cuando van ambos tropezando por un valle de sombras que está poblado de camaradas. En su angustia atestigua que hay algo bueno en la vida, porque presupone simpatía. [...] La congoja real, la desesperación sincera, es muda y ciega; no escribe libros ni siente impulso alguno a cargar a un universo intolerable con un monumento más duradero que el bronce». En este juicio hay, sin duda, un sofisma, porque el hombre, a quien de veras le duele, llora y hasta grita, aunque esté solo y nadie le oiga, para desahogarse, si bien esto acaso provenga de hábitos sociales. Pero el león aislado en el desierto ¿no ruge si le duele una muela? Mas aparte esto, no cabe negar el fondo de verdad de esas reflexiones. El pesimismo que protesta y se defiende no puede decirse que sea tal pesimismo. Y desde luego no lo es, en rigor, el que reconoce que nada debe hundirse aunque se hunda todo, y lo es el que declara que se debe hundir todo aunque no se hunda nada.

El pesimismo, además, adquiere varios valores. Hay un pesimismo eudemonístico o económico, y es el que niega la dicha; le hay ético, y es el que niega el triunfo del bien moral; y le hay religioso, que es el que desespera de la finalidad humana del Universo, de que el alma individual se salve para la eternidad.

Todos merecen salvarse, pero merece ante todo y sobre todo la inmortalidad, como en mi anterior capítulo dejé dicho, el que apasionadamente y hasta contra razón la desea. Un escritor inglés que se dedica a profeta —lo que no es raro en su tierra—, Wells, en su libro *Anticipations*, nos dice que «los hombres activos y capaces, de toda clase de confesiones religiosas de hoy en día, tienden en la práctica a no tener para nada en cuenta (*to disregard... altogether*) la cuestión de la inmortalidad». Y es por lo que las confesiones religiosas de esos hombres activos y capaces a que Wells se refiere no suelen pasar de ser una mentira, y una mentira sus vidas si quieren basarlas sobre religión. Mas acaso en el fondo no sea eso que afirma Wells tan verdadero como él y otros se figuran. Esos hombres activos y capaces viven en el seno de una sociedad empapada en principios cristianos, bajo unas instituciones y unos sentimientos sociales que el cristianismo fraguó y la fe en la inmortalidad del alma es en sus almas como un río soterraño, al que ni se ve ni se oye, pero cuyas aguas riegan las raíces de las acciones y de los propósitos de esos hombres.

Hay que confesar que no hay, en rigor, fundamento más sólido para la moralidad que el fundamento de la moral católica. El fin del hombre es la felicidad eterna, que consiste en la visión y goce de Dios por los siglos de los siglos. Ahora, en lo que marra es en la busca de los medios conducentes a ese fin; porque hacer depender la consecución de la felicidad eterna de que se crea o no que el Espíritu Santo procede del Padre y del Hijo, y no solo de Aquel, o de que Jesús fue Dios y todo lo de la unión hipostática, o hasta siquiera de que haya Dios, resulta, a poco que se piense en ello, una monstruosidad. Un Dios humano —el único que podemos concebir— no rechazaría nunca al que no pudiese creer en Él con la cabeza, y no en su cabeza, sino en su corazón, dice el impío que no hay Dios, es decir, que no quiere que le haya. Si a alguna creencia pudiera estar ligada la consecución de la felicidad eterna, sería a la creencia en esa misma felicidad y en que sea posible.

¿Y qué diremos de aquello otro del emperador de los pedantes, de aquello de que no hemos venido al mundo a ser felices, sino a cumplir nuestro deber? (*Wir sind nicht auf der Welt, um glücklich zu sein, sondern um unsere Schuldigkeit zu tun*). Si estamos en el mundo *para* algo —*um etwas*—, ¿de dónde puede sacarse ese *para*, sino del fondo mismo de nuestra voluntad, que pide felicidad y no deber como fin último? Y si a ese *para* se le quiere dar otro valor, un valor objetivo que diría cualquier pedante saduceo, entonces hay que reconocer que la realidad objetiva, la que quedaría aunque la Humanidad desapareciese, es tan indiferente a nuestro deber como a nuestra dicha, se le da tan poco de nuestra moralidad como de nuestra felicidad; no sé que Júpiter, Urano o Sirio se dejen alterar en su curso, porque cumplamos o no con nuestro deber, más que porque seamos o no felices.

Consideraciones estas que habrán de parecer de una ridícula vulgaridad y superficialidad de diletante a los pedantes esos. (El mundo intelectual se divide en dos clases: diletantes de un lado y pedantes de otro.) ¡Qué le hemos de hacer! El hombre moderno es el que se resigna a la verdad y a ignorar el conjunto de la cultura, y, si no, véase lo que al respecto dice Windelband en su estudio sobre el sino de Hölderlin (*Präludien*, I). Sí, esos hombres culturales se resignan, pero quedamos unos cuantos pobrecitos salvajes que no nos podemos resignar. No nos resignamos a la idea de haber de desaparecer un día, y la crítica del gran Pedante no nos consuela.

Lo sensato, a lo sumo, es aquello de Galileo Galilei, cuando decía: «Dirá alguien acaso que es acerbísimo el dolor de la pérdida de la vida, mas yo diré que es menor que los otros; pues quien se despoja de la vida prívase al mismo tiempo de poder quejarse no ya de esa, mas de cualquier otra pérdida». Sentencia de un humorismo, no sé si conciente o inconciente en Galileo, pero trágico.

Y, volviendo atrás, digo que, si a alguna creencia pudiera estar ligada la consecución de la felicidad eterna, sería a la creencia en la posibilidad de su realización. Mas, en rigor, ni aun esto. El hombre razonable dice en su cabeza: «No hay otra vida después de esta», pero solo el impío lo dice en su corazón. Mas aun a este mismo impío, que no es acaso sino un desesperado, ¿va un Dios humano a condenarle por su desesperación? Harta desgracia tiene con ella.

Pero, de todos modos, tomemos el lema calderoniano en su *La vida es sueño*:

> que estoy soñando y que quiero
> obrar bien, pues no se pierde
> el hacer bien aun en sueños.

¿De veras no se pierde? ¿Lo sabía Calderón?

Y añadía:

Acudamos a lo eterno
que es la fama vividora
donde ni duermen las dichas
ni las grandezas reposan.

¿De veras? ¿Lo sabía Calderón?

Calderón tenía fe, robusta fe católica; pero al que no puede tenerla, al que no puede creer en lo que D. Pedro Calderón de la Barca creía, le queda siempre lo de Obermann.

Hagamos que la nada, si es que nos está reservada, sea una injusticia; peleemos contra el destino, y aun sin esperanza de victoria; peleemos contra él quijotescamente.

Y no solo se pelea contra él anhelando lo irracional, sino obrando de modo que nos hagamos insustituibles, acuñando en los demás nuestra marca y cifra, obrando sobre nuestros prójimos para dominarlos; dándonos a ellos, para eternizarnos en lo posible.

Ha de ser nuestro mayor esfuerzo el de hacernos insustituibles, el de hacer una verdad práctica el hecho teórico —si es que esto de hecho teórico no envuelve una contradicción *in adiecto*— de que es cada uno de nosotros único e irreemplazable, de que no pueda llenar otro el hueco que dejemos al morirnos.

Cada hombre es, en efecto, único e insustituible; otro yo no puede darse; cada uno de nosotros —nuestra alma, no nuestra vida— vale por el Universo todo. Y digo el espíritu y no la vida, porque el valor, ridículamente excesivo, que conceden a la vida humana los que no creyendo en realidad en el espíritu, es decir, en su inmortalidad personal, peroran contra la guerra y contra la pena de muerte, verbigracia, es un valor que se lo conceden precisamente por no creer de veras en el espíritu, a cuyo servicio está la vida. Porque solo sirve la vida en cuanto a su dueño y señor, el espíritu, sirve, y, si el dueño perece con la sierva, ni uno ni otra valen gran cosa.

Y el obrar de modo que sea nuestra aniquilación una injusticia, que nuestros hermanos, hijos y los hijos de nuestros hermanos y sus hijos, reconozcan que no debimos haber muerto, es algo que está al alcance de todos.

El fondo de la doctrina de la redención cristiana es que sufrió pasión y muerte el único hombre, esto es, el Hombre, el Hijo del Hombre, o sea el Hijo de Dios, que no mereció por su inocencia haberse muerto, y que esta divina víctima propiciatoria se murió para resucitar y resucitarnos, para librarnos de la muerte aplicándonos sus méritos y enseñándonos el camino de la vida. Y el Cristo que se dio todo a sus hermanos en humanidad sin reservarse nada es el modelo de acción.

Todos, es decir, cada uno puede y debe proponerse dar de sí todo cuanto puede dar, más aún de lo que puede dar, excederse, superarse a sí mismo, hacerse insustituible, darse a los demás para recojerse de ellos. Y cada cual en su oficio, en su vocación civil. La palabra «oficio», *officium*, significa «obligación», «deber», pero en concreto, y eso debe significar siempre en la práctica. Sin que se deba tratar acaso tanto de buscar aquella vocación que más crea uno que se le acomoda y cuadra, cuanto de hacer vocación del menester en que la suerte o la Providencia o nuestra voluntad nos han puesto.

El más grande servicio acaso que Lutero ha rendido a la civilización cristiana es el de haber establecido el valor religioso de la propia profesión civil, quebrantando la noción monástica y medieval de la vocación religiosa, noción envuelta en nieblas pasionales e imaginativas y engendradora de terribles tragedias de vida. Si se entrara por los claustros a inquirir qué sea eso de la vocación de pobres hombres a quienes el egoísmo de sus padres les encerró de pequeñitos en la celda de un noviciado, y de repente despiertan a la vida del mundo, si es que despiertan alguna vez. O los que en un trabajo de propia sugestión se engañaron. Y Lutero, que lo vio de cerca y lo sufrió, pudo entender y sentir el valor religioso de la profesión civil que a nadie liga por votos perpetuos.

Cuanto respecto a las vocaciones de los cristianos nos dice el Apóstol en el capítulo IV de su Epístola a los Efesios, hay que trasladarlo a la vida civil, ya que hoy entre nosotros el cristiano —sépalo o no y quiéralo o no— es el ciudadano, y en el caso en que él, el Apóstol exclamó: «¡Soy ciudadano romano!», exclamaríamos cada uno de nosotros, aun los ateos:

¡soy cristiano! Y ello exige *civilizar* el cristianismo, esto es, hacerlo civil deseclesiastizándolo, que fue la labor de Lutero, aunque luego él, por su parte, hiciese iglesia.

*The right man in the right place*, dice una sentencia inglesa: «El hombre que conviene en el puesto que le conviene». A lo que cabe replicar: ¡zapatero, a tus zapatos! ¿Quién sabe el puesto que mejor conviene a uno y para el que está más apto? ¿Lo sabe él mejor que los demás? ¿Lo saben los demás mejor que él? ¿Quién mide capacidades y aptitudes? Lo religioso es, sin duda, tratar de hacer que sea nuestra vocación el puesto en que nos encontramos, y, en último caso, cambiarlo por otro.

Este de la propia vocación es acaso el más grave y más hondo problema social, el que está en la base de todos ellos. La llamada por antonomasia cuestión social es acaso más que un problema de reparto de riquezas, de productos del trabajo, un problema de reparto de vocaciones, de modos de producir. No por la aptitud —casi imposible de averiguar sin ponerla antes a prueba y no bien especificada en cada hombre, ya que para la mayoría de los oficios el hombre no nace, sino que se hace—, no por la aptitud especial, sino por razones sociales, políticas, rituales se ha venido determinando el oficio de cada uno. En unos tiempos y países las castas religiosas y la herencia; en otros, las guildas y gremios; luego, la máquina, la necesidad casi siempre, la libertad casi nunca. Y llega lo trágico de ello a esos oficios de lenocinio en que se gana la vida vendiendo el alma, en que el obrero trabaja a conciencia no ya de la inutilidad, sino de la perversidad social de su trabajo, fabricando el veneno que ha de ir matándole, el arma acaso con que asesinarán a sus hijos. Este, y no el del salario, es el problema más grave.

En mi vida olvidaré un espectáculo que pude presenciar en la ría de Bilbao, mi pueblo natal. Martillaba a sus orillas no sé qué cosa, en un astillero, un obrero, y hacíalo a desgana, como quien no tiene fuerzas o no va sino a pretextar su salario, cuando de pronto se oye un grito de una mujer: «¡Socorro!». Y era que un niño cayó a la ría. Y aquel hombre se trasformó en un momento, y con una energía, presteza y sangre fría admirables, se alijeró de ropa y se echó al agua a salvar al pequeñuelo.

Lo que da acaso su menor ferocidad al movimiento socialista agrario es que el gañán del campo, aunque no gane más ni viva mejor que el obrero industrial o minero, tiene una más clara conciencia del valor social de su trabajo. No es lo mismo sembrar trigo que sacar diamantes de la tierra.

Y acaso el mayor progreso social consiste en una cierta indiferenciación del trabajo, en la facilidad de dejar uno para tomar otro, no ya acaso más lucrativo, sino más noble —porque hay trabajos más y menos nobles—. Mas suele suceder con triste frecuencia que ni el que ocupa una profesión y no la abandona suele preocuparse de hacer vocación religiosa de ella, ni el que la abandona y va en busca de otra lo hace con religiosidad de propósito.

Y ¿no conocéis, acaso, casos en que uno, fundado en que el organismo profesional a que pertenece y en que trabaja está mal organizado y no funciona como debiera, se hurta al cumplimiento estricto de su deber, a pretexto de otro deber más alto? ¿No llaman a este cumplimiento ordenancismo y no hablan de burocracia y de fariseísmo de funcionarios? Y ello suele ser a las veces como si un militar inteligente y muy estudioso, que se ha dado cuenta de las deficiencias de la organización bélica de su patria, y se las ha denunciado a sus superiores y tal vez al público —cumpliendo en ello su deber—, se negara a ejecutar en campaña una operación que se le ordenase, por estimarla de escasísima probabilidad de buen éxito, o tal vez de seguro fracaso mientras no se corrigiesen aquellas deficiencias. Merecía ser fusilado. Y en cuanto a lo de fariseísmo…

Y queda siempre un modo de obedecer mandando, un modo de llevar a cabo la operación que se estima absurda, corrigiendo su absurdidad, aunque solo sea con la propia muerte. Cuando en mi función burocrática me he encontrado alguna vez con alguna disposición legislativa que por su evidente absurdidad estaba en desuso, he procurado siempre aplicarla. Nada hay peor que una pistola cargada en un rincón, y de la que no se usa; llega un niño, se pone a jugar con ella y mata a su padre. Las leyes en desuso son las más terribles de las leyes, cuando el desuso viene de lo malo de la ley.

Y esto no son vaguedades, y menos en nuestra tierra. Porque mientras andan algunos por acá buscando yo no sé qué deberes y responsabilidades ideales, esto es, ficticios, ellos mismos no ponen su alma toda en aquel menester inmediato y concreto de que viven, y los demás, la inmensa mayoría, no cumplen con su oficio sino para eso que se llama vulgarmente cumplir —«para cumplir», frase terriblemente inmoral—, para salir del paso, para hacer que se hace, para dar pretexto y no justicia al emolumento, sea de dinero o de otra cosa.

Aquí tenéis un zapatero que vive de hacer zapatos, y que los hace con el esmero preciso para conservar su clientela y no perderla. Ese otro zapatero vive en un plano espiritual algo más elevado, pues que tiene el amor propio del oficio, y por pique o pundonor se esfuerza en pasar por el mejor zapatero de la ciudad o del reino, aunque esto no le dé ni más clientela ni más ganancia, y sí solo más renombre y prestigio. Pero hay otro grado aún mayor de perfeccionamiento moral en el oficio de la zapatería, y es tender a hacerse para con sus parroquianos el zapatero único a insustituible, el que de tal modo les haga el calzado que tengan que echarle de menos cuando se les muera —«se *les* muera», y no solo «se muera»—, y piensen ellos, sus parroquianos, que no debía haberse muerto, y esto así porque les hizo calzado pensando en ahorrarles toda molestia y que no fuese el cuidado de los pies lo que les impidiera vagar a la contemplación de las más altas verdades; les hizo el calzado por amor a ellos y, por amor a Dios en ellos, se lo hizo por religiosidad.

Adrede he escojido este ejemplo, que acaso os parezca pedestre. Y es porque el sentimiento, no ya ético, sino religioso, de nuestras respectivas zapaterías, anda muy bajo.

Los obreros se asocian, forman sociedades cooperativas y de resistencia, pelean muy justa y noblemente por el mejoramiento de su clase; pero no se ve que esas asociaciones influyan gran cosa en la moral del oficio. Han llegado a imponer a los patronos el que estos tengan que recibir al trabajo a aquellos que la sociedad obrera respectiva designe en cada caso, y no a otros; pero de la selección técnica de los designados se cuidan bien poco. Ocasiones hay en que apenas si le cabe al patrono rechazar al inepto por su ineptitud, pues defienden esta sus compañeros. Y, cuando trabajan, lo hacen a menudo, no más que por cumplir, por pretextar el salario, cuando no lo hacen mal aposta para perjudicar al amo, que se dan casos de ello.

En aparente justificación de todo lo cual cabe decir que los patronos por su parte, cien veces más culpables que sus obreros, maldito si se cuidan ni de pagar mejor al que mejor trabaja, ni de fomentar la educación general y técnica del obrero, ni mucho menos de la bondad intrínseca del producto. La mejora de este producto que debía ser en sí, aparte de razones de concurrencia industrial y mercantil, en bien de los consumidores, por caridad, lo capital, no lo es ni para patronos ni para obreros, y es que ni aquellos ni estos sienten religiosamente su oficio social. Ni unos ni otros quieren ser insustituibles. Mal que se agrava con esa desdichada forma de sociedades y empresas industriales anónimas, donde, con la firma personal, se pierde hasta aquella vanidad de acreditarla que sustituye al anhelo de eternizarse. Con la individualidad concreta, cimiento de toda religión, desaparece la religiosidad del oficio.

Y lo que se dice de patronos y obreros se dice mejor de cuantos a profesiones liberales se dedican y de los funcionarios públicos. Apenas si hay servidor del Estado que sienta la religiosidad de su menester oficial y público. Nada más turbio, nada más confuso entre nosotros que el sentimiento de los deberes para con el Estado, sentimiento que oblitera aún más la Iglesia católica, que, por lo que al Estado hace, es en rigor de verdad anarquista. Entre sus ministros no es raro hallar quienes defiendan la licitud moral del matute y del contrabando, como si el que matuteando o contrabandeando desobedece a la autoridad legalmente constituida que lo prohíbe, no pecara contra el cuarto mandamiento de la ley de Dios, que, al mandar honrar padre y madre, manda obedecer a esa autoridad legal en cuanto ordene que no sea contrario, como no lo es el imponer esos tributos, a la ley de Dios.

Son muchos los que, considerando el trabajo como un castigo, por aquello de «comerás el pan con el sudor de tu frente», no estiman el trabajo del oficio civil sino bajo su aspecto económico político y a lo sumo bajo su aspecto estético. Para estos tales —entre los que se encuentran principalmente los jesuitas— hay dos negocios: el negocio inferior y pasajero de ganarnos la vida, de ganar el pan para nosotros y nuestros hijos de una manera honrada —y sabido es la elasticidad de la honradez—, y el gran negocio de nuestra salvación, de ganarnos la gloria eterna. Aquel trabajo inferior o mundano no es menester llevarlo sino en cuanto sin engaño ni grave detrimento de nuestros prójimos, nos permita vivir decorosamente a la medida de nuestro rango social, pero de modo que nos vaque el mayor tiempo posible para atender al otro gran negocio. Y hay quienes elevándose un poco sobre esa concepción, más que ética, económica, del trabajo de nuestro oficio civil, llegan hasta una concepción y un sentimiento estéticos de él, que se cifran en adquirir lustre y renombre en nuestro oficio, y hasta en hacer de él arte por el arte mismo, por la belleza. Pero hay que elevarse aún más, a un sentimiento ético de nuestro oficio civil que deriva y desciende de nuestro sentimiento religioso, de nuestra hambre de eternización. El trabajar cada uno en su propio oficio civil, puesta la vista en Dios, por amor a Dios, lo que vale decir por amor a nuestra eternización, es hacer de ese trabajo una obra religiosa.

El texto aquel de «comerás el pan con el sudor de tu frente» no quiere decir que condenase Dios al hombre al trabajo, sino a la penosidad de él. Al trabajo mismo no pudo condenarle, porque es el trabajo el único consuelo práctico de haber nacido. Y la prueba de que no le condenó al trabajo mismo está, para un cristiano, en que al ponerle en el paraíso, antes de la caída, cuando se hallaba aún en su estado de inocencia, dice la Escritura que le puso en él para que lo guardase y lo labrase (Gn II, 15). Y de hecho, ¿en qué iba a pasar el tiempo en el paraíso si no lo trabajaba? ¿Y es que acaso la visión beatífica misma no es una especie de trabajo?

Y, aun cuando el trabajo fuese nuestro castigo, deberíamos tender a hacer de él, del castigo mismo, nuestro consuelo y nuestra redención, y de abrazarnos a alguna cruz, no hay para cada uno otra mejor que la cruz del trabajo de su propio oficio civil. Que no nos dijo el Cristo «toma mi cruz y sígueme», sino «toma tu cruz y sígueme»; cada uno la suya, que la del Salvador él solo la lleva. Y no consiste, por lo tanto, la imitación de Cristo en aquel ideal monástico que resplandece en el libro que lleva el nombre vulgar del Kempis, ideal solo aplicable a un muy limitado número de personas, y, por lo tanto, anticristiano, sino que imitar a Cristo es tomar cada uno su cruz, la cruz de su propio oficio civil, como Cristo tomó la suya, la de su oficio, civil también a la par que religioso, y abrazarse a ella y llevarla puesta la vista en Dios y tendiendo a hacer una verdadera oración de los actos propios de ese oficio. Haciendo zapatos y por hacerlos se puede ganar la gloria si se esfuerza el zapatero en ser como zapatero perfecto como es perfecto nuestro Padre celestial.

Ya Fourier, el soñador socialista, soñaba con hacer el trabajo atrayente en sus falansterios por la libre elección de las vocaciones y por otros medios. El único es la libertad. El encanto del juego de azar, que es trabajo, ¿de qué depende sino de que se somete uno libremente a la libertad de la Naturaleza, esto es, al azar? Y no nos perdamos en un cotejo entre el trabajo y el deporte.

Y el sentimiento de hacernos insustituibles, de no merecer la muerte, de hacer que nuestra aniquilación, si es que nos está reservada, sea una injusticia, no solo debe llevarnos a cumplir religiosamente, por amor a Dios y a nuestra eternidad y eternización, nuestro propio oficio, sino a cumplirlo apasionadamente, trágicamente si se quiere. Debe llevarnos a esforzarnos por sellar a los demás con nuestro sello, por perpetuarnos en ellos y en sus hijos, dominándolos, por dejar en todo imperecedera nuestra cifra. La más fecunda moral es la moral de la imposición mutua.

Ante todo, cambiar en positivos los mandamientos que en forma negativa nos legó la Ley Antigua. Y así donde se nos dijo: ¡no mentirás!, entender que nos dice: ¡dirás siempre la verdad, oportuna o inoportunamente!, aunque sea cada uno de nosotros, y no los demás, quien juzgue en cada caso de esa oportunidad. Y donde se nos dijo: ¡no matarás!, entender: ¡darás vida y la acrecentarás! Y donde: ¡no hurtarás!, que dice:

¡acrecentarás la riqueza pública! Y donde: ¡no cometerás adulterio!, esto: ¡darás a tu tierra y al cielo hijos sanos, fuertes y buenos! Y así todo lo demás.

El que no pierda su vida no la logrará. Entrégate, pues, a los demás, pero para entregarte a ellos domínalos primero. Pues no cabe dominar sin ser dominado. Cada uno se alimenta de la carne de aquel a quien devora. Para dominar al prójimo, hay que conocerlo y quererlo. Tratando de imponerle mis ideas, es como recibo las suyas. Amar al prójimo es querer que sea como yo, que sea otro yo, es decir, es querer yo ser él; es querer borrar la divisoria entre él y yo, suprimir el mal. Mi esfuerzo por imponerme a otro, por ser y vivir yo en él y de él, por hacerle mío —que es lo mismo que hacerme suyo—, es lo que da sentido religioso a la colectividad, a la solidaridad humana.

El sentimiento de solidaridad parte de mí mismo; como soy sociedad, necesito adueñarme de la sociedad humana; como soy un producto social, tengo que socializarme y de mí voy a Dios —que soy yo proyectado al Todo— y de Dios a cada uno de mis prójimos.

De primera intención protesto contra el inquisidor, y a él prefiero el comerciante que viene a colocarme sus mercancías; pero, si recojido en mí mismo lo pienso mejor, veré que aquel, el inquisidor, cuando es de buena intención, me trata como a un hombre, como a un fin en sí, pues si me molesta es por el caritativo deseo de salvar mi alma, mientras que el otro no me considera sino como a un cliente, como a un medio, y su indulgencia y tolerancia no es en el fondo sino la más absoluta indiferencia respecto a mi destino. Hay mucha más humanidad en el inquisidor.

Como suele haber mucha más humanidad en la guerra que no en la paz. La no resistencia al mal implica resistencia al bien, y, aun fuera de la defensiva, la ofensiva misma es lo más divino acaso de lo humano. La guerra es escuela de fraternidad y lazo de amor; es la guerra la que, por el choque y la agresión mutua, ha puesto en contacto a los pueblos, y les ha hecho conocerse y quererse. El más puro y más fecundo abrazo de amor que se den entre sí los hombres es el que sobre el campo de batalla se dan el vencedor y el vencido. Y aun el odio depurado que surge de la guerra es fecundo. La guerra es, en su más estricto sentido, la santificación del homicidio; Caín se redime como general de ejércitos. Y si Caín no hubiese matado a su hermano Abel, habría acaso muerto a manos de este. Dios se reveló sobre todo en la guerra; empezó siendo el Dios de los ejércitos, y uno de los mayores servicios de la cruz es el de defender en la espada la mano que esgrime esta.

Fue Caín el fratricida, el fundador del Estado, dicen los enemigos de este. Y hay que aceptarlo y volverlo en gloria del Estado, hijo de la guerra. La civilización empezó el día en que un hombre, sujetando a otro y obligándole a trabajar para los dos, pudo vagar a la contemplación del mundo y obligar a su sometido a trabajos de lujo. Fue la esclavitud lo que permitió a Platón especular sobre la república ideal, y fue la guerra la que trajo la esclavitud. No en vano es Atenea la diosa de la guerra y de la ciencia. Pero ¿será menester repetir una vez más estas verdades tan obvias, mil veces desatendidas y que otras mil vuelven a renacer?

El precepto supremo que surge del amor a Dios y la base de toda moral es este: entrégate por entero; da tu espíritu para salvarlo, para eternizarlo. Tal es el sacrificio de vida.

Y el entregarse supone, lo he de repetir, imponerse. La verdadera moral religiosa es en el fondo agresiva, invasora.

El individuo en cuanto individuo, el miserable individuo que vive preso del instinto de conservación y de los sentidos, no quiere sino conservarse, y todo su hipo es que no penetren los demás en su esfera, que no le inquieten, que no le rompan la pereza, a cambio de lo cual, o para dar ejemplo y norma, renuncia a penetrar él en los otros, a romperles la pereza, a inquietarles, a apoderarse de ellos. El «no hagas a otro lo que para ti no quieras» lo traduce él así: yo no me meto con los demás; que no se metan los demás conmigo. Y se achica y se engurruña y perece en esta avaricia espiritual y en esta moral repulsiva del individualismo anárquico: cada uno para sí. Y, como cada uno no es él mismo, mal puede ser para sí.

Mas así que el individuo se siente en la sociedad, se siente en Dios, y el instinto de perpetuación le enciende en amor a

Dios y en caridad dominadora, busca perpetuarse en los demás, perennizar su espíritu, eternizarlo, desclavar a Dios, y solo anhela sellar su espíritu en los demás espíritus y recibir el sello de estos. Es que se sacudió de la pereza y de la avaricia espirituales.

La pereza, se dice, es la madre de todos los vicios, y la pereza, en efecto, engendra los dos vicios, la avaricia y la envidia, que son a su vez fuente de todos los demás. La pereza es el peso de la materia, de suyo inerte, en nosotros, y esa pereza, mientras nos dice que trata de conservarnos por el ahorro, en realidad no trata sino de amenguarnos, de anonadarnos.

Al hombre o le sobra materia o le sobra espíritu, o, mejor dicho, o siente hambre de espíritu, esto es, de eternidad, o hambre de materia, resignación a anonadarse. Cuando le sobra espíritu y siente hambre de más de él, lo vierte y derrama fuera, y, al derramarlo, se le acrecienta con lo de los demás; y, por el contrario, cuando, avaro de sí mismo, se recoje en sí pensando mejor conservarse, acaba por perderlo todo, y le ocurre lo que al que recibió un solo talento: lo enterró para no perderlo, y se quedó sin él. Porque al que tiene se le dará; pero al que no tiene sino poco hasta eso poco le será quitado.

Sed perfectos como vuestro Padre celestial lo es, se nos dijo, y este terrible precepto —terrible porque la perfección infinita del Padre nos es inasequible— debe ser nuestra suprema norma de conducta. El que no aspire a lo imposible apenas hará nada hacedero que valga la pena. Debemos aspirar a lo imposible, a la perfección absoluta e infinita, y decir al Padre: ¡Padre, no puedo: ayuda a mi impotencia! Y él lo hará en nosotros.

Y ser perfecto es serlo todo, es ser yo y ser todos los demás, es ser humanidad, es ser universo. Y no hay otro camino para ser todo lo demás sino darse a todo, y, cuando todo sea en todo, todo será en cada uno de nosotros. La apocatástasis es más que un ensueño místico, es una norma de acción, es un faro de altas hazañas.

De donde la moral invasora, dominadora, agresiva, inquisidora, si queréis. Porque la caridad verdadera es invasora, y consiste en meter mi espíritu en los demás espíritus, en darles mi dolor como pábulo y consuelo a sus dolores, en despertar con mi inquietud sus inquietudes, en aguzar su hambre de Dios con mi hambre de Él. La caridad no es brezar y adormecer a nuestros hermanos en la inercia y modorra de la materia, sino despertarles en la zozobra y el tormento del espíritu.

A las catorce obras de misericordia que se nos enseñó en el Catecismo de la doctrina cristiana, habría que añadir a las veces una más, y es la de despertar al dormido. A las veces por lo menos, y desde luego, cuando el dormido duerme al borde de una sima, el despertarle es mucho más misericordioso que enterrarle después de muerto, pues dejemos que los muertos entierren a sus muertos. Bien se dijo aquello de «quien bien te quiera te hará llorar», y la caridad suele hacer llorar. «El amor que no mortifica no merece tan divino nombre», decía el encendido apóstol portugués fray Thomé de Jesus (*Trabalhos de Jesus*, parte primera); el de esta jaculatoria: «¡Oh fuego infinito, oh amor eterno, que si no tienes donde abraces y te alargues y muchos corazones a que quemes lloras!». El que ama al prójimo le quema el corazón, y el corazón, como la leña fresca, cuando se quema, gime y destila lágrimas.

Y el hacer eso es generosidad, una de las dos virtudes madres que surgen cuando se vence a la inercia, a la pereza. Las más de nuestras miserias vienen de avaricia espiritual.

El remedio al dolor, que es, dijimos, el choque de la conciencia en la inconciencia no es hundirse en esta, sino elevarse a aquella y sufrir más. Lo malo del dolor se cura con más dolor, con más alto dolor. No hay que darse opio, sino poner vinagre y sal en la herida del alma, porque, cuando te duermas y no sientas ya el dolor, es que no eres. Y hay que ser. No cerréis, pues, los ojos a la Esfinge acongojadora, sino miradla cara a cara, y dejad que os coja y os masque en su boca de cien mil dientes venenosos y os trague. Veréis qué dulzura cuando os haya tragado, qué dolor más sabroso.

Y a esto se va prácticamente por la moral de la imposición mutua. Los hombres deben tratar de imponerse los unos a los otros, de darse mutuamente sus espíritus, de sellarse mutuamente las almas.

Es cosa que da en qué pensar eso de que hayan llamado a la moral cristiana moral de esclavos, ¿quiénes? ¡Los anarquistas! El anarquismo sí que es moral de esclavos, pues solo el esclavo canta a la libertad anárquica. ¡Anarquismo, no!, sino *panarquismo*; no aquello de ni Dios ni amo, sino todos dioses y amos todos, todos esforzándose por divinizarse, por inmortalizarse. Y para ello dominando a los demás.

¡Y hay tantos modos de dominar! A las veces, hasta pasivamente, al parecer al menos, se cumple con esta ley de vida. El acomodarse al ámbito, el imitar, el ponerse uno en lugar de otro, la simpatía, en fin, además de ser una manifestación de la unidad de la especie, es un modo de expansionarse, de ser otro. Ser vencido, o por lo menos aparecer vencido, es muchas veces vencer; tomar lo de otro es un modo de vivir en él.

Y es que, al decir dominar, no quiero decir como el tigre. También domina el zorro por la astucia, y la liebre huyendo, y la víbora por su veneno, y el mosquito por su pequeñez, y el calamar por su tinta con que oscurece el ámbito y huye. Y nadie se escandalice de esto, pues el mismo Padre de todos, que dio fiereza, garras y fauces al tigre, dio astucia al zorro, patas veloces a la liebre, veneno a la víbora, pequeñez al mosquito y tinta al calamar. Y no consiste la nobleza o innobleza en las armas de que se use, pues cada especie, y hasta cada individuo, tiene las suyas, sino en cómo se las use, y, sobre todo, en el fin para que uno las esgrima.

Y entre las armas de vencer hay también la de la paciencia y la resignación apasionadas, llenas de actividad y de anhelos anteriores. Recordad aquel estupendo soneto del gran luchador, del gran inquietador puritano Juan Milton, el secuaz de Cromwell y cantor de Satanás, el que, al verse ciego y considerar su luz apagada e inútil en él aquel talento cuya ocultación es muerte, oye que la Paciencia le dice: «Dios no necesita ni de obra de hombre ni de sus dones; quienes mejor llevan su blando yugo le sirven mejor; su estado es regio; miles hay que se lanzan a su señal y corren sin descanso tierras y mares, pero también le sirven los que no hacen sino estarse y aguardar».

*They also serve who only stand and wait.* Sí, también le sirven los que solo se están aguardándole, pero es cuando le aguardan apasionadamente, hambrientamente, llenos de anhelo de inmortalidad en Él.

Y hay que imponerse, aunque solo sea por la paciencia. «Mi vaso es pequeño, pero bebo en mi vaso», decía un poeta egoísta y de un pueblo de avaros. No, en mi vaso beben todos, quiero que todos beban de él; se lo doy, y mi vaso crece, según el número de los que en él beben, y todos, al poner en él sus labios, dejan allí algo de su espíritu. Y bebo también de los vasos de los demás, mientras ellos beben del mío. Porque cuanto más soy de mí mismo, y cuanto soy más yo mismo, más soy de los demás; de la plenitud de mí mismo me vierto a mis hermanos, y, al verterme a ellos, ellos entran en mí.

«Sed perfectos como vuestro Padre», se nos dijo, y nuestro Padre es perfecto porque es Él, y es cada uno de sus hijos que en Él viven, son y se mueven. Y el fin de la perfección es que seamos todos una sola cosa (Jn XVII, 21), todos un cuerpo en Cristo (Rm XII, 5), y que, al cabo, sujetas todas las cosas al Hijo, el Hijo mismo se sujete a su vez a quien le sujetó todo para que Dios sea todo en todos. Y esto es hacer que el Universo sea conciencia; hacer de la Naturaleza sociedad, y sociedad humana. Y entonces se le podrá a Dios llamar Padre a boca llena.

Ya sé que los que dicen que la ética es ciencia dirán que todo esto que vengo exponiendo no es más que retórica; pero cada cual tiene su lenguaje y su pasión. Es decir, el que la tiene, y el que no tiene pasión, de nada le sirve tener ciencia.

Y a la pasión que se expresa por esta retórica le llaman egotismo los de la ciencia ética, y el tal egotismo es el único verdadero remedio del egoísmo, de la avaricia espiritual, del vicio de conservarse y ahorrarse, y no de tratar de perennizarse dándose.

«No seas, y podrás más que todo lo que es», decía nuestro fray Juan de los Ángeles en uno de sus *Diálogos de la conquista del reino de Dios* (*Dial.*, III, 8): pero ¿qué quiere decir eso de «no seas»? ¿No querrá acaso decir paradójicamente, como a menudo en los místicos sucede, lo contrario de lo que tomado a la letra y a primera lección dice? ¿No es una inmensa paradoja, un gran contrasentido trágico, más bien, la moral toda de la sumisión y del quietismo? La moral monástica, la puramente monástica, ¿no es un absurdo? Y llamo aquí moral monástica a la del cartujo solitario, a la del eremita, que huye del mundo —llevándolo acaso consigo— para vivir solo y a solas con un Dios solo también y solitario; no a la del dominico inquisidor, que recorre la Provenza a quemar corazones de albigenses.

«¡Que lo haga todo Dios!», dirá alguien; pero es que, si el hombre se cruza de brazos, Dios se echa a dormir.

Esa moral cartujana y la otra moral científica, la que sacan de la ciencia ética —¡oh, la ética como ciencia!, ¡la ética racional y racionalista!, ¡pedantería de pedanterías y todo pedantería!—, eso sí que puede ser egoísmo y frialdad de corazón.

Hay quien dice aislarse con Dios para mejor salvarse, para mejor redimirse; pero es que la redención tiene que ser colectiva, pues que la culpa lo es. «Lo religioso es la determinación de totalidad, y todo lo que está fuera de esto es engaño de los sentidos, por lo cual el mayor criminal es, en el fondo, inocente y un hombre bondadoso, un santo.» Así Kierkegaard (*Afsluttende*, II, II, cap. IV, sect. II, A).

¿Y se comprende, por otra parte, que se quiera ganar la otra vida, la eterna, renunciando a esta, a la temporal? Si algo es la otra vida, ha de ser continuación de esta, y solo como continuación, más o menos depurada, de ella la imagina nuestro anhelo, y, si así es, cual sea esta vida del tiempo será la de la eternidad.

«Este mundo y el otro son como dos mujeres de un solo marido, que si agradas a la una, mueves a la otra a envidia», dice un pensador árabe, citado por Windelband («*Das Heilige*», en el vol. II de *Präludien*); mas tal pensamiento no ha podido brotar sino de quien no ha sabido resolver en una lucha fecunda, en una contradicción práctica, el conflicto trágico entre su espíritu y el mundo. «Venga a nos el tu reino», nos enseñó el Cristo a pedir a su Padre, y no «vayamos al tu reino», y, según las primitivas creencias cristianas, la vida eterna había de cumplirse sobre esta misma tierra, y como continuación de la de ella. Hombres y no ángeles se nos hizo, para que buscásemos nuestra dicha a través de la vida, y el Cristo de la fe cristiana no se angelizó, sino que se humanó, tomando cuerpo real y efectivo, y no apariencia de él para redimirnos. Y, según esa misma fe, los ángeles, hasta los más encumbrados, adoran a la Virgen, símbolo supremo de la Humanidad terrena. No es, pues, el ideal angélico un ideal cristiano, y desde luego no lo es humano, ni puede serlo. Es, además, un ángel algo neutro, sin sexo y sin patria.

No nos cabe sentir la otra vida, la vida eterna, lo he repetido ya varias veces, como una vida de contemplación angélica; ha de ser vida de acción. Decía Goethe que «el hombre debe creer en la inmortalidad; tiene para ello un derecho conforme a su naturaleza». Y añadía así: «La convicción de nuestra perduración me brota del concepto de la actividad. Si obro sin tregua hasta mi fin, la Naturaleza está obligada (*so ist die Natur verpflichtet*) a proporcionarme otra forma de existencia, ya que mi actual espíritu no puede soportar más». Cambiad lo de Naturaleza por Dios, y tendréis un pensamiento que no deja de ser cristiano, pues los primeros Padres de la Iglesia no creyeron que la inmortalidad del alma fuera un don natural —es decir, algo racional—, sino un don divino de gracia. Y lo que es de gracia suele ser, en el fondo, de justicia, ya que la justicia es divina y gratuita, no natural. Y agregaba Goethe: «No sabría empezar nada con una felicidad eterna; si no me ofreciera nuevas tareas y nuevas dificultades a que vencer». Y así es, la ociosidad contemplativa no es dicha.

Mas ¿no tendrá alguna justificación la moral eremítica, cartujana, la de la Tebaida? ¿No se podrá, acaso, decir que es menester se conserven esos tipos de excepción para que sirvan de eterno modelo a los otros? ¿No crían los hombres caballos de carrera, inútiles para todo otro menester utilitario, pero que mantienen la pureza de la sangre y son padres de excelentes caballos de tiro y de silla? ¿No hay, acaso, un lujo ético, no menos justificable que el otro? Pero, por otra parte, ¿no es esto, en el fondo, estética y no moral, y mucho menos religión? ¿No es que será estético y no religioso, ni siquiera ético, el ideal monástico contemplativo medieval? Y, al fin, los de entre aquellos solitarios que nos han contado sus coloquios a solas con Dios han hecho una obra eternizadora, se han metido en las almas de los demás. Y ya solo con eso, con que el claustro haya podido darnos un Eckart, un Suso, un Taulero, un Ruisbroquio, un Juan de la Cruz, una Catalina de Siena, una Ángela de Foligo, una Teresa de Jesús, está justificado el claustro.

Pero nuestras órdenes españolas son, sobre todo, la de Predicadores, que Domingo de Guzmán instituyó para la obra agresiva de estirpar la herejía, la Compañía de Jesús, una milicia en medio del mundo, y con ello está dicho todo, la de las Escuelas Pías, para la obra también invasora de la enseñanza... Cierto es que se me dirá que también la reforma del Carmelo, orden contemplativa que emprendió Teresa de Jesús, fue obra española. Sí, española fue, y en ella se buscaba libertad.

Era el ansia de libertad, de libertad interior, en efecto, lo que en aquellos revueltos tiempos de Inquisición llevaba a las almas escojidas al claustro. Encarcelábanse para ser mejor libres. «¿No es linda cosa que una pobre monja de San José pueda llegar a enseñorear toda la tierra y elementos?», decía en su *Vida* santa Teresa. Era el ansia pauliniana de libertad, de sacudirse de la ley externa, que era bien dura, y, como decía el maestro fray Luis de León, bien cabezuda entonces.

Pero ¿lograron libertad así? Es muy dudoso que la lograran, y hoy imposible. Porque la verdadera libertad no es esa de sacudirse de la ley externa; la libertad es la conciencia de la ley. Es libre no el que se sacude de la ley, sino el que se adueña de ella. La libertad hay que buscarla en medio del mundo que es donde vive la ley, y con la ley la culpa, su hija. De lo que hay que libertarse es de la culpa, que es colectiva.

En vez de renunciar al mundo para dominarlo —¿quién no conoce el instinto colectivo de dominación de las órdenes religiosas cuyos individuos renuncian al mundo?— lo que habría que hacer es dominar al mundo para poder renunciar a él. No buscar la pobreza y la sumisión, sino buscar la riqueza para emplearla en acrecentar la conciencia humana, y buscar el poder para servirse de él con el mismo fin.

Es cosa curiosa que frailes y anarquistas se combatan entre sí, cuando en el fondo profesan la misma moral y tienen un tan íntimo parentesco unos con otros. Como que el anarquismo viene a ser una especie de monacato ateo, y más una doctrina religiosa que ética o económico social. Los unos parten de que el hombre nace malo, en pecado original, y la gracia le hace luego bueno, si es que le hace tal, y los otros de que nace bueno y la sociedad le pervierte luego. Y, en resolución, lo mismo da una cosa que otra, pues en ambas se opone el individuo a la sociedad, y como si precediera, y, por lo tanto, hubiese de sobrevivir a ella. Y las dos morales son morales de claustro.

Y el que la culpa es colectiva no ha de servir para sacudirme de ella sobre los demás, sino para cargar sobre mí las culpas de los otros, las de todos; no para difundir mi culpa y anegarla en la culpa total, sino para hacer la culpa total mía; no para enajenar mi culpa, sino para ensimismarme y apropiarme, adentrándomela, la de todos. Y cada uno debe contribuir a curarla, por lo que otros no hacen. El que la sociedad sea culpable agrava la culpa de cada uno. «Alguien tiene que hacerlo; pero ¿por qué he de ser yo?; es la frase que repiten los débiles bien intencionados. Alguien tiene que hacerlo, ¿por qué no yo?, es el grito de un serio servidor del hombre que afronta cara a cara un serio peligro. Entre estas dos sentencias median siglos enteros de evolución moral.» Así dijo Mrs. Annie Besant, en su autobiografía. Así dijo la teósofa.

El que la sociedad sea culpable agrava la culpa de cada uno, y es más culpable el que más siente la culpa. Cristo, el inocente, como conocía mejor que nadie la intensidad de la culpa, era, en un cierto sentido, el más culpable. En él llegó a conciencia la divinidad de la humanidad y con ella su culpabilidad. Suele dar que reír a no pocos el leer de grandísimos santos que por pequeñísimas faltas, por faltas que hacen sonreírse a un hombre de mundo, se tuvieron por los más grandes pecadores. Pero la intensidad de la culpa no se mide por el acto externo, sino por la conciencia de ella, y a uno le causa agudísimo dolor lo que a otro apenas si un lijero cosquilleo. Y en un santo puede llegar la conciencia moral a tal plenitud y agudeza que el más leve pecado le remuerda más que al mayor criminal su crimen. Y la culpa estriba en tener conciencia de ella, está en el que juzga y en cuanto juzga. Cuando uno comete un acto pernicioso creyendo de buena fe hacer una acción virtuosa, no podemos tenerle por moralmente culpable, y cuando otro cree que es mala una acción indiferente o acaso beneficiosa, y la lleva a cabo, es culpable. El acto pasa, la intención queda, y lo malo del mal acto es que malea la intención, que haciendo mal a sabiendas se predispone uno a seguir haciéndolo, se oscurece la conciencia. Y no es lo mismo hacer el mal que ser malo. El mal oscurece la conciencia, y no solo la conciencia moral, sino la conciencia general, la psíquica. Y es que es bueno cuanto exalta y ensancha la conciencia, y malo lo que la deprime y amengua.

Y aquí acaso cabría aquello que ya Sócrates, según Platón, se proponía, y es si la virtud es ciencia. Lo que equivale a decir si la virtud es racional.

Los eticistas, los de que la moral es ciencia, los que al leer todas estas divagaciones dirán: ¡retórica, retórica, retórica!, creerán, me parece, que la virtud se adquiere por ciencia, por estudio racional, y hasta que las matemáticas nos ayudan a ser mejores. No lo sé, pero yo siento que la virtud, como la religiosidad, como el anhelo de no morirse nunca —y todo ello es la misma cosa en el fondo— se adquiere más bien por pasión.

Pero y la pasión ¿qué es?, se me dirá. No lo sé; o, mejor dicho, lo sé muy bien, porque la siento, y, sintiéndola, no necesito definírmela. Es más aún: temo que si llego a definirla, dejaré de sentirla y de tenerla. La pasión es como el dolor, y, como el dolor, crea su objeto. Es más fácil al fuego hallar combustible que al combustible fuego.

Vaciedad y sofistería habrá de aparecer esto, bien lo sé. Y se me dirá también que hay la ciencia de la pasión, y que hay la pasión de la ciencia, y que es en la esfera moral donde la razón y la vida se aúnan.

No lo sé, no lo sé, no lo sé… Y acaso esté yo diciendo en el fondo, aunque más turbiamente, lo mismo que esos, los adversarios que me finjo para tener a quien combatir, dicen, solo que más claro, más definida y más racionalmente. No lo sé, no lo sé… Pero sus cosas me hielan y me suenan a vaciedad afectiva.

Y, volviendo a lo mismo, ¿es la virtud ciencia? ¿Es la ciencia virtud? Porque son dos cosas distintas. Puede ser ciencia la virtud, ciencia de saber conducirse bien, sin que por eso toda otra ciencia sea virtud. Ciencia es la de Maquiavelo; y no puede decirse que su *virtù* sea virtud moral siempre. Sabido es, además, que no son mejores ni los más inteligentes, ni los más instruidos.

No, no, no; ni la fisiología enseña a digerir, ni la lógica a discurrir, ni la estética a sentir la belleza o a expresarla, ni la ética a ser bueno. Y menos mal si no enseña a ser hipócrita; porque la pedantería, sea de lógica, sea de estética, sea de ética, no es en el fondo sino hipocresía.

Acaso la razón enseña ciertas virtudes burguesas, pero no hace ni héroes ni santos. Porque santo es el que hace el bien no por el bien mismo, sino por Dios, por la eternización.

Acaso, por otra parte, la cultura, es decir, la Cultura —¡oh, la cultura!—, obra sobre todo de filósofos y de hombres de ciencia, no la han hecho ni los héroes ni los santos. Porque los santos se han cuidado muy poco del progreso de la cultura humana; se cuidaron más bien de la salvación de las almas individuales de aquellos con quienes convivían. ¿Qué significa, por ejemplo, en la historia de la cultura humana nuestro san Juan de la Cruz, aquel frailecito incandescente, como se le ha llamado culturalmente —y no sé si cultamente—, junto a Descartes?

Todos esos santos, encendidos de religiosa caridad hacia sus prójimos, hambrientos de eternización propia y ajena, que iban a quemar corazones ajenos, inquisidores acaso, todos esos santos, ¿qué han hecho por el progreso de la ciencia de la ética? ¿Inventó acaso alguno de ellos el imperativo categórico, como lo inventó el solterón de Königsberg, que si no fue santo mereció serlo?

Quejábaseme un día el hijo de un gran profesor de ética, de uno a quien apenas si se le caía de la boca el imperativo ese, que vivía en una desoladora sequedad de espíritu, en un vacío interior. Y hube de decirle: «Es que su padre de usted, amigo mío, tenía un río soterraño en el espíritu, una fresca corriente de antiguas creencias infantiles, de esperanzas de ultratumba;

y cuando creía alimentar su alma con el imperativo ese o con algo parecido, lo estaba en realidad alimentando con aquellas aguas de la niñez. Y a usted le ha dado la flor acaso de su espíritu, sus doctrinas racionales de moral, pero no la raíz, no lo soterraño, no lo irracional».

¿Por qué prendió aquí, en España, el krausismo y no el hegelianismo o el kantismo, siendo estos sistemas mucho más profundos, racional y filosóficamente, que aquel? Porque el uno nos le trajeron con raíces. El pensamiento filosófico de un pueblo o de una época es como su flor, es aquello que está fuera y está encima; pero esa flor, o si se quiere fruto, toma sus jugos de las raíces de la planta, y las raíces, que están dentro y están debajo de tierra, son el sentimiento religioso. El pensamiento filosófico de Kant, suprema flor de la evolución mental del pueblo germánico, tiene sus raíces en el sentimiento religioso de Lutero, y no es posible que el kantismo, sobre todo en su parte práctica, prendiese y diese flores y frutos en pueblos que ni habían pasado por la Reforma ni acaso podían pasar por ella. El kantismo es protestante, y nosotros, los españoles, somos fundamentalmente católicos. Y si Krause echó aquí algunas raíces —más que se cree, y no tan pasajeras como se supone—, es porque Krause tenía raíces pietistas, y el pietismo, como lo demostró Ritschl en la historia de él (*Geschichte der Pietismus*), tiene raíces específicamente católicas, y significa en gran parte la invasión, o más bien la persistencia del misticismo católico en el seno del racionalismo protestante. Y así se explica que se krausizaran aquí hasta no pocos pensadores católicos.

Y puesto que los españoles somos católicos, sepámoslo o no lo sepamos, queriéndolo o sin quererlo, y aunque alguno de nosotros presuma de racionalista o de ateo, acaso nuestra más honda labor de cultura y lo que vale más que de cultura, de religiosidad —si es que no son lo mismo—, es tratar de darnos clara cuenta de ese nuestro catolicismo subconciente, social o popular. Y esto es lo que he tratado de hacer en esta obra.

Lo que llamo el sentimiento trágico de la vida en los hombres y en los pueblos es por lo menos nuestro sentimiento trágico de la vida, el de los españoles y el pueblo español, tal y como se refleja en mi conciencia, que es una conciencia española, hecha en España. Y este sentimiento trágico de la vida es el sentimiento mismo católico de ella, pues el catolicismo, y mucho más el popular, es trágico. El pueblo aborrece la comedia. El pueblo, cuando Pilato, el señorito, el distinguido, el esteta, racionalista si queréis, quiere darle comedia y le presenta al Cristo en irrisión diciéndole: ¡He aquí el hombre!, se amotina y grita: ¡Crucifícale!, ¡crucifícale! No quiere comedia, sino tragedia. Y lo que el Dante, el gran católico, llamó comedia divina es la más trágica tragedia que se haya escrito.

Y como he querido en estos ensayos mostrar el alma de un español y en ella el alma española, he escatimado las citas de escritores españoles prodigando, acaso en exceso, las de los de otros países. Y es que todas las almas humanas son hermanas.

Y hay una figura, una figura cómicamente trágica, una figura en que se ve todo lo profundamente trágico de la comedia humana, la figura de Nuestro Señor Don Quijote, el Cristo español, en que se cifra y encierra el alma inmortal de este mi pueblo. Acaso la pasión y muerte del Caballero de la Triste Figura es la pasión y muerte del pueblo español. Su muerte y su resurrección. Y hay una filosofía, y hasta una metafísica quijotesca, y una lógica y una ética quijotescas también, y una religiosidad —religiosidad católica española— quijotesca. Es la filosofía, es la lógica, es la ética, es la religiosidad que he tratado de esbozar y más de sugerir que de desarrollar en esta obra. Desarrollarlas racionalmente no; la locura quijotesca no consiente la lógica científica.

Y ahora, antes de concluir y despedirme de mis lectores, quédame hablar del papel que le está reservado a Don Quijote en la tragicomedia europea moderna.

Vamos a verlo en un último ensayo de estos.

# Conclusión

## Don Quijote en la tragi-comedia europea contemporánea

¡Voz que clama en el desierto!

ISAÍAS XL, 3

Fuerza me es ya concluir, por ahora al menos, estos ensayos que amenazan convertírseme en el cuento de nunca acabar. Han ido saliendo de mis manos a la imprenta en una casi improvisación sobre notas recojidas durante años, sin haber tenido presentes al escribir cada ensayo los que le precedieron. Y así irán, llenos de contradicciones íntimas —al menos aparentes— como la vida y como yo mismo.

Mi pecado ha sido, si alguno, el haberlos exornado en exceso con citas ajenas, muchas de las cuales parecerán traídas con cierta violencia. Mas ya lo explicaré otra vez.

Muy pocos años después de haber andado Nuestro Señor Don Quijote por España, decíanos Jacobo Boehme (*Aurora*, cap. XI, § 75), que no escribía una historia que le hubiesen contado otros, sino que tenía que estar él mismo en la batalla, y en ella en gran pelea, donde a menudo tenía que ser vencido como todos los hombres, y más adelante (§ 83) añade que aunque tenga que hacerse espectáculo del mundo y del demonio, le queda la esperanza en Dios sobre la vida futura, en quien quiere arriesgarla y no resistir al Espíritu. Amén. Y tampoco yo, como este Quijote del pensamiento alemán, quiero resistir al Espíritu.

Y por esto lanzo mi voz que clamará en el desierto, y la lanzo desde esta Universidad de Salamanca, que se llamó a sí misma arrogantemente *omnium scientiarium princeps*, y a la que Carlyle llamó fortaleza de la ignorancia, y un literato francés, hace poco, universidad fantasma; desde esta España, «tierra de los ensueños que se hacen realidades, defensora de Europa, hogar del ideal caballeresco» —así me decía en carta no ha mucho Mr. Archer M. Huntington, poeta—; desde esta España, cabeza de la Contra-Reforma en el siglo XVI. ¡Y bien se lo guardan!

En el cuarto de estos ensayos os hablé de la esencia del catolicismo. Y a *desesenciarlo*, esto es, a descatolizar a Europa, han contribuido el Renacimiento, la Reforma y la Revolución, sustituyendo aquel ideal de una vida eterna ultraterrena por el ideal del progreso, de la razón, de la ciencia. O mejor de la Ciencia, con letra mayúscula. Y lo último, lo que hoy más se lleva, es la Cultura.

Y en la segunda mitad del pasado siglo XIX, época infilosófica y tecnicista, dominada por especialismo miope y por el materialismo histórico, ese ideal se tradujo en una obra no ya de vulgarización, sino de avulgaramiento científico —o más bien pseudocientífico— que se desahogaba en democráticas bibliotecas baratas y sectarias. Quería así popularizarse la ciencia como si hubiese de ser esta la que haya de bajar al pueblo y servir sus pasiones, y no el pueblo el que debe subir a ella, y por ella más arriba aún, a nuevos y más profundos anhelos.

Todo esto llevó a Brunetière a proclamar la bancarrota de la ciencia, y esa ciencia, o lo que fuere, bancarroteó en efecto. Y, como ella no satisfacía, no dejaba de buscarse la felicidad; sin encontrarla ni en la riqueza, ni en el saber, ni en el poderío, ni en el goce, ni en la resignación, ni en la buena conciencia moral, ni en la cultura. Y vino el pesimismo.

El progresismo no satisfacía tampoco. Progresar, ¿para qué? El hombre no se conformaba con lo racional, el *Kulturkampf* no le bastaba; quería dar finalidad final a la vida, que esta que llamo la finalidad final es el verdadero ὄντως ὄν. Y la famosa *maladie du siècle*, que se anuncia en Rousseau y acusa más claramente que nadie el *Obermann* de Senancour, no era ni es otra cosa que la pérdida de la fe en la inmortalidad del alma, en la finalidad humana del Universo.

Su símbolo, su verdadero símbolo es un ente de ficción, el Dr. Fausto.

Este inmortal Dr. Fausto que se nos aparece ya a principios del siglo XVII, en 1604, por obra del Renacimiento y de la Reforma y por ministerio de Cristóbal Marlowe, es ya el mismo que volverá a descubrir Goethe, aunque en ciertos respectos más espontáneo y más fresco. Y junto a él aparece Mephistophilis, a quien pregunta Fausto aquello de «¿qué bien hará mi alma a tu señor?». Y le contesta: «Ensanchar su reino». «¿Y es esa la razón por la que nos tienta así?», vuelve a preguntar el doctor, y el espíritu maligno responde: «*Solamen miseris socios habuisse doloris*», que es lo que mal traducido en romance decimos: «Mal de muchos, consuelo de tontos». «Donde estamos, allí está el infierno, y donde está el infierno, allí tenemos que estar siempre», añade Mephistophilis, a lo que Fausto agrega que cree ser una fábula tal infierno, y le pregunta quién hizo el mundo. Y este trágico doctor, torturado por nuestra tortura, acaba encontrando a Helena, que no es otra, aunque Marlowe acaso no lo sospechase, que la Cultura renaciente. Y hay aquí en este *Faust* de Marlowe una escena que vale por toda la segunda parte del *Faust* de Goethe. Le dice a Helena Fausto: «Dulce Helena, hazme inmortal con un beso —y le besa—. Sus labios me chupan el alma; ¡mira cómo huye! ¡Ven, Helena, ven; devuélveme el alma! Aquí quiero quedarme, porque el cielo está en estos labios, y todo lo que no es Helena escoria es».

¡Devuélveme el alma! He aquí el grito de Fausto, el doctor, cuando después de haber besado a Helena va a perderse para siempre. Porque al Fausto primitivo no hay ingenua Margarita alguna que le salve. Esto de la salvación fue invención de Goethe. ¿Y quién no conoce a su Fausto, nuestro Fausto, que estudió Filosofía, Jurisprudencia, Medicina, hasta Teología, y solo vio que no podemos saber nada, y quiso huir al campo libre —*hinaus ins weite Land!*— y topó con Mefistófeles, parte de aquella fuerza que siempre quiere el mal haciendo siempre el bien, y este le llevó a los brazos de

Margarita, del pueblo sencillo, a la que aquel, el sabio, perdió; pero merced a la cual, que por él se entregó, se salva, redimido por el pueblo creyente con fe sencilla? Pero tuvo esa segunda parte, porque aquel otro Fausto era el Fausto anecdótico y no el categórico de Goethe, y volvió a entregarse a la Cultura, a Helena, y a engendrar en ella a Euforión, acabando todo con aquello del eterno–femenino entre coros místicos. ¡Pobre Euforión!

¿Y esta Helena es la esposa del rubio Menelao, la que robó Paris y causó la guerra de Troya, y de quien los ancianos troyanos decían que no debía indignar el que se pelease por mujer que por su rostro se parecía tan terriblemente a las diosas inmortales? Creo más bien que esa Helena de Fausto era otra, la que acompañaba a Simón Mago, y que este decía ser la inteligencia divina. Y Fausto puede decirle: ¡devuélveme el alma!

Porque Helena con sus besos nos saca el alma. Y lo que queremos y necesitamos es alma, y alma de bulto y de sustancia.

Pero vinieron el Renacimiento, la Reforma y la Revolución, trayéndonos a Helena, o más bien empujados por ella, y ahora nos hablan de Cultura y de Europa.

¡Europa! Esta noción primitiva e inmediatamente geográfica nos la han convertido por arte mágica en una categoría casi metafísica. ¿Quién sabe hoy ya, en España por lo menos, lo que es Europa? Yo solo sé que es un *chibolete* (v. mis *Tres ensayos*). Y cuando me pongo a escudriñar lo que llaman Europa nuestros europeizantes, paréceme a las veces que queda fuera de ella mucho de lo periférico —España desde luego, Inglaterra, Italia, Escandinavia, Rusia...— y que se reduce a lo central, a Franco-Alemania, con sus anejos y dependencias.

Todo esto nos lo han traído, digo, el Renacimiento y la Reforma, hermanos mellizos que vivieron en aparente guerra intestina. Los renacientes italianos, socinianos todos ellos; los humanistas, con Erasmo a la cabeza, tuvieron por un bárbaro a aquel fraile Lutero, que del claustro sacó su ímpetu, como de él lo sacaron Bruno y Campanella. Pero aquel bárbaro era su hermano mellizo; combatiéndolos, combatía a su lado contra el enemigo común. Todo eso nos han traído el Renacimiento y la Reforma, y luego la Revolución, su hija, y nos han traído también una nueva Inquisición: la de la ciencia o la cultura, que usa por armas el ridículo y el desprecio para los que no se rinden a su ortodoxia.

Al enviar Galileo al gran duque de Toscana su escrito sobre la movilidad de la Tierra, le decía que conviene obedecer y creer a las determinaciones de los superiores, y que reputaba aquel escrito «como una poesía o bien un ensueño, y por tal recíbalo Vuestra Alteza». Y otras veces le llama «quimera» y «capricho matemático». Y así yo en estos ensayos, por temor también —¿por qué no confesarlo?— a la Inquisición, pero a la de hoy, a la científica, presento como poesía, ensueño, quimera o capricho místico lo que más de dentro me brota. Y digo con Galileo: *Eppur si muove!* Mas ¿es solo por ese temor? ¡Ah, no!, que hay otra más trágica Inquisición, y es la que un hombre moderno, culto, europeo —como lo soy yo, quiéralo o no—, lleva dentro de sí. Hay un más terrible ridículo, y es el ridículo de uno ante sí mismo y para consigo. Es mi razón que se burla de mi fe y la desprecia.

Y aquí es donde tengo que acojerme a mi señor Don Quijote para aprender a afrontar el ridículo y vencerlo, y un ridículo que acaso —¿quién sabe?— él no conoció.

Sí, sí, ¿cómo no ha de sonreír mi razón de estas construcciones pseudofilosóficas, pretendidas místicas, diletantescas, en que hay de todo menos paciente estudio, objetividad y método... científicos? Y, sin embargo... *Eppur si muove!*

¡*Eppur si muove*, sí! Y me acojo al diletantismo, a lo que un pedante llamaría filosofía *demi-mondaine*, contra la pedantería especialista, contra la filosofía de los filósofos profesionales. Y quién sabe... Los progresos suelen venir del bárbaro, y nada más estancado que la filosofía de los filósofos y la teología de los teólogos.

¡Y que nos hablen de Europa! La civilización del Tibet es paralela a la nuestra, y ha hecho y hace vivir a hombres que desaparecen como nosotros. Y queda flotando sobre las civilizaciones todas el Eclesiastés, y aquello de «así muere el sabio como el necio» (II, 16).

Corre entre las gentes de nuestro pueblo una respuesta admirable a la ordinaria pregunta de «¿qué tal?» o «¿cómo va?», y es aquella que responde: «¡Se vive...!». Y de hecho es así; se vive, vivimos tanto como los demás. ¿Y qué más puede pedirse? ¿Y quién no recuerda lo de la copla? «Cada vez que considero / que me tengo de morir, / tiendo la capa en el suelo / y no me harto de dormir.» Pero no dormir, no, sino soñar; soñar la vida, ya que la vida es sueño.

Proverbial se ha hecho también en muy poco tiempo entre nosotros, los españoles, la frase de que la cuestión es pasar el rato, o sea matar el tiempo. Y de hecho hacemos tiempo para matarlo. Pero hay algo que nos ha preocupado siempre tanto o más que pasar el rato —fórmula que marca una posición estética— y es ganar la eternidad; fórmula de la posición religiosa. Y es que saltamos de lo estético y lo económico a lo religioso, por encima de lo lógico y lo ético; del arte a la religión.

Un joven novelista nuestro, Ramón Pérez de Ayala, en su reciente novela *La pata de la raposa*, nos dice que la idea de la muerte es el cepo; el espíritu, la raposa, o sea virtud astuta con que burlar las celadas de la fatalidad, y añade: «Cogidos en el cepo, hombres débiles y pueblos débiles yacen por tierra [...]; los espíritus recios y los pueblos fuertes reciben en el peligro clarividente estupor, desentrañan de pronto la desmesurada belleza de la vida y, renunciando para siempre a la agilidad y locura primeras, salen del cepo con los músculos tensos para la acción y con las fuerzas del alma centuplicadas en ímpetu, potencia y eficacia». Pero veamos; hombres débiles..., pueblos débiles..., espíritus recios..., pueblos fuertes..., ¿qué es eso? Yo no lo sé. Lo que creo saber es que unos individuos y pueblos no han pensado aún de veras en la muerte y la inmortalidad; no las han sentido, y otros han dejado de pensar en ellas, o más bien han dejado de sentirlas. Y no es, creo, cosa de que se engrían los hombres y los pueblos que no han pasado por la edad religiosa.

Lo de la desmesurada belleza de la vida está bien para escrito, y hay, en efecto, quienes se resignan y la aceptan tal cual es, y hasta quienes nos quieren persuadir que el del cepo no es problema. Pero ya dijo Calderón (*Gustos y disgustos no son más que imaginación*, act. I, esc. 4.ª) que «no es consuelo de desdichas, / es otra desdicha aparte, / querer a quien las padece / persuadir que no son tales». Y además, «a un corazón no habla sino otro corazón», según fray Diego de Estella (*Vanidad del mundo,* cap. XXI).

No ha mucho hubo quien hizo como que se escandalizaba de que, respondiendo yo a los que nos reprochaban a los españoles nuestra incapacidad científica, dijese, después de hacer observar que la luz eléctrica luce aquí, y corre aquí la locomotora tan bien como donde se inventaron, y nos servimos de los logaritmos como en el país donde fueron ideados, aquello de: «¡Que inventen ellos!». Expresión paradójica a que no renuncio. Los españoles deberíamos apropiarnos no poco de aquellos sabios consejos que a los rusos, nuestros semejantes, dirigía el conde José de Maistre en aquellas sus admirables cartas al conde Rasoumowski, sobre la educación pública en Rusia, cuando le decía que no por no estar hecha para la ciencia debe una nación estimarse menos; que los romanos no entendieron de artes ni tuvieron un matemático, lo que no les impidió hacer su papel, y todo lo que añadía sobre esa muchedumbre de semisabios falsos y orgullosos, idólatras de los gustos, las modas y las lenguas extranjeras, y siempre prontos a derribar cuanto desprecian, que es todo.

¿Que no tenemos espíritu científico? ¿Y qué, si tenemos algún espíritu? ¿Y se sabe si el que tenemos es o no compatible con ese otro?

Mas al decir ¡que inventen ellos! no quise decir que hayamos de contentarnos con un papel pasivo, no. Ellos a la ciencia de que nos aprovecharemos; nosotros, a lo nuestro. No basta defenderse, hay que atacar.

Pero atacar con tino y cautela. La razón ha de ser nuestra arma. Lo es hasta del loco. Nuestro loco sublime, nuestro modelo, Don Quijote, después que destrozó de dos cuchilladas aquella a modo de media celada que encajó con el morrión, «la tornó a hacer de nuevo, poniéndole unas barras de hierro por de dentro, de tal manera que él quedó satisfecho de su fortaleza, y, sin querer hacer nueva experiencia della, la diputó y tuvo por celada finísima de encaje». Y con ella en la cabeza se inmortalizó. Es decir, se puso en ridículo. Pues fue poniéndose en ridículo como alcanzó su inmortalidad Don Quijote.

¡Y hay tantos modos de ponerse en ridículo...! Cournot (*Traité de l'enchaînement des idées fondamentales*, etc., § 510) dijo: «No hay que hablar ni a los príncipes ni a los pueblos de sus probabilidades de muerte: los príncipes castigan esta temeridad con la desgracia; el público se venga de ella por el ridículo». Así es, y por eso dicen que hay que vivir con el siglo. *Corrumpere et corrumpi saeculum vocatur* (Tácito, *Germania*, 19).

Hay que saber ponerse en ridículo, y no solo ante los demás, sino ante nosotros mismos. Y más ahora, en que tanto se charla de la conciencia de nuestro atraso respecto a los demás pueblos cultos; ahora, en que unos cuantos atolondrados que no conocen nuestra propia historia —que está por hacer, deshaciendo antes lo que la calumnia protestante ha tejido en torno de ella— dicen que no hemos tenido ni ciencia, ni arte, ni filosofía, ni Renacimiento (este acaso nos sobraba), ni nada.

Carducci, el que habló de los *contorcimenti dell'affannosa grandiosità spagnola*, dejó escrito (en *Mosche cocchiere*) que «hasta España, que jamás tuvo hegemonía de pensamiento, tuvo su Cervantes». Pero ¿es que Cervantes se dio aquí solo, aislado, sin raíces, sin tronco, sin apoyo? Mas se comprende que diga que España *non ebbe egemonia mai di pensiero* un racionalista italiano que recuerda que fue España la que reaccionó contra el Renacimiento en su patria. Y qué ¿acaso no fue algo, y algo hegemónico en el orden cultural, la Contra-Reforma, que acaudilló España y que empezó de hecho con el saco de Roma, providencial castigo contra la ciudad de los paganos papas del Renacimiento pagano? Dejemos ahora si fue mala o buena la Contra-Reforma, pero ¿es que no fueron algo hegemónico Loyola y el Concilio de Trento? Antes de este dábanse en Italia cristianismo y paganismo, o, mejor, inmortalismo y mortalismo en nefando abrazo y contubernio, hasta en las almas de algunos papas, y era verdad en filosofía lo que en teología no lo era, y todo se arreglaba con la fórmula de *salva la fe*. Después ya no, después vino la lucha franca y abierta entre la razón y la fe, la ciencia y la religión. Y el haber traído esto, gracias sobre todo a la testarudez española, ¿no fue hegemónico?

Sin la Contra-Reforma, no habría la Reforma seguido el curso que siguió; sin aquella, acaso esta, falta del sostén del pietismo, habría perecido en la ramplona racionalidad de la *Aufklärung*, de la Ilustración. ¿Sin Carlos I, sin Felipe II, nuestro gran Felipe, habría sido todo igual?

Labor negativa, dirá alguien. ¿Qué es eso? ¿Qué es lo negativo? ¿Qué lo positivo? ¿En el tiempo, línea que va siempre en la misma dirección, del pasado al porvenir, donde está el cero que marca el límite entre lo positivo y lo negativo? España, esta tierra que dicen de caballeros y pícaros —y todos pícaros—, ha sido la gran calumniada de la Historia precisamente por haber acaudillado la Contra-Reforma. Y porque su arrogancia le ha impedido salir a la plaza pública, a la feria de las vanidades, a justificarse.

Dejemos su lucha de ocho siglos con la morisma, defendiendo a Europa del mahometismo, su labor de unificación interna, su descubrimiento de América y las Indias —que lo hicieron España y Portugal, y no Colón y Gama—; dejemos eso y más, y no es dejar poco. ¿No es nada cultural crear veinte naciones sin reservarse nada y engendrar, como engendró el conquistador, en pobres indias siervas hombres libres? Fuera de esto, en el orden del pensamiento, ¿no es nada nuestra mística? Acaso un día tengan que volver a ella, a buscar su alma, los pueblos a quienes Helena se la arrebatará con sus besos.

Pero, ya se sabe, la Cultura se compone de ideas y solo de ideas y el hombre no es sino un instrumento de ella. El hombre para la idea, y no la idea para el hombre; el cuerpo para la sombra. El fin del hombre es hacer ciencia, catalogar el Universo para devolvérselo a Dios en orden, como escribí hace unos años en mi novela *Amor y pedagogía*. El hombre no es, al parecer, ni siquiera una idea. Y al cabo el género humano sucumbirá al pie de las bibliotecas —talados bosques enteros para hacer el papel que en ellas se almacena—, museos, máquinas, fábricas, laboratorios... para legarlos... ¿a quién? Porque Dios no los recibirá.

Aquella hórrida literatura regeneracionista, casi toda ella embuste, que provocó la pérdida de nuestras últimas colonias americanas, trajo la pedantería de hablar del trabajo perseverante y callado —eso sí, voceándolo mucho, voceando el silencio—, de la prudencia, la exactitud, la moderación, la fortaleza espiritual, la sindéresis, la ecuanimidad, las virtudes sociales, sobre todo los que más carecemos de ellas. En esa ridícula literatura caímos casi todos los españoles, unos más y otros menos, y se dio el caso de aquel archiespañol Joaquín Costa, uno de los espíritus menos europeos que hemos tenido, sacando lo de europeizarnos y poniéndose a *cidear* mientras proclamaba que había que cerrar con siete llaves el sepulcro del Cid y... conquistar África. Y yo di un ¡muera Don Quijote!, y de esta blasfemia, que quería decir todo lo contrario que decía —así estábamos entonces—, brotó mi *Vida de Don Quijote y Sancho* y mi culto al quijotismo como religión nacional.

Escribí aquel libro para repensar el *Quijote* contra cervantistas y eruditos, para hacer obra de vida de lo que era y sigue siendo para los más letra muerta. ¿Qué me importa lo que Cervantes quiso o no quiso poner allí y lo que realmente puso? Lo vivo es lo que yo allí descubro, pusiéralo o no Cervantes, lo que yo allí pongo y sobrepongo y sotopongo, y lo que ponemos allí todos. Quise allí rastrear nuestra filosofía.

Pues abrigo cada vez más la convicción de que nuestra filosofía, la filosofía española, está líquida y difusa en nuestra literatura, en nuestra vida, en nuestra acción, en nuestra mística, sobre todo, y no en sistemas filosóficos. Es concreta. ¿Y es que acaso no hay en Goethe, verbigracia, tanta o más filosofía que en Hegel? Las coplas de Jorge Manrique, el Romancero, el *Quijote*, *La vida es sueño*, la *Subida del Monte Carmelo*, implican una intuición del mundo y un concepto de la vida, *Weltanschauung und Lebensansicht*. Filosofía esta nuestra que era difícil se formulase en esa segunda mitad del siglo XIX, época afilosófica, positivista, tecnicista, de pura historia y de ciencias naturales, época en el fondo materialista y pesimista.

Nuestra lengua misma, como toda lengua culta, lleva implícita una filosofía.

Una lengua, en efecto, es una filosofía potencial. El platonismo es la lengua griega que discurre en Platón, desarrollando sus metáforas seculares; la escolástica es la filosofía del latín muerto de la Edad Media en lucha con las lenguas vulgares;

en Descartes discurre la lengua francesa, la alemana en Kant y en Hegel y el inglés en Hume y en Stuart Mill. Y es que el punto de partida lógico de toda especulación filosófica no es el yo, ni es la representación —*Vorstellung*— o el mundo tal como se nos presenta inmediatamente a los sentidos, sino que es la representación mediata o histórica, humanamente elaborada y tal como se nos da principalmente en el lenguaje por medio del cual conocemos el mundo; no es la representación psíquica sino la pneumática. Cada uno de nosotros parte para pensar, sabiéndolo o no y quiéralo o no lo quiera, de lo que han pensado los demás que le precedieron y le rodean. El pensamiento es una herencia. Kant pensaba en alemán, y al alemán tradujo a Hume y a Rousseau, que pensaban en inglés y en francés respectivamente. Y Spinoza, ¿no pensaba en judeoportugués, bloqueado por el holandés y en lucha con él?

El pensamiento reposa en prejuicios y los prejuicios van en la lengua. Con razón adscribía Bacon al lenguaje no pocos errores de los *idola fori*. Pero ¿cabe filosofar en pura álgebra o siquiera en esperanto? No hay sino leer el libro de Avenarius de crítica de la experiencia pura —*reine Erfahrung*— de esta experiencia prehumana, o sea inhumana, para ver adónde puede llevar eso. Y Avenarius mismo, que ha tenido que inventarse un lenguaje, lo ha inventado sobre tradición latina, con raíces que llevan en su fuerza metafórica todo un contenido de impura experiencia, de experiencia social humana.

Toda filosofía es, pues, en el fondo, filología. Y la filología, con su grande y fecunda ley de las formaciones analógicas, da su parte al azar, a lo irracional, a lo absolutamente inconmensurable. La historia no es matemática ni la filosofía tampoco. ¡Y cuántas ideas filosóficas no se deben en rigor a algo así como rima, a la necesidad de colocar una consonante! En Kant mismo abunda no poco de esto, de simetría estética; de rima.

La representación es, pues, como el lenguaje, como la razón misma —que no es sino el lenguaje interior—, un producto social y racial, y la raza, la sangre del espíritu es la lengua, como ya lo dejó dicho, y yo muy repetido, Oliver Wendell Holmes, el yanqui.

Nuestra filosofía occidental entró en madurez, llegó a conciencia de sí, en Atenas, con Sócrates, y llegó a esta conciencia mediante el diálogo, la conversación social. Y es hondamente significativo que la doctrina de las ideas innatas, del valor objetivo y normativo de las ideas, de lo que luego, en la escolástica, se llamó realismo, se formulase en diálogos. Y esas ideas, que son la realidad, son nombres, como el nominalismo enseñaba. No que no sean más que nombres, *flatus vocis*, sino que son nada menos que nombres. El lenguaje es el que nos da la realidad, y no como un mero vehículo de ella, sino como su verdadera carne, de que todo lo otro, la representación muda o inarticulada, no es sino esqueleto. Y así la lógica opera sobre la estética; el concepto sobre la expresión, sobre la palabra, y no sobre la percepción bruta.

Y esto hasta tratándose del amor. El amor no se descubre a sí mismo hasta que no habla, hasta que no dice: ¡Yo te amo! Con muy profunda intuición, Stendhal, en su novela *La chartreuse de Parme*, hace que el conde Mosca, furioso de celos y pensando en el amor que cree une a la duquesa de Sanseverina con su sobrino Fabricio, se diga: «Hay que calmarse; si empleo maneras rudas, la duquesa es capaz, por simple pique de vanidad, de seguirle a Belgirate, y allí, durante el viaje, el azar puede traer una palabra que dará nombre a lo que sienten uno por otro, y después, en un instante, todas las consecuencias».

Así es, todo lo hecho se hizo por la palabra, y la palabra fue en un principio.

El pensamiento, la razón, esto es, el lenguaje vivo, es una herencia, y el solitario de Aben Tofail, el filósofo arábigo guadijeño, tan absurdo como el yo de Descartes. La verdad concreta y real, no metódica e ideal, es: *homo sum, ergo cogito*. Sentirse hombre es más inmediato que pensar. Mas, por otra parte, la Historia, el proceso de la cultura, no halla su perfección y efectividad plena sino en el individuo; el fin de la Historia y de la Humanidad somos los sendos hombres, cada hombre, cada individuo. *Homo sum, ergo cogito; cogito ut sim Michael de Unamuno*. El individuo es el fin del Universo.

Y esto de que el individuo sea el fin del Universo lo sentimos muy bien nosotros, los españoles. ¿No dijo Martín A. J.

Hume (*The Spanish People*) aquello de la individualidad introspectiva del español, y lo comenté yo en un ensayo publicado en la revista *La España Moderna*?*

Y es acaso este individualismo mismo introspectivo el que no ha permitido que brotaran aquí sistemas estrictamente filosóficos, o más bien metafísicos. Y ello, a pesar de Suárez, cuyas sutilezas formales no merecen tal nombre.

Nuestra metafísica, si algo, ha sido metantrópica, y los nuestros, filólogos, o más bien humanistas, en más comprensivo sentido.

Menéndez y Pelayo, de quien con exactitud dijo Benedetto Croce (*Estética,* apéndice bibliográfico) que se inclinaba al idealismo metafísico; pero parecía querer acojer algo de los otros sistemas, hasta de las teorías empíricas; por lo cual su obra sufría, al parecer de Croce —que se refería a su *Historia de las ideas estéticas de España*—, de cierta incerteza, desde el punto de vista teórico del autor, Menéndez y Pelayo, en su exaltación de humanista español, que no quería renegar del Renacimiento, inventó lo del vivismo, la filosofía de Luis Vives, y acaso, no por otra cosa que por ser, como él, este otro, español renaciente y ecléctico. Y es que Menéndez y Pelayo, cuya filosofía era, ciertamente, todo incerteza, educado en Barcelona, en las timideces del escocesismo traducido al espíritu catalán, en aquella filosofía rastrera del *common sense* que no quería comprometerse, y era toda de compromiso, y que tan bien representó Balmes, huyó siempre de toda robusta lucha interior y fraguó con compromisos su conciencia.

Más acertado anduvo, a mi entender, Ángel Ganivet, todo adivinación e instinto, cuando pregonó como nuestro el senequismo, la filosofía, sin originalidad de pensamiento, pero grandísima de acento y tono, de aquel estoico cordobés pagano, a quien por suyo tuvieron no pocos cristianos. Su acento fue un acento español, latino-africano, no helénico, y ecos de él se oyen en aquel —también tan nuestro— Tertuliano, que creyó corporales, de bulto a Dios y al alma, y que fue algo así

* «El individualismo español», en el tomo 171, correspondiente al 1.º de marzo de 1903.

como un Quijote del pensamiento cristiano de la segunda centuria.

Mas donde acaso hemos de ir a buscar el héroe de nuestro pensamiento no es a ningún filósofo que viviera en carne y hueso, sino a un ente de ficción y de acción, más real que los filósofos todos; es a Don Quijote. Porque hay un quijotismo filosófico, sin duda, pero también una filosofía quijotesca. ¿Es acaso otra en el fondo la de los conquistadores, la de los contrarreformadores, la de Loyola, y, sobre todo, ya en el orden del pensamiento abstracto, pero sentido, la de nuestros místicos? ¿Qué era la mística de san Juan de la Cruz sino una caballería andante del sentimiento a lo divino?

Y el de Don Quijote no puede decirse que fuera en rigor idealismo; no peleaba por ideas. Era espiritualismo; peleaba por espíritu.

Convertid a Don Quijote a la especulación religiosa, como ya él soñó una vez en hacerlo cuando encontró aquellas imágenes de relieve y entalladura que llevaban unos labradores para el retablo de su aldea,* y a la meditación de las verdades eternas, y vedle subir al Monte Carmelo por medio de la noche oscura del alma, a ver desde allí arriba, desde la cima, salir el sol que no se pone, y, como el águila que acompaña a san Juan en Patmos, mirarle cara a cara y escudriñar sus manchas, dejando a la lechuza que acompaña en el Olimpo a Atenea —la de ojos glaucos, esto es, lechucinos, la que ve en las sombras, pero a la que la luz del mediodía deslumbra— buscar entre sombras con sus ojos la presa para sus crías.

Y el quijotismo especulativo o meditativo es, como el práctico, locura; locura hija de la locura de la cruz. Y por eso es despreciado por la razón. La filosofía, en el fondo, aborrece al cristianismo, y bien lo probó el manso Marco Aurelio.

La tragedia de Cristo, la tragedia divina, es la de la cruz. Pilato, el escéptico, el cultural, quiso convertirla por la burla en sainete, e ideó aquella farsa del rey de cetro de caña y corona de espinas, diciendo: ¡He aquí el hombre!; pero el pueblo,

* Véase cap. LVIII de la segunda parte de *El ingenioso hidalgo Don Quijote la Mancha*, y el mismo de mi *Vida de Don Quijote y Sancho*.

más humano que él, el pueblo que busca tragedia gritó: ¡Crucifícale!, ¡crucifícale! Y la otra tragedia, la tragedia humana, intrahumana, es la de Don Quijote con la cara enjabonada para que se riera de él la servidumbre de los duques, y los duques mismos, tan siervos como ellos. «¡He aquí el loco!», se dirían. Y la tragedia cómica, irracional, es la pasión por la burla y el desprecio.

El más alto heroísmo para un individuo, como para un pueblo, es saber afrontar el ridículo; es, mejor aún, saber ponerse en ridículo y no acobardarse en él.

Aquel trágico suicida portugués, Antero de Quental, de cuyos ponderosos sonetos os he ya dicho, dolorido en su patria a raíz del ultimátum inglés a ella en 1890, escribió:* «Dijo un hombre de Estado inglés del siglo pasado, que era también por cierto un perspicaz observador y un filósofo, Horacio Walpole, que la vida es una tragedia para los que sienten y una comedia para los que piensan. Pues bien; si hemos de acabar trágicamente, nosotros, portugueses, que sentimos, prefiramos con mucho ese destino terrible, pero noble, a aquel que le está reservado, y tal vez en un futuro no muy remoto, a Inglaterra que piensa y calcula, el cual destino es el de acabar miserable y cómicamente». Dejemos lo de que Inglaterra piensa y calcula, como implicando que no siente, en lo que hay una injusticia que se explica por la ocasión en que fue eso escrito, y dejemos lo de que los portugueses sienten, implicando que apenas piensan ni calculan; pues siempre nuestros hermanos atlánticos se distinguieron por cierta pedantería sentimental, y quedémonos con el fondo de la terrible idea, y es que unos, los que ponen el pensamiento sobre el sentimiento, yo diría la razón sobre la fe, mueren cómicamente, y mueren trágicamente los que ponen la fe sobre la razón. Porque son los burladores los que mueren cómicamente, y Dios se ríe luego de ellos, y es para los burlados la tragedia, la parte noble.

* En un folleto que estuvo para publicarse con ocasión del *ultimatum*, y cuyos originales obran en poder del señor conde do Ameal. Este fragmento se publicó en el n.º 3 de la revista portuguesa *A Águia*, marzo de 1912.

Y hay que buscar, tras de las huellas de Don Quijote, la burla.

¿Y volverá a decírsenos que no ha habido filosofía española en el sentido técnico de esa palabra? Y digo: ¿cuál es ese sentido?, ¿qué quiere decir filosofía? Windelband, historiador de la filosofía, en su ensayo sobre lo que la filosofía sea («*Was ist Philosophie?*», en el volumen primero de sus *Präludien*), nos dice que «la historia del nombre de la filosofía es la historia de la significación cultural de la ciencia»; añadiendo: «Mientras el pensamiento científico se independentiza como impulso del conocer por saber, toma el nombre de filosofía; cuando después la ciencia unitaria se divide en sus ramas, es la filosofía el conocimiento general del mundo que abarca a los demás. Tan pronto como el pensamiento científico se rebaja de nuevo a un medio moral o de la contemplación religiosa, trasfórmase la filosofía en un arte de la vida o en una formulación de creencias religiosas. Y así que después se liberta de nuevo la vida científica, vuelve a encontrar la filosofía el carácter de independiente conocimiento del mundo, y en cuanto empieza a renunciar a la solución de este problema, cambiase en una teoría de la ciencia misma». He aquí una breve caracterización de la historia de la filosofía desde Tales hasta Kant, pasando por la escolástica medieval en que intentó fundamentar las creencias religiosas. Pero ¿es que acaso no hay lugar para otro oficio de la filosofía, y es que sea la reflexión sobre el sentimiento mismo trágico de la vida tal como lo hemos estudiado, la formulación de la lucha entre la razón y la fe, entre la ciencia y la religión, y el mantenimiento reflexivo de ella?

Dice luego Windelband: «Por filosofía en el sentido sistemático, no en el histórico, no entiendo otra cosa que la ciencia crítica de los valores de validez universal (*allgemeingültigen Werten*)». Pero ¿qué valores de más universal validez que el de la voluntad humana queriendo ante todo y sobre todo la inmortalidad personal, individual y concreta del alma, o sea, la finalidad humana del Universo, y el de la razón humana, negando la racionalidad y hasta la posibilidad de ese anhelo? ¿Qué valores de más universal validez que el valor racional o matemático y el valor volitivo o teleológico del Universo en conflicto uno con otro?

Para Windelband, como para los kantianos y neokantianos en general, no hay sino tres categorías normativas, tres normas universales, y son las de lo verdadero o falso, lo bello o lo feo, y lo bueno o lo malo moral. La filosofía se reduce a lógica, estética y ética, según estudia la ciencia, el arte o la moral. Queda fuera otra categoría, y es la de lo grato y lo ingrato —o agradable y desagradable—; esto es, lo hedónico. Lo hedónico no puede, según ellos, pretender validez universal, no puede ser normativo. «Quien eche sobre la filosofía —escribe Windelband— la carga de decidir en la cuestión del optimismo y del pesimismo, quien le pida que dé un juicio acerca de si el mundo es más apropiado a engendrar dolor que placer, o viceversa; el tal, si se conduce más que diletantescamente, trabaja en el fantasma de hallar una determinación absoluta en un terreno en que ningún hombre razonable la ha buscado.» Hay que ver, sin embargo, si esto es tan claro como parece, en caso de que sea yo un hombre razonable y no me conduzca nada más que diletantescamente, lo cual sería la abominación de la desolación.

Con muy hondo sentido, Benedetto Croce, en su filosofía del espíritu junto a la estética como ciencia de la expresión y a la lógica como ciencia del concepto puro, dividió la filosofía de la práctica en dos ramas: económica y ética. Reconoce, en efecto, la existencia de un grado práctico del espíritu, meramente económico, dirigido a lo singular, sin preocupación de lo universal. Yago o Napoleón son tipos de perfección, de genialidad económica, y este grado queda fuera de la moralidad. Y por él pasa todo hombre, porque, ante todo, debe querer ser él mismo, como individuo, y sin ese grado no se explicaría la moralidad como sin la estética la lógica carece de sentido. Y el descubrimiento del valor normativo del grado económico, que busca lo hedónico, tenía que partir de un italiano, de un discípulo de Maquiavelo, que tan honradamente especuló sobre la *virtù*, la eficacia práctica, que no es precisamente la virtud moral.

Pero ese grado económico no es, en el fondo, sino la incoación del religioso. Lo religioso es lo económico o hedónico trascendental. La religión es una economía o una hedonística trascendental. Lo que el hombre busca en la religión, en la fe religiosa, es salvar su propia individualidad, eternizarla, lo que no se consigue ni con la ciencia, ni con el arte, ni con la moral. Ni ciencia, ni arte, ni moral nos exigen a Dios; lo que nos exige Dios es la religión. Y con muy genial acierto hablan nuestros jesuitas del gran negocio de nuestra salvación. Negocio, sí, negocio, algo de género económico, hedonístico, aunque trascendente. Y a Dios no le necesitamos ni para que nos enseñe la verdad de las cosas, ni su belleza, ni nos asegure la moralidad con penas y castigos, sino para que nos salve, para que no nos deje morir del todo. Y este anhelo singular es por ser de todos y de cada uno de los hombres normales —los anormales por barbarie o por supercultura no entran en cuenta—, universal y normativo.

Es, pues, la religión una economía trascendente, o, si se quiere, metafísica. El Universo tiene para el hombre, junto a sus valores lógico, estético y ético, también un valor económico, que, hecho así universal y normativo, es el valor religioso. No se trata solo para nosotros de verdad, belleza y bondad; trátase también, y ante todo, de salvación del individuo, de perpetuación, que aquellas normas no nos procuran. La economía llamada política nos enseña el modo más adecuado, más económico, de satisfacer nuestras necesidades, sean o no racionales, feas o bellas, morales o inmorales —un buen negocio económico puede ser una estafa, o algo que a la larga nos lleve a la muerte—, y la suprema *necesidad* humana es la de no morir, la de gozar por siempre la plenitud de la propia limitación individual. Que si la doctrina católica eucarística enseña que la sustancia del cuerpo de Jesucristo está toda en la hostia consagrada y toda en cada parte de esta, eso quiere decir que Dios está todo en todo el Universo y todo en cada uno de los individuos que le integran. Y este es, en el fondo, un principio no lógico, ni estético, ni ético, sino económico trascendente, o religioso. Y con esa norma puede la filosofía juzgar del optimismo y del pesimismo. *Si el alma humana es inmortal, el mundo es económica o hedonísticamente bueno; y, si no lo es, es malo.* Y el sentido que a las categorías de bueno y de malo dan el pesimismo y el optimismo no es un sentido ético, sino un sentido económico o hedonístico. Es bueno lo que satisface nuestro anhelo vital, y malo aquello que no lo satisface.

Es, pues, la filosofía también ciencia de la tragedia de la vida, reflexión del sentimiento trágico de ella. Y un ensayo de esta filosofía, con sus inevitables contradicciones o antinomias íntimas, es lo que he pretendido en estos ensayos. Y no ha de pasar por alto el lector que he estado operando sobre mí mismo; que ha sido este un trabajo de autocirugía y sin más anestésico que el trabajo mismo. El goce de operarme ennoblecíame el dolor de ser operado.

Y en cuanto a mi otra pretensión, y es la de que esto sea filosofía española, tal vez *la* filosofía española, de que si un italiano descubre el valor normativo y universal del grado económico sea un español el que enuncie que ese grado no es sino el principio del religioso y que la esencia de nuestra religión, de nuestro catolicismo español, es precisamente el ser no una ciencia, ni un arte, ni una moral, sino una economía a lo eterno, o sea a lo divino; que esto sea lo español, digo, dejo para otro trabajo —este histórico—, el intento siquiera de justificarlo. Mas por ahora y aun dejando la tradición expresa y externa, la que se nos muestra en documentos históricos, ¿es que no soy yo un español —y un español que apenas si ha salido de España—, un producto, por lo tanto, de la tradición española, de la tradición viva, de la que se trasmite en sentimientos e ideas que sueñan y no en textos que duermen?

Aparéceseme la filosofía en el alma de mi pueblo como la expresión de una tragedia íntima análoga a la tragedia del alma de Don Quijote, como la expresión de una lucha entre lo que el mundo es, según la razón de la ciencia nos lo muestra, y lo que queremos que sea, según la fe de nuestra religión nos lo dice. Y en esta filosofía está el secreto de eso que suele decirse de que somos en el fondo irreductibles a la Kultura, es decir, que no nos resignamos a ella. No, Don Quijote no se resigna ni al mundo ni a su verdad, ni a la ciencia o lógica, ni al arte o estética, ni a la moral o ética.

«Es que con todo esto —se me ha dicho más de una vez y más que por uno— no conseguirías en todo caso sino empujar a las gentes al más loco catolicismo.» Y se me ha acusado de reaccionario y hasta de jesuita. ¡Sea! ¿Y qué?

Sí, ya lo sé, ya sé que es locura querer volver las aguas del río a su fuente, y que es el vulgo el que busca la medicina de sus males en el pasado; pero también sé que todo el que pelea por un ideal cualquiera, aunque parezca del pasado, empuja el mundo al porvenir, y que los únicos reaccionarios son los que se encuentran bien en el presente. Toda supuesta restauración del pasado es hacer porvenir, y si el pasado ese es un ensueño, algo mal conocido... mejor que mejor. Como siempre, se marcha al porvenir; el que anda a él va, aunque marche de espaldas. ¡Y quién sabe si no es esto mejor...!

Siéntome con un alma medieval, y se me antoja que es medieval el alma de mi patria; que ha atravesado esta, a la fuerza, por el Renacimiento, la Reforma y la Revolución, aprendiendo, sí, de ellas, pero sin dejarse tocar al alma, conservando la herencia espiritual de aquellos tiempos que llaman caliginosos. Y el quijotismo no es sino lo más desesperado de la lucha de la Edad Media contra el Renacimiento, que salió de ella.

Y si los unos me acusaren de servir a una obra de reacción católica, acaso los otros, los católicos oficiales... Pero estos en España apenas se fijan en cosa alguna ni se entretienen sino en sus propias disensiones y querellas. ¡Y además, tienen unas entendederas los pobres!

Pero es que mi obra —iba a decir «mi misión»— es quebrantar la fe de unos y de otros y de los terceros, la fe en la afirmación, la fe en la negación y la fe en la abstención, y esto por fe en la fe misma; es combatir a todos los que se resignan, sea al catolicismo, sea al racionalismo, sea al agnosticismo; es hacer que vivan todos inquietos y anhelantes.

¿Será esto eficaz? Pero ¿es que creía Don Quijote acaso en la eficacia inmediata aparencial de su obra? Es muy dudoso, y por lo menos no volvió, por si acaso, a acuchillar segunda vez su celada. Y numerosos pasajes de su historia delatan que no creía gran cosa conseguir de momento su propósito de restaurar la caballería andante. ¿Y qué importaba si así vivía él y se inmortalizaba? Y debió de adivinar, y adivinó de hecho, otra más alta eficacia de aquella su obra, cual era la que ejercería en cuantos con piadoso espíritu leyesen sus hazañas.

Don Quijote se puso en ridículo, pero ¿conoció acaso el más trágico ridículo, el ridículo reflejo, el que uno hace ante sí mismo, a sus propios ojos del alma? Convertid el campo de batalla de Don Quijote a su propia alma; ponedle luchando en ella por salvar a la Edad Media del Renacimiento, por no perder su tesoro de la infancia; haced de él un Don Quijote interior —con su Sancho, un Sancho también interior y también heroico, al lado— y decidme de la tragedia cómica.

¿Y qué ha dejado Don Quijote?, diréis. Y os diré que se ha dejado a sí mismo y que un hombre, un hombre vivo y eterno, vale por todas las teorías y por todas las filosofías. Otros pueblos nos han dejado sobre todo instituciones, libros; nosotros hemos dejado almas. Santa Teresa vale por cualquier instituto, por cualquier *Crítica de la razón pura*.

Es que Don Quijote se convirtió. Sí, para morir el pobre. Pero el otro, el real, el que se quedó y vive entre nosotros alentándonos con su aliento, ese no se convirtió, ese sigue animándonos a que nos pongamos en ridículo, ese no debe morir. Y el otro, el que se convirtió para morir, pudo haberse convertido porque fue loco y fue su locura, y no su muerte ni su conversión, lo que le inmortalizó, mereciéndole el perdón del delito de haber nacido. *Felix culpa!* Y no se curó tampoco, sino que cambió de locura. Su muerte fue su última aventura caballeresca; con ella forzó el cielo, que padece fuerza.

Murió aquel Don Quijote y bajó a los infiernos, y entró en ellos lanza en ristre, y libertó a los condenados todos, como a los galeotes, y cerró sus puertas, y, quitando de ellas el rótulo que allí viera el Dante, puso uno que decía: ¡viva la esperanza!, y escoltado por los libertados, que de él se reían, se fue al cielo. Y Dios se rio paternalmente de él y esta risa divina le llenó de felicidad eterna el alma.

Y el otro Don Quijote se quedó aquí, entre nosotros, luchando a la desesperada. ¿Es que su lucha no arranca de desesperación? ¿Por qué entre las palabras que el inglés ha tomado a nuestra lengua figura entre «*siesta*», «*camarilla*», «*guerrilla*» y otras, la de *desperado*, esto es, «desesperado»? Ese Quijote interior que os decía, conciente de su propia trágica comicidad, ¿no es un desesperado? Un *desperado*, sí, como Pizarro y como Loyola. Pero «es la desesperación dueña de los imposibles», nos enseña Salazar y Torres (en *Elegir al enemigo*, act. I), y es de la desesperación y solo de ella de donde nace la esperanza heroica, la esperanza absurda, la esperanza loca. *Spero quia absurdum*, debía decirse, más bien que *credo*.

Don Quijote, que estaba solo, buscaba más soledad aún, buscaba las soledades de la Peña Pobre para entregarse allí, a solas, sin testigos, a mayores disparates en que desahogar el alma. Pero no estaba tan solo, pues le acompañaba Sancho. Sancho el bueno, Sancho el creyente, Sancho el sencillo. Si, como dicen algunos, Don Quijote murió en España y queda Sancho, estamos salvados, porque Sancho se hará, muerto su amo, caballero andante. Y, en todo caso, espera a otro caballero loco a quien seguir de nuevo.

Hay también una tragedia de Sancho. Aquel, el otro, el que anduvo con el Don Quijote que murió no consta que muriese, aunque hay quien cree que murió loco de remate, pidiendo la lanza y creyendo que había sido verdad cuanto su amo abominó por mentira en su lecho de muerte y de conversión. Pero tampoco consta que murieran ni el bachiller Sansón Carrasco, ni el cura, ni el barbero, ni los duques y canónigos, y con estos es con los que tiene que luchar el heroico Sancho.

Solo anduvo Don Quijote, solo con Sancho, solo con su soledad. ¿No andaremos también solos sus enamorados, forjándonos una España quijotesca que solo en nuestro magín existe?

Y volverá a preguntársenos: ¿qué ha dejado a la Kultura Don Quijote? Y diré: ¡el quijotismo, y no es poco! Todo un método, toda una epistemiología, toda una estética, toda una lógica, toda una ética, toda una religión sobre todo, es decir, toda una economía a lo eterno y lo divino, toda una esperanza en lo absurdo racional.

¿Por qué peleó Don Quijote? Por Dulcinea, por la gloria, por vivir, por sobrevivir. No por Iseo, que es la carne eterna; no por Beatriz, que es la teología; no por Margarita, que es el pueblo; no por Helena, que es la cultura. Peleó por Dulcinea, y la logró, pues que vive.

Y lo más grande de él fue haber sido burlado y vencido, porque siendo vencido es como vencía; dominaba al mundo dándole qué reír de él.

¿Y hoy? Hoy siente su propia comicidad y la vanidad de su esfuerzo en cuanto a lo temporal; se ve desde fuera —la cultura le ha enseñado a objetivarse, esto es, a enajenarse en vez de ensimismarse—, y, al verse desde fuera, se ríe de sí mismo, pero amargamente. El personaje más trágico acaso fuese un Margutte íntimo, que, como el de Pulci, muera reventando de risa, pero de risa de sí mismo. *E riderà in eterno*, «reirá eternamente», dijo de Margutte el ángel Gabriel. ¿No oís la risa de Dios?

Don Quijote el mortal, al morir, comprendió su propia comicidad y lloró sus pecados, pero el inmortal, comprendiéndola, se sobrepone a ella y la vence sin desecharla.

Y Don Quijote no se rinde, porque no es pesimista, y pelea. No es pesimista porque el pesimismo es hijo de vanidad, es cosa de moda, puro *snobismo,* y Don Quijote ni es vano ni vanidoso, ni moderno de ninguna modernidad —menos modernista—, y no entiende qué es eso de *snob* mientras no se lo digan en cristiano viejo español. No es pesimista Don Quijote, porque como no entiende qué sea eso de la *joie de vivre*, no entiende de su contrario. Ni entiende de tonterías futuristas tampoco. A pesar de Clavileño, no ha llegado al aeroplano, que parece querer alejar del cielo a no pocos atolondrados. Don Quijote no ha llegado a la edad del tedio de la vida, que suele traducirse en esa tan característica topofobia de no pocos espíritus modernos, que se pasan la vida corriendo a todo correr de un lado para otro, y no por amor a aquel adonde van, sino por odio a aquel otro de donde vienen, huyendo de todos. Lo que es una de las formas de la desesperación.

Pero Don Quijote oye ya su propia risa, oye la risa divina, y como no es pesimista, como cree en la vida eterna, tiene que pelear, arremetiendo contra la ortodoxia inquisitorial científica moderna por traer una nueva e imposible Edad Media, dualística, contradictoria, apasionada. Como un nuevo Savonarola, Quijote italiano de fines del siglo XV, pelea contra esta Edad Moderna que abrió Maquiavelo y que acabará cómicamente. Pelea contra el racionalismo heredado del XVIII. La paz de la conciencia, la conciliación entre la razón y la fe, ya, gracias a Dios providente, no cabe. El mundo tiene que ser como Don Quijote quiere y las ventas tienen que ser castillos, y peleará con él y será, al parecer, vencido, pero vencerá al ponerse en ridículo. Y se vencerá riéndose de sí mismo y haciéndose reír.

«La razón habla y el sentido muerde», dijo el Petrarca; pero también la razón muerde, y muerde en el cogollo del corazón. Y no hay más calor a más luz. «¡Luz, luz, más luz todavía!», dicen que dijo Goethe moribundo. No, calor, calor, más calor todavía, que nos morimos de frío y no de oscuridad. La noche no mata; mata el hielo. Y hay que libertar a la princesa encantada y destruir el retablo de maese Pedro.

¿Y no habrá también pedantería, Dios mío, en esto de creerse uno burlado y haciendo el Quijote? Los regenerados (*Opvakte*) desean que el mundo impío se burle de ellos para estar seguros de ser regenerados, puesto que son burlados, y gozar la ventaja de poder quejarse de la impiedad del mundo, dijo Kierkegaard (*Afsluttende uvidenskabelig Efterskrift*, II, Afsnit II, cap. 4, sectio II, B).

¿Cómo escapar a una u otra pedantería, o una u otra afectación, si el hombre natural no es sino un mito, y somos artificiales todos?

¡Romanticismo! Sí, acaso sea esa en parte la palabra. Y nos sirve más y mejor por su imprecisión misma. Contra eso, contra el romanticismo, se ha desencadenado recientemente, sobre todo en Francia, la pedantería racionalista y clasicista. ¿Que él, que el romanticismo, es otra pedantería, la pedantería sentimental? Tal vez. En este mundo un hombre culto o es diletante o es pedante: a escojer, pues. Sí, pedantes acaso René y Adolfo y Obermann y Lara... El caso es buscar consuelo en el desconsuelo.

A la filosofía de Bergson, que es una restauración espiritualista, en el fondo mística, medieval, quijotesca, se le ha llamado filosofía *demi-mondaine*. Quitadle el *demi*; *mondaine*, «mundana». Mundana, sí para el mundo y no para los filósofos, como no debe ser la química para los químicos solos. El mundo quiere ser engañado —*mundus vult decipi*—, o con el engaño de antes de la razón, que es la poesía, o con el engaño de después de ella, que es la religión. Y ya dijo Maquiavelo que quien quiera engañar encontrará siempre quien deje que le engañen. ¡Y bienaventurados los que hacen el primo! Un francés, Jules de Gaultier, dijo que el privilegio de su pueblo era *n'être pas dupe,* «no hacer el primo». ¡Triste privilegio!

La ciencia no le da a Don Quijote lo que este le pide. «¡Que no le pida eso —dirán—; que se resigne, que acepte la vida y la verdad como son!» Pero él no las acepta así, y pide señales, a lo que le mueve Sancho, que está a su lado. Y no es que Don Quijote no comprenda lo que comprende quien así le habla, el que procura resignarse y aceptar la vida y la verdad racionales. No; es que sus necesidades efectivas son mayores. ¿Pedantería? ¡Quién sabe...!

Y en este siglo crítico, Don Quijote, que se ha contaminado de criticismo también, tiene que arremeter contra sí mismo, víctima de intelectualismo y de sentimentalismo, y que, cuando quiere ser más espontáneo, más afectado aparece. Y quiere el pobre racionalizar lo irracional e irracionalizar lo racional. Y cae en la desesperación íntima del siglo crítico de que fueron las dos más grandes víctimas Nietzsche y Tolstói. Y por desesperación entra en el furor heroico de que hablaba aquel Quijote del pensamiento que escapó al claustro, Giordano Bruno, y se hace despertador de las almas que duermen, *dormitantium amimorum excubitor,* como dijo de sí mismo el ex dominicano, el que escribió: «El amor heroico es propio de las naturalezas superiores llamadas insanas (*insane*), no porque no saben (*non sanno*), sino porque sobresaben (*soprasanno*)».

Pero Bruno creía en el triunfo de sus doctrinas, o por lo menos al pie de su estatua, en el Campo dei Fiori, frente al Vaticano, han puesto que se la ofrece el siglo por él adivinado, *il secolo da lui divinato*. Mas nuestro Don Quijote, el redivivo, el interior, el conciente de su propia comicidad, no cree que triunfen sus doctrinas en este mundo porque no son de él. Y es mejor que no triunfen. Y si le quisieran hacer a Don Quijote rey, se retiraría solo al monte, huyendo de las turbas regificientes y regicidas, como se retiró solo al monte el Cristo cuando, después del milagro de los peces y los panes, le quisieron proclamar rey. Dejó el título de rey para encima de la cruz.

¿Cuál es, pues, la nueva misión de Don Quijote hoy en este mundo? Clamar, clamar en el desierto. Pero el desierto oye, aunque no oigan los hombres, y un día se convertirá en selva sonora, y esa voz solitaria que va posando en el desierto como semilla dará un cedro gigantesco que, con sus cien mil lenguas, cantará un hosana eterno al Señor de la vida y de la muerte.

Y vosotros ahora, bachilleres Carrascos del regeneracionismo europeizante, jóvenes que trabajáis a la europea, con método y crítica... científicos, haced riqueza, haced patria, haced arte, haced ciencia, haced ética, haced o más bien traducid sobre todo Kultura, que así mataréis a la vida y a la muerte. ¡Para lo que ha de durarnos todo...!

* * *

Y con esto se acaban ya —¡ya era hora!—, por ahora al menos, estos ensayos sobre el sentimiento trágico de la vida en los hombres y en los pueblos, o por lo menos en mí —que soy hombre— y en el alma de mi pueblo tal como en la mía se refleja.

Espero, lector, que mientras dure nuestra tragedia, en algún entreacto, volvamos a encontrarnos. Y nos reconoceremos. Y perdona si te he molestado más de lo debido e inevitable, más de lo que, al tomar la pluma para distraerte un poco de tus distracciones, me propuse. ¡Y Dios no te dé paz y sí gloria!

En Salamanca, año de gracia de 1912

# La agonía del cristianismo

# Prólogo a la edición española

Este libro fue escrito en París hallándome yo emigrado, refugiado allí, a fines de 1924, en plena dictadura pretoriana y cesariana española y en singulares condiciones de mi ánimo, presa de una verdadera fiebre espiritual y de una pesadilla de aguardo, condiciones que he tratado de narrar en mi libro *Cómo se hace una novela*. Y fue escrito por encargo, como lo expongo en su introducción.

Como lo escribí para ser traducido al francés, en vista de esta traducción y para un público universal y más propiamente francés, no me cuidé, al redactarlo, de las modalidades de entendederas y de gustos del público de lengua española. Es más, ni pensaba que habría de aparecer, como hoy aparece, en español. Entregué mis cuartillas manuscritas, llenas de añadidos, al traductor, mi entrañable amigo Juan Cassou, tan español como francés, que me las puso en un vigoroso francés con fuerte sabor español, lo que ha contribuido al éxito del libro, pues que en su texto queda el pulso de la fiebre con que las tracé. Después ha sido traducida esta obrita al alemán, al italiano y al inglés. Y ahora le toca aparecer en la lengua en que fue compuesta.

¿Compuesta? Alguien podrá decir que esta obrita carece en rigor de composición propiamente dicha. De arquitectura, tal vez; de composición viva, creo que no. La escribí, como os decía, casi en fiebre, vertiendo en ella, amén de los pensamientos y sentimientos que desde hace años —¡y tantos!— me venían arando en el alma, los que me atormentaban a causa de las desdichas de mi patria y los que me venían del azar de mis lecturas del momento. No poco de lo que aquí se lee obedece a la actualidad política de la Francia de entonces, de cuando lo escribí. Y ni he querido quitar alusiones que hoy ya, y más fuera de Francia, resultan, por inactuales, muy poco inteligibles.

Esta obrita reproduce en forma más concreta, y, por más improvisada, más densa y más cálida, mucho de lo que había expuesto en mi obra *El sentimiento trágico de la vida*. Y aun me queda darle más vueltas y darme más vueltas yo. Que es lo que dicen que hacía san Lorenzo según se iba tostando en las parrillas de su martirio.

¿Monólogo? Así han dado en decir mis... los llamaré críticos, que no escribo sino monólogos. Acaso podría llamarlos monodiálogos; pero será mejor autodiálogos, o sea diálogos conmigo mismo. Y un autodiálogo no es un monólogo. El que dialoga, el que conversa consigo mismo repartiéndose en dos, o en tres, o en más, o en todo un pueblo, no monologa. Los dogmáticos son los que monologan, y hasta cuando parecen dialogar, como los catecismos, por preguntas y respuestas. Pero los escépticos, los agónicos, los polémicos no monologamos. Llevo muy en lo dentro de mis entrañas espirituales la agonía, la lucha, la lucha religiosa y la lucha civil, para poder vivir de monólogos. Job fue un hombre de contradicciones, y lo fue Pablo, y lo fue Agustín, y lo fue Pascal, y creo serlo yo.

Después de escrito y publicado en francés este librito, en febrero de este año 1930 creí poder volver a España, y me volví a ella. Y me volví para reanudar aquí, en el seno de la patria, mis campañas civiles, o si se quiere políticas. Y mientras me he zahondado en ellas he sentido que me subían mis antiguas, o, mejor dicho, mis eternas congojas religiosas, y en el ardor de mis pregones políticos me susurraba la voz aquella que dice: «Y después de esto, ¿para qué todo?, ¿para qué?». Y para aquietar a esa voz o a quien me la da, seguía perorando a los creyentes en el progreso y en la civilidad y en la justicia, y para convencerme a mí mismo de sus excelencias.

Pero no quiero seguir por este camino, y no porque no vuelvan a llamarme pesimista, cosa que, por otra parte, no me tiene en gran cuidado. Sé todo lo que en el mundo del espíritu se ha hecho por eso que los simples y los sencillos llaman pesimismo, y sé todo lo que la religión y la política deben a los que han buscado consuelo a la lucha en la lucha misma, y aun sin esperanza y hasta contra esperanza de victoria.

Y no quiero cerrar este prólogo sin hacer notar cómo una de las cosas a que debe este librito el halagüeño éxito que ha logrado es a haber restablecido el verdadero sentido, el originario o etimológico de la voz «agonía», el de «lucha». Gracias a ello no se confundirá a un agonizante con un muriente o moribundo. Se puede morir sin agonía y se puede vivir, y muchos años, en ella y de ella. Un verdadero agonizante es un agonista, protagonista unas veces, antagonista otras.

Y ahora, lector de lengua española, adiós y hasta que volvamos a encontrarnos en autodiálogo; tú, a tu agonía, y yo, a la mía, y que Dios nos las bendiga.

Salamanca, octubre de 1930

# La agonía del cristianismo

*Muero porque no muero.*

Santa Teresa de Jesús

## Capítulo primero

### Introducción

El cristianismo es un valor del espíritu universal que tiene sus raíces en lo más íntimo de la individualidad humana. Los jesuitas dicen que con él se trata de resolver el negocio de nuestra propia salvación individual y personal, y aunque sean los jesuitas quienes principalmente lo digan, tratándolo como un problema de economía a lo divino, hemos de aceptarlo aquí como un postulado previo.

Siendo un problema estrictamente individual, y por ello universal, me veo forzado a exponer brevemente las circunstancias de índole personal privada en que este escrito que se te ofrece, lector, ha sido emprendido.

La tiranía militarista de mi pobre patria española me confinó en la isla de Fuerteventura, donde pude enriquecer mi íntima experiencia religiosa y hasta mística. Fui sacado de ella por un velero francés, que me trajo a tierra francesa y a que me estableciese aquí, en París, donde esto escribo. En una especie de celda cerca del Arco de la Estrella. Aquí, en este París, atiborrado todo él de historia, de vida social y civil, y donde es casi imposible refugiarse en algún rincón anterior a la historia y que, por lo tanto, haya de sobrevivirla. Aquí no puedo contemplar la sierra, casi todo el año coronada de nieve, que en Salamanca apacienta las raíces de mi alma, ni el páramo, la estepa, que en Palencia, donde está el hogar de mi hijo mayor, aquieta mi alma; ni la mar sobre la que a diario veía nacer el sol en Fuerteventura. Este río mismo, el Sena, no es el

Nervión de mi villa natal, Bilbao, donde se siente el pulso de la mar, el flujo y reflujo de sus mareas. Aquí, en esta celda, al llegar a París, me apacentaba de lecturas y lecturas un poco escogidas al azar. Al azar, que es la raíz de la libertad.

En estas circunstancias individuales, de índole religiosa y cristiana me atrevo a decir, se me acercó Mr. P. L. Couchoud a pedirme que le hiciese un *cahier* para su colección «*Christianisme*». Y fue él mismo quien me sugirió, entre otros, este título: *La agonía del cristianismo*. Es que conocía mi obra *Del sentimiento trágico de la vida*.

Cuando Mr. P. L. Couchoud me llegó con esa demanda, estaba yo leyendo la *Enquête sur la monarchie,* de Mr. Charles Maurras —¡cuán lejos de los Evangelios!—, en que se nos sirve en latas de conserva carne ya podrida, procedente del matadero del difunto conde José de Maistre.

En este libro tan profundamente anticristiano leí aquello del programa de 1903 de *L'Action Française,* que «un verdadero nacionalista pone la patria ante todo, y por ende concibe, trata y resuelve todas las cuestiones políticas *en su relación con el interés nacional*». Al leer lo cual me acordé de aquello de «mi reino no es de este mundo», y pensé que para un verdadero cristiano —si es que un cristiano verdadero es posible en la vida civil— toda cuestión, política o lo que sea, debe concebirse, tratarse y resolverse en su relación con el interés individual de la salvación eterna, de la eternidad. ¿Y si perece la patria? La patria de un cristiano no es de este mundo. Un cristiano debe sacrificar la patria a la verdad.

¡La verdad! «[...] Ya no se engaña a nadie, y la masa de la especie humana, leyendo en los ojos del pensador, le pregunta sin ambages si *en el fondo no es triste la verdad*», escribía E. Renan.

El domingo 30 de noviembre de este año de gracia —o de desgracia— de 1924 asistí a los oficios divinos de la iglesia griega ortodoxa de San Esteban que hay aquí cerca, en la calle Georges Bizet, y al leer sobre el gran busto pintado del Cristo que llena el tímpano aquella sentencia, en griego, que dice: «Yo soy el camino, la verdad y la vida», volví a sentirme en una isla y pensé —soñé más bien— si el camino y la vida son la misma cosa que la verdad, si no habrá contradicción entre la verdad y la vida, si la verdad no es que mata y la vida nos mantiene en el engaño. Y esto me hizo pensar en la agonía del cristianismo, en la agonía del cristianismo en sí mismo y en cada uno de nosotros. Aunque ¿se da acaso el cristianismo fuera de cada uno de nosotros?

Y aquí estriba la tragedia. Porque la verdad es algo colectivo, social, hasta civil; verdadero es aquello en que convenimos y con que nos entendemos. Y el cristianismo es algo individual e incomunicable. Y he aquí por qué agoniza en cada uno de nosotros.

«Agonía», αγωνία, quiere decir «lucha». Agoniza el que vive luchando, luchando contra la vida misma. Y contra la muerte. Es la jaculatoria de santa Teresa de Jesús: «Muero porque no muero».

Lo que voy a exponer aquí, lector, es mi agonía, mi lucha por el cristianismo, la agonía del cristianismo en mí, su muerte y su resurrección en cada momento de mi vida íntima.

El abate Loyson, Jules Théodore Loyson, escribía a su hermano el P. Jacinto el 24 de junio de 1871:* «Les parece aquí hasta a aquellos que más te han sostenido y que no guardan prejuicios que escribes demasiadas cartas, sobre todo en el momento en que todas las preocupaciones están absorbidas por los intereses generales. Se teme que sea ello de parte de tus enemigos una táctica para atraerte a ese terreno y anonadarte en él».

Pues bien: en el orden religioso, y sobre todo en el orden de la religión cristiana, no cabe tratar de los grandes intereses generales religiosos, eternos, universales, sin darles un carácter personal, yo diría más bien individual. Todo cristiano, para mostrar su cristianismo, su agonía por el cristianismo, debe decir de sí mismo *ecce christianus,* como Pilatos dijo: «¡He aquí el Hombre!». Debe mostrar su alma cristiana, su alma de cristiano, la que en su lucha, en su agonía del cristianismo se ha hecho. Y el fin de la vida es hacerse un alma, un alma

* Albert Hutin, *Le père Hyacinthe, prêtre solitaire 1893-1912,* París, 1924.

inmortal. Un alma que es la propia obra. Porque al morir se deja un esqueleto a la tierra, un alma, una obra a la historia. Esto cuando se ha vivido, es decir, cuando se ha luchado con la vida que pasa por la vida que se queda. ¿Y la vida, qué es la vida? Más trágico aún, ¿qué es la verdad? Porque si la verdad no se define por que es ella la que define, la definidora, tampoco se define la vida.

Un materialista francés, no recuerdo ahora cuál, dijo que la vida es el conjunto de funciones que resisten a la muerte. Y así la definió agónica o, si se quiere, polémicamente. La vida era, pues, para él, la lucha, la agonía. Contra la muerte y también contra la verdad, contra la verdad de la muerte.

Se habla de *struggle for life*, de «lucha por la vida»; pero esta lucha por la vida es la vida misma, la *life,* y es a la vez la lucha misma, la *struggle*.

Y es cosa de meditar que la leyenda bíblica, la del Génesis, dice que la muerte se introdujo en el mundo por el pecado de nuestros primeros padres, porque quisieron ser como dioses; esto es, inmortales, sabedores de la ciencia del bien y del mal, de la ciencia que da la inmortalidad. Y luego, según la misma leyenda, la primera muerte fue una muerte violenta, un asesinato, el de Abel por su hermano Caín. Y un fratricidio.

Son muchos los que se preguntan cómo suelen morir las fieras —leones, tigres, panteras, hipopótamos, etc.— en las selvas o los desiertos en que viven; si son muertos por otros o mueren de eso que se llama muerte natural, acostándose en un rincón a morir solos y en soledad, como los más grandes santos. Y como ha muerto, sin duda, el más grande santo de todos los santos, el santo desconocido —primeramente— para sí mismo. El cual acaso nació ya muerto.

La vida es lucha, y la solidaridad para la vida es lucha y se hace en la lucha. No me cansaré de repetir que lo que más nos une a los hombres unos con otros son nuestras discordias. Y lo que más le une a cada uno consigo mismo, lo que hace la unidad íntima de nuestra vida, son nuestras discordias íntimas, las contradicciones interiores de nuestras discordias. Solo se pone uno en paz consigo mismo, como Don Quijote, para morir.

Y si esto es la vida física o corporal, la vida psíquica o espiritual es, a su vez, una lucha contra el eterno olvido. Y contra la historia. Porque la historia, que es el pensamiento de Dios en la tierra de los hombres, carece de última finalidad humana, camina al olvido, a la inconciencia. Y todo el esfuerzo del hombre es dar finalidad humana a la historia, finalidad sobrehumana, que diría Nietzsche, que fue el gran soñador del absurdo: el cristianismo social.

## Capítulo II

### La agonía

La agonía es, pues, lucha. Y el Cristo vino a traernos agonía, lucha y no paz. Nos lo dijo él mismo: «No penséis que vine a meter paz en la tierra; no vine a meter paz, sino espada. Vine a separar al hombre de su padre, y a la hija de su madre, y a la novia de su suegra, y enemigos del hombre los de su casa» (Mt X, 34-37). Se acordaba de que los suyos, los de su casa, su madre y sus hermanos, le tomaron por loco, que estaba fuera de sí, enajenado, y fueron a recojerle (Mc III, 21). Y otra vez: «Vine a meter fuego en la tierra, ¿y qué he de querer si ya prendió? [...] ¿Creéis que he venido a dar paz a la tierra? No, os lo digo, sino división; desde ahora serán cinco divididos en una sola casa; tres contra dos y dos contra tres se dividirán; el padre contra el hijo y el hijo contra el padre, la hija contra la madre y la madre contra la hija, la suegra contra su nuera y la nuera contra la suegra» (Lc XII, 49-54).

«¿Y la paz?», se nos dirá. Porque se pueden reproducir otros tantos pasajes y aun más y más explícitos, en que se nos habla de paz en el Evangelio. Pero es que esa paz se da en la guerra y la guerra se da en la paz. Y esto es la agonía.

Alguien podrá decir que la paz es la vida —o la muerte— y que la guerra es la muerte —o la paz—, pues es casi indiferente asimilarlas a una o a otra respectivamente, y que la paz en la guerra —o la guerra en la paz— es la vida en la muerte, la vida de la muerte y la muerte de la vida, que es la agonía.

¿Puro conceptismo? Conceptismo es san Pablo, y san Agustín, y Pascal. La lógica de la pasión es una lógica conceptista, polémica y agónica. Y los Evangelios están henchidos de paradojas, de huesos que queman.

Y, así como el cristianismo, está siempre agonizando el Cristo.*

Terriblemente trágicos son nuestros crucifijos, nuestros Cristos españoles. Es el culto a Cristo agonizante, no muerto. El Cristo muerto, hecho ya tierra, hecho paz, el Cristo muerto enterrado por otros muertos, es el del Santo Entierro, es el Cristo yacente en su sepulcro; pero el Cristo al que se adora en la cruz es el Cristo agonizante, el que clama *consummatum est!* Y a este Cristo, al de «Dios mío, Dios mío, ¿por qué me has abandonado?» (Mt XXVII, 46), es al que rinden culto los creyentes agónicos. Entre los que se cuentan muchos que creen no dudar, que creen que creen.

El modo de vivir, de luchar, de luchar por la vida y vivir de la lucha, de la fe, es dudar. Ya lo hemos dicho en otra nuestra obra, recordando aquel pasaje evangélico que dice: «¡Creo, socorre a mi incredulidad!» (Mc IX, 24). Fe que no duda es fe muerta.

¿Y qué es dudar? *Dubitare* contiene la misma raíz, la del numeral *duo*, «dos», que *duellum*, «lucha». La duda, más la pascaliana, la duda agónica o polémica, que no la cartesiana o duda metódica, la duda de vida —vida es lucha—, y no de camino —método es camino—, supone la dualidad del combate.

Creer lo que no vimos se nos enseñó en el catecismo que es la fe; creer lo que vemos —y lo que no vemos— es la razón, la ciencia, y creer lo que veremos —o no veremos— es la esperanza. Y todo creencia. Afirmo, creo, como poeta, como creador, mirando al pasado, al recuerdo; niego, descreo, como razonador, como ciudadano, mirando al presente, y dudo,

* «Jesús estará en la agonía hasta el fin del mundo; no hay que dormir durante este tiempo.» Así escribió Pascal en *Le mystère de Jésus*. Y lo escribió en agonía. Porque no dormir es soñar despierto; es soñar una agonía, es agonizar.

lucho, agonizo como hombre, como cristiano, mirando al porvenir irrealizable, a la eternidad.

Hay en mi patria española, en mi pueblo español, pueblo agónico y polémico, un culto al Cristo agonizante; pero también le hay a la Virgen de los Dolores, a la Dolorosa, con su corazón atravesado por siete espadas. Que no es propiamente la *Pietà* italiana. No se rinde culto tanto al Hijo que yace muerto en el regazo de su Madre, cuanto a esta, a la Virgen Madre, que agoniza de dolor con su Hijo entre los brazos. Es el culto a la agonía de la Madre.

Es que hay también —se me dirá— el culto al Niño Jesús, al Niño de la Bola, el culto al nacimiento, y a la Virgen que da vida, que amamanta al niño.

En mi vida olvidaré el espectáculo de que fui testigo el día de San Bernardo de 1922 en La Trapa de Dueñas, cerca de Palencia. Cantaban los trapenses una salve solemne a Nuestra Señora en su templo, todo iluminado de cera de abejas neutras. En lo alto del altar mayor se erguía una imagen, sin gran valor artístico, de la Virgen Madre, vestida de azul y blanco. Parecía estar representada después de su visita a su prima santa Isabel y antes del nacimiento del Mesías. Con sus brazos extendidos hacia el cielo, parecía querer volar a él con su dulce y trágica carga: con el Verbo Inconsciente. Los trapenses, jóvenes y viejos, apenas en edad de padres unos, y otros pasados de ella, llenaban el templo con el canto de la letanía.

*Janua caeli!* —gemían—, *ora pro nobis!* Era un canto de cuna, una brizadora para la muerte. O mejor para el desnacimiento. Parecía que soñaban en ir volviendo a vivir, pero del revés, su vida; en ir desviviéndola, en retornar a la infancia, a la dulce infancia, en sentir en los labios el gusto celestial de la leche materna y en volver a entrar en el abrigado y tranquilo claustro materno para dormir en ensueño prenatal por los siglos de los siglos, *per omnia saecula saeculorum*. Y esto, que tanto se parece al nirvana búdico —concepción monástica—, es también una forma de agonía, aunque parezca lo contrario.

En el diario del P. Jacinto —*padre,* no hay que olvidarlo—, de quien hemos de hablar más de largo, leemos con fecha del 9 de julio de 1873, cuando esperaba un hijo de su matrimonio místico y carnal a la vez, algo sobre la inmortalidad del alma y la resurrección de la carne: «Que repose por lo menos en paz bajo el corazón de su madre ese dulce sueño de nueve meses que le está concedido». Dulce sueño sin ensueños, el paraíso terrestre prenatal con que soñaban los padres de La Trapa de Dueñas.

En cambio, en el libro *Os trabalhos de Jesus*, del místico portugués fray Thomé de Jesus, se nos habla de los trabajos que sufrió Nuestro Señor Jesucristo durante los nueve meses que pasó encerrado en el seno de su madre.

El sufrimiento de los monjes y de las monjas, de los solitarios de ambos sexos, no es un sufrimiento de sexualidad, sino de maternidad y paternidad, es decir, de finalidad. Sufren de que su carne, la que lleva al espíritu, no se perpetúe, no se propague. Cerca de la muerte, al fin del mundo, de su mundo, tiemblan ante la esperanza desesperada de la resurrección de la carne.

Los trapenses de Dueñas cantaban: *Mater creatoris, ora pro nobis!* ¡Madre del Creador! El alma humana quiere crear a su creador, al que ha de eternizarla. *Mater creatoris!* ¡Madre del Creador! He aquí el grito de congoja, el grito de agonía.

Se llamó a la Virgen madre de Dios, Θεοτόκος, *deipara*. «Y bendito es el fruto de tu vientre» (Lc I, 42), se dice del Verbo por quien se hizo todo lo que ha sido hecho (Jn I, 3). No solo el alma, sino el cuerpo humano, el cuerpo que debe resucitar, quiere crear al Verbo, a fin de que este cree al alma y la eternice, y al cuerpo, cuna y sepulcro del alma, al cuerpo donde el alma nace y desnace, muere y desmuere. Desnacer es morir y desmorir es nacer. Y esto es una dialéctica de agonía.

Alguno acaso de aquellos pobres trapenses rogaba entonces por mi conversión. Y era que rogaba, aunque sin saberlo, por su propia conversión.

Así agoniza el cristianismo.

Pero ¿qué es el cristianismo? Porque hay que proceder, dicen, por definiciones.

# Capítulo III

## ¿Qué es el cristianismo?

Al cristianismo hay que definirlo agónicamente, polémicamente, en función de lucha. Acaso mejor determinar qué es lo que no es cristianismo.

Ese fatídico sufijo «-*ismo*» —cristian-ismo— lleva a creer que se trata de una doctrina como «platonismo», «aristotelismo», «cartesianismo», «kantismo», «hegelianismo». Y no es eso. Tenemos, en cambio, una hermosa palabra, «*cristiandad*», que, significando propiamente la cualidad de ser cristiano —como «humanidad» la de ser hombre, humano—, ha venido a designar el conjunto de los cristianos. Una cosa absurda, porque la sociedad mata la cristiandad, que es cosa de solitarios. En cambio, nadie habla de «platonidad», «aristotelidad», «cartesianidad», «kantianidad», «hegelianidad». Ni «hegelianidad», la cualidad de ser hegeliano, sería lo mismo que «hegelidad», la cualidad de ser Hegel. Y, sin embargo, no distinguimos entre «cristiandad» y «*cristidad*». Es porque la cualidad de ser cristiano es la de ser cristo. El cristiano se hace un cristo. Lo sabía san Pablo, que sentía nacer y agonizar y morir en él a Cristo.

San Pablo es el primer gran místico, el primer cristiano propiamente tal. Aunque a san Pedro se le hubiese antes aparecido el Maestro (v. Couchoud, «Sobre el apocalipsis de Pablo», cap. II de *Le mystère de Jésus*), san Pablo vio al Cristo en sí mismo, se le apareció, pero creía que había muerto y había sido enterrado (1 Co XV, 19). Y cuando fue arrebatado al tercer cielo, no sabía si en cuerpo o fuera del cuerpo, pues esto Dios lo sabe —santa Teresa de Jesús nos lo repetirá siglos después—, fue arrebatado al paraíso y oyó *dichos indecibles* —es el único modo de traducir el ἄρρητα ῥήματα—, antítesis muy del estilo de la mística agónica —que es la agonía mística—, que procede por antítesis, paradojas y hasta trágicos juegos de palabras. Porque la agonía mística juega con las palabras, juega con la Palabra, con el Verbo. Y juega a crearla. Como acaso Dios jugó a crear el mundo, no para jugar luego con él, sino para jugar a crearlo, ya que la creación fue juego. Y una vez creado lo entregó a las disputas de los hombres y a las agonías de las religiones que buscan a Dios. Y en aquel arrebato al tercer cielo, al paraíso, san Pablo oyó «dichos indecibles» que no es dado al hombre expresar (2 Co 12-14).

El que no se sienta capaz de comprender y de sentir esto, de conocerlo en el sentido bíblico, de engendrarlo, de crearlo, que renuncie no solo a comprender el cristianismo, sino el anticristianismo, y la historia, y la vida, y a la vez la realidad y la personalidad. Que haga eso que llaman política —política de partido— o que haga erudición, que se dedique a la sociología o a la arqueología.

No solo con el Cristo, sino con toda potencia humana y divina, con todo hombre vivo y eterno a quien se conoce con conocimiento místico, en una compenetración de entrañas, ocurre lo mismo; y es que el conociente, el amante, se hace el conocido, el amado.

Cuando León Chestov, por ejemplo, discute los pensamientos de Pascal, parece no querer comprender que ser pascaliano no es aceptar sus pensamientos, sino que es ser Pascal, hacerse un Pascal. Y, por mi parte, me ha ocurrido muchas veces, al encontrarme en un escrito con un hombre, no con un filósofo ni con un sabio o un pensador, al encontrarme con un alma, no con una doctrina, decirme: «¡Pero este he sido yo!». Y he revivido con Pascal en su siglo y en su ámbito, y he revivido con Kierkegaard en Copenhague, y así con otros. ¿Y no será esta acaso la suprema prueba de la inmortalidad del alma? ¿No se sentirán ellos en mí como yo me siento en ellos? Después que muera lo sabré si revivo así en otros. Aunque hoy mismo ¿no se sienten algunos en mí, fuera de mí, sin que yo me sienta en ellos? ¡Y qué consuelo en todo esto! León Chestov dice que Pascal «no lleva consigo ningún alivio, ningún consuelo» y que «mata toda clase de consuelo». Así creen muchos; pero ¡qué error! No hay consuelo mayor que el del desconsuelo, como no hay esperanza más creadora que la de los desesperados.

Los hombres buscan la paz, se dice. Pero ¿es esto verdad? Es como cuando se dice que los hombres buscan la libertad. No, los hombres buscan la paz en tiempo de guerra y la guerra en tiempo de paz; buscan la libertad bajo la tiranía y buscan la tiranía bajo la libertad.

Y respecto a esto de libertad y tiranía, no hay que decir tanto *homo homini lupus*, que «el hombre es un lobo para con el hombre», cuanto *homo homini agnus*, «el hombre es un cordero para el hombre». No fue el tirano el que hizo el esclavo, sino a la inversa. Fue uno que se ofreció a llevar a cuestas a su hermano, y no este quien le obligó a que le llevase. Porque la esencia de hombre es la pereza, y, con ella, el horror a la responsabilidad.

Y viniendo otra vez a lo del conocimiento místico, recordemos a Spinoza: *Non ridere, non lugere, neque detestari, sed intelligere*, «no se debe reír, ni lamentarse, ni detestar, sino entender». ¿*Intelligere*, «entender»? No, sino conocer en el sentido bíblico, amar..., *sed amare*. Spinoza hablaba de «amor intelectual»; pero Spinoza fue, como Kant, un soltero, y acaso murió virgen. Spinoza y Kant y Pascal fueron solteros; parece que no fueron padres; pero tampoco en el sentido cristiano fueron monjes.

Es que el cristianismo, la cristiandad más bien, desde que nació en san Pablo, no fue doctrina, aunque se expresara dialécticamente; fue vida, fue lucha, fue agonía. La doctrina era el Evangelio, la Buena Nueva. El cristianismo, la cristiandad, fue una preparación para la muerte y para la resurrección, para la vida eterna. «Si Cristo no resucitó de entre los muertos, somos los más miserables de los hombres», dijo san Pablo.

Se puede hablar del P. Pablo o del P. san Pablo, que tanto como un apóstol fue un santo padre; pero a nadie se le ocurrirá hablar del P. Spinoza o del P. Kant. Y se puede hablar —y se debe— del P. Lutero, del monje que se casó, y no puede hablarse del P. Nietzsche, aunque haya quien crea que *allende el mal y el bien* de Nietzsche, el paralítico progresivo, es el *sola fide* del «siervo albedrío» del P. Lutero.

La cristiandad fue el culto a un Dios Hombre, que nace, padece, agoniza, muere y resucita de entre los muertos para trasmitir su agonía a sus creyentes. La pasión de Cristo fue el centro del culto cristiano. Y, como símbolo de esa pasión, la Eucaristía, el cuerpo de Cristo, que muere y es enterrado en cada uno de los que con él comulgan.

Hay que distinguir, desde luego, como muchas veces se ha dicho y repetido, el cristianismo, o mejor la cristiandad, del evangelismo. Porque el Evangelio sí que es doctrina.

En lo que se ha llamado por mal nombre cristianismo primitivo, en el cristianismo supuesto antes de morir Cristo, en el evangelismo se contiene acaso otra religión que no es la cristiana, una religión judaica, estrictamente monoteísta, que es la base del teísmo.

El supuesto cristianismo primitivo, el cristianismo de Cristo —y esto es más absurdo aún que hablar del hegelianismo de Hegel, porque Hegel no era hegeliano sino Hegel—, era, se ha dicho mil veces, apocalíptico. Jesús de Nazaret creía en el próximo fin del mundo, y por eso decía: «Dejad que los muertos entierren a sus muertos» y «Mi reino no es de este mundo». Y creía acaso en la resurrección de la carne, a la manera judaica, no en la inmortalidad del alma, a la manera platónica, y en su segunda venida al mundo. Las pruebas de esto pueden verse en cualquier libro de exégesis honrada. Si es que la exégesis y la honradez se compadecen.

Y en aquel mundo venidero, en el reino de Dios, cuyo próximo advenimiento esperaban, la carne no tendría que propagarse, no tendría que sembrarse, porque se moriría la muerte.

Cuenta el Evangelio de san Mateo (XXII, 23-33) —y este es un pasaje cardinal y esencial del cristianismo— que después que los fariseos tentaron a Jesús preguntándole si se debía o no pagar censo al César, al Imperio, y es cuando les dijo lo de «dad al César lo que es del César y a Dios lo que es de Dios», que en aquel día se le acercaron los saduceos —estos no creían, como los fariseos, en la resurrección de la carne y en la otra vida— y le preguntaron diciéndole: «Maestro, Moisés dijo: *Si alguien muriese sin tener hijos, su hermano se casará con su mujer y resucitará semilla para su hermano*; había entre nosotros siete hermanos, y el primero se murió después de casado, y sin dejar semilla dejó su mujer a un hermano; lo mismo el segundo y el tercero, hasta los siete, y después de todos se murió la mujer. En la resurrección, ¿de cuál de los siete será la mujer, pues todos la tuvieron?». Y respondiendo Jesús, les dijo: «Erráis, no sabiendo las Escrituras y el poder de Dios, pues en la resurrección ni se casan ni engendran, sino que son como ángeles en el cielo. Y no leísteis lo que acerca de la resurrección de los muertos hay escrito para vosotros por el Dios, que dice: *Yo soy el Dios de Abraham y el Dios de Isaac y el Dios de Jacob*. No es Dios de muertos, sino Dios de vivos. Y oyendo las turbas se asombraron de su doctrina».

Y sigue la agonía del cristianismo, con fariseos de un lado y saduceos del otro.

Pero luego que murió Jesús y renació el Cristo en las almas de sus creyentes, para agonizar en ellas, nació la fe en la resurrección de la carne y con ella la fe en la inmortalidad del alma. Y ese gran dogma de la resurrección de la carne a la judaica y de la inmortalidad del alma a la helénica nació a la agonía en san Pablo, un judío helenizado, un fariseo que tartamudeaba su poderoso griego polémico.

En cuanto pasó la angustia del próximo fin del mundo y vieron aquellos primitivos oyentes de Jesús, los que le recibieron con palmas al entrar en Jerusalén, que no llegaba ya el reino de Dios a la tierra de los muertos y de los vivos, de los fieles y de los infieles —«¡venga a nos el tu reino!»—, previo cada uno su propio individual fin del mundo, el fin de su mundo, del mundo que era él, pues en sí le llevaba; previo su muerte carnal y su cristianismo, su religión; so pena de perecer tuvo que hacerse una religión individual, una *religio quae non religat*, una paradoja. Porque los hombres vivimos juntos, pero cada uno se muere solo y la muerte es la suprema soledad.

Con el desengaño del próximo fin del mundo y del comienzo del reino de Dios sobre la tierra, murió para los cristianos la historia. Si es que los primitivos cristianos, los evangélicos, los que oían y seguían a Jesús, tenían el sentido y el sentimiento de la historia. Conocían acaso a Isaías, a Jeremías, pero estos profetas nada tenían del espíritu de un Tucídides.

Lleva razón P. L. Couchoud al decir (*Le mystère de Jésus*, pp. 37 y 38) que el Evangelio «no se da por una historia, una crónica, un relato o una vida». Se intitula *Buena Nueva*. San Pablo le llama *Misterio* (Rm X, 15-16). Es una revelación de Dios.

Pero esta revelación de Dios, este misterio, tenía que ser en adelante para ellos su historia. Y la historia es el progreso, es el cambio, y la revelación no puede progresar. Aunque el conde José de Maistre hablase con dialéctica agonía de «la revelación de la revelación».

La resurrección de la carne, la esperanza judaica, farisaica, psíquica —casi carnal— entró en conflicto con la inmortalidad del alma, la esperanza helénica, platónica, pneumática o espiritual. Y esta es la tragedia, la agonía de san Pablo. Y la del cristianismo. Porque la resurrección de la carne es algo fisiológico, algo completamente individual. Un solitario, un monje, un ermitaño puede resucitar carnalmente y vivir, si eso es vivir, solo con Dios.

La inmortalidad del alma es algo espiritual, algo social. El que se hace un alma, el que deja una obra, vive en ella y con ella en los demás hombres, en la humanidad, tanto cuanto esta viva. Es vivir en la historia.

Y, sin embargo, el pueblo de los fariseos donde nació la fe en la resurrección de la carne esperaba la vida social, la vida histórica, la vida del pueblo. Como que la verdadera deidad de los judíos no es Jehová, sino es el pueblo mismo judío. Para los judíos saduceos racionalistas, el Mesías es el pueblo mismo judío, el pueblo escogido. Y creen en su inmortalidad. De donde la preocupación judaica de propagarse físicamente, de tener muchos hijos, de llenar la tierra con ellos; su preocupación por el patriarcado.

Y su preocupación por la prole. Y de aquí que un judío, Carlos Marx, haya pretendido hacer la filosofía del proletariado y haya especulado sobre la ley de Malthus, un pastor protestante. Los judíos saduceos, materialistas, buscan la resurrección de la carne en los hijos. Y en el dinero, claro... Y san Pablo, el judío fariseo, espiritualista, buscó la resurrección de la carne en Cristo, en un Cristo histórico, no fisiológico —ya diré lo que para mí significa «histórico», que no es cosa real sino ideal—, la buscó en la inmortalidad del alma cristiana, de la historia.

De aquí la duda —*dubium*— y la lucha —*duellum*— y la agonía. Las Epístolas de san Pablo nos ofrecen el más alto ejemplo de estilo agónico. No dialéctico, sino agónico, porque allí no se dialoga, se lucha, se discute.

## Capítulo IV

### Verbo y letra

«Y el Verbo se hizo carne y habitó entre nosotros y contemplamos su gloria, gloria como de unigénito del Padre.» Así se dice en el prólogo del Evangelio según Juan (I, 14). Y este Verbo que se hizo carne murió después de su pasión, de su agonía, y el Verbo se hizo Letra.

O sea que la carne se hizo esqueleto, la palabra se hizo dogma, y las aguas del cielo fueron lavando los huesos del esqueleto y llevándose a la mar sus sales. Que es lo que ha hecho la exégesis de origen protestante, la exégesis de los de la Letra, de los del Libro. Porque el espíritu, que es palabra, que es verbo, que es tradición oral, vivifica, pero la letra, que es el libro, mata. Aunque en el Apocalipsis se le mande a uno comerse un libro. El que se come un libro muere indefectiblemente. En cambio, el alma respira con palabras.

«El Verbo se hizo carne y habitó entre nosotros...» Y aquí se nos presenta la tan debatida cuestión, la cuestión por excelencia agónica, la del Cristo histórico.

¿Qué es el Cristo histórico? Todo depende de la manera de sentir y comprender la historia. Cuando yo suelo decir, por ejemplo, que estoy más seguro de la realidad histórica de Don Quijote que de la de Cervantes o que Hamlet, Macbeth, el rey Lear, Otelo... hicieron a Shakespeare más que este a ellos, me lo toman a paradoja y creen que es una manera de decir, una figura retórica, y es más bien una doctrina agónica.

Habría que distinguir, ante todo, entre la realidad y la personalidad del sujeto histórico. «*Realidad*» deriva de *res* («cosa»), y «personalidad», de «persona». El judío saduceo Carlos Marx creía que son las cosas las que hacen y llevan a los hombres, y de aquí su concepción materialista de la historia, su materialismo histórico —que podríamos llamar realismo—; pero los que queremos creer que son los hombres, que son las personas, los que hacen y llevan a las cosas, alimentamos, con duda y en agonía, la fe en la concepción histórica de la historia, en la concepción personalista o espiritualista.

*Persona,* en latín, era el actor de la tragedia o de la comedia, el que hacía un papel en esta. La personalidad es la obra que en la historia se cumple.

¿Cuál fue el Sócrates histórico, el de Jenofonte, el de Platón, el de Aristófanes? El Sócrates histórico, el inmortal, no fue el hombre de carne y hueso y sangre que vivió en tal época en Atenas, sino que fue el que vivió en cada uno de los que le oyeron, y de todos estos se formó el que dejó su alma a la humanidad. Y él, Sócrates, vive en esta.

¡Triste doctrina! ¡Sin duda..., la verdad en el fondo es triste...! «¡Triste está mi alma hasta la muerte!» (Mc XIV, 34). ¡Dura cosa tener que consolarse con la historia! Triste está el alma hasta la muerte, pero es la carne la que le entristece. «¡Desgraciado hombre de mí!, ¿quién me librará de este cuerpo de muerte?» (Rm VII, 24), clamaba san Pablo.

Y este cuerpo de muerte es el hombre carnal, fisiológico, la cosa humana, y el otro, el que vive en los demás, en la historia, es el hombre histórico. Solo que el que vive en la historia quiere vivir también en la carne, quiere arraigar la inmortalidad del alma en la resurrección de la carne. Y fue la agonía de san Pablo. La historia, por otra parte, es realidad, tanto o más que la naturaleza. La persona es cosa, porque «cosa» deriva de *causa*. Y hasta narrando historia se hace historia. Las doctrinas personales de Carlos Marx, el judío saduceo que creía que las cosas hacen a los hombres, ha producido cosas. Entre otras, la actual Revolución rusa. Por lo cual anduvo mucho más cerca de la realidad histórica Lenin, cuando al decirle de algo que reñía con la realidad replica: «¡Tanto peor para la realidad!». Si bien tomó esto de Hegel.

El Verbo hecho carne quiere vivir en la carne, y cuando le llega la muerte sueña en la resurrección de la carne. «Fue ante todo la idea del Mesías y de la dichosa edad que debe inaugurar lo que hizo pensar en la suerte inicua de los fieles que hayan muerto antes de su advenimiento. Para corregir esta injusticia se admitió que resucitarían y hasta, para que la igualdad fuese completa, que resucitarían tales cuales habían sido vivos. Y así es como nació ese dogma sorprendente de la resurrección de la carne, opuesto al de la inmortalidad del alma, de los helenos». (M. Zielinski, *La Sibylle*, p. 46).

El Verbo es el que se creyó que había resucitado. El Cristo, el Verbo, hablaba, pero no escribía. Solo en un pasaje evangélico, y para eso se le tiene por apócrifo, al principio del capítulo VIII del cuarto Evangelio, se nos cuenta que, cuando le presentaron a Jesús los fariseos la mujer adúltera, se inclinó al suelo y escribió con el dedo en tierra (Jn VIII, 6). Escribió con el dedo desnudo, sin caña ni tinta, y en el polvo de la tierra, letras que el viento se llevaría.

Pero si el Verbo, la Palabra, no escribió, san Pablo, el judío helenizado, el fariseo platonizante, escribió o, acaso mejor, dictó sus epístolas. En san Pablo el verbo se hace letra, el Evangelio se hace Libro, se hace Biblia. Y empieza el protestantismo, la tiranía de la letra. San Pablo engendró a san Agustín y san Agustín a Calvino y a Jansenio. Y acaso no anda muy lejos de la verdad Keyserling cuando afirma que en vida de Cristo no se le hubiese adherido ningún Pablo, ni Agustín, ni Calvino.

Y véase lo que es la ley íntima de la contradicción religiosa. El prólogo del cuarto Evangelio es obra de un hombre de libro, de letra, de un hombre bíblico y no evangélico, y empieza diciendo que en el principio fue el verbo, la palabra: ἐν ἀρχῇ ἦν ὁ λόγος. No dice ἐν ἀρχῇ ἦν ἡ γραφή, no dice que en el principio fuera la escritura, la letra, el libro. ¡Claro! Hasta en el proceso embrional del hombre de carne el esqueleto nace de la piel.

Y vino la letra, la epístola, el libro, y se hizo bíblico lo evangélico. Y, ¡fuente de contradicciones!, lo evangélico fue la esperanza en el fin de la historia. Y de esta esperanza, vencida por la muerte del Mesías, nació en el judaísmo helenizado, en el fariseísmo platonizante, la fe en la resurrección de la carne.

La letra es muerta; en la letra no se puede buscar la vida. Cuenta el Evangelio (según Lucas XXIV) que cuando los discípulos del Maestro, después de la muerte de este, fueron el sábado a su sepulcro, encontraron la losa removida y no el cuerpo del Señor Jesús, y, al asombrarse, se les presentaron dos hombres con vestido resplandeciente y les dijeron: «¿Por qué buscáis al viviente entre los cadáveres?». O sea: ¿Por qué buscáis la palabra entre los huesos? Los huesos no hablan.

La inmortalidad del alma, del alma que se escribe, del espíritu de la letra, es un dogma filosófico pagano. Un dogma escéptico, acompañado de una trágica interrogación. Basta leer el *Fedón* platónico para convencerse. Acaso aquellos piadosos paganos soñaban morir como los trapenses de Dueñas, dormirse para siempre en el Señor, o en el seno de Deméter, la Virgen Madre, y dormir sin ensueños, acabar muriendo como los hombres de la primera edad, de la edad de oro, de quienes nos dice Hesiodo (*Los trabajos y los días*, 116) que morían como domados por el sueño: θνῆσκον δ' ὥσθ' ὕπνῳ δεδμημένοι.

San Pablo hizo bíblico lo evangélico, convirtió la palabra en letra. A san Pablo se le llama el Apóstol de los Gentiles. ¿De los paganos? «Pagano» (*paganus*) quiere decir, en latín, «hombre del pago» (*pagus*), «aldeano», «paisano», o sea *pagensianius*. Y el aldeano, el hombre del campo, ¡otra contradicción!, es el de la palabra y no el de la letra.

El pagano, propiamente tal, era analfabeto. ¿O no es más bien la letra hablada la que rige en los campos y la palabra escrita la que gobierna en las ciudades? Creemos muy poco en el *Volkgeist*, el «espíritu popular» de los románticos alemanes.

Los analfabetos, los iletrados, suelen ser los que viven más esclavos del alfa y de la beta, del alfabeto, y de la letra. Un campesino tiene llena de literatura la cabeza. Sus tradiciones son de origen literario; las inventó primero un letrado. Con música litúrgica hacen sus cantos populares.

El paulinismo, la religión de la letra —acaso de la palabra escrita—, fue religión de las ciudades, de masas urbanas, de obreros de los grandes centros. Lo mismo que el bolchevismo, que no entrará en los campesinos, en los aldeanos, en los paganos ortodoxos rusos, atenidos a su tradicional letra hablada.

¡Todo un mundo de contradicciones!

Y esta fue la agonía del cristianismo en san Pablo y en el paulinismo que nació de él. O, mejor, que le engendró. Esta fue la tragedia de la paulinidad. La lucha entre la resurrección de la carne y la inmortalidad del alma, entre el verbo y la letra, entre el Evangelio y la Biblia. Y esta sigue siendo la agonía. «La tesis del *Fedón* no es más que una sutileza. Prefiero con mucho el sistema judeocristiano de la resurrección», dice Renan (*Feuilles détachées*, p. 391). Leed *Choses passées*, del ex abate Alfred Loisy, y asistiréis a otra agonía semejante.

Y con la letra nació el dogma, esto es, el decreto. Y la lucha, la agonía fue dentro del dogma y por el dogma mismo, en virtud de la contradicción misma que el dogma lleva en sí, porque la letra mata. Y vino la agonía dogmática, la lucha contra las herejías, la lucha de las ideas contra los pensamientos. Pero el dogma vivía de las herejías como la fe vive de dudas. El dogma se mantenía de negaciones y se afirmaba por negaciones.

Llegó al fin la más grande de las herejías —después del arrianismo que en ella revivió—: la reforma que iniciaron Huss, Wiclef y Lutero. Se ha dicho que desde «que la Reforma ha cortado en dos a nuestra Europa, la cristiandad no existe», para añadir: «¿Dónde está el género humano para cada hombre? En su patria», y esto en un escrito que se titula «*La déesse France*» (Charles Maurras, *Enquête sur la monarchie. Suivie d'une campagne royaliste au «Figaro» et si le coup de force est possible*, París, Nouvelle Librairie Nationale, MCMXXIV).

La Reforma, que fue la explosión de la letra, trató de resucitar en ella la palabra; trató de sacar del Libro el Verbo, de la Historia el Evangelio, y resucitó la vieja contradicción latente. ¡Y entonces sí que se hizo la agonía vida del cristianismo!

Los protestantes, que establecieron el sacramento de la palabra —sacramento que mató a la eucaristía—, encadenaron esta a la letra. Y se pusieron a enseñar a los pueblos no tanto a oír cuanto a leer.

Y es curioso —sirva esto de diversión anecdótica— que la lengua materna de Íñigo de Loyola, del fundador de la Compañía de Jesús, que es la misma que la lengua materna del abate de Saint-Cyran, el de Port-Royal, y la misma de mis padres y abuelos todos, el *eusquera* vasco, empezó a ser escrita merced al movimiento protestante. La traducción del Nuevo Testamento al vasco, hecha por Juan de Liçarrague, un hugonote vascofrancés, de Briscous —en vascuence Berascoya—, fue uno de los primeros libros, acaso el segundo, escrito en vasco.

Quisieron con la letra fijar la palabra, pero la agonía creció. Bossuet pudo decir muy bien: «¡Tú cambias, luego no eres verdad!»; pero se replicaba: «¡Tú no cambias, luego eres la muerte!». Y empezaron la Iglesia y la Reforma a luchar una con otra y cada una consigo misma; a protestantizarse la Iglesia Romana, a romanizarse la Reforma.

Lo que acabó fue aquella cristiandad paganizada y petrificada en el Sacro Romano Imperio, el de las luchas del Pontificado y el Imperio; se acabaron los Estados Unidos de Occidente, y empezó la era de las nacionalidades, de la diosa Francia, y la diosa Germania, y la diosa Inglaterra, y la diosa Roma y la pobre subdiosa Italia. Y en adelante podrán unirse los ciudadanos sedicentes cristianos para un fin patriótico, nacional o economicosocial, pero nunca para un fin exclusivamente religioso. El tradicionalismo español enarbolará su lema de «Dios, Patria y Rey». Mazzini clamará «¡Dios y el Pueblo!»; pero ese Dios no es el Dios del Cristo que huyó a la soledad de la montaña cuando las turbas lo quisieron proclamar rey.

En una de nuestras últimas guerras civiles en España, y en mi nativo país vasco, en la guerra civil de 1873 a 1876, el general carlista Lizárraga —Lizárraga, como el hugonote que tradujo al vascuence los Evangelios, y es el nombre que por su madre llevan mis hijos—, al atacar a los liberales, lanzaba al cielo esta blasfemia inconsciente: «¡Viva Dios!». Se dice «¡Vive Dios que...!»; pero ¿«¡Viva Dios!», en subjuntivo, en desiderativo...? ¡Acaso en imperativo!

La Reforma quiso volver a la vida por la letra, y acabó disolviendo la letra. Porque el libre examen es la muerte de la letra.

## Capítulo V

### Abisag la sunamita

El libro I de los *Reyes,* capítulo I, empieza así:

«1. Ahora, como el rey David era viejo y de edad muy avanzada, aunque se le arropara mucho no se le podía calentar.

»2. Y sus servidores se dijeron: Busquemos para el rey nuestro señor una doncella a fin de que esté junto a él y durmiendo sobre su seno le caliente al rey nuestro señor.

»3. Y buscaron en todas las tierras de Israel una moza hermosa y se la llevaron al rey.

»4. Era una moza muy hermosa, que dormía junto al rey y le servía y el rey no la conoció».

Luego sigue contando que Adonías, hijo de Haggith, se levantó diciendo que él reinaría, muerto David, y reunió tropas de partidarios; pero el profeta Natán dijo a Betsabé, la madre de Salomón, que era este y no Adonías el que debía suceder a David. E hizo que Betsabé entrara a ver al gran rey, su compañero de pecado, y le prometiera que sería Salomón, el hijo del pecado, el que le sucedería en el trono, y no Adonías, que ya hacía sacrificios y se conducía como rey. El profeta Natán apoyaba a Betsabé en sus trabajos, y en tanto la pobre Abisag, la única esposa, y esposa virgen, del gran rey no hacía sino calentarle en su agonía, ajena a toda la conspiración política. David juró a Betsabé que sería Salomón quien le sucediese en el trono.

«31. Betsabé, inclinando su rostro hasta el suelo, adoró al rey diciendo: ¡Viva por siempre David, mi señor!»

David mandó al sacerdote Sadoc, al profeta Natán y a Banaías, hijo de Joiada, que consagraran rey a Salomón en Gihon y gritaran «¡Viva el rey Salomón!». Y lo hicieron, rodeados de una gran muchedumbre. Y en tanto, la pobre Abisag de Sunam, ajena a toda esta política, seguía calentando en el lecho con sus besos y sus abrazos la agonía de David.

Los partidarios de Adonías, Jonatás, hijo del gran sacerdote Abiatar, y otros, se dispersaron. Pero Adonías, temiendo a Salomón, se levantó y fue y se agarró al cuerno del altar. Y luego adoró como rey a Salomón.

El capítulo II nos cuenta los consejos que al ir a morir dio David a Salomón, el hijo de su pecado, y luego:

«10. Durmiose, pues, David con sus padres y fue enterrado en la villa de David».

El texto bíblico no nos lo dice, pero David debió morirse en brazos de Abisag la sunamita, su última esposa, que calentaba su agonía con besos y con abrazos, que acaso le cunó el último sueño con una brizadora maternal. Porque Abisag, la virgen, aquella a la que no conoció David y ella no conoció a David sino en deseo, fue la última madre del gran rey.

Salomón se sentó sobre el trono de David, su padre, y Adonías, el pretendiente rechazado, fue a Betsabé y le persuadió a que pidiera al nuevo rey que diese por mujer de Adonías a Abisag de Sunam, la viuda de David. Salomón se irritó viendo la astucia de su hermano mayor, que trataba así de arrebatarle el trono, y juró hacerle matar.

Salomón fue el rey de la sabiduría —y de la lujuria—, el rey de la política, el rey de la civilización, y no volvió a saberse de la pobre Abisag la sunamita que languidecía de amor a su difunto gran rey David, al esposo de su virginidad, y que le lloraba con lágrimas de fuego, queriendo resucitarle. En tanto, Salomón reinaba y mantenía un harén. ¿No veis la historia simbólica?

David ha sido para los cristianos uno de los símbolos, una de las prefiguraciones del Dios-Hombre, del Cristo. El alma enamorada trata de calentarle en su agonía, en la agonía de su vejez, con besos y abrazos de encendido amor. Y como no puede conocer al amado, y, lo que es más terrible, el amado no puede ya conocerla, se desespera de amor.

Conocer en el sentido bíblico, donde el conocimiento se asimila al acto de la unión carnal —y espiritual— por el que se engendra hijos, hijos de carne y de espíritu. Y este sentido merece meditación.

Aunque en el Génesis se dice a Adán y Eva que crezcan y se multipliquen (I, 28), antes de prohibirles probar del fruto del árbol de la ciencia del bien y del mal (II, 17), que, según el demonio, les haría como dioses, amenazándoles de muerte, la tradición íntima cristiana, sobre todo la popular, se ha obstinado en ver en el pecado original, en lo que se llama la caída de nuestros primeros padres en el paraíso, la tentación carnal. Y con ella y con esa caída empezó la historia y lo que llamamos el progreso.

Conocer es, en efecto, engendrar, y todo conocimiento vivo supone la penetración, la fusión de las entrañas del espíritu que conoce y de la cosa conocida. Sobre todo si la cosa conocida, como sucede, es otro espíritu, y más si la cosa conocida es Dios, Dios en Cristo, o Cristo en Dios. De donde que los místicos nos hablen de matrimonio espiritual y que la mística sea una especie de *meterótica* más allá del amor.

Ahora, que este conocimiento, conocimiento místico o creativo, no es lo que se llama el conocimiento racional. Aunque ¡cualquiera sabe a lo que los racionalistas llaman razón! *Ratio* es una cosa y *Vernunft* es otra. Leo, por ejemplo, en un racionalista (León Chestov) a propósito de Pascal: «La condición fundamental de la posibilidad del conocimiento humano consiste, lo repito, en que la verdad pueda ser percibida por todo hombre normal». Pero ¿qué es eso de un hombre normal? Acaso lo mismo que un hombre de término medio, *average man* en inglés, y en alemán *Durchschnittsmensch*. Es decir, una entidad fantástica: *Phantasia, non homo,* como dice Petronio *(Satyricon,* XXXVIII, 16). Y es de esos pobres hombres normales, que perciben la verdad racional y nada más, de quienes el conde José de Maistre, otro agónico, decía, no sin arrogancia: «¡No tienen más que razón!». Pobre razón humana, y no verdad divina, creativa.

*Le pur enthousiasme est craint des faibles âmes*
*qui ne sauraient porter son ardeur et son poids.*

«El puro entusiasmo es temido por las almas débiles, que no sabrían soportar su ardor y su peso», cantaba Alfredo de Vigny, otro pascaliano, en su «Casa del pastor». Y hay que notar lo que significa «entusiasmo», ἐνθουσιασμός, «endiosamiento». El entusiasta es un endiosado, uno que se hace dios, que se llena de Dios. Lo que puede ocurrirle a un poeta, a un creador, pero no a un hombre normal ni a un hombre de término medio.

*Et n'être que poète est pour eux un affront.*

«Y no ser más que poeta es para ellos una afrenta.» «¡No tienen más que poesía!», exclaman a su vez los racionalistas. Y poesía los poetas. Y verdad, ¿quién?

La pobre Abisag la sunamita, el alma hambrienta y sedienta de maternidad espiritual, locamente enamorada del gran rey que se moría, trataba de mantenerle, de engendrarle, de darle vida, de resucitarle con sus locos besos y abrazos. Y lo enterró en sí misma. David, por su parte, amaba entrañablemente a aquella pobre muchacha que le calentaba en su agonía, pero no podía conocerla ya. ¡Terrible para David! ¡Terrible para Abisag! ¿Para quién más terrible?

¿Qué es más terrible para un alma, no poder ser amada o no poder amar? ¿No poder ser conocida o no poder conocer? ¿No poder ser engendrada o no poder engendrar? ¿No poder recibir vida o no poder darla? Santa Teresa de Jesús compadecía al demonio porque no puede amar. Y Goethe decía de Mefistófeles que es la fuerza que, queriendo hacer el mal, hace el bien; queriendo destruir, construye. Y es que el odio y, sobre todo, la envidia, son formas de amor. Los verdaderos ateos están locamente enamorados de Dios.

Un gran político español, D. Nicolás Salmerón, solía repetir que se pierde la virginidad de la fe para adquirir la maternidad de la razón. Pero hay virginidad maternal o maternidad virginal. Y a las veces se pierde la virginidad estrictamente tal, pero sin adquirir maternidad —o paternidad—, sobre todo cuando la sangre está emponzoñada con cierto pecado. Y hay eunucos, como el eunuco etíope de Candace, de que nos hablan los Hechos de los Apóstoles (VIII, 26-40), que llegan a engendrar espiritualmente.

La pobre alma hambrienta y sedienta de inmortalidad y de resurrección de su carne, hambrienta y sedienta de Dios, de Dios-Hombre a lo cristiano, o de Hombre-Dios a lo pagano, consume su virginidad maternal en besos y abrazos al agonizante eterno.

En otros libros podéis ver cómo en Israel se pasó del monocultismo al monoteísmo, y en otros libros podéis ver qué es eso de que un Dios se haga hombre o que un hombre se haga Dios. Aquí solo quiero hablaros de íntima experiencia meterótica, mística si queréis, y de lo que es la agonía de un alma sobre la agonía de su Dios, la agonía del amor y del conocimiento, del conocimiento, que es amor, y del amor, que es conocimiento.

El alma, entregada a su agonía de amor y de conocimiento, apenas si se entera de lo que hace Salomón, de su obra política, de la historia, de la civilización, ni de su Templo; es decir, de la Iglesia. Y, si se vuelve a ello, es para refrescar su agonía y porque toda alma es hija de contradicción. Pero es que, ¡ay!, no siempre Abisag tiene que rechazar a Adonías. Figuráosla casada con Adonías y madre de hijos de este, y Adonías en lucha con Salomón, y Abisag siempre enamorada de David —y no hay más que un gran amor: el primero y el último— y luchando en el alma de Abisag la sunamita el amor a David con la obligación para con Adonías, hijo de David, y ved la tragedia.

Los abrazos y besos de Abisag ¿cumplirían el milagro de resucitar a David?

¡Milagro! He aquí uno de los conceptos más confusos, sobre todo después que la fe en los milagros de la fe ha sido sustituida por la fe en los milagros de la ciencia.

«Los salvajes no admiran los portentos de la aplicación de los descubrimientos científicos», se dice. Dícese que cuando un salvaje ve volar un aeroplano u oye un fonógrafo no se admira. ¡Claro! Está acostumbrado a ver el milagro de que vuele un águila o que hable un hombre o un loro, y un milagro más no le sorprende. El salvaje vive entre milagros y entre misterios. Y el hombre salvaje nacido y criado en medio de un pueblo que se dice civilizado nunca pierde la fe en el milagro, cuando no en los de la fe, en los de la ciencia.

En cierta ocasión se daba una conferencia de astronomía en un casino popular. Los oyentes, hombres sin cultura científica, empleados de comercios y casas industriales, obreros manuales algunos, salieron admirados al oír los millones de leguas que el conferenciante, es decir, la Ciencia, les dijo que había del Sol a Sirio. «Pero ¿cómo se había podido medir eso?», se decían, añadiéndose: «¡Milagros de la Ciencia!». Al día siguiente, un ingenuo trató de explicarles cómo se hace la medición, y al ver que, aunque más complicado, es por el mismo procedimiento por el que mide un agrimensor una tierra o se mide la altura de una montaña, sintieron profundo desprecio por la ciencia. Entre ellos había algunos místicos sociales de esos a quienes se les llena la boca cuando hablan del socialismo… científico. ¡El socialismo científico, que ha venido a parar al milagro bolchevista!

Escribía Maurras (véase *Enquête sur la monarchie*, p. 481):

> No sé lo que de ello piense el señor general André, que pasa por positivista; pero su maestro y mío, Augusto Comte, ha tenido siempre al catolicismo por un aliado necesario de la ciencia contra la anarquía y la barbarie. Repetía a menudo que los que creen en Dios se hagan católicos, y los que no creen en él, positivistas. […] Envió a uno de sus discípulos al Gesù de Roma para tratar con los jesuitas. Una mala inteligencia hizo marrar el proyecto; pero al dejar a los Padres el delegado de Comte pronunció estas graves palabras: «Cuando las tormentas políticas del porvenir manifiesten toda la intensidad de la crisis moderna, encontraréis a los jóvenes positivistas prontos a dejarse matar por vosotros, como vosotros estáis prontos a haceros matar por vuestro Dios».
>
> Divididos en cuanto a las cosas del cielo, el positivismo y el catolicismo se acuerdan sobre la tierra. Es una especie de positivista aquel M. Accard «bonaldista tainiano» cuya figura se halla en una novela de Mr. Paul Bourget.
>
> […]
>
> La Iglesia y el positivismo tienden a fortificar la familia. La Iglesia y el positivismo tienden a secundar a las autorida-

> des políticas como vinientes de Dios o procedentes de las mejores leyes naturales. La Iglesia y el positivismo son amigos de la tradición, del orden, de la patria y de la civilización. Para decirlo todo, la Iglesia y el positivismo tienen enemigos en común. Por lo demás, no hay positivista francés que pierda de vista que si los Capetos hicieron a Francia, los obispos y los clérigos han sido sus primeros cooperadores.

Todo lo cual tendrá que ver con el reino de Salomón y con las disensiones entre este y Adonías, tendrá que ver con el catolicismo, pero nada tiene que ver con el reino de David y menos con su agonía, con la agonía, que es la vida del cristianismo.

¿Y qué era el amor de Abisag? ¿Era fe? ¿Era esperanza?

Acabo de leer en *Variété*, del poeta Paul Valéry: «Pero la esperanza no es más que la desconfianza del ser respecto a las previsiones precisas de su espíritu. Sugiere que toda conclusión desfavorable al ser *debe de ser* un error de su espíritu» (*La crise de l'esprit*).

Augusto Comte pedía que «los que creen en Dios se hagan católicos», y Louis Veuillot, otro precursor de la *Action Française,* dirigiéndose a M. Henri Rochefort, el solapado (véase *Odeurs de Paris,* livre II, «La petite presse», IV), le decía: «Señor conde: usted que es tan ocurrente, nosotros los del pueblo bajo tenemos necesidad de Dios, o por lo menos de gentes que crean en Dios». Pero como Veuillot establecía diferencia entre «croire en Dieu» y «croire à Dieu», el que, como yo, no es francés nato no llega a comprender qué es eso de necesitar gentes que crean en Dios. Y tenemos que renunciar a comprenderlo, pues el mismo Veuillot dice que «ante todo no aprende el francés quien lo quiere; hay que haber nacido para ello». Y luego: «Es una hermosa y noble lengua el francés. No se sabe el francés, no se le habla, no se le escribe sin saber porción de otras cosas, que hacen lo que se llamaba antaño un *hombre honrado*. El francés soporta mal la mentira. Para hablar francés hay que tener en el alma un fondo de nobleza y de sinceridad. Me objetaréis Voltaire. Voltaire, que por lo demás no era tonto, no habló más que una lengua desecada y ya notablemente envilecida».

Dejo de lado a Voltaire, que no era, ciertamente, un jesuita, aunque fuese algo peor, y me quedo con que no sabré nunca la diferencia que hay de creer en Dios o creer a Dios ni de qué manera se han de hacer católicos los que creen en Dios. Y en cuanto a dejarse matar por el Dios de los jesuítas, eso puede ser cosa de política. Los hombres se dejan matar por un ídolo. Lo que hay es pocos con el alma suficiente para calentar a su Dios en su agonía, para darle vida así, para hacer de la agonía vida.

Y ese David que quería revivir Abisag con sus besos y abrazos, ese Cristo que agoniza, ¿hará que su padre, que Dios nos salve? Y aquí se habla de justificación, que es cosa de moral.

Acabo de leer en León Chestov (*La nuit de Gethsémani. Essai sur la philosophie de Pascal*), hablando del dilema terrible que Erasmo ponía a Lutero, de que si nuestras buenas obras no nos salvan y no hay para salvarnos más que la gracia de Dios que, arbitraria y libremente, envía esta gracia a unos y se la rehúsa a otros, «¿dónde está entonces la justicia?». Y Chestov dice: «Erasmo no quería discutir la Biblia o a san Pablo. Como todo el mundo, condenaba a Pelagio y aceptaba la doctrina de san Agustín sobre la gracia, pero no podía admitir el pensamiento monstruoso de que Dios se encuentre "más allá del bien y del mal", que nuestro "libre albedrío", nuestro consentimiento a someternos a las leyes se deje al tribunal supremo, que ante Dios no posea, en fin, el hombre defensa alguna, ni siquiera la justicia. Así escribía Erasmo, así pensaban y piensan todavía casi todos los hombres, y podría decirse sencillamente que todos los hombres». ¡Todos los hombres puede ser, pero todos los cristianos no! Los cristianos no pueden creer eso. Y en cuanto a que Dios se encuentre «más allá del bien y del mal», ¡no es eso, no! «*Más allá*», *Jenseits,* es una fórmula germánica del progresista Nietzsche. Dios está dentro del bien y del mal y envolviéndolos, como la eternidad está dentro del pasado y del futuro y envolviéndolos, y por *más allá* del tiempo. ¿Y qué es justicia? En moral, algo; en religión, nada.

## Capítulo VI

### La virilidad de la fe

El P. Jacinto, de quien hablaremos más de largo, y que como recuerdo de su infancia había guardado «la tristeza católica en el hogar doméstico, el alma sufriente de su venerado padre, el alma deprimida de su buena madre» (Houtin, *Le P. Hyacinthe*, III, p. 250), este pobre P. Jacinto que soñaba encontrar la Iglesia en el jardín y en la celda de su convento, entró en relaciones con Ernesto Renan, y el 11 de mayo de 1891 le escribía esto: «¿Es una ilusión, es no más que un recuerdo, es todavía una esperanza? Permitid esta última hipótesis a mi ingenua y robusta fe de espiritualista y de cristiano. Admito, por lo demás, tan firmemente la sobrevivencia de las almas y su salvación final, que no desespero de estar de entero acuerdo con usted en otro mundo, si es que no en este» (Houtin, *Le P. Hyacinthe*, III, p. 370).

La ingenua y robusta fe del P. Jacinto no comprendía que ilusión, recuerdo y esperanza no son tres hipótesis, sino una sola, que la esperanza es un recuerdo, y que las dos son ilusiones y que la fe es, según san Pablo, la sustancia de lo que se espera (Hb XI, 1). Dice este de lo que se espera que es un hecho de voluntad. Pero el recuerdo ¿no depende también de la voluntad? El mismo san Pablo dice, con acento pindárico, que el comer, el beber, las fiestas y el sábado son «una sombra del porvenir», σκιὰ τῶν μελλόντων (Col II, 17). Y el recuerdo es sombra del porvenir tanto si es que no más que la esperanza es sombra del pasado.

En el diario del padre se lee con fecha 18 de octubre de 1892: «El pensador afirma o niega. La potencia intelectual de Renan no ha sobrepujado la duda, le ha faltado virilidad».

¡Le ha faltado virilidad! Para el padre monje, para el que quiso ser padre y dejar su simiente carnal en este mundo de la resurrección de los muertos, el hecho de sobrepujar la duda, de afirmar o de negar, el creer o no creer —y no creer es creer, puesto que «no creo en la resurrección de los muertos» puede convertirse en «creo que los muertos no resucitan, que los muertos mueren»—, todo esto era virilidad. La fe, hija de la virilidad; la afirmación o la negación, el dogma, hijos de la virilidad.

«Virilidad» deriva de *vir*, «varón», el macho de la especie humana. La misma raíz ha formado *virtus*, y la fe, al decir de los teólogos cristianos —bien que «teólogo» y «cristiano» entrañan una contradicción—, es una virtud teologal. Teologal, no teológica. No hay virtudes teológicas, como no sea *el furor theologicus*, padre de la Inquisición. Pero examinemos un poco esta noción de virilidad, puesto que el padre monje parece pensar que afirmar o negar, sobrepujar la duda, es, más bien que un hecho de potencia intelectual, un hecho de voluntad. Examinemos la voluntad y la voluntad de fe.

William James, el pragmatista, otro cristiano desesperado, otro en quien el cristianismo agonizaba, ha escrito todo un ensayo sobre la voluntad de creer (*the will to believe*). Y esta voluntad ¿tiene algo que ver con la virilidad? La virilidad ¿es fuente de la voluntad?

Schopenhauer, que lo pensaba y colocaba el foco de la volición en los órganos de la virilidad, nos alababa y admiraba a nosotros los españoles porque nos figuramos que así es, y citaba en apoyo ciertas expresiones populares y corrientes en España y bastante groseras. El nombre de esos órganos, en efecto, no se les cae de la boca a los españoles, que se creen hombres de voluntad, de energía, de acción. Y se oyen horribles blasfemias en que el santo nombre que debe ser santificado se emplea como en aquella frase que se lee en el *Satiricón*, de Petronio, de un hombre que *putabat se colleum Jovis tenere* (II, 4). Pero ¿es eso voluntad?

La palabra española «voluntad» es una palabra sin raíces vivas en la lengua corriente y popular. En francés *volonté* está cerca de *vouloir*, latín vulgar *volere*, clásico *velle*. Pero en español no tenemos derivado de esa raíz latina. Por *vouloir* decimos «querer», del latín *quaerere*, «buscar», y de «querer» tenemos el sustantivo «querencia», que no se aplica más que a las bestias y significa el apego que cobran a un lugar o a una persona. Lo que en español sale de los órganos de la virilidad no es la voluntad, sino el deseo, la gana.

¡«Gana»! ¡Admirable palabra! «Gana», término de origen germánico probablemente —aunque el español sea la lengua latina más latina, más que el italiano; la que contiene menos elementos germánicos—, «gana» es algo como «deseo», «humor», «apetito». Hay «ganas», en plural, de comer, de beber y de librarse de las sobras de la comida y de la bebida. Hay ganas de trabajar y sobre todo ganas de no hacer nada. Como decía el otro: «No es que no tenga ganas de trabajar, es que tengo ganas de no trabajar». Y la gana de no hacer es desgana. La virilidad marcha a su suicidio, marcha por vía de soledad, de eunuquismo. Lo que ocurre a menudo con los abúlicos voluntariosos.

¡Con cuánto acierto y cuán hondamente se ha podido hablar de lujuria espiritual! De esa lujuria de solitario onanista a la manera del pobre Huysmans, otro agonizante más, cuando se puso *en route* buscando la fe cristiana monástica, la fe de los solitarios que renuncian a la paternidad carnal. «No me da la real gana, no me da la santísima gana», dice un español. Y dice también: «Eso no me sale de... la virilidad» (por eufemismo). Pero ¿qué?, ¿cuál es la fuente de la real y santísima gana?

La gana, ya lo hemos dicho, no es una potencia intelectual, y puede acabar en des–gana. Engendra, en vez de voluntad, la *noluntad*, de *nolle*, «no querer». Y la *noluntad*, hija de la *des–gana*, conduce a la nada.

¡«Nada»!, otra palabra española henchida de vida, de resonancias abismáticas, que el pobre Amiel —otro agonizante solitario, ¡y cómo luchó con la virilidad!— graba en español en su *Diario íntimo*. ¡Nada! Es a lo que vienen a dar la fe de la virilidad y la virilidad de la fe.

¡Nada! Así es como se ha producido ese especial nihilismo español —más valdría llamarle «nadismo» para diferenciarle del ruso— que asoma ya en san Juan de la Cruz, que reflejaron pálidamente Fénelon y madame Guyon y que se llama «quietismo» en el español aragonés de Miguel de Molinos. Nadismo que nadie ha definido mejor que el pintor Ignacio Zuloaga cuando, enseñando a un amigo su retrato del botero de Segovia, un monstruo a lo Velázquez, un enano disforme y sentimental, le dijo: «¡Si vieras qué filósofo...! ¡No dice nada!». No es que dijera que no hay nada o que todo se reduce a nada, es que no decía nada. Era acaso un místico sumergido en la noche oscura del espíritu de san Juan de la Cruz. Y acaso todos los monstruos de Velázquez son místicos de ese género. Nuestra pintura española ¿no sería la expresión más pura de nuestra filosofía viril? El botero de Segovia, al no decir nada de nada, se ha librado de la obligación de pensar, es un verdadero librepensador.

¿Fe de virilidad? Hay lo que podríamos llamar más bien que fe, más bien que voluntad de creer, ganas de creer. Y esto sale de la carne, la cual, según el Apóstol, desea contra el espíritu (Ga V, 17). Y aun cuando hable de *voluntad de la carne*, θελήματα τῆς σαρκός (Ef II, 3). De la carne, que se pone triste después que ha sembrado y mientras toda la creación gime (Rm VIII, 22). Y, sin embargo, hay que propagar la carne. Y al mismo tiempo hay que economizar virilidad para engendrar hijos de espíritu. ¿Por cuáles nos salvaremos? ¿Por los de la carne en la resurrección de la carne, o por los del espíritu en la inmortalidad del alma? ¿No son acaso en el fondo dos sobrevivencias contradictorias entre sí?

La carne, sin embargo, según san Bernardo —precursor de la piedad naturalista franciscana, tan tierna para con el «hermano puerco» que es el cuerpo—, es una compañera muy buena y muy fiel del espíritu bueno, *bonus plane fidusque comes caro spiritui bono* (*De diligendo Deo*, cap. XI). ¿Y habrá que recordar el *mens sana in corpore sano* de Juvenal? Pero acaso el cuerpo perfectamente sano tiene un alma abismada en la nada, como la del botero de Segovia.

¡Ganas de creer! San Juan de la Cruz nos habla del «apetito de Dios» *(Subida del Monte Carmelo*, lib. I, cap. X). Y este apetito mismo de Dios, cuando Dios no lo inspira, es decir, cuando no viene de la gracia, «tiene la misma sustancia y naturaleza que si fuera acerca de materia y objeto natural», y «no es más que natural y lo será si Dios no lo informare» («*Llama*», comm. del verso IV de la estrofa III. Véase Jean Baruzzi, *Saint Jean de la Croix et le problème de l'expérience mystique*, París, Alcan, 1924, lib. IV, cap. IV: «El apetito de Dios no es siempre el apetito según Dios»).

El apetito es ciego, dice el místico. Pero, si es ciego, ¿cómo puede creer, puesto que creer es ver? Y, si no ve, ¿cómo puede afirmar o negar?

«Todo lo que hay en el mundo es o concupiscencia de la carne, o concupiscencia de los ojos, o soberbia de la vida», dice la primera de las epístolas atribuidas al apóstol Juan (II, 15-16). Y es concupiscencia de la carne, tanto como buscar a Dios en el mundo, buscarlo para que nuestra carne resucite. Y si es locura agónica querer propagar el cristianismo por la espada, a cristazos, por cruzadas, es locura agónica quererlo propagar engendrando carnalmente cristianos por proselitismo carnal, propaganda vegetativa.

La cruzada es también virilidad. Procede del libre albedrío y no de la gracia. Y toda cruzada es uno de los actos más agónicos del cristianismo. El que va a imponer una fe a otro por la espada lo que busca es convencerse a sí mismo. Pide señales, pide hacer un milagro para sostener su fe. Y toda cruzada por la espada acaba por producir la conquista del conquistador por el conquistado, y el conquistador se hace nadista.

Hay que economizar virilidad en un celibato. Es decir, en un monacato activo. El autor de *la Peau de chagrin*, Honorato de Balzac, que nos ha dejado tantos hijos del espíritu —todo un pueblo—, sin que sepamos que haya dejado uno solo de carne, en un profundo estudio de la vida de provincia, «vida de ganas», *El cura de Tours,* donde leemos aquellas admirables líneas sobre *la città dolente* de las doncellas viejas a propósito de mademoiselle Salomon, que se hizo madre quedando virgen, Balzac, al fin de esa joya psicológica, escribió una página imperecedera sobre el celibato. Vese allí ante todo a Hildebrando, el terrible Papa —solo un célibe puede ser infalible, solo el que economiza su virilidad carnal puede afirmar o negar impudentemente—, diciendo: «¡En nombre de Dios te excomulgo!», y pensando: «¡Dios en mi nombre te excomulga! *Anathema sit!*».

Y se habla allí de «el egoísmo aparente de los hombres que llevan una ciencia, una nación o leyes en su seno [...] para parir pueblos nuevos o para producir ideas nuevas»; es lo que Balzac llama «la maternidad de las masas». La maternidad y no la paternidad. Lo mismo que no dice «engendrar», sino «parir» (*enfanter*) pueblos nuevos. Y añade que deben unir en sus poderosas cabezas «las tetas de la mujer a la fuerza de Dios». La fuerza de Dios es virilidad. ¿Dios es macho o hembra? En griego, el Espíritu Santo es neutro, pero se identifica con santa Sofía, la Santa Sabiduría, que es femenino.

Hay que economizar virilidad. Pero ¿resuelve esto la agonía? «La agonía» es el título de la última parte del terrible estudio filosófico —así le llamó su autor— de la *Peau de chagrin*, al fin del cual el protagonista, es decir, el que lucha, que agoniza en primera fila, Rafael de Valentin, muere sobre su mujer, Paulina, mordiéndole el seno. Y ella, Paulina, dice al viejo servidor Jonatás: «¡Qué quiere usted...! Es mío, yo lo he matado. ¿Es que no lo había yo ya previsto?».

Y que el lector no se asombre de que nos refiramos en este estudio sobre la agonía del cristianismo a esas obras de Honorato de Balzac, que fue un evangelista, un cristiano a su manera. Y volvemos al apóstol san Pablo.

El apóstol Pablo no conocía mujer (1 Co VII, 1), y recomendaba a los que fueran de ello capaces abstenerse de ella. Gracias a esta continencia pudo engendrar en Cristo Jesús por el Evangelio (1 Co IV, 15) no hijos de carne, sino hijos de Dios (Rm IX, 8), hijos de la mujer libre y no de la sierva (Ga IV, 23). A los que tenían mujer les recomendaba vivir como si no la tuviesen (1 Co VII, 29). Pero para el que se sentía débil, para el que no hacía el bien que quería, sino el mal que no quería (Rm VII, 19), no la voluntad del espíritu que viene de Dios, sino la gana de la carne hija de la tierra, más le valía casarse que abrasarse (1 Co VII, 9), y la mujer es un remedio a la concupiscencia.

¡Un remedio a la concupiscencia! ¡Pobre mujer! Ella, a su vez, se salva haciendo hijos (1 Tm II, 9), si es que no sabe hacer otra cosa. Porque el hombre no viene de la mujer, sino la mujer viene del hombre (1 Co XI, 9; Ef V, 23), puesto que Eva fue hecha de una costilla de Adán. Sin embargo, la Virgen Madre, de la cual el viril Apóstol de los gentiles no habla jamás, claro está, no nació de una costilla del Cristo, sino este, el Cristo, nació de una mujer (Ga IV, 4).

¡El Cristo nació de una mujer! Y hasta el Cristo histórico, el que resucitó de entre los muertos. Pablo nos cuenta cómo fue Pedro, por quien fue visto el Cristo —no dice que Pedro le viera, sino que el Cristo fue visto por Pedro, en pasiva—, y el último por quien fue visto fue por él, por Pablo, «el menor de los apóstoles» (1 Co XV, 8). Pero el cuarto Evangelio, el que alguien llamaría el Evangelio femenino, nos cuenta que la primera persona a quien se apareció el Cristo resucitado fue una mujer, María Magdalena, y no un hombre (Jn XX, 15-17). El Cristo fue visto por Pedro, oído por la Magdalena. Cuando esta le tuvo delante, en cuerpo espiritual, en visión, no le reconoció, hasta que habiéndole oído que decía amorosamente: «¡María!», ella respondió: «¡Rabbuní!», es decir: «¡Maestro!». Y el Cristo, que no era una pura visión, una figura que no dice nada, sino el Verbo, la Palabra, le habló. Y Jesús dijo enseguida a la Magdalena: «No me toques». El que tenía necesidad de tocar para creer era un hombre, Tomás. Este tenía necesidad de ver en las manos de Jesús las señales de los clavos y tocarlas con el dedo, ver con el toque. Y es a quien Jesús dijo: «Si no hubieras visto, no habrías creído. ¡Bienaventurados los que creen sin ver!» (Jn XX, 24-30). Y así es como se dice que la fe consiste en creer lo que no se ha visto, sino oído. Y el Cristo, después de haber dicho a la Magdalena: «No me toques», le dijo: «No he subido todavía hacia mi padre. Ve a buscar a mis hermanos y diles que subo hacia mi padre y el vuestro, mi Dios y vuestro Dios». Y María se fue a contar lo que había visto, y sobre todo lo que había oído.

La letra se ve, pero la palabra se oye, y la fe entra por el oído. Pablo mismo, cuando fue arrebatado a los cielos, oyó «dichos indecibles». La Samaritana oyó al Cristo, y Sara, ya vieja, tuvo un hijo por la fe, y Raab, la prostituta, por la fe se salvó (Hb XI, 11-31). ¿Qué más? No es una mujer, sino un eunuco, el eunuco etíope de Candace, el que leía a Isaías y creyó por lo que oyera de boca del apóstol Felipe (Hch VIII, 26-40).

La fe es pasiva, femenina, hija de la gracia, y no activa, masculina y producida por el libre albedrío. La visión beatífica es buena para la otra vida; pero ¿es visión o audición? La fe en este mundo viene de Cristo, que es el que resucita, y no de la carne (Rm X, 7), del Cristo que fue virgen, cuerpo de que los cristianos son miembros (1 Co VI, 15), según la polémica pauliniana.

La mitología pagana nos presenta a un varón, a un dios macho, que tiene, sin obra de mujer, una hija. Es Júpiter pariendo a Minerva, pero por la cabeza.

¿Y la fe? La fe verdaderamente viva, la que vive de dudas y no las «sobrepuja», la fe de un Renan, es una voluntad de saber que cambia en querer amar, una voluntad de comprender que se hace comprensión de voluntad, y no unas ganas de creer que acaban por virilidad en la nada. Y todo esto en agonía, en lucha.

La virilidad, la voluntad, las ganas; la fe, la feminidad, la mujer, y la Virgen María, madre de la fe también, y madre de la fe por virginidad.

Creo, socorre mi incredulidad (Mc IX, 24). «Creo», quiere decir «quiero creer», o mejor «tengo ganas de creer», y representa el momento de la virilidad, el del libre albedrío, que Lutero llamó «siervo albedrío», *servum arbitrium*. «Socorre mi incredulidad» representa el momento de la feminidad, que es el de la gracia. Y la fe, aunque el P. Jacinto quisiera creer otra cosa, proviene de la gracia y no del libre albedrío. No cree el que tiene ganas de creer. La virilidad sola es estéril. En cambio, la religión cristiana ha concebido la maternidad pura, sin concurso de hombre, la fe de gracia pura, de gracia eficaz.

¡La fe de gracia pura! El Ángel del Señor entró en el cuarto de María, y saludándola le dijo: «No temas, María, has hallado gracia ante Dios», y le anunció el misterio del nacimiento de Cristo. Y ella le preguntó cómo podía ser eso, pues que no había conocido hombre, y el ángel se lo explicó. Y ella: «He aquí la esclava del Señor, hágase en mí según tu palabra». Y el ángel se fue (Lc I, 26-39).

Llena de gracia: κεχαριτωμένη. No se llama así (Lc I, 28) más que a una mujer, al símbolo de la feminidad pura, de la maternidad virginal, a la que no tuvo que «sobrepujar» las dudas, porque no las tuvo, ni tuvo menester de virilidad. «¡Bienaventurados los pobres de espíritu, porque de ellos es el reino de los cielos! ¡Bienaventurados los puros de corazón, porque ellos verán a Dios!» (Mt V, 3 y 8).

Se llama «hilos de la Virgen» a ciertos hilillos que flotan al viento y sobre los que ciertas arañas que Hesiodo (*Los trabajos y los días*, 777) llama volantes se lanzan al aire libre y hasta al huracán. Hay simientes aladas, vilanos; pero estas arañas hilan de sus propias entrañas esos hilos, esos livianos estambres en que se lanzan al espacio desconocido. ¡Terrible símbolo de la fe! Porque la fe depende de hilos de la Virgen.

Cuéntase que cuando el escorpión se ve rodeado de llamas y amenazado de perecer en el fuego, se hunde su propio aguijón envenenado en la cabeza. Nuestro cristianismo y nuestra civilización ¿no son un suicidio de este género?

El Apóstol dice de la polémica de la agonía que el que lucha, el que agoniza, lo domina todo: πᾶς δὲ ὁ ἀγωνιζόμενος πάντα ἐγκρατεύεται (1 Co IX, 25). También él, Pablo, combatió su buen combate, agonizó su buena agonía, τὸν καλὸν ἀγῶνα ἠγώνισμαι (2 Tm IV, 7). ¿Venció? En esta lucha, vencer es ser vencido. El triunfo de la agonía es la muerte, y esta muerte es acaso la vida eterna. Hágase tu voluntad, así en la tierra como en el cielo, y hágase en mí según tu palabra. El acto de engendrar es también una agonía.

# Capítulo VII

## El supuesto cristianismo social

¿Qué es eso del cristianismo social? ¿Qué es eso del reinado social de Jesucristo, con que tanto nos marean los jesuitas? ¿Qué tiene que ver la cristiandad, la verdadera cristiandad, con la sociedad de aquí abajo, de la tierra? ¿Qué es eso de la democracia cristiana?

«Mi reino no es de este mundo» (Jn XVIII, 36), dijo el Cristo cuando vio que no llegaba el fin de la historia. Y también: «Dad al César lo que es del César y a Dios lo que es de Dios» (Lc XX, 25). Pero hay que recordar en qué condiciones se pronunció esta sentencia cardinal.

Los que le perseguían para perderle acordaron preguntarle si era o no lícito pagar tributo al César, al invasor, al enemigo de la patria judía, que era la autoridad. Si decía que sí, presentaríanle al pueblo como un mal judío, como un mal patriota, y, si decía que no, acusaríanle como sedicioso ante las autoridades cesáreas. Al recibir la pregunta, Jesús pidió una moneda y, mostrando la efigie del cuño, preguntó: «¿De quién es la efigie?». «Del César», le dijeron. Y él: «Pues bien: dad al César lo que es del César, y a Dios lo que es de Dios». Que puede entenderse: primero, dad al César, al mundo, a la sociedad, el dinero, que es del César, del mundo, de la sociedad; y a Dios, el alma, que ha de resucitar en el cuerpo. Sacudiose así de todo problema economicosocial él, que había dicho que es más difícil que entre un rico en el reino de los cielos que el que pase un camello por el ojo de una aguja; y mostró que su buena nueva nada tenía que ver con cuestiones economicosociales o con cuestiones nacionales, nada con democracia o demagogia internacional y nada con nacionalismo.

En el cuarto Evangelio se nos dice la razón por la que los escribas y fariseos hicieron condenar al Cristo. Mejor que la razón, el pretexto. Fue por antipatriota. «Se reunieron, pues, los sumos sacerdotes y los fariseos en concejo y dijeron: ¿Qué vamos a hacer?, porque este hombre hace muchas señales; si le dejamos así, todos creerán en él, y vendrán los romanos y nos suprimirán el lugar y la raza.» Y uno de ellos, Caifás, que era el sumo sacerdote de aquel año, les dijo: «Vosotros no sabéis nada, ni pensáis que os conviene que muera un hombre por el pueblo y no que perezca toda la raza» (Jn XI, 47-51).

De donde se ve que buscaban perderle por antipatriota, porque su reino no era de este mundo, porque no se preocupaba ni de economía política, ni de democracia, ni de patriotismo.

Pero después de Constantino, cuando empezó la romanización de la cristiandad, cuando empezó a querer convertirse la letra, no el verbo, del Evangelio en algo así como una ley de las Doce Tablas, los Césares se pusieron a querer proteger al Padre del Hijo, al Dios del Cristo y de la cristiandad. Y nació esa cosa horrenda que se llama el derecho canónico. Y se consolidó la concepción jurídica, mundana, social del supuesto cristianismo. San Agustín, el hombre de la letra, era ya un jurista, un leguleyo. Lo era san Pablo. A la vez que un místico. Y el místico y el jurista luchaban en él. De un lado, la ley; de otro, la gracia.

Derecho y deber no son sentimientos religiosos cristianos, sino jurídicos. Lo cristiano es gracia y sacrificio. Y eso de la democracia cristiana es algo así como química azul. ¿Es que puede ser cristiano lo mismo el que sostiene la tiranía que el que apoya la democracia o la libertad civil? Es que el cristiano, en cuanto cristiano, no tiene que ver con eso.

Pero como el cristiano es hombre en sociedad, es hombre civil, es ciudadano, ¿puede desinteresarse de la vida social y civil? ¡Ah!, es que la cristiandad pide una soledad perfecta; es que el ideal de la cristiandad es un cartujo que deja padre y madre y hermanos por Cristo, y renuncia a formar familia, a ser marido y a ser padre. Lo cual, si ha de persistir el linaje humano, si ha de persistir la cristiandad en el sentido de comunidad social y civil de cristianos, si ha de persistir la Iglesia, es imposible. Y esto es lo más terrible de la agonía del cristianismo.

No puede actuarse en la historia lo que es antihistórico, lo que es la negación de la historia. O la resurrección de la carne o la inmortalidad del alma, o el verbo o la letra, o el Evangelio o la Biblia. La historia es enterrar muertos para vivir de ellos. Son los muertos los que nos rigen en la historia, y el Dios del Cristo no es Dios de muertos, sino de vivos.

El puro cristianismo, el cristianismo evangélico, quiere buscar la vida eterna fuera de la historia, y se encuentra con el silencio del Universo, que aterraba a Pascal, cuya vida fue agonía cristiana.

Y en tanto la historia es el pensamiento de Dios en la tierra de los hombres.

Los jesuitas, los degenerados hijos de Íñigo de Loyola, nos vienen con la cantinela esa del reinado social de Jesucristo, y con ese criterio político quieren tratar los problemas políticos y los economicosociales. Y defender, por ejemplo, la propiedad privada. El Cristo nada tiene que ver ni con el socialismo ni con la propiedad privada. Como el costado del divino antipatriota que fue atravesado por la lanza, y de donde salió sangre y agua que hizo creer a un soldado ciego, nada tiene que ver con el Sagrado Corazón de los jesuitas. El soldado era ciego, ¡claro!, y vio en cuanto le tocó la sangre del que dijo que su reino no era de este mundo.

¡Y esos otros pobres diablos —«diablo», *diabolos*, quiere decir «acusador»— que dicen que Jesús fue un gran demócrata, un gran revolucionario o un gran republicano! La pasión del Cristo sigue. Porque pasión, y grande, es tener que sufrir el que unos le quieran hacer radicalsocialista y los otros blocnacionalista, el que estos le quieran hacer francmasón y aquellos jesuita. Lo que fue el Cristo fue un judío antipatriota para los sumos sacerdotes, escribas y fariseos del judaísmo.

«Lo cierto es que para un sacerdote que deja la Iglesia es grande la tentación de hacerse demócrata. [...] Tal fue el destino de Lamennais. Una de las grandes corduras del abate Loyson ha sido resistir en este punto a todas las seducciones y rehusarse a las caricias que el partido avanzado no deja jamás de prodigar a los que rompen con los lazos oficiales.» Así dice Renan (*Souvenirs d'enfance et de jeunesse*, p. 195). Pero el abate Loyson, o mejor el P. Jacinto, se casó y crio familia, y tuvo hijos, y se hizo ciudadano, y al verse reproducido en la carne de otros, sin esperar a su propia resurrección, debió sentir nacer el anhelo de la inmortalidad en la historia y, con ello, la preocupación por los problemas sociales.

No se olvide, dicho sea con toda reverencia, que el Cristo fue soltero. Por ello debía parecer antipatriota a sus compatriotas bíblicos.

No, no; la democracia, la libertad civil, o la dictadura, la tiranía, tienen tan poco que ver con el cristianismo como la ciencia, la obra social del catolicismo belga, verbigracia, tan poco como Pasteur.

No es misión cristiana la de resolver el problema económico social, el de la pobreza y la riqueza, el del reparto de los bienes de la tierra; y esto, aunque lo que redima al pobre de su pobreza redimirá de su riqueza al rico, lo mismo que lo que redima al esclavo redimirá al tirano, y que hay que acabar con la pena de muerte para rescatar no al reo, sino al verdugo. Pero esto no es misión cristiana. El Cristo llama lo mismo a pobres y a ricos, a esclavos y a tiranos, a reos y a verdugos. Ante el próximo fin del mundo, ante la muerte, ¿qué significan pobreza y riqueza, esclavitud y tiranía, ser ejecutado o ejecutar una sentencia de muerte?

«Siempre habrá pobres entre vosotros», dijo el Cristo. Y no, como aparentan creer algunos de los que se llaman cristianos sociales, para que se pueda ejercer la limosna, lo cual llaman caridad, sino porque siempre habrá sociedad civil, padres e hijos, y la sociedad civil, la civilización, lleva consigo la pobreza.

En España, el mendigo pide una limosnita por amor de Dios, y, cuando no se le da la limosna, se le contesta: «¡Perdone por Dios, hermano!». Y, como el mendigo pide por Dios, se le llama pordiosero. Y, como el otro, el supuesto rico, le pide perdón por Dios, podría llamársele también pordiosero. Y pordioseros los dos.

El P. Jacinto escribía el 13 de mayo de 1901 en Jerusalén: «La señora Yakolew, mujer del cónsul ruso de Jerusalén, se lamenta, como nosotros, de que las iglesias cristianas hayan hecho de Jerusalén la ciudad de la ignorancia, de la suciedad, de la pereza y de la mendicidad. Y será lo mismo dondequiera que gobiernen los curas. Véase *Lourdes*, de Zola. La señora Yakolew dice que hemos calumniado a los antiguos griegos y romanos. Tenían la idea de un Dios único y sus estatuas no eran más que símbolos. Las costumbres no eran tampoco más corrompidas que hoy, y la dignidad del carácter y de la vida era mayor. Entonces ¿qué es lo que ha venido a hacer el cristianismo?».

Ciertamente que no a acabar con la ignorancia ni con la suciedad, ni a introducir dignidad en el carácter y en la vida, eso que los hombres de mundo llaman dignidad.

Un cura español, Jaime Balmes, escribió un libro sobre *El protestantismo comparado con el catolicismo en sus relaciones con la civilización*. Pues bien: podrá juzgarse al protestantismo y al catolicismo en sus relaciones con la civilización; pero la cristiandad, la cristiandad evangélica, nada tiene que hacer con la civilización. Ni con la cultura.

Ni con la cultura latina, con «c» minúscula y curva y redondita, ni con la *Kultur* germánica, con «K» mayúscula y de cuatro puntas derechas, como las de un caballo de frisa.

Y, como sin civilización y sin cultura no puede vivir la cristiandad, de aquí la agonía del cristianismo. Y la agonía también de la civilización cristiana, que es una contradicción íntima. Y de esa agonía viven los dos: el cristianismo y la civilización que llamamos grecorromana u occidental. La muerte de uno de ellos sería la muerte del otro. Si muere la fe cristiana, la fe desesperada y agónica, morirá nuestra civilización; si muere nuestra civilización, morirá la fe cristiana. Y tenemos que vivir en agonía.

Las religiones paganas, religiones de Estado, eran políticas; el cristianismo es apolítico. Pero como desde que se hizo católico, y además romano, se paganizó, convirtiéndose en religión de estados —¡y hasta hubo un Estado Pontificio!—, se hizo político. Y se engrandeció su agonía.

¿El cristianismo es pacifista? He aquí una pregunta que nos parece que carece de sentido. El cristianismo está por encima, o, si se quiere, por debajo de esas distinciones mundanas y puramente morales, o acaso no más que políticas, de pacifismo y belicosismo, de civilismo y militarismo; de *si vis pacem, para bellum*: «si quieres paz, prepara la guerra»; que se convierte en *si vis bellum, para pacem*: «si quieres guerra, prepara la paz»; prepárate a ella en la paz.

Ya vemos que el Cristo dijo que no venía a traer disensión en las familias, sino fuego, πῦρ, y división, διαμερισμόν, y además espada, μάχαιραν (Mt X, 34). Pero cuando, sorprendido en el monte de los Olivos por los que iban a prenderle, le preguntaron los suyos si se defenderían con espada, les contestó que lo dejasen *por entonces,* y curó a uno a quien le hirieron en una oreja (Lc XXII, 50-52). Y a Pedro, que sacó la espada e hirió a un siervo del sumo sacerdote, Malco, le reprendió, diciéndole: «¡Mete la espada en la vaina, pues todos los que cogen espada, por la espada perecerán!» (Mt XXVI, 51-53; Jn XVIII, 11).

El cuarto Evangelio, el que se llama de Juan, es el único que nos dice que quien sacó la espada para defender con ella al Maestro fue Simón Pedro, la piedra sobre que se supone construida la Iglesia Católica Apostólica Romana, el supuesto fundador de la dinastía que estableció el poder temporal de los papas y que predicó las cruzadas.

Pasa el cuarto Evangelio por ser el menos histórico en el sentido materialista o realista de la historia; pero en el sentido hondo, en el sentido idealista y personal, el cuarto Evangelio, el simbólico, es mucho más histórico que los sinópticos, que los otros tres. Ha hecho y está haciendo mucho más la historia agónica del cristianismo.

Y en este, el más histórico, por ser el más simbólico de los cuatro Evangelios y a la vez el más vivo de ellos, se le dice al simbólico fundador de la dinastía pontificia católica romana, que el que coge la espada, por la espada perecerá. En setiembre de 1870, las tropas de Víctor Manuel de Saboya entraron a espada en la Roma pontificia. Y se agravó la agonía del catolicismo, que había empezado el día en que se proclamó, en el Concilio del Vaticano, el dogma jesuítico de la infalibilidad pontificia.

Dogma militarista; dogma engendrado en el seno de una milicia, de una compañía fundada por un antiguo soldado, por un militar que, después de herido e inutilizado para la milicia de espada, fundó la milicia de crucifijo. Y dentro de la Iglesia Romana, la disciplina, *discipulina*, en que el discípulo no aprende —*non discit*—, sino que recibe pasivamente la orden, el dogma; no la doctrina, no la enseñanza del maestro, y mejor que del maestro, del jefe, conforme al tercer grado de obediencia, que Loyola encarecía a los padres y hermanos de Portugal. ¡Y esta sí que es agonía!

¿Quiere alguien, pues, que la Iglesia Romana predique la paz? Hace poco que los obispos españoles, en un documento colectivo, le llamaban a la guerra por el protectorado civil —¡protectorado y civil!— que el reino de España, no la nación española, sigue en Marruecos, ¡la llamaban «cruzada»! Que cruzada tanto puede llamarse así por llevar los guerreros una cruz como emblema como por machacar cabezas de infieles con una cruz esgrimida a modo de maza. ¡Terrible lucha!, ¡terrible agonía!

Cuando la Iglesia católica, pues, quiere mantenerse cristiana no puede predicar ni la guerra ni la paz. Louis Veuillot: «Creemos que las ruinas de la guerra se reparan menos difícilmente que las ruinas de la paz. Antes se restablece un puente, se vuelve a levantar una casa, se replanta una huerta que se derriba un lupanar. En cuanto a los hombres, esto rebrota ello solo y la guerra mata menos almas que la paz. En el *Syllabus* no hay artículo positivo contra la guerra. Es la paz sobre todo la que hace la guerra a Dios».

No cabe escribir más blasfemias. ¿Las habría escrito después de Sedán? ¿Las escribiría hoy, en 1925? Tal vez, porque estos hombres no reconocen jamás haberse equivocado. En todo caso, la guerra funda más lupanares que la paz, y no es cosa segura que los hombres «esto rebrote solo» —¡esto!—, ni que la guerra mate menos almas que la paz. La guerra entristece y entenebrece el alma. Y la paz también. En el *Syllabus* podrá no haber artículo positivo contra la guerra; pero en el Evangelio los hay contra la guerra y contra la paz, por la guerra o por la paz. Y es que paz y guerra son cosas de este mundo, que no es el reino de Cristo. Abisag la sunamita nada tenía que ver ni con las obras de la paz salomónica, ni con la guerra entre Salomón y Adonías.

La lucha del cristiano, su agonía, no es ni de paz ni de guerra mundanas. Y es inútil preguntar si el misticismo es acción o es contemplación, porque es contemplación activa y acción contemplativa.

Nietzsche hablaba de lo que está más allá del bien y del mal. El cristianismo está más allá de la guerra y de la paz. O mejor, más acá que la paz y la guerra.

La Iglesia romana, digamos el jesuitismo, predica una paz, que es la paz de la conciencia, la fe implícita, la sumisión pasiva. León Chestov (*La noche de Getsemaní*) dice muy bien: «Recordemos que las llaves terrenales del reino de los cielos correspondieron a san Pedro y a sus sucesores justamente porque Pedro sabía dormir y dormía mientras que Dios, descendido entre los hombres, se preparaba a morir en la cruz». San Pedro sabía dormir o dormía sin saberlo. Y san Pedro fue el que renegó del Maestro hasta que le despertó el gallo, que es el que despierta a los durmientes.

## Capítulo VIII

### El individualismo absoluto

A todo esto nos dicen que desaparecerán juntos el cristianismo y la civilización occidental o grecorromana y que vendrá, por el camino de Rusia y del bolchevismo, otra civilización, o, comoquiera llamársela, una civilización asiática, oriental, de raíces budistas, una civilización comunista. Porque el cristianismo es el individualismo radical. Y, sin embargo, el verdadero padre del sentimiento nihilista ruso es Dostoyevsqui, un cristiano desesperado, un cristiano en agonía.

Mas aquí tropezamos con que no hay conceptos más contradictorios en sí mismos, que más se presten a aplicaciones contradictorias, que los conceptos de individualismo y comunismo, así como los de anarquismo y socialismo. Es absolutamente imposible poner nada en claro con ellos. Y los que con esos conceptos creen ver claro, son espíritus oscuros. ¡Qué no haría la terrible dialéctica agónica de san Pablo con esos conceptos!

Como la individualidad es lo más universal, así no cabe entenderse en este terreno.

Los anarquistas, si quieren vivir, tienen que fundar un Estado. Y los comunistas tienen que apoyarse en la libertad individual.

Los más radicales individualistas fundan una comunidad. Los eremitas se unen y forman un monasterio, es decir, un convento de monjes, *monachos*, de solitarios. Solitarios que tienen que ayudarse unos a otros. Y dedicarse a enterrar sus muertos. Y hasta tienen que hacer historia, ya que no hagan hijos.

Solo el ermitaño se acerca al ideal de vida individualista. Un hombre de ciencia español que cerca de los sesenta años se dedicó a aprender a andar en bicicleta me decía que era este el medio de locomoción más individualista. Y yo le repliqué: «No, don José; el medio de locomoción individualista es andar solo, a pie, descalzo y por donde no hay caminos». Es vivir solo, desnudo y en el desierto.

El P. Jacinto, de quien hablaremos, después de su ruptura con la Iglesia Católica Romana, escribía que la raza anglosajona es «la raza de la familia moral y fuerte, la raza de la personalidad enérgica y libre, la raza del cristianismo individual...». Esto de que el cristianismo protestante, sobre todo el calvinismo, es el del individualismo, se ha repetido mucho. Pero no cabe cristianismo individual más que en el celibato; el cristianismo dentro de la familia no es ya cristianismo puro, es compromiso con el siglo. Para seguir a Cristo, hay que dejar padre, y madre, y hermanos, y esposa e hijos. Y si así se hace imposible la continuación del linaje humano, ¡tanto peor para este!

Mas el monasterio universal es imposible; es imposible el monasterio que abarque a todos. Y de aquí dos clases de cristianos. Unos son los cristianos del mundo, los del siglo —*saecula* quiere decir «generaciones»—, los cristianos civiles, los que crían hijos para el cielo, y los otros son los puros cristianos, los regulares, los del claustro, los *monachos*. Aquellos propagan la carne y, con ello, el pecado original; estos propagan el espíritu solitario. Pero cabe llevar el mundo al claustro, el siglo a la regla, y cabe guardar en medio del mundo el espíritu del claustro.

Unos y otros, cuando son religiosos, viven en íntima contradicción, en agonía. El monje que guarda virginidad, que se reserva la simiente de la carne, que cree ha de resucitar y que se deja llamar «padre» —si es monja, «madre»—, sueña en la inmortalidad del alma, en sobrevivir en la historia.

San Francisco de Asís pensaba que se hablaría de él. Bien que san Francisco de Asís no era propiamente un solitario, un monje, *monachus*, sino que era un hermanito, *fratello*, un fraile. Y, por otra parte, el cristiano civil, ciudadano, padre de familia, mientras vive en la historia piensa si acaso no peligrará su salvación. Y si es trágico el hombre mundano que se encierra —o le encierran, más bien— en un monasterio, es más trágico el monje de espíritu, el solitario que tiene que vivir en el siglo.

El estado de virginidad es para la Iglesia Católica Apostólica Romana un estado en sí más perfecto que el de matrimonio. Que aunque haya hecho de este un sacramento, es como una concesión al mundo, a la historia. Pero los vírgenes y las vírgenes del Señor viven angustiados por el instinto de paternidad y de maternidad. En un convento de monjas hay el culto frenético al niño Jesús, al Dios niño.

¿Podría llegar la cristiandad —acaso la humanidad— a constituirse como una colmena o un hormiguero: con padres y madres, de un lado, y obreras estériles, neutras, del otro? En la colmena y en el hormiguero, las abejas y las hormigas neutras —¿por qué se les hace femeninas y se les supone hembras, y no machos abortados?— son las que trabajan y son las que crían a la generación de los sexuados. Son las tías maternales. O los tíos paternales, si queréis. Entre nosotros, los padres y las madres suelen ser los que trabajan para mantener a su prole; son los proletarios los que hacen vivir la carne, los que producen, los productores que perpetúan la vida material. Pero ¿y la vida espiritual? En los pueblos católicos son los monjes y las monjas, son los tíos paternales y las tías maternales los que mantienen la tradición religiosa cristiana, los que educan a la juventud. Pero como tienen que educarla para el mundo, para el siglo, para ser padres y madres de familia, para la vida civil, política, de aquí la contradicción íntima de su enseñanza. Una abeja podrá enseñar a otra abeja a construir una celda, pero no puede enseñar a un zángano a fecundar a la reina.

Y esta íntima contradicción de la enseñanza monástica, dada a futuros ciudadanos, llega a su colmo en la Compañía llamada de Jesús. Los jesuitas no gustan de que se les llame ni monjes ni frailes. Monje es un benedictino o un cartujo; fraile es un franciscano o un dominico. Pero desde que los jesuitas, para combatir la Reforma, que fue la que secularizó y generalizó la enseñanza primaria, se dedicaron a educar seglares, ciudadanos, futuros padres de familia, las demás órdenes religiosas les han seguido y se han jesuitizado. Acabando por tomar el oficio de la enseñanza pública como una industria: la industria pedagógica. En vez de pedir limosna, se hacen maestros de escuela.

Y así, el cristianismo, el verdadero cristianismo, agoniza en manos de esos maestros del siglo. La pedagogía jesuítica es una pedagogía profundamente anticristiana. El jesuita odia la mística. Su doctrina de la obediencia pasiva, de los tres grados de obediencia, tal como la expuso Íñigo de Loyola en su célebre carta a los padres y hermanos de Portugal, es una doctrina anticristiana, y, en el fondo, anticivil. Con ese género de obediencia, la civilización se haría imposible. Y se haría imposible el progreso.

El 24 de febrero de 1911 el P. Jacinto escribió en su diario: «Europa está condenada, y quien dice Europa dice la cristiandad. No le hace falta para perecer el peligro amarillo, ni aun doblándolo con el peligro negro; lleva en su seno los dos azotes que bastan para matarla: el ultramontanismo y la revolución. *Mane, Tecel, Fares*. Por lo cual hay que contentarse con *resistir* sin esperanza de vencer, y guardar, para un porvenir desconocido, la doble antorcha de la religión y de la civilización verdadera».

Dícese que Napoleón decía que un siglo después de él Europa sería cosaca o republicana, queriendo, sin duda, decir con esto algo muy parecido a lo que el P. Jacinto, un Napoleón a su modo —como este hijo de Rousseau, aquel de Chateaubriand, y viene a ser lo mismo—, cuando hablaba de ultramontanos y revolucionarios. Lo que no comprendieron ni uno ni otro es que los cosacos se hiciesen republicanos y los republicanos cosacos, que el ultramontanismo se hiciese revolucionario y la revolución ultramontana. Ni uno ni otro previeron ni el bolchevismo ni el fascismo. Y toda la enorme confusión caótica que el pobre Spengler quiere explicar con la música arquitectónica de su *Hundimiento del Occidente* (*Der Untergang des Abendlandes*). Que no es otra cosa que la agonía del cristianismo.

Pero ¿el peligro amarillo, el peligro negro? El peligro no tiene color. ¿El peligro musulmán? En cuanto el mahometismo desértico tiene que actuar en la historia, en cuanto tiene que hacerse civil y político —y la guerra es, como decía muy bien Treitschke, la política por excelencia—, se cristianiza, se hace cristiano. Lo que quiere decir que se hace agónico. En el proselitismo agoniza.

Bien que el progreso es un valor civil, pero no religioso.

¿Y qué es eso del progreso? ¿Es que la historia tiene una finalidad humana o, mejor, divina? ¿Es que no se acaba en cada momento? Para el Cristo y para los que con él creían en el próximo fin del mundo, eso del progreso carecía de sentido. No se progresa en santidad. No se puede ser hoy, en el siglo XX, más santo que se pudo ser en el siglo II o en el IV o en el XI. Un cristiano no cree que el progreso ayude a la salvación del alma. El progreso civil, histórico, no es un itinerario del alma a Dios. Y de aquí otra agonía para el cristianismo.

La doctrina del progreso es la del sobrehombre de Nietzsche; pero el cristiano debe creer que lo que hay que hacerse no es sobrehombre, sino hombre inmortal, o sea cristiano.

¿Hay progreso después de la muerte? He aquí una pregunta que ha debido dirigirse alguna vez el cristiano, que cree en la resurrección de la carne y a la vez en la inmortalidad del alma. Pero los más de los sencillos creyentes evangélicos gustan imaginarse la otra vida como un descanso, como una paz, como una quietud contemplativa; más bien como la «eternización de la momentaneidad» presente, como la fusión del pasado y del porvenir, del recuerdo y de la esperanza, en un sempiterno presente. La otra vida, la gloria, para los más de los sencillos creyentes, es una especie de monasterio de familias, de falansterio más bien.

El Dante es quien más se atrevió a trazarnos una pintura de las comunidades de ultratumba: la del infierno, la del purgatorio y la del paraíso; pero allí réprobos y elegidos están solos y apenas si forman sociedad. Y si la forman, el Dante nos la pinta no como poeta cristiano, sino como político gibelino. Su *Divina Comedia* es una comedia bíblica y no evangélica. Y terriblemente agónica.

El desdén más profundo del Dante, el gran desdeñoso, el que se apiadó de Francesca de Rímini, es para aquel Papa que renunció el papado, para aquel pobre Celestino V, Pietro del Murrone, canonizado por la Iglesia Romana, aquel que hizo por cobardía la gran rehúsa,

*Che fece per viltate il gran rifiuto*

«Infierno», III, 60

y a quien coloca a la entrada del infierno entre los que no tienen esperanza de muerte, entre los que vivieron sin infamia y sin alabanzas, entre los pobres neutros que no lucharon, que no agonizaron, y a los que hay que dejar pasar sin hablar de ellos:

*non raggioniam di lor, ma guarda e passas.*

«Infierno», III, 57

## Capítulo IX

### La fe pascaliana

Como una aplicación a un caso concreto de lo que vengo diciendo de la agonía del cristianismo, quiero hablaros de la agonía del cristianismo en el alma de Blas Pascal. Y voy a reproducir aquí, haciéndole seguir de breves adiciones, lo que sobre la fe pascaliana escribí en el número excepcional (abril-junio, 1923) de la *Revue de Métaphysique et de Morale*, dedicado al tercer centenario del nacimiento de Pascal, que fue el 19 de junio de 1623.

Decía así:

> La lectura de los escritos que nos ha dejado Pascal, y sobre todo la de sus *Pensamientos*, no nos invita a estudiar una filosofía, sino a conocer a un hombre, a penetrar en el santuario de universal dolor de un alma, de un alma enteramente desnuda, o mejor acaso de un alma en vivo, de un alma que llevaba cilicio. Y como el que emprende este estudio es otro hombre, corre el riesgo que señala Pascal mismo en su pensamiento 64: «No es en Montaigne, es en mí mismo donde encuentro todo lo que allí veo». ¿Riesgo? No, no le hay. Lo que hace la fuerza eterna de Pascal es que hay tantos Pascales como hombres que al leerle le sienten y no se limitan a comprenderle. Y así es como vive en los que comulgan en su fe dolorosa. Voy, pues, a presentar mi Pascal.
>
> Como soy español, mi Pascal lo es también, sin duda. ¿Estuvo sometido a influencia española? En dos ocasiones, en sus

*Pensamientos,* cita a santa Teresa (499 y 868) para hablarnos de su profunda humildad, que era su fe. Había estudiado a dos españoles: al uno a través de Montaigne. Dos españoles, o mejor dos catalanes: Raimundo de Sabiude y Martini, el autor de la *Pugio fidei christianae*. Pero yo, que soy vasco, lo que es ser más español todavía, distingo la influencia que sobre él hubieran ejercido dos espíritus vascos: el del abate de Saint-Cyran, el verdadero creador de Port-Royal, y el de Íñigo de Loyola, el fundador de la Compañía de Jesús. Y es interesante ver que el jansenismo francés de Port-Royal y el jesuitismo, que libraron entre sí tan ruda batalla, debieran uno y otro su origen a dos vascos. Fue acaso más que una guerra civil, fue una guerra entre hermanos y casi entre mellizos, como la de Jacob y de Esaú. Y esta lucha entre hermanos se libró también en el alma de Pascal.

El espíritu de Loyola lo recibió Pascal de las obras de los jesuitas a quienes combatió. Pero acaso presintió en estos casuistas a torpes que destruían el espíritu primitivo de Ignacio.

En las cartas de Íñigo de Loyola (de san Ignacio) hay una que no hemos podido olvidar nunca al estudiar el alma de Pascal, y es la que dirigió desde Roma el 26 de marzo de 1553 a los padres y hermanos de la Compañía de Jesús de Portugal, aquella en que establece los tres grados de obediencia. El primero «consiste en la ejecución de lo que es mandado, y no merece el nombre por no llegar al valor desta virtud si no se sube al segundo de hacer suya la voluntad del Superior; en manera que no solamente haya ejecución en el efecto, pero conformidad en el afecto con un mismo querer y no querer. [...] Pero quien pretenda hacer entera y perfecta oblación de sí mesmo, ultra de la voluntad, es menester que ofrezca el entendimiento (que es otro grado, y supremo, de obediencia) no solamente teniendo un querer, pero teniendo un sentir mesmo con el Superior, subjetando el propio juizio al suyo, en cuanto la devota voluntad puede inclinar el entendimiento». Porque «todo obediente verdadero debe inclinarse a sentir lo que su Superior siente». Es decir, creer verdadero lo que el superior declara tal. Y para facilitar esta obediencia haciéndola racional por un proceso escéptico (la *scepsis* es el proceso de racionalización de lo que no es evidente),* los jesuitas han inventado un probabilismo contra el que se alzó Pascal. Y se alzó contra él porque lo sentía dentro de sí mismo. El famoso argumento de la apuesta ¿es otra cosa más que un argumento probabilista?

La razón rebelde de Pascal resistía al tercer grado de obediencia, pero su sentimiento le llevaba a ella. Cuando en 1705 la bula de Clemente XI *Vineam Domini Sabaoth* declaró que en presencia de hechos condenados por la Iglesia no basta el silencio respetuoso, sino que hay que creer de corazón que la decisión está fundada de derecho y de hecho, ¿se habría sometido Pascal si hubiera vivido todavía?

Pascal, que se sentía interiormente tan poco sumiso, que no llegaba a domar su razón, que estaba acaso persuadido pero no convencido de los dogmas católicos, se hablaba a sí mismo de sumisión. Se decía que el que no se somete donde es menester *(où il faut)* no entiende la fuerza de la razón (268). Pero ¿y esa palabra *falloir* («ser menester»)? Decíase que la sumisión es el uso de la razón, en lo que consiste el verdadero cristianismo (269), que la razón no se sometería si no juzgara que hay ocasiones en que debe someterse (270), pero también que el Papa aborrece y teme a los sabios que no le están sometidos por voto (873), y alzábase contra el futuro dogma de la infalibilidad pontificial (876), última etapa de la doctrina jesuita de la obediencia de juicio, base de la fe católica.

* El sentido que doy a esta palabra *scepsis* σκξφις difiere bastante sensiblemente del que se da de ordinario al término «escepticismo», por lo menos en España. *Scepsis* significa «rebusca», no «duda», a menos que no se entienda por esta la duda metódica a la manera de Descartes. El escéptico, en este sentido, se opone al dogmático, como el hombre que busca se opone al hombre que afirma antes de toda rebusca. El escéptico estudia para ver qué solución pueda encontrar, y puede ser que no encuentre ninguna. El dogmático no busca más que pruebas para apoyar un dogma al que se ha adherido antes de encontrarlas. El uno quiere la caza, el otro la presa, y es en este sentido en el que hay que tomar la palabra «escepticismo» cuando la aplique aquí a los jesuitas y a Pascal, y es en este mismo sentido en el que denomino al probabilismo «un proceso escéptico».

Pascal quería someterse, se predicaba a sí mismo la sumisión mientras buscaba *gimiendo*, buscaba sin encontrar, y el silencio eterno de los espacios infinitos le aterraba. Su fe era persuasión, pero no convicción.

¿Su fe? Pero ¿en qué creía? Todo depende de lo que se entienda por fe y por creer. «Es el corazón quien siente a Dios, no la razón, y he aquí lo que es la fe: Dios sensible al corazón, no a la razón» (278). En otra parte nos habla «de las personas sencillas que creen sin razonar», y añade que «Dios les da el amor de sí y el odio de ellos mismos inclina sus corazones a creer», y enseguida que «no se creería jamás con una creencia útil y de fe si Dios no inclinase el corazón» (284). ¡Creencia útil! Henos aquí de nuevo en el probabilismo y la apuesta. ¡Útil! No sin razón escribe en otra parte: «Si la razón fuera razonable...» (73). El pobre matemático «caña pensante» que era Pascal, Blas Pascal, por quien Jesús hubo derramado tal gota de su sangre pensando en él en su agonía (*Le mystère de Jésus*, 553), el pobre Blas Pascal buscaba una creencia útil que le salvara de su razón. Y la buscaba en la sumisión y en el hábito. «Eso os hará creer y os entontecerá [abêtira]. —Pero eso es lo que temo. —¿Y por qué? ¿Qué tenéis que perder?» (233). ¿Qué tenéis que perder? He aquí el argumento utilitario, probabilista, jesuítico, irracionalista. El cálculo de probabilidades no es más que la racionalización del azar, de lo irracional.

¿Creía Pascal? Quería creer. Y la voluntad de creer, la *will to believe*, como ha dicho William James, otro probabilista, es la única fe posible en un hombre que tiene la inteligencia de las matemáticas, una razón clara y el sentido de la objetividad.

Pascal se sublevaba contra las pruebas racionales aristotélicas de la existencia de Dios (242) y hacía notar que «jamás autor canónico se ha servido de la naturaleza para probar a Dios» (243); y en cuanto a los tres medios de creer que señalaba: la razón, la costumbre y la inspiración (245), basta leerle teniendo el espíritu libre de prejuicios para sentir que él, Pascal, no ha creído con la razón, no pudo jamás, aun queriéndolo, llegar a creer con la razón, no se hubo jamás convencido de aquello de que estuvo persuadido. Y esta fue su tragedia íntima, y ha buscado su salvación en un escepticismo, al que quería, contra un dogmatismo íntimo, del que sufría.

En los cánones del Concilio del Vaticano, el primer texto que fue dogmáticamente declarado infalible, se lanzó anatema contra el que niegue que se pueda demostrar racional y científicamente la existencia de Dios, aun cuando el que lo niegue crea en Él.* Y este anatema ¿no habría alcanzado a Pascal? Cabe decir que Pascal, como tantos otros, no creía acaso que Dios ex–siste, sino que in–siste, que le buscaba en el corazón, que no tuvo necesidad de Él para su experiencia sobre el vacío ni para sus trabajos científicos, pero que lo necesitaba para no sentirse, por falta de Él, anonadado.

La vida íntima de Pascal aparece a nuestros ojos como una tragedia. Tragedia que puede traducirse en aquellas palabras del Evangelio: «Creo, ayuda a mi incredulidad» (Mc IX, 24). Lo que evidentemente no es propiamente creer, sino querer creer.

La verdad de que nos habla Pascal cuando nos habla de «conocimientos del corazón» no es la verdad racional, objetiva, no es la realidad, y él lo sabía. Todo su esfuerzo tendió a crear sobre el mundo natural otro mundo sobrenatural. Pero ¿estaba convencido de la realidad objetiva de esa sobrenaturaleza? Convencido, no; persuadido, tal vez. Y se sermoneaba a sí mismo.

¿Y qué diferencia hay entre esa posición y la de los pirronianos, de aquellos pirronianos a los que tanto combatió porque se sentía pirroniano él mismo? Hay una, y es esta: que Pascal no se resignaba, no se sometía a la duda, a la negación, a la *scepsis,* que tenía necesidad del dogma y lo buscaba entonteciéndose. Y su lógica no era una dialéctica, sino una polémica. No buscaba una síntesis entre la tesis y la antítesis, se quedaba, como Proudhon, otro pascaliano a su manera, en la contradicción. «Nada nos place más que el combate, pero no la victoria» (135). Temía la victoria, que podía ser la de su razón sobre su fe. «La más cruel guerra que Dios pueda hacer a los hombres en esta vida es dejarlos sin aquella guerra que

* «Naturali rationis humanas lumine certi cognoscere posse.»

vino a traer» (498). Temía la paz. ¡Y con motivo! Temía encontrarse con la naturaleza, que es la razón.

Pero en un hombre, en un hombre hecho y derecho, en un ser racional que tenga conciencia de su razón, ¿es que existe la fe que reconoce la posibilidad de demostrar racionalmente la existencia de Dios? ¿Es posible el tercer grado de obediencia, según Íñigo de Loyola? Cabe responder: sin la gracia, no. ¿Y qué es eso de la gracia? Otra trágica escapatoria.

Cuando Pascal se arrodillaba para rogar al Ser Supremo (233), pedía la sumisión de su propia razón. ¿Se sometió? Quiso someterse. Y no encontró el reposo más que con la muerte y en la muerte, y hoy vive en aquellos que como nosotros han tocado a su alma desnuda con la desnudez de su alma.

A esto tengo que añadir que Pascal, en relación con los solitarios de Port-Royal y solitario él mismo, no era un monje, no había hecho voto de celibato ni de virginidad, aunque hubiese muerto virgen, que no lo sabemos, y fue un hombre civil, un ciudadano y hasta un político. Porque su campaña contra los jesuitas fue, en el fondo, una campaña política, civilista, y sus *Provinciales* son obra política. Y aquí tenemos otra de las contradicciones íntimas de Pascal, otra de las raíces de la agonía del cristianismo en él.

El mismo hombre que escribió los *Pensamientos* escribió las *Provinciales*, y brotaron de la misma fuente.

Nótese, primero, que les llamamos «Pensamientos» y no «Ideas». La idea es algo sólido, fijo; el pensamiento es algo fluido, cambiable, libre. Un pensamiento se hace otro, una idea choca contra otra. Podría decirse acaso que un pensamiento es una idea en acción, o una acción en idea; una idea es un dogma. Los hombres de ideas, tenidos por ellas, rara vez piensan. Los *Pensamientos* de Pascal forman una obra polémica y agónica. Si hubiera escrito la obra apologética que se proponía, tendríamos muy otra cosa y una cosa muy inferior a los *Pensamientos.* Porque estos no podían concluir nada. La agónica no es apologética.

Acabo de leer *La nuit de Gethsémani. Essai sur la philoso-*

*phie de Pascal* (*Les Cahiers Verts, publiés sous la direction* de *Daniel Halévy*, París, Bernard Grasset, 1923), de León Chestov, un ruso, y entresaco esto: «[...] una apología debe defender a Dios ante los hombres; le es, pues, necesario reconocer, quiera que no, como última instancia la razón humana. Si Pascal hubiera podido terminar su trabajo no habría podido expresar sino lo que es aceptable para los hombres y su razón». Acaso; pero los hombres aceptan, quiéranlo o no, los *déraisonnements* de Pascal.

Creemos que Chestov se equivoca al decir que la historia es implacable para los apóstatas —Pascal fue un apóstata de la razón— y que a Pascal no se le escucha aunque ardan cirios ante su imagen. A Pascal se le escucha, y se le escucha en agonía; le escucha Chestov; por eso escribe su bello estudio.

«No es a Pascal —añade Chestov—, es a Descartes a quien se le considera como el padre de la filosofía moderna; y no es de Pascal, sino de Descartes, de quien aceptamos la verdad, porque ¿dónde se ha de buscar la verdad sino en la filosofía? Tal es el juicio de la historia: se admira a Pascal y se deja su camino. Es un juicio de apelación.» ¿Sí, eh? Pero no se deja el camino después de admirar, de querer a uno. El *guarda e passa* dantesco es para aquellos a quienes se desdeña, no para aquellos a quienes se admira, es decir, se ama. ¿Y se busca la verdad en la filosofía? ¿Qué es filosofía? Acaso metafísica. Pero hay la *meterótica*, la que está más allá del amor, que es la *metagónica*, la que está más allá de la agonía y del sueño.

Las *Provinciales* brotaron del mismo espíritu y son obra agónica; es otro tratado de contradicciones. El cristiano que allí se dirige contra los jesuitas siente muy bien dónde está el lado humano, demasiado humano (*par trop humain*), el lado civil y social de estos; siente que sin los acomodamientos de su laxa moralidad sería imposible la vida moral en el siglo; siente que la doctrina jesuítica de la gracia, o mejor del libre albedrío, es la única que permite una vida civil normal. Pero siente que es anticristiana. La ética agustiniana, como la calvinista y la jansenista, contribuyen, tanto como la jesuítica, a la agonía del cristianismo.

Es que en el fondo, ética es una cosa y religión otra. Ya en la ética misma, o mejor en la moral —pues eso de «ética» suena a pedantería—, no es lo mismo ser bueno que hacer el bien. Hay quien se muere sin haber cometido trasgresión a la ley y sin haber deseado nada bueno. Y, en cambio, cuando el bandolero que moría crucificado junto a Jesús dijo al otro, que blasfemaba, pidiendo al Maestro que si era el Cristo les salvase: «¿Ni temes a Dios estando en el mismo juicio? Nosotros con justicia somos castigados, pues pagamos lo debido por lo que hicimos; pero este nada criminal hizo». Y volviéndose a él: «Jesús, acuérdate de mí cuando llegues a tu reino». Y el Cristo le contestó: «En verdad te digo que hoy estarás conmigo en el paraíso» (Lc XXIII, 39-44). El bandolero arrepentido a la hora de la muerte creía en el reino de Cristo, en el reino de Dios, que no es de este mundo; creía en la resurrección de la carne, y el Cristo le prometía el paraíso, el jardín bíblico en que cayeron nuestros primeros padres. Y un cristiano debe creer que todo cristiano, más aún, que todo hombre, se arrepiente a la hora de la muerte; que la muerte es ya, de por sí, un arrepentimiento y una expiación, que la muerte purifica al pecador. Juan Sala y Serrallonga, el bandido que cantó el egregio poeta catalán Juan Maragall, a la hora de morir en la horca para purgar todas sus culpas —ira, envidia, gula, lujuria, avaricia, robos, asesinatos...—, decía al verdugo: «Moriré rezando el credo; pero no me cuelgues hasta que no haya dicho: creo en la resurrección de la carne».

Es que Pascal, en sus *Provinciales*, defendía los valores morales, más bien de policía, frente a los valores estrictamente religiosos, consoladores, de los jesuitas, o es que estos representaban una policía acomodaticia, de una moralidad casuística, frente a la pura religiosidad, y tan fácil es sostener una como otra tesis. Y es que hay dos policías, dos moralidades, y hay dos religiosidades. La duplicidad es la condición esencial de la agonía del cristianismo y de la agonía de nuestra civilización. Y si los *Pensamientos* y las *Provinciales* parecen oponerse entre sí, es que cada uno de ellos se opone a sí mismo.

León Chestov dice: «Podríase afirmar que Pascal, si no hubiera encontrado el "abismo", se habría quedado en el Pascal de las *Provinciales*». Pero es que encontró el abismo escribiendo las *Provinciales,* o, mejor, las *Provinciales* brotaron del mismo abismo que los *Pensées*. Ahondando en la moral llegó a la religión; escarbando en el catolicismo romano y en el jansenista llegó al cristianismo. Y es porque el cristianismo está en el fondo del catolicismo y la religión en el fondo de la moral.

Pascal, el hombre de la contradicción y de la agonía, previo que el jesuitismo, con su doctrina de la obediencia mental pasiva, de la fe implícita, mataba la lucha, la agonía, y, con ella, la vida misma del cristianismo. Y era, sin embargo, él, Pascal, el que en un momento de desesperación agónica había dicho lo de *cela vous abêtira*, «eso os entontecerá». Pero es que un cristiano puede *s'abêtir*, puede suicidarse racionalmente; lo que no puede es *abêtir* a otro, matar a otro la inteligencia. Y es lo que hacen los jesuitas. Solo que tratando de entontecer a los demás se han entontecido ellos. Tratando a todos como a niños, ellos se han infantilizado en el más triste sentido. Y hoy apenas hay nada más tonto que un jesuita: por lo menos un jesuita español. Todo lo de su astucia es pura leyenda. Les engaña cualquiera y se creen las más gordas patrañas. Para ellos, la historia, la en curso, la viva, la del día, es una especie de comedia de magia. Creen en toda clase de tramoyas. Leo Taxil les engañó. Y en ellos no agoniza, esto es, no lucha, no vive el cristianismo, sino que está muerto y enterrado. El culto al Sagrado Corazón de Jesús, la *hierocardiocracia*, es el sepulcro de la religión cristiana.

«Eso no me lo preguntéis a mí, que soy ignorante; doctores tiene la Santa Madre Iglesia que os sabrán responder.» Así contesta a una pregunta el catecismo más en curso en España, el del P. Astete, un jesuita. Y los doctores, al no enseñar ciertas cosas al creyente implícito, han acabado por no saberlas y por ser tan ignorantes como él.

Alain, en sus *Propos sur le christianisme* (XLIV, Pascal), escribe: «Pascal hace oposición continua y esencialmente; herético ortodoxo». Herético ortodoxo. ¡Qué! Porque aun cuando «heterodoxo ortodoxo» no fuese una contradicción muerta, en que los términos contrapuestos se destruyen, porque otra —*heteros*— doctrina puede ser derecha —*orthos*—, ya que lo que es otro que otro es uno, «herético» es más claro. Porque «herético» *(haereticus)* es el que escoge por sí mismo una doctrina, el que opina libremente —¿libremente?— y puede opinar libremente la doctrina derecha, puede crearla, puede crear de nuevo el dogma que dicen profesar los demás. ¿No le ocurrió algo así en sus estudios de geometría? San Pablo dice en algún pasaje —no le tengo registrado, y el ritmo de mi vida me impide irlo a buscar— que él, respecto a cierta doctrina, es herético. «En esto soy herético», dice al pie de la letra, y dejando su griego sin traducir —cosa que se hace frecuentemente con los textos evangélicos y los otros—; pero quiere decir: «En esto profeso una opinión particular, personal, no la corriente». Quiere decir que en aquel punto se aparta del sentido común para atenerse al sentido propio, al individual, al del libre examen. ¿Y quién ha dicho que el sentido propio no descubra alguna vez principios de sentido común, que la herejía no cree la ortodoxia? Todas las ortodoxias empezaron siendo herejías. Y el repensar los lugares comunes, el recrearlos, el hacer de las ideas pensamientos, es el mejor modo de librarse de su maleficio. Y Pascal, el herético, al pensar las ideas católicas, las que los demás decían profesar, hizo de las *ideas* de estos, *pensamientos*, de sus dogmas, verdades de vida, y creó de nuevo la ortodoxia. Lo cual era, por otra parte, todo lo opuesto a la fe implícita, a la fe del carbonero de los jesuitas.

El hombre que quiere *s'abêtir*, pero por sí mismo, en puro solitario, domina a la *bête* y se eleva sobre ella más que el que obedece a un superior *perinde ac cadaver* y con el tercer grado de sumisión, el de la inteligencia, juzgando que es lo mejor lo que el superior estima así, y poniéndose acaso a regar un bastón plantado en la huerta del convento porque el prior así lo mandó. Lo cual, en el fondo, es puro deporte y comedia, juego y comedia de mando y de obediencia, porque ni el que manda ni el que obedece creen que el bastón, como el del patriarca san José, va a echar raíces y hojas y flores y a dar fruto, y todo ello es valor entendido. Valor entendido para domar el orgullo humano, sin ver si es que no hay más orgullo en obedecer de esa manera. Porque si está escrito que el que se humilla será ensalzado, eso no quiere decir que se le ensalce al que se humilló en vista del ensalzamiento. Y ese género de obediencia ha engendrado el hinchado orgullo —orgullo luciferino— colectivo de la Compañía de Jesús.

Pascal se indignaba de las pequeñas discusiones de los jesuitas, de sus distingos y sus mezquindades. ¡Y que no son chicas! La ciencia media, el *probabiliorismo*, etcétera, etcétera. Pero es que necesitan jugar a la libertad. Se dicen: *In necessariis unitas, in dubiis libertas, in omnia charitas.* ¡«En lo que necesario, unidad; en lo que dudoso, libertad; en todo, caridad»! Y para jugar a la libertad aumentan el campo de las dudas, llamando duda a lo que no lo es. Hay que leer la *Metafísica* del P. Suárez, por ejemplo, para ver un hombre que se entretiene en partir en cuatro un pelo, pero en sentido longitudinal, y hacer luego un trenzado con las cuatro fibras. O cuando hacen estudios históricos —lo que ellos llaman historia, que no suele pasar de arqueología— se entretienen en contarle a la Esfinge las cerdas del rabo, para no mirarle a los ojos, a la mirada. Trabajo de entontecerse y de entontecer.

Cuando os diga un jesuita —por lo menos español, lo repito— que ha estudiado mucho, no lo creáis. Es como si os dijeran que ha viajado mucho uno de ellos, que cada día hace quince kilómetros de recorrido dando vueltas al pequeño jardín de su residencia.

El solitario, el verdadero solitario que fue Pascal, el hombre que quiso creer que Jesús derramó una gota de su sangre por él, por Blas Pascal, no podía concertarse con esos soldados.

Y luego hay la ciencia. En uno de los noviciados que tiene la Compañía en España, en el de Oña, vio un amigo mío, que como médico iba a ver a un novicio a la parte reservada, en una galería un cuadro que representaba a san Miguel Arcángel teniendo a sus pies al demonio, a Satanás. Y Satanás, el ángel rebelde, tenía en la mano... ¡un microscopio! Un microscopio es el símbolo del hiperanálisis.

Esta gente trata de detener y evitar la agonía del cristianismo, pero es matándole, ¡que deje de sufrir!, y le administra el opio mortífero de sus ejercicios espirituales y su educación. Acabará por hacer de la religión católica romana algo como el budismo tibetano.

# Capítulo X

## El padre Jacinto

Cuando estaba ya trabajando en este angustioso estudio, llegaron a mis manos tres volúmenes sobre la vida angustiosa y torturada del padre Jacinto Loyson. Su autor, Albert Houtin. Los volúmenes son: *Le père Hyacinthe dans l'Église romaine, 1827-1869*; *Le P. H., réformateur catholique, 1869-1893*; *Le P. H., prêtre solitaire, 1893-1912* (París, Librairie Émile Nourry).

Los he leído, devorado más bien, con una angustia creciente. Es una de las más intensas tragedias que he leído. Comparable a la de Pascal, a la de Lamennais, a la de Amiel y aún más intensa. Porque aquí se trata de un padre. Aunque en la de Amiel, según se nos ha revelado en la nueva edición de su *Diario íntimo*, rescatado ya del poder de la gazmoña calvinista que primero lo editó, aparece la agonía de su virginidad, la clave del misterio de su vida angustiosa de pobre profesor de estética en la Ginebra de Calvino y de Juan Jacobo.

¡El padre Jacinto! ¡Padre! En esto de su paternidad está el fondo y la esencia de su tragedia, de la agonía del cristianismo en él. Se salió de la Iglesia para casarse, se casó para tener hijos, para perpetuarse en carne, para asegurar la resurrección de la carne. Mas veamos su historia.

El padre Jacinto, a quien acaso empieza a olvidársele, a enterrarle en la historia, en la inmortalidad del alma, estuvo en relaciones con los hombres más de viso de su tiempo —Montalembert, Le Play, Víctor Cousin, el P. Gratry, Renan, Guizot, Mgr. Isoard, Döellinger, Dupanloup, Pusey, el cardenal Newman, Strossmayer, Taine, Gladstone, Jules Ferry, etc., etc.—. Mereció los insultos del perro rabioso que fue Louis Veuillot.

El fondo de su alma, como decía él mismo, fue «una mezcla inextricable de misticismo y de racionalismo» (I, 7). No nos ha dejado una obra escrita que se lea, sino su vida, que bajo su dirección ha escrito Houtin (I, 10). «Lamartine, con sus primeras *Meditaciones poéticas*, le despierta desde la edad de trece años al pensamiento, al sentimiento y a la vida, y él se desarrollará solitario al pie de los Pirineos, bajo la acción de la naturaleza, de la poesía y de la religión» (I, 26). No el Evangelio. Pero más que Lamartine fue Chateaubriand, el gran sofista, el gran falseador del genio del cristianismo, quien le formó (I, 27). Fue Chateaubriand, el de los amores de Atala y René. En el seminario de San Sulpicio recibió la revelación de la Virgen (I, 52), pero de la Virgen Madre. Y con esta revelación, con la de la paternidad, la preocupación por la vida civil, histórica, política, del mundo que dura y de la fama, de la inmortalidad del alma. «Paso desconocido —decía—, paso sin amor y sin influencia aquí abajo. Cuando mis huesos hayan blanqueado en tierra, cuando hayan perdido su forma y su polvo no tenga ya nombre entre los hombres, ¿qué es lo que quedará de mí en este mundo?» (I, 69). Quería quedarse en este mundo porque era del mundo y no del reino cristiano de Dios.

Entró en los sulpicianos, pasó como sombra fugitiva por los dominicos y luego entró en los carmelitas descalzos, donde empezó la grave tragedia. Luchaba con el egoísmo del cuerpo, que le era tan odioso como el egoísmo individual (I, 110).

Empezaron las tentaciones de la carne. «La práctica fiel y entusiasta del celibato me había llevado a un estado falso y malsano. [...] Estoy enamorado no de una mujer, sino de la mujer» (I, 115). Mas en el fondo lo que necesitaba era hijo de carne en quien resucitar. En el pequeño carmelo de Passy, a sus treinta y siete años de edad, soñaba con «cantos de pájaros y cantos y juegos también de niños» (I, 222). Cuando convirtió a madame Meriman, que luego fue su mujer, fue del todo convertido por ella a la paternidad, el reino de este mundo. Formose entre ellos esa engañosa alianza mística; pero no fue la de un san Francisco de Asís con santa Clara, no la de san

Francisco de Sales con santa Juana de Chantal, no la de santa Teresa de Jesús con san Juan de la Cruz. Ni había sexualidad tampoco en el amor del P. Jacinto. Había paternidad furiosa, deseo de asegurar la resurrección de la carne.

Y, dejando por ahora sus otras agonías, las de pensamiento, detengámonos en esta. Celebró primero unos esponsales místicos con madame Meriman, teniendo él, el padre, cuarenta y cinco años, y poco después se casó. A sus cuarenta años no sabía de las mujeres sino lo que ellas le habían enseñado en confesión (II, 9); no las conocía, como David no conoció a Abisag. Ya viejo, a sus ochenta y dos años, escribía que no se es «sacerdote (*prêtre*) plenamente más que en el matrimonio» (II, 122). ¿*Prêtre*? ¡Quería decir padre! Y exclamaba: «Dios y la Mujer» (II, 123). Quería decir: ¡Dios y la resurrección de la carne! Aquella «fuerza superior a mi voluntad» que «con una persistencia que me asombra y a las veces me espanta» (II, 81), le empujaba al matrimonio, era la fuerza de la paternidad no satisfecha. Este era su amor. «Intentar destruirla sería suicidarme» (II, 82). ¡Y para siempre! Cuando a sus ochenta años escribía que «la gran visión de Dios y de la visión eterna, siempre presente a mi conciencia y aún más a mi *subconciencia*, ha sido MI GOCE tanto como mi fuerza» (II, 350-351), no se daba cuenta de que esa subconciencia era el genio de la especie de que habló Schopenhauer, el soltero pesimista, el genio de la especie, que buscaba la fe en la resurrección de la carne. Necesitaba el hijo. No podía dejar a los muertos que enterraran a sus muertos y a los que se creían vivos que engendraran otros vivos, recojiéndose él a la comunidad de los creyentes en el próximo fin del mundo. «Que la Iglesia y el hijo nazcan juntos para la gloria y el reino de nuestro Dios» (II, 142). Tenía que asegurar la perpetuidad de la carne para asegurar la del espíritu, quería dar a su hijo la vida física para trasmitirle e infundirle un alma (II, 147). Quería hacerle monje como él, quería que el monacato se trasmitiese por sangre: «Si Dios me da un hijo, le diré al echarle sobre la frente el agua del bautismo: acuérdate un día de que eres de la raza de los monjes de Occidente. Sé monje, es decir, solitario, en medio de este siglo de incredulidad y de fanatismo, de superstición y de inmoralidad; sé monje, es decir, consagrado al Dios de tu padre para adorarle, como Juan Bautista, en el desierto del alma y para anunciar su venida» (II, 151). ¡Quería trasmitir su soledad, su agonía! De san Juan Bautista no se sabe que fuese padre; ¡tan persuadido estaba del próximo fin del mundo!

¡Que su hijo fuera monje, que heredase su soledad cristiana! Pero el monacato hereditario es ya política, y el padre aborrecía la política, que es cosa del reino de este mundo. En la que tuvo que mezclarse, sin embargo, porque era padre carnal, y la paternidad carnal es cosa del reino de este mundo, no del reino de Dios, y es cosa de historia. El nepotismo mismo de los papas y el de los obispos y el de los curas que protegen la carrera de sus sobrinos es cosa de este mundo y no del cristiano. Muchas de las supuestas vocaciones religiosas de los curas, no de los monjes y frailes, eran cosa de la familia y económica. «Lo del cura siempre dura», se decía. Política, y no más que política.

De otro lado, la base más firme de una actuación política segura es la herencia. Es lo que ha dado fuerza a la aristocracia política inglesa, educada en tradiciones políticas. El joven lord inglés está oyendo hablar de política en su hogar desde joven. En Inglaterra se dan dinastías de políticos conservadores. Es que, de un lado, quieren perpetuar su raza, y de otro comprenden que la política es cosa del mundo de la carne, del mundo de la herencia, del mundo en que los muertos entierran a sus muertos, del mundo de la historia.

Se dice por algunos que el Cristo no instituyó la Iglesia, que había de ser cosa de este mundo de la carne; que lo que instituyó fue la eucaristía. Pero la eucaristía, el sacramento del pan y del vino, del pan que se come y del vino que se bebe, es cosa también de este mundo, porque el pan se hace carne y el vino se hace sangre. Y todo es luchar contra la muerte, o sea agonizar.

Necesitaba un hijo que lo fuese no solo de su amor, sino de su fe (II, 199), que le diese fe en la resurrección de la carne. Y acaso pidió ese hijo a la Madre del Creador. Y repetía las palabras del salmo 21: «Mi alma vivirá para él y *mi raza te servirá*» (II, 161). Hay que leer las páginas encendidas en fe, en el fondo desesperada, que escribió cuando le nació su hijo Pablo. Quería hacer de su hogar un convento (II, 170). Y a la vez le torturaba la inmortalidad del alma, vivir en la historia: «Otros en quienes reviviré, hijos de mi sangre o hijos de mi palabra» (II, 269). En su *Testamento* legaba lo que creía y esperaba —lo que quería creer y esperar— «a mi hijo, que será, lo espero, el hijo de mi alma más que el de mi sangre» (II, 303), a aquel hijo a quien llamaba «la carne de mi carne, el soplo dc mi alma y el fruto de mi vida» (II, 303), a aquel hijo a quien vio morir: «Mi querido hijo me seguirá acaso de cerca en el misterio insondable de la muerte; acaso me preceda en él», escribía a sus setenta y nueve años (II, 393), y el hijo le precedió en el misterio, pero dejándole nietos. Y el P. Jacinto, uno de los hombres más representativos del «estúpido siglo XIX», no explotó la muerte de aquel hijo en quien se quería a sí mismo con frenesí. Verdad es que como hijo tampoco tuvo envidia de su padre, bien que este, aunque hombre distinguido y hasta poeta, no había legado a su hijo un nombre en la historia. Si algo le envidió fue su paternidad.

Junto a esta agonía, la otra, la de las ideas, valía muy poco. Cuando todavía estaba en el convento carmelitano escribía: «Quiero por la gracia de Dios llegar a vivir como si hubiera de morir un instante después [...] La Iglesia está también aquí, en este jardín y en esta celda» (I, 118); pero no lo sentía. Hablaba de las «necesidades más científicas y más libres de la vida interior» (I, 144). ¡Necesidades científicas! ¡Qué acertado anduvo el vulgo al asimilar la tentación de la ciencia a la tentación de la carne! ¿Por qué le escandalizó aquella sentencia profundamente cristiana que le dijo Mgr. Darboy: «Vuestro error consiste en creer que el hombre tiene que hacer algo en esta vida. La cordura estriba en no hacer nada y durar»? Y el pobre padre añadía en su diario: «Este escepticismo me llenó de amargura y de dudas el alma» (I, 308). ¿Escepticismo? ¡Sabiduría cristiana! Y que le llenó de dudas.

El pobre padre, que llevaba dos hombres en sí, se preguntaba: «¿No habrá un tercer hombre que reconcilie a esos dos? ¿O no surgirá en la eternidad?» (I, 280). Y luchaban en él el padre y el hombre civil hambriento de resurrección de la carne y de inmortalidad del alma, y el cristiano, el solitario, el monje.

Salió de la Iglesia cuando se proclamó la infalibilidad del Papa, y salió para casarse y tener hijos; enterró a Lamartine, otro muerto, el 3 de marzo de 1869; se entrevistó con Pío IX; se mezcló en la Ligue Internationale et Permanente de la Paix, con protestantes, saint-simonianos, judíos y racionalistas; quiso adherirse a los llamados viejos católicos; fundó la Iglesia católica nacional de Ginebra, de que fue cura; luego, la Iglesia católica anglicana de París; viajó por los Estados Unidos dando conferencias religiosas; quiso, ya viejo, que se le diese un curato católico romano en Oriente, donde los sacerdotes pueden tener mujer; soñó con unir a cristianos, judíos y musulmanes, y acabó la agonía que fue su vida toda a los ochenta y cinco años, viudo y huérfano de su hijo. ¡Huérfano, sí!

Y tuvo también que luchar, que agonizar, para ganarse el pan de su mujer y de sus hijos, el pan de su carne. En los Estados Unidos le propuso un empresario llevarle a una *tournée* de conferencias, no se sabe si con charanga o sin ella, y menos mal que no fueran las señoritas a que les firmase en sus álbumes, en sus postales. ¡Porque era la actualidad! Si en tiempo del Cristo hubiera habido periódicos en Judea, ¡cuánto más terrible habría sido su agonía, la del Cristo!

Luchó contra ultramontanos y realistas, y luchó, sobre todo, contra sí mismo. Antes de casarse escribía a la que luego fue la madre de su hijo, fue su madre: «Llevo la duda en el fondo del espíritu; la he llevado siempre, desde que pienso; pero llevo la fe en el fondo del alma» (II, 17). ¿Qué diferencia ponía entre «espíritu» y «alma»? Por lo demás, pensar es dudar; tener ideas es otra cosa. El deísmo es para vivir, no para morir. Y el cristiano vive para morir. «Todos esos hombres —escribía a sus ochenta y cinco años— no han hecho nada, porque hablando en nombre de Dios *no le habían visto*. Pero yo, que le había visto, tampoco he hecho nada» (II, 97-98). Las Escrituras dicen que el que ve la cara a Dios se muere. ¡Y el que no se la ve también!

Y a la vez, aborreciendo la política, tenía que mezclarse en ella. A la vez que quería calentar la agonía de David, servía a Salomón. Las misas que celebró después de dejar la Iglesia Romana fueron, en el fondo, misas políticas. Y en sus últimos tiempos de carmelita «no celebra ya la misa cada día, y cuando la dice es con la misma libertad que tendría un protestante que creyese en la presencia real, sin inquietarse de la transustanciación» (I, 294). Lo cual o no quiere decir nada o quiere decir que el padre no celebraba, no consagraba, no pronunciaba las palabras rituales de que, según la doctrina católica romana, depende el misterio, el milagro, e independientemente del estado del alma del celebrante, ya que el sacramento obra *ex opere operato* y no *ex opere operantis*. O sea que por huir de un sacrilegio cometía una superchería, celebrando una comedia, una ficción de misa.

Luchó contra ultramontanos y racionalistas incrédulos y llegó a decir que el cristianismo es un término medio (II, 218). Y era que el cristianismo agonizaba en él.

Luchó contra fanáticos fariseos, que le preguntaban si era o no lícito pagar tributo al Imperio y rebelarse contra el Pontífice Romano y casarse para engendrar hijos de carne, y luchó contra escépticos saduceos que le preguntaban de cuál de los siete hermanos sería la mujer que fue de todos ellos cuando resucitaran de entre los muertos.

Elogió a los mormones, creyentes en la resurrección de la carne.

Y esto es lo más característico de su agonía.

«1.° Han comprendido —escribió— que tocamos al fin de una economía religiosa, que el protestantismo anda tan desviado como el romanismo y que el Reino de Dios va a venir sobre la tierra —pero no un reino en que se viviera sin casarse ni engendrar hijos, como los ángeles en el cielo—. 2.° Han comprendido que la teocracia es el verdadero gobierno de las sociedades humanas» —no de las divinas—; que «si Roma ha abusado de la teocracia, esto no prueba nada contra el principio. 3. ° Han comprendido que la relación de los sexos forma parte de la religión. Han errado en la cuestión de la poligamia, pero nosotros erramos más aún. La poligamia hipócrita que ha entrado en las costumbres de la cristiandad moderna es muy de otro modo más malsana y condenable que la poligamia tal como la practican los mormones, con una consagración religiosa, y no temo añadir que con garantías morales para las mujeres y los hijos. 4.° Alabo también a los mormones por su respeto hacia el Antiguo Testamento. La gentilidad cristiana se ha alejado demasiado de su cuna israelítica. No nos sentimos ya hijos y continuadores de los patriarcas y de los profetas; hemos roto todo lazo con la realeza de David...». ¿Y con la de Salomón? «Y no tenemos sino desprecio para el sacerdocio de Aarón» (II, 249).

El pobre padre, sintiendo agonizar el cristianismo en su alma, quería volver a los días en que Jesús, el Cristo, el Hijo que no fue padre, luchaba con fariseos ultramontanos y con saduceos racionalistas. Esas líneas sobre los mormones son del 28 de febrero de 1884; el 16 de marzo del mismo año, siempre en los Estados Unidos, escribía: «Pero ahora me es preciso volver a mi callejón sin salida francés para ser allí de nuevo aplastado entre los ultramontanos y los escépticos, entre los revolucionarios y los reaccionarios. *Deduc me, Domine, in via tua et ingrediar in veritatem tuam!*» (II, 250).

Alguna vez dijo que «el cristianismo estaba acaso sobrepujado» (II, 254), y esto entre angustias de pensamiento. «El mundo que está en mi pensamiento no puedo crearlo, y si lo creo es en palabras que pasan, no en hechos que queden» (II, 269). No podía creer en la eternidad del Verbo, de la Palabra, por la que se hizo todo; quería creer en la eternidad del Hecho, de la Carne, acaso de la Letra.

Sus últimos años, retirado ya de la vida activa, de 1893 a 1912, de sus sesenta y seis a sus ochenta y cinco, fueron los más trágicos de su vida, los de su mayor soledad. Fue una vejez robusta y davídica. Fue una agonía de años. «Sufro mucho. Asisto a una agonía dolorosa y *deshonrada*» (III, 113). ¡Siempre el mundo! Hacíale sufrir el aislamiento religioso. Estuvo, como Jacob, luchando solo contra el ángel del Señor, desde la puesta del sol al rayar del alba, y clamando: «¡Di tu nombre!» (Gn XXXII, 24-29). Sentía en sí dos hombres igualmente sinceros e igualmente religiosos, el cristiano y el monoteísta (III, 134), y esto de que sintiese la discordancia entre el cristianismo y el monoteísmo prueba la profundidad moral y religiosa de la agonía de su alma. Su hijo Pablo, el de su carne, ayudaba al monoteísta contra el cristiano. Pablo era un muerto que quería enterrar a su padre muerto. Y es que no cabe ser padre y cristiano sin agonía. El cristianismo es la religión del Hijo, no la del Padre, del Hijo virgen. La Humanidad empezaba en Adán para concluir en Cristo. «Porque el pecado mayor del hombre es haber nacido», dice nuestro poeta Calderón de la Barca. Es el verdadero pecado original.

Escribía a su hijo: «Hay que dejar, como dices, a cada alma cara a cara con el Eterno, y nadie sino Dios tiene derecho a juzgar» (III, 140). «Creyó que su sitio no estaba con sus contemporáneos, sino en la soledad, esperando a la muerte o acaso del otro lado de la muerte» (III, 143). ¿Cuál? Recordaba las palabras que le dijo su hijo: «¡Pobre padre mío!, no tienes otra Iglesia, al fin de tu vida, más que la de tu familia» (III, 147). Y él escribía: «Me quedo con Emilia y con Dios» (III, 148). Con el espíritu y con la carne, con la inmortalidad del alma y con la resurrección de la carne. M. Seillière, comentando un juicio de Émile Ollivier sobre el padre, decía que era «un católico rousseauniano y no un cristiano racional» (III, 418) y dejando de lado el absurdo de «cristiano racional»; ello estaría bien si el padre derivara de Rousseau. Más bien de Chateaubriand, o acaso de Rousseau por Chateaubriand. Porque ¿no es *René* un católico rousseauista?

Quería remontar a los «hogares arios que han precedido al cristianismo» (III, 176). Cuando se le murió la mujer, la madre —tenía él ochenta y tres años, era un niño— escribió: «Hay una ley superior del mundo y de Dios que impide a los muertos hablar a los vivos y manifestarse a ellos de un modo cualquiera. Contra esta ley santa protestan vanamente las tentativas de los espiritistas y las apariciones de los místicos. [...] ¡Oh silencio de los muertos! ¡Oh silencio de Dios!» (III, 185). Pascal, que no fue padre, no sobrepasó estos acentos. «Si la oscuridad y el silencio hubieran durado hasta el presente en el Scheol, sería ya tiempo de que entrase en él un hombre para inaugurar la resurrección de los muertos» (III, 186). ¿Por qué no él? ¿Por qué no había de ser él, muerta su Emilia, el primer resucitado de entre los muertos? «La que era mi vida me ha sido arrebatada *para siempre,* sin esperanza, sin consuelo, en la vida presente. A lo que se juntan dudas horribles, dudas involuntarias, dudas *irracionales*, pero que desoían al corazón y a la imaginación. Una especie de percepción instintiva de la nada del ser, nada de las cosas y nada de las personas. [...] Y todavía estas dudas son involuntarias y no podría ceder a ellas sin renunciar a la fe cristiana y hasta a la naturaleza humana tal como es en mí. Sería un suicidio moral seguido sin duda pronto por el suicidio propiamente dicho. Porque en verdad no valdría la pena de vivir el juego lúgubre de una vida sin razón de ser, sin sustancia sólida y sin esperanza reconfortante» (II, 187). Esto se lo escribía a su hijo Pablo, al hijo de su Emilia. A lo que hay que hacer notar que las dudas siempre son voluntarias porque las dudas vienen de la voluntad; es la voluntad la que duda. Y el pobre padre, en su segunda infancia, en su segunda virginidad, a sus ochenta y tres años, trataba a la vez, nueva Abisag la sunamita, de resucitar a David.

Antes había escrito a Renan, cuando el padre tenía setenta y cuatro años y no había sentido morir a su mujer, a su madre, que admitía firmemente «la sobrevivencia de las almas y su salvación final» (III, 371). Decía que «la potencia intelectual de Renan no ha sobrepujado la duda» (III, 374). ¿Y su voluntad? «Renan —añadía— ha dudado de todo, y lo que a mis ojos es infinitamente triste, no ha muerto de su duda, sino que ha vivido de ella; no ha sufrido, sino que se ha divertido con ella» (III, 375). Lo que acaso no es cierto. Pero él, el padre, agonizaba de su duda. Renan supo que la verdad es, en el fondo, triste.

Él mismo se pintó en esta trágica visión de sus cincuenta y siete años, tenida junto al Niágara: «Mi alma es un torrente que baja de las montañas, haciendo rodar al agua de los años y acaso de los siglos, y por una vertiente cada vez más inclinada y por escarpes cada vez más violentos, precipitándose a una catástrofe tan inevitable como formidable: la muerte, y ese otro abismo que está tras de la muerte; hasta que la criatura haya encontrado su curso apacible en otra economía y su estabilidad última en el seno de su Dios. Siempre la palingenesia... Emilia y yo entraremos en ella pronto...» (II, 251). Rousseau, Chateaubriand o mejor, *René,* Senancour, o sea *Obermann*, no encontraron acentos más trágicos.

¡Este fue el hombre, este fue el padre, este fue el cristiano en agonía de cristianismo!

## Capítulo XI

### Conclusión

Llego a la conclusión de este escrito, porque todo tiene que concluir en este mundo y acaso en el otro. Pero ¿concluye esto? Según lo que por «concluir» se entiende. Si «concluir», en el sentido de «acabar», esto empieza a la vez que concluye; si en el sentido lógico, no; no concluye.

Escribo esta conclusión fuera de mi patria, España, desgarrada por la más vergonzosa y estúpida tiranía, por la tiranía de la imbecilidad militarista; fuera de mi hogar, de mi familia, de mis ocho hijos —no tengo nietos todavía— y sintiendo en mí con la lucha civil la religiosa. La agonía de mi patria, que se muere, ha removido en mi alma la agonía del cristianismo. Siento a la vez la política elevada a religión y la religión elevada a política. Siento la agonía del Cristo español, del Cristo agonizante. Y siento la agonía de Europa, de la civilización que llamamos cristiana, de la civilización grecolatina u occidental. Y las dos agonías son una misma. El cristianismo mata a la civilización occidental, a la vez que esta a aquel. Y así viven, matándose.

Y muchos creen que nace una nueva religión, una religión de origen judaico y a la vez tártaro: el bolchevismo. Una religión cuyos dos profetas son Carlos Marx y Dostoyevsqui. Pero el de Dostoyevsqui, ¿no es cristianismo? *Los hermanos Karamazoff* ¿no es un Evangelio?

Y en tanto dicen que esta Francia, donde escribo esto, de cuyo pan como ahora y bebo agua que trae sales de los huesos de sus muertos, que esta Francia se despuebla, y se ve invadida por extranjeros, porque ha muerto en ella el hambre de maternidad y de paternidad, porque no se cree ya en ella en la resurrección de la carne. ¿Se cree en la inmortalidad del alma, en la gloria, en la historia? La agonía trágica de la Gran Guerra debe haberles curado a muchos de su fe en la gloria.

Aquí, a pocos pasos de donde escribo, arde de continuo, bajo el Arco de la Estrella —¡un arco de triunfo imperial!—, la lumbre encendida sobre la tumba del soldado desconocido, de aquel cuyo nombre no pasará a la historia. Aunque ¿no es ya un nombre ese de «desconocido»! ¿«Desconocido» no vale tanto como Napoleón Bonaparte? Junto a esa tumba han ido a orar madres y padres que pensaban si aquel, el desconocido, no era su hijo; madres y padres cristianos que creen en la resurrección de la carne. Y han ido acaso también a orar madres y padres incrédulos, hasta ateos. Y sobre esa tumba resucita acaso el cristianismo.

El pobre soldado desconocido, un creyente acaso en el Cristo y en la resurrección de la carne, un incrédulo o un racionalista tal vez, con fe en la inmortalidad del alma en la historia o sin ella, duerme el último sueño arropado, más que en tierra, en la piedra, bajo los ingentes sillares de una gran puerta, que ni se abre ni se cierra, y donde están grabados, en letra, los nombres de las glorias del Imperio. ¿Glorias?

No hace muchos días presencié una ceremonia patriótica: una procesión cívica, que desfiló ante esa tumba del soldado desconocido. Junto a sus huesos, no ya enterrados, sino *empedrados*, el presidente de la República de la diosa Francia, con su gobierno y unos cuantos generales jubilados y disfrazados de civiles, todos ellos cobijados bajo las piedras que dicen con sus letras las glorias sangrientas del Imperio. Y el pobre soldado desconocido fue acaso un muchacho que tenía llenos de historia el corazón y la cabeza, o que la odiaba.

Después que la procesión cívica se fue y se retiraron a sus hogares el primer magistrado de la diosa Francia y los que le acompañaban; después que cesaron los gritos de nacionalistas y de comunistas, que por la tarde se manifestaron, alguna pobre madre creyente —creyente en la maternidad virginal de María— se acercó silenciosa y solitaria a la tumba del hijo desconocido, y rezó: «¡Venga a nos el tu reino!», el reino de Dios, el que no es de este mundo. Y luego: «Dios te salve, María, llena eres de gracia, el Señor es contigo; bendita tú eres entre todas las mujeres y bendito sea el fruto de tu vientre, Jesús. Santa María, Madre de Dios, ruega por nosotros, pecadores, ahora y en la hora de nuestra muerte. ¡Amén!». ¡Jamás se ha rezado así ante la Acrópolis! Y con esa madre rezaba toda la Francia cristiana. Y el pobre hijo desconocido, que oía —¿quién sabe?— esa oración, soñó al ir a morirse resucitar su hogar allá en el cielo, en el cielo de su patria, en el cielo de su dulce Francia, y calentar los siglos de los siglos de la vida eterna con los besos de su madre bajo el beso de luz de la Madre de Dios.

Junto a la tumba del francés desconocido, que es algo más sagrado que el francés medio, sentí la agonía del cristianismo en Francia.

Hay momentos en que uno se figura que Europa, el mundo civilizado, está pasando por otro milenio; que se acerca su fin, el fin del mundo civilizado, de la civilización, como los primitivos cristianos, los verdaderos evangélicos, creían que se aproximaba el fin del mundo. Y hay quien se dice, con la trágica expresión portuguesa: *Isto dá vontade de morrer.* «Esto da ganas de morir.»

Y se trata de establecer la sede de la Sociedad de Naciones de los Estados Unidos de la Civilización, en Ginebra, bajo las sombras de Calvino y de Juan Jacobo. Y de Amiel también, que sonríe tristemente mirando ¿desde dónde? a esa obra de políticos. Y sonríe tristemente la sombra de Wilson, otro político cristiano, otra contradicción hecha carne y hecha espíritu. Wilson, el místico de la paz, una contradicción tan grande como fue el primer Moltke, el místico de la guerra.

El huracán de locura que está barriendo la civilización en una gran parte de Europa parece que es una locura de origen que los médicos llamarían específico. Muchos de los agitadores, de los dictadores, de los que arrastran a los pueblos, son preparalíticos progresivos. Es el suicidio de la carne.

Hay quien cree ya que es el misterio de iniquidad.

Volvamos otra vez la mirada a esa arraigada tradición que identifica el bíblico pecado de nuestros primeros padres, el haber probado el fruto del árbol de la ciencia del bien y del mal, con el pecado de la carne que quiere resucitar. Pero la carne no se cuidó ya luego de resucitar, no se movió por hambre y sed de paternidad y maternidad, sino por puro goce, por mera lujuria. La fuente de la vida se envenenó, y con la fuente de la vida se envenenó la fuente del conocimiento.

En uno de los evangelios de la Hélade, en *Los trabajos y los días*, de Hesiodo, texto más religioso que los de Homero, se nos dice que en el reino de la paz, cuando la tierra produce mucha vida, la encina da en su copa bellotas y en su tronco cría abejas y las ovejas lanígenas se cargan de corderos, «paren las mujeres hijos parecidos a sus padres», ἐοικότα τέκνα γονεῦσιν (vv. 232 a 235). Lo que no parece que quiere decir *legítimos, sino bien conformados* (v. *Hésiode, Les travaux et les jours*, édition nouvelle par Paul Mazon, París, Hachette et Compagnie, 1914; nota al v. 235, p. 81). Bien conformados o, mejor, sanos.

En cierta ocasión hablaba yo con un anciano campesino, un pobre serrano, cerca de Las Hurdes, región del centro de España que pasa por salvaje. Le preguntaba si es que por allí vivían en promiscuidad. Me preguntó qué era eso, y, al explicárselo, contestó: «¡Ah, no! ¡Ahora ya no! Era otra cosa en mi juventud. Cuando todos tienen la boca limpia se puede beber de un mismo vaso. Entonces no había celos. Los celos han nacido desde que vinieron esas enfermedades que envenenan la sangre y hacen locos e imbéciles. Porque eso de que le hagan a uno un hijo loco o imbécil, que no le sirva para nada luego, eso no puede pasar». Hablaba como un sabio. Y acaso como un cristiano. Y en todo caso, no como un marido de un drama de Calderón de la Barca, un marido atormentado por el sentido del honor, que no es un sentimiento cristiano, sino pagano.

En las palabras del viejo y sentencioso serrano comprendí toda la tragedia del pecado original y a la vez toda la tragedia del cristianismo y todo lo que significa el dogma de la Inmaculada Concepción de María Santísima. A la Madre de Dios que resucita a los muertos hay que eximirla del pecado original.

Y en las palabras del viejo y sentencioso serrano comprendí también lo que es la agonía de nuestra civilización. Y me acordé de Nietzsche.

Pero ¿es ese, el pecado de la carne, el más execrable de los pecados? ¿Es ese el verdadero pecado original?

Para san Pablo el más execrable pecado es la avaricia. Y esto porque la avaricia consiste en tomar los medios por fines. Pero ¿qué es medio? ¿Qué es fin? ¿Dónde está la finalidad de la vida? Y hay avaricia de espíritu y hay avaricia de maternidad y de paternidad.

Kant pedía, como suprema regla moral, que tomemos a nuestros prójimos por fines en sí mismos, no como medios. Era su manera de traducir el «ama a tu prójimo como a ti mismo». Pero Kant fue un soltero, un monje laico, un avaro. ¿Un cristiano? Y acaso se tomaba a sí mismo como un fin en sí. El linaje humano se acababa en él. «¿Ama a tu prójimo como a ti mismo?» ¿Y cómo ha de amarse uno a sí mismo?

Y con aquel terrible morbo físico obra otro morbo psíquico, hijo de la avaricia espiritual, que es la *envidia.* La *envidia es* el pecado cainita, el de Caín, el de Judas Iscariote, el de Bruto y Casio, según el Dante. Y Caín no mató a Abel por concurrencia económica, sino por envidia de la gracia que hallaba ante Dios, ni Judas vendió al Maestro por los treinta dineros, Judas que era un avaro, un envidioso.

Escribo estas líneas fuera de mi España; pero a esta, a mi España, a mi hija, a la España de la resurrección y de la inmortalidad, la tengo aquí conmigo, en esta Francia, en el regazo de esta Francia, de mi Francia, que me está alimentando la carne y el espíritu, la resurrección y la inmortalidad. Y con la agonía del cristianismo siento en mí la agonía de mi España y la agonía de mi Francia. Y digo a España y a Francia, y en ellas a toda la cristiandad y a la humanidad no cristiana también: «Venga a nos el reino de Dios... Santa María, Madre de Dios, ruega por nosotros, pecadores, ahora y en la hora de nuestra muerte». Ahora, ahora, que es la hora de nuestra agonía.

«El cristianismo es como el cólera que pasa sobre un país para arrebatar a cierto número de elegidos, y después desaparece.» Esto le oyó el P. Jacinto a M. Gazier, el último de los jansenistas, en una cena —un simposion— el 25 de enero de 1880. Y la civilización, ¿no es alguna otra enfermedad que se lleva, por la locura, a sus elegidos? El cólera, al fin, se lleva pronto a los hombres. Para M. Gazier, el cristianismo era una enfermedad. La civilización es otra. Y en el fondo son acaso una sola y misma enfermedad. Y la enfermedad es la contradicción íntima.

Escribo estas líneas, digo, lejos de mi España, mi madre y mi hija —sí, mi hija, porque soy uno de sus padres—, y las escribo mientras mi España agoniza, a la vez que agoniza en ella el cristianismo. Quiso propagar el catolicismo a espada; proclamó la cruzada, y a espada va a morir. Y a espada envenenada. Y la agonía de mi España es la agonía de mi cristianismo. Y la agonía de mi quijotismo es también la agonía de Don Quijote.

Se ha agarrotado hace pocos días en Vera a unos pobres ilusos, a quienes el Consejo de Guerra había absuelto. Se les ha agarrotado porque lo exige así el reinado del terror. ¡Y menos mal que no se les ha fusilado! Porque diciéndole yo una vez al actual rey de España —hoy sábado, 13 de diciembre de 1924— que había que acabar con la pena de muerte para acabar con el verdugo, me contestó: «¡Pero esa pena existe en casi todas partes, en la República francesa, y aquí menos mal que es sin efusión de sangre...!». Se refería al garrote comparado con la guillotina. Pero el Cristo agonizó y murió en la cruz con efusión de sangre, y de sangre redentora, y mi España agoniza y va acaso a morir en la cruz de la espada y con efusión de sangre... ¿redentora también? Y a ver si con la sangre se va el veneno de ella.

Mas el Cristo no solo derramó sangre en la cruz, la sangre que, bautizando a Longinos, el soldado ciego, le hizo creer, sino que sudó «como goterones de sangre» —ὡσεὶ θρόμβοι αἵματος— en su agonía del monte de los Olivos (Lc XXII, 44). Y aquellas como gotas de sangre eran simientes de agonía, eran las simientes de la agonía del cristianismo. Entretanto gemía el Cristo: «Hágase tu voluntad y no la mía» (Lc XXII, 42).

¡Cristo nuestro, Cristo nuestro!, ¿por qué nos has abandonado?

París, diciembre de 1924

# Índice de contenidos

SEGUNDA PARTE

## Del sentimiento trágico de la vida



## La agonía del cristianismo